Jürgen Dittberner

Stolps Reisen: Damals ur
von den Anfängen bis zum Massentourismus
Zwischen Pommern und Neuseeland

Jürgen Dittberner

STOLPS REISEN: DAMALS UND HEUTE, VON DEN ANFÄNGEN BIS ZUM MASSENTOURISMUS

Zwischen Pommern und Neuseeland

Edition Noëma

Bibliografische Information der Deutschen Nationalbibliothek
Die Deutsche Nationalbibliothek verzeichnet diese Publikation in der
Deutschen Nationalbibliografie; detaillierte bibliografische Daten sind im
Internet über http://dnb.d-nb.de abrufbar.

Bibliographic information published by the Deutsche Nationalbibliothek
Die Deutsche Nationalbibliothek lists this publication in the Deutsche Nationalbibliografie; detailed
bibliographic data are available in the Internet at http://dnb.d-nb.de.

Alle Abbildungen, sofern nicht anders angegeben: Jürgen Dittberner

ISBN-13: 978-3-8382-1511-2
Edition Noëma
© *ibidem*-Verlag, Stuttgart 2020
Alle Rechte vorbehalten

Printed in the EU

Vorwort

Waren das Zeiten: Im kalten Winter Deutschlands kletterten wir die Gangway hinauf, wurden von uniformierten Damen freundlich begrüßt, setzten uns in einen fliegenden Bus, bekamen warme Speisen, Säfte und alkoholische Getränke serviert, nickten ein und schritten Stunden später in Bangkok die Gangway wieder hinunter. Wir befanden uns nun im tropischen Thailand! Und wenn wir beispielsweise nach Sydney wollten, flogen wir eben dahin: „Down under": Kein Problem!

Reisen war schließlich ein Wirtschaftszweig geworden. Eine „Tourismusindustrie" war entstanden. Reisebüros, Veranstalter, Beförderungsunternehmen, Hotels und Versicherungen arbeiteten Hand in Hand und umsorgten uns Kunden, die bei ihnen „Touristen" hießen. Wir Arbeiter in Fabriken, wir Angestellte in Büros, wir Beamte in Verwaltungen, wir großen und kleinen Selbständige – wir alle waren auch Touristen – erst einmal im Jahr und dann immer öfter. Rentner und Pensionäre kamen hinzu – auch sie wurden „Touristen".

Plumpsklos auf dem Lande wurden Vergangenheit; jetzt kamen schwimmende Hochhäuser auf, die über die Weltmeere schipperten. Tausende von Menschen aßen, tranken, tanzten und schliefen über den Ozeanen. Dort genossen sie „Shows", Theater und Kinos. Kam Land in Sicht, strömten sie mit Bussen in die Küstenregionen und kamen bald wieder zurück in die Riesenschiffe, denn dort ging „Freizeitleben" weiter.

War das herrlich, war das schrecklich! – Den Touristen gefiel das „Produkt": Ägypten, Griechenland, Italien und Spanien nahmen sie bei ihren „Rundreisen" mit. Sie kamen herum. – Die Einheimischen hingegen schlugen die Hände über den Köpfen zusammen. Ankerten die Riesenschiffe in ihren Häfen, zerstörten sie als fahrende Hochhäuser jede Kulisse. Die Häfen wurden abgeriegelt, und Fremde strömten in Hundertschaften durch Straßen und Gassen.

Die Bürgermeister aber freuten sich, dass die „Pötte" erhebliche Liegegebühren einfuhren. Endlich kam Geld in die Stadtsäckel.

Dann kam Corona, und plötzlich war Schluss.

Ferienziele erschienen den Touristen als Horrororte, Traumschiffe mutierten zu schwimmenden Gefängnissen, Flugzeugflotten blieben auf der Erde, Reisebüros verödeten, und Reiseveranstalter feilschten mit ihren Kunden ums Geld.

Krieg nun alles vorbei?

Wer weiß das schon?

Einmal war es aber doch schön gewesen. Die ganze Welt lag den Reisenden zu Füßen, und sie konnten dabei so viel lernen.

Im Sommer 2020 unternahmen manche wieder die gewohnten Schritte in den Urlaub, oder sie statteten ihrer alten Heimat die üblichen jährlichen Besuche ab. Aber es war alles anders als zuvor: Bei Aus- oder Einreisen drohten Tests oder Quarantänen, Flugzeuge verkehrten spärlich, und Fahrpläne wurden unberechenbar. Die allgemeine Akzeptanz der Sommerreisen sank.

Der Wunsch, so etwas wieder zu erleben, bleibt. Es ist offen, auf welchem Wege sich das Bahn bricht. Wird es gute Kompromisse geben zwischen Einheimischen und Touristen der Zukunft?

Wie es war, wissen wir immerhin. Wie es wird, nicht. Es lohnt sich, an das Vergangene zu erinnern. Vielleicht vernichtet Corona nicht alles.

Meiner lieben Frau Elke danke ich für mannigfache Hilfe und Unterstützung. Allen Mitreisenden von einst danke ich für die gewährte Gesellschaft. Frau Valerie Lange vom *ibidem*-Verlag danke ich für die Hilfen beim Erstellen dieses Werkes.

Berlin 2020, Jürgen Dittberner

Inhalt

I. Vom Reisen

1. Mobilität

Warum wechseln Menschen ihre Standorte? Warum reisen sie?

Oft ist es Neugier auf Unbekanntes: Alexander von Humboldt reiste nach Südamerika, um eine fremde Welt auszumessen.

Oder es ist Gier? Christoph Columbus wollte Spanien den vermuteten Reichtum aus Indien zugänglich machen. Und er gab das Startsignal zur Ausplünderung Südamerikas.

Immer wieder treibt pure Lust Menschen an: *„Das Wandern ist des Müllers Lust."*

Für bestimmte Berufsgruppen gehört die Mobilität zur Pflicht: Fahrende Gesellen zogen von Ort zu Ort, Geschäftsreisende drängt es zu ihren Kunden, und wer Professor werden will, wird seine Alma Mater verlassen müssen, wenn er eine „Hausberufung" umschiffen muss.

Manchmal ist es ist Forscherdrang: Ferdinand Magellan wollte im Auftrag des Königs von Portugal aus einen Seeweg nach Westen finden, da man erkannt hatte, dass die Erde eine Kugel war.

Auch Herrschsucht ist ein Motiv: Napoleon zog nach Osten, weil er ganz Europa beherrschen wollte.

Nicht selten steckt Gewinnstreben dahinter: Englands führende Klasse erschloss sich ein Weltreich, um auf Kosten fremder Völker reich zu werden.

Gerne zieht Romantik Menschen hinaus in die Welt: Johann Wolfgang von Goethe tourte durch Italien, um das Land zu sehen, *„wo die Zitronen blühen"*.

Auch das Verbrechen bewirkt oft Mobilität: Adolf Hitler fiel in fremde Länder ein, um seine Schreckensherrschaft auszuweiten.

Mobilität kann unfreiwillig erfolgen: Viel zu oft werden Menschen verbannt – manchmal in Lager, manchmal in ein vermeintliches Nirwana wie nach Australien oder Grönland.

Religion kann zum Motiv werden: Hugenotten verließen die Heimat, um ihren Glauben zu leben.

Nach Kriegen werden Verlierer nicht selten aus ihrer Heimat vertrieben: Diese Menschen hätten sich andernfalls niemals „auf die Reise" begeben.

Gegen ihren Willen verändern auch diejenigen ihren Ort, die verschleppt werden: So erging es den „Sklaven", die von Afrika nach

Amerika gebracht wurden; so kann es noch heute politisch Missliebigen geschehen, wenn sie widerrechtlich entführt werden.

Ständig treibt tatsächliche oder empfundene Not daheim Menschen in die Ferne: Sie werden so zu Flüchtlingen.

Künstler (auch Sportler, Schriftsteller und andere) müssen in der Regel „auf Tournee", um ihre Leistungen überall zu verkaufen.

Politiker reisen hin und her, um die Interessen ihrer Länder (und auch ihre eigenen) zu vertreten.

Das scheinbar Edelste zu Schluss: Wissenschaftler, Propheten, Freigeister und Missionare überschreiten Grenzen, um ihre Ideen zu verbreiten. Oder wollen sie Andersdenkende unterdrücken?

2. Immobilität

Warum bleiben andere Menschen wiederum dort, wo sie sind? Warum reisen sie nicht?

Sie kennen sich in ihrem Umfeld aus. Alles ist ihnen vertraut. Warum sollten sie das aufgeben? Ihre Freunde und Verwandten sind vor Ort. Sie haben ihr Auskommen und wissen nicht, was sie anderswo erwartet. Dort herrschen womöglich Sodom und Gomorra. Sie bleiben lieber. Alle Ahnen haben es vor Ort ausgehalten; also gehören auch sie hierher.

„Heimische Krisen muss man durchstehen, ‚Fahnenflucht' wäre feige", denken die Sesshaften. Viele von ihnen haben zudem Angst vor dem Fremden, vor den anderen Speisen, Bräuchen, Sitten, Dialekten oder gar Sprachen. Wer weiß außerdem, was reisen oder gar auswandern kostet: Wer soll das bezahlen? – Viele sind sich sicher: „Ob Ost, ob West: To Hus is' am best!"

Aus China hörte man einst, dass die Menschen stolz waren, im „Reich der Mitte" zu leben. Wer in der Mitte ist, glaubt sich am Ziel. Doch in neuerer Zeit wurden immer mehr Schichten des Riesenvolkes neugierig auf das, was an den Rändern dieser Erde geschieht: Globalisierung aus Fernost!

3. Kommerzialisierung

Das industrielle Zeitalter hat das Reisen kommerzialisiert: Der „Tourismus" wurde erfunden.

Vorsichtig schnupperten die ersten Reisenden ganz früh an einem beliebigen Dorf, etwa in der „Lüneburger Heide". Dann entdeckten sie Gegenden wie den „Westerwald", „Büsum", „Oberbayern" oder „Amrum". Sie reisten in Bussen an. Später fuhren die meisten Deutschen ins Sehnsuchtsland Italien, – im „VW" über den „Brenner". Es folgten „Paris", „London" oder „Kopenhagen". Manchmal brachte sie auch die Bahn ans Ziel. Dann wechselten sie die Automarken. Im „Opel" ging es womöglich nach Spanien und im „Daimler" vielleicht sogar nach Griechenland. Schließlich wurden Inseln modern: „Lesbos", „Mallorca" oder die „Kanaren". Das ging natürlich nur mit dem Flieger.

Geschäftsleute machten sich jetzt über die Sache her. Es entstanden Firmen wie „TUI", „Neckermann Reisen" oder „Studiosus". Die Pauschalreise wurde erfunden. Anfangs galt das Fliegen als elitär, dann schossen Billigflieger wie Pilze aus dem Boden. Die ganze Welt lag vor der Haustür, bis hin nach Neuseeland. Autos mietete man mittlerweile vor Ort.

Früher galt die Regel: „Einmal im Jahr machen wir Urlaub.": Die ganze Familie zog los. Drei Wochen dauerte der Spaß. Die ersten vierzehn Tage dienten der Regeneration, die letzten sieben der puren Freude. Dafür gab es den „Jahresurlaub", dafür wurde gespart.

Später kam der „Zweiturlaub" hinzu: *„Nur weg hier!"*, lautete die neue Devise.

Die Flugzeuge flogen in die ganze Welt. Unterschiedliche „Terroristen" aber fingen an zu stänkern. Seitdem gab es Sicherheitskontrollen auf allen Flughäfen. Das dauerte: Zwei Stunden vor Abflug mussten sich die Reisenden – (nun allgemein „Touristen" genannt) - einfinden. Es wurde immer voller – auf den Flughäfen und auch an den Reisezielen.

Das war die schöne neue Welt: Von Süd nach Nord kamen immer mehr Flüchtlinge. Junge Menschen wollten ihr Elend verlassen. Immer mehr Touristen aber flogen unbeeindruckt nach Süden. Sie hatten ihre von den Flüchtlingen so angehimmelten Wohlstandsgesellschaften satt, wollten 'mal „Ursprüngliches" sehen. Wohlgenährte „Touris" aus dem Norden kamen in den Süden, und Elendsgestalten aus dem Süden landeten zur gleichen Zeit im Norden.

Doch damit nicht genug: Nach dem Auto und dem Flieger kam das Schiff. Es gab Flussfahrtschiffe, die schippern auf dem Rhein oder auf der Wolga.

Es kamen aber auch Ozeanriesen auf (schwimmende Hotels); die fuhren über die Weltmeere bis nach Fernost oder bis in die Karibik. Wenn so ein Schiffsriese in den Hafen von Venedig fuhr, überragte er jeden Palazzo, brachte Menschenmassen herbei, die schnell weiterzogen.

Auf so ein „Schiff" aber gingen viele nicht rauf: Der Tourismus war schon ein mächtiger und rücksichtsloser Wirtschaftszweig geworden, überall auf der Erde.

4. CO2-Bilanz

Da traten Umweltschützer auf. Sie sagten, Flugzeuge und Schiffe stießen zu viel CO_2 aus und versauten das Klima. Es werde immer wärmer auf der Erde. Die Polkappen würden abschmelzen, Eisbären hopsten von einer verbliebenen Eisscholle zur nächsten, die Malediven und Holland würden bald im Meer versinken, und Brandenburg würde zur Wüste.

Das sei „menschengemacht", und es müsse gegengesteuert werden: Der Flugverkehr sollte eingeschränkt werden. Inlandsflüge gehörten verboten. Wer dennoch über Landesgrenzen hinweg flöge, sollte Ablass an Umweltorganisationen leisten müssen. Die Ozeanriesen sollten umweltfreundlicheren Treibstoff verwenden oder am besten überhaupt nicht mehr gebaut werden.

Nahte das Ende des Massentourismus?

Es sah nicht so aus. Die Zahl wohlhabender Rentner im Norden dieser Erde nahm zu. Ihre Arbeitgeber und die Zentralbanken versorgen sie reichlich mit Geld. Wenn auch die Welt zu Scherben brach: Sehr, sehr viele wollten sie vorher noch sehen. Also flogen sie möglichst nicht im Inland; bis zur Landesgrenze schaffte es ja der Bus allemal. Einige zahlten sogar den Umweltablass; das machte ein gutes Gewissen. Und wenn die Reedereien weiterhin große Schiffe vom Stapel lassen: Wer konnte das schon beeinflussen?

5. Tabula Rasa durch Corona

Plötzlich setzte ein bislang vollkommen unbekannter „Gegentourismus" ein. Neuartige und unerforschte „Wesen" eroberten ihrerseits die Erde. Für ihre „Reisen" benutzten sie Schiffe, Bahnen, Flugzeuge. Doch diese „Wesen" zogen nicht von West nach Ost, sondern in die entgegengesetzte Richtung von Ost nach West. Sie waren Viren, und bildeten eine tödliche Gefahr für die Menschen. Ihr Name war „Corona", und sie lösten eine Pandemie aus. Gekommen waren sie aus dem Tierreich.

Die Welt der Menschen zerfiel in die alten Nationalstaaten. Die meisten dieser Staaten verordneten einen „Lockdown". Fast alle Menschen gingen in Quarantäne und fanden den staatlich angeordneten Stillstand richtig.

Da war die Blase des Massentourismus jäh geplatzt. „Urlaubsländer" wie Italien waren plötzlich dicht. Airlines (gestern noch mit stolzen „Vögeln") starben wie die Fliegen. Veranstalter und Agenturen des Tourismus brachen zusammen, Hotels schlossen, Reisebüros machten zu, „Einheimische" Helfer des Tourismus wurden arbeitslos, Traumstrände verwaisten.

Ein bis dahin stets wachsender Industriezweig brach zusammen. Niemand reiste mehr: Wie gewonnen, so zerronnen.

Geschädigte forderten, der jeweilige Staat sollte für die Einbußen einstehen. Können die das leisten? Es ging um Milliarden, Millionen waren nur noch Peanuts.

Schon nach wenigen Wochen holte sich die Natur einiges von dem zurück, was der Tourismus ihnen genommen hatte: Delphine tobten wieder am Strand, Rehe kamen in die Städte, sogar die Lagunen in Venedig erholten sich, und leere Strände wurden sauber.

Niemand wusste, wie es weiter gehen würde.

6. Zwangsreisen

Im Zweiten Weltkrieg wurde lieber „verlegt" als verreist. Truppen der Wehrmacht wurden von der Ost- zur Westfront geschoben. Die Soldaten (meist blutjunge Männer) wurden von zu Hause „eingezogen". Viele kamen dabei früh ums Leben, starben den „Heldentod" und liegen seitdem begraben, oft in fremder Erde.

Kindern ging es in dieser Zeit etwas besser. Viele, die in bombengefährdeten Städten wohnten, wurden aufs Land „verschickt" oder „evakuiert". Andere fuhren zu ihren Verwandten, meist zu den Großeltern. Transportmittel war fast immer die Bahn. Am Zielort atmeten Großstadtkinder zum ersten Mal den Duft frischen Brotes, wenn der zentrale Backofen angefeuert war. Oder sie vernahmen ihnen bis dahin fremde Laute, wenn im Dorf ein anderer Dialekt als daheim gesprochen wurde.

Später waren abertausende „Prisoners of War" („PW") von Amerikanern, Russen, Engländern, Franzosen und anderen in „Kriegsgefangenenlager" transportiert worden. Die lagen in Neapel, am Rhein, in Sibirien und waren sehr unterschiedlich. In der „Heimat" hatten derweil Sieger das Kommando übernommen, und Fortbewegungen Deutscher erfolgten meist per Pedes oder mithilfe von Pferden. Tauchten Trupps fremder Soldaten auf, schienen die Kinder gefährdet zu sein. Doch wenn man Glück hatte, entpuppten sich die „Fremden" als Einheit, die deutsche Kinder mit Bonbons beglückte.

Transporte, Flucht, Vertreibung: Zwangsreisen waren das.

7. „Grenzüberschreitende" Reisen

Lange hielt sich das nicht. Wer in Städten wohnte, schaute vorsichtig im Nachbarbezirk nach. Auf dem Lande wurden Kreisgrenzen überschritten. Hauptsächliche Transportmittel waren Fahrräder, auch U-, S- und Straßenbahnen waren im Einsatz. Dann kamen Busse wieder, und für längere Strecken gab es noch immer die „Reichsbahn".

Als sich zwei deutsche Staaten entwickelten, kam es zu „innerdeutschen" Reisen, erst zaghaft, dann immer heftiger. Bis zum Bau der Mauer 1961 in „Berlin" flüchteten viele Ostdeutsche in den „Westen". Dann machte die DDR die Grenzen dicht, und die Wege in den Westen waren versperrt. Spätere Passierscheinabkommen durchlöcherten diese Grenzen nach Osten ein wenig. Bürokratisch registriert von Ost-Behörden durften „Wessis" in die DDR „einreisen". West-Berliner und „Bürger der BRD" wurden dabei sorgfältig getrennt.

Kuriositäten taten sich auf: „*Hier ist eine BRD-Mutter mit einem WB-Kind!*", schallte es durch die „Übergangsstelle" am Bahnhof Friedrichstraße in „Berlin". Eine Mutter aus (vielleicht) Hamburg wollte mit ihrem Berliner Kind „in den Osten" fahren. Das störte den Ordnungssinn der „Staatsorgane" der DDR.

Reisevehikel im anwachsenden „innerdeutschen Verkehr" wurde mehr und mehr das Auto („'s heiligs Blechle" der westdeutschen Familien): „*Sollen die Zonis ruhig sehen, wie gut es uns im Westen geht!*" Im Kofferraum lagen Schokolade, Bananen und „Jacobs-Kaffee" – Mitbringsel für die „Brüder und Schwestern von drüben". Die nahmen es gerne und revanchierten sich mit „Bückware", speziell

„organisiertes" Rindfleisch beispielsweise. Bei der Rückreise („Achtung: Geschwindigkeitsbegrenzung!") in die „BRD" hieß es dann: „Machen Sie mal den Kofferraum auf!" Aber da war nichts drin.

8. Erholung

Allmählich wurde die DDR als alleiniges Reiseziel zu poplig. Dort machte man mehr und mehr nur noch Verwandtenbesuche. Auch in die nun leider zum „Ostblock" gehörende alte Heimat zog es manche Erholt jedoch hatte man sich woanders. Zuerst ging es in die Lüneburger Heide, nach Bayern oder schon nach Sylt. „Hotelkästen" gab es noch nicht. Man logierte während der Ferien in Schulgebäuden oder bei „privaten" Vermietern. Das Auto musste Unmengen von Gepäck transportieren. Am Zielort ging es wacker zu: Am Meer lechzten nun aufkommende „Touristen" tagelang nach Sonne, um zu „bräunen", damit die Nachbarn neidisch wurden.

Oft ging's auf die Wanderschaft mit Hut, Rucksack und Stock. Die „Sommerfrischler" freuten sich, zu einer privilegierten Schicht zu gehören, und bedauerten Daheimgebliebene. Urlaub wurde zum Wohlstandssymbol.

Da der Druck groß, die Möglichkeiten aber manchmal begrenzt waren, kam eine neue Art des Reisens auf: Das „Trampen". Das war freilich nicht jedermanns Sache, aber besonders für Schüler und Studenten ideal. Trampend lernten sie Deutschland, Länder Europas, ja sogar die USA, kennen. Klar war dabei: Mädchen sollten nicht alleine trampen, und Luxus war nicht unbedingt zu erwarten. Man konnte auf Last- oder Viehwagen landen, aber auch in Edellimousinen. Unter Kennern galten die USA als gutes Tramperland. Den Ostblock aber mieden die meisten Tramper lieber.

Als die Tramper älter geworden waren, mutierten einige von ihnen zu „Campern". Das Rustikale und die Illusion der Naturnähe wollten sie nicht missen. Außerdem ersparte man sich das Hotel. Dafür musste ein geeignetes Vehikel her. Die Automobilindustrie half: Auf gängige PKW-Modelle wurden Blechkästen montiert. Man bestückte diese mit Betten, Tischen, Schränkchen und Stühlen, alles festmontiert, und fertig waren die „Camper".

Pfiffige richteten „Campingplätze" mit „Stellplätzen" zum Übernachten ein: Eine spezielle Variante des Tourismus war entstanden.

Natürlich konnte man bald auch Camper mieten, um vorübergehend zum fahrenden Volk zu gehören.

Wem der „Camper" schon zu zivilisatorisch war, konnte das „Zelt" als Alternative wählen, naturverbunden, meist mit PKW daneben.

Deutschland war mittlerweile touristisch gerüstet: In- und Ausland öffneten sich bis zum Ende der Welt. Ein Begriff machte die Runde: Die Deutschen wären nicht nur Fußball-, sondern auch „Reiseweltmeister"! Sie hatten alle anderen überholt. Engländer beispielsweise kannten Pauschalreisen schon aus dem 19. Jahrhundert. Da hatten Abenteurer mit dem weltweit ersten Platzhirschen „Thomas Cook" die Schweizer Alpen mühsam erschlossen. Doch nun, zur Zeit des Wirtschaftswunders, kamen die Deutschen, nicht unbedingt mit Qualität, dafür aber mit immer erdrückenderer Quantität.

9. Massentourismus

Schließlich wurde das Reisen diversifiziert und spezialisiert. Auf den Flughäfen machten sich Urlaubsflieger breit. Billigflieger traten auf den Plan. Die Flughäfen (von vermeintlichen Kennern „Airports" genannt) platzten aus allen Nähten. Die „Abfertigung" von Touristen wurde immer weiter rationalisiert, Speisen und Getränke wurden selbst auf Langstrecken selten. Manche Passagiere fragten sich schon, ob sie demnächst selber steuern und fliegen müssten. Derweil ergaben sich Menschen, die sonst für ihre Persönlichkeitsrechte kämpften, in immer peinlicher werdende „Sicherheitskontrollen". Der „Massentourismus" war entstanden.

Würde es immer so weitergehen, oder war die Spitze erreicht? „Thomas Cook" und „Air Berlin" waren Vorboten: Auch der kapitalistisch organisierte Massentourismus war vor Krisen und Insolvenzen nicht gefeit.

Doch in Deutschland gab immer noch genügend viele Menschen im Rentenalter, die nun endlich die Welt sehen wollten, um daheim nachher wieder ihr Elend zu bejammern.

Darüber hinaus wuchsen stets neue Generationen heran. Auch sie wollten fremde Orte und Landschaften kennen lernen, auch sie wollten nach Sevilla, New York und auf die Kanaren sowieso.

In „Frankfurt" am Main druckte die Europäische Bank derweil unentwegt Frischgeld, das man bei Reisen besonders leicht verprassen konnte.

Der Tourismus boomte. Doch das zerstörerische Corona lauerte schon.

10. Ende des Reisens?

„Otto Normalverbraucher" reiste einst (wenn auch selten) selbst in dunkelsten Zeiten. Die Nazis hatten eine eigene Tourismusorganisation: „KdF" („Kraft durch Freude!"). Der Urlaub der „Volksgenossen" sollte reguliert und überwacht werden. Bei Kriegsbeginn 1939 musste man das allerdings reduzieren.

„Private" Reisen gab es dennoch. Menschen reisten mit vollgestopften Pappkoffern, Leiterwagen, trugen lange Mäntel und verzichteten niemals auf ihre Schlapphüte oder Kopftücher. Zur Bahnfahrt berechtigten diejenigen, die es sich leisten konnten, kleine Pappkärtchen, auf denen Ausgang und Ziel der Reise vermerkt waren. Diese „Fahrkarten" konnten am „Schalter" der Bahn erworben werden, und ein Schaffner im Zug knipste sie ab.

Ziel der Fahrt waren oft einsame und kleine Bahnhöfe, von denen aus es zu Familienangehörigen ging. Manchmal marschierten die Reisenden endlose Alleen entlang. Rechts und links davon waren Felder, die abgegrenzt waren durch Straßengräben. Irgendwann tauchte am Horizont schließlich ein kleiner Ort auf: ein Dorf oder gar ein Städtchen. Im Winter lagen die Häuschen im Schnee; im Sommer flatterte Federvieh über den Anger. Die Alten beäugten die angekommenen Fremden misstrauisch.

Die Besucher schliefen meistens bei ihren Verwandten (wo denn sonst?). Unter den Gästebetten standen Nachttöpfe oder Schüsseln, und wer größeres verrichten wollte, musste im Nachthemd über einen Hof gehen und das „Plumpsklo" aufsuchen. Das war eine Bretterbude, in der ein Querbalken angebracht war, in dessen Mitte sich ein großes Loch befand. Die Holztür vor diesem „Donnerbalken" war mit einem neckisch eingeschnitzten Herz verziert.

Im „Gästezimmer" gab es kein Radio, kein TV, kein Telefon, keine Dusche, kein Safe – nichts dergleichen. Stattdessen stand auf einem Schränkchen eine weiße Emaille-Schüssel mit dunkelblauem Rand und daneben eine ebensolche Kanne, die mit Wasser gefüllt war. Hier konnte der Gast seine Morgentoilette verrichten, und wenn er Glück hatte, waren auch Handtuch, Seife und ein Spiegel da.

Angereist kamen die Besucher meist aus größeren Städten, und nach drei Tagen reisten sie wieder ab, denn: *„Besuch und Fisch fängt vom dritten Tag an zu stinken."* Für die Abreise war wichtig, den Fahrplan der Bahn zu kennen und die Umsteigebahnhöfe im Kopf zu haben.

So reisten Menschen vor Erfindung des modernen Tourismus. Das war der industrielle Massentourismus, dem Corona ein jähes Ende setzte.

Ist das Reisen damit am Ende?

Die Gründe zu reisen sind vielfältig. Es wird wiederkommen. Aber wer weiß, in welcher Form?

Wie immer: „Der Vorhang geht zu und alle Fragen bleiben offen."

II. Alte Heimat

23 Jahre nach dem Ende des Zweiten Weltkrieges besuchte Andor Stolp[1] die Heimat seiner Vorfahren. Als Kind war er hier gewesen; nun gehörte das pommersche Dorf zu Polen. Andor war schon in der großen Stadt zur Welt gekommen. Diese Reise war ein Geschenk an Andors Vater.

Der hatte Pommern zwischen den Weltkriegen verlassen. Als fünfter Sohn hatte er keine Chance für sich in der alten Heimat gesehen. In der großen Stadt schaffte er es zum Kriminalbeamten.

Bei Familientreffen war aber immer die Rede von der alten Heimat – oft sehr direkt. Kaufte sich eine Schwester des Vaters neue Schuhe, hieß es:

„Pommersche Beene passen nicht in Pariser Schuhe!"

Erinnert wurde an die Zwergschule, in der alle den Spruch gelernt hatten:

„Der Kaiser ist ein guter Mann.
Er wohnet in Berlin.
Und wär das nicht so weit vor hier,
So führ' ich heute noch hin."

Auch dass man Ostern sehr früh aufstand, um Osterwasser vom See zu holen, wurde erinnert. Die fauleren Familienmitglieder bekamen es zu spüren:

„Stiep, stiep Osterei,
Gibst Du mir kein Osterei,
Stiep ich Dir das Hemd entzwei!"

Der Tanz der *„Mudder Witsch"* war unvergessen:

„Bald up de Hacken,
Bald up de Teihn,
Oh, Mudder Witsch,
Wie geiht dat wunderschön."

---

[1] Statt der tatsächlichen Namen wurden Pseudonyme eingeführt.

Mittags gab es Pellkartoffeln. Für ihre elf Kinder und ihren Ehemann stellte die alte Mutter eine dampfende Schüssel auf den Tisch. Jeder piekte, und wer schnell mit der ersten Portion fertig war, konnte „Nachschlag fassen". Die Langsamen schauten in die Röhre. Es galt in der Familie als sicher, dass alle ihre Mitglieder hierbei das schnelle Essen (fast Verschlingen) gelernt hätten.

Kamen „Zigeuner" ins Dorf, flohen die Menschen aus ihren Häusern, denn sie hatten Angst vor den Fremden.

Strom gab es nicht, und die schönste Zeit war die „Schummerstunde", wenn der Tag in die Nacht überging. Da saßen alle vor dem Haus, um sich gegenseitig Schauergeschichten zu erzählen.

Vom Reisen hatte man offensichtlich nicht viel gehalten, denn dies war klar;

> „Ob Ost, ob West,
> Tu Huus is am best."

Dieses alte Pommern gab es nicht mehr. Das deutsche „Rackow" – das Dorf – hieß nun „Rakowo", und die Stadt „Lubow" war in „Lubowo" umgetauft worden.

In Pommern

Mit seiner Ehefrau Silke und seinem Vater fuhr der 39-jährige Andor in die alte Heimat.

Der Vater schrieb das „Protokoll":

„Um 15:00 Uhr sind wir am 22. 9. in Andors PKW über den Kontroll-punkt Dreilinden in Richtung Transitbahn gefahren, um den Berliner Ring zu erreichen. Es ist Vorschrift, diesen Weg zu nehmen. Man hat dadurch einen Umweg von ca. 90 km – zuerst Richtung Westen, dann nach Süden, um endlich nach Osten zu kommen. Es regnete stark und es blieb auch so, bis wir gegen 22:30 Uhr in Neustettin ankamen.

Die Einreisepapiere hatte Andor in einem Reisebüro in Berlin be-schafft und dafür Visa, Zwangsumtausch in Zloty pp. pro Person ca. 120,- DM bezahlt. Auch Benzingutscheine waren darunter. Dann mussten wir für die Fahrt durch die DDR noch pro Person 5,- DM für die Ostvisa und 15,- DM für Autobahngebühren bezahlen.

Die Grenzkontrollen Dreilinden und Stettin – diesen Übergang wollten wir benutzen – verliefen ohne Schwierigkeiten. Ich nahm noch einen Geldumtausch von 50,- DM vor. Wir brauchten es aber nicht und konnten diesen Betrag wieder in DM zurücktauschen. Den Zwangsumtausch kann man nicht zurücktauschen. Das Geld muss man also ausgeben oder verschenken, da eine Ausfuhr verboten ist.

Am Kontrollpunkt Stettin versehen polnische und ostzonale Zöll-ner gemeinsam Dienst. Es wurde nun schon dämmrig, der Regen hörte nicht auf und nahm nachher noch an Heftigkeit zu. Hinter der Grenze wurden die ersten Benzingutscheine eingetauscht, und dann ging es über die Autobahn in Richtung Stargard/Pom. – so heißt es auch auf Polnisch. Andor saß die ganze Zeit am Steuer, Silke war ein guter Lotse, und so erreichten wir durch viele dunkle Wälder fahrend (keine Autos auf den Straßen, alles dunkel) den Stadtrand von Tem-pelburg – „Czaplinek" – in Höhe des Bahnhofs. Von dort führt eine gute Straße – alle Straßen sind gut in Polen und gut beschildert – in Richtung Neustettin – „Sczecinek".

Überall sind viele Fichten angepflanzt worden, und in Höhe von Schwarzsee sahen wir ein Schild ,Rakowo 6 km'. Also ist hier eine neue Straße, auch diese durch Fichten führend. Dann kamen Lubow – „Lubowo", Pielburg – ,Pilo', Jellin – ,Jellino' – und schließlich Neustet-tin. Wir fuhren die Bahnhofstraße in Richtung Stadt, fragten dort in einem Hotel nach unserem Hotel, das uns in Berlin zugewiesen wor-den war und in dem wir nur Übernachtungskosten entrichtet hatten und fanden es auch bald. Ich meine, dass es an der Warschauer Straße lag und ,Pomorski' hieß, sicher früher mal ,Pommern'. Bis zum See und zu den Parkanlagen waren es von hier ca. 100 m. In unmittelbarer

Nähe war auch das Rathaus. Dies waren alles die alten Gebäude von früher. Ich kenne Neustettin nicht so genau von früher. Aber außer von ganz wenigen öffentlichen Gebäuden ist die Stadt wohl die alte. Es gibt eine Fußgängerzone, kleine unbedeutende Geschäfte, einen Laden, in dem man für DM Alkohol, Zigaretten, Parfüms kaufen kann. Für unser Geld ist dies billig (eine Flasche Wodka 2,50 DM). Die Ausfuhr ist natürlich, wie überall, beschränkt.

Am Sonnabend, 23.9., sind wir morgens über Jellin, Pielburg zunächst nach Lubow gefahren und hier zum Bahnhof. In Lubow stehen die Häuser wohl alle wie früher, keine Neubauten mit Ausnahme einer Gaststätte, schräg rüber vom früheren Gasthof. Als wir den Wagen dort parkten, sprach uns ein Mann in fließendem Deutsch an. Er hatte lange in Danzig und auch in Rackow gelebt. Durch ihn ließen wir uns Mittag bestellen – eine Tomatensuppe, Quetschkartoffeln, ganz wenig Fleisch (kleine Stücke wie Gulasch) und etwas Weißkohl. Dazu drei halbe Bier, ein Sodawasser: 85 Zloty. Umtausch in Polen ist 1:15. Ein Essen mit Getränken für uns kostet 2 DM; es hat aber auch nicht geschmeckt, und Fleisch soll es in Polen wohl selten geben. Das hat man auch in den Fleischgeschäften gesehen, wo die Leute lange anstanden und manche sich Strickzeug mitgebracht hatten, um vermutlich die Wartezeit zu überbrücken. Der Danziger erzählte uns u.a., dass es in Tempelburg und Neustettin keine Brauereien gibt, nur in Polzin ist eine, dass es in zwei Kasernen in Neustettin je eine polnische und eine russische Einheit gibt und dass in Groß-Born die Russen stationiert sind. Wir sahen in Lubow auch Russen.

In der Gaststätte Kratzke ist ein Kino. Der Bahnhof ist in allem unverändert: Im Warteraum ist ein defekter Kachelofen von früher, die Toiletten mit den Holzsitzen sind noch da, auch der Bahnsteig. Ich stelle mich vor den Wartesaal, Silke macht eine Aufnahme, und plötzlich waren ein Polizist und der Bahnvorsteher bei uns: „Dokumente!" Der Vorsteher sprach deutsch: „Objekte fotografieren verboten, Film herausnehmen!" Derweil notierte der Polizist unsere Personalien und ließ sich auch die Autopapiere zeigen. Ich wurde gefragt, wo ich früher gearbeitet hatte und so haben wir versucht, klarzumachen, dass wir nur eine Erinnerung an den Bahnhof mitnehmen wollten, von welchem wir früher nach Berlin gefahren sind und auch Andor sei als kleines Kind dort mehrmals abgefahren. ‚Fotografieren verboten, Film muss raus!' Immer wieder versuchten wir, das zu verhindern und dann meinten wir, dass wir ja das Bild nur vom Bahnhof ungültig machen könnten. Ich knipste in die Luft, darauf: Gut, Film kann drin bleiben! Ich glaube aber, die Polen haben bemerkt, dass wir sie übers Ohr gehauen haben, denn ich habe ja nur weitergedreht und mein Bild behalten. Als wir zum Wagen kamen, sprach uns wieder ein Mann in gutem Deutsch an und meinte, dass dort alles verboten sei.

Dann ging es nach Rackow. Bis zu den Fichten beidseitig Ackerland, dann bis zu Dohnichts Fichten. Dohnichts Gehöft steht nicht, auch die Mühle ist weg. Erste Aufnahmen am Transformatorenhaus: jetzt die Gehöfte Ost, Weier, Jahn, Radke, Passoth, Stolp links und rechts. Passoth ist ein Kaufmannsladen. Bei Erichs Haus fehlt vorn die Treppe, die Tür ist zugemauert. Dahinter hatte sich der Polizist, der dort wohnt, ein Bad eingebaut. Vorn an der Straße hier ist ein Lattenzaun.

Wir schauten hinüber und sahen einige Personen. Unser Haus, in dem ich geboren wurde, kam mir unscheinbar vor. Ich hatte es kaum erkannt. Eine ältere Frau holte aus dem Brunnen Wasser. Einen Zaun oder eine Mauer gibt es nicht. Ich konnte mit in die Küche kommen. Die Treppe nach hinten fehlt. Das Haus hat von außen kaum Farbe, auch die Tordurchfahrt ist ohne Farbe. Auf dem Hof sind dicker Morast und keine Wiese mehr – kein Blumengarten vor der Tür. Der Kirschbaum ist weg. Nichts ist erneuert. Es kam später noch der Großvater, und ich sollte mir alles genau ansehen.

Da wir uns nicht gut verständigen konnten, führte uns die Großmutter zur Bürgermeisterin in Meiers Haus. Sie vermittelte uns noch eine Besichtigung des Grundstückes Erich, und dort fragte man mich, ob wir Stolps seien und was Martha macht. Bei Meiers wurde ich nach Martha Bäskow-Hinterbrich – befragt. Die Scheune ist abgerissen, ca. 5 m weiter hinten neu aufgebaut. Der dicke Baum ist weg.

Alle Räume werden gezeigt. Rechts wohnen die alten Leute, links die jungen mit zwei Kindern. Die Böden sind alle ausgelegt – Fernseher, Zentralheizung. Alles ist sehr gut in Ordnung. Als wir fotografieren, baten sie um ein Bild. Wir haben die Adresse aufgeschrieben und werden eins schicken.

Erich war vor drei Wochen dort gewesen, auch andere Familienmitglieder.

Die Schule steht. Unterricht findet in Lubow statt. In der Schule ist ein Kaufmann, Maurers Gaststätte ein Kindergarten und gegenüber von Ost Fritz, Schaukeln, Klettergerüste pp.

An der Straße nach Bewerdick stehen alle Häuser. Bei Ferdinand Bäskow ist das Haus neu überholt – Stall pp wie früher. Auf einem Starkstrommast ist ein Storchennest zwischen Mauerers und Ziesemers, direkt an der Straße.

Der Friedhof ist bewaldet. Wir haben beim Absuchen keine alten Kreuze oder Tafeln gefunden. Der Weg zum Karzsee und Rackow Mühle ist beidseitig mit ca. 3 m hohen Fichten bewachsen. Golz' Grundstück ist weg. Der Karzsee ist ringsum mit Schilf und Fichten bewachsen, gen auso der Rackow- und der Kämmerersee. Ans Wasser kommt man kaum. Nur am Kämmerersee in der Kurve nach Bewerdick kann man ans Wasser. ...."

Hier endet der Bericht leider.

Nachtrag: An dem Abend nach dem Besuch in „Rackow" gingen sie ins Hotel zu einer Tanzveranstaltung. Es gab gekochten Weißfisch in Aspik. Alkohol floss reichlich. Am nächsten Tag waren vor allem Vater und Sohn etwas duhn, aber mithilfe knallroter und saftiger Äpfel von „Meiers" legte sich das allmählich. Alle kamen heil im heutigen zu Hause wieder an.

(1978)

III. Vor Ort

1. Minister in der Lüneburger Heide

Seine allererste Reise machte Andor als 16-Jähriger mit einer Gruppe Gleichaltriger in die Lüneburger Heide. Das Jugendamt hatte das eingefädelt. Die Jugendlichen kamen in ein „Lager", das aus Baracken bestand und von einer Dame geleitet wurde, die als „Tante" anzusprechen war. Irgendwie war das Jugendamt politisch motiviert, denn kaum angekommen, mussten sie eine „Lagerregierung" bilden, die den Urlaub regeln sollte. Die „Regierung" wurde ganz demokratisch gewählt, und Andor erhielt so das Amt eines Ministers. Er war der Minister für Ernährung, musste also den Speiseplan mit der Lagerleitung abstimmen, die Essenszeiten an- und durchsetzen und dafür sorgen, dass genügend viele „Lunchpakete" zur Verfügung standen, wenn ein Ausflug vorgesehen war. – Das war die erste und letzte Reise, auf der Andor ein „Regierungsamt" ergatterte.

2. Dackel zwischen Hamburg und Bremen

Als Andor Student war, kannte er seine Silke schon. Sie studierte an derselben Universität wie er, allerdings ein anderes Fach.

Eines Tages entschlossen sich die beiden, eine Reise zu machen: Hamburg-Bremen und zurück. Aber wie? Die beiden hatten kein Auto, und Bahn oder Bus erschienen ihnen viel zu teuer. Was blieb übrig? – Trampen.

Am Ortsausgang von Hamburg standen zwei Studenten und winkten stadtauswärtsfahrenden Autos zu. Hielten welche, ging die Frage an den Fahrer: *„Können Sie uns ein Stück mitnehmen Richtung Bremen?"* Einige konnten, aber immer nur ein Stückchen, nicht gleich ganz bis Bremen. Stück für Stück kamen Silke und Andor Richtung Westen voran, und wieder standen sie an der Landstraße. Da hielt ein Dreiradauto mit einer offenen Ladefläche hinten. *„Da könnt Ihr rauf; ich fahre bis Bremen!"* Beglückt sprangen die beiden auf den Minilaster, da entdeckten sie, dass sie bei weitem nicht die einzigen Passagiere waren. Unendlich viele junge Dackel reisten mit. Und jeder von ihnen wollte den beiden Menschen die Ohren ablecken. Die ließen es schließlich geschehen, denn der Wagen sauste strikt nach Bremen, und an einen vorzeitigen Stopp war gar nicht zu denken.

Gründlich abgeschleckt kamen die Nachwuchswissenschaftler in der Weserstadt an. Als sie ihr Domizil, eine Jugendherberge, erreicht hatten, fragten sie sogleich, wo man sich das Gesicht waschen könne. Der „Herbergsvater" zeigte alles: die Waschräume, die Schlafsäle und die große Küche. Hier mussten die beiden Unmengen von Kartoffeln schälen, bevor es Abendessen gab.

Am nächsten Abend waren Silke und Andor wieder in Hamburg und wieder in einer Jugendherberge. Hier partizipierten sie am öffentlichen Nahverkehr der Hansestadt, denn alle zwei, drei Minuten schallte es vom nahe gelegenen Bahnhof herüber: „Landungsbrücken", „Landungsbrücken"...

3. Ins Schulhaus

Andor und Silke Stolp wurden Kern einer richtigen kleinen Familie. Bald nach der Eheschließung kam Töchterlein Maria zur Welt; vier Jahre später war Johann da. Von nun an reisten sie zur viert. Sie fuhren im PKW über Land, Bundesstraßen und Autobahnen entlang. Vorne saßen die Eltern Silke und Andor – der Vater fuhr „den Wagen"– und im Fonds waren die lieben Kleinen. Spätestens nach fünfzehn Minuten Fahrzeit kam von hinten die Anfrage: „Sind wir bald da?" Oder der Hilferuf: „Ich hab' Hunger!" Oder: „Ich muss mal!" Auch „Hör auf zu stänkern!", war oft zu hören. Die Mutter versorgte den Nachwuchs mit psychischer oder physischer Zuwendung. Der Vater hatte das Radio eingestellt, hörte Nachrichten oder summte die Melodien des Senders mit.

Es ging hinaus in die Welt. Das Auto fraß Kilometer der Bundesstraßen. Fort war der heimatliche Ort, und neue Gegenden tauchten auf. Immer neues „Futter" (Benzin) floss in den Schlund des Autos, und Tankwarte sprachen unbekannte Dialekte. „Wie weit wir schon sind! Das ist Freiheit!" Vater Andor drehte das Radio noch lauter auf und sang bei allen Schlagern mit. Dann sendeten sie Kindergeschichten, und die Kleinen waren ganz Ohr. Die Route war auf der papiernen Landkarte vorgeplant. Nun waren die auf der Karte roten Linien graue Straßen, und was zu Hause Sekunden gedauert hatte – die Reise von A nach B – beanspruchteStunden. An manchen Kreuzungen wurde es knifflig: Wo sollte man fahren: „Rechts, links oder geradeaus?" Die Mutter setzte die Brille auf, studierte die Karte, (das „verdammte

Ding"!) und entschied über die weitere Route. Meist lag sie richtig. Die Gastgeber hatten die Betten schon gemacht.

Dann tauchten sie auf: das Meer oder die Berge. Unendlich weit zog sich der Ozean dahin, und im anderen Fall lockten die Gipfel. Die Hänge waren gefleckt – weite Wälder wechselten sich mit weißen Schneefeldern ab. Je höher die Berge waren, desto häufiger waren Schneefelder zu sehen, und statt des dunklen Grüns der Wälder waren nun immer mehr nackte graue Felsen zu sehen.

Andor und Silke verließen das Gefährt, schauten in die Runde, genossen die „ganz andere Luft" und waren überglücklich, am Ziel zu sein: „Am Meer" oder „In den Bergen". Die Kinder indes maulten und waren müde geworden von der langen Fahrt.

„Nun aber ab zur Unterkunft!" Ein altes Schulhaus war leer und wartete, oder die „Gasteltern" in der „Privatpension" warteten. Wo aber waren sie? Andor und Silke studierten die Zettel mit den Adressen, fuhren Straßen und Gässchen in den erwählten Orten ab, fragten nach dem Weg und erreichten schließlich das gewünschte Haus.

Im Schulhaus lag der Schlüssel unter dem Fußabtreter des Portals. Silke war es eingefallen, dass ihnen das zu Hause mitgeteilt worden war. Die Klassenzimmer waren zu Gästezimmern umgewandelt. Jeder Familie stand ein ehemaliger Klassenraum zur Verfügung. Die Gästefamilien stammten von überall her: Schleswig-Holstein, Niedersachsen, Bayern, und sogar Österreicher waren da. In den Klassenräumen standen keine Stühle, Bänke und auch kein Lehrerpult mehr, dafür Doppelstockbetten. Die Klassenschränke waren ausgeräumt und warteten auf die Garderoben und Wäsche der Gäste. Alle Schultafeln hingen noch, und zur Freude der Gästekinder waren die Kreidekästchen gefüllt. Die ehemaligen Jungentoiletten waren zu Badezimmern für männliche Feriengäste umfunktioniert worden – egal, ob groß oder klein. Für die weiblichen Besucher gab es die früheren Mädchentoiletten. Das Lehrerzimmer war geteilt, und wer wollte und es sich leisten konnte, mietete hier einen Aufenthaltsraum zusätzlich zum Schlafzimmer in den Klassenräumen.

Das Portal zum Schulhaus hatte stets geschlossen zu sein; alle Räume im Innern blieben dagegen unverschlossen – auch nachts. Den Schlüssel fürs Haus holte sich Familie Stolp anderntags im Rathaus beim Schulamt; dort war auch die Miete zu begleichen.

Vorher hatten die Stolps ihnen notwendig erscheinende Informationen bei Urlaubern eingeholt, die schon ein paar Tage vor ihnen gekommen waren und nun als Experten galten. Dazu saßen alle in dem ehemaligen Hausmeisterzimmer, das zum „Gemeinschaftsraum" umfunktioniert war. Dort befanden sich auch Gläser für Saft, Wasser, Wein, Bier oder Schnaps, und manche „becherten" nicht unerheblich. Badestellen und -zeiten wurden erkundet, Tipps für Ausflugsziele herumgereicht, und auch, wo der günstigste und nächstgelegene Einkaufsladen war, wurde hier mitgeteilt.

Silke und Andor fanden die anderen Urlauber sehr nett, nur zwei ältere Ehepaare saßen für sich und schienen aus der Reihe zu tanzen. Während die „Alten" so dasaßen und den Abend genossen, tobten die Kinder in den Etagenbetten, stritten um ihre Schlafplätze: „Oben oder unten?" Bald jedoch waren sie müde und schliefen ein.

Fürs Frühstück holte der Vater Milch, frische Butter und Brötchen aus dem annoncierten Laden, dazu kamen Teile des mitgebrachten Proviants, die Mutter entnahm dem Schulschrank das bereit stehende Plastikgeschirr und dann wurde das Frühstück an dem Tisch eingenommen, den das Schulamt in die Mitte des Raumes gestellt hatte. Abgewaschen schließlich wurde in der ehemaligen Mädchentoilette.

Dann begann der Urlaub!

Um zehn Uhr zog die ganze Familie zum Strand, bepackt mit allerhand Utensilien: Decken, Mützen, Schirm, Crèmes, Essen, Getränke, Kofferradio und Buddelzeug. Die „Alten" fläzten sich im Badedress auf eine Decke, und die „Jungen" buddelten im weißen Sand, schleppten Wasser herbei und hielten Ausschau nach Altersgenossen. Immer wieder gingen besorgte Blicke der Eltern zum Himmel hin mit der bangen Frage im Hinterkopf: *„Wie wird das Wetter?"*

Das Wetter war das „A" und „O" der gesamten Reise. In Mitteleuropa regnet es bekanntlich oft, und dann ist an Baden oder Wandern nicht zu denken. Solche Tage können sehr lang und langweilig werden. Alle sind dann drinnen – im Schulhaus, in einer Kneipe oder in Geschäften. Spiele wie „Mensch ärgre Dich nicht", „Scrabble" oder „Uno, uno" sollen die Zeit vertreiben. Aber die Ferienwilligen werden trotz allem allmählich griesgrämig. Hinterher, wenn der Urlaub vorbei ist, wird zu Hause dennoch stets verkündet: *„Wir hatten herrliches Wetter!"*

Wanderungen in den Bergen waren stets ein zwiespältiges Vergnügen. Anfangs war die Wanderausrüstung noch ziemlich dürftig, dann kamen Wanderschuhe und –socken, Flanellhemden, Filzhüte,

Stöcke und bei einigen sogar Lederhosen. Es ging hinauf in die Berge, je früher desto besser, denn „Am Morgen sind die Berge am schönsten." Aber zunächst kam der Anstieg durch Wälder, an Gehöften und Almen vorbei, über Geröllhalden und schließlich an Felswänden entlang. War das anstrengend! Lustig wurde es bei der Sennerin, wenn sie beim Anblick eines einsamen Bergsteigers ausrief: *„Da kommt der Besamer!"* Dann protestierten die „Kleinen", wenn dieselbe Dame erklärte: *„Großstadtkinder denken, Milch kommt aus der Fabrik.":* „Wir sind doch nicht blöd!"

Schließlich war der Gipfel da. Rundum waren Berge, Wolken und blauer Himmel zu sehen. „Ist das schön!", jubelte die Mutter, während der Vater anfing, mit seinem Wanderstock in verschiedene Richtungen zu zeigen: „Da ist der ‚Rist-Höhenzug', hier der ‚Piz Luis', und das hier ist das ‚Elefantenhorn'." Der Rest der Familie war beeindruckt.

Am schönsten jedoch war es später in Berghütte unter dem Gipfel. Hier gab es Nudeln, Schweinswürstel, Rösti, Wein für die Mutter, Bier für den Vater und Säfte oder sogar Cola für die Kinder. Andor hatte gute Laune und spendierte hinterher für alle Eisbecher. So gestärkt konnte es weitergehen – nun bergab.

„Bergab ist schwerer als bergauf", hatten Miturlauber behauptet. Andor fand, das sei nicht wahr. Je näher sie jedoch ihrem Ziel im Tal kamen, desto häufiger richteten sie ihren Blick gen Himmel. Es zog sich etwas zusammen, und in irgendeiner Ferne konnte man das Grummeln eines Gewitters vernehmen. Gerade, als die Stolps ihre Unterkunft betraten, begann es zu schütten. Später in der Heimat aber versicherten die Urlauber: „Wir hatten herrliches Wetter!"

Am Meer hatten die vier einmal einen Ausflug zur Insel „Helgoland" gemacht. Die lag einsam etwa achtzig Seemeilen entfernt und hatte eine eigene Geschichte hinter sich: Eine fremde Macht – ihre Nachfahren wurden später „Freunde", dann aber wieder nicht mehr – hatte diese Insel, die eigentlich ein Felsen im Meer war – okkupiert und als Abschussort für Fliegerbomben genutzt. Dann war die kriegerische Konjunktur vorbei, und das Eiland kehrte zurück in den Schoß des alten Heimatlandes. Es wurde hergerichtet mit Wegen, Auen, schönen Aussichten und entwickelte sich zum Magnet für Tagesausflügler, die mal nicht als halbnackte Touristen am Strand liegen mochten. Um neun Uhr fuhr das Schiff, vollbesetzt, mit „Kurs Helgoland" los und dümpelte bald vor der Insel. Dann kamen kleinere Boote. Die

Passagiere mussten umsteigen, bevor sie das Land betreten konnten, denn richtige Hafenanlagen hatte die Insel nicht. Nun kam der Gang „rund um die Insel" und alle kehrten schließlich in einem Fischrestaurant ein, wo es „Scholle Finkenwerder Art" oder „fangfrischen Seelachs" gab. Dazu wurde entweder ein Glas Bier, ein Schoppen sauren Weins oder ein Glas Wasser angeboten. Nach diesem frugalen Mahl wanderten die Schiffsreisenden wieder zu den Booten, setzten über aufs größere Schiff über und gingen um sechszehn Uhr wieder von Bord. In der Heimat später hieß es: „Das war ein tolles Abenteuer!"

So war der Urlaub. Und er war viel zu schnell vorbei.

Wieder packten die Stolps ihr Auto voll. Wieder saßen die Eltern vorne und die Kinder im Fonds. Die drängelten allerdings nicht mehr, denn sie wussten nun: Solche Reisen dauern Stunden. Dafür beschäftigten sie sich mit den Spielsachen, die sie im Urlaub geschenkt bekommen hatten. Der Junge blätterte in einem Bilderbuch ihrer Urlaubsregion, das Mädchen spielte mit einer Stoffpuppe im Trachtenkleid.

Zu Hause dann schrieb Silke einen Brief an die „netten" Leute aus Hessen, die sie im Urlaub kennengelernt hatte und mit denen sich die Stolps angefreundet hatten. Sie sollten doch einmal in ihre Stadt kommen und könnten auch bei ihnen übernachten.

Andor gab drei Filme zum Entwickeln im Fotogeschäft ab und bestellte die Bilder als Dias. Alle waren sehr gespannt, ob und wie sie „werden" würden. Eine Woche später holte Andor die entwickelten Aufnahmen ab, und die ganze Familie fand, die Fotos seien großartig geworden. Sie waren in Farbe und zeigten Landschaften, Landschaften und Urlauber, Urlauber.

Der „Diaabend" konnte stattfinden.

4. Besamer auf der Alm

Schwestern, Brüder, Freundinnen und Freunde kamen mit ihren Angetrauten. Als erstes bekamen sie zur Einstimmung ein nachgekochtes, aber typisches Regionalgericht aus der Urlaubsregion vorgesetzt. Danach ging es in den Vorführraum, wo ein Projektor und eine Leinwand aufgebaut waren. Andor schaltete den Projektor an, legte den ersten Diakasten ein, jeder Gast wurde mit einem Getränk nach Wahl versehen, suchte sich ein Plätzchen und dann schaltete der Vorführer das Licht aus. Im Vorführraum war es schummrig wie im Kino. Auf der

Leinwand erschien ein Fotobild des Schulhauses mit einem Baum davor. *„Das ist das alte Schulhaus. Da haben wir gewohnt. War ganz praktisch.",* erklärte Silke.

„Und so sah's am Strand aus." – *„Wir beim Aufstieg."* – *„Bootsfahrt nach ‚Helgoland'."* – *„Unsere Sennerin, die war lustig."* (Es folgte die Geschichte vom Besamer.) – *„Wir mit Babbels zu Hause beim Brettspiel"*: Jedes Foto wurde kommentiert, derweil die Zuschauer nach und nach einschlummerten.

„Das war's!", kamen schließlich die erlösenden Worte. Manche Gäste baten um ein weiteres Gläschen, und endlich sagte eine Tante: *„Das muss ein schöner Urlaub gewesen sein!" „Ja."*, erwiderte Silke und fügte hinzu: *„Wir hatten aber auch herrliches Wetter!"*

(1960 und 1980)

IV. In den Hauptstrom

1. Spitze Buben am Vesuv

Nun zog es sie dorthin, wo so viele schon lange Urlaub machten: Nach Italien. Sie reisten per PKW und mit noch gleich drei befreundeten Ehepaaren nebst deren Nachwuchs. Die Reisegesellschaft verabredete ein allgemeines Treffen in Hall in Tirol, bevor es über den sagenumwobenen „Brenner" in das Land, „wo die Zitronen blüh'n", gehen sollte. Im Hotel sagte die Wirtin, aus Italien sei noch nie jemand zurückgekommen, ohne bestohlen worden zu sein. Ein Ehepaar unserer Reisegesellschaft war mit einem „Porsche" angereist und hatte nun eine Heidenangst, dass etwas von ihrem Auto oder gleich das ganze Gefährt abhandenkommen könnte. Sie sicherten das Auto ab: Ein Knopfdruck genügte, und der Motor hatte kein Benzin mehr. – Auf der Autobahn im Sonnenland geschah es: Die Frau drückte vor Langeweile auf den Knopf, und das Edelgefährt blockierte sich und die Straße. Rufe plötzlich behinderter Italiener dahinter erklangen gar nicht so südländisch-charmant. Dann fuhr der Wagen wieder los, und alles war vorbei. Sonst geschah dem „Porsche" auf der ganzen Reise nichts.

Vorher hatten sie den „Brenner" passiert: Welche Befreiung! – Doch da näherte sich schon ein italienisches Polizeiauto und stoppte das Auto der Stolps. Andors Ausweis-Foto wurde wieder und wieder überprüft – sehr ernsthaft und stumm! Andor musste wohl ähnlich ausgesehen haben wie ein südlicher Gangster, doch die Polizisten schwiegen, setzten sich in ihren „Fiat" und fuhren davon.

„Salute, bella Italia!"

In der ersten Tankstelle auf italienischem Boden war es voll. Jede Familie füllte ihren Tank mit „italienischem" Sprit und stellte hinterher fest, dass der Tankwart keiner Familie korrekt Geld herausgegeben hatte. Alle bekamen etwas weniger als ihnen zustand. Keine Familie bekam mehr Geld zurück. Die Sache mit den vielen Lira war ja auch kompliziert für „DM-Menschen" aus dem Norden!

Dann kamen alle nach „San Gimignano". Welche eine Stadt! Auf einem Berg standen „Geschlechtertürme", hohe Häuser, mit denen einst reiche Familien ihren Mitmenschen imponieren wollten. Die Reisenden fragten sich, ob mittlerweile die Banken die Stellung der alten Familien eingenommen hatten. Nach „San Gimignano" in Italien wuchs nun „Frankfurt" am Main in Deutschland in die Höhe. Aber die Schönheit war auf der Strecke geblieben.

San Gimignano

Dann ging es nach „Rom". Es gibt große Aufregung wegen der Autos, denn das Hotel dort hatte keinen Parkplatz. Alle vier Autos mussten durch halb „Rom" kutschieren und kamen zu einer Garage, in der die Autos Stoßstange an Stoßstange standen. Die Schlüssel blieben in den Autos. Bedenken wegen eines möglichen Diebstahls baute der Garagenwärter ab: *„Die Autos hier sind so sicher, dass ich sogar das Auto meiner Mama abstellen würde."* Alle waren überzeugt.

Nach dem Abklappern aller Sehenswürdigkeiten „Roms" und dem „Genuss" unendlicher Mengen „Frascatis", bewegte sich die ganze Truppe bei großer Hitze nach Süden. Die Autos waren noch da – auch der „Porsche". Schließlich kamen alle in „Casa Vellino" (dem Zielort) an. Dort suchten sie eine geeignete Wohnung, die sie dann auch fanden.

Nach einem Eingewöhnungs- und Ruhetag kamen die Südlandfahrer so langsam in Urlaubsstimmung. Anderntags fuhren einige nach „Paestum" und bestaunten viele interessante und imposante Tempel.

Dann erfuhr der italienische Wirt, dass einer seiner Gäste zu Hause politisch aktiv war. Der Italiener war ganz begeistert, einen „Politiker" unter seinen Gästen zu haben: Sein Bruder sei ebenfalls in Neapel politisch aktiv.

Dann ging es nach „Pompeji". Es war herrliches Wetter. An die große Katastrophe von einst erinnerten nur noch die alten – mittlerweile romantisch wirkenden- Ruinen. Aus Schutt und Asche war eine Touristenattraktion geworden.

Der Urlaub verging unter Faulenzen, Ausflügen und immer wieder Weintrinken. Beim Selbstgemachten aus „Casa Vellino" stellte sich am nächsten Morgen fast immer Kopfschmerz ein. Dann genossen die Urlauber das milde Meer, und bei einem Besuch des Vesuvs warnte ein Einheimischer: „Vorsicht, spitze Buben!"

Schon ging es über „Rovereto" zurück in die Heimat. Noch einmal aßen alle gut und tranken zu viel, fuhren dennoch am nächsten Tag wieder über den „Brenner" und kamen unversehrt wieder in Deutschland an.

Von nun an gehörten vier weitere Familien aus dem Norden Europas zu der großen Schar der Italienkenner. Beim Brettern über deutsche Autobahnen Richtung Heimat grübelte Andor Stolp: „Wo waren denn die spitzen Buben gewesen? Haben wir etwas versäumt?"

(1982)

2. Kalimera: Der Hase Augustin

Im ganz großen Mainstream der kommenden Reiseweltmeister waren die Stolps aber noch längst nicht angekommen. Es fehlten vor allem Griechenland und Spanien.

Also ging es erst einmal auf nach „Methoni" in Griechenland.

Aber vorerst fuhren sie auf die Schwäbische Alp.

Die Reise begann früh mit dem PKW. Auf der Fahrt gab es viele Umleitungen. Erst abends waren Silke und Andor – die Kinder waren schon nicht mehr mitgekommen – in „Lonsingen" auf der Schwäbischen Alp und trafen sich mit Freunden. Dort wanderten sie unter Anleitung eines echten Schwaben, der erzählte, dass an einer Stelle hier Vieh weide, welches im Frühjahr aus dem Allgäu geholt würde. Als die angereisten Großstädter darüber nicht staunten, staunte der Schwabe umso mehr.

Danach fuhren die Stolps so richtig in den Süden. Es ging über „Ravensburg" und „Bregenz", über den „San Bernardino", vorbei an „Lugano", „Como" und „Mailand". Sie rasteten schließlich in „Salsomaggiore Terme" in der Nähe „Parmas". Dort fanden sie ein kultiviertes kleines Hotel mit einem witzigen Patron und „1a-Speisen". Es hatten gerade Bridge-Weltmeisterschaften stattgefunden; Stolps konten noch Damen in Nerzmänteln und Ferraris bewundern. Sie waren eben wieder in Italien! Die Beiden bestaunten eine alte Therme und freuten sich, dass sie diese Sommerfrische der Italiener in den Bergen entdeckt hatten. In diesem „Nest" ließ es sich gut schlummern.

Morgens ging es aber (noch immer per PKW) fix nach „Ancona". Pünktlich um einundzwanzig Uhr verließen sie auf einer Fähre den Stiefel und waren am folgenden Abend in Griechenland in „Igoumenitsa". Am Ende stiegen sie im Hafen von „Patras" aus. Er war größer als der von „Igoumenitsa", und Silke fand ihn „hässlich". Nun kam das Auto wieder zum Einsatz.

Die Fahrt wurde wegen ständig steigender Temperaturen unangenehm. Klimaanlagen in Autos waren in Europa noch unüblich. Schließlich erreichten die beiden aber doch „Methoni" (ihr Ziel) und nahmen „ihr" Ferienhaus in „Besitz". Sie gingen sofort baden.

Griechenland erwies sich von Anfang an als sehr, sehr heiß!

Da wechselten Silke und Andor Strandgänge mit Besichtigungen ab. Sie besuchten eine Venezianische Festung sowie einen kleinen Ort am Meer namens „Finikoudas". Dort machten sie Bekanntschaft mit der umstrittenen griechischen Küche: Es gab mit Reis gefüllte Tomaten und weiße Bohnen, dazu kaltes Wasser.

Das Essen war die eine Sache – die andere war, dass in der Taverne brüllend laute Musik plärrte. Überall (Das merkten die Stolps bald.) quoll diese Musik aus allgegenwärtigen Lautsprechern. Besonders beliebt war die griechische Version des deutschen Kinderliedes vom *„Hasen Agustin"*. „Schrecklich!" fanden Silke und Andor das.

Blieb die Flucht nach „Kovoni", wo die beiden eine alte Burg sahen. Im Innern derselben waren ein Kloster sowie Gärten und ein weites, offenes Feld. Alles war sehr geruhsam unter dieser brütenden Hitze. Da tauchte ein Gärtner auf und verschenkte an die Gäste reife Tomaten – die schmeckten so wunderbar, dass aller Groll der Stolps erlosch: Hitze und Lärm waren vergessen.

Langsam fuhren die Besucher durch Berge zurück zum Ferienhaus.

Später ging die Fahrt nach „Olympia". Ein Mythos stand auf dem Programm! Für die zweihundertzehn Kilometer brauchten sie viereinhalb Stunden. Aber so hatte sich Ihnen die Bergwelt der „Peloponnes" erschlossen. Jetzt waren sie im berühmten „Arkadien". Alles schien verklärt zu sein, und in „Olympia" selberschien es noch heißer zu sein als im Umfeld. Beim Besichtigen der Reste des Stadions und der Tempel sannen die Stolps darüber nach, wie es wohl in der Antike gewesen sein mag, als Athleten aus „Athen" und „Kreta" hier ihre Kräfte maßen. Die Sportstätte war umstanden von alten Pinien und Olivenbäumen, die Schatten warfen. Alles erschien so unspektakulär: Doch das war der Ort, wo vor zweitausend Jahren eine mittlerweile aktuelle Weltidee geboren wurde!

Einige moderne Griechen grüßten die Besucher mit „Kalimera" und warfen einen mitleidigen Blick auf das Auto ohne Klimaanlage, so als wollten sie sagen: „Und damit seid Ihr aus Deutschland hierhergekommen? – Ihr Armen!"

Bei „Methoni" liegt ein Berg namens „Likódlinmon". Er ist 959 Meter hoch, und von ihm aus kann man das stillgelegte Kloster „Chrissokellarias" erreichen. Hier entdeckten Silke und Andor wahrhaft arkadische Landschaften. Auch Nestors Palast nördlich von „Pilos" war in der Nähe. Dort sahen die Stolps eifrigen Ausgrabungen zu. Zu Hause wurde schon Alarm geschlagen, wenn ein dreihundertjähriger Stein in der Erde lag; hier aber ging es um dreitausend Jahre.

Nach so viel Gestein und Geschichte fanden sie neben ihrem Ferienhaus eine einsame Bucht, wo sie sogar ohne Textilien baden konnten. Sie schwammen hinein in die Bucht und waren plötzlich weit vom Ufer entfernt. Ein Flüsschen, das sie ursprünglich nicht gesehen hatten, hatte sie hinaus gespült. Nun mussten sie schwimmen, was das Zeug hielt und erreichten auch das Ufer, aber sehr erschöpft.

In einem Holzboot und einem „Fischer" als Piloten wagten sich die Urlauber danach vermeintlich gesicherter auf's Meer hinaus. Das Boot hatte einen Außenbordmotor, und da dieser nicht recht gehorchte, füllte der „Fischer" (brennende Zigarette stets im Mund) ständig Benzin aus einem Plastikkanister nach. Der Motor sprang dadurch nicht an, das Boot flog aber auch nicht in die Luft.

Schließlich fuhren Silke und Andor in Richtung „Patras". Es ging wieder nach Hause. Im Hafen suchten sie die „Talos" und schipperten über die „Adria". Die Fähre war fast leer, und so konnten sie alles (die

Kabine mit Klimaanlage, die Abwesenheit von Mücken und anderem Geziefer) in Ruhe genießen.

Wieder in Italien, in „Ancona", tauschten sie Lira ein, und dann ging es auf die „Autostrada": „Rimini", „Bologna", „Modena", „Verona" lagen an der Route. Es folgten „Bozen" und „Kaltern". Dann kam wieder der „Brenner". Es blieb heiß. Aber, was war das? Selbst im nördlichen gelegenen Bayern war es auch heiß. Danach erst kam Regen: Die Heimat grüßte.

(1995)

3. „It's for you boys!" auf Teneriffa

Italien und Griechenland waren „abgehakt". Aber um richtig mithalten zu können im großen Reisestrom der Zeit, fehlte noch ein Land: Spanien. Andor Stolp hatte von den „Kanarischen Inseln" gehört. Dahin machten sich mehr und mehr Urlauber auf. Wie man hörte, lagen diese geheimnisvollen Inseln weit außerhalb des spanischen Festlandes irgendwo im Atlantik. Diese Inseln hatten exotisch klingende Namen wie „Lanzarote", „Teneriffa", „La Gomera", „La Palma", „Fuerteventura" oder „Gran Canaria". Dass diese Inseln nicht mit dem Auto erreichbar waren, war klar. Mit dem Schiff zu fahren, würde aber den ganzen Urlaub in Anspruch nehmen: Also kam das Flugzeug ins Spiel. Die Massenfliegerei war entstanden. Entsetzte Flugbegleiter lästerten über das „Palma-Pack".

Andor Stolp betrat in einem Januar ein Reisebüro mit Namen „Teneriffa-Reisen": Er wolle mit seiner Frau in Urlaub reisen, jetzt im Februar, und er habe gehört, es gäbe Gegenden, in denen da jetzt Sommer sei. *„Ja, auf Teneriffa zum Beispiel!"*, erwiderte die Verkäuferin. *„Da blühen jetzt die Rosen, und Sie können in kurzen Hosen gehen."* – *„Ja, da will ich hin!"*: Die Reise war gebucht.

Zu Hause kramte Vater Stolp den alten Schulatlas hervor und studierte ihn mit seiner Frau. *„Wo liegt denn eigentlich dieses Teneriffa?"* – *„Da, vor der Westküste Afrikas!"* – Sie hatten ein neues Stück von der Welt entdeckt.

Dann wurde es ernst. Punkt 6:30 Uhr kam die Taxe und um 9:15 Uhr startete der Flieger einer Urlaubsgesellschaft. Er war voll. Eine Flugkapitänin erklärte gleich nach dem Start, „Teneriffa" hätte dreiundzwanzig Grad. Der Flieger musste einen „Zwischenstopp" in „Malaga" zum Auftanken machen, dann währte der Flug weitere Stunden.

Beim Anflug erkannten die Urlauber den 3718 Meter hohen „Teide", dessen Spitze weiß und weiter unten wolkenumkränzt war. Sie wussten bereits: „Das ist der höchste Berg Spaniens", denn auf diese Reise hatten sie sich vorbereitet. Ein wenig staunten sie schon über den Schnee auf dem Gipfel – so viel näher am Äquator als zu Hause!

Vom Rollfeld aus konnte man tatsächlich kurzbehoste Männer und blühende Rosenhecken sehen. Der Bus fuhr durch das seit Alexander von Humboldt so berühmte grüne „Orotava-Tal" nach „Santa Cruz de Tenerife", wo auf einem mit gelb und rot leuchtender Kresse bewachsenen Hügel das Hotel „Taoro" thronte. Silke und Andor kamen sich vor wie im Paradies. Vor ihrem Zimmer lag ein Pool, dahinter war der „Teide" zu sehen und unter dem Fenster lustwandelten Pfauen. Es musste ein Paradies sein, und beim Öffnen eines Schrankes entdeckten sie einen dezenten Hinweis: *„Unsere Gäste werden gebeten, den Speisesaal mit Krawatte zu betreten."*

Flugs eilten die Stolps den Kresseberg wieder hinunter, tauchten in die schmalen Gassen des Fischerdörfchens ein und erwarben eine Krawatte –eine seidene! Als sie wieder zurück hinauf in ihr Zimmer stiegen, schnellte an ihnen ein großer schlanker Herr im dunklen Anzug vorbei. Silke und Andor machten sich fein. Andor legte die neu erworbene Krawatte an.

Als sie den Speisesaal betreten wollten, öffne ihnen ein eleganter Herr die Flügeltür und wünschte „buena sierra!". Die Besucher erkannten sofort: Das war der Signor vom Kressenberg. Hier war er „Maitre de Salle", öffnete Flügeltüren, rückte Gästestühle zurecht, nahm aber keine Bestellung auf – servierte auch weder Getränke noch Speisen. Dazu hatte er die Unterkellner, 1. welche, die die Bestellungen für die Menues aufnahmen, 2. welche, die die Menues servierten und schließlich 3. welche, mit denen die Gäste Getränke auswählten, die von denselben Kellnern dann auch kredenzt wurden. Damit die Gäste immer durchblickten, war jede Art von Kellnern anders gewandet: Frackmäßig der Maitre de Salle, schwarze Straßenanzüge die übrigen Kellner – die Notierer der Menues allerding mit schwarzen und die eigentlichen Kellner mit roten Krawatten, und knallrote Jacketts trugen die Herren der Getränke. Alles geschah in einem großen, hell erleuchteten Raum mit kleinen Tischen für zwei, vier oder sechs Personen. Die Stolps genossen das sehr.

Da erschien ein älterer Herr im dunklen Anzug, Frisur schwarzhaarig. „Ein typischer Spanier.", dachte Silke. Er schien in Eile zu sein und hier bekannt. Fix aß er den ersten Gang und auch den zweiten, dann stand er auf, warf die Stoffserviette über seinen Stuhl, legte einen Geldschein auf den Tisch und sagte im Gehen zu den ihn beobachtenden Kellnern:

„Its for you, boys!"

Das waren Ausläufer der Kolonialzeit. Aus dem „Taoro" wurde später ein Spielkasino, und das einstige Fischerdorf „Santa Cruz de Tenerife" wuchs zu einer Touristenstadt heran. Pfauen vor dem „Teide" gab es nicht mehr. Bald war das „Orotava"-Tal weitgehend zubetoniert. Es fuhren Linienbusse hin und her: Es war wie in einer deutschen Großstadt.

Beim ersten Besuch hatten sich die Stolps ein Auto gemietet und sind auf die andere Seite der Insel gefahren. Das war der Südwesten: Karstland! Seinerzeit hatten die Urlauber ein trauriges und einsames Fischerdorf entdeckt, das hieß „Los Christianos". Später stand hier eine Hotelanlage neben der anderen. Massentourismus war angesagt. Fast die ganze Südküste war mittlerweile zugebaut. Das trockene Wetter schien genau richtig für die sonnenhungrigen „Touris", die nun kamen.

Grünanlagen neben Pools in „Los Christianos" wurden nun künstlich bewässert. Es kamen jetzt mehr als vier Millionen Besucher pro Jahr – nunmehr ohne Zwischenstopp. Der Flughafen „Teneriffas" wurde in den Süden verlegt; der im Norden war altmodisch geworden, und eine neue Autobahn zog sich die gesamte Südküste entlang.

Teneriffa liegt etwa 3000 Kilometer von Deutschland entfernt. Sie gilt als die schönste Insel der Kanaren, ist 2.034,84 Quadratkilometer groß und hatte ca. 907.000 Einwohner.

Nach ihrem ersten Besuch „Teneriffas" waren Silke und Andor noch mehrmals dort: Die Insel wurde voller und voller. Gebaut wurde wie verrückt. Und das gute alte „Taoro" gab es längst nicht mehr.

Einmal waren sie in „Vilaflor" hier, ganz untypisch in den Bergen auf etwa 1400 Metern Höhe: Nach einer Operation im Gehirn hatte sich Andor bei Wanderungen dort erholt. Die neuen Badeorte des Südens und die weitläufigen Strände konnte er damals „von oben" betrachten.

Zum letzten Mal zog es die Stolps in den Südwesten „Teneriffas". Hier befand sich ein im südspanischen Stil errichtetes Hotel namens „Gran Meliá". Vom Hotelzimmer aus hatten sie einen direkten Blick aufs Meer, und sie konnten bis zur Insel „La Gomera" schauen.

Bald wanderten Silke und Andor die Küste „Teneriffas" entlang Richtung „Los Gigantes". Anfangs war die dortige Uferpromenade gepflegt. Offenbar unterlag sie der Fürsorge der Urlauberhotels, die man hier wie Perlen an einer Schnur errichtet hatte. Vor jedem Hotel befand sich ein Pool, eingebettet in einen „botanischen" Garten.

Doch dann mussten die beiden in eine Wüstenei klettern und kamen an Bananenplantagen vorbei, die teilweise aufgegeben waren. Sie vermuteten, dass auch hier Hotels errichtet werden sollten. Die Kanaren stellten ihre Wirtschaft offensichtlich weg von der Landwirtschaft und hin zum Tourismus um. Wo wahrscheinlich weitere Hotels geplant waren, nisteten sich vorläufig zwischen schwarze Felsen „wilde" Camper ein, auch sie Touristen. Eigentlich war ja hier Campen verboten, aber wen interessierte das?

Schließlich kam das Paar in „Varadero" an. Waren sie jetzt schon auf Cuba? Nein, „Varadero" nannte sich ein Vorort von „Puerto de Santiago". Viele Deutsche – man konnte es an den Namensschildern der Wohnungen sehen – hatten hier ein Feriendomizil. Aber das Schild „Se Vendre" war ebenfalls oft zu sehen. Ebbte der Boom ab?

Dann trafen sich Silke und Andor mit Freunden, die am entgegengesetzten Ende der Insel wohnten. Als Treffpunkt wurde der Ort „Icod de los Vinos" vereinbart.

Mit einem Bus der Gesellschaft „titsa" fuhren Stolps zum vereinbarten Treffpunkt auf die andere Seite der Insel. Dazu mussten sie in „Varadero" umsteigen, und hinterher ging es in die Berge im Zickzack nach Norden. Die Strecke war landschaftlich sehr schön. Es war Frühling, und die Mandelbäume standen in voller Blüte. Blumenübersäte Hänge, grüne Wiesen, Weiden, Terrassen und unten das blaue Meer erfreuten: Sie erlebten die Kanaren von der schönsten Seite. – An Haarnadelkurven wurde der Bus langsamer; er rollte dann Radfahrern hinterher, die sich in den Berge quälten.

Dann waren sie in „Icod de los Vinos". Die Freunde stellten beruhigt fest, dass alle sich warm angezogen hatten, denn sie waren ja nun auf der Nordseite der Insel. Aber die Stolps waren im Bilde: Einmal bei einem früheren Besuch hatte ein offensichtlicher „Ossi" gefragt:

„Entschuldigung, ist es hier immer so kalt?"

Zuerst gingen alle in ein geographisches Museum, in dem Karten gezeigt wurden, die Vorfahren vor etwa 500 Jahren von den Kanaren gezeichnet hatten. Dann besuchten sie ein kleines Restaurant, wo sie eine kanarische Gemüsesuppe und etwas Schinken aßen. Dazu gab es Bier, kanarischen Wein (rot und weiß) sowie Kaffee.

Hinterher wanderten alle durch den Ort und kamen schließlich zum angeblich 1000-jährigen Drachenbaum („El Drago"), der das Wahrzeichen der Stadt war. Der Baum wog 140 Tonnen, seine Krone war 20 Meter breit, der Stammumfang betrug sechs Meter, und hoch war die Pflanze siebzehn Meter! Das war schon ein kleines Weltwunder, auch wenn Experten das Alter glatt auf die Hälfte der 1000 Jahre reduzierten. Aber 1000 Jahre klingt für die Touristen eben viel schöner.

Weiter schlenderten Stolps mit ihren Freunden durch den Ort und waren bald wieder am Busbahnhof. Silke wurde auf der Rückreise schlecht von der kurvenreichen Strecke. Die Fahrt selber war dennoch interessant: Immer wieder stiegen Einheimische für kurze Strecken ein. Einer redete laut und unverständlich mit dem Fahrer. Der antwortete höflich und etwas leiser. Dann kam ein alter Mann, der einen gefüllten Beutel unter seinen Sitz stellte. Als es in die Kurve ging, kullerte ein Teil des Beutelinhalts in den Busgang. Der Alte tat, als habe er nichts gemerkt, hielt seinen Beutel aber fortan gut geschlossen. Silke und Andor sahen, dass nun Maiskörner im Gang des Busses lagen. Ging es bergauf, kullerten die alle nach unten, bergab kullerten sie nach vorne; bei einer Linkskurve versammelten sich alle links, bei rechts rechts. Dann stieg der Mann aus, immer noch den ganzen Vorgang ignorierend, aber seine Maiskörner wechselten weiterhin wie eine kleine Völkerschar 'mal nach vorne, 'mal nach hinten, 'mal nach rechts, 'mal nach links. Das war lustig. Und sicher kein für die Touristen inszeniertes Schauspiel.

Beim Aussteigen entdeckten sie ein Thermometer: neun Grad! Stürmisch war es obendrein. Auch am Hotel stürmte es, Sandwolken kamen auf. Von den Freunden erfuhren die Stolps per Handy, dass es im Norden der Insel ebenfalls ungemütlich war. Auch im modernen Tourismus kam es eben manchmal zu ungeplanten Ereignissen: Nachts, tags darauf – immer weiter stürmte es. Die Balkonmöbel purzelten umher, und Silke bekam Angst, dass die Palmen draußen abbrechen könnten. Das taten sie aber nicht. Bei diesem wilden Wetter konnte man auch keine Ausflüge machen. Andor beobachtete die hohen und wilden Wellen des Atlantiks, die gegen die schwarzen Felsen preschten. Das immerhin war schon imposant: Werden Touristen eines Tages irgendwo auf der Erde hinfahren, um Sturm zu bestaunen?

Als der Sturm nachließ, wanderten die Stolps nach Norden. Dann zog es die Stolps nach Süden. Sie entdecken wieder ehemalige Bananenplantagen – „Bauerwartungsland" gewissermaßen. Die Wolken lieferten sich mit der Sonne über dem Atlantik ein dramatisches Schauspiel. Schließlich wurde es dunkel und kühl. Sie fuhren mit einem Bus nach „Los Gingantes", wo wieder riesige Hotelanlagen, aber auch unzählige Bungalows, standen. Sie alle waren so ummauert, dass man eventuelle Gärten gar nicht sehen konnte. Auch mehrstöckige, leere Gebäude älteren Stils standen an der Straße. Sie wirkten nicht gerade reizvoll.

Wieder hatte die Natur die Augen geöffnet über die „Tourismus-Zivilisation", und es war, als würde sie fragen: *„Na, findest Du das schön?"*

Schließlich machten die Urlauber einen Ausflug in den alten Süden der Insel. Sie hatten einen Stadtplan von der „Costa Adeje" und der „Playa de las Américas". Da war eine Promenade immer an der Küste entlang eingezeichnet. Sie fuhren mit dem Bus hin. Das dauerte, denn der Bus wechselte mehrmals über die Autobahn und hielt an vielen Stationen landeinwärts.

Endlich waren sie da, und Horror tat sich auf. Menschenmassen ohne Ende promenierten. Restaurant reihte sich an Restaurant. Alle waren voll. Silke und Andor dachten, es wäre schön, mit dem Schiff nach „Los Gigantes" zu fahren. Aber das ging nicht: Man konnte nur zum Fischen oder Tauchen hinausfahren, keine Einzelfahrt machen. Also latschten sie die Promenade entlang, sahen völlig leere Badestellen, an denen Massen von Urlaubern vorbeiströmen und kamen nicht richtig voran.

Der alte Stadtplan war doch arg klein. Schließlich fanden sie eine Bushaltestelle. Der Bus war voll. Aber viele Leute fuhren kurze Strecken. So kamen sie bald zu Sitzplätzen. Die Fahrt dauerte dennoch eine Weile. Es war wie daheim in der Großstadt. Und dahin wollten sie jetzt wieder zurück.

Auch am Flughafen war es voll. Die Maschine nach Hause hatte Verspätung, angeblich wegen Gegenwind beim Herflug: Die Natur also!

Drei Jahre später landeten die beiden wieder auf „Teneriffa". Und das kam so:

Eigentlich hatten sie eine Reise nach „La Palma" gebucht zu einem kleinen Hotel inmitten einer Bananenplantage. Sie sollten direkt fliegen, und der Veranstalter war „TUI". Aber da ging die Fluggesellschaft pleite, und „TUI" verfiel in Sprachlosigkeit. Nach einigem Hin und Her buchten die Stolps um. Der Veranstalter war ein anderer, und statt nach „La Palma" flogen sie nach „Teneriffa". Immerhin gehörte ja das auch zu den Kanarischen Inseln. Doch das Ziel war nun das Hotel „Bahia Del Duque", und das lag an der Costa Adeje.

Leider kamen sie bei Dunkelheit an, aber in einem spanischen Restaurant des Hotels erwarteten sie einige Köstlichkeiten. Auch eine Flasche Wein war dabei. Und die Reisenden waren versöhnt.

Als sie vor langer Zeit das erste Mal auf Teneriffa waren, war das hier ausgedörrtes Wüstenland. Nunmehr reihte sich Hotel an Hotel an dieser Küste. Die Costa Adeje war nun eine Promenade mit vielen Restaurants („Pint of Beer eineinhalb Euro") geworden. Die meisten der zahlreichen Touristen waren Engländer. Auf der einen Seite der Promenade war das Meer, auf der anderen die Hotels. Diese konnte man nur mittels Plastikkarte betreten, und hinter den Hotels stiegen gleich die Berge an.

Die Stolps hatten auch eine Plastikkarte (für ihre Herberge), und ihr Hotel hatte einen wunderschönen Garten mit zahlreichen Pools – wer dachte da schon an die durch solche Anlagen entstehenden Umweltschäden?

Das für die Touristen Gute war: Über dem Streifen zwischen Meer und Gebirge in dieser Gegend war stets blauer Himmel, und man hatte Temperaturen von etwa einundzwanzig Grad. Die „bösen" Wolken hingen derweil in den Bergen. Es regnete aber weder dort noch hier. Jeden Tag war das so. Doch wo kam das Wasser für Pools und Gärten her?

Jemand versuchte, Andor das Portemonnaie zu entwenden, doch er wehre den „Angriff" ab. Solche „Freuden" eines Urlaubs hatte man mittlerweile hinzunehmen.

Mit dem Bus fuhren sie einen Tag ins frühere Fischerdorf „Los Christianos". Daraus war ein größerer Ort geworden, und nach einem langen Gang auf einer Kaimauer sahen Silke und Andor drei Fähren, die gerade dabei waren, Menschen und Autos für Überfahrten zu anderen Inseln einzuschiffen.

Ein andermal gingen die beiden auf einem großen Stück unbebauten Landes spazieren. Hier wuchsen Kakteen und dürre Sträucher – sie erkannten den alten Süden Teneriffas wieder. Von hier aus sahen sie auch die Spitze des „Teide"; dieser Riese lugte noch immer hinter den Küsten-Bergzügen hervor.

Der Teide

4. Sandalen auf Lanzarote

Mit Italien und Griechenland im Erinnerungsschatz, mit „Teneriffa"-Erfahrung waren die Stolps fast schon Mainstream-Touristen, aber es fehlten noch eine oder zwei Kanarische Inseln.

Schon sehr früh hatten die Stolps (noch mit Kindern) die erste Urlaubsreise nach „Lanzarote" gemacht. Eine „Reiseleiterin" Jahre später hieß Karoline Pawlonka und sagte, damals bei der ersten Reise der Stolps hierher sei sie noch nicht einmal geplant gewesen. Sie versuchte auch gar nicht, Silke und Andor, die wiedergekommen waren, Sehenswürdigkeiten der Insel nahe zu bringen, denn sie waren schon zum vierten Mal hier und kannten so ziemlich „alles".

Diesmal wohnten sie im Fünf-Sterne-Hotel „Hesperia Lanzarote". Hotels von früher gab es nicht mehr. Früher durfte ein Freund nicht in eine Bar, weil er abweichend von seiner ansonsten „korrekten" Kleidung an den Füßen Sandalen trug! Die Sandalen waren immerhin neu. - Über diese Geeschichte war längst der Sahara-Wind geweht, der im Sommer manchmal vom nahen Afrika herüberkam.

Einmal hatten Stolps auf dieser Insel im Atlantischen Ozean Weihnachten und Silvester verbracht. Wenn auch das spanische Mutterland etwa 1000 Kilometer weg war, so war doch Lanzarote wie die anderen Kanarischen Inseln durch und durch spanisch, und das heißt beispielsweise: Weihnachten ist ein fröhliches Fest, und es dauert auch nur einen Tag: Am 25. Dezember sind die Kirchen fröhlich geschmückt, und dazu ertönt passende Musik. An diesem Tag und nicht am 24. feiern Spanier „Navidad de Senor", die Geburt Christi. In „Teguise" hatten sie das miterlebt.

Am 26. Dezember wurde wieder gearbeitet. Das in einem katholischen Land! – Silvester war auch anders als daheim: In Freizeitkleidung gingen Stolps nach „Puerto del Carmen", tranken im Hafen Bier und erfreuten sich an der lauen Nacht mit einem faszinierenden Sternenhimmel. -Später waren sie erneut auf „Lanzarote". Sie hatten diesmal in „Playa Blanca" gewohnt, in einem etwas noblen Hotel, dem „Natura Palace".

„Lanzarote" ist eine der Kanarischen Inseln, deren jeweilige Attraktionen Silke und Andor mittlerweile kannten. Mit ihren rot-braunen Feuerbergen, den schwarzen Feldern und ihren Weinmulden, mit den weißen Häusern und grünen Palmen hat „Lanzarote" ihr eigenes Flair, das einen besonders zu Zeiten des mitteleuropäischen Winters stets verzauberte: „Lanzarote", die braune Insel, war gewiss die Eigenwilligste unter den Kanaren. Als es noch die DDR gab, lobte ein mit zeitweisem „Westpass" ausgestatteter Rentner aus dem „Arbeiter- und Bauernstaat": *„Eine dolle Insel!"* Ausflüge in die Freiheit, das waren für ihn Reisen nach „Lanzarote". Wahrscheinlich ist er mittlerweile „im Westen" auch noch woanders hingekommen.

Die Geschichte „Lanzarotes" bleibt wie die der gesamten Kanaren im Halbdunkel. Schon in der Antike soll das Archipel bekannt gewesen sein. Vor den Spaniern waren die Guanchen hier, angeblich blond, grünäugig und von nordafrikanischen Berbern abstammend. Dann hatten Spanier sich etwa ab 1400 die Inseln einverleibt. Der Sage nach soll ein Normanne namens Jean de Bethancourt mit einer spanischen Lizenz auf „Lanzarote" angekommen sein und sich so über die widerstandslose Eroberung gefreut haben, dass er laut „Lanza Rota" gejubelt habe, was so viel hieß wie „Lanze kaputt". Aber ganz so friedlich sind die Eroberer mit den Guanchen wohl doch nicht umgegangen, so dass es wohl eher zutrifft, dass der Seefahrer Lancelotto Malocello Namensgeber der Insel ist. Aus der jüngeren Geschichte wird berichtet: *„1730 kam es auf Lanzarote zu schweren Vulkanausbrüchen. Am 1. September bildeten sich auf einer Strecke von 18 Kilometern 32 neue Vulkane. Die Ausbrüche, die von dem Pfarrer von Yaiza, Don Andrés Lorenzo Curbelo, bis 1731 detailliert dokumentiert wurden, dauerten insgesamt 2053 Tage und endeten im Jahr 1736."*[2]

Seither hat die Insel ihr modernes Gesicht. Man kann die erloschenen Vulkane sehen, die Lavafelder, schwarze Asche bedeckt weite Teile. Es regnet kaum; Bauern haben Methoden gefunden, den Tau für die Bewässerung ihrer Pflanzen zu nutzen. Interessant ist, dass dabei die Weinstöcke und Feigen auch in dem immer warmen Klima Winterpausen einlegen. Es sind halt Mittelmeerpflanzen, – die bleiben bei ihren ursprünglichen Gewohnheiten. Früher hatten die Winzer übrigens fast nur „Malvasia" angebaut, später wuchsen alle Rebsorten, welche die Touristen mögen, zwischen den Feuerbergen.

Die Urlauber oder ihre Agenten bestimmen mehr und mehr den Charakter dieser Insel.

Auf „Lanzarote" scheint fast jeden Tag die Sonne, und so wurden viele Hotels am Meer gebaut. Wen das Braun und Schwarz der Landschaft nicht stört, kommt gerne hierher, denn so verbaut wie „Teneriffa" oder „Gran Canaria" ist „Lanzarote" nicht. „Lanzarote" selbst scheint es mit seinen Touristen dabei nicht so schlecht zu gehen, denn die Straßen sind super ausgebaut, und es wurden viele Kreisverkehre eingerichtet, die das Fahren erleichtern sollen. Alle Orte wurden fein herausgeputzt.

„Landessprachen" sind Englisch, Deutsch und Spanisch: Alles geht. „Lanzarote" ist etwa 800 Quadratkilometer groß, besteht aus sieben Gemeinden und hat ungefähr 130.000 Einwohner. Es gehört zur spanischen Provinz „Las Palmas".

César Manrique gilt seit langem als der berühmteste Sohn der Insel. Er war ein Architekt und Künstler, der es geschafft hatte, dass „Lanzarote" nicht durch Bettenburgen und Hochhäuser verbaut wurde. Eines seiner Werke ist der „Mirador", ein Aussichtspunkt, von dem aus man hinter dicken Glasfenstern oder von einer Plattform aus

---

[2] Wikipedia

aufs Meer schauen kann. Ein Restaurant, ein Touristenlädchen und glücklicherweise eine Toilette gehören auch dazu.

Im Kaktusgarten

Manrique hat auch den Kaktusgarten („Jardin de Cactus") geschaffen, der z.T. riesengroße Kakteen aus aller Herren Länder zeigt. Man staunt, welch unterschiedliche Geschöpfe die Natur allein in diesem Sektor hervorgebracht hat. Der Garten ist wie ein Amphitheater angelegt und zeigt mehr als 7.200 Pflanzen von über 1.100 Kaktusarten. Die meisten kommen offenbar aus Mexiko.

Silke und Andor sahen auch „Playa Blanca". Hier ist zu viel gebaut worden. Man sah viele Touristen, einen aufgeschütteten Badestrand, und schlechte Restaurants. Neue Häuser standen reihenweise leer, und die Frage stellte sich, wer hier sein Geld vernichten wollte: Selbst auf „Lanzarote" wurde an dieser Stelle klar, dass Spanien sich beim Bauen übernommen hatte.

Ein Naturwunder, das hoffentlich niemand zerstören wird, ist immer noch „El Golfo". Das ist ein vom Meer verschlungener Krater mit einer grünen Lagune. Vor dem Blau und Weiß des Meeres, dem Schwarz und Braun der Insel nimmt sich das ganz besonders aus.

Silke und Andor machten auch einen Tagesausflug zur Nachbar-insel „Fuerteventura". Von „Playa Blanca" auf „Lanzarote" in Richtung Süden übers Meer ist diese zweitgrößte der Kanarischen Inseln nur zehn Kilometer entfernt. Von Hafen zu Hafen sind es vierzehn Kilome-ter. Eine Fähre namens „Volcán de Dindaya" fuhr jeden Tag mehrmals von „Playa Blanca" nach „Playa del Corraleyo" und zurück.

Dann war man auf „Fuerteventura". Doch Vorsicht: Wer mit ei-ner Reisegesellschaft gebucht hatte, musste in Kauf nehmen, dass ein Bus X Hotels in „Playa Blanca" abklapperte, bevor es auf die Fähre ging. Des Laufens waren offensichtlich die meisten Touristen ohnehin nicht fähig.

Fuerteventura hatte nicht wie „Lanzarote" nur weiße Häuser, auch war die Erde nicht schwarz-braun. Modefarbe für Häuser schien sandbraun zu sein. Fuerteventura ist 1660 Quadratkilometer groß und hat etwa 100.000 Einwohner. Einst sollen hier mehr Ziegen als Men-schen gelebt haben. Ziegenkäse und Tomaten waren bis der Touris-mus kam die Haupterwerbsquellen. Im Unterschied zu „Lanzarote" hat „Fuerteventura" eigenes Grundwasser, und in den Senken gibt es grüne Oasen.

Die Insel ist alt: Fünf Millionen Jahre soll sie auf dem Buckel ha-ben.

Bei den nebeneinander stehenden Vulkanen sind die Zwischen-räume durch Verwitterung im Laufe der Zeit vom „V" zum „U" gewor-den. Aber der Grund der „U"s soll sehr fruchtbar sein.

Der Hauptort der Insel heißt „Puerto del Rosario".

Angeblich stammt der Name der Insel daher, dass ihr französi-scher Eroberer (wieder mit einer Lizenz des spanischen Königs in der Hand) gestöhnt haben soll: „forte aventure", was „starkes Abenteuer" heißen soll und auf die zu besiegenden Guanchen gemünzt war.

Stolps besuchten das „Casa des Coroneles", ein Herrenhaus aus dem 18. Jahrhundert, in dem die von Spanien eingesetzten Herrscher der Insel gewohnt haben sollen. Erstrebenswert muss es nicht gewe-sen sein, in diese Einöde zu kommen. Jedenfalls wurden spanische So-zialisten, als sie dem Staat nicht passten, im Zwanzigsten Jahrhundert hierher verbannt.

In „La Oliva" gab es für die Passagiere der angelandeten Fähre Reisebusses aus „Lanzarote" sowie ein Mittagessen (eine touristische Massenabfütterung ohne einheimische Tomaten oder Ziegenfleisch).

In der Mitte der Insel besuchten die Lanzaroter „Betancuria", die alte Hauptstadt der Kanaren. Das war eine Oase. Hier war es grün und Blumen blühten. Man sah kleine Felder. Einsam war es an diesem Ort ganz bestimmt. „Betancuria" – das ist eine das ganze Dorf umschließende Landschaft – hatte 715 Einwohner!

Eine aufregende Gebirgsstraße entlang ging es nach „Pájara", wo eine fulminante Bougainvillea-Hecke blühte. Hin und wieder war auch „Fuerteventura" wirklich schön.

Auf dem Rückweg hielten die Besucher im „Parque Natural de Coralejo". Dort konnte man Dünen genießen und richtiges Strandleben haben. Der „Sand" bestand aus Muschelkalk und dem Abrieb der Vulkane. Fünfzehn Minuten verweilten die Besucher, dann ging es zurück zur Fähre. Die fuhr bei Sonnenuntergang am Inselchen „Lobo" vorbei wieder nach „Playa Blanca", und der Bus kurvte wieder durch das Touristenstädtchen. Als endlich die dortigen Reisenden ausgeladen waren, ging es im Dunkeln die Landstraße entlang über „Yaiza" zum Hotel.

Am vorletzten Tag dieser Reise wanderten die beiden noch einmal nach „Puerto del Carmen" und zurück: Das waren wohl mehr als vierzehn Kilometer bei großer Hitze. Mittags bestellten sie „Tapas". Mit den „Tapas" war es angeblich so: Früher legte man auf das Weinglas oder andere Getränke einen Deckel („Tapa") mit einem Stück Käse oder einer Olive darauf. Das sollte die Fliegen fernhalten. Daraus hätten sich die „Tapas" als Nationalspeise entwickelt. – Stolps Tapas waren folgende: Kartoffelsalat, überbackener Fisch, kalte Miesmuscheln, Fischbällchen, Garnelen und Schweinefleisch in Currysauce. Das mitbestellte Bier hatte am meisten gemundet.

Es lebe der Tourismus!

(zuerst 1977, zuletzt 2011)

5.   Mit „Buffke" nach Gran Canaria

„Gran Canaria" fehlte bei der touristischen „Muss-Liste" Kanariens. Die Insel gibt dem Archipel schließlich den Namen und ist sicher Motor des Tourismus in ganz Spanien.

Silke und Andor Solp flogen also nach „Gran Canaria" und blieben dort im Hotel „Dunas Suites & Villen" in „Maspalomas". Sie waren nicht das erste Mal auf dieser Insel.

Mit dem Flug fing alles an: Der Flieger startete verspätet und landete „wegen Gegenwind" ebenfalls später. Vor dem Start verzog sich der „dritte Mann" auf Stolps Sitzreihe woanders hin. Doch die Freude dauerte nur kurz: Ein zierliches Fräulein (oder so) fragte, ob der Platz neben Andor frei sei. Er antworte freudig: „Ja."

Da verschwand die „Lady", und kurz danach erschien ein wohlbeleibtes Ehepaar Marke „Buffke" und pretzelte sich hin: „Gang-Gang", denn auf der anderen Seite war auch noch Platz. Nun wurde es eng, und die dicke, frisch ondulierte Ehefrau auf dem Nebensitz machte sie an: *„Wohl noch nie jeflogen, wa?"*

Andor war fünf Stunden eingepfercht. Wäre das „Fräulein doch bloß geblieben...

Auf dem Flughafen von „Gran Canaria" herrschte Chaos. Nicht nur Silke und Andor kamen an, sondern auch Maschinen aus London und anderen Orten. Das Gepäck von allen landete auf einem riesigen Förderband. Als die Stolps endlich aus einer Menge von Menschen und Gepäck mit Koffern zum Ausgang strebten, sahen sie sich einer ellenlangen Galerie von „Abholern" gegenüber. Endlich fanden sie eine Bedienstete, die für ihre Reisegesellschaft zuständig war und die sagte, der letzte Bus ganz hinten in der letzten Reihe würde sie in „Euer" Hotel bringen.

Es dauerte, bis alle Gäste eingetroffen waren. Dann fuhren die Ankömmlinge lange durch „Playa del Inglés" und schließlich durch „Maspalomas". Mit Bettenburgen, schäbigen Einkaufszentren und unattraktiven Kneipen machte „Playa del Inglés" einen abschreckenden Eindruck. Aber Massen von Urlaubern zogen frohgemut durch die Straßen, und die Stolps hofften heimlich, dass die Sitznachbarn vom Flugzeug hier Ferien machen müssten.

Das zu Hause gebuchte Hotel in „Maspalomas" entpuppte sich als Familienhotel. Es wimmelte von kleinen Kindern. Abends im Speisesaal war es entsprechend laut, und die Servierer mit ihren Helfern trugen das ihre zum Lärm bei, indem sie Geschirr und Besteck mit „Karacho" transportierten. Zum Glück war an der Rezeption eine nette Dame, und die besorgte ihnen eine ruhige Suite, Bademäntel und einen Safe. Am dritten Tag mieteten die beiden einen Heizlüfter, denn in der Suite wurde es abends lausig kalt. Auch in welcher Ecke man halbwegs ruhig essen konnte, wurde immerhin verraten: Alles wurde nach und nach besser.

Der Veranstalter lud zu einer „Kennenlerntour" ein. Dazu fuhr ein Bus am Hotel vor. Silke und Andor stiegen ein und klapperten etliche Hotels in „Maspalomas" und „Playa del Inglés" ab. Dann fuhren sie ein Stückchen in die Berge zu einem angeblichen „Bauernhof", der sich als Touristenschänke erwies. Alles sah so aus, als würden hier Reisende abends mit Sangria reichlich abgefüllt. Das „Anwesen" lag über den Urlaubsorten, so dass man die gesamte Urlauberanlage einschließlich der Dünen von oben sehen konnte. Dann wurde jedem Gast ein Gläschen Honigrum gereicht – angeblich eine kanarische Spezialität. Auf den vielen Reisen zu den Inseln hatten die Stolps davon zuvor noch nie gehört.

Aber: „Salute!" Es folgte eine Powerpoint-Präsentation, die etwas verunglückt war, weil sie dauernd stockte. Der Sinn war dennoch klar: „Kaufen, kaufen, kaufen!" In diesem Fall ging es um Ausflüge, die verhökert werden sollten. Die Anmache war sogar erfolgreich, denn die Leute buchten und buchten, derweil die anderen auf einem Schotterplatz warten mussten und „Maspalomas" und „Playa del Inglés" von oben betrachten durften.

Gran Canaria hatte etwa 800.000 Einwohner. Die Hälfte davon lebte in „Las Palmas", der Hauptstadt auch von „Lanzarote" und „Fuerteventura", die zusammen mit „Gran Canaria" die spanische Provinz Gran Canaria bildeten. 1492 war Christoph Kolumbus von hier nach Indien gestartet, kam aber in Amerika an.

Einst hatte die Insel vom Zuckerrohranbau gelebt. Der wurde in die Karibik verlagert, wo man mit schwarzen Sklaven billige Arbeitskräfte hatte. Dann machte man mit Wein gute Geschäfte, bis die Reblaus kam. Die Portugiesen versorgten den Weltmarkt fortan mit ihrem Wein. Später baute man auf „Gran Canaria" Bananen und Tomaten an. Aber der richtige Wohlstand kam erst mit dem Tourismus, der ab 1959 florierte. Hier auf „Gran Canaria" waren Engländer wieder einmal Vorreiter.

Canarische Landschaft

Das Hotel der Stolps „Dunas Suites & Villen" lag nicht an den berühmten Dünen und schon gar nicht am Meer. Dorthin musste man an einem ausgetrockneten Flussbett entlang laufen, dann kam man zum „Faro" von „Gran Canaria". Das sei der südlichste Punkt der Europäischen Gemeinschaft, hieß es. Rund um den „Faro" gab es Restaurants und Geschäfte. Die Pizza kostete zwölf Euro: Alles für die Gäste!

Hier begannen die Dünen, hier war das Meer, und hier gab es was zu sehen. Urlauber zu Hauf wanderten entweder von Ost nach West oder umgekehrt. Es gab viele Dicke dabei und wenig Dünne, jede Menge Alte und weniger Junge. Von den Jungen wandelten viele wie lebende Poster durch die Gegend; sie waren manchmal geschmackvoll, meistens jedoch hässlich tätowiert.

Zwei Burschen hatten das Abendmahl Christi aus feuchtem Sand modelliert, ein Messi saß hinter einer Aufschrift: „Auch Landstreicher haben Hunger und Durst.": Auf Deutsch!

Am Uferweg saßen schwarze Gestalten. Afrika ist eben nicht weit. Manche von ihnen verkauften „Krims-Krams", andere taten gar nichts. Am Strand waren noch mehr „Touris" – ältere Frauen trugen ihre BHs häufig mit nur einem Träger, damit sie oben herum schön braun wurden. „Warme" Pärchen stolzierten einher, und Nackte gab es in allen Farbschattierungen: weiß, rot-verbrannt, braun und schwarz. Die meisten waren Männer; manchmal waren sie schon ziemlich runzelig.

Einer dieser Nackten stand im seichten Wasser und rauchte gemütlich eine Zigarette. Die Polizei überwachte alles von einem stabilen Auto aus, und die Boys vom „Roten Kreuz" hatten die rote Fahne gehisst: *„Nicht ins Meer gehen!"*, hieß das. Fast alle hielten sich daran: O Wunder!

Stolps machten einen Ausflug zum „Palmitos Park". Das war eine in den Bergen gelegene Mischung aus Botanischem Garten und Zoo. Der Eintritt kostete neunundzwanzig Euro fünfzig. Man sah tropische und subtropische Pflanzen sowie viele Tiere: lustige Erdmännchen (einer hielt Wache), bunte Papageien, laute Affen, elegante Adler, komische Marabus, sportliche Delphine und viele andere.

Am lustigsten war eine Delphinschau. Delphine sind große Tiere, die durch das Wasser zischen. Hier waren sie dressiert und führten allerhand Kunststücke vor. Sie sprangen aus dem Wasser in beeindruckende Höhen, winkten, fingen Bälle, ließen auf sich reiten und vieles mehr. Für jedes ihrer Kunststücke bekamen sie am Beckenrand einen Fisch: „Schwapp!"

Silke und Andor waren sich einig: „Die tun was für ihre Gäste auf ‚Gran Canaria". „Maspalomas" und „Playa del Inglés" waren überzogen mit „Supermercados". Hier konnte man Wein, Cracker, Schinken und überhaupt alles kaufen. Der den Stolps nächste Supermarkt befand sich übrigens direkt in der Hotelanlage. Die Bewohnerin des Nachbarbungalows riet jedoch, zu „Faro 2", ein Stück inseleinwärts, zu gehen. Als Silke und Andor, dem Rat folgend, dort ankamen, sahen sie eine Investitionsruine.

„Faro 2" war einmal ein riesiges Einkaufszentrum und war nun von den meisten seiner Mieter verlassen. Über leere Flächen dröhnte laute Musik, ein paar Geschäfte und Restaurants waren noch da. Aber der Supermercado war wie so vieles andere weg. Es war ein Bild des Jammers! Das „Tourigeschäft" schien ziemlich schnelllebig zu sein!

Zum Wetter: Auf „Gran Canaria" ist natürlich immer Wetter. Oft aber ist es in den Bergen anders als an der Küste, wo es selten regnet. Auf der Insel war es nur geringfügig wärmer als daheim in Deutschland. Das lag daran, dass es zu Hause für die Jahreszeit zu warm und auf „Gran Canaria" eben zu kalt war.

Zur Mandelblütenzeit (Mitte Februar) konnte man nach „San Bartolomé de Tirajana" fahren. Das liegt achthundertfünfzig Meter hoch in den Bergen, und wenn man „Glück" hatte, stürmte und regnet es dort wie in den Alpen. Dann bestieg man am besten den Bus wieder, der über eine serpentinenreiche Strecke das schöne Bergdorf gerade erklommen hatte und rumpelte zurück nach „Maspalomas", wo es warm war und die Sonne schien. Alles in allem kam man so zu einem dreistündigen Ausflug.

Auf „Gran Canaria" ließen sich manche Erinnerungen auffrischen. Am Ostende von „Playa del Inglés" konnte man auf einer Promenade wandeln und dabei – wenn man Richtung „Faro" ging, auf der linken Seite das Meer und rechts schöne Bungalows oder Hotels bewundern. Hier hatten Silke und Andor einst mit ihren Kindern Urlaub gemacht! Das Hotel von damals („Euro Palace") stand noch. Am Strand war mittlerweile eine Mole nach der anderen aufgeschüttet worden, und dazwischen befanden sich wunderbare Badebuchten. Es war auch gar nicht voll.

Auch „Puerto Rico" sahen sie wieder. Hier hatten sie einst ein Ferienhäuschen gehabt. Damals standen an einer Stelle dort ein paar Reihenhäuschen, mittlerweile waren Riesenhotels die Berge „emporgeklettert", und der Strand war aufgeschüttet worden. Hier bräunten sich jetzt Urlauber. „Puerto Rico" – das einstige Dorf – war ein richtiger Hafen geworden. Den beiden Stolps fiel ein, dass sie seinerzeit mit einem alten Auto die Insel auf schlechten Straßen umrundet hatten. Unterwegs (als das Auto „streikte") hatte sie ein Polizist im Plastikhelm (noch von der „Guardia Civil"?) streng ermahnt. Silke kamen die Tränen.

Zu dieser Zeit löste in Spanien König Juan Carlos den General Franco, der 1975 gestorben war, als Staatsoberhaupt ab, und das Land wandelte sich zu einer Demokratie. Als Geheimtipp galt übrigens ein Besuch im Fischrestaurant „Käpt'n Mogán" in „Puerto de Mogán". Da waren sie wieder hingefahren. „Puerto de Mogán" lag „am Ende der Welt", war damals ein kleiner Fischerhafen, und in einer Obstplantage schenkte ihnen ein Bauer eine Papayafrucht – etwas völlig Neues für sie.

Nun war alles weg, „Puerto de Mogán" war ein hektischer Ort geworden, und man konnte auf einer neuen Autobahn schnell und bequem hinfahren. Geschäfte, Supermärkte, ein Touristenbüro: Alles war da.

Auch hier hatten die Stolps in einer anderen Zeit einmal Urlaub gemacht. Damals waren sie in einem weiteren Ort abgestiegen – hieß er „Platalavarca" oder „Taurito"? Einstmals hatte es dort ein Hotel und einen einsamen Strand gegeben. Mittlerweile war an beiden Orten alles zugebaut: „Gran Canaria – wie haste Dir verändert!" Alle Ursprünglichkeit war dahin – wenigstens an der Küste.

Manch einer wird fragen: „Wo bleibt das Positive?" Dafür sind eigentlich die Reiseverlage und ihre Produkte zuständig. Aber bitte, wenn es sein muss, folgt hier eine positive Reisebeschreibung:

„Von ‚Puerto de Mogán' nach ‚Puerto Rico' fahren wir auf einem Schiffchen die Küste entlang. Rechts ist das blaue Meer, links die Steilküste von Gran Canaria. Am Schiff kann man direkt einchecken – für nur sechs Euro. „Uno", „dos", „tres", zählt ein freundlicher canarischer Seemann, und schon ist man an Bord. Vom Meer her weht eine laue Brise, während das Boot bald schnell dahingleitet. Am Horizont erkennt man einige Schiffe. Das Meer ist unendlich weit, und irgendwo da hinter dem Horizont liegt der Äquator. Wir fahren an sonnigen Stränden vorbei, wo sich fröhliche Urlauber erholen. Endlich kommen wir in den Hafen von ‚Puerto Rico' und gehen an einer Mole an Land. Wir suchen ein uriges Fischrestaurant auf, bestellen gegrillte Sardinen und canarische Kartoffeln: Köstlich! An uns vorbei schlendern heitere Urlauber. Sie sind gut ernährt, manche lustig bemalt, und vielen sieht man an, dass sie ihr Leben lang hart gearbeitet haben. Hier kann man alle Sprachen Europas und alle Dialekte Deutschlands hören – auch russisch und sächsisch. Einige der gerade ankommenden Bootstouristen betreten gleich wieder ein anderes Schiff, um Delphine in freier Wildbahn zu beobachten oder um auf hoher See zu angeln. Und fast alle tragen rote, blaue, gelbe, rosa oder grüne Plastikbändchen am Handgelenk: Sie haben zu Hause schon bezahlt und machen nun unbeschwert Urlaub: ‚All inclusive'."

So ließe sich auch locken!

Auf „Gran Canaria" gibt es übrigens „Inselbusse", mit denen man zu fast allen Orten fahren kann. Die Verkehrsgesellschaft heißt „Global". Es gibt Linien mit Fahrplänen. Manchmal stimmen sogar die Abfahrtszeiten. Wer ein wenig Zeit und etwas Geduld hat, kann auf diese Art die Insel relativ preisgünstig erkunden.

Auch „Las Palmas" ließ sich prima per Bus erreichen – von „Maspalomas" aus etwas über eine Stunde. Die Stadt lag – im Unterschied zu „Maspalomas" – unter einer dichten Wolkendecke. Es regnete sogar. Die Menschen hier schienen das jedoch zu kennen, denn viele hatten Regenschirme dabei. Dann klärte es wieder auf, und man konnte den blauen Himmel sehen.

Beherrschend ist eine riesige Kathedrale: „Santa Ana". Diese wurde errichtet, nachdem die Ureinwohner Canariens (die „Guanchen") endgültig geschlagen waren und Spanien sich die Inseln einverleibte. Mit dem Bau der Kathedrale hatte man im 15. Jahrhundert begonnen, und fertig wurde sie im 19. Jahrhundert. Die riesige Kirche wurde im gotischen Stil errichtet, und ihr gegenüber befindet sich der Amtssitz des hiesigen Bischofs. Die Kathedrale hat viele Kunstschätze und hält den Vergleich zu ihren europäischen „Schwestern" aus.

Rund um das Bauwerk liegt die Altstadt: Ein prachtvolles Museum erinnert an die „Heldentaten" von Columbus, und in manchen Innenhöfen befindet sich eine Tapasbar, oft ziemlich primitiv ausgestattet. Noch immer ist „Las Palmas" Ausgangshafen nach Amerika, aber seine diesbezügliche Bedeutung von einst hat es wohl eingebüßt.

Im Übrigen standen viele Ladengeschäfte leer: „Las Palmas" wirkte etwas melancholisch. Dazu passte das wieder einsetzende Nieselwetter, während am Ende des Ausfluges am „Faro" von „Maspalomas" die Sonne schien.

Der Abschied von der Insel war unbequem. Es schien, dass alle Welt an diesem Tage „Gran Canaria" verließ – so voll war der Flughafen. Aber fast pünktlich saßen die Stolps in „ihrer" Maschine und kamen nach fünf Stunden nur 15 Minuten verspätet zu Hause an.

Dieser Flug war sogar angenehm, denn neben beiden saß ein netter, hilfsbereiter Herr. Ende gut, alles gut.

(2014: Vorher und nachher)

Der Ritterschlag war erfolgt. Silke und Andor waren in Italien, Griechenland und Spanien gewesen. Sie gehörten spätestens jetzt zu jenen modernen Menschen, die sich in mühseligen Jahren wochenweise in Touristen verwandelten.

Beim Thema Tourismus konnten sie jetzt mitreden. Dazu brauchten sie Geld, Urlaub (später reichte auch ein „Sabbatical"), Geduld mit nervigen Kindern, Langmut bei unbequemen Unterkünften, keine Furcht vor Vorurteilen über fremde Länder, Hitzeaffinität, Freude an überfüllten Flughäfen, Spaß an immer mehr anderen Touristen und Bewunderung für immer neue, die Natur verschandelnde Bauwerke.

Nun waren auch Silke und Andor Stolp mit ihren Kindern unangefochtene Mitglieder jener Gemeinde, in der es heißt:
„Der Urlaub ist die schönste Zeit des Jahres!"

V. Offizielle Reisen

1. Israel

Israel existiert, weil Deutschland einst furchtbare Verbrechen an Juden begangen hatte. Danach fühlten viele offizielle Deutsche die Verpflichtung, Israel zu besuchen und Abbitte zu tun.

„Jerusalem" zur Pessach-Zeit[3]: Eine deutsche Delegation lässt Felsendom, Grabeskirche, Klagemauer der Juden, Muslimviertel und Christi Leidensstraße Via Dolorosa – die ganze historische und religiöse Vielfalt dieser wahren Weltstadt – hinter sich und fährt auf den Herzlberg.

Dort besucht sie die Gedenkstätte „Yad Vashem" zur Erinnerung an die von den Nazis ermordeten Juden. Nach den Berichten über die Tempelzerstörungen, über das längst vergangene Königreich der Tempelritter, den Besichtigungen der Überreste von Türken- und Britenherrschaft, den Diskussionen über die Kriege des 1948 wiedergegründeten Israel und nach Fragen zu den kaum lösbaren Konflikten der Gegenwart erscheint die Gedenkstätte wie ein Fingerzeig auf eine Hölle auf Erden – und das in einem Land, das selber so viel Elend sah und sieht. Die Hölle war in Europa, ging von Deutschland aus, und hier war das Heilige Land.

Die Besucher waren schon vor Betreten von „Yad Vashem" betroffen oder beklommen. Doch der israelische Guide sagte der Gruppe trocken, dies sei eigentlich eine Gedenkstätte der Juden, und wenn es nach ihm ginge, brauchte sie kein Nichtjude – auch keiner aus Deutschland – je besuchen. Er hätte gehört, fügte er hinzu, gutmeinende Menschen aus Deutschland hätten aus ihrem Lande „Glatzen" – rechtsradikale Jugendliche also – zur Therapie hierhergebracht. Davon halte er gar nichts. Diese Jugendlichen würden sich ohnehin nicht ändern. Was der Israeli nicht sagte, sicher aber dachte, war: „Wir wollen auch gar nicht, dass solche Leute in unsere Gedenkstätte kommen."

Beim dann doch erfolgten Besuch der Gedenkhalle für 21 Todesstätten, dem Gang durch die Halle für die ermordeten Kinder und im Tal der Erinnerung an die einstigen jüdischen Gemeinden in Europa

---

[3]   S. Jürgen Dittberner, Schwierigkeiten mit dem Gedenken. Auseinandersetzungen mit der nationalsozialistischen Vergangenheit, Opladen/Wiesbaden 1999, S. 168 ff

erschien die seinerzeitige heimatliche Diskussion über das „Holocaust-Mahnmal" in Berlin problematisch. Dieses Denkmal hier, „Yad Vashem", steht nicht für die ermordeten Juden im geläuterten Land der Täter, sondern die Juden haben es bei der Hauptstadt ihres nach 2000 Jahren wiedererrichteten Staates gebaut. Der „Holocaust" war die letzte – und grausamste – aller Verfolgungen, denen dieses alte und so lebendige Volk ausgesetzt war. Ihre Toten ehren sie nun in ihrem eigenen Land.

Es wird behauptet, deutschen Initiatoren für die Errichtung eines eigenen Denkmals an die ermordeten Juden in Europa sei die Idee in „Yad Vashem" gekommen. Im Unterschied zu Jerusalem müsste in „Berlin" ein Gedenkort entstehen, der sich primär an die Deutschen wendet. „Yad Vashem" dagegen versucht, Andenken und Namen für die Opfer im eigenen Land zu sein. Die Nachfahren der Täter müssten demgegenüber wohl einen Gedenkort schaffen, der vor allem Scham und Trauer über die Verbrechen an einem anderen Volk als dem eignen ausdrückt.

Diese Verbrechen haben Namen wie „Auschwitz", „Dachau" oder „Theresienstadt". Die Namen dieser Stätten müssen in „Berlin" unbedingt genannt werden!

Klagemauer in Jerusalem

Der deutschen Delegation wurde klar: Bei der Diskussion über ein Holocaust-Mahnmal in „Berlin" sollte nicht so sehr auf das Ausland –
nicht einmal auf Israel – geschielt werden, um heraus zu bekommen,
was man dort erwartet. Wenn die Deutschen innerlich bereit sind,
sollten sie für sich und ihre Nachfahren eine Stätte schaffen, die über
Trauer und Scham um die Mordstätten zugleich Warnung wäre vor
dem seinerzeitigen Kulturverfall.

Als Stätte solcher Warnung wäre dieses Denkmal für das vereinte Deutschland auch staatspolitisch hilfreich. Damit so etwas ge-
lingt, müsste die Debatte daheim ehrlicher, weniger rechthaberisch
und nicht so pompös geführt werden wie bislang, fanden die deutschen Besucher Israels. Nachdem das Mahnmal in Berlin errichtet
wurde, scheint dieses Ziel verfehlt worden zu sein.

Nach dem Besuch in „Yad Vashem" versammelte sich die Delegation in ihrem Bus: Verweinte Gesichter, Stille. Der Israeli schien das
nicht zu merken. Gleich an der nächsten Straße verteilten junge Juden
Wahlkampfaufkleber für Shimon Peres: „Frieden jetzt". – *„Frieden
wollen wir alle.",* sprach der Guide ins Mikrofon, *„aber der Frieden
muss auch sicher sein. Bei uns und bei den Palästinensern werden die
Fundamentalisten mehr. Die Syrer wollen den Golan wieder. Dann sind
Galiläa und ganz Israel ungeschützt. Und dahinter sitzt der Iran, un-
versöhnlich."*

Der Sohn Israels hatte die Delegation bewusst in die Gegenwart
zurückgestoßen. Er und viele weitere der seinerzeitigen Juden glaubten, dass ihr Volk mit „Yad Vashem" und anderen Gedenkstätten in
Israel für die Opfer getan haben, was ihnen menschenmöglich ist.

So erschien den Besuchern zu Pessach in „Jerusalem" der Ge-
danke absurd, die Halle für die ermordeten Kinder irgendwo und vielleicht sogar in „Berlin" zu kopieren. „Yad Vashem" war Ausdruck der
Trauer der Juden über die bitterste Zeit ihrer Geschichte. Ein „Holocaust-Mahnmal" in „Berlin" dagegen müsste die Fassungslosigkeit der
Deutschen über „Auschwitz" ausdrücken: Dieses Mahnmal an der
Spree sollte spezifisch für die Deutschen da sein, und die sollten weder Staatsoberhäupter noch andere Gäste drängen, dorthin zu gehen.

So dachten deutsche Besucher damals.

Aber die israelischen Gastgeber schlugen ganz andere Töne an.
Nach „Yad Vashem" wurde die deutsche Delegation von einem Mitarbeiter der Stadt „Jerusalem" empfangen. Der erfuhr, dass den Gästen

die Städte „Berlin" und „Potsdam" bekannt waren. Auf Deutsch intervenierte er da: *„Kennen Sie den? – Ein reicher Mann geht in ‚Berlin'
am Kurfürstendamm in einen Autosalon, um einen Mercedes zu kaufen. Der Verkäufer empfiehlt: ‚Nehmen Sie den hier. Da sind Sie in einer
halben Stunde in Potsdam.' Darauf der Kunde: ‚Potsdam – was soll ich
denn in Potsdam?'"*

Die Deutschen verstanden: Das Leben geht weiter.

(1993, 1996)

2. USA

*Die USA galten lange Zeit in Deutschland als das gelobte Land
schlechthin. Insbesondere das <u>Hochschulwesen</u> galt als vorbildlich.
Und Experten waren sich sicher, dass die USA der Nabel der Welt sei,
wenn es um ihr Gebiet, die <u>Drogenbekämpfung</u>, ging. Schließlich war
es eine Sensation, dass diese Siegermacht von einst sich aufwändig einem eigentlich sie gar nicht betreffenden Thema, dem <u>Nationalsozialismus</u>, zuwandte.*

Hutschenreuther in Boston

Also spürten viele und unterschiedliche einheimische Experten den
Ruf „Auf nach Amerika! Alle pilgerten über den „großen Teich".

Ein parlamentarischer Wissenschaftsausschuss aus Deutschland
hatte Gutes über die Vereinigten Staaten von Amerika gehört. Er
hatte sich sogleich auf den Weg in die USA gemacht. Es ging nach Massachusetts[4]. Dort wollten die Besucher lernen, wie man Hochschulen
auf Niveau brachte. Frau Dr. Schlechter war Vorsitzende dieses Ausschusses. Der etwa zehn Jahre jüngere Abgeordnete Andor Stolp war
Mitglied dieses Gremiums.

Die Abgeordneten landeten in „Boston". Im dortigen Hotel „Colonade" fand ein erstes „Briefing" durch den deutschen Generalkonsul statt. Nach der Besichtigung vom „Freedom trail", von „Quinci
Market" und vom „Common" hatten die Volksvertreter schnell gelernt, dass die USA in dieser Gegend ihre ersten Schritte getan hatten.
Die Besucher folgten einer Einladung eines amerikanischen Politikwissenschaftlers, der einst Mitglied des „American Council on Germany"
gewesen war. Diese Einladung zur Party im Garten hatte sie, Frau Dr.

---

[4] S. Jürgen Dittberner, Der Venezianische Löwenbrunnen in Berlin. Berlin und Potsdam
–getrennt und vereint, Stuttgart 2018, S.154 ff

Schlechter, organisiert. Es gab Bowle, Erdbeeren und Krabben. Die Abgeordneten merkten: Sie waren in einer anderen Welt.

Dass hier die Uhren anders gingen, erkannten die Volksvertreter erneut, als sie in einem Restaurant in „Boston" sonntags am Vormittag Bier trinken wollten. Es war elf Uhr. – „Männer!", hatte Frau Schlechter gedacht, da klärte die Kellnerin schon die Besucher auf: *„In Massachusetts sagt das Gesetz, dass erst ab zwölf Uhr Bier verkauft werden darf."* Also mussten die durstigen Besucher warten. Frau Dr. Schlechter hatte das insgeheim gefreut.

Europäisch erschien den Besuchern später dagegen eine Art Wochenmarkt hier in „Boston". Wie zu Hause hatten Händler auf der Straße Stände aufgebaut und boten ihre Waren (meist Landwirtschaftsprodukte) preis. Allerdings kamen den Beobachtern Zweifel, als sie einen schwarzen Fischhändler entdeckten: Ein potentieller Kunde näherte sich seinem Stand, zeigte auf einen bestimmten Fisch und fragte: *„What's that?"* – *„It's fish!"*, bekam er zur Antwort und trollte sich daraufhin beleidigt vor sich hinmurmelnd.

Sehr ausführlich waren die Besuche und Gespräche beim „Massachusetts Institute of Technology" („MIT"), der ersten Adresse in der Wissenschaftswelt jener Tage. Frau Schlechter staunte, wie spärlich die Arbeitszimmer auch hochberühmter Wissenschaftler eingerichtet waren und dass diese immer wieder durch Veröffentlichungen oder berufliche Erfolge ihrer Absolventen ihre wissenschaftliche Klasse beweisen mussten. Sie tauschte sich darüber mit Stolp aus.

Die amerikanischen Wissenschaftler stellten ihren Besuchern ihre Arbeiten vor. Dabei konnten die Gäste jenen Amerikanern, die aus dem Norden der USA kamen, durchaus folgen, den Südstaatlern jedoch weniger. Ihr Dialekt war für europäische Ohren schwer verständlich. Dr. Schlechter und Stolp sahen sich an, schmunzelten darüber und fanden, dass sie irgendwie auf einer Wellenlänge lägen.

Der Ausschuss wurde auch vom Senat und Repräsentantenhaus von Massachusetts empfangen, schließlich kam er aus dem freien Deutschland. Die Amerikaner wollten vor allem etwas von der „Insel der Freiheit im roten Meer" („Berlin") hören. Dem Gouverneur überreichte die Ausschussvorsitzende ein passendes Gastgeschenk. Es war die Nachbildung der „Freiheitsglocke", hergestellt von der alten Berliner Porzellanmanufaktur „KPM". Dem Gouverneur kamen Tränen der Rührung, und er rief: „Oh, Hutschenreuther!" Dann fasste er sich und tat seinen Ärger über den „Boston Globe" kund. Ständig würde er in diesem Blatt falsch dargestellt. Wenn das so weiter ginge, würde er die Zeitung „verbieten".

Der Herr hatte einen Witz gemacht, denn er wusste natürlich, dass kein Gouverneur in den USA eine Zeitung verbieten konnte.

Der Ausschuss besuchte den Campus der berühmten Harvard-Universität. In einem gewaltigen Lesesaal imponierte es Stolp, dass auch seine eigenen wissenschaftlichen „Werke" vorhanden waren. Er zeigte es voller Stolz seiner Ausschussvorsitzenden, und die nahm es wohlwollend zur Kenntnis.

In New York schließlich besichtigten die Parlamentarier die „State University New York" und die „New School of Social Science". „Schließlich wollen wir auch sehen, dass es in den USA nicht nur Eliteuniversitäten gibt. Für den wieder bevorstehenden deutschen Hausgebrauch wird das sehr beruhigend sein!", ätzte Stolp, und Frau Dr. Schlechter fand, dass er Recht hatte.

Knallschoten in Orlando

Es ging die Kunde, die Vereinigten Staaten von Amerika könnten nicht nur Demokratie und Ökonomie besser als die Europäer, sondern auch die Erzeugung, den Konsum und die Bekämpfung von Drogen. Also pilgerten der Drogenbeauftragte einer deutschen Großstadt und sein Chef nach „New York", „Washington" und „Miami", um die „Szenen" dort zu studieren.

Die Sache fing komisch an: In „New York" wollten die Amerikaner den Drogenreisenden aus Europa die Ankunft erleichtern, und so ließen sie deren vorher genau beschriebenes Gepäck vor dem sonstigen der Passagiere eines Riesenflugzeuges sofort in deren Hotel bringen. Als auch die „Drogenreisenden" selber endlich im Hotel angekommen waren, öffnete der Vorgesetzte des Beauftragten seinen Koffer und – staunte: Das war nicht sein Gepäck, denn statt Hemden, Socken, Unterhosen und Schlipsen war darin Seifenpulver verstaut: X Pakete.

Der herbeigeeilte Beauftragte witzelte: *„Das ist bestimmt alles getarntes Heroin!"* Doch der Vorgesetzte hatte schon die Fluggesellschaft informiert, und dort hieß es: *„Da müssen wohl zwei gleiche Koffer vertauscht worden sein. Forschen Sie doch im Koffer bitte nach einer Adresse des Besitzers."* Die Adresse wurde gefunden: *„Das ist der Koffer von Herrn Meyer aus ‚Nürnberg'. Der fliegt nach ‚Orlando' und* *ist noch völlig ahnungslos."* – *„Orlando?'"* – *„Ja"*, kam die Antwort: *„Kennen Sie das nicht: Da fliegen doch die Knallschoten alle hin!"*

Nachts um vier stand ein livrierter Schwarzer vor der Hotelzimmertür, hielt einen Koffer in der Hand und erklärte mit breitem Grinsen: „Your luggage, Sir!" Alles war wieder gut. – Aber was hatte der Herr Meyer aus „Nürnberg" mit dem vielen Waschpulver in „Orlando"/Florida eigentlich vorgehabt?

Die Fachgespräche in „New York" waren wenig ergiebig. Hier gab es wie zu Hause Jugendheime, in denen auch „gekifft" wurde. Amerikanische Sozialarbeiter berichteten von ihren Kämpfen dagegen und von ihrer Hilflosigkeit. Es war wie zu Hause; Neues zu lernen war hier nicht.

Beim Laufen zwischen den Hochhäusern der großen Stadt verspürten die Besucher jedoch die Kälte. Es war Februar, und eiskalter Wind pfiff unablässig durch die Straßenschluchten. Diese waren menschenleer. Februar in „New York": Kein Tourist war zu sehen!

Weiter ging es nach „Washington", in die Hauptstadt.

Auch hier gab es zunächst eine Überraschung: Die beiden waren von der deutschen Bundesregierung in einem pittoresken Hotel untergebracht. Nach dem Frühstück stürmte der Beauftrage zu seinem Chef: „Mir ham'se die Aktentasche geklaut!" – Was nun? Polizei holen, das Hotelpersonal alarmieren? Schließlich landeten die beiden am Schreibtisch des Hoteldirektors. Der fragte: „O.k.: Was war ihre Tasche wert?" Der Beauftragte zögerte, stammelte dann aber: „Vierhundert Dollar!" Daraufhin öffnete der Direktor einen Safe, blätterte vier Einhundert-Dollarnoten hin und erklärte: „Damit ist die Sache erledigt! Keine Polizei!" Hinterher räsonierte der Beauftragte: „Hätt' ich doch achthundert Dollar gesagt!" – In Wirklichkeit war die Aktentasche nicht viel wert, und innen drin hatte sich nur belangloses Zeug befunden…

Dann ging es zum Dienstgeschäft. Die „Drogenforscher" aus Deutschland kamen in ein Washingtoner Ministerium und wurden einer Delegation aus Argentinien vorgestellt. Die hätten das gleiche Anliegen wie die Deutschen. Zusammen mit den Argentiniern wurden die beiden in einen Konferenzsaal gebeten. Dort trat ein Herr auf, der den Angereisten messianisch erklärte, wie die USA nunmehr das Drogenproblem beseitigen würden. Die Argentinier sagten gar nichts, und die Deutschen sahen sich fragend an: *„Was folgt daraus für uns zu Hause?"*

Abends gingen beide mit der „Aktentaschenbeute" in ein feines Fischrestaurant, vor dem Wachmänner darauf achteten, dass keine „homeless people" eintraten. Der linke Drogenbeauftragte aus einer deutschen Großstadt bemerkte beim Schmausen: „Ist doch schön, dass sie uns hier die Penner vom Leib halten!"

Die dritte Station auf dem Drogentrip war „Miami". Hier war es warm wie in Deutschland im Sommer. Den Gästen wurde erklärt, deutsche Fahnder seien hier stationiert, um den Amerikanern zu helfen, den Anbau von Drogen in Südamerika zu verhindern.

Dann erhielten sie eine Einladung zu einer Gartenparty. Gastgeber war ein Flugpilot mit seiner Familie. Der Garten war durch einen übermannshohen Zaun geschützt. Er sollte wohl Insekten abhalten. In mehreren Reden machten die Amerikaner deutlich, es käme darauf an, Piloten mindestens vierundzwanzig Stunden vor einem Flug vom Drogenkonsum abzuhalten. Piloten seien nämlich besonders gefährdet.

Der deutsche Drogenbeauftragte sann darüber nach, wo es bei ihm zu Hause suchtgefährdete Piloten gab. Und als sie wieder im Flieger über dem Atlantik saßen, murmelte er vor sich hin: „Piloten kommen eigentlich selten in unsere Heime…"

Holocaust-Gedenkstätten

Die USA galten auch als vorbildlich im Gedenkwesen. Also pilgerten deutsche Beamte deswegen dorthin.[5]

Ende September wird es noch sehr heiß in „Washington". Schon am Vormittag um neun stach die Sonne beträchtlich. Vor einem der trutzigen Museumsbauten aus grauem Feldstein standen Leute Schlange und warten auf Einlass. Sie waren leger gekleidet, in Shorts, Trainingsanzügen oder Jeans. Eine übergewichtige Frau trug sehr unvorteilhaft kurze Blümchenhosen, darüber ein straffes weißes T-Shirt. Es bildete sich eine Schlange bis zum hinteren Teil des Gebäudes, an dem ganz untypisch eine Backsteinfassade zu sehen war, die deutsche Besucher an ein wilhelminisches Gymnasium erinnerte.

Die Menschen warteten auf den Einlass in die Räumlichkeiten des „United States Holocaust Memorial Museum". Sie wollten sich informieren über die Geschichte der Verfolgung und Ermordung der Ju-

---

[5]   S. Jürgen Dittberner, Schwierigkeiten mit dem Gedenken., a.a.O., S. 171 ff

den in Europa durch die Nationalsozialisten. Ihnen standen anstrengende Stunden bevor. Als sie endlich eingelassen wurden, kamen sie in eine lichte Halle, deren Wände aus rotem Backstein gemauert waren. Über der Halle befand sich ein Stahl-Glas-Dach. Diese Architektur erinnerte an preußische Industriebauten. Inmitten der Halle war ein großer „Counter", in dem vier Personen damit beschäftigt waren, die Besucher zu beraten und zu bedienen. Geradezu befand sich eine schwarze Marmorwand mit der Aufschrift „You are my Witnesses". Rechts ging es über eine Art stählerne Zugbrücke durch ein großes Tor, hinter dem die Ausstellung "Remember the Children – Daniels Story" wartete.

Das Museum insgesamt war darauf angelegt, durch individuelle Bezüge Betroffenheit beim Besucher zu erzeugen. Die Geschichte Daniels sollte dessen Weg vom Elternhaus in die Vernichtungsmaschinerie darstellen und tiefer haften bleiben als Zahlen und Statistiken über den Völkermord: Das war die Philosophie der Ausstellung, durch die sich (in Halbdunkel gehüllt) die Menschen bewegten. Sie schritten durch die Weimarer Zeit, sahen etwas über die Machtergreifung, das große Pogrom, den Weltkriegsbeginn, die KZs, die Eroberungen der Wehrmacht, die Vernichtungslager, die Gasöfen.

An einer Stelle wurden Filme über besondere Grausamkeiten gezeigt: Euthanasieprogramme und Mordkommandos. Die Monitore waren in den Fußboden eingelassen, und um Kindern unter den Besuchern den Anblick zu ersparen, hatte man kleine Sichtmauern von etwa einem Meter Höhe errichtet, so dass die Vorführungsplätze wirkten wie kleine quadratische Kästen. Dort scharten sich Menschen traubenweise. Sie verfolgten stumm und lange die Bilder vom Morden und Quälen.

Stundenlang besichtigten die Besucher, die wohl aus allen Teilen der USA gekommen waren, die Ausstellungen. Sie wurden physisch und psychisch stark gefordert und waren am Ende erschöpft. Dann konnten sie in einer Meditationshalle ihren Gedanken nachgehen. Einige (besonders Kinder und Jugendliche) suchten Nebenräume auf, wo sie sich an Computer setzen konnten und beispielsweise unter dem Stichwort „Ravensbrück" vieles über das frühere Frauen-KZ erfuhren. Meist jedoch, so schien es, mochten sie etwas wissen über die Täter, und so gaben sie Namen wie „Eichmann", „Himmler" oder „Heydrich" ein.

Selten kamen Besucher in die zahlreichen Büros, Archive und Seminarräume, die sich hinter dem Museum befanden. Das Holocaust-Museum beherbergte eines der größten Archive über die Nazi-Verbrechen und war zu einer der wichtigsten Forschungsstätten über das Thema in der Welt geworden.

Inmitten der Hauptstadt der Supermacht war dieses Museum eine Provokation. Es behandelte Verbrechen, die von einem anderen Volke ausgegangen waren. Es erzeugte, gestaltet mit der hohen Professionalität amerikanischer Experten, Betroffenheit.

Die Betroffenheit ging von Inszenierungen aus, nicht von Authentizität. Der deutsche Bundespräsident, Richard von Weizsäcker, war seinerzeit der Eröffnung des Museums ferngeblieben, weil es nicht die demokratische Nachkriegsgeschichte Deutschlands behandele. Demgegenüber sagten die leitenden Mitarbeiter der Einrichtung, ihre Intentionen würden sich überhaupt nicht gegen oder für eine Nation richten, sondern ihnen sei es darum gegangen, zu zeigen, wie aus einer zivilisierten Gesellschaft das millionenfach organisierte Staatsverbrechen hervorgehen könne.

Kritiker des Museums in den Vereinigten Staaten behaupten, es sei geschaffen worden als Zugeständnis der amerikanischen Politik an die Juden in Amerika und an den Staat Israel, den die amerikanische Politik ansonsten zu einem Arrangement mit den Arabern drängte. Aufrichtiger wäre es gewesen, so ist zu hören, wenn die USA Museen und Gedenkstätten gleicher Bedeutung geschaffen hätten, in denen die Geschichte der Unterwerfung der Indianer oder die der Unterdrückung der Schwarzen in den Vereinigten Staaten selber behandelt worden wären. Das Holocaust-Museum sei schon deswegen unglaubwürdig, weil es die Mit-Verantwortung der Vereinigten Staaten am Geschehenen nicht hinlänglich behandelt habe, denn diese hätten es in der Hand gehabt, durch Bombardierungen die Judendeportierungen zu unterbinden.

Schließlich waren in den Vereinigten Staaten Stimmen jener zu hören, die behaupteten, der Holocaust hätte gar nicht stattgefunden. Er sei eine Propaganda-Lüge gegen Deutschland und seine Alliierten des Zweiten Weltkrieges.

Der „Holocaust-Deny" sei sein geringstes Problem, sagte am Abend der stellvertretende Direktor des Museums. Es sei gerade „Laubhüttenfest", und er hätte eine kleine Gesellschaft zu sich nach

Hause eingeladen. Das Laubdach habe sein Sohn über der Gartenterrasse errichtet. Leute, die den Holocaust leugneten, konnte er so wenig ernst nehmen wie solche, die behaupteten, die Sonne drehe sich um die Erde. Geradezu grotesk jedoch fand er die deutsche Regelung, die Holocaust-Lüge zu bestrafen.

Im Übrigen sei er sehr dafür, in den USA vergleichbare Einrichtungen seiner Institution zu schaffen, die sich mit dem Schicksal der Indianer und der Schwarzen auseinandersetzten. Auch müsse weiter erforscht werden, wann die US-Administration von den Vernichtungslagern gewusst habe und ob es ihr möglich gewesen sei, das Leiden vieler Menschen zu vermeiden.

Was bekannt war, das habe man gezeigt: So zum Beispiel die Geschichte des Schiffes „Sankt Louis", das mit achthundert Flüchtlingen an Bord nach Amerika gekommen sei und dort abgewiesen wurde mit dem Resultat, dass keiner der achthundert Flüchtlinge überlebt habe.

Das Holocaust-Museum in „Washington" habe einen wichtigen Auftrag. Die Menschen hier wüssten viel zu wenig über den zweiten Weltkrieg.

Die Laubhüttengesellschaft verlegte ihren Platz nach dem Mahl in das Wohnzimmer, rund um einen großen Tisch. Draußen wurde es kühl. Wieder war der Direktor am Reden. Es freue ihn, dass so viele Menschen in sein Museum kämen. Aber wenn er dann die Menschentrauben an den Vorführungskästen der Horrorszenen beobachtete, wie die Besucher dort förmlich kleben blieben, fragte er sich, ob einige Besucher aus reiner Sensationslust ins Museum gekommen waren, in der Hoffnung, hier den „Kick" zu erhalten, den ihnen das Fernsehen trotz aller Brutaloszenen nicht mehr vermitteln konnte. Wenn er nur wüsste, ob und wie sich seine Besucher kognitiv und emotional durch das Holocaust-Museum veränderten...

Das Holocaust-Museum war in „Washington" eingebettet in eine allgemeine Museumslandschaft. Nicht weit entfernt befand sich das „National Museum of American History", ein eher folkloristisch aufgezogenes Unternehmen. Hier war eine Ausstellung zu sehen über „What Things Are Made of and Why". Es herrschte der gleiche Andrang wie im Holocaust-Museum, es war das gleiche Publikum im Freizeit-Outfit. Hier drängelten sich die Leute zum old fashioned „Post-Office" aus Holz mit einer kleinen Veranda davor, auf der gerade eine kleine Bank, ein gefülltes Salzfach und die Fahne „Stars and

Stripes" Platz hatten. Western-Zuschauer kannten das Bild wie aus eigenen Kinderzeiten.

Ein „Tourmobile" (ein Bus mit offenen Scheiben und Anhänger) brachte die Besucher „Washingtons" von einer Sehenswürdigkeit zum nächsten Museum, und an jeder Station standen sie brav Schlange und warteten, bis sie an der Reihe waren – die Oma im dunkelblauen Freizeitanzug, der Rentner mit seinem quergestreiften Poloshirt und der Baseballkappe dazu sowie all die anderen.

War nicht die Hauptstadt „Washington" überhaupt eine Ansammlung von Gedenkstätten? Im Mittelpunkt ragte der Obelisk des „Washington Monuments", in Ost-West-Richtung standen sich das „Capitol" und das „Lincoln Memorial" gegenüber, in Nord-Süd-Richtung das „Weiße Haus" und das „Jefferson-Memorial". Am vierten Juli, dem Nationalfeiertag, ging es fröhlich zu. Die historischen Stätten wurden von einer bunten und heiteren Menge mit Beschlag belegt, und sogar das „Weiße Haus" war an diesem Tage zu besichtigen.

Die Fröhlichkeit schlug um in feierlichen Ernst am „Mahnmal zur Erinnerung an die Vietnam-Veteranen". Eine lange schwarze Mauer, eingepasst in die Landschaft der „Mall" enthielt viele Namen von im Vietnam-Krieg gefallenen US-Soldaten. Freunde und Verwandte aus allen Staaten der USA waren hierher gepilgert, um ihrer gefallenen Menschen zu gedenken. Sie taten dies, indem sie Militärstiefel des Toten an jene Stelle legten, wo der Name eingraviert war. Sie legten Whisky-Flaschen, Bibeln, Fotos der Lieben nieder, Lieblingsbücher. Und viele waren dabei, die Eingravierungen abzupausen, damit sie diese mit nach Hause nehmen konnten. Andere hielten respektvoll Abstand von jenen, die so ihrer Lieben gedachten. Hier empfand man: Ein Denkmal, eine Gedenkstätte kann authentisch sein, auch wenn sie inszeniert wurde. Die trauernden Menschen schufen eine Authentizität, wie sie anderswo nicht erreicht wurde.

In der Mega-Stadt „Los Angeles" war dergleichen nicht möglich. Hier befand sich das „Toleranz-Museum", dessen Eröffnung eine ähnliche Resonanz hatte wie die des „Holocaust-Museums" in „Washington". In der unendlichen Straßen- und Häuserlandschaft von „L.A." an einer Kreuzung, hinter Mauern und Stahlzäunen könnte sich auch eine kleine Fabrik befinden, ein Supermarkt oder ein Kino. Die Besucher kamen spärlich. Direkt gegenüber dem Gelände, auf dem sich auch eine kleine Mauer mit den Namen der in Europa untergegangenen jüdischen Gemeinden befand, prangte ein Schild der „Coast Federal

Bank". Dahinter sah man Laternenmasten, reichlich windschiefe Oberleitungen und Häuserkästen, manche als Hochhäuser gebaut.

Im Innern dieses Hauses der Gedenkstätte wurde man wie in einem Schneckengang durch eine Geschichtsröhre geführt: Aus der Weimarer Zeit ging man von Station zu Station, passierte das zerstörte „Städtl" und endete schließlich in der Gaskammer. Den Szenen ausweichen konnte man nicht. Da vor und hinter dem jeweiligen Bild kein Licht war, konnte und musste man erst dann weiter gehen, wenn der aus Lautsprechern kommende Text geendet hatte, das Licht erlosch und die nächste Station erleuchtet wurde.

Das Museum vermittelte eine zweifache Moral: Einmal wurde in der geschilderten Weise der Holocaust dargestellt. Zum andern war diesem Hauptteil des Museums eine „Ouvertüre" vorangestellt, die sich direkt auf die USA bezog. Das Motto lautete: „One Nation, Many Peoples". Die europäische, asiatische, afrikanische, jüdische und indianische Abstammung der Amerikaner wurde gezeigt und mit der Frage versehen: *„Are we real or stereotypes?"* In Comics wurde der kurze Weg von rassistischen Sprüchen zu Krawallen mit tödlichem Ausgang dargestellt. Es war ein spezifisches Thema von „Los Angeles", das unter dem Trauma damals jüngster Krawalle litt.

Der auf die Gegenwart bezogene Teil der Ausstellung wirkte auf den Besucher originell und aufklärerisch. Wo es sich hauptsächlich mit dem Nationalsozialismus beschäftigte, erschien das Dargestellte weit weg – zeitlich und räumlich. Auch umlagerte das Museum ein Hauch von Provinz und Sektierertum: Hier spürte der Besucher nicht die vom Hauptstadtboden ausgehende Relevanz des Gezeigten und bemerkte die Relativität des Projektes, die sich aus der Tatsache ergab, dass Private die Träger der Einrichtung waren.

Doch das war die Perspektive der Besucher aus Deutschland, welche die Wirkung auf die Region schwer beurteilen konnten.

Auf die Frage, ob die Holocaust-Museen in den USA ein Modell für Deutschland seien, antwortete Ignatz Bubis: *„Ähnliches ja, Gleiches nein."* Und: *„Hier war der Galgen, wo die Menschen gehängt wurden, und hier waren die Pritschen, wo die Menschen geschlafen haben, und hier war die Küche, wo sie mit einer Wassersuppe verpflegt wurden, und hier waren die Massengräber."* Ignatz Bubis plädierte dafür, in Deutschland keine Museen nach amerikanischem Vorbild zu errichten, sondern „Dokumentationsstätten", die gesellschaftliche und historische Zusammenhänge erläutern.[6] Das war wohl wahr. Doch das Beispiel USA zeigte auch, wie sehr eine Gedenkstätte in einer Hauptstadt zu einer emotional beeindruckenden Institution werden und eigene Authentizität erzeugen konnte.

So sahen es die Besucher aus Deutschland. Mittlerweile hat die Globalisierung auch zu Hause eine Vielfalt geschaffen, die die Frage aufwirft, ob Reisen auch ein Blick in die Zukunft sein können. Ist das, was die Besucher seinerzeit in den USA sahen, später Realität auch in anderen Teilen der Welt geworden?

(1999)

3. Türkei: Der Imam ist fort

Nach Italienern, Spaniern und Griechen strömten Türken in die alte Bundesrepublik Deutschland. Das „Wirtschaftswunder" zog immer mehr internationale Jobsucher an. Diese selbst und manche Deutsche sahen in ihnen „Gastarbeiter", die nach Ablauf der Arbeit wieder in die Heimat zurückkehren würden. Doch als diese „Gastarbeiter" ihre Nachkommen holten und sich hier ansiedelten, kamen vor allem deutsche Politiker auf die Idee, sie müssten beim Ansturm muselmanischer Türken die Sünden des Holocausts wieder gut machen: Eine Politik der „Assimilation" galt in Deutschland als alternativlos und politisch korrekt.

Es kamen mehr und mehr. Die Türken in Deutschland wurden anfangs „Gastarbeiter" genannt und siedelten sich gerne in heruntergekommenen Vierteln an. Nach dem „Nazi"-Desaster wollte die deutsche Politik diesmal alles richtig machen. Sie befand, die Türken müssten in die deutsche Gesellschaft „integriert" werden. Ob und wie weit sie dazu ihre hergebrachte Kultur aufgeben sollten, war nicht klar.

Ein deutsches Landesparlament wollte voraus gehen und gründete einen „Ausländerausschuss". Der Vorsitzende befand bald, dass der Ausschuss in das Herkunftsland der vielen „Gastarbeiter", die Türkei, reisen sollte, um sich vorzustellen und die Kultur dieses Landes besser zu verstehen. Die Abgeordneten machten sich auf den Weg, besuchten „Ankara", Anatolien und „Istanbul".

---

[6] Ignatz Bubis, Die Holocaust-Museen in den USA: Ein Modell für Deutschland?; in: Jürgen Dittberner/ Antje von Meer (Hg.), Gedenkstätten im vereinten Deutschland. 50 Jahre nach der Befreiung der Konzentrationslager, Berlin 1994

In Kleinasien herrschten Militärs. Sie hatten den zivilen Ministerpräsidenten Bülent Ecevit inhaftiert. Ecevit war Sozialist, und die sozialdemokratischen Mitglieder der Delegation besuchten ihn. Nichtmitglieder der SPD waren nicht zugelassen. Danach hockte die gesamte Delegation in einem Hotel in „Ankara". Ein Abgeordneter, auch er Sozialdemokrat, verstand es auf wunderbare Weise, unentwegt Witze zu erzählen und die Kollegen zu unterhalten.

Draußen vor dem Hotel fuhren Panzer auf und umstellten das Gebäude. Das wirkte bedrohlich. Etwas erleichtert waren die Gäste aber, als sich herausstellte, dass die Drohgebärde nicht ihnen galt, sondern der deutschen „Grünen"-Politikerin Petra Kelly und ihrem General Gert Bastian, die ebenfalls in dem Hotel weilten.

Die Abgeordneten durften sich bei den Gesprächen mit türkischen Offiziellen anhören, dass die Türken in Deutschland schlecht behandelt würden. Eine mitgereiste „grüne" Abgeordnete, die den türkischen Namen ihres Ehemannes trug (was die Gastgeber freute), stimmte der Kritik zu. Sie musste sich später intern Vorwürfe ihrer Kollegen von den anderen Parteien anhören. Dass ausgerechnet sie als „Linke" den Vertretern der Militärdiktatur zustimmte, verstanden die anderen Abgeordneten nicht.

Als die deutschen Parlamentarier ein türkisches Verwaltungsgebäude besuchten, gingen sie einen langen Gang entlang, an dem alle Bürotüren geöffnet waren. In den Amtsstuben standen Staatsdiener und verneigten sich vor den Gästen. Dann betraten sie das Büro des Bürgermeisters von Istanbul – auch er ein General. Er saß hinter einem überdimensionierten Schreibtisch auf einem Stuhl wie auf einem Thron. Zu Füßen dieses Generals und Schreibtisches hatten die Gäste ihre Sitzplätze. Die Gastarbeiter in Deutschland interessierten den General offensichtlich nicht. Er hatte anderes im Kopf: *„Wir bauen eine U-Bahn in Istanbul. Ihr habt schon eine U-Bahn. Der Chef Eurer U-Bahn soll kommen und uns raten, wie wir das hier machen sollen. Sagen Sie ihm das!"* Per Befehl wollte der Militär am Bosporus eine U-Bahn bauen, ganz ohne Bürgerbeteiligung!

Die Finanzierung stellte er sich übrigens einfach vor: *„Wenn die Leute geradeaus gucken, müssen sie Steuern zahlen. Wenn sie nach rechts oder links gucken, müssen sie Steuern zahlen. Und wenn sie sich umdrehen, müssen sie Steuern zahlen!"*

In Anatolien besuchten die Gäste ein kleines Dorf. Sie waren gekommen, weil ihnen gesagt worden war, die meisten der Türken in

Deutschland stammten aus dieser Gegend. Als die Deutschen vor Ort erschienen, teilte einer der Bewohner mit: *„Der Imam ist fort. Er will nicht mit Ungläubigen zusammen sein."*

Dann umringten viele fröhliche Kinder die Gäste. Diese erkannten, wie groß das menschliche Reservoir hier war.

Die türkische Presse berichtete über die Reise und die Gespräche sehr ausführlich. Die Besucher konnten Fotos in den großen Zeitungen sehen, nur die Texte daneben, die konnten sie nicht lesen.

Zum Abschluss wurden die Gäste zu einem Schmaus am Bosporus eingeladen. Es gab Köstlichkeiten aus dem Meer. Dass die türkische Küche gut ist, stand damit fest. Der offizielle türkische Begleiter informierte darüber hinaus, dass Türken nicht nur den Kuppelbau, sondern auch das Flugzeug und die Demokratie erfunden hätten.

Das mit der Demokratie glaubten die Besucher aus Deutschland nicht ganz...

(1983)

4. Japan: „Plost!"

Geheimnisvoller noch als die Türkei erschien Japan. Irgendwo, weit weg in Fernost, gab es einen Staat, in dem die Menschen angeblich ebenso tüchtig waren wie in Deutschland. Und dieser Staat hatte wie Deutschland den letzten Krieg gegen die Amerikaner und ihre Verbündeten verloren.

Japan wurde nach 1945 eine der großen Wirtschaftsnationen der Erde, und seine Wissenschaft streckte seine Fühler in alle Himmelrichtungen aus. Würden sie bis nach Deutschland kommen?

Einst machte ein deutscher Politiker eine Dienstreise nach Tokio. Er fuhr auf Wunsch des Ministerpräsidenten seines Landes und sollte dabei die steinreiche private „Nihon-Universität" bewegen, in einer Region Deutschlands eine Filiale aufzumachen. Die „Nihon-Universität" wollte dem Vernehmen nach einen Schritt von der Insel weg tun und hatte dabei – so wurde berichtet – drei Standorte im Visier. „London" war Favorit: Japaner zog es primär nach Groß-Britannien.

Hintergrund war, dass der Bundeskanzler nach Japan reisen wollte. Da wäre es doch schön gewesen, wenn er entgegen allen Spekulationen in „Tokio" eine Investition der „Nihon-Universität" im vereinten Deutschland hätte besiegeln können.

Tokio

Die „Nihon-Universität" galt als sehr reich mit ihren 87.000 Studenten, 4.000 Professoren und Dozenten sowie etwa 4.000 Abgestellten in „Tokio".

Angeboten hatten die Deutschen unter anderen einen „Ferienpark" noch aus der DDR. Diese Liegenschaft war 380.000 Quadratkilometer groß und hatte einen hohen Verkaufswert. Auf die ganze Sache gebracht hatte das östliche deutsche Bundesland ein japanischer Herr aus „Düsseldorf", der als Vermittler auftrat.

Bei der Reise begleitete den Politiker ein Beamter, der zuständiger Referatsleiter des Wissenschaftsministeriums war. Er und der Politiker wurden im „Deutsch-Japanischen Zentrum" von einem deutschen Grafen auf Japan vorbereitet. Der Graf galt als Japan-Kenner. *„Die Japaner sitzen auf einem verdammt hohen Ross. Das muss man einfach akzeptieren"*, sagte er.

Der Beamte flog vor, so dass der Politiker später alleine in Frankfurt einen Jumbo der „JapanAir" bestieg. Im Warteraum davor sah er sich um. Er war hier unter lauter Japanern eine der ganz wenigen „Langnasen".

Das konnte ja heiter werden! Immerhin flog der Politiker „Business-Class". Neben ihm saß ein Japaner. Der sprach während der zehnstündigen Reise kein Wort und würdigte den Deutschen keines Blickes.

Die Stewardessen sprachen sanft und unverständlich. Ständig verbeugten sie sich, allerdings vor dem Flugnachbarn öfter und tiefer als vor dem deutschen Politiker. Immerhin konnte dieser beim Verzehr der Speisen und Getränken dem Nachbarn nacheifern. Als Menue bestellte der Deutsche wie er „Japanese" und nicht „Western style", und als die Speisen kamen, orientierte er sich bei der Reihenfolge und der Methode der Nahrungsaufnahme an seinem stummen Nachbarn, so dass er die Stäbchen, Schüsselchen und Pfännchen hoffentlich fachgerecht benutzte.

Als sie pünktlich in „Tokio" ankamen, fühlte sich der Deutsche verloren: Es wimmelte vor schwarzhaarigen Menschen, die alle eine unverständliche Sprache sprachen. Auch die Flughafen-Durchsagen waren unverständlich. Da kam ein Japaner im dunkelblauen Anzug auf den Politiker zu und sagte, er würde ihn zum Hotel bringen. Es war der Herr aus Düsseldorf, und später stellte der Deutsche fest, dass er im Unterschied zu den vielen anderen Japanern, die ebenfalls dunkelblaue Anzüge trugen, lockige Haare hatte. Daran würde er ihn in den kommenden Tagen erkennen.

Der Herr hatte eine kleine schwarze Collegemappe dabei. Bis der Bus zum Hotel führe, sagte er, sei noch etwas Zeit, und die würde er nutzen, um schnell ein Telefonat zu führen. Sie warteten in einem Café. Es war heiß und schwül; man spürte es: „Tokio" war eine südliche Stadt.

Der Bus zum Hotel fuhr zwei Stunden lang durch ein Agglomerat von Häusern, Brücken und Bahntrassen. Innerlich fragte der Politiker sich, wie er jemals zum Flughafen zurückfinden solle. Im Hotel dann bekam er einen Schreck: Er hatte die Visitenkarten vergessen! Dabei hatte es doch in Deutschland geheißen, Visitenkarten seien hier unentbehrlich.

Glücklicherweise konnte er im Hotel Karten drucken lassen. Während er auf die Karten wartete, beobachtete er, dass beim Auschecken von Paaren die Frauen die Rechnungen bezahlten und dass Japaner sich ständig voreinander verbeugten. Die Tiefe des „Dieners" hing vom sozialen Rang des Gegenübers ab.

Unübersichtlich wie die Stadt waren die Entscheidungsstrukturen der „Nihon-Universität". Der Präsident der Universität, Herr Kinoshita, so wurde gesagt, sei „krank". Und da eine Neuwahl bevorstünde, müsse Herr Kinoshita ohnehin vorsichtig sein beim Gespräch über Investitionen. Aber Prof. Kajiwara war der Vertreter des Präsidenten und gleichzeitig sein „Leibarzt". Der würde die Deutschen empfangen.

Am Morgen nach der Ankunft ging es zum Verwaltungsgebäude der Nihon-Universität. Durch Knäuel von Menschen hindurch eilte die Delegation zur U-Bahnstation. Der „Düsseldorfer" ging stets voraus, man durfte ihn nicht aus den Augen verlieren. Alle Beschriftungen waren japanisch, so dass es kaum möglich war, sich zu orientieren.

Das Gebäude der Nihon-Universität war groß und beeindruckend. Unten leistete man sich ein kleines Gärtchen mit Fischteichen. Wie viele Millionen Yen mochten die paar Quadratmeter der Metropole wert sein, über welche die Fische da schwammen?

Die Delegation wurde in einen quadratischen Konferenzraum geführt, in dem um die leere Mitte Sessel gruppiert waren. Die Zeit blieb stehen. Nichts geschah. – Nach einer Weile ging die Türe auf und herein trat Prof. Kajiwara. Er war ein alter Mann, begrüßte alle sehr förmlich und nahm in einem Sessel gegenüber seinen Besuchern Platz.

Nichts Weiteres geschah.

Wer sollte jetzt anfangen?

Da begann der Vizepräsident und „Leibarzt" leise und ohne jeden Blickkontakt: Es beeindrucke ihn sehr, dass die Herren eine so weite Reise gemacht hätten. Die „Nihon-Universität" sei eine große Universität, da gäbe es viele Ansichten. Aber der Präsident interessiere sich für das Projekt in Deutschland. Leider sei er sehr krank.

Und damit endete die Ansprache von Prof. Kajiwara.

Es war Zeit für eine Entgegnung: Der Ministerpräsident ließe die besten Grüße bestellen und wünsche dem Präsidenten der Universität baldige Genesung. Sein Bundesland sei ideal für eine Investition. Die neue deutsche Hauptstadt, sei da gleich in der Nähe, und der gesamte Osten Europas läge vor der Tür. Auch besuche die Königin von England gerade diese Gegend...

Dem Vizepräsidenten war keine Reaktion anzumerken. Noch einmal nahm er das Wort: Leider sei der Präsident krank, aber demnächst würden einige Mitarbeiter der Universität nach Deutschland kommen. Er müsse nun gehen. Es habe ihn sehr gefreut, die Herren kennen zu lernen. Im Hinausgehen sagte er noch etwas zu einem unwirsch wirkenden Mann im hellen Anzug. Der verbeugte sich.

Eigentlich war der deutsche Politiker schon entschlossen, den als Gastgeschenk mitgebrachten Porzellan-Teller („von unserem König") zu behalten. Da wurde der untersetzte Herr auf einmal freundlich und jovial. Was die Herren sehen wollten, fragte er. Die Wahl fiel auf die technischen Fakultäten. Deren Besuch wurde für den nächsten Tag verabredet. Nun stellte sich heraus, wer der Herr im hellen Anzug war. Es handelte sich um Prof. Sakuta, dem Leiter der universitären Fachkommission zum Investitionsprojekt in Europa.

Der Porzellanteller blieb am Ende doch in „Tokio".

Es folgten weitere Gespräche mit Universitätsvertretern, mit dem deutschen Botschafter in „Tokio", der deutschen Industrie- und Handelskammer sowie mit japanischen Geschäftsleuten. Allmählich schälte sich heraus, dass es an der Universität zwei Fraktionen gab: Die eine der nach Europa drängenden Expansionisten und die andere der für das Verbleiben auf Honshu kämpfenden Isolationisten. Wer sich warum und wie durchsetzen würde, vermochte niemand zu prophezeien. So meinten die Besucher, es könne nicht schaden, beim Besuch des „Meiji-Schreins" Münzen zu spenden und dazu nach Landessitte in die Hände zu klatschen.

In der „Freizeit" lernten die Deutschen, dass ein Essenservice in Japan aus je fünf Teilen bestand, das bei einem Geschenk die Verpackung wichtiger war als der Inhalt und dass ein Apfel fast so edel und kostbar sein konnte wie Gold.

Während des Besuches betonte der „Düsseldorfer" immer wieder, wichtig für das Projekt sei Prof. Hamada. Den müssten die Herren unbedingt sprechen, und er würde ein Treffen mit ihm arrangieren. Doch alles müsse sehr vertraulich sein. Empört lehnte er es ab, einen Vertreter der deutschen Botschaft an dem Treffen teilhaben zu lassen: Irgendwie schien dieser Besuch auch ein geschäftliches Interesse zu tangieren.

Prof. Hamada hatte keinen Termin frei. Er sei zu Vorträgen in „Yokohama", war zu hören. Ein anderes Mal hieß es, er hätte schon längst zu Hause sein müssen und seine Frau machte sich Sorgen. Dann wieder war er zwar in seiner „Praxis" aufgetaucht (War er Mediziner?), dort jedoch so mit Terminen überhäuft gewesen, dass er gar keine Zeit für die Besucher aus Deutschland habe.

Plötzlich jedoch, am letzten Tag der Delegationsreise, verkündete ein strahlender „Düsseldorfer", Herr Hamada habe Zeit. Er und weitere Professoren würden die Gäste gerne in ein traditionelles Restaurant zum Abendessen einladen.

„Das wird teuer für die!", kommentierte ein ortskundiger Mitarbeiter der deutschen Botschaft, die trotz der Abwehr informiert war.

Der Treffpunkt entpuppte sich als ein Restaurant mit niedrigen Räumen, Wänden wie aus Pappe, niedrigen Tischen und Kimono-bekleideten Damen. Eine Köstlichkeit nach der anderen wurde gereicht: „Shabu-shabu", „Sukiyaki", „Sushi", „Sashimi" und anderes. Dazu gab es immer wieder den warmen Reiswein – „sake" – und Bier.

Die Damen hockten neben den Gästen und verfolgten jeden Bissen und jeden Schluck der Europäer. Die Gastgeber versicherten, das seien keine Geishas. Eine Musikergruppe spielte japanische Weisen. Jetzt tauten die japanischen Professoren auf: *„Das ist von Hokkaido, wo ich herkomme, meine Heimat." – „Dieses Lied singt man in ‚Nagasaki', da müssen Sie 'mal hin!"*

Dann war Schluss mit dem Essen, aber nicht mit dem Trinken. In den Pappwänden öffneten sich Türen, und Monitore wurden herausgezogen. Die Damen, die keine Geishas waren, hatten Mikrofone in den Händen, und für die Japaner kam der Höhepunkt des Abends: „Karaoke". Reihum musste jeder zu Videoclips den eingeblendeten Text bekannter Schlager singen. Die Deutschen taten sich schwer, doch die Japaner hoben ab. Am Schluss waren sie selig und kamen in Verbrüderungsstimmung. „Plost.", kicherten sie.

Ende Januar des folgenden Jahres kam eine Delegation der „Nihon-Universität" nach Deutschland. Hier wurden sie von allen verfügbaren Fachleuten empfangen. Im Hubschrauber überflogen sie das angebotene Gelände. Alles wurde fotografiert, sogar die Toiletten.

Dann nahmen sie alle ihre Geheimnisse (über den kranken Präsidenten, der wiedergewählt werden wollte, über die zwei Fraktionen in der Universität und über die wirkliche Bedeutung des Prof. Hamada) via „Krefeld" mit nach Fernost.

Sie wurden in Deutschland niemals wieder gesehen.

(1992)

VI. Europäische Regionen

Als nunmehr schon bewährte Touristen konnten die Stolps fortan aus-
gestattet mit Routine die ganze Welt bereisen. In Italien, Griechenland
und Spanien war ausreichend „trainiert" worden: Anreise, Unterkunft,
die Landschaft, das Wetter, das Geld und vieles andere waren geübt.
Nun empfanden sie es nicht mehr als leeres Gerede, wenn Freunde an
Geburtstagen wünschten: „Gesundheit und viele schöne Reisen!"

Auf ging es nach Europa! Silke und Andor reisten in die Haupt-
städte „Athen", „Rom", „Paris", „Lissabon", auf Mittelmeerinseln, zu
sagenumwobenen Landschaften, in den tiefen Süden bis nach Malta
und in den hohen Norden bis nach Island.

An erster Stelle stand „Athen"! Schließlich ist das die „Wiege des
Abendlandes". Dann öffnete sich das Kaleidoskop des Kontinents Eu-
ropa.

Schließlich zog es sie auf die gute blaue Donau – fast zurück in
die Heimat.

1. Athen: Küsschen für die deutsche Regierung

Auf der „Akropolis"

Athene ist die Patronin dieser Stadt. Sie ist bekannt als Göttin der
Weisheit, aber war auch eine Stadtplanerin. So fand sie, die „Akropo-
lis" brauche ein Gegengewicht im Weichbild „Athens". So warf sie den
Berg „Lycabettus" („Wolfshügel") in die Landschaft, auch als Schutz
für die „Akropolis". Später wurde auf diesem Hügel ein christliches
Kirchlein gebaut und „St. George" genannt. Noch viel später entstand

am Fuße dieses Berges ein Hotel, das sich „St. George Lycabettus Life-style Hotel" nannte und die Herberge von Silke und Andor wurde.

Auf dem „Lycabettus"

Die Reisenden wagten es, mit der U-Bahn und auf „Schusters Rappen" die „Akropolis" zu besuchen, was wegen der Diebe risikobehaftet war. Aber sie überquerten auf dem Wege den „Syntagma-Platz", wo sich das Parlament des modernen Griechenlands befindet und wo sich viele Griechen immer wieder zu politischen Aktionen versammeln.

Sie sahen keine Protestierer, nur in altertümliche Kleidung ge-steckte Wachsoldaten. Diese trugen dunkle Westen, enge Strümpfe und großes Schuhwerk mit gewaltigen Puscheln daran. Ausgestattet waren sie mit langen Gewehren, und wenn sie alle Stunde wechsel-ten, warfen sie die Arme hoch. Dann sahen sie mit ihren weit geschnit-tenen weißen Blusen aus wie aufgeplusterte Schwäne. Ein „normaler" Soldat in Felduniform überwachte diese Herren und zupfte ihre Klei-dung zurecht. Silke fiel ein Lied ein: „So ein Mann, so ein Mann...!"

Da erschien ein Grieche, der war von der EU und Deutschland entzückt. Er trug den Stolps auf, der Bundeskanzlerin Küsschen zu überbringen und dem Bundesfinanzminister noch zwei mehr. Ein anderer trug ein Schild, auf dem stand, Jesus sei der Versöhner für alle Völker.

In der 5000-jährigen Geschichte Athens hat es viele Aufs und Abs gegeben. Schon vor Jesu Geburt hatte sich die repräsentative Demokratie entwickelt. Zweifellos liegt in „Athen" eine Wurzel moderner Zivilisation. Lange Zeit war die Stadt nach der Blüte nur noch ein Dorf im Osmanischen Reich. Aber 1834 wurde es Hauptstadt des wiedererschaffenen Griechenlands. Seither erlebte „Athen" einen gewaltigen Bauboom, und später hatte es 2018 über 660.000 Einwohner.

Diese Stadt liegt am Meer in einem riesigen Talkessel, und im Sommer soll es unerträglich heiß sein.

Für Silke und Andor gab es nur noch eins: „Auf zur Akropolis!" Sie schlenderten durch die Altstadt „Plaka" und kamen auf einem breiten, ansteigenden Fußweg zum Eingang der Anlage. Zwei Schlangen standen an: Nur zwei Kassenhäuschen waren geöffnet. Sie kauften Eintrittskarten. Es ging hinauf auf einen Berg, zusammen mit Menschen aus aller Herren Länder. An den Wegesrändern standen Altertümer, die sich nicht immer einordnen ließen. Schließlich erreichten sie den Tempel. Eine große Treppe führte ins Innere. Silke erkundete die ganze „Akropolis". Andor wartete (wie viele andere) lieber am Fuß der Riesentreppe.

Gerade fand das orthodoxe Osterfest in Griechenland statt – eine Woche später als in Deutschland. Es war schönes Wetter. Am Karfreitag jedoch wurde es grau, und alle griechischen Fahnen waren auf Halbmast gesetzt. Ein Grieche sagte, er sei nicht gläubig, aber vor und nach Karfreitag habe „Athen" immer Sonnenschein. Karfreitag selber dagegen sei stets regnerisch.

Zur Aufheiterung der Gemüter fuhren die beiden nach „Piräus" – dem berühmten Hafen von „Athen". Dort hinaus fuhr eine Bahn. Der Bahnhof von „Piräus" war nicht gerade taufrisch, und als sie auf den Vorplatz traten, sahen sie ein graues Hafenbecken und Fährschiffe. Die Uferpromenade wirkte etwas schmuddelig. Zwei Kirchen waren geschlossen. Dann fing es mit Macht zu regnen und zu stürmen an. Die Urlauber flüchteten sich in einen „Take-off"-Laden, wo ihnen jeweils drei gegrillte Schweinekoteletts mit Riesenbergen von Pommes Frites serviert wurden. Als der Regen nachließ, gingen Silke und Andor zurück zum Bahnhof und ließen „Piräus" lieber „Piräus" sein.

Nach diesem trostlosen „Piräus"-Abenteuer – (kein „Mädchen von Piräus" in Sicht!) fuhren sie auf den Berg „Lycabettus". Hier waren zwei Restaurants, das Kirchlein und eine Aussichtsplattform. Die Kirche war österlich geschmückt. Silke und Andor hatten einen fantastischen Blick auf „Athen", sahen die „Akropolis", den Hafen und das Meer. Rundum waren Berge, an deren Hängen die Stadt mit ihren weißen Häusern hinaufgewachsen war: Die Wiege Europas!

Ostersonnabend waren die Flaggen wieder auf Vollmast. Die Kirchen allerdings waren geschlossen, denn Messen fanden erst um Mitternacht statt. Auf dem „Lycabettus" versammelten sich zahlreiche Menschen mit kleinen Leuchten in den Händen. Sie starteten eine Prozession hinab in die Stadt, um die Auferstehung Jesu zu feiern. Punkt null Uhr donnerte aus diesem Anlass eine Kanone mehrmals vom Berg herab.

Am Ostersonntag arbeitete das Personal der „Akropolis" nicht: Es war schließlich Feiertag! So trollten sich Touristenscharen in der „Plaka", was Souvenirhändler und Restaurantbesitzer freute. Silke bestellte in einem Freiluftrestaurant eine griechische „Ostersuppe", und Andor labte sich an „Tsatsiki" und „Tamaras". Dazu gab es Weißbrot und edlen griechischen Wein. Hinterher sahen sie, wie ziemlich große „Osterlämmer" auf den Straßen an Spießen gegrillt wurden.

Unterhalb der „Akropolis" befindet sich ein Museum. Es steht auf einhundert Betonsäulen und scheint über zahllosen Ausgrabungen zu schweben. Es ist lichtdurchflutet, wurde aus Glas und Metall gebaut. Das Museum hat eine Fläche von 25.000 Quadratmetern; davon sind 14.000 Quadratmeter Ausstellungsfläche. Es besteht aus vier Ebenen: Im Erdgeschoss befindet sich der „Saal der Akropolishänge" mit Funden vom Ort des früheren Heiligtums, aber auch von profanen Stellen einer alten Siedlung. Im dritten Stock des Museums ist der „Parthenonsaal" mit Reliefplatten und „Parthenon-Säulen". Auf der ersten Ebene befinden sich Ausstellungen der „Propyläen", des „Nike-Tempels" und des „Erechtheions". Das sind eindrucksvolle Plastiken, teils Originale, teils Kopien. Auch die Köpfe des Zeus und der Athene sind zu sehen. Dieses Museum war großartig; Silke und Andor fanden, es allein war die Reise wert!

Beim Rückweg zum Hotel kamen die Reisenden durch bergige Straßen, die mit wunderschönen Zitrusbäumen verziert waren. Die Blätter waren dunkelgrün. Die Früchte leuchteten orange. Aber Vorsicht: Das waren Pomeranzen! Sie schmecken bitter und haben viele

Kerne. Pomeranzen gelten daher als ungenießbar. Sie kullerten, wenn sie abfielen, die Straßenränder hinab, blieben an Gullys liegen. Kein Mensch aß sie. Die Besucher erfuhren, dass man aus diesen Früchten immerhin bittere Marmelade oder auch Parfüms machen könne. Aber in „Athen" tat das keiner, und so blieb nur, sie zu bewundern oder mit ihnen Fußball zu spielen.

Eine Pomeranze

Im Übrigen trugen die Stolps keine Eulen nach Athen, sondern sie brachten eine nach Hause mit. Denn die Eule steht für Klugheit, und klug war die Schutzpatronin der Stadt, die Athene, gewiss. Also erwarben sie eine kleine Messingeule: Zu einer zünftigen Reise gehört eben ein Souvenir!

(2018)

2. Kos: Kein Kloster!

„Kos – wo liegt denn das?", fragte Silke, als Andor eine neue Reise plante. – „Eigentlich näher an der Türkei als am griechischen Festland. Aber es gehört zu Griechenland.", bekam sie zur Antwort.

Kos schwimmt im Südosten der Ägäis, ist 287 Quadratkilometer groß und hatte 2001 etwa 31.000 Einwohner. Die kürzeste Entfernung zum türkischen Festland beträgt fünf Kilometer. Der berühmteste Sohn der Insel ist Hippokrates von Kos. Der lebte 460 bis 370 v. Chr. Er leitete eine Ärzteschule, wo die Mediziner den berühmten Eid leisten mussten:

„Ich schwöre und rufe Apollon, den Arzt, und Asklepios und Hygeia und Panakeia und alle Götter und Göttinnen zu Zeugen an, dass ich diesen Eid und diesen Vertrag nach meiner Fähigkeit und nach meiner Einsicht erfüllen werde.

Ich werde den, der mich diese Kunst gelehrt hat, gleich meinen Eltern achten, ihn an meinem Unterricht teilnehmen lassen, ihm wenn er in Not gerät, von dem Meinigen abgeben, seine Nachkommen gleich meinen Brüdern halten und sie diese Kunst lehren, wenn sie sie zu lernen verlangen, ohne Entgelt und Vertrag. Und ich werde an Vorschriften, Vorlesungen und aller übrigen Unterweisung meine Söhne und die meines Lehrers und die vertraglich verpflichteten und nach der ärztlichen Sitte vereidigten Schüler teilnehmen lassen, sonst aber niemanden.

Ich werde ärztliche Verordnungen treffen zum Nutzen der Kranken nach meiner Fähigkeit und meinem Urteil, hüten aber werde ich mich davor, sie zum Schaden und in unrechter Weise anzuwenden.

Auch werde ich niemandem ein tödliches Gift geben, auch nicht, wenn ich darum gebeten werde, und ich werde auch niemanden dabei beraten; auch werde ich keiner Frau ein Abtreibungsmittel geben.

Rein und fromm werde ich mein Leben und meine Kunst bewahren.

Ich werde nicht schneiden, sogar Steinleidende nicht, sondern werde das den Männern überlassen, die dieses Handwerk ausüben.

In alle Häuser, in die ich komme, werde ich zum Nutzen der Kranken hineingehen, frei von jedem bewussten Unrecht und jeder Übeltat, besonders von jedem geschlechtlichen Missbrauch an Frauen und Männern, Freien und Sklaven.

Was ich bei der Behandlung oder auch außerhalb meiner Praxis im Umgange mit Menschen sehe und höre, das man nicht weiterreden darf, werde ich verschweigen und als Geheimnis bewahren.

Wenn ich diesen Eid erfülle und nicht breche, so sei mir beschieden, in meinem Leben und in meiner Kunst voranzukommen, indem ich Ansehen bei allen Menschen für alle Zeit gewinne; wenn ich ihn aber übertrete und breche, so geschehe mir das Gegenteil.“

Die alte Medizinschule gab es immer noch.

Das Hotel „Norida Beach", wo die Stolps zuerst einquartiert wurden, gefiel ihnen nicht. Sie bekamen an der Rezeption Plastikbänder um die Arme und fühlten sich damit wie das liebe Vieh, waren ohne gefragt zu werden Teilnehmer am Programm „All inclusive". Das sollte heißen, dass sie Wein oder Bier in kleinen Gläsern hingeknallt bekamen. Und das Zimmer lag oberdrein direkt über der Hotelauffahrt. Es war sehr laut, und fortwährend pusteten Busse ihren Dreck ins Zimmer. Das ganze Hotel war auch sehr hellhörig. Nach einer schlechten Nacht beschlossen sie, umzubuchen.

Ganz in der Nähe vom „Norida Beach" lag das Hotel „Saronis". Es erschien ruhig, schön eingewachsen und individuell. Die Kategorie war zwar niedriger als die gebuchte, aber ihnen gefiel das neue Hotel besser.

Also zogen sie um. Da hatte aber offensichtlich ein junger Stier etwas dagegen, denn er sah die beiden Touristen über ein Feld laufen. Der Stier dachte bestimmt: „Attacke!" und raste wütend, den Kopf abgesenkt, auf die Fremden zu. So ein Stier ist ein guter Trainer, denn so schnell wie bei diesem Angriff sind weder Silke noch Andor je gerannt. Nur so konnten sie sich hinter einer Begrenzung vor dem wilden Wesen in Sicherheit bringen: „Uff!".

Im anderen Hotel schliefen sie erst einmal, nahmen einen Imbiss ein, gingen baden und spazierten am Meer entlang.

Jetzt erkannten sie ihr Griechenland wieder. Sie sahen Zypressen, Olivenbäume und andere Pflanzen, die sich im Wind wiegten. Die Felder waren grau-gelb, das Meer grün und blau, und das Licht stand hoch und hell. Auf den Feldern grasten friedlich Kühe, Schafe und Ziegen, ab und zu erspähte man einen Landarbeiter, der sich in der Sonne abplagte. Spärlich bewachsene Berge, das Meer und eine warme, würzige Luft bildeten den Rahmen.

„Der Urlaub kann beginnen", dachten sie

Nach einem bescheidenen Frühstück fuhren die Ankömmlinge mit dem Hotelbus nach „Kardamena". Das heißt: Eigentlich wollten sie mit dem Bus fahren, doch der war defekt. Also brachte sie der Hotelbesitzer mit einem uralten „Polo" dorthin. Sie wurden begleitet von „Sheila", einer Schottin, die sommers im Restaurant des Hotels als Kellnerin arbeitete. Die Dame war ca. sechzig Jahre alt, klein und hatte kurze Haare. Sie war ganz witzig, hatte aber (wie sie bald feststellten) die Angewohnheit, im Restaurant des Hotels die dortigen Katzen mit den Speiseresten der Urlauber zu füttern. So richtig appetitlich war das nicht.

In „Kardamena" war viel Tourismus. Der Ort hatte einen schönen Hafen und viele Restaurants. Die meisten Urlauber schienen aus England oder anderen englisch sprechenden Ländern zu kommen. Sie kauften in einem Supermarkt Saft, Wasser und Wein, und so „bewaffnet" fuhren sie mit einem Taxi (alter „Mercedes") ins Hotel.

Als die Stolps in Kos angekommen waren, hatte sie übrigens ein starker Sturm begrüßt. Der war später abgeflaut, und die Urlauber bekamen die Hitze zu spüren. Da war das Meer umso verlockender. In fünf Minuten waren Silke und Andor am Strand. Und der war weitgehend leer.

Dann ging es per Linienbus in die Stadt „Kos". Sie besuchten in der Hippokrates-Str. das Spital, um eine Infektion am rechten Oberschenkel von Andor begutachten zu lassen. Er hatte an der genannten Stelle einen runden Fleck, der den Durchmesser eines Tischtennisballes hatte.

In der Ersten Hilfe in „Kos" ging es chaotisch zu. Viele Patienten warteten, einige gingen ins Behandlungszimmer, manche gingen fort und wieder andere kamen aus dem Zimmer heraus. Ein System war nicht zu erkennen. Ein deutscher Tourist schimpfte; ein Franzose war völlig schweigsam. Man konnte sehen, wie Patienten Spritzen, Verbände oder sonst etwas bekamen. Ständig erschienen verletzte Touristen, die mit ihren Mopeds gestürzt waren. Irgendwann geriet Andor zugleich mit vielen Mitmenschen an einen möglichen medizinischen Sachkenner. Der „Tennisball" wurde von dem als die Folge eines Insektenbisses bezeichnet.- „Hoffentlich war es keine Zecke.", dachte Andor, da bekam er Tabletten, eine Salbe (offensichtlich ein Antibiotikum) und Kortison verschrieben. Er müsse sich keine Sorgen machen, versicherte der vermutete Mediziner zum Abschied.

Die Erste Hilfe war gratis. Die Medizin jedoch kostete in der Apotheke 90.000 Drachmen, das waren sechzig DM.

Die Reisenden hatten nun ein griechisches Medizinabenteuer erlebt.

In „Kos" selber war es sehr heiß und hell. Das Kastell der Stadt – eine Sehenswürdigkeit – hatte leider schon geschlossen, so dass sie nicht hinein konnten.

Am Sonntag darauf wurden im Hotel die Zimmer nicht gemacht. Also taten die Gäste es selber! Ansonsten geschah nicht viel oder eigentlich gar nichts. Sie lagen am Pool und gingen zum Schwimmen ins Meer.

Abends jedoch hörte die Musik von der Pool-Bar nicht auf. Kinder tobten vor dem Fenster der Stolps bis zwei Uhr nachts. Hier half immerhin ein Donnerwetter. Bei der Musik (Disco) war das nicht so. Ein Disc-Jockey sagte, es sei seine Arbeit, Musik zu machen, und so hörte er eben nicht auf.

Für drei Tage hatten sich Silke und Andor ein Auto gemietet. Es war ein „Fiat Panda" mit 100.000 Kilometern auf dem Buckel. Aber er fuhr.

Als erstes erforschten sie den Südwestzipfel der Insel. Sie fuhren nach „Kefalos", einem von Touristen noch nicht „eroberten" und dementsprechend veränderten Dorf. Dort schlenderten sie durch die Gassen. Es war schattig und windig, und so ließ sich die Hitze ertragen.

Vom Dorf aus fuhren die beiden auf Serpentinen-Straßen weiter hinauf. Sie wollten die Spitze des Berges (427 Meter) erreichen. Aber kurz vor dem Ziel war Schluss: Militär! – Also ging es hinunter zu einem einsamen Strand. Dort aßen sie in einer Taverne. Über der Bucht von „Kefalos" (einem Surf- und Segelparadies übrigens) fuhren sie ins Hotel.

Nach so viel Natur stand Kultur auf dem Programm. Silke und Andor fuhren in die Stadt „Kos" und besuchen die Burg („Castello") des Johanniterordens. Es war eine riesengroße Anlage mit tollen Ausblicken nach allen Seiten. Anschließend fuhren sie zur Besichtigung des „Asklepeios", der großen antiken Kuranlage. Sie lag über dem Meer mit ständigem Wind und mit vielen Wasserquellen. Das „Asklepeios" hatte drei Ebenen, korinthische und dorische Tempel und war schön mit Pinien bewachsen. Es war eine Oase, in der das Flair die Seuchen der einstigen Kranken bestimmt erleichtert hatte.

Am dritten motorisierten Tag fuhren beide die Küste entlang von „Marmari" über „Tinnaki" und dann in den Süden. Im Norden der Insel war der Strand mit Hotels und Strandkörben voll – in „Kos" selber war richtig was los. Auf dem Rückweg kauften sie in Kardamena ein – auch roten Wein.

Sie gaben das Auto ab. Nachher beobachteten sie etwas traurig, wie ihr eigentlich schönes Hotel immer voller wurde und das Personal nicht nachkam. Das hatte zur Folge, dass alles etwas verdreckte.

Um dem zu entgehen, wanderten sie anderntags in die Berge zu einem kleinen Kirchlein, das man vom Hotel aus sehen konnte. Um das Kirchlein herum lag ein verlassenes Dorf mit verwilderten Gärten.

Hier soll einmal eine Sekte gelebt haben. Am folgenden Tag brach gerade hier ein Schwelfeuer aus, und man konnte vom Strand aus beobachten, wie die Feuerwehr die Sache allmählich in den Griff bekam.

Die vom „Doktor" in Kos verordnete Therapie (War es wirklich ein Zeckenbiss?) ging zu Ende. Der rote Fleck war verblasst, und es traten keine Beschwerden auf: Ende gut, alles gut!

Abends stellten Silke und Andor erneut fest, dass hiesige Gastgeber offensichtlich glaubten, Urlaub sei vor allem laute Musik. An der Hotelbar (die draußen mitten in der Wohnanlage war) wurde wieder bis lange nach Mitternacht gedudelt. Unentwegt hörte man auf Griechisch das Lied vom Hasen Augustin, oder Alexis Sorbas tanzte zum wiederholten Mal.

Wer fand das schön? Offensichtlich die Reiseveranstalter, denn die Stolps wurden belehrt, dies hier sei ein Hotel und kein Kloster.

Das Stichwort „Kloster" hatte die Urlauber auf eine Idee gebracht: Sie fuhren nach „Thiles". Das ist eine kleine Insel, auf der sich ein Kloster befand. Um sieben Uhr standen die wackeren Urlauber auf, frühstückten und liefen nach „Kardamena", von wo aus um neun Uhr ein Boot zwei Stunden lang nach „Thiles" fuhr.

Doch bevor das Boot ablegte, ging eine Musikanlage los. Der Hase Augustin plärrte nun aus einem fest installierten Lautsprecher an Bord!

Auf der Insel selber war es einsam und sehr heiß – mehr nicht. Die Besucher warteten eine geschlagene Stunde auf einen Bus. Dann fuhren sie ins Kloster, wo viele Menschen schliefen, aßen, tranken oder beteten. Die Stolps besuchten vor Verzweiflung ein Elefantenmuseum und den anderen Hafen der Insel. -

Diese Nacht dröhnte die Musik im Hotel bis halb drei Uhr.

Am folgenden Vormittag gingen sie nach „Kardamena". Hier konnte man rot gebratene Engländer sehen, die in Turnhemden steckten und schon ganz schön geladen hatten. Abends wurde es richtig kühl. Es wehte ein starker Wind. Silke zog sich beim allabendlichen Spaziergang sogar eine Jacke an.

Es stürmte die ganze Nacht. Das schien selbst den Pool-Musikern die Lust genommen zu haben, die Hotelgäste zu terrorisieren.

Dann stand noch eine Seefahrt zur Insel „Nissiros" auf dem Programm. Die Stolps genossen aller Malaisen mit dem Hotel aus Kos zum

Trotz die ägäische Welt mit dem hellblauen Meer, dem hohen Himmel, den überall auftauchenden Inseln und dem Blick auf die Türkei. Es war wunderschön.

Auf der Insel besichtigten sie ein weiteres Kloster, eine Kirche und gässelten durch den Hafenort „Mandraki", der sehr malerisch war.

Bei der Rückfahrt beobachteten sie, wie der „Käpt'n" eines Passagierschiffes eine große Fähre absichtlich rammte. Offenbar hatte er sich geärgert, dass sich die Fähre ihm in den Weg gestellt hatte. Es ging zu wie im wilden Westen: „Krach, bums, Rückwärtsgang!", – und beide Schiffe fuhren ihrer Wege.

(1997)

3. Kreta: Der kleine Zeus

Immer noch waren die Stolps fasziniert von Griechenland, wo es so viele Geschichten gab von Tyrannen, klugen Leuten und menschlichen Göttern. Sie wollten jetzt unbedingt das mediterrane Kreta, das große Gegengewicht von Athen im früheren Hellas.

Uranus, der Titan, befürchtete, dass ihn einer seiner Söhne der Macht berauben könnte und verstieß sie daher alle in die Tiefen der Erde. Gaia, die Erde, jedoch missbilligte das. Sie holte sich Hilfe von ihrem jüngsten Sohn, Kronos. Dieser entmannte seinen Vater und warf dessen Geschlechtsteile ins Meer. Aus dem Sperma des Uranus und den Meereswellen wurde die schöne Aphrodite gezeugt. Kronos hatte nun die Macht, und seine Frau Rhea gebar mehrere Kinder. Kronos fürchtete sich vor diesen ebenfalls und verschluckte sie gleich nach ihren Geburten. Dieses Schicksal erlitten Demeter, Hestia, Poseidon, Hera und Plutos. Als sie aber Zeus gebar, versteckte Rhea diesen Sohn im Ida Gebirge auf Kreta und übergab Kronos stattdessen einen in Windeln gewickelten Stein, den dieser verschlang. Der kleine Zeus wurde von Nymphen aufgezogen und von der Ziege Amalthia genährt. Der volljährig Gewordene dann zwang seinen Vater zur Einnahme von „Emetikas" (Kräutern), wodurch seine Geschwister aus den Gedärmen des Kronos befreit wurden. Die Macht ging an Zeus, und er teilte sich die Herrschaft über den Kosmos mit seinen Brüdern. Zeus heiratete

seine Schwester Hera. Diese Götterfamilie zog auf den Olymp in Grie-
chenland, nachdem sie jedoch vorher in einem langen Kampf die Tita-
nen besiegt hatte.

So war das also damals – vor tausenden von Jahren! Später wurden die Kreter orthodoxe Christen, wovon zahlreiche Klöster und Kirchen zeugen. Silke und Andor waren gekommen, um sich das alles ebenso wie die traumhafte Landschaft anzuschauen und das mediterrane Wetter zu genießen. Zuerst machten sie bei „Rethymnon" im Westen der Insel Station, dann in der „Inselhauptstadt" „Heraklion".

Sie besuchten Paläste und Museen (antik), Klöster (christlich), Landschaften und Orte (touristisch).

Kreta ist die größte der griechischen Inseln. Sie umfasst etwa 8.400 Quadratkilometer und beherbergt ungefähr 175.000 Einwohner. Nach der Antike waren Byzantiner, Sarazenen, Venezianer, Osmanen und im 2. Weltkrieg Deutsche hier. Seit 1913 gehört Kreta zum Staat Griechenland. Das Kreuz oben links in der Fahne des Landes ist das Zeichen der Insel. 1923 mussten im Zuge eines allgemeinen Völkeraustausches zwischen Griechenland und der Türkei 50.000 Türken Kreta verlassen. Festlandgriechen aus der heutigen Türkei kamen dafür her.

Tempel

Im Westen liegt „Elefthema". Dort sind Ausgrabungen und ein römisches Museum. Wie überall bei den Altertümern kann man seiner Fantasie freien Lauf lassen und sich ausmalen, wie es einmal gewesen sein mag.

Bei den Ausgrabungen von „Aptera" mehr in der Mitte der Inselvermögen Experten dem Hörensagen nach zurück zu blicken bis etwa 1000 Jahre vor Christus. Sie können dem Vernehmen nach sehen, wie Sirenen und Musen einen Wettkampf ausgetragen haben.

In „Phaistos" betritt man auf einer Fläche von etwa 8.400 Quadratmetern die Überreste eines minoischen Palastes. So ein Palast muss eine Art Stadt gewesen sein mit Werkstätten, religiösen Orten, Wohnhäusern und Gemächern der Honoratioren, die wir heute „Könige" nennen. Vielleicht waren es aber auch Fabrikdirektoren oder Bürgermeister. Aus „Phaistos" stammt übrigens ein beschrifteter Diskus, der niemals entziffert wurde.

Weltbekannt ist der Palast von Knossos bei „Heraklion", bei dem Archäologen des 19. Jahrhunderts die Anlagen in Beton nachempfanden und sie nach ihrer Fantasie anmalten.

Spätere Besucher brauchten von da ab ihre Vorstellungskraft nicht bemühen: Was macht es schon, ob das Gestein uralt ist oder einfach der moderne Baustoff Beton? Man kann Szenen aus dem Palastleben nachempfinden wie z.b. Stierspiele, Ehrungen des „Chefs", Religiöses oder Gartengestaltung.

Viele Funde aus den „Palästen" konnten Silke und Andor im Archäologischen Museum „Heraklions" besichtigen. Nach moderner Methodik war alles ausgestellt, was rundum gefunden und für wichtig erachtet wurde. Die Besucher konnten in Ruhe alles studieren. So schaute man tief hinein in die Vergangenheit.

Klöster

Das Kloster „Arkadi" wurde zu byzantinischer Zeit gebaut und ist ein Inselheiligtum, weil es im 17. Jahrhundert ein Schauplatz beim Kampf um die kretische Unabhängigkeit war.

Die Fassade des Klosters „Agia" ist beeindruckend. Dieses Kloster verfügte über zahlreiche Gebäude und war von Besuchern aus nah und fern gut frequentiert.

„Triada" dann auf der Halbinsel „Akritir" leuchtet rosa und stammt von Venezianern.

Das Kloster „Kera" befindet sich auf der „Lassiti-Hochebene". Es ist ein um das Jahr 2000 wieder bezogenes Nonnenkloster und präsentierte sich in einem sehr guten Zustand. Arm schien es nicht zu sein. Die Nonnen lebten von der Landwirtschaft (die freilich andere für sie verrichteten) und von den Gewinnen eines Ladens, in dem Repliken von Ikonen vorwiegend von Russen gekauft wurden.

Landschaften, Orte und mehr

Kreta verfügt über eine sehr abwechslungsreiche Landschaft. Es gibt flache und steile Küsten, Ebenen und hohe Gebirgszüge. Eine Besonderheit ist der „Kournassee" im Westen. Das ist ein Süßwassersee mitten im Mittelmeer. Er ist für die Kreter eine Attraktion, die dort oft die Freizeit verbringen. Der Weg dorthin an einem wasserfallreichen Berghang entlang ist kühl. Das ist ein Anziehungspunkt für Einheimische, vor allem in den heißen kretischen Sommern.

Auf der Halbinsel „Akrotiri" befindet sich das Grabmal des Politikers Venizelos, dem die Wiedervereinigung mit Griechenland zugeschrieben wurde. Auch sein Sohn ruht dort.

In den Altstädten von „Rethymnos", „Chania", „Agios Nikolaus" und „Heraklion" ließ sich gut bummeln und essen. In „Heraklion" war ein angesehener Bürger nach schwerer Krankheit gerade gestorben, und für seine Trauerfeier wurde die Fassade einer großen Kirche festlich mit weißen Blumen geschmückt.

Auch der ehemalige Hippieort „Matala" war zu sehen. Einmal im Jahr kreuzen immer noch „altgediente Alternative" zu einem Treffen auf; zwei dieser Althippies hatten das zu ihrem Geschäft gemacht.

Auf der „Lassithi-Hochebene" befindet sich das Dorf „Krasi" mit einer uralten Platane, zu deren Füßen sich die weite Landschaft genießen lässt.

Der Reiseveranstalter führte alle Touristen in ein einsames Restaurant, in dem die Reiseleiter und Busfahrer gut bewirtet wurden, die Gäste aber weniger.

Zeus

Um sieben Uhr früh ging anderntags der Flieger nach Hause. Es war dunkel und regnete, nachdem vorher jeden Tag herrlicher blauer Himmel geleuchtet hatte.

Über dem Mittelmeer sah man nun beim Abflug auf einmal Blitze aufzucken, und man konnte hinterher grollenden Donner hören. – War Zeus sauer, weil die Abreisenden Deutschen so wenig gekauft hatten?

(Aber ist Zeus nicht Grieche, während es doch vor allem verbliebene Türken auf Kreta waren, die verkaufen wollten?)

Griechen und Türken: Was war hier los auf Kreta?

(2017)

4. Zypern: Wie in der DDR?

Da ist doch die Insel Zypern. Hatte die nicht einst zu Hellas gehört, und war da was in der Neuzeit mit einer türkischen Invasion? Silke und Andor flogen hin – gewissermaßen von Griechenland kommend. Aber die Realität korrigierte das Bild. Der Flieger aus dem Norden landete in „Antalya" in der Türkei, verharrte dort eine halbe Stunde und setzte dann über nach Zypern.

Also doch Griechenland? Mitnichten, denn die Stolps waren nun in der „Türkischen Republik Zypern". Das war Nordzypern, ein einst von der Türkei besetztes Gebiet. Und da durfte man nur über die Türkei hinfliegen.

Südzypern allerdings ist griechisch, und eine Grenze trennt die Inselteile. – Nicht nur im Altertum waren die Menschen manchmal verrückt: Sie sind es auch in der Neuzeit!

Einst war es so: Aphrodite, die im Meer Schaumgeborene, ging in Zypern an Land. Die Göttin war nackt und lieblich. Sie wurde eingekleidet, bekränzt und geschmückt. Viele Freier wünschten sie sich zur Frau. Sie entschied sich formal für Hephaistos. Der war der Gott der Schmiede und der Hässlichste auf dem Olymp. Seine Werkstatt in einem Vulkan verließ er selten. Aphrodite aber wählte Ares, den schönen Kriegsgott, zu ihrem Liebhaber. Als der verletzt wurde und blutete, trauerte Aphrodite um ihn. Aus ihren Tränen und dem Blut des Kriegsgottes erwuchsen auf Zypern wunderschöne Mohnblumen und Anemonen.

Doch Zypern war nicht nur die Insel der Aphrodite, sondern auch die des Kupfers. Seit Jahrtausenden wird das edle Metall hier abgebaut, und manche sagen, es wurde überhaupt das erste Mal in der Menschheitsgeschichte auf Zypern gefunden. So kamen sie alle: Phönizier, Araber, Römer, Venezianer, Ägypter, Franzosen, Osmanen und natürlich auch Engländer. Die machten Zypern zu ihrer Kronkolonie, und daraus entstand 1960 der selbständige Staat Zypern, dessen erster Präsident der griechische Erzbischof Makarios III. wurde. Zypern wurde Mitglied der EU.

Angeblich, um einen Anschluss der Insel an Griechenland zu verhindern, besetzte türkisches Militär 1976 den Nordosten Zyperns: Die „Türkischen Republik Zypern" entstand, und seitdem ist die Insel in einen kleineren türkischen und einen größeren griechischen Teil im Süden geteilt. Die gemeinsame Hauptstadt ist „Nikosia", die ebenfalls geteilt ist. Dazwischen ist die UNO stationiert, und als EU-Bürger kann man die Grenze mit dem Personalausweis passieren.

Zypern ist nach Sizilien und Sardinien die drittgrößte Insel im Mittelmeer. Sie misst 9.251 Quadratkilometer und beherbergt etwa 1,2 Millionen Menschen. Der Süden heißt „Republik Zypern". Diese umfasst völkerrechtlich die gesamte Insel. Tatsächlich gehört die „Türkische Republik Nordzypern" nicht dazu. Im Norden leben etwa 295.000 Einwohner, meist Türken; im Süden etwa 766.000 Menschen, fast alle Griechen. Entsprechend gibt es etwa 77 Prozent orthodoxe Christen und rund 21 Prozent sunnitische Muslime.

Links Nordzypern, rechts Türkei, in der Mitte Kommerz

Natürlich waren früher auch Kreuzritter auf der Insel. Für die war Zypern aber mehr Aufmarsch- oder Rückzugsort, je nach Kriegsglück im „Heiligen Land", ihrem eigentlichen Ziel.

Nun waren Silke und Andor halt in Nordzypern gelandet, und da waren sie einstweilen den Türken ausgeliefert. Diese demonstrierten, wie sehr sie die hellenistisch-christliche Vergangenheit pflegten. Die erste Station des Besuchsprogramms war daher das orthodoxe „Barnabas-Kloster", ein Museum. Es ist ein herrliches Fleckchen Erde. In der Kirche konnte man eine tolle Ikonostase bewundern, aber die meisten Besucher zog es in den Garten. Sie genossen den blauen Himmel, die Palmen, die Blumen und die milde Luft. – Alle merkten: „Hier ist der Süden!"

Nach dem Kloster ging es nach „Nikosia", die geteilte Stadt.

„Nikosia" war nicht brutal zerrissen. Man sah die Grenze kaum. Silke und Andor machten einen Rundgang –natürlich zuerst im türkischen Teil. Dort sahen sie ein Haman (Bad), eine Moschee und eine Karawanserei. Die drei Einrichtungen befänden sich im Zentrum jeder türkischen Stadt, sagte der Reiseleiter.

Dann machten sie einen Abstecher in den griechischen Teil „Nikosias". An der Grenze zeigten sie zuerst türkischen, dann griechischen Beamten die Personalausweise, und als EU-Bürger waren sie schnell durch. Die Touristen aus dem Norden bummelten ein wenig durch einige Gassen, kauften griechischen Wein und passierten die Grenze erneut. Das ging schnell, und schon waren sie wieder im Norden. Sie querten einen „Atatürk-Platz", setzten sich in ihren Bus mit der Nummer dreihundert und fuhren dem nächsten Ziel entgegen.

Barnabas-Kloster

Das waren die Ausgrabungen der Römerstadt „Salamis". Die Gäste aus der EU sahen antike Säulen (korinthische?) ehemalige Wasserbecken und ein kleines Theater: Eingebettet war alles in eine angenehme Landschaft. Die Urlauber erbblickten das Meer, grüne Wiesen gelb blühende Kräuter und Bäume. Im Sommer soll es hier - wie überall auf Zypern - unerträglich heiß und trocken sein.

Es ging ans Meer zu den „Golden Sands" auf der „Karpaz"-Halbinsel im Nord-Osten. Ein Spaziergang am Strand war vorgesehen. Der lange Strand befindet sich in einem Nationalpark. Unechte Mimosenbäume und viele Kräuter auf den Wiesen blühten kräftig gelb. Es war hügelig: Schön hier.

Wie es heißt, gehen Zyprioten erst ins Meer, wenn die Melonen reif sind.

Hier waren keine Melonen zu sehen, aber reif wären die bestimmt noch nicht. Das Meereswasser war frisch, und so blieben die meisten Touristen am Ende eines Holzsteges vor dem Strand stehen und warteten ab, bis es weiter ging. Einige spazierten jedoch weiter. Ganz „Mutige" zogen sich aus und stürzten sich in die kalten Fluten. Schnell kamen sie wieder an Land, schleuderten nach FDJ-Art ihre Handtücher aus, zogen sich an, packten ihren Kram in die Rücksäcke und gingen zurück zur Gruppe in der Hoffnung, von den anderen als Helden bewundert worden zu sein.

Die nächste Etappe war „Agios Andreas", ein Wallfahrtsziel vieler Zyprioten. Es war dem Apostel Andreas geweiht. Am 12. April ist jeweils das Andreasfest, das von Christen aus dem Süden gefeiert wird. Vor dem Kloster befinden sich zahlreiche Verkaufsstände, wo getrocknete Früchte, Stickereien und anderes angeboten werden. Man kann köstlichen, frisch ausgepressten Granatapfelsaft für zwei Euro kaufen und natürlich die frei herumlaufenden Wildesel mit Mohrrüben füttern. Wenn sie gnädig sind, fressen sie auch.

Hinterher fuhr der Bus zu einem sogenannten „Ökodorf", wo angeblich neben vielen Türken auch ein paar Griechen „friedlich" leben. Der Reiseleiter behauptet, die Griechen bekämen regelmäßig von der UNO Geld und Lebensmittel. Trotzdem sei alles harmonisch, und Missgunst käme nicht auf. Daran entspannte sich im Bus eine heftige Diskussion, in deren Verlauf der türkische Reiseleiter von Subventionen der Türkei an Nordzypern erzählte – natürlich zum Zwecke der Wiedervereinigung der Insel: Entwicklungshilfe auf Türkisch!

In „Famagusta" bekam die Reisegruppe zuerst eine Festungsanlage zu Gesicht, welche die Venezianer errichtet hatten. Es handelte sich um einen dreieinhalb Kilometer langen Ring aus Mauern und Wällen am Hafen, der in einem guten Zustand war. Die „Lala-Mustafa-Pascha-Moschee" dort war einst die hochgotische „Nikolauskathedrale", die 1326 von Franzosen geweiht wurde. Sie war die Krönungskirche der französischen Adelsfamilie Lusignan und wurde unter den Osmanen 1571 in eine Moschee umgewandelt.

Auf dem Weg ins Hotel gab es einen Stopp für einen Skulpturengarten neben einer kleinen Kirche, die sich etwas abgelegen befand. Hier waren wichtige Bauwerke Zyperns (meist religiöse) im Miniformat zu sehen. Die Kirche war christlich –orthodox, und der Reiseleiter berichtete, die Osmanen hätten die kleinen orthodoxen Kirchen in den Bergen vor den heranziehenden „Katholiken" geschützt.

Später steuerte der Bus zur Kreuzritterburg „St. Hilarion" in den Bergen. Auf der Fahrt dahin ging es am Militärgelände entlang: „Fotografieren verboten!" Die Burg war wie der Berg, in den sie hineingebaut wurde, aus grauem Gestein. Sie entstand im 8./9. Jahrhundert als Kloster und wurde benannt nach dem Asketen Hilarion von Gaza, der im Jahre 371 gestorben war.

Später hatte das Bauwerk eine wechselvolle Geschichte: Byzantiner befestigten es zum Meer, Truppen Kaiser Friedrich II. besetzten es, 1226 wurde es erneuert, und noch 1963 nutzten es angeblich türkisch-zyprische Widerstandskämpfer. Es gab eine Unter- und eine Oberburg, Kirchen- und Klosterruinen.

Weiter ging es zur „Kirche des Heiligen Mamas", der als Einsiedler lebte und als Christ 275 den Märtyrertod fand. Diese Kirche befand sich in „Güzelyurt". Mamas wurde dort dargestellt, wie er auf einem Löwen ritt und ein Lamm auf dem Schoß hatte. Er befand sich auf dem Wege zu einem Gericht, weil er sich als Eremit geweigert hatte, die übliche Kopfsteuer zu zahlen. Als man ihn in seinem Aufzug sah, soll ihm eine Strafe erlassen worden sein. Seitdem gelte er als Patron der Steuersünder; manche sagen sogar, als Heiliger der Steuerberater.

Bei den Ausgrabungen der antiken Stadt „Soli" traten eine Agora, ein Theater, eine frühchristliche Basilika mit gut erhaltenen Fußbodenmosaiken zutage. Erwähnenswert ist ein Mosaik, das Zeus als Schwan mit Leda zeigt.

Mit einem Sprung in die Moderne ging es anschließend zum „Gecitköy-Staudamm". Auf dem türkischen Festland wurde Wasser gestaut und unterirdisch sowie tief unter dem Meeresspiegel nach Nordzypern geleitet, wo es wieder ans Tageslicht käme und in Nordzypern Bewässerungen ermögliche. Das soll einmalig auf der Welt sein: – So half die Türkei der Insel Zypern!

Lieblich fanden es Silke und Andor in „Bellapais", wo schon Byzantiner gewesen sein sollen. Später kamen Augustiner und danach Prämonstratenser in das 1205 gegründete Kloster „Unserer lieben Frau vom Berge". Das Kloster wurde zuerst reich, doch dann verfielen die Mauern ebenso wie die guten Sitten. Die Ordensherren vergaßen angeblich ihre Gelübde. 1571 kamen Osmanen. Die bigotten Brüder wurden vertrieben, aber eine griechisch-orthodoxe Kirche bestand fort.

„Bellapais" war ein wunderschöner Ort. Man konnte die Ruinen, die alte Kirche, den Kreuzgang, die Reste des Refektoriums, des Kapitelsaals, die duftenden Bäume und Sträucher sowie das sprießende Grün genießen.

Blieb „Girne" („Kyrenia"), eine uralte Stadt. Da war eine mächtige Hafenburg direkt am Meer, ebenso ein Schiffsmuseum, ein Hafen mit einer langen Kaimauer und die Altstadt. Hier herrschte südliches Flair. Innerhalb der Burg gab es einige Ausstellungen.

Hauptattraktion war ein antikes Frachtschiff, das sich auf dem Wege von Samos hierher befunden haben soll, beladen mit gefüllten Amphoren. Es kenterte und wurde 1968/69 geborgen. Das Schiff wird wohl 2300 Jahre alt sein.

Im Hafen von „Girne" herrschte reges Treiben. Ein Restaurant war neben dem andern, und entlang der Kaimauer spazierten Ausflügler, Touristen und Besucher aus dem Süden der Insel (also wohl Griechen). Junge Leute setzten sich auf die Kaimauer und schauten auf's Meer. – Reiseführer sprechen von „Zyperns schönster Altstadt."

Schließlich war „Freizeit". Silke und Andor fuhren in den Süden. In Nu erreichten sie „Nikosia". Pässe und Ausweise wurden eingesammelt, ein Busfahrer tat alles in einen Jutebeutel, ging irgendwo hin und kam ohne Dokumente wieder. Der Bus fuhr langsam weiter. Der Jutebeutel tauchte wieder auf und mit ihm eine junge Dame, die sich als griechische Reiseleiterin des Tages entpuppte. Diese Reiseleiterin redete viel über Pflanzen und kaum über Politik. Die Ausweise wurden schließlich verteilt.

Das Ziel hieß nun „Lanarka" im griechischen Teil Zyperns.

Venezianischer Löwe in Lanarka

Vorher fuhren die Gäste in das Bergdorf „Pano Lefkara", wo es besondere Stickereien gab. Leonardo da Vinci soll hier eine Altardecke für
den Mailänder Dom ausgesucht haben. Auch Papst Johannes Paul II.
war einmal da.

Griechenland und seine Geschichten...

Schnell waren sie danach in „Lanarka" und besuchten zuerst die
prächtige „Lazarus-Kirche" aus dem 10. Jahrhundert. Der Heilige Laza-
rus soll hier als Priester und Bischof gewirkt haben.

Anschließend lustwandelten die Gäste aus dem Norden die Promenade am Meer entlang. Sie fühlten sich wie im richtigen Griechenland. Viele Menschen aus vielen Ländern begegneten ihnen, und in
einem Restaurant bestellten sie Weißwein, Tsatsiki und Taramas. – Sie
träumten von Athen ...

Bei „Lanarka" gab es einen Salzsee – ein von Flamingos favori-
sierter Ort, an dem die „Hala Sultan Tekke Mosche" stand – angeblich
das drittwichtigste Heiligtum der Moslems nach Mekka und Medina.
Die Mosche war klein und leer: ein Museum.

Schließlich schaute die Reisegruppe in einem christlich-orthodo-
xen Kloster vorbei, wo man Erde schürfen konnte, die angeblich
Krankheiten heilen sollte.

Auf dem Rückweg erfuhren sie, dass die Schulbücher in Südzypern aus Griechenland stammten, weil das Schulsystem auf dem Südteil der Insel mit dem des Stammlandes identisch sei: – Entwicklungshilfe!

Bei der Rückfahrt musste der Bus eine geschlagene Stunde warten, bis er die Grenze passieren durfte. Ein Gast aus „Frankfurt"/Main schimpfte:

„Wie in der DDR!"

(2018)

5. Malta: Gottes Wille?

Malta

Ganz im Süden, noch hinter Sizilien und oberhalb Afrikas liegt ein kleines Archipel im Mittelmeer. Es ist das Ende Europas: Malta. Das sind drei Inselchen: Malta, Comino und Gozo. Comino ist unbewohnt; Malta selbst hat 246 Quadratkilometer, Gozo 67. Der „Staat" Malta beherbergt etwa 440.000 Einwohner und mindestens 500.000 Autos. Malta ist stellenweise dicht besiedelt, und dank intensiver Bebauung sowie vieler Kreisverkehre kann man hier stundenlang Auto fahren, ohne richtig voran zu kommen.

Wälder gibt es nicht, und im Sommer soll es unangenehm heiß werden. Malta und Gozo sind Felseninseln. Alles ist aus Muschelkalk. Die Menschen schneiden daraus Blöcke und bauen ihre Häuser. Die Blöcke härten an der Luft und verbinden sich miteinander, und die Häuser nehmen eine angenehme Honigfarbe an.

Malteser sehen aus wie Araber, sind aber keine und wollen mit ihnen auch nicht verwechselt werden. Sie sind streng katholisch und benutzen eine Sprache, die sich „Malti" nennt. Das ist ein arabischer Dialekt mit englischen und italienischen Einsprengseln. Geschrieben wird das in lateinischer Schrift, so dass Fremde dieses „Malti" weder sprechen noch lesen können. Macht aber nichts: Die zweite Sprache ist Englisch, und das können alle: Malteser und Touristen.

Seit 2004 ist Malta EU-Mitglied, 2008 wurde der Euro eingeführt, 1800 bis 1964 herrschten Briten, Franzosen waren vorübergehend ebenfalls da, und Türken versuchten vergebens, an Land zu kommen. Auch gehörte Malta einst zum Reich Karls V., Normannen und Sizilianer waren auch da, Römer sowieso, Karthager und Phönizier obendrein.

Malta ist mittlerweile eine parlamentarische Republik. Es gibt allerdings Zweifel, ob diese Republik ein Hort der Rechtstaatlichkeit ist. Mit der Gewaltenteilung und der Korruptionsbekämpfung hat man es nicht so sehr. Dennoch hat kein Geringerer als Renzo Piano das Parlamentsgebäude in „Valetta" gebaut. Es gibt zwei Parteien: Rote und Blaue. Die Roten – offensichtlich eine Art Sozialdemokraten – haben das Sagen. Malta lebt u.a. von Briefkastenfirmen und Flaggenvergaben für ausländische Schiffe. Das Angebot einer Steueroase spielt offenbar eine nicht unwesentliche Rolle.

Zu den Rittern: Ursprünglich nannten sie sich „Ritterlicher Orden des Heiligen Johannes vom Spital in Jerusalem". 1099, nach der Eroberung Jerusalems, wurde dieser Orden von Teilnehmern des Ersten Kreuzzuges gegründet. Er engagierte sich in der Krankenpflege. Nur Adlige aus ganz Europa (natürlich nur Männer!) konnten Ordensritter werden – in der Regel den Erben folgende Nachgeborene. Schon bald betrieben diese auch das „Kriegshandwerk" und sammelten vor allem durch das Kapern von Schiffen Reichtum an. Diese frühen „Johanniter" wurden aus Jerusalem vertrieben, dann von der Insel Kreta verjagt und erhielten von Karl V. schließlich auf Malta Zuflucht.

Die Landmannschaften der Ritter hießen „Zungen", an deren Spitzen standen „Pilliers". Es gab sechszehn „Zungen", und deren Pilliers bildeten den „Rat der Sechszehn". An der Spitze des Ordens stand ein auf Lebenszeit gewählter „Großmeister", dem alle Ritter unbedingten Gehorsam schuldeten. Jede „Zunge" war für ein Arbeitsgebiet des Ordens zuständig. So leitete die französische Zunge die Krankenversorgung und die italienische die Marine. Durch die Reformation spaltete sich der Orden; die Katholischen hießen fortan „Malteser" und die Evangelischen „Johanniter".

Silke und Andor waren eine Woche auf Malta. Ihr Hotel hieß „LABRANDA Riviera Resort & Spa". Es war riesengroß, fünfstöckig und verfügte über ein Buffetrestaurant für die gesamte „Besatzung". „Abendessen" gab es von 18 bis 21 Uhr, und es war voll. Das Hotel lag direkt an der Nordwestküste Maltas. Man konnte die Inseln Comino und Gozo sehen.

Zunächst fuhren sie mit dem Linienbus „222" bis zur Endstation im Süden, wo die Besichtigungsfähren für „Valletta" starten. Die Busfahrt dauerte etwa zwei Stunden, dann waren sie in „Sliema", dem „Valetta" gegenüber liegenden Städtchen. Hier begann ein Schiff die Umrundung „Vallettas", denn das ist eine Halbinsel, auf der die Großmeister ihre Stadt errichten ließen. „Valletta" ist die Hauptstadt Maltas, hat etwa 7.100 Einwohner und war 2018 „Kulturhauptstadt" Europas.

Die Ritter hatten einst kräftig bauen lassen. Danach wurden ihre Paläste von den maltesischen Ministerien genutzt.

„Valletta" hat viele natürliche Häfen, eine geschützte Meereseinfahrt, und schnurgerade geht die Einkaufsstraße „Republika" die

Halbinsel entlang – fast bis zum Meer. Aber da ist die gewaltige Mauer, welche die gesamte Stadt umgibt. Die Halbinsel ist mit Kirchen, Palästen und Villen zugebaut und bietet von außen ein prachtvolles Bild. Die natürlichen Häfen wurden beim Besuch der Stolps modern genutzt:

Valletta

Sie sahen Trockendocks, zwei zu reparierende Bohrinseln, und die Chinesen waren auch schon da.

Es war eine Freude, den blauen Himmel, das tintenfarbene Wasser und die honigfarbenen Gebäude vom Schiff aus zu genießen. Übrigens: Liegeplätze für Yachten waren sehr begehrt. Es soll lange Wartelisten gegeben haben.

Nach Ende der Rundfahrt per Schiff bestiegen sie wieder den „222"er Bus und machten die zweistündige Höllenfahrt zurück zum Hotel.

Am nächsten Tag trübte sich das Wetter ein. Es war Feiertag, und Ausflüge waren angeblich nicht möglich. Was für ein Feiertag das war, wusste niemand im Hotel: vielleicht ein religiöser, vielleicht ein weltlicher?

Es folgte ein „Arbeitstag", und die Besucher nahmen sich einiges vor. Es wurde gesagt, in „San Anton" gäbe es einen außergewöhnlichen botanischen Garten an der Sommerresidenz des maltesischen Präsidenten. Doch bei Besuch zeigte sich: Es wurde gebaut, der Präsident war eine Präsidentin und auch nicht zu sehen. Um die behaupteten Schönheiten des Gartens zu entdecken, hätte es sicher ein wenig der Sonne bedurft.

Fischerboot in Marsaxlokk

Dann kamen sie nach „Marsaxlokk", ein dicht bebautes Fischerstädtchen, wo sie sehr guten gegrillten Schwertfisch aßen. Natürlich gab es Schiffe über Schiffe. Die Fischerboote zeichneten sich dadurch aus, dass sie aufgemalte „Augen" hatten. Dr. Wachtlin vom Berliner Gertraudenkrankenhaus und viele andere Augenärzte hätten bestimmt helle Freude daran.

Dann zog ein Orkan über Malta hinweg. Im fünften Stockwerk des Hotels rüttelte und rappelte es heftig. Die vielen freien Katzen suchten sich windstille Plätzchen. Andor hatte Bedenken, das Hotel zu verlassen. Dennoch starteten sie einen gebuchten Ausflug.

Das Wetter wurde in „Valletta" erträglich (etwas Wind, wenig nass); und sie sahen Paläste, Plätze, enge Gassen, Einkaufsläden sowie Kirchen. Ein kleiner Staat hatte eine prächtige Hauptstadt mit einer großen Kathedrale, die man gegen Bezahlung auch besichtigen konnte.

Alle Touristen drängten in diese „St John's Co-Cathedral". Das war so etwas wie die gute Stube der Ordensritter gewesen. Diese hatten sich nicht lumpen lassen und wollten alles, was teuer und wertvoll war, haben. So ziert ein Originalbild Caravaggios („Die Enthauptung Johannes des Täufers") die Kirche; der Fußboden ist bedeckt mit bunt bebilderten Marmorplatten verstorbener Ritter; die steinernen Wände sind über und über mit Gold verziert, und jede Landsmannschaft der Ritter hat eine eigene, prachtvoll geschmückte Kapelle.

„Eine Kirche wie diese gibt es kein zweites Mal!", steht im Reiseführer. Der Petersdom in Rom soll dahinter abfallen, heißt es. Silke und Andor fragten sich: „Das soll Gottes Wille gewesen sein?"

Beeindruckend tief waren die Festungsgräben „Valettas". Die Stadt muss schwer einnehmbar gewesen sein. Jedenfalls haben es Türken nicht geschafft, Briten hingegen schon. So stehen noch immer knallrote Telefonzellen und ebensolche Postkästen herum. Außerdem fuhr man auf Malta links – wie auf der anderen, größeren Insel. Schneller voran als rechts kam man dadurch aber nicht.

In „Valletta" standen die Besucher vor vielen Sehenswürdigkeiten und betrachteten die Fassaden. Außer in die „St John's Co-Cathedral" kamen sie nirgends hinein, und so fuhren sie (immer links!) nach „Mdina", der alten Hauptstadt.

Diese Stadt liegt auf einem Hügel und sieht aus wie eine Burg. Wie der Name sagt, hatten schon die Araber diesen Ort benutzt. Durch ein Burgtor kamen die Besucher hinein, und dann standen sie wieder auf Plätzen vor Kirchen und manchmal auch vor Geschäften.

Als sie schon auf dem Rückweg waren, standen sie auf einem Platz kurz vor dem Ausgang. Da schlug ein gewaltiger Blitz ein, und es regnete wie aus Kübeln. Sie stellten sich in einem kleinen Museum unter. Das dokumentierte Napoleons Versuch, Malta zu erobern. So lernten die Besucher etwas Ungeplantes dazu.

Als es etwas weniger schüttete, wagten sie sich auf den Weg zum Bus. Dazu mussten sie wieder durch das Stadttor gehen, das nun unter Wasser stand. Was tun? Schuhe und Strümpfe ausziehen und durch das Wasser waten, war eine Möglichkeit. Gedacht – getan!

Also ging es anderntags auf die Insel Gozo – das war „die kleine Schwester Maltas". Sie machten einen Tagesausflug. Die Fähre war voll, das Wetter noch mies. Die Nachbarinsel war nicht so dicht bebaut wie Malta. Aber eine „grüne Insel" (wie es im Prospekt heißt) war Gozo nicht.

Mit den Bussen wurden die Touristen an einen kleinen Binnensee (eigentlich ein Teich) gefahren, der durch eine Grotte Zugang zum Meer haben sollte. Da fuhren kleine Boote hinein. Einige Verwegene gingen da an Bord.

Abmarsch aus Mdina

Die Bootsfahrt dauerte nicht lange, dann ging es zu den „Tempeln von Ggantija". Die Anlage war klein; man sah rechteckige Stuben. Das waren angeblich die ältesten freistehenden Denkmäler der Welt – also auch älter als die Pyramiden in Ägypten.

Danach wurden sie nach „Xlendi" (einer Hafenstadt im Westen) kutschiert, wo alle Touristen mit Weißbrot, Öl und Thunfischsalat sowie einem Glas Wein für zusammen sechs Euro abgespeist wurden.

Die „Hauptstadt" von Gozo heißt „Rabat" – Engländer nannten sie zu Ehren ihrer Königin „Victoria". Dort war eine mittelalterliche Zitadelle, die sie besichtigen durften. Ein Wunder des Glaubens musste es sein, dass die Pfarrkirche des Ortes prunkvoll und auch gut besucht war, der Bischofssitz in der Zitadelle dagegen schlicht.

Schließlich ging es zurück auf die Fähre, die den ganzen Tag zwischen den Inseln pendelte.

Dann ließen sie es sich nicht nehmen, einen Tag vor Abflug bei einem Halbtagsausflug noch einmal die drei alten Städte „Vittoriosa", „Cospicua" und „Senglea" aufzusuchen. Im Grunde waren die alle drei mit „Valletta" zusammengewachsen und eigentlich Stadtteile. Aber noch einmal genossen die Urlauber das maritime Flair, und es hatte den Anschein, dass auch das Wetter besser wurde.

Um 5:50 Uhr verließen sie das Hotel, fuhren noch einige andere Hotels ab, und der Flieger brachte sie wieder nach Hause. Fast pünktlich um 13:30 Uhr landeten Silke und Andor.

(2019)

6. Rom: Wo ist der „Heilige Geist"?

Castel Sant Angelo (Engelsburg)

Treffen sich der „Heilige Geist" und der Papst in Jerusalem. Der Papst sagt: „Wir haben so viel zu besprechen, wollen wir uns nicht 'mal treffen?" „Ja," antwortet der „Heilige Geist", „wo denn?" Der Papst schlägt vor: „Wie wär's mit Rom?" „Gerne!", erwidert der „Heilige Geist". „Da war ich noch nie!"

Martin Luther hätte sich über diesen Witz bestimmt gefreut, Millionen von Katholiken in der ganzen Welt wohl eher nicht.

Rom ist Mittelpunkt der Katholischen Weltkirche, und vielleicht ein Drittel der unendlich vielen Reisenden, die man antrifft, sind Pilger vom ganzen Erdball. Ein anderes Drittel sind Asiaten (überwiegend Japaner) und ein weiteres Drittel Buntgemischte – Schulklassen en Masse, Bildungsbeflissene aller Altersgruppen, Fußballanhänger, Vergnügungssüchtige oder Einzelgänger. Sie alle stellen sich in kilometerlangen Schlangen vor den Sehenswürdigkeiten Roms an, zahlen ihre zwölf Euro oder mehr Eintritt und ziehen als wahre Völkerwanderung durchs „Kolosseum", durch den riesigen „Petersdom" oder was auch immer.

Silke und Andor wollten ihrer Enkeltochter Terry die „ewige Stadt" zeigen und Geschichten erzählen über Päpste und Matin Luther.

Die meisten Leute hier hatten gute Laune, weil sie dem neuesten Trend frönten, und das war das „Selfie"-Teleskop. Von fliegenden Händlern wurden die Stangen angeboten. Man konnte damit seine „Digie" auf Abstand und in die Höhe halten, lächeln, und ein Bild entstand, wie man lächelnd vor der „Spanischen Treppe" oder am „Trevi-Brunnen" war. Wer keine Selfies machte, hatte sein Handy am Ohr, spielte auf dem Smartphone oder jonglierte mit einem Tablett in der Masse. Für das alles begeisterten sich die Menschen und weniger für den Papst oder gar für Martin Luther.

Rom: Die Stadt hatte drei Millionen Einwohner und zwanzig Millionen Touristen pro Jahr. Den modernen Römern hatte der Herr offenbar fahrbare Untersetzer mitgegeben, den jungen Männern darunter meist dröhnende Motorräder. Mit diesen Gefährten donnerten sie durch die Straßenschluchten, und wenn es ihnen zu leise wurde, gab es obendrauf dröhnende „Musik". Unterstützt wurden diese Menschen von der Müllabfuhr, die nachts um zwei Mülltonnen leerte und morgens um halb sieben Flaschencontainer ausschüttete.

Die Touristen waren derweil mit Beten, Telefonieren oder Fotografieren beschäftigt. Alle zusammen wollten essen, trinken und fröhlich sein. Kein Wunder, dass Reiseführer vermerkten, Rom sei keine *erholsame, ruhige oder entspannende Stadt"*.

Also: Vier Tage Rom: Das war eine Menge!

In der Schule hatten alle gelernt: „Sieben, fünf, drei – Rom schlüpft aus dem Ei." Das war „natürlich" 753 vor Christus. Seitdem gilt der einundzwanzigste April als Geburtstag Roms: *„Ab urbe condita"* – *„Seit Gründung der Stadt"*. Danach hatte Rom Auf- und Niedergänge erlebt, aber die Stadt hat immer wichtige Rollen gespielt. Anfangs hatten etruskische Könige geherrscht; dann machte Rom Gebiete im Mittelmeer zu seinen Kolonien. Zur Zeit von Christus kamen die römischen Kaiser, und nach der Verlegung der Reichshauptstadt des Weltreiches nach Konstantinopel im 4. und 5. Jahrhundert stand Rom nach dem 6. Jahrhundert als Sitz der Päpste wieder auf, 1870/71 wurde es die Hauptstadt Italiens. In fast all diesen Perioden waren beeindruckende Bauwerke entstanden.

391 n.Chr. übrigens wurde das Christentum Staatsreligion von Rom.

Der Flughafen von Rom liegt nahe der Küste beim Örtchen Fiumicinu. Damit niemand dachte, er sei in Japan gelandet, heißt der Flughafen „Leonardo da Vici". Alles klar!

Nach zwei Stunden waren die drei dort. Da kamen auch schon die Koffer. Aber was ist das? Sunny hatte zwar einen Koffer gegriffen, der genau aussah wie ihrer, es aber nicht war. Also legten sie den „falschen" Koffer wieder aufs Band, und plötzlich war er weg. Dafür tauchte ziemlich vertrödelt und einsam Sunnies wirklicher Koffer auf. – Anfang gut, alles gut!

Über die Autobahn flitzten sie in die Kapitale. Die Häuser wurden zahlreicher und der Verkehr dichter. Nach etwa fünfundvierzig Minuten waren sie im Hotel, gleich neben „Engelsburg" und „Petersdom". So hatten sie es gebucht.

Wer nach Rom kommt, erblickt die Stadt auf den berühmten sieben Hügeln. Die Häuser sind sandfarben oder gelb bis ocker, stehen wild gewürfelt da. Die Stadtlandschaft wird unterbrochen von Wäldchen und Parks, in denen dunkelgrüne Pinien und Zypressen wachsen. Mitten durch Rom fließt der steinern eingefasste und von alten Platanen gesäumte Fluss „Tiber". Darüber strahlt fast immer das helle Blau des italienischen Himmels, oft durchsetzt mit schneeweißen Gutwetterwolken: – Das ist eine Stadt!

Überall (auf Gullydeckeln, an antiken Gemäuern und in amtlichen Bekanntmachungen) entdeckten sie die Buchstaben „S.P.Q.R.". Das heißt „Senatus Populusque Romanus" (Senat und Volk von Rom). Seit eh verwendet man hier dieses Signum. Bemerkenswert, wie weltlich das ist. Vielleicht ist Rom auch gar keine „Heilige" Stadt, sondern eine sehr hiesige, allerdings eine mit mindestens zweifachem Anspruch auf eine Weltherrschaft. War der „Heilige Geist" tatsächlich nie hier? – Sie wollten es testen.

Die Drei klapperten Rom mit seinen Sehenswürdigkeiten ab. Am ersten Tag standen „Engelsburg" und „Petersdom" auf dem Programm. Vor der „Engelsburg" waren Sänger, Gaukler, Buden und viele Touristen. Die Drei reihten sich ein in die Schlange der Wartenden, welche das Bauwerk betreten wollten. Nach einer erheblichen Weile erwarben sie in einem überfüllten und dunklen Tunnel zwei Karten zu zehn Euro fünfzig; Sunny war noch umsonst, da sie noch nicht achtzehn Jahre alt war. Dann musste Silke zur Toilette und sich erneut anstellen: -Warten! Erinnerungen wurden wach an die Oper „Tosca", wo die Helden an eben diesem Ort der Hinrichtung im Morgengrauen entgegensahen. So schlimm war es diesmal nicht.

Plötzlich: Es ging los: Steile Treppen führten zu verschiedenen Ebenen hinauf, und ganz oben befand sich der bronzene Engel wie er gerade sein Schwert in die Scheide steckt. Das war der Erzengel Michael, welcher 590 dem Papst Gregor erschienen war, als eine Pestwelle ihr Ende fand. Aber das meiste hier war heidnischen Ursprungs, denn die Burg wurde 134 n. Chr. als Mausoleum für den römischen Kaiser Hadrian errichtet.

Beeindruckt und erschöpft zogen sie weiter Richtung „Petersplatz" und „Petersdom". Vorher kehrten sie in einem Restaurant ein, das viel Geld für ein wenig Wasser, einen kleinen Kaffee und eine zähe Pizza verlangte. Hier war der „Heilige Geist" bestimmt noch nie drin gewesen – eher schon sein Gegenspieler.

Wieder draußen erlebten sie die nächste Überraschung: Vor dem „Petersdom" hatte sich eine kilometerlange mäandernde Menschenschlange gebildet, die in den Dom strebte. Sunny streikte. Sie mochten das Ende dieser Schlange nicht suchen.

Gegen siebzehn Uhr zogen Silke und Andor noch 'mal los. Auf dem Weg zum „Petersdom" befand sich eine dem Papst Woytila geweihte Kirche; dann kam eine Schneiderei, wo man sich ein Priestergewand bis zu dem eines Kardinals (oder noch mehr?) schneidern lassen konnte; es folgte ein Vatikanisches Postamt, dann die Schweizergarde.

Kurz vor achtzehn Uhr war die Schlange vor dem Dom geschmolzen. Ohne Sicherheitsscheck wie am Flughafen kam man jedoch nicht in den Dom. Schließlich konnte der „Heilige Geist" nicht in jeden Besucher fahren. Der Dom („Basilica di San Pietri in Vaticano") wurde an der Stelle eines Gebäudes aus der Zeit von Kaiser Konstantin (4. Jahrhundert) errichtet und wurde das Zentrum der Katholischen Christenheit. Die Ausmaße der Anlage sind enorm: 60.000 Menschen gehen hinein und 200.000 auf den Platz davor. In der Kirche befindet sich eine Porphyrscheibe, auf der Karl der Große an Weihnachten 800 zum Kaiser gekrönt wurde. Kein Geringerer als Michelangelo baute die Vierung und plante die gewaltige Kuppel. Alles wurde aus edlem Material (meist Marmor) hergestellt: Gleich im rechten Seitenschiff hinter der verschlossenen „Heiligen Pforte" befand sich die „Pietà" von Michelangelo.

Es ist müßig, alle Kunstwerke aufzuzählen, die hier versammelt waren. Zu Weihnachten kann man alles im Fernsehen sehen. Unglaublich, welcher Prunk das war. Man musste davor kapitulieren – entweder in Ergebenheit oder in Ablehnung. Aber wie schon die Eingangskontrolle zeigte: Hier herrscht er offensichtlich nicht durchgängig, der „Heilige Geist".

Beim Verlassen des „Vatikans" konnte man die „Schweizergarde" beobachten, wie sie einen Hof bewachte. Dann trat sie zur Seite und ließ einige Personen in Zivil passieren. Darunter war auch eine Frau. Ob das die neue Botschafterin Deutschlands beim Vatikan, Annette Schavan, war?

Zu Ende ging dieser Tag wie die folgenden mit einem Besuch in einem Restaurant. Es gab Pasta, Pizza, Wasser und Rotwein.

Danach war das antike Rom dran. Auf ging's zum Kolosseum („Colosseo"). Im Hotel sagte man, dorthin könne man mit dem Bus fahren. Es war die „Linie 81", die ab „Piazza del Risorgimenta" fuhr. Die Fahrkarten musste man in einer Bar kaufen und im Bus mittels eines geheimnisvollen Apparates entwerten. Dann kam eine kleine Stadtrundfahrt, und als die Fahrgäste ausstiegen, waren sie zwei Stationen zu früh: „Circo Massimo" stand an der Haltestelle. Es hieß, man könnte mit dem folgenden Bus, der nach zehn Minuten käme, weiterfahren. Der „folgende Bus" kam aber nicht, und so liefen sie eben. Am „Kolosseum" dann das gewohnte Bild: dunkle Gänge, ellenlange Menschenschlangen und am Ende je zwölf Euro Eintritt für die Alten. Wieder ging es die Treppen hinauf und die Gänge entlang.

Errichtet wurde dieses Stadion ab 72 n.Chr. unter Kaiser Vespasian. Es heißt, 40.000 Sklaven hätten 100.000 Kubikmeter Travertin und 300 Tonnen Eisen verarbeitet. 80 n. Chr. soll dieses größte Bauwerk der Antike unter Kaiser Titus mit hunderttätigen Spielen eingeweiht worden sein. Dabei seien 5000 Tiere getötet worden. Später fanden Gladiatorenkämpfe statt, Christen wurden gequält. Heute ziert zwar ein Kreuz die Anlage, aber ein Ort für den „Heiligen Geist" war sie sicher nie.

Gleich neben dem „Kolosseum" liegt das „Forum Romanum" („Foro Romano"), und man wurde freundlicherweise mit der Eintrittskarte vom „Kolosseum" hereingelassen. Das Forum liegt in einer Senke, und am Eingang befindet sich der „Titusbogen". Den ließ Kaiser Domitian 81 n.Chr. errichten. Wer durch dieses heidnische Gemäuer ging, konnte im Rest des Areals nichts Heiliges erwarten. Tempel lag neben Tempel, und viel mehr als die Beschädigung dieser Kultorte konnte der „Heilige Geist" auch in zwei Jahrtausenden nicht erreichen.

Alles war nunmehr Museum. Mit dem Heidentum war es vorbei. Aber ist der „Heilige Geist" Nachmieter (in einem Museum)?

Wohl kaum!

Beim Mittagessen kam ein kleiner Tiefschlag: Sunny erklärte, sie würde nur noch mit in die vielen Kirchen kommen, wenn Oma Silke sie dafür in diverse Klamottenläden begleiten würde. Das konnte auch keine Eingebung des „Heiligen Geistes" gewesen sein...

Auf dem langen Weg zurück ins Hotel kamen sie zum „Trevibrunnen" („Fontane di Trevi"). Hier aalte sich einst Anita Ekberg ziemlich entblößt im Brunnenwasser unter den Augen von Marcello Mastroainni. Das Ganze hieß „La Dolce Vita" („Das süße Leben") und war bestimmt kein heiliger Ort. Jetzt war der Brunnen wegen Bauarbeiten zudem trocken gelegt – ob das die Strafe dafür ist, dass er einst als Sündenpfuhl herhalten musste, sei dahin gestellt.

Mit der „Piazza del Popolo" war es etwas kompliziert. Zwar hatte 1589 Papst Sixtus V. seine Hand bei der Planung im Spiel, und als Folge gab es hier Zwillingskirchen: „S. Maria dei Miracoli" und „S. Maria in Montessanto". Aber: In der Mitte des Platzes steht ein Obelisk, der aus „Heliopolis" in Ägypten stammt. Ob die Ägypter diese Säule in Verehrung des „Heiligen Geistes" verschenkt haben? – Am besten war es, hierüber zu schweigen...

Anderntags ging es zur „Piazza Navona". Der galt als der schönste Platz Roms, vielleicht sogar der Welt. Er ist ein riesiges Oval mit drei Brunnen darauf, eingefasst von hervorragenden Bauwerken. Den Mittelpunkt bildet der Vier-Ströme-Brunnen („Fontane die Fiumi"), den Bernini geschaffen haben soll. Er zeigt vier kraftvolle Männergestalten, welche die größten Ströme der damals bekannten vier Kontinente (Donau für Europa, Nil für Afrika, Ganges für Asien und Río de la Plata für Amerika) symbolisieren.

Über allem befindet sich das Papstwappen. Der Brunnen steht vor einer prachtvollen Kirche. Dieses Werk wurde gestaltet unter der Oberaufsicht des Papstes Innozenz X. (1644 – 1655).

War das nun endlich ein wahrhaft heiliger Ort? Vorsicht! Die „Piazza Navona" steht auf einem antiken Stadion, das Domitian (1. Jh. n. Chr.) erbauen ließ. Und Bernini bekam den Auftrag für den Brunnen, weil er der Schwägerin des Papstes ein Silbermodell davon zum Geschenk gemacht hatte. Eine kleine Bestechung: War das christlich-„heilig" gehandelt?

Beim „Pantheon", das sie nach der „Piazza Navona" besuchten, scheint die Sache klar zu sein. Es entstand im 2. Jahrhundert nach Christus unter Kaiser Hadrian und war antiken Göttern geweiht. 609 wurde der wie ein Bunker aus dem Zweiten Weltkrieg wirkende Tempel in eine Kirche umgewandelt und heißt jetzt „Santa Maria ad Martyres". Dennoch erscheint der graue runde Koloss wie ein Monster aus uralter vorchristlicher Zeit: Kein Ort für Christliches!

Wie alle Touristen strebten die Drei schließlich zur „Spanischen Treppe" an der „Piazza dei Spagna". Die weltberühmte Treppe führte hinauf zu einer (natürlich!) Kirche: „Trinitá dei Monti". Zwischen Treppe und Kirche wollte sich einst der französische „Sonnenkönig" Ludwig XIV. mit einem Reiterstandbild verewigen lassen. Das scheiterte am Widerstand des Papstes, als hätte er vorausgeahnt, dass der Enkel dieses „Sonnenkönigs" wie dessen Ehefrau Marie Antoinette der Guillotine anheimfallen würde. Keine weltliche oder geistliche Macht hatte damals auch nur einen Finger gekrümmt, um wenigstens der österreichischen Kaisertochter zu helfen. Europäische Innenpolitik, wie man sie kennt: Was sollte daran „heilig" sein?

Ohne Franzosen wurde die Treppe in der heutigen Form nach päpstlichen Plänen doch gebaut. Unterhalb der Treppe befindet sich der „Baccaria-Brunnen" von Pietro und Gian Lorenzo Bernini mit der Nachbildung eines Tiberschiffes, das bei einem Hochwasser im 16.

Jahrhundert gestrandet sein soll. Jetzt sahen die Besucher eine Reihe ältlicher Damen aus einer Reisegruppe, die sich nacheinander in den Brunnen stellten, um fotografiert zu werden. Keine fiel ins Wasser. Seinen Namen hat das Ganze übrigens, weil sich in der Nähe die Spanische Botschaft beim Vatikan befindet.

Das alles scheint doch sehr weltlich zu sein, und für einen „Heiligen Geist" wäre auch hier wenig Raum.

1849 jedoch kam es zu einer Revolte gegen das Papsttum. „Trastevere" war die Hochburg, und viele Bewohner dieses Stadtviertels von Rom sind noch immer stolz darauf. Also machten sich die Besucher auf den Weg nach „Trastevere". Bei Sonne und Wind gingen sie den „Tiber" entlang und gelangten zum Ziel. Hier gab es Trödelmärkte, ein kleines Kaufhaus (in dem Silke und Sunny für längere Zeit verschwanden), einen Lebensmittelladen mit vielen Käselaiben und ebenso vielen Weinflaschen (die Andor inspizierte). Sie „landeten" in einem Restaurant an einem Platz gegenüber der Kirche „S. Maria in Trastevere" und stärken sich. Dies war ein beschauliches Plätzchen. Hier gab es sogar „Frascati", den Wein der Römer, der bis dahin auf keiner Karte zu entdecken war!

Es könnte durchaus sein, dass der „Heilige Geist" irgendwo in „Trastevere" schwebt. Auch der „Vatikan" soll in diesem Viertel schon einige Niederlassungen haben. – Man kann ja nie wissen....

Abends nahmen die Gäste Abschied von Rom. Alle orderten Rotwein. Da fragte der italienische Ober engelgleich, ob denn das Fräulein – gemeint war Sunny– schon achtzehn wäre. *„Natürlich!"*, antwortete der Opa.

Wenn das der „Heilige Geist" mitbekommen haben sollte: Oh je!

„In Rom"

(2014)

7. Apulien: „Nationale Schande" in Matera

Apulien zog von jeher fremde Völker an. Einst gehörte das Land an der Ferse des italienischen Stiefels zu Griechenland. Dann kamen Menschen aus Albanien. Ständig versuchten auch die Sarazenen, das Land zu erobern. 1453 nahmen Türken „Konstantinopel", und es war ein Schock für das gesamte christliche Abendland, als die Türken 1480 sogar „Otranto" eroberten. 800 Einwohner mussten am Ende kapitulieren. Da sie ihrem Glauben nicht abschwören wollten, wurden sie niedergemetzelt. Eine Märtyrerkapelle im Dom bewahrt ihre Gebeine. Die Türken wurden 1481 verjagt, aber noch heute soll der Ruf „Mamma, li turchi!" zum Sprachschatz Süditaliens gehören.

Gegenwärtig kommen arme Schwarze nach Lampedusa, um in der EU ihr Glück zu finden. Italien nimmt viele auf. Sie dürfen dann nicht in andere EU-Länder weiterreisen. Doch ein italienisches Schutzprogramm verfügt nur über 3000 Plätze bei 75000 Bedürftigen (geschätzt 2012). Besonders in Apulien leben sie in Ghettos ohne staatliche Hilfe. Sie verdingen sich als Tagelöhner bei den Bauern, helfen bei der Weinlese und Olivenernte. Die italienischen Landwirte könnten zum großen Teil nicht existieren, wenn es diese Tagelöhner nicht gäbe. Die schlafen zwischen Dreck und Müll, liegen in öffentlichen Parks oder auf Bahnhöfen. Dass die italienische Öffentlichkeit sich darüber aufregt, erstaunt nicht.

Dass Silke und Andor mitsamt einer Reisegruppe aus Deutschland die Provinz besuchte, regte seinerzeit keinen Italiener auf.

Am Ende ihrer Reise verweilten sie drei Tage „privat" in „Polignano a Mare", einer alten Stadt südlich von „Bari", die auf Felsen am Meer gebaut ist. Hier zeigte sich die Adria mit verlockenden Buchten, die aber alle sehr felsig sind und daher fast nur von der Jugend zum Schwimmen aufgesucht wurden. Die Kirche des Ortes heißt „Santa Maria Assunta". Als sie in diesem Ort waren, wurde gerade das Fest des Ortsheiligen San Vito Martire gefeiert. Auf einem Platz war eine Messe. Es gab eine Prozession mit der Figur eines Heiligen, und Musikkapellen zogen durch das Örtchen. Ein paar Straßen weiter war an Tischen und Ständen ein „Markt" aufgebaut, wo überwiegend Schwarze Handtaschen, Gürtel, Holzfiguren und andere Billigprodukte verkauften. Die Einheimischen schoben sich an den Ständen vorbei, und niemand schien es zu stören, wenn die „Händler" hinterher im Park auf der Erde lagen, um zu schlafen.

„Frederico Secondo" sollte man nicht mit Friedrich II., genannt „Der Alte Fritz", verwechseln. Frederico lebte von 1194 bis 1250, war der Enkel von Barbarossa, Hohenstaufer, Italiener, Kaiser des „Heiligen Römischen Reiches Deutscher Nation", König von Sizilien, Muslimfreund, Arabist und für viele der „Antichrist". Er war ein richtiger Fürst. Im Dom von „Palermo" ist er begraben, und noch immer zieren rote Rosen sein Grab. Man sagt, die Blumen stammen von den Nachkommen seiner vielen Kinder. Er hatte mehrere Frauen und schrieb Liebesgedichte auf Italienisch. Berühmt ist sein Buch über die Falkenjagd. Wer ist schon dagegen der Alte Fritz – jener andere König, der die Kartoffel in Brandenburg eingeführt hatte?

„Castel del Monte"

Frederico gilt als Erbauer des „Castel del Monte", das die Landschaft Apuliens bestimmt. Der berühmte Bau thront auf einem Berg und ist um die Zahl „Acht" konzipiert. Der Grundriss ist achteckig, das Castello hat acht gewaltige Türme, die den Innenhof umstellen, und im oberen Stockwerk liegen acht trapezförmige Räume. Man weiß nicht, ob Frederico die Pfalzkapelle in „Aachen" oder den Felsendom in „Jerusalem" als Vorbild genommen hatte. Jedenfalls wirkt der wuchtige Bau sehr modern. Manche vergleichen ihn mit einem Kristall, der die Macht des Kaisers symbolisieren sollte.

Für den Herrscher war dies nur eine seiner Residenzen. Einst soll das Castello ein fröhliches Schloss gewesen sein, doch die Nachfolger verwandelten es in ein Gefängnis für die Kinder des Hohenstaufers. Die neuen Herren kamen nunmehr aus „Anjou", und die Zeit der Staufer war vorbei.

Doch: Auf Fredericos Grab liegen rote Rosen, auf Friedrichs Kartoffeln. Apulien (Italiener sagen „Puglia") ist eine besondere Region Italiens. Die Nachbarregionen heißen „Basilicate" und „Calabria". Apulien hat sechs „Provinzen": Bari, Brindisi, Foggia, Lecce, Taranto und Barletta-Andria-Trani. Die Hauptstadt ist „Bari", und Apulien hat eine

Arbeitslosenquote von fünfzehn Komma sechs Prozent. In der Region leben etwas über vier Millionen Einwohner. Die vorherrschende Sprache ist Italienisch. Es soll griechische und albanische Einsprengsel geben. Apulien hat eine lange Küstenstrecke an der Adria.

Im Norden befindet sich die gebirgige Halbinsel Bargano. Die Küste ist kahl, aber in der Höhe erstreckt sich ein waldreiches Gebiet, das Nationalpark ist. Stolps erster Aufenthaltsort in Apulien war die Stadt „Monte Sant Angelo". Die liegt auf einem Berg in etwa tausend Metern Höhe und hat angenehmes Klima. Im Süden erstreckt sich eine weite Ebene, die überwiegend mit uralten Olivenbäumen und Weinstöcken bewachsen ist. Das wirkt wie eine riesige Parklandschaft. Die Olivenbäume stehen auf Abstand, und die Erde dazwischen ist entweder säuberlich umgepflügt oder mit goldenem Korn bewachsen. Immer wieder sieht man steinerne Dörfer oder Städtchen, meist auf Anhöhen errichtet.

Diese Gegend hat nicht nur Geschichte und Kultur pur; sie zeichnet sich auch durch hohes kulinarisches Niveau aus. Die Antipasti sind hervorragend: schwarze Oliven, gegrillte Auberginen, Zucchini und Paprika, eingelegte Artischocken oder getrocknete Tomaten: Alles ist fein gewürzt und nur mit Olivenöl bereitet. Auch Schinken, feine Salami und Meeresfrüchte fehlen nicht. Die Pasti werden meist aus „Orecchiette" („Öhrchen") – das sind Nudeln – bereitet und mit Gemüse, Meeresfrüchten oder Kräutersaucen serviert.

Danach kommt das „Secondo" (Hauptgericht) in vielen Variationen. Natürlich gibt es Salat und am Ende „Dolci". Dabei herrscht kein Mangel an Wasser und vor allem Wein. Der ist schwer, aber ungeheuer weich und vor allem reichlich vorhanden. „Primitívo" heißt eine Rotweinsorte. Der Name verbirgt, wie edel dieser Wein ist. Sie haben vor allem davon gekostet, und waren des Lobes voll.

Dabei ist Apulien ein Bauernland und wirtschaftlich nicht gerade obenauf. Sie sehen ehemalige Fabriken und ahnen, wie viele Menschen ihre Arbeit verloren haben. Die klassischen italienischen Großfamilien existieren nicht mehr. Die Steuer erdrückt alle. Sofas, Kleidung und Stahl werden derweil in China oder anderswo billiger hergestellt. Das Land taumelt und die Region mit ihm.

Bei allem scheint der Katholizismus nach wie vor populär zu sein. Stolps sehen Busse mit Pilgern, Kirchen über Kirchen, Umzüge, Feste und volle Gotteshäuser. Dieser Glaube ist offensichtlich fest verwurzelt in der Seele Apuliens.

„Air Berlin" – die gab es noch – brachte sie nach „Bari". Wie um die Passagiere auf die italienische Küche vorzubereiten, gab es im Flieger „Fischlis" und Tomatensaft. Vom Flughafen fuhren sie drei Stunden nach „Monte Sant Angelo", wo sie übernachteten. Sie waren eine Gruppe von vierundzwanzig Personen, von denen die meisten durch Sprachkurse mit Frau Dott. Orietta Angelini, die in der Olympischen Straße in „Berlin" wohnte, bekannt waren. Frau Orietta hatte die Reise organisiert und Silke, Andor, Antje und Siegfried fuhren mit. Die Reiseleiterin vor Ort hieß „Mirella". Sie war etwas emanzipatorisch und esoterisch veranlagt. Der Busfahrer hörte auf den Namen „Angelo" und machte seine Sache gut.

„Monte Sant Angelo" hatte 13000 Einwohner. Über der dicht bebauten Stadt thront ein Castello. In dieser Stadt befindet sich, so die Legende, das Heiligtum des Erzengels Michael. Er soll 493 n.Ch. in einer Grotte erschienen sein. Über dieser steht nun eine Kirche, von der aus es neunundachtzig Stufen hinab in die Tiefe geht. Massen strömten in die Grotte, wo eine Messe gelesen wurde. Auf den Stufen hinab beteiligten sich die Menschen schon singend und betend an der Liturgie. Alles wurde per Lautsprecher übertragen. Die Pilger drängten und drängelten, um ein paar Sekunden früher in der überfüllten Grotte zu sein. Sie waren mit Bussen angereist.

Auf einem großen Platz sahen die Besucher viele ältere Männer im „Sonntagsstaat". Sie standen in Gruppen beisammen und diskutierten, vielleicht über Politik oder über die Kirche oder über Fußball – wer weiß? Dann zogen diese Herren ab – wahrscheinlich ging es zum Essen, das die Frauen zubereitet hatten.

Danach ging es in den „Nationalpark Gargano". Am Ufer eines umwachsenen Bergsees sahen die Gäste Kaulquappen und unendlich viele klitzekleine schwarze Frösche. Sie waren so klein wie Fliegen, und es wurde behauptet, sie würden auch quaken. Den Beweis dafür traten sie indes nicht an – oder waren die Besucher in einem Alter, in dem man derartiges nicht mehr hört?

In „Vieste" erwartete sie eine dreischiffige Kathedrale aus dem 11. Jahrhundert mit einem barocken Campanile. Die aus Tuff gebaute Renaissancekirche San Francesco schließt die weit ins Meer ragende alte Stadt wirkungsvoll ab. Auch diese wird beherrscht von einem Castello, das Federico habe errichten lassen. Man vermutet, dass der Kaiser hier sein berühmtes Buch über die Falknerei geschrieben habe.

Auf der Fahrt nach „Martina Franca" im Süden und Landesinneren, wo sie vier Nächte blieben, kamen die Besucher nach „Trani". Das ist eine wunderschöne Stadt an der Adria. Hier steht die „Königin der Kathedralen" „San Nicola Pellegrino", die majestätisch am Meer liegt. Mittags aßen sie „auf dem Lande" in einer „Masseria" und wurden dabei mit Köstlichkeiten verwöhnt. „Martina Franca" schließlich war wieder ein Ort auf einer Anhöhe, weithin sichtbar, und Angelo musste sein ganzes Können aufbieten, um seine Passagiere zum Hotel zu chauffieren.

Sie kamen zu einem Gut, wo sie junge Leute empfingen, die offensichtlich nicht zum armen Teil der Bevölkerung Italiens gehörten. Deren „Masseria" war in der Hauptsache ein riesengroßer und gepflegter Olivenbaumpark, der allerdings auch andere südliche Pflanzen beherbergte. Es war hell, ein sanfter Wind ging, und die Luft war angenehm warm. Hier konnte man sich in exquisiter Atmosphäre einquartieren. Die Besucher absolvierten einen Kochkurs: Unter der Anleitung einer älteren Dame kneteten sie verschiedene Teigsorten, hantierten mit Auberginen, Tomaten und Oliven und fertigten Nudeln an. Alles wurde mit Gries, feinem Mehl, etwas Knoblauch und viel Olivenöl zubereitet. Dazu verkosteten sie die Weine des Hauses – erst den Weißen, dann den Rosé und schließlich den Roten.

Die Sache ging über in ein längliches Mahl mit Antipasti, Pasti, Hauptgericht, Salaten und süßen Backwaren. Für die Nudelgänge hatten die Damen und Herren der Küche nicht die Produkte der Gäste benutzt und lieber die echt einheimischen Zutaten verwendet.- Satt und müde sanken alle in die Sitze des Busses.

Es ging weiter! Am Nachmittag stand die Gruppe wieder in einem Olivenhain, diesmal an einem mächtigen Baum, der 2000 Jahre alt sein sollte. Auch dieser uralte Baum hatte ein kleines Nummernschild, das ihn vor Diebstahl schützen sollte. Man kann sich nicht vorstellen, wie dieser Riese entwendet und nach Norditalien verfrachtet werden soll.

Anschließend konnte man sehen, wie über die Jahrhunderte hinweg Öl gewonnen wurde. Nur wie gegenwärtig das Öl gepresst wurde, sah man nicht. Das geschehe in der Genossenschaft, wurde mitgeteilt.

Dann ging es nach „Ostuni". Das ist „die weiße Stadt". Sie liegt auf drei Anhöhen und leuchtet weit in das Land hinein. Sie wird überragt von einer Kathedrale und einer Barockkirche, „Santa Maria Maddalena", die eine farbige Kuppel ziert. Es ging treppauf und treppab, und dann stand man vor der Kathedrale von 1435 mit einer prächtigen Fensterrose.

Auf der Fahrt nach „Matera" kam die Gruppe an „Taranto" vorbei. Das ist ein Kriegshafen. Auch sah man Industriebrachen. „Matera" selbst liegt schon in der Basilicate, aber man fühlte sich mit Apulien verbunden. Ein Dom aus dem 13. Jahrhundert wurde gerade restauriert. Es ging wieder treppauf und treppab. Dann erreichte die Gruppe die „Sassi di Matera". Das sind Grotten am Rande der Stadt, wo man eine Kirche und eine Wohnung von früher besichtigen konnte. In diesen Grotten waren Betten und Küchen der Landarbeiter und ihrer Familien. Die Maultiere standen nebenan. Das liebe Federvieh scharrte unter den riesigen Betten, in denen mehrere Familienmitglieder einschließlich Kinder schliefen. Bis in die fünfziger Jahre sollen 15000 Bewohner so gehaust haben. Dann wurde „Sassi" als „nationale Schande" gebrandmarkt, und die Menschen wurden umgesiedelt. Ein Teil der Grotten diente nun als Hotel. Es wurde alles luxuriös hergerichtet, und wenn man wollte und konnte, durfte man siebenhundert Euro pro Nacht hierlassen! Später (2019) wurde „Matera" mit den „Sassi" „Europäische Kulturhauptstadt"- sehr erfolgreich, wie man hörte.

„Alberobello" ist die „Hauptstadt der Trulli". Das sind weiße Häuser mit runden aufgeschichteten Dächern aus Stein. Diese seltsamen Gebäude beherrschen ganze Stadtviertel und die umliegende Landschaft. Angeblich hat der Landesherr Gian Girolamo II. Accquaviva 1635 den Bauern befohlen, mörtellose Steinhütten in Trockenbauweise zu errichten, damit er dem Vizekönig in „Neapel" keinen Tribut leisten musste, was bei gemauerten Siedlungen der Fall gewesen wäre. So seien die „Trulli" entstanden. Nach einer anderen Variante seien die Runddächer von Einwanderern importiert worden. Wie auch immer: Seit 1996 ist „Alberobell" UNESCO-Weltkulturerbe.

Abends ging es nach „Cisterino", einem kleinen Ort, in dem es einen Metzger gab, der auch ein Restaurant betrieb. Die vegetarische Fraktion der Reisegruppe blieb in „Martina Franca". In dem Restaurant in „Cisterino" war es proppevoll. Immer wieder kamen Gäste – offensichtlich Italiener, die speisen wollten, aber abgewiesen werden mussten. Das Essen folgte dem gleichen Schema wie die Menüs anderswo. Als Vorspeise gab es Salamistücke und Schinken: lecker. Das Hauptgericht bestand aus einer Grillplatte mit jeder Menge Fleischsorten. Wein fehlte auch bei diesem Mahl nicht.

Dann lockte „Lecce". Diese Stadt wurde als „festliches Barocken-
semble" beschrieben. Es gibt eine Universität, ein Castello, ein Amphitheater, einen Park und einen „Palazzo del Governo". Ein Höhepunkt
ist die „Piazza del Duomo". Dort ist der Bischofspalast und eben der
Dom („Sant Oronzo"). Obendrein ist der viereckige Platz von weiteren
Prachtbauten umstellt. Eine Spezialität „Lecces" sind die „Carta-
pesta". Das ist ausnahmsweise nichts zum Essen, sondern es sind
Pappmascheefiguren. Sie werden raffiniert gefertigt und sehen aus als
wären sie aus Holz. Beim Anheben merkt man, dass sie aus anderem
Material bestehen. Dass das seinen Preis hat, erfuhren die Gäste bald
in einem Spezialgeschäft.

In „Otranto" waren alle wieder am Meer. Sie überzeugten sich:
Seit über 500 Jahren sind die Türken, die 1481 vertrieben wurden,
wirklich weg. Schließlich besuchten sie die Grotte „di Castellana". Es
ging tief hinunter. Insgesamt sahen die Besucher fünf Grotten. In die
erste kam noch natürliches Licht. Die anderen waren total unterirdisch. Hier war Fantasie gefordert, dann malte man sich eine Madonna, eine Schlange oder anderes aus.

Die letzte Station der Reisegruppe war „Polignano a Mare". Wieder war ein Tisch fein gedeckt. Diesmal gab es Meerestiere. Aber zuerst kamen die Antipasti derart schnell hintereinander, dass man alles
gar nicht schaffen konnte. Als Hauptgericht gab es gegrillten Krebs
und Tintenfisch. Ein Zitronenstück war auch dabei, und natürlich
wurde Wein gereicht. Es folgten die Nachspeisen.

Als Silke, Antje, Siegfried und Andor am folgenden Tag erwachten, war das Fest des Ortsheiligen San Vito Martire in vollem Gange.
Sie beobachteten die Messe, spazierten über den Markt und stellten
fest, dass es überall für sie zu felsig war, um zu baden. Das Fest ging
bis in die tiefe Nacht. Doch sie waren so müde, dass sie davon wenig
mitbekamen.

Am nächsten Tag ging das Fest weiter. Sie sahen eine Prozession,
hörten eine flotte Kapelle und bummelten durch die Gassen. Die üppigen Essen waren vorbei. Sie mussten sich wieder selbst versorgen –
das hieß, die Restaurants aussuchen: – Jetzt kam Pizza auf den Plan!

Dann war das Fest vorbei. Es wurde wieder sehr heiß. Für einen
Euro pro Person fuhren sie mit der Bahn nach Süden in den nächsten
Ort: „Monopoli". Nach langer Wanderung entdeckten sie dort Sand-
strände und stürzten sich in die Adria. Hinterher gingen sie doch wieder fein essen: Was sein musste, musste schließlich sein.

Und schon war Abreisetag. Nach Kämpfen mit dem Fahrschein-
automaten fuhren sie mit der Bahn nach „Bari Centrale". Von dort
ging ein Bus zum Flughafen.

Bei „Air Berlin" dann gab es wieder Tomatensaft, „Fischlis" und
ein rotes Herz aus Milchschokolade.

Zu Hause war es ebenso heiß wie in Italien. Der Himmel allerdings war grau.

(2013)

8. Apulien da Capo, weil es so schön war

Ein typischer Italiener mit Gefährt

Wieder mit Dott. Orietta Angelini machten Silke und Andor, wieder in
Begleitung von Antje und Siegfried sowie diesmal deren Schwägerin
und Schwager eine zweite Reise nach Apulien. Sie waren eine Gruppe
von nur fünfzehn Personen – alle nicht mehr jung und offensichtlich
keiner wirklich arm. Wieder war es eine Reise, auf der viel gegessen
wurde. Jeden Tag gab es Frühstück, Mittag- und Abendessen. Dazwischen waren einige Besichtigungen (meistens Kirchen). Zwischen den
„Kirchgängen" wurde oft eine Siesta mit Kaffee oder Wein eingelegt.
Gleich am ersten Tag gab es ein Mittagessen in einem „regional typischen Restaurant", das geschlagene drei Stunden dauerte. Die vielen
Gänge, der Wein und das Hocken auf unbequemen Stühlen machten

müde und steif, aber während der anschließenden Tour durch „Baris" Altstadt einschließlich einer Kathedrale ließen sich einige erneut nieder, um noch einen Kaffee zu „genießen". Bis zum Abendessen war es dann auch nicht mehr lange.

Zum zweiten Mal kamen sie nach „Polignano a Mare", wo sie sich diesmal vor dem Denkmal für den Schlagersänger Domenico Modugno zum Gruppenfoto aufstellten. Dann gab es wieder Essen („leichtes Mitttagessen auf Fischbasis": ca. zwei Stunden), und in „Monopoli" fanden Eifrige eine Eisdiele. Abends erreichten sie „Ostuni" (die weiße Stadt) –und begaben sich zum Abendessen!

Am dritten Tag fuhren sie abermals zu einer „Masseria", wo immer noch alte Olivenbäume und viele bekannte Pflanzen wuchsen – die prächtiger als daheim sind. Dort ging es erneut um die apulische Küche: In einem „Kochkurs" kamen sie in Kontakt mit kaltgepresstem Olivenöl, Wein, Orechiette, Focaccia und anderem. Das meiste, das sie produzierten, nahm wieder unbekannte Wege, denn beim anschließenden Mittagessen (!) unter freiem Himmel tauchten nur wohlgeformte Speisen auf. Und den Rotwein, der in Krügen bereitstand, hatten die Gäste auch nicht hergestellt.

An folgenden Tag stand die Besichtigung einer Ölpresse auf dem Programm. In Apulien gibt es uralte Olivenbäume. Dass die gegen Diebstahl gesichert sind, wussten wir schon. Oliven werden nicht nur per Schütteln und Netz geerntet, sondern auch per Hand – besonders hier. So ließen sich besonders feine Öle herstellen. Früher hatte man Öl aus Oliven für Öllampen gebraucht.

Heute gibt es diverse Sorten Öl für die Zubereitung von Speisen. Eine Sorte wird aus Oliven gewonnen, die in den Baumkronen gehangen haben. Eigentlich gutes Öl gäbe es nur in dieser apulischen Ölmühle, jedenfalls nicht in Spanien. (Von dorther kannten wir die gleiche Geschichte, nur umgekehrt!) Das schlechteste Öl überhaupt gäbe es (so wurde uns erzählt) im Supermarkt. Da werde betrogen und gelogen. – Bei all dem übersahen sie, dass hier nur blitzeblanke Maschinen standen und keine einzige Olive zu sehen war, denn die Erntezeit, die begann erst später…

Unterwegs sahen sie wieder „Trullis" – jene merkwürdigen runden Häuschen mit spitzen Steindächern. Auch lernten sie „Pater Pio" kennen, der hier viel verehrt wurde. Sein bürgerlicher Name war Francesco Forgione. Persönlich waren sie ihm nicht begegnet, denn er lebte von 1887 bis 1968.

Pio war Priester und Mönch, bekam die gleichen Wunden wie Jesus und hatte auch zutreffende Weissagungen gemacht. Der Kirche war Pio zeitweilig suspekt. Es wurde gesagt, die Wunden habe er sich selber beigebracht. Doch das Volk im Süden Italiens liebte und verehrte ihn. Und so sprach die Kirche ihn 1999 selig und 2002 heilig. Der Petersplatz soll bei der letzten Zeremonie übervoll von Verehrern gewesen sein. Auf der Reise sah die Gruppe Pio als Denkmal. Es soll sogar einen Fernsehkanal gegeben haben, der nichts anderes zeigte als den Sarg des Paters.

Auch „Matera" mit seinen „Sassis" sahen sie wieder. Es ist schon merkwürdig, dass an diesem Ort, wo vor nicht langer Zeit noch Rückschritt und Armut herrschten, heute für Normalverbraucher unbezahlbare Luxusherbergen ihre Geschäfte machten.

Interessant war der Besuch in einer Weinkellerei, in der der so köstliche „Primitivo" geschaffen wurde. Die Weinkellerei hieß „Produttori Manduria Vini" und nannte sich „Maestri in Primitivo". Vor der eigentlichen Weinprobe besichtigten die Besucher ein „Museo del Primitivo", das die Plackerei der Bauern des Salento in früheren Zeiten zeigte. Es war eine mühsame Arbeit ohne die Maschinen, welche den Bauern später das Leben erleichterten.

Dann sahen sie, dass Einheimische den Wein gar nicht in Flaschen kauften. Sie brachten große Behälter mit und ließen sich den Wein per Schlauch abfüllen. Das war bestimmt billiger als Wein in Flaschen, geht aber zu Hause leider nicht.

Am Ende kam die obligatorische Weinprobe: Die Gruppe nahm Platz, bekam Gebäck, Wurst und Käse angeboten und durfte nacheinander von fünf „Primitivo"-Sorten kosten: „Memoria", „Lirica", „Elegio", „Sonetto" und „Madrigale". Dazu bekam jeder einen Teller fein angemachten Hirsebreis, der allen mundete. Am besten fanden die meisten den Wein „Sonetto", von dem allerdings eine Flasche fünfzehn Euro kostete. Die Besucher hielten sich zurück und trösteten sich mit der Nachricht, dass man diesen Wein auch zu Hause kaufen könne.

Der Besuch einer Burg in „Taranto" fiel im wahrsten Sinne des Wortes ins Wasser, denn es regnete wie aus Kübeln. Alle blieben im Bus. Die Straße stand unter Wasser, und es war ein Wunder, dass die Autos nicht davonschwammen.

Am Nachmittag ging es wieder. Die Gäste besuchten „Fasano Ceramiche". Kostbarkeiten, schöne Sachen und Überflüssiges wurden hier gefertigt, und wieder gabt es Trost: Alles könne man auch zu Hause kaufen. Einige orderten dennoch.

Dann machten alle einen Abstecher nach „Lecce". Das ist die Stadt mit herrlichen Oleanderbäumen, mit den stabilen Pappfiguren und dem wunderschönen Platz vor der Kathedrale. Am Amphitheater pustete der Wind dem Mitreisenden „Ewaldo" die Mütze vom Kopf. Sofort war eine der herumlungernden dunklen Gestalten zur Stelle, sprang über eine Mauer und reichte „Ewaldo" seine Mütze. „Ewaldo" entlohnte den Mann mit zwei Euro und sagte: *„Ihr seid gute Leute. Wo kommt Ihr her?" – „Rumänien."*

Rumänien: War das nicht in der EU?

Am Tage nach der Sintflut war übrigens wieder strahlendes Wetter:

Italien war wieder „bella".

(2015)

9. Kastilien-León, Extremadura und ein wenig Andalusien: „Wie bei Aldi"?

Gutes beginnt mit Schlechtem: Um nach „Madrid" zu gelangen, starteten Silke und Andor in aller Herrgottsfrühe nach „Frankfurt/M"., von wo aus es weiter in die spanische Hauptstadt ging. „Studiosus", mit denen sie reisten, hatte keine Direktflüge.

Die Fluggesellschaft war „Lufthansa". Als die Kunden, diese „Könige", an deren Schalter gingen, wurden sie von einer Furie angeschnauzt, wo sie denn ihre Flugtickets hätten. Die Furie verwies an einen Automaten, wo eine weitere Angestellte stand, die das Gerät nicht beherrschte. Schließlich spuckte die Kiste Tickets aus. *„Und as Gepäck?"*, fragten die Passagiere. Die Furie schickte sie zum falschedn Schalter. Einen Koffer nahmen sie dort an, den anderen nicht. Als Silke und Andor irritiert waren, verwies sie die Furie an ein schwarzes Ding: *„Sie müssen scannen – wie bei ,Aldi'." – „Bei ,Aldi' scannen wir nicht." – „Haben Sie bitte mehr Respekt vor dem Personal der ,Lufthansa'!"*

Im voll besetzten Flieger hatten die Stolps getrennte Plätze. Das wiederholte sich auf dem Flug nach „Madrid", wo ihnen obendrein heißes und schreckliches Rührei serviert wurde: Ein Malus für die „Lufthansa" und den Massentourismus!

Als sie schließlich in „Madrid" landeten warnte die „Lufthansa" per E-Mail, einer der zwei Koffer würde wohl nicht ankommen. Kam er aber doch: Noch ein Malus!

Sie wurden auf einen gepflegten Bus verwiesen, in dem sie mit 27 anderen Personen eine Reise entlang der Grenze zu Portugal antraten. Alles verlief ruhig und entspannt. „Meckerköppe" waren nicht an Bord: Ein Bonus für „Studiosos", den Reiseveranstalter!

Die Gruppe fuhr nach „Zamora" zum ersten „Parador". Alles war edel. Das Zimmer war groß; draußen befand sich ein baumbestandener Platz, der sauber und ruhig war. Auf einem Spaziergang lernten sie etwas von dem Ort kennen und erfuhren, dass die geplante Strecke römischen Ursprungs sei – einst von den Pyrenäen bis hinunter ans Mittelmeer ging. Die Strecke heißt „Silberstraße".

Abends gab es ein Begrüßungsgetränk und danach in einem schönen Saal das Abendessen mit drei Gängen und viel Wein – weiß oder rot. Die Koffer, die tags zuvor vom Bus ins Zimmer gebracht wurden, wurden am Morgen auf dem gleichen Wege wieder im Bus verstaut. Dieser wie die anderen „Paradores" boten ein opulentes Frühstück. Zu einer „zivilen" Zeit nach neun Uhr fuhr der Bus ab.

Es ging nach „Salamanca", der Stadt mit der uralten Uni, der schönen „Plaza Mayor" und der riesigen Doppelkathedrale. Hier herrschte Leben: Studenten, Touristen und Einheimische wuselten durcheinander. Den Gästen wurden tolle Geschichten erzählt von Fröschen, die Studenten einst das Lernen vor Examen erspart haben sollen, von mühsamen und am Ende kostspieligen Doktorprüfungen sowie von langen Wartezeiten bei Hochzeiten in der Doppelkathedrale. Von all dem erholten die beiden sich in einem Straßencafé bei Wein, Brot und Schinken.

Weiter ging es (ein Stück auch per Pedes) über eine erhaltene Strecke der Römerstraße nach „Plasencia", wo der nächste „Parador" wartete. Er befand sich in einem mittelalterlichen Konvent. Auch hier war alles „picobello". Sie blieben zwei Nächte und bewunderten Störche, die sich auf den hohen Stellen der alten Gemäuer ringsum in ihren riesigen Nestern eingerichtet hatten.

„Paradores" gehören zu einer spanischen Hotelkette, die von einer Aktiengesellschaft gehalten wird. Eigentümer ist der Staat. „Paradores" haben drei bis fünf Sterne und sind an historisch oder kulturell interessanten Orten angesiedelt sowie in ehemaligen Burgen oder Klöstern eingerichtet. Daher wirken sie meist sehr edel.

Im Parador

Nach dem Frühstück ging es zum Kloster San Jeronimo de Yuste, wo Kaiser Karl V. seine letzten Lebensjahre verbrachte. Das ist jener Herrscher, der gesagt haben soll, in seinem Reiche ginge die Sonne nie unter. Er war Römisch- Deutscher Kaiser und Spanischer König. 1556 trat er von allen Ämtern zurück und starb 1558 hier im Kloster. Er teilte sein Reich auf: Sein ältester Sohn Philipp II. erhielt die spanischen Besitzungen und der jüngere Bruder Ferdinand I. die österreichischen Erblande. Später wurde Ferdinand auch Römischer und Deutscher Kaiser. Die Trennung des Hauses in eine spanische und eine habsburgische Linie war vollzogen.

Das Kloster liegt ruhig, weist imposante Architektur und wunderbare Gärten auf. Obwohl die originalen Gebeine und Gemälde sich mittlerweile in „Madrid" befinden, spürte man: Dies ist die Ruhestätte eines mächtigen Kaisers!

Von der Geschichte und Kultur wechselten die Reisenden zur Natur. Sie fuhren zum Biosphärenreservat eines Nationalparks, wo man Geier und Adler beobachten konnte. Weil es hier nicht genug zu fressen gab, wären die Tiere längst_ ausgewandert, aber man fütterte sie, um sie zu halten. Die Gäste sahen die Vögel, aber ihnen gefiel besonders die Landschaft mit den wilden Felsen und Flussläufen.

Spanien ist eben nicht nur ein Geschichtsmuseum und Kultur-
schatz, sondern es hat auch imposante Landschaften.

Garten im Kloster Yuste

Anderntags saßen sie in „Trujillo" auf der „Plaza Mayor" und schauten
auf das Reiterdenkmal von Francisco Pizarro, der in seiner Ritterrüs-
tung Richtung Amerika reitet, umgeben von Renaissancepalästen.

Zu seinen und des Pferdes Füßen saßen jetzt Schüler, getrennt
nach Geschlechtern. Schule war aus, und diese Schüler warteten auf
Busse, die sie nach Hause bringen sollten. Plötzlich erschien tatsächlich eine kleine Armada von Reisebussen, nahm die Schüler auf, und
weg waren sie. Für diese Aktion war die Innenstadt vorübergehend
für andere Busse gesperrt worden.

Pizarro selbst war eigentlich ein schlimmer Finger. Mit ein paar
Rittern hatte er den Berichten nach ein riesengroßes Reich besiegt,
den König dort hintergangen und den iberischen Raubzug nach Gold
und Silber aus Südamerika eröffnet. Ein Jahrhundert lang haben Spanien und Portugal von da an in Saus und Braus gelebt. Dann war das
Edelmetall aus Südamerika alle. Der Eroberer und „Generalkapitän"
wurde 1541 in Lima ermordet.

Das Ziel an diesem Tage aber war „Mérida", die ehemalige Hauptstadt des römischen Lusitaniens, wo für zwei Nächte ein weiterer „Parador" wartete. In dieser Gegend war das alte Rom noch lebendig. Die Besucher sahen ein Theater, eine riesige Arena für 25.000 Zuschauer, bestaunten in einem neuen Museum Kunst der alten Römer und ließen sich von einer Spanierin erklären, wie man antike Mosaiken restauriert oder gar neue herstellt: Schwierig, schwierig!

In der alten Römersiedlung „Itálica" sah man die Fundamente einer kleinen Stadt. Hier sollen früher Legionäre gewohnt haben. Die Reisenden betrachteten vor allem die Fußbodenmosaike, denn sie fühlten sich auf diesem Gebiet kenntnisreich. Anschließend speisten sie in einem Touristenschuppen gegenüber: Die Qualität war mäßig, der Service auch: Schwamm drüber!

Dann kam die Gruppe nach „Sevilla"! Dort erwarteten sie grandiose Gärten und Parks, die Pavillions einer Weltausstellung, die Kathedrale, die Altstadt, moderne Architektur und überall Massen von Menschen. Sie begannen mit der „Plaza de Espana", wo Spanien seine ehemaligen Eroberungen und Kolonien feiert. Mit ausgebreiteten Armen umfasst das Mutterland seine südamerikanischen „Kinder". Wie das so ist: Diese sind nicht immer angetan von dieser Vereinnahmung. Spanien inszeniert sich hier selbst: An den „ausgebreiteten" Armen kann man auf Fliesen dargestellte Szenen aus allen Landesteilen erleben. So lässt sich der traurige Ritter Don Quijote mit seinem Pferd erkennen und die Besucher schmunzelnd an seine Fantasiegeliebte Dulcinea del Toboso denken.

Vor dem halbrunden theaterartigen Gebäude befinden sich Wassergräben, auf denen Mietkähne fuhren, und dahinter breitet sich ein riesiger Park aus.

Plaza de Espagna

Die Kathedrale von Sevilla, die Silke und Andor mit ihrer Gruppe am vorletzten Tag der Reise besichtigten, ist eine der größten der Welt. Es gab so viele Kunstwerke und Sehenswürdigkeiten, dass man die nicht beschreiben kann. Unter anderem wurde hier Columbus beigesetzt – in einem geschlossenen Sarg über dem Boden und getragen von eisernen Rittern, denn er wollte nach seinem Tode nie mehr spanischen Boden berühren. Diesen Wunsch hatte man ihm erfüllt.

Es gab viele schöne klassische Gebäude in „Sevilla". Aber auch moderne Architektur fand sich am „Guadalquivir", wie sie etwas abseits der Altstadt entdeckten.

Auch Sevilla

Der letzte „Parador" auf dieser Reise war in „Carmora". Er erhob sich auf einem Hügel in einer ehemals maurischen Festung. Man hatte einen weiten Blick auf die Landschaft wie auf ein Meer. Nur bellten nachts viele Hunde. Der „Parador" verfügte über ein riesiges Schwimmbecken, das Silke und Andor nutzten. Unterhalb der Burg lag ein verwinkeltes Dorf. Alle Häuser waren weiß gekalkt. Es gab einen großen Balkon neben der Bar, einen Kreuzgang und einen schönen Innenhof. Sonntags erschienen fein herausgeputzte spanische Familien aus dem nahen Umland und genossen das Ambiente.

Hier blieben die Reisenden zwei Nächte, dann ging es zum Flughafen von „Sevillia", wo die Abfertigung selbst bei der „Lufthansa" noch „altdeutsch" war.

Die Gruppe war in Spanien 1055 km mit dem Bus gefahren. Sie waren in „Madrid", Kastilien-León, in der Extremadura und in Andalusien.

(2019)

10. Andalusien: Wo sind die Mauren geblieben?

In Cordoba

Diese Reise nach Andalusien begann unter keinem guten Stern: Es war ein schöner Frühlingstag zu Hause. Silke und Andor wanderten mit Freunden. Dabei erfuhren sie (die überzeugten Liberalen), dass Guido Westerwelle den Parteivorsitz der FDP aufgeben wolle und Philipp Rösler an seine Stelle treten solle. Andor verabredete sich im ZDF-Hauptstadtstudio, um ein Interview über die Vorgänge bei der FDP zu geben.

Auf dem Nachhauseweg zog er Kontoauszüge und stellte fest, dass sein Konto zweimal „geplündert" wurde. In der Bahn ließ er seine Kreditkarte sperren, was sich im Nachhinein als überflüssig herausstellte. Zu Hause lag ein Brief der Bank. Sie hatten die Sache auch gemerkt. Andor musste erklären, dass er die Überweisungen nicht getätigt habe und eine Anzeige erstatten. Er schrieb also Briefe an die Bank und die Polizei. In der Nacht fiel ihm ein, dass ja sein Konto auch für Überweisungen gesperrt werden musste. Also schickte er nachts um halb vier ein entsprechendes Fax.

Trotz allem standen die Stolps am nächsten Morgen um fünf Uhr auf, weil sie mit dem Flieger früh nach „Madrid" wollten und von da nach „Málaga". Die Fluggesellschaft hieß „Iberia" und hatte Verspätung. Außerdem ließ sie sich alles Essen und Trinken an Bord bezahlen. Als die Stolps nach über drei Stunden „Madrid" erreichten, drehte die Maschine mehrere Runden, bevor sie landete. Auf dem Flughafen gab es keine Infos über den Anschlussflug nach „Málaga". Die Umsteiger bekamen schließlich heraus, dass auch diese Verspätung hatte. Nach etwa zwei Stunden wurden sie in die Maschine gesetzt – in die letzte Reihe. Aber das Flugzeug (vollbesetzt wie es war) flog nicht. Sie standen eine Stunde, bis der Vogel abhob.

In „Málaga" angekommen, wurden sie gleich nach „Torre Molinos" verfrachtet. Daheim hatte sich ein Frühlingstag angekündigt; hier nieselte es. Trotzdem gingen sie ans Meer, betraten aber nur die ollen Steinplatten, die irgendwann in den fünfziger Jahren als Wege zum „Strand" gelegt worden sein mussten. Der Sand war nass. Rundherum standen verwohnte Häuser, in denen man sich immer noch einmieten konnte. Das tat aber keiner. Das Viertel wäre „out", wenn die Reiseveranstalter nicht wären, die die Touristen in einem abgetakelten Hotel namens „Riu Belplaya" untergebracht hätten. Allerdings war das Abendessen dort gut.

Stolps jedenfalls waren in Andalusien!

„Al-Andalus" sollen die Mauren, die hier siebenhundert Jahre von 711 bis 1493 geherrscht hatten, das Land genannt haben. „Granada", „Sevilla" und „Cordoba" sind von Moslems geprägt. Die Thronerben von Kastilien und Aragon, Isabella und Ferdinand, wurden vom Papst „Katholische Könige" genannt und veranstalteten ein „Roll Back", das den letzten Nasriden-König Boabdil am 2. Januar 1492 veranlasste, „Granada" aufzugeben. Die „Katholischen Könige" schufen die Inquisition und zwangen bei der Gelegenheit die im Lande lebenden Juden, zum Christentum zu konvertieren oder zu gehen. Seitdem gibt es kaum noch Juden in Spanien.

Bei den Muslimen hatte für Juden und Christen eine gewisse Toleranz geherrscht, doch damit war nach dem Sieg der Katholiken Schluss. Ab 1502 mussten auch die Mauren zum Katholischen Glauben konvertieren oder das Land verlassen. An die Juden erinnern noch ein paar Namen wie „Judenviertel" und eine winzige Synagoge in „Cordoba". Die Mauren haben großartige Gebäude hinterlassen wie die „Mezquita" in „Cordoba" oder die „Alhambra" in „Granada".

Alle diese und andere Gebäude wurden nach der spanischen Eroberung zwar „christlich" erweitert und wie die Moschee „Mezquita" in eine Kathedrale oder die Residenz Alhambra in einen Kaiserpalast umfunktioniert. Die muslimischen Bauten selber blieben weitgehend erhalten, und mittlerweile haben zumindest die Fremdenführer dieses Kulturerbe angenommen.

Andalusien hat etwa acht Millionen Einwohner. Es ist eine der Autonomen Gemeinschaften -so etwas Ähnliches wie die deutschen Bundesländer. Die Hauptstadt Andalusiens ist „Sevilla". Fünfundneunzig Prozent der Bevölkerung sind römisch-katholisch, aber Kirchgänger sind (wie überall) überwiegend alte Frauen. Die Kirche selber lebt nicht wie in Deutschland von der Kirchensteuer, die es hier nicht gibt, sondern sie ist der größte Grundbesitzer Spaniens und finanziert sich überwiegend daraus.

Andalusien gilt als Hochburg der Sozialdemokraten („PSOE" = „Partido Socialista Obero Espanol"). Wie man hört, ist das Volk sehr unzufrieden, so dass es in Andalusien durchaus einen Wechsel geben kann. Andalusien unterteilt sich wiederum in acht „Provinzen" – in Deutschland würden sie vielleicht „Kreise" heißen: Sevilla, Cádiz, Huelva, Córdoba, Granada, Jaén, Málaga und Almeria. Diese Provinzen haben Selbstverwaltungsorgane.

In Andalusien lag die Arbeitslosigkeit bei zwölf Prozent: Die Landwirtschaft hat ab- und der Tourismus zugenommen.

Einst (1150) war das heutige Spanien zerstückelt. Es existierten die Königreiche Léon und Kastillien, Navarra, Aragón, Portugal, das (muslimische) Almohaden-Reich sowie Barcelona und Córdoba. Doch Isabella und Ferdinand schufen mit Kastilien und Aragón im Rücken den spanisch-katholischen Einheitsstaat. Zwei Ereignisse zu Beginn des 16. Jahrhunderts brachten Spanien zur Blüte: Kolumbus entdeckte Amerika, und 1516 wurde der spätere deutsche Kaiser Karl V. König von Spanien. Das bisherige Staatsmotto „Non plus ultra" („Weiter geht's nicht") änderte sich, und Karl führte als Motto „Plus Ultra" („Es geht weiter") ein. Die Kolonien stärkten Spanien und machten es unermesslich reich.

In „Ronda" erfuhren die Besucher einiges über den Stierkampf. Hier gibt es die erste runde Arena der iberischen Welt. Ronda ist das Zentrum des Stierkampfes und hat einen Status wie Altenburg beim Skat. Hier herrschte die Stierkämpferfamilie Romero, deren berühmtester Sohn Pedro Romero (1754 – 1839) war. Die Familie legt noch immer die Regeln des Stierkampfes verbindlich aus.- Die Besucher sahen die Ställe für die Pferde und Buchten für die Stiere. Für beides gab es spezielle Züchtungen. Im ganzen Mittelmeerraum galt der Stier in der Antike als Urtyp diabolischer Gewalt. Der Mythologie nach ritt die anmutige Europa auf einem wilden Stier. Im alten Spanien war der Stierkampf eine Sache der Aristokratie und spielte sich auf der jeweiligen „Plaza Major" ab. Später wurde er volkstümlich, aber die „Toreros" behielten die aristokratischen Kostüme für ihr blutiges Handwerk bei. In der Arena nahmen die Zuschauer nach Berufsgruppen Platz.

In Spanien werden die Stiere gereizt und von „Picaderos" gequält, bis der „Torero" ihnen den Todesstoß versetzt. Fair ist das nicht, denn der Stier hat wenig Chancen. Dennoch sterben immer wieder Stierkämpfer. Stars unter ihnen dagegen werden reich und sind angesehen. – Nach einem Kampf kann man Stierfleisch im Ort kaufen. Es soll aber nicht besonders schmackhaft sein.

Im ganzen Land werden Stiere extra für den Stierkampf gezüchtet. – Dass das Ganze selbst in Spanien umstritten ist, lässt sich daran ablesen, dass der Stierkampf in „Barcelona" mittlerweile verboten ist. Im Zeitalter der Maschinen verblasst eben der Mythos der wilden Bestie von der Wiese. Picasso und Hemingway hatten (wie alle wissen) das Ganze noch für große Kultur gehalten.

In „Ronda" bestaunten die Besucher übrigens die berühmte Brücke „Puente Nuevo". Sie überquert eine tiefe Schlucht und ist sehr romantisch.

Das Wetter hatte übrigens gewechselt. Es war strahlend blauer Sonnenschein, die Bäume und Blumen blühten üppig. Allüberall sah man Pomeranzenbäume, deren strahlend gelbe Früchte wie Orangen aussahen, aber sehr sauer und unbekömmlich sein sollten. Diese Pflanzen sind endemisch. Sie haben nichts mit den Südfrüchten zu tun, die man auf den Farmen sah und aus Fernost stammen.

Pomeranzen sind Straßenbäume; die Früchte kann man allenfalls zu Marmelade verarbeiten. Auch in Athen dienen sie ja allein der Zierde.

Über „Arcos" fuhren die Reisenden nach „Jerez de la Fronterera". „De la Fronterera" bedeutet „An der Grenze" und meint die Grenze zwischen dem alten christlichen und dem muslimischen Teil Spaniens. Auch andere Orte als „Jerez" tragen diesen „Titel". Engländer waren es, die den Namen „Jerez" zu „Sherry" verballhornten.

Nach einer obligatorischen „Weinprobe" ging es zur Hofreitschule. Es gab eine Halle mit 1600 Plätzen und einer Ehrenloge an der Frontseite. Im Idealfall sitzt dort der König. Die Pferde wurden fünf bis sechs Jahre lang ausgebildet, bevor sie auftraten. Sie führten einzeln und in Gruppen Kunststücke vor, die teils anmutig waren, teils auf Laien etwas unnatürlich wirkten. Alle Pferde waren gestriegelt und geschmückt. Auf ihnen saßen Reiter in eleganten Kleidern. Jeweils vor Beginn und am Ende der Vorführungen lüfteten sie formvollendet ihre Hüte und grüßten zur Ehrenloge hin. – „Wien" ließ grüßen!

Zwischendurch telefonierte Andor mit der Bank. Sie hatte alle benötigten Unterlagen beisammen und versprach, dass er sein Geld zurückbekommen würde.

Von „Jerez" ging die Fahrt nach „Cádiz". Diese Stadt liegt am Meer und ist 3000 Jahre alt. Sie wurde von Phöniziern gegründet und war in der Antike Produzent einer im ganzen Römischen Reich populären Fischsoße. „Cádiz" ist die älteste Stadt der iberischen Halbinsel und hatte einst das Monopol für den Umschlag der Güter aus Spaniens Kolonien. Davon ist „Cádiz" reich geworden und konnte es sich leisten, die Kathedrale mit einer goldenen Kuppel zu verzieren. Später wurde der Karneval von „Cádiz" in ganz Spanien berühmt.

Als diesmal die Gäste aus dem Norden die Stadt besuchten, pfiff allerdings kalter Wind mächtig um die Ecken.

Die Hitze kam in „Sevilla" auf. Man spürte gleich: Das war das Herz Andalusiens. Sie hatten ja hier die größte gotische Kathedrale der Welt und einen Palast mit dem „Park Maria Luisa" (Stadtpark). In der Altstadt fühlte man sich wie im Opernhaus. „Carmen" spielte hier und natürlich auch der „Barbier von Sevilla". Die Touristen sahen die Tabakfabrik, in der Carmen Arbeiterin war. Abends gingen alle in ein Tapas-Restaurant. Von den Decken hingen luftgetrocknete Schinken, und die Gäste wurden mit allerlei Köstlichkeiten verwöhnt, einschließlich ausreichend Wein.

Durch die Stadt fließt der „Guadalquivir", der einzige schiffbare Fluss Spaniens. Die riesige „Kathedrale Santa Maria" wurde ab 1402 auf den Grundmauern einer Moschee errichtet. Sie ist ebenso wie der „Reales Alcázares" – der Königspalast – unbeschreiblich. Der Palast wurde von den „Almohaden" im 12. Jahrhundert als Herrschaftssitz angelegt, und die christlichen Herrscher setzten dies fort. Zu ihnen gehörte auch Karl V. Neben Palästen konnte man Gärten bestaunen, die in maurischer Tradition das Paradies symbolisieren sollten.

Aber das war nicht alles: „Sevilla" hatte zwei große Ausstellungen erlebt, deren Gebäude man auch diesmal wieder bewundern musste.

1929 fand die „Iberoamerikanische Ausstellung" statt, mit der Spanien seine Verbundenheit mit den ehemaligen Kolonien in Südamerika ausdrücken wollte. Dazu hatten die einzelnen Staaten Gebäude errichtet. Übertroffen wurde alles (wie berichtet) vom Pavillon an der „Plaza de Espana", mit dem das Mutterland seine ehemaligen Kolonien „umarmte". Es ist ein gewaltiges Bauwerk, zugleich Stein und Keramik gewordene Geschichte des modernen Spaniens. Jede Provinz war in einer besonderen Nische dargestellt. Heute wird das Gebäude von Büros der spanischen Regierung genutzt, andere von der Universität.

1992 fand die Weltausstellung „Expo 92" statt, und dazu wurden am Guadalquivir moderne Pavillons errichtet, die zum großen Teil auch später genutzt wurden. Seinerzeit wurde der Schnellzug „AVE" eingeführt. *„Seitdem ist ‚Madrid' nur noch 471 Schienenkilometer von ‚Sevilla' entfernt. Nonstop-Züge fahren diese Distanz in 2 Stunden 15 Minuten. "*, berichtet „Wikipedia".

Von „Sevilla" machte die Reisegruppe einen großen Sprung nach „Córdoba" und fuhren weiter über „Baena" nach „Granada". „Córdoba" liegt auch am Guadalquivir, der hier nicht mehr schiffbar ist. Es ist ein wilder Fluss, über den eine mächtige Brücke zur Stadt geht. Scharen von Touristen und viele fröhliche Schulklassen drängten sich durch die Gassen.

Einst (etwa im 10. Jahrhundert) war „Córdoba" Metropole eines prächtigen Kalifats. 1236 hatte Fernando III. die Stadt eingenommen, und sie wurde Bischofssitz. Zentrum und Höhepunkt ist die „Mezquita" – eine mächtige Moschee und Kathedrale.

(Aber zuerst wurde die Reisegruppe in eine winzige Synagoge geführt, damit alle begriffen, dass es hier einst Juden gab. Es gab nun keine Jüdische Gemeinde mehr.)

Die „Mezquita" war der kulturelle Höhepunkt Andalusiens. Man betrat zuerst eine mächtige Moschee, die nicht mehr in Betrieb, aber original erhalten war. Die Atmosphäre erinnerte an die große Moschee in Damaskus. Überall waren Rundbögen, die aufs Feinste restauriert waren. Keine Säule glich einer anderen. Nach der alten Moschee betrat man eine neuere – ebenso prächtig.

Dann kam man in die Kathedrale. Auch die war gewaltig und aufwändig. Das Gestühl z. B. bestand aus Ebenholz, das aus Kuba gekommen war.

Wenn auch die Moslems selber nicht mehr da waren: Ihre Kultur war noch lebendig.

Nach dieser Besichtigung waren die Touristen „erschossen". Es war sehr heiß. Sie flüchteten sich in den Innenhof eines Restaurants, wo es kühl war und sie sich an Bier und Schinken laben konnten.

Da rief eine Dame von der heimischen Bank Andor an und teilt ihm mit, dass sein gestohlenes Geld wieder auf das Konto überwiesen wurde. Da schmeckte das Bier noch einmal so gut!

Weiter ging es! Jetzt waren die Oliven dran. Die Gruppe fuhr nach „Baena" und danach nach „Granada". Auf der Fahrt sah man riesige Plantagen mit Olivenbäumen. Ein Olivenbaum sei, wenn er einhundertfünfzig Jahre erreicht habe, nicht mehr rentabel – so wurde erzählt. Überall gab es daher „Altersheime" für Olivenbäume, die nicht mehr trugen. Diese Pflanzen befanden sich in Containern, und man konnte sie zur Zierde verwenden: Spanien machte es eben anders als Italien.

Die Früchte der „jungen" Olivenbäume wurden in der Zeit von Oktober bis März mit der Hand von den Bäumen „gekämmt", oder die Äste wurden mit Stöcken geschlagen. Nach der Ernte lagen die Oliven mehrere Tage im Wasser, damit sie ihre Säure verlören. Im Frühjahr mussten die Bäume ordentlich gewässert und mit einer von der EU vorgeschriebenen Substanz gegen schädliche Fliegen gespritzt werden. Die Oliven wurden gepresst, um das Öl zu gewinnen. Einst geschah das mit großen Mühlsteinen; später hatte man Zentrifugen.

Die erste Pressung geschieht kalt, und nur das hieraus entstehende Öl darf sich „Extra Virgine Olive Oil" nennen. Der verbleibende Rest wurde unter Hitze ein zweites Mal gepresst, und auch eine dritte Pressung konnte erfolgen. Ein Kilogramm Oliven gab danach zweihundert Gramm Öl.

Die Gäste besuchten „Nunez de Prado", eine Ölmühle in „Baena", die sich „organic" (also ökologisch) nannte und wo behauptet wurde, nur die erste Pressung zu machen. Die Flaschen wurden von Hand etikettiert. Einige Teilnehmer der Rundreise deckten sich literweise mit Öl ein und mussten am Flughafen für das Übergewicht des Gepäcks nachzahlen.

Nach 380 Kilometer ab „Sevilla" kam die Reisegruppe abends in „Granada" an. Hinter der Stadt konnte man die Schneeberge der „Sierra Nevada" sehen. Nach dem „Teide" auf Teneriffa sind das die zweithöchsten Berge Spaniens.

„Granada" ist der Ort der „Alhambra" und des „Nasriden-Palastes", umgeben von der Altstadt „Alabayzin". Die „Alhambra" war ursprünglich Sitz des moslemischen Herrschers. Sie thront wie eine Burg über der Stadt. Hier gibt es wieder elegante Gärten verschiedener Art: 'mal maurisch, 'mal französisch. Der „Nasriden-Palast" ist in die Anlage integriert, stammt aus dem 14. Jahrhundert und erhält beeindruckende Zeugnisse maurischer Kunst. Gerade restauriert wurde ein Löwenbrunnen. Es gibt auch einen Palast Karls .V.. Der wurde 1526 in Angriff genommen, und leider musste für ihn ein Teil der Alhambra weichen.

Es war wieder sehr heiß geworden, und nachdem die Besucher von der Burg herabgestiegen waren, fanden sie ein kleines Tapas-Restaurant im Schatten. Hier bekam man zum Bier oder zum Wein eine kleine Speise („Tapa") dazu, damit man nicht betrunken wurde und das Getränk vor Insekten geschützt war. Die Besucher tranken kühles Bier, aßen Schinken und Käse. Danach kämpften sie sich durch die glühende Hitze ins Hotel.

Abends gingen alle in der Altstadt zu einer „Zigeuner-Flamenco-Schau". Es war nicht der klassische spanische Flamenco. Zu herzzerreißendem Gesang und zu Gitarrenmusik tanzten vor allem „Zigeunerinnen" wild und dramatisch. Das Ganze hieß: „Tablao Flamenco Albaytin – Zambra Gitana".

Zwischendurch hatten die Besucher einiges über das Gastland aufgeschnappt:

- Spanien war noch immer ein Land der Großgrundbesitzer. Das meiste Land überhaupt hatte die Kirche, und den Herzögen von Alba gehörten große Teile Andalusiens.
- Bis 2005 hatte man in Spanien Autokennzeichen, die nach den Provinzen bezeichnet worden waren. „SE" stand für „Sevilla". Ab 2005 wurden die Fahrzeuge zentral erfasst, und ein Normalbürger kann die Herkunft eines Autos nicht mehr erkennen.
- In Spanien ist Reklame für Alkohol und Tabak verboten. Deswegen wurden die berühmten „Osborne-Stiere" schwarz überstrichen.
- Spanien hatte 48 Millionen Einwohner; die Arbeitslosenquote betrug 20 %.

- Viele Spanier hatten keine soziale Absicherung, weil es Arbeitslosenunterstützung usw. nur gab, wenn man länger als drei Jahre gearbeitet hatte. Da entließen die Arbeitgeber Beschäftigte lieber vorab.
- In Spanien gab es eine einheitliche Krankenversicherung, die über jede OP usw. entschied.
- Zu Hause erfuhren Silke und Andor von den Sezessionsbestrebungen in Spanien im Falle „Barcelonas". Sie wunderten sich über die Härte, mit der die Zentrale das bekämpfte.

Zum Abschluss der Reise ging es über „Nerja" und „Pizarra" nach „Málaga". Mittags kehrten die Gäste in einer Finca ein, wo ein lustiger Farmer vor allem die unterschiedlichsten Zitrusfrüchte zeigte. Alles war hier saftiger, frischer und schmackhafter als daheim. Während des Rundganges bereitete seine Frau (eine eingeheiratete Schwäbin) eine Paella zu, die die Gäste im Schatten verspeisten. Dazu gab es (natürlich!) Wein.

In „Málaga" erfolgte eine Standrundfahrt, die Besucher fuhren auf den „Gibralfaro", sahen sich den Hafen und den Stadtpark an. Schließlich „landeten" sie an der „Catedral de Málaga", einem riesigen Gebäude, das man gegen Eintrittsgeld besichtigen konnte. Um die Kathedrale herum gab es viele Restaurants, die alle voll und laut waren. Man sah Gewürzhändler und Menschen über Menschen.

Die Kathedrale „besichtigten" sie gratis bei einem Gottesdienst. Zuerst kamen fast nur Touristen, aber zur eigentlichen Uhrzeit erschienen mehr und mehr Einheimische zur Messe. Der Bischof trat auf und nahm auf seinem Stuhl (Thron?) Platz.

Die Besucher gingen und besuchten das „Museo Picasso" in der Calle San Augustin. Picasso ist zwar hier geboren, hat aber woanders gelebt. Immerhin war sein Geburtshaus Sitz einer „Picasso-Stiftung", die Wechselausstellungen veranstaltete. Im Museum fand man nach dem Rundgang ein schattiges Restaurant.

Im Gewühl der engen Gassen wurde Silke zum Abschied noch eine Strickjacke aus dem Rucksack stibitzt.- Olé!

(2011)

11. Lissabon: Sturm im Süden

Was wussten Silke und Andor von Portugal oder Lissabon?

Fernão de Magalhães (1480 bis 1521) (auch Magellan) war ein portugiesischer Seefahrer, dessen Schiff die Welt umrundete, der auf „Mactan"/Philippinen) ermordet wurde. Darüber hat Stefan Zweig ein Buch geschrieben: „Der Mann und seine Tat".

Einst, besonders unter dem König Manuel I. (1469 bis 1521) war Portugal eine Weltmacht.

Lissabon ist Portugals Hauptstadt. Viele Nazi-Verfolgte schifften sich im II. Weltkrieg von hier aus nach Amerika ein. Portugal war neutral.

Die gewaltlose „Nelkenrevolution" von 1974 beendete eine jahrzehntelange Militärherrschaft, war der Start Portugals in die Moderne und erwärmte die Herzen aller Linken und Liberalen in Europa.

1986 ist Portugal der EU beigetreten. Bei einem Urlaub auf der zu Portugal gehörenden Insel Madeira konnten Silke und Andor schon an den tollen Straßen sehen, dass viel Geld aus Brüssel in das Land geflossen war.

Der portugiesische Politiker José Manuel Durão Barroso war Kommissionspräsident der EU.

Portugiesisch ist eine schwierige Sprache. In Brasilien und anderen Gegenden der Welt spricht man sie. Die Brasilianer sollen ein besseres Portugiesisch benutzen als die Menschen im Mutterland. Sowohl das Portugiesische als auch das Spanische haben sich aus dem Lateinischen entwickelt.

Ronaldo, der Weltfußballer, ist Portugiese. Sein „Vorgänger" Eusébio, der allerdings in Mosambik geboren wurde, hat ein Ehrengrab in Lissabon – neben Staatsmännern und Dichtern.

Wahrzeichen Portugals sind die meist blauen Fliesen („Azulejos"), die die Stolps sogar in Mação in China – einer portugiesischen Kolonie – gesehen haben.

Azulejo

Bekannte Produkte Portugals sind Sardinen und Portwein oder Muskateller.

Portugiesen gelten als melancholisch und frönen häufig dem „Fado" (= „Schicksal"), einem traurigen Gesang.

Deutsch sprechen wenige Portugiesen; Englisch dagegen fast alle.

Die Republik Portugal ist ein kleines, dem Atlantik zugewandtes Land auf der Iberischen Halbinsel. Das Königreich Spanien ist der „große Bruder".

Lissabon

Außer Madeira und „Mação" hatten Silke und Andor schon einmal „Lissabon" sowie „Porto" und „Armação de Pêra" an der Agave besucht.

„Lissabon" hat ca. 550.000 Einwohner. Die Zahl der Touristen steigt ständig.

Früh lag Silke und Andor (diesmal mit Enkeltochter Sunnie) „Lissabon" („Lisboa") zu Füßen. Der Flughafen dort war neu, riesengroß und eigentlich ein Einkaufzentrum, an dem auch Flugzeuge flogen. Ein Flughafenbus fuhr „ewig" vom gelandeten Flieger zum Ankunfts-Gate, und dann begann ein langer Marsch vorbei an unendlich vielen Menschen sowie zahlreichen Geschäften und Restaurants zur Gepäckausgabe – immer einem Schild nach. Mittlerweile war das Gepäck (bei dem Weg war das kein Wunder) an der vorgesehenen, ziemlich schäbigen, Stelle angekommen. Die Reisegruppe wurde zwecks Stadtrundfahrt in einen Reisebus verfrachtet.

Ins Hotel konnte die Gruppe nicht; die Zimmer waren noch nicht fertig. Also stand eine „Stadtrundfahrt" auf dem Programm. Sie fuhren in die Innenstadt und genossen prächtige Gebäude vom leuchtenden Licht des Südens in Szene gesetzt. Der Reiseveranstalter fand, dass die Gäste jetzt „frühstücken" sollten. Es war zwar schon halb zwölf (also eigentlich Mittagszeit), aber sie frühstückten eben im

„Casa Fundada em 1782" gegenüber dem „Rio Tejo". Dieser aus Spanien kommende Fluss mündet hier ins Meer. Sie sahen die Kaianlagen, davor einen großen Platz mit Fußbodenmosaiken, ein prachtvolles Reiterdenkmal und Arkaden sowie viele imposante Gebäude, die jedes wie Schlösser wirkten.

Im Restaurant (angeblich dem ältesten in „Lissabon") war gedeckt: Eine Tasse Kaffee oder Tee, Fisch- und Fleischgebäck wurden pro Nase „spendiert". An den Wänden sah man Fotos von berühmten Schriftstellern, die hier einst gearbeitet haben sollen.

„Lissabon" ist zwar eine uralte Stadt; war schon eine römische Siedlung, wurde aber 1755 von einem Erdbeben zerstört. Heute sieht man überwiegend danach Aufgebautes: Schlösser, Paläste und imposante Plätze sind seitdem entstanden.

Bald mussten die Reisenden das „Frühstücksrestaurant" wieder verlassen und starteten zur großen Stadtbesichtigung:

Als erstes wurde das Hieronymuskloster in „Bélem" angefahren. Das Kloster war aufgegeben; die verzierten Gebäude gehörten jetzt dem Staat. Das Ganze war eine riesige Anlage mit einem großen begrünten Platz davor. Alles war überfüllt. Silke, Sunnie und Andor besichtigten die Kirche und ein Fort. Dabei lernten sie, dass dies Orte nationaler Relevanz waren, wo Staatsmänner und Dichter beigesetzt würden.

Santa Maria de Bélem

Hinterher besuchten die Drei einige Sehenswürdigkeiten: den „Torre de Belém", ein altes Flugzeug, das einst tagelang über den Atlantik bis nach Brasilien geflogen ist und nun im „Jardim da Torre de Bélem" als

Museumsstück aufgebaut war, jenes Denkmal, das die portugiesischen Welteneroberer vom König über den eifrigen Missionar, den opferbereiten Auswanderer bis zum Soldaten zeigte. Das ist eine ruhmvolle Vergangenheit. Nun aber war alles vorbei.

Schließlich fuhren sie die „Avenida de Liberdade" entlang, eine prächtige Allee mit vielen Plätzen, Bahnhöfen, Märkten, Geschäften, Restaurants und Fünf-Sterne-Hotels – die schöne Seite „Lissabons", dessen „Champs Elysée".

Denkmal

Auf diesem Wege kamen sie zum Hotel. Es hieß „Acores Lisboa", war ein moderner Hochbau und hatte vier Sterne. Das Hotel lag an der U-Bahn-Station „Praca de Espania" der „blauen Linie", mit der man direkt ins Zentrum fahren konnte. Andauernd donnerten Flugzeuge im Landeanflug über das Haus und die anliegende Straße. Wenn man das Fenster schloss, hörte man davon und von dem Lärm der Autos auf der Straße allerdings wenig. Die Klimaanlage tat ihr Werk.

An der Straße gab es zahlreiche Bankfilialen. Sie entdeckten einen Supermarkt, zwei chinesische „Atomläden", in denen es alles gab, was man nicht brauchte. Ein chinesisches Restaurant, wo man sich für zehn Euro Sushis auf den Teller legen und anschließend das Hauptgericht selber aussuchen konnte, war ebenfalls da. Die Stolps jedoch gingen abends zu einem Portugiesen und speisten hoffentlich einheimisch, aber teuer.

Anderntags setzten die Reisenden um neun Uhr die Stadtbesichtigung fort. Es ging in die „Altstadt" „Lissabons", was mit kleinen Wanderungen und Hügelbesteigungen verbunden war.

Die im Programm angekündigte Burg „Sao Jorge" konnten sie nicht besichtigen, weil die „Beamten" dort angeblich streikten. Stattdessen gingen sie in eine schlichte, aber feierliche Kathedrale, in der weitere herausragende Persönlichkeiten Portugals bestattet sind. Die Gäste standen danach vor den wenigen restaurierten alten Häusern der Stadt, die bunt und malerisch waren. Auch in „Lissabon" wollte man die im Zuge der Renovierungen ausgelöste Gentrifizierung abmildern: Die alten Bewohner sollten bleiben und neue Reiche nicht hineinlassen. Wie anderswo auch funktionierte das nicht.

Sao Migel

Die alte Straßenbahn drehte ihre Runden. Man konnte von ihr aus die Altstadt bestaunen. Die ständig fahrenden Einzelwaggons waren immer überfüllt; Touristen wollten alle hinein. Aber Vorsicht: Auch Diebe fahren mit!

Etwas Neues gab es ebenfalls: „Tuck-Tucks" fuhren durch die Stadt, besetzt mit Touristen. Das soll teuer sein, und die Begeisterung der alteingesessenen Taxi-Fahrer schien sich in Grenzen zu halten.

Danach fuhren sie zu einem modernen Einkaufszentrum („Amoreiras Shopping Center") und begaben sich auf die im 18. Stock befindliche Dachterrasse. Dort hat man einen herrlichen Blick rundum auf die gesamte Stadt. Sunnie trug ins Gästebuch ein: „Silke, Andor und Sunnie waren hier! Grüße aus der Heimat" Daneben zeichnete sie drei Strichmännchen und ein Herz.

Am Nachmittag ruhten die „Alten" sich aus, und Sunnie traf sich mit einer Freundin, deren Mutter in „Lissabon" wohnte. Silke und Andor gingen abends zum „Sushi-Chinesen" und erhielten später eine WhatsApp, die ihnen mitteilte, dass auch Sunnie wieder im Hotel war. Alles gut!

Zwei Tage lang war es dann sehr stürmisch in „Lissabon" und Umgebung.

Bei blauem Himmel und ca. vierzehn Grad zog offensichtlich der Winter auf der Iberischen Halbinsel ein. Die Stolps waren unverdrossen und fuhren (mit Sunnie) an den Atlantik zum westlichsten Punkt Europas. Unterwegs sahen sie abgebrannte Waldflächen. Das Feuer musste ganz schön gewütet haben.

Zuerst machten sie Station in „Sintra". Es war etwas kühler als in „Lissabon". Die portugiesischen Könige hatten an diesem Ort ihre Sommerresidenz. Hier steht das Schloss „Palacio Nacional", das sie besichtigten. Beeindruckend war das Arbeitszimmer des Königs. Es ist ein holzvertäfelter großer Saal mit einem gewaltigen Tisch, an dem der König und seine Edelleute saßen. Es sind die Wappen aller portugiesischen Adelsfamilien zu sehen.

Sunnie spendierte nach der Schlossbesichtigung Café am Schlossplatz, was alle sehr genossen.

Dann ging es zum „Cabo Da Roca". Ein Leuchtturm auf einem Felsvorsprung zeigte das Ende (oder den Anfang?) Europas an. Es war so stürmisch, dass der Bus, mit dem sie gekommen waren, schaukelte wie ein Schiff auf hoher See. Wenn man ausstieg, schlug es einem die Beine weg, und Sandkörner flogen in die Augen.

Weiter ging es am Atlantik entlang an der „Costa de Estoril". Sie sahen das Seebad „Cascais", ein Geheimtipp fürs Urlauben am Atlantik. Dort aßen sie zu Mittag. Silke und Andor nahmen die „Landesspezialität" Sardinen; Sunnie war klug und verzichtete: Die Sardinen erwiesen sich als schwer verdaulich.

In der Umgebung des Ortes befanden sich weiße Strände, schöne Villen und Luxushotels. Hier residiert „man" offensichtlich.

Nach und nach kamen die Reisenden wieder nach Lissabon hinein und fuhren über eine Autobahn ins Hotel. Sunnie traf sich mit einer anderen Freundin, und die „Alten" ruhten sich aus.

Später besuchten sie einen schicken Vorortbahnhof im Stadt-
zentrum. Sehr viele Menschen pendelten täglich zwischen Lissabon
und seinen Vororten hin und her.

Estacio do Rossio

Abends landeten alle bei einem „Italiener". Anfangs war das Restaurant leer, aber dann – so gegen halb neun – trudelten die „Massen"
ein. Der Ober führte die immer neuen Gäste in hintere Räumlichkeiten, die die Stolps anfangs gar nicht gesehen hatten: Lissabon lebte
immer. Aber abends ging es offensichtlich erst so richtig los. Menschen aus aller Herren Länder waren „auf Achse".

Jenseits der Stadt Lissabon liegt „Almada", wo auf einem Hügel
eine riesige Christusstatue errichtet wurde, die man von der Hauptstadt aus gut sehen konnte. Um dorthin zu kommen, schaukelten sie
im immer noch wütenden Sturm auf der gewaltigen Hängebrücke
„Ponte 25 de Abril" über den Tejo.

Dann lag ganz Lissabon vor ihnen. Sie befanden sich auf jenem
Hügel, auf dem die Statue errichtet wurde. Das Meer war nicht weit.
Dort setzte einem der Sturm ganz schön zu.

Ponte 25 de Abril

Das nächste Ziel war das „Arrábia-Gebirge" landeinwärts. Das ist kein Gebirge wie die Alpen, sondern ein Hügelzug, in dem sich Winzer angesiedelt und Weinfelder geschaffen haben. Sie kamen in den Weinort „Sao Lourenco" und besuchten eine Winzerei, die sich auf Muskateller-Wein spezialisiert hatte. Dabei erfuhren sie, dass dereinst die von den Schiffen auf See zurückgekehrten Weine dieser Art besonders köstlich gewesen seien. Dieser Zurückgekehrte lagerte nun in Fässern, kam aber nicht in den Verkauf. Warum eigentlich nicht?

Die anschließende Weinprobe war wieder einmal übersichtlich. Es gab zwei Gläschen: Etwas Roten und etwas Muskateller. Aber die Reisenden deckten sich mit diversen Sorten ein, die (wie üblich) in einem dem Winzer gehörenden Laden zu haben waren.

Nach einem kurzen Stopp an der Markthalle von „Setubal" ging es über die neuere Brücke „Vasco da Gama" zurück nach „Lissabon", wo die Reisenden sich jetzt auf dem Gelände der ehemaligen Weltausstellung befanden. Dort besuchten sie das „Oceanário de Lisboa", eines der größten Aquarien der Welt. Durch lange dunkle Gänge ging es in die Tiefe des Wassers, und sie betrachteten so manchen Meeresbewohner. Vor den Aquarien sammelten sich Menschen, und oft wusste man nicht, ob ein Gepiepse oder Gejaule über Lautsprecher eingespielte Meeresstimmen sein sollten oder ob es sich um Unmutsbekundungen von Menschenkindern handelte, die mit ihren Eltern gekommen waren.

Abends gingen die Drei essen. Sunnie führte sie mithilfe ihres IPhones. Eigentlich sollte es ja portugiesisch sein, aber da es Sonntag war, hatten viele Lokale zu. Schließlich kamen sie zu einem ... Italiener(!).

Das gefiel allen dreien gut.

Silke und Sunnie tranken weiße Sangria.

Schon war der „Lissabon"-Trip fast vorbei. Sie frühstückten am letzten Tag spät und zogen noch einmal los in die Innenstadt. Sie nahmen Abschied vom Tejo, den wunderbaren Plätzen und Alleen, gässelten noch einmal durch kleinere Straßen, bewunderten die schwarzweißen Muster der Straßenpflaster, die schmucken Laternen, schauten in kleine Restaurants hinein, gingen in einen poppig aufgemachten Ölsardinenladen, bewunderten noch einmal Bahnhöfe in ihrer Pracht.

Jahrgangs-Sardinen

Dann wurden sie müde, fuhren mit der U-Bahn ins Hotel, wo sie einen Abschiedsschmaus zu sich nahmen. Sie holten die Koffer, und ein Bus brachte sie zum Mammutflughafen von „Lissabon".

(2018)

12. Douro: Nur schiffbar in Portugal

Einmal wollten Silke und Andor den Duoro kennen lernen. Ausgangsund Endpunkt dieser Reise auf diesem Fluss war „Porto". Das ist mit 237.559 Einwohnern die zweitgrößte Stadt Portugals. Die gesamte

Metropolregion „Portos" zählt 1,76 Millionen Bewohner. Zwischen „Lissabon" und „Porto" gibt es eine Rivalität: In „Porto", der „Hauptstadt des Nordens" wird gesagt, hier würde gearbeitet, während „Lissabon" feiere. „Porto" ist eine der ältesten Städte Europas. Die Griechen nannten den Handelsplatz einst „Kalos" (= „schön"). Daraus machten die Römer „Portus Cale", und in „Porto" war man später stolz darauf, dass hieraus der Name des ganzen Landes entstand. Auch der köstliche Portwein hat seinen Namen von dieser Stadt.

Nach den Römern waren Araber hier, und ab 1092 ist „Porto" christlich.

Das „Königreich Portugal" wurde schon im 12. Jahrhundert gegründet und ist damit ein uralter Nationalstaat. Das Verhältnis zum großen Bruder Spanien scheint sich über die Jahrhunderte gerappelt zu haben. Man akzeptiert sich offensichtlich gegenseitig. Übrigens: Ob Portugal kulturell näher an Brasilien als an Deutschland liegt, weiß man nicht so genau...

Ehepaar Stolp schipperte nun auf dem „Douro". Das ist der drittlängste Fluss auf der iberischen Halbinsel. Er ist 897 Kilometer lang und entspringt in Nordspanien auf 2080 Meter Höhe. Spanien hat keine Schleusen gebaut; Portugal schon, und so fuhren sie bis „Barca d'Alva" an der Grenze.

Der Fluss ist tief eingeschnitten. An den Hängen wächst viel Wein (der meist zu Portwein verarbeitet wird). Da die Schifffahrt gefährlich ist, dürfen die „schwimmenden Hotels" nur am Tage fahren.

Zunächst verweilten Silke und Andor in „Porto". Als erstes sahen sie die Kathedrale „Sé so Porto" auf einem Hügel über der „Ribeira" (Promenade). Diese Kathedrale wurde im 12. Jahrhundert als romanische Wehrkirche gebaut und später verändert. Nun prangt sie zweitürmig im gotischen Stil.

Dann gingen sie zum Hauptbahnhof und bewunderten die mit Azulejos geschmückte Halle. Schließlich landeten sie in der Weinkellerei der Firma „Ferreira", wo Portwein in Riesenfässern gelagert, in kleinen Portionen ausgeschenkt und in mittleren Mengen verkauft wurde. Die Besucher bekamen zwei Gläschen spendiert: eines mit rotem und eines mit weißem Portwein. Den meisten Gästen schmeckte der Weiße besser, wohl", weil er süßer als der Rote war. – Der allermeiste Portwein würde nach England exportiert, erfuhren sie noch.

Dann aber begann die Schiffsfahrt: Nachmittags fuhr das Schiff nach „Entre-os-Rios". An Deck war es sonnig, aber windig. Die Bebauung der Uferhügel mit Häusern wurde (je weiter sie sich von „Porto" entfernten) immer lichter. Gegen sechszehn Uhr erreichten sie die erste Schleuse. Diese hatte eine Kammerlänge von achtzig Meter und überwand einen Höhenunterschied von vierzehn Metern. Das Schiff war achtundsiebzig Meter lang: Das Schleusen war also Maßarbeit für den Kapitän.

Dann war ein Aprilscherz fällig: Auf der Fahrt nach „Régua" waren viele Gäste an Deck, und der Kreuzfahrtleiter sagte per Lautsprecher, die Besatzung habe auf der linken Seite des Schiffes zu viel Wasser getankt. Alle Passagiere sollten nach rechts gehen: Ha, ha!

Am folgenden Tag fuhr das Schiff zunächst nach „Pinhão", ein pittoresker Ort mit 646 Einwohnern! Auf dem Wochenmarkt kauften die beiden Handtücher und Socken. „Pinhão" am Douro ist ein beliebtes Ausflugsziel. Von „Porto" aus fuhr die Bahn hierher. Man verließ den kleinen schmucken Bahnhof und befand sich in größter Einsamkeit, mitten in einer wunderschönen Gegend.

Von „Pinhão" ging es nach „Vega Terron", wo sie bei Regen ankerten und die Nacht verbrachten.

Dort verließen sie Portugal vorübergehend und fuhren per Bus nach „Salamanca". Es ging zuerst durch eine öde, dünn besiedelte Landschaft. Aber die Zielstadt war voller Menschen und quicklebendig! „Salamanca" ist uralt. Auf der „Plaza Mayor" trafen sich alle: Studenten, Touristen und Bürger. Die Jungen nahmen auf dem Pflaster Platz, und die Alten bestaunten die Laubengänge ringsum. Diese waren verziert mit Medaillons der spanischen Könige und berühmter Professoren. Auch Franco war (noch) zu sehen; sein Medaillon war umstritten und wurde oft mit Unrat beworfen.

Kathedrale von Salamanca

Auch „Salamanca" hat eine Kathedrale. Eigentlich sind es zwei: Neben die alte aus dem 12. Jahrhundert hatte man später eine neue gotische gebaut: (Die veranschlagte Bauzeit war zwanzig, die tatsächliche 200 Jahre!) Die neue Kathedrale ist riesig und prachtvoll, Spanien eben!

Ein Buffet danach in einem Hotel war köstlich. Es gab mehrere Gänge und dazu besten Wein. Zum Abschluss bekamen die Gäste Flamenco geboten mit – *„Eviva España"!*

Doch das war ein Ausflug: Die Touristen waren bald wieder in Portugal und fuhren vom Bahnhof „Pinhãos" zu einem portugiesischen Abendessen auf der „Qinta Avessada". Das war ein einsam gelegenes Weingut in den Bergen. Das Essen war ländlich-deftig und kam in mehreren Gängen. Es gab weißen und roten Wein zur Selbstbedienung. Leider drängte sich der Vergleich zum Buffet in „Salamanca" auf...

Danach begab sich das Schiff auf den Rückweg von „Pinhão" nach „Porto". Es ging wieder durch mehrere, teils abenteuerliche Schleusen. Davor und danach konnte man die herrliche Landschaft (grüne Berge, den dunkelblauen Fluss) und die laue Luft genießen. Es wurde warm. Der Himmel war jetzt nur noch hellblau.

Bei der Ankunft des Schiffes in „Porto" fuhren die Gäste mit einem Bus zu einem Museum „World of Discoveries", das den einstigen Entdeckungen Portugals gewidmet war. Auf dem Wege dahin sah man, dass viel „Vinho Verde" (= grüner Wein) angebaut wurde. Das ist junger Wein, der auf Pergolen über der Erde wächst, damit ihm die

Feuchtigkeit des Bodens nicht schadet. Es soll in dieser Gegend oft regnen. Dieser Wein ist leicht, spritzig und wird nur hier im Norden Portugals angebaut. Es gibt roten und weißen „Vinho Verde". Für Portwein wird er nicht genommen.

Auf einem Kahn machten sie im Museum eine kleine Reise zu den entdeckten und einst fernen Ländern. Sie kamen nach Afrika, Indien, Japan, Amerika und wieder zurück nach Portugal. Alles war sehr abenteuerlich und anschaulich.

Wieder (und abschließend) an Bord des Schiffes speisten die Passagiere zu Abend und bezahlten die Rechnungen. Dann hieß es „Koffer packen". Eine Nacht an Bord blieb ihnen. Nach dem Frühstück war die Reise auf dem Douro zu Ende.

World of Discoveries

Nach der Fahrt auf dem Schiff blieben die Stolps drei Tage in „Porto". Sie checkten im „Hotel Teatro" ein. Das war ein zum Hotel umgebautes Theater. Alles war dunkelbraun, und man dachte manchmal, es sei Nacht, auch wenn draußen helllichter Tag war. Im Zimmer befand sich neben dem Bett eine durchsichtige Glaswand, hinter der eine „goldene" Badewanne prangte: Wie im Kino. – Das Hotel lag zentral. Hauptbahnhof, Kathedrale und Rathaus waren in der Nähe und vor allem auch der Platz „da Liberdade".

Hotel Teatro

Nach dem Einchecken machten die Beiden bei herrlichem Wetter einen Spaziergang zu den Sehenswürdigkeiten. Mit der U-Bahn fuhren sie zum „Casa da Musica" und kauften Karten für ein Konzert. Ohne weiteres erhielten sie zwei Karten *„Sénior >=65"* für 15,30 Euro das Stück: *„Fila: H, Lugar 05 und 06".* „Fila" ist „Reihe" und „Lugar" „Sitz".

Porto war voll von Menschen, viele junge darunter. Auch nachts waren etliche unterwegs. Silke und Andor speisten gut in einem kleinen Restaurant in der Nähe des Bahnhofs. Es gab gegrillten Lachs mit passenden Zutaten und portugiesischem Weißwein.

Am nächsten Vormittag besuchten sie eine Markthalle. Unter einer riesigen Plane befanden sich Verkaufsstände mit Fisch, Käse, Fleisch, Wein, Textilien und vielem anderen. Sie kauften ihnen typisch erscheinende Küchenschürzen als Reisemitbringsel.

Per Straßenbahn fuhren sie sodann die „Ribeira" entlang bis hinaus zur Küste, wo der Douro in den Atlantik fließt. Sie sahen in einiger Entfernung den Überseehafen, in der Nähe rot-weiße Leuchttürme und genossen die Meeresluft. In einem Park am Meer veranstaltete ein in einem Baum sitzender papageienähnlicher Vogel ein Riesenspektakel. Mit dem Bus fünfhundert fuhren sie zurück zum Platz „da Liberdade".

Schließlich besuchten sie das „Casa da Musica". Es spielte das „Orquestra Sinfónica do Porto Casa da Musica" Musikstücke von einem James Dillon, von Olivier Messiaen und von Benjamin Britten. Dirigent war der Brite Peter Rundel, der beiden von zu Hause bekannt war. Das Konzert war nicht ganz ausverkauft, aber der 1200 Plätze fassende Saal war ziemlich voll.

Nach einiger Mühe schaffte es die Rezeption des Hotels, die Bordkarten für die Rückflüge auszudrucken. Ein hochherrschaftlicher „Mercedes" brachte sie zum Flughafen.

Noch zu Portugal: Das Land hat etwa zehn Millionen Einwohner. Zwischen Süd- und Nordportugal soll es gewisse Animositäten geben: Die Südportugiesen wären eigentlich Araber, die Nordportugiesen würden unter Verwendung wüster Kraftausdrücke fürchterlich schimpfen.

Manche sagen, die Portugiesen hätten stets auf Kosten anderer gelebt. Als sie ein Weltreich hatten, hätten sie das Gold fremder Länder verjubelt. Kommen heute Brasilianer nach Portugal, würden sie ausrufen: *„Da ist ja unser Gold!"* Und nachdem Portugal der EU beigetreten sei, hätte das Land viele Fördermittel verbraten.

Doch ob das alles stimmt? Der Portwein z.B. wächst nicht von alleine, und die Sardinen hüpfen nicht freiwillig in die Blechdosen.

Kulturell scheint Portugal irgendwo auf dem Atlantik zu schippern: Geographisch ist das der Südwestzipfel Europas.

(2017)

13. Paris und Loire: Vive la France!

Paris

Alles begann in „Paris." Hier lag das Flusskreuzfahrtschiff „Cezanne" am Quai Javel André Citroen. Silke und Andor gingen an Bord. Die „Crew" teilte mit, dass am kommenden Tag der 14. Juli sei, also der französische Nationalfeiertag. Da würden die Schleusenwärter nicht arbeiten, so dass die „Cezanne" entgegen dem Plan Paris am 13.7. „leider" nicht verlassen könne und am 14. am Quai liegen bleiben müsse.

Vive la France!

Nun machten sie an Silkes Geburtstag eben eine Stadtrundfahrt durch „Paris". Viele, viele Menschen waren auf den Beinen; vieles war abgesperrt. Überall sah man Militär und stiernackige Polizisten.

„Paris" ist eine Stadt mit vier Millionen Einwohnern. Zählt man die Vororte dazu, mit denen „Paris" verwachsen ist, sind es zwölf Millionen Menschen. Im Stadtgebiet hat „Paris" siebenunddreißig Brücken über die Seine, und mit der „Metro" kommt man fast überall hin. Vom Liegeplatz aus konnte man den Eiffel-Turm sehen, der 324 Meter hoch ist.

Nachmittags wanderten sie die Seine entlang zum Eiffelturm. Es wimmelte vor Menschen. Unter dem Turm waren Grünanlagen, und da lagen sie dicht an dicht. Die Stimmung war gut, und alle hatten ihr Picknick dabei. Als Silke und Andor gegen achtzehn Uhr zum Schiff gingen, strömten noch mehr Personen aus den U-Bahnschächten.

Nach einem Fünf-Gänge-Menue an Bord und einer mit brennenden Kerzen versehenen Geburtstagstorte, welche die Crew Silke überreichte, saßen alle gegen 22:30 Uhr an Deck. Das Schiff glitt durch die Brücken auf den Eiffelturm zu. Es war sommerlich warm. Der Turm begann zu glitzern und zu blinken, und dann ging am gegenüber liegenden Ufer ein nicht enden wollendes Feuerwerk los. Mitten auf der Seine hatten die Stolps mithin einen „Logenplatz", tranken Champagner und feierten Frankreich und Silke! Von den Brücken aus schauten viele Pariser und ihre Gäste dichtgedrängt dem Spektakel ebenfalls zu.

Flussfahren auf der Seine? Das geht, denn dieser Fluss ist kanalisiert und im Mündungsgebiet sogar für Hochseeschiffe befahrbar. Laut „Wikipedia" entspringt die Seine *„in Burgund, fließt von Osten nach Westen und mündet bei Le Havre in den Ärmelkanal. Mit 777 Kilometern Länge ist sie neben der Loire (1004 Kilometer) und den ineinander übergehenden Flussverläufen von Doubs, Saône und Rhone (insgesamt 1025 Kilometer) einer der längsten Flüsse Frankreichs. Das Einzugsgebiet der Seine umfasst etwa 78.650 Quadratkilometer."*

Flussfahrten auf der Loire? Das ging nicht, denn die Loire war zwar der längste Fluss Frankreichs, aber er war nicht kanalisiert und also nicht schiffbar. Flussauen säumten die Ufer, und die berühmten Schlösser hielten Abstand. Die Loire war ein Paradies für Umweltschützer. Das Loire-Tal war ziemlich unspektakulär: solides Bauernland. Die Besucher sahen Mais- und Sonnenblumen-, aber auch Weinfelder und besuchten natürlich einen Winzer. Aber während die Seine per Schiff erkundet werden konnte, ging das an der Loire nur mit dem Bus.

Sie machten eine Reise zu drei wichtigen Persönlichkeiten des Mittelalters: Eleonore von Aquitanien, Richard Löwenherz und Johann Ohneland. Eleonore lebte von 1122 bis 1204 und wird als „Königin der Troubadoure" bezeichnet. Sie war zweimal verheiratet, Königin von Frankreich und England sowie Mutter zweier Könige: eben Richard Löwenherz und Johann Ohneland. Ihr erster Mann war Ludwig VII., König von Frankreich. Von dem wurde sie wegen angeblicher Blutsverwandtschaft 1152 geschieden und heiratete Heinrich Plantagenet,

Graf von Anjou und Herzog der Normandie. Das war ein Affront gegen den französischen Hof, denn Heinrich war ein Rivale Ludwigs und wurde König von England. Eleonore stand im Mittelpunkt des 100-jährigen Krieges zwischen England und Frankreich.

Mit ihrem ersten Mann war Eleonore in einem Kreuzzug nach Syrien gezogen und hatte in Antiochien gelebt. Die feineren Sitten des Orients brachte sie nach Europa. Dieser Frau, die in Wirklichkeit Aliénor („die andere Aenòr" – im Unterschied zu ihrer Mutter) hieß, werden zahlreiche Liebhaber nachgesagt. Sie verbindet die Normandie mit der Loire. In beiden Landschaften hatte sie gelebt.

Richard Löwenherz, eigentlich Richard Plantagenêt; wurde am 8. September 1157 in Oxford geboren und starb am 6. April 1199 in Châlus. Er war von 1189 bis zu seinem Tod König von England. Richard hatte unter anderem in der Normandie im Chateau Gaillard auf einem Felsenvorsprung über der Seine gelebt. Die Burg galt als uneinnehmbar. Doch gelang es Franzosen, nach langer Belagerung, dieses Chateau zu nehmen. Die Engländer waren geschlagen. Der spätere Tod des sagenumwobenen Richard wurde von normannisch-englischer Seite mit den Worten kommentiert: *„In seinem Tod vernichtete die Ameise den Löwen. O Schmerz, in einem solchen Untergang geht die Welt zugrunde!"*

Nach dem Tode Richards kam sein Bruder Johann Ohneland an die Macht. Er wurde zum König gekrönt, konnte jedoch sein Reich gegen zahlreiche Adelsaufstände nicht halten. Mit ihm verbunden ist die Erinnerung an eine Schwächeperiode des englischen Königshauses, die jedoch dazu führte, dass Johann die englischen Verfassungsstrukturen in der berühmten „Magna Carta" garantieren musste.

Es ging tief hinein in die Geschichte. Die Normandie, die Ile-de-France und das Loiretal sind Territorien, auf denen sich im Mittelalter das moderne Frankreich mühsam geformt hatte. Nun erinnerten teilweise restaurierte Schlösser an diese Zeit, und Scharen von Touristen strömten herbei. In der Normandie grüßte Löwenherz aus ferner Zeit von Chateau Gaillard aus, und im Loiretal kam man nach „Chambord" – dem Jagdschloss der französischen Staatspräsidenten, nach „Villandry" mit den tollen Gärten und zum Wasserschloss Chenonceau. Es grüßte das alte Frankreich.

Doch von vorne: Silke und Andor flogen nach „Paris-Charles-de-Gaulle", wo sie auf weitere Gäste warteten. Die trudelten ein, und ein schweigsamer Mensch lenkte seinen Minibus durch den Verkehr der

Weltstadt zur Seine, wo sie vom Quai aus die „Cezanne" betraten. Sie bekamen eine geräumige Kabine mit drei nicht zu öffnenden Bullaugen. Sie war tiefgekühlt, so dass die beiden in der ersten Nacht Decken auf die Betten legen mussten. Im „Salon" des Schiffes begrüßte die „Crew" alle Gäste – eine internationale Gruppe. Ihnen wurden Schwimmwesten ans Herz gelegt, aber Andors schien für Zwerge zu sein. Während die Westen also ausgetauscht wurden, erklärte ein älterer Herr in Shorts, er sei ehemaliger Kapitän zur See und brauche eine Schwimmweste nicht zu probieren.

So vornehme Mitreisende hatten die beiden!

Am Vormittag machten sie noch eine Stadtrundfahrt – dort, wo man sie hinließ. Überall war Militär und Gendarmerie. Auch Panzer gehörten zum Fest. Je länger der Tag dauerte, desto mehr Menschen bevölkerten die Stadt – vor allem junge. Silke und Andor sahen die „Notre Dame", das „Palais" und den „Jardin du Luxembourg", – den Triumphbogen aus der Ferne. Die „Champs Elysee" waren gesperrt. Dann lernten sie sehr unterschiedliche Stadtviertel von „Paris" kennen.

Nachmittags wanderten sie die Seine entlang zum „Eiffel-Turm". Viele Menschen sonnten sich. Immer mehr tauchten auf, und manchmal stoppte die Polizei ihren Weg, obwohl man zehn Meter weiter ungehindert parallel laufen konnte.

Woran erkennt man den typischen Franzosen? An der Baskenmütze auf dem Kopf, dem Schnurrbart („mustache") im Gesicht, dem Baguette unterm Arm und der Rotweinflasche in der Hand!

Dann verließ die „Cezanne" „Paris". In der Nacht passierte sie X Schleusen, von denen die Passagiere nichts mitbekamen und war nach etwa hundert Kilometern in der „Normandie". Das Land war grün und ruhig. An den ersten Anhöhen waren Kalkfelsen zu sehen, welche die „Seine" nun bis zum Ärmelkanal begleiteten. Weit und breit war kein anderes Schiff zu sehen: Es war, als ob „Paris" vom Erdboden verschluckt wurde.

Die erste Station hieß „Vernon". Das ist ein verschlafenes Nest. Hier machte die Crew die vorgeschriebene „Sicherheitsübung". Alle Passagiere mussten die Kabinen verlassen und auf das Sonnendeck gehen. Sie bekamen rote Westen, die Crew blaue. Aber die Westen reichten nicht aus. Einige Passagiere bekamen keine. Die Kiste, in der sie gelagert waren, war leer. Plötzlich wurde die „Sicherheitsübung" für beendet erklärt. Etwas fluschig war das schon. Im Ernstfall hätten wohl alle ertrinken müssen, aber neu war diese Lässigkeit auch nicht.

Anschließend ging es per Bus zum „Chateau Gaillard", wo ab 1196 Richard Löwenherz residierte – als König von England und Herzog der Normandie. Dann fuhren sie nach „Lyons-la Foret", einem pittoresken Dorf, wo sich an einer Straßenkreuzung die einander entgegenkommenden Autos gegenseitig blockierten. Die lustige französische Fremdenführerin kommentierte, in einer solchen Situation müsse man eben „charmieren".

Während des Ausfluges fuhr das Schiff weiter nach „Les Andelys". Dort gingen die Buspassagiere mit an Bord und fuhren nach „Caudebec-en-Caux".

Der folgende Tag war mit Busfahren angefüllt. Das Wetter war schön und blieb es auch. Dabei soll es doch in der „Normandie" heißen: *„Wenn das Wetter schön ist, gibt es bald Regen."*

Am folgenden Tag fuhren sie zu den Benediktinerklöstern „St-Wandrille" und „St-Martin de Boscherville". Beide wurden während der Französischen Revolution geschlossen, die Gebäude beschädigt. „Wandrille" war nun im Wesentlichen eine romanische Pfarrkirche, die allen Schmucks beraubt und in jüngster Zeit im Innenraum weiß gekalkt wurde. Sie wirkte sehr festlich. In „Boscherville" hatten sich wieder Mönche angesiedelt. Man sah auch hier Zerstörungen aus der Revolution. So wurden den Steinfiguren die Köpfe abgeschlagen.

Nachmittags ging es nach „Le Harvre" und „Etretat". „Le Harvre" ist so etwas wie der Hafen von „Paris". Im Zweiten Weltkrieg wurde die Stadt von den Alliierten zerstört und danach wiederaufgebaut. Schön wurde „Le Havre" allerdings dadurch nicht.

Das konnte man hingegen von „Etretat" schon sagen. „Etretat" ist ein Kurort, und er wurde im Krieg verschont. Hier beginnt die „Alabasterküste", wo das Land mit Kalkfelsen dem Meer gegenübersteht. Der Ort selber liegt an einer Bucht, die von der Natur malerisch eingefasst wurde. Kein Wunder, dass Künstler wie Claude Monet kamen, um sich inspirieren zu lassen.

Abends machten die Gäste noch einen kleinen Spaziergang durch „Caudebec-en-Caux," der Ort, in dem sie ankerten. Das war ein ziemlich verschlafenes Nest.

Am folgenden Vormittag fand ein Ausflug nach „Honfleur" statt. Das ist ein schöner, größerer Ort an der Küste mit unzerstörter Bausubstanz. Viele Franzosen strömten hier her. Auf dem Wege kamen die Besucher durch grünes Bauernland. Apfelplantagen lieferten „Calvados" und „Cidre". Die Besucher erfuhren auch, dass das Rezept für den „Camembert" aus der Provinz „Brie" stamme. In der Normandie allerdings würde der Käse aus normannischer Rohmilch hergestellt und in Sperrholz haltbar verpackt.

„Honfleur" wirkt sehr normannisch.

Das Schiff fuhr abends nach „Rouen". „Rouen" mit Umland hat 500.000 Einwohner; in der engeren Stadt sind es 110.000. „Rouen" verfügt über einen großen Hafen. Bis hier können Seeschiffe fahren.

In dieser Stadt wurde unter der Regentschaft vom Engländer John Lancaster ein historisches Urteil gefällt: Jeanne d'Arc, die „Jungfrau von Orleans", sollte als „notorisch rückfällige Ketzerin" auf einem Scheiterhaufen auf dem Marktplatz von Rouen hingerichtet werden. Am 30. Mai 1431 wurde sie tatsächlich verbrannt, und ihre Asche wurde in die Seine gestreut. 1920 wurde sie vom Vatikan zur Heiligen erhoben.

Architektonischer Höhepunkt „Rouens" ist die Kathedrale. Sie gilt als ein Meisterwerk der französischen Gotik. Mit ihrem Bau wurde im 12. Jahrhundert begonnen. Die mächtige Turmspitze aus Stahl wurde fünfzig Jahre vor dem Eiffelturm geschaffen. In dieser Kathedrale war unter anderen Richard Löwenherz aufgebahrt.

Silke und Andor „eroberten" die 2000-jährige Stadt zu Fuß. Man konnte Fachwerkhäuser aus verschiedenen Perioden besichtigen. Auf dem alten Markt, wo die Jungfrau verbrannt wurde, erinnerte ein schlichtes Denkmal an dieses schreckliche Ereignis. Auch eine Kirche in der Form eines Fisches hatte man dort erbaut.

Auf die Kathedrale zu führte eine Fußgängerzone mit einem kunstvollen Uhrenturm. Hier gab es noch typisch französische Geschäfte, aber leider auch Filialen jener internationalen Ketten, die man überall findet.

In „Rouen" konnte man auch ein altes Massengrab besichtigen, in dem einst Pestopfer vergraben wurden. Das „Aitre de Saint-Maclou" war mit hohen Bäumen bestanden, und die Toten ruhten unter dem Boden. An den Holzhäusern ringsherum befanden sich manche makabren Schnitzereien.

Eigentlich sollte das Schiff 17:45 Uhr ablegen. Aber es blieb liegen. Am Motor war angeblich ein Schaden. So gingen die Gäste um 23 Uhr noch einmal zur Kathedrale und bewunderten deren tolle Illumination mit unterschiedlichen Motiven.

Von „Rouen" aus fuhren sie nun leider mit dem Bus nach „Giverny", wo sich das Monet-Haus befand. Es war ein sehr heißer Tag. Der Maler hatte sich das Haus eingerichtet. Um dieses herum war ein üppiger Garten entstanden. Viele Motive seiner Bilder stammten hierher. Mittlerweile war es ein großes Areal, das von zig Gärtnern betreut wurde. Touristenmassen strömten die Wege entlang. Dicht bei dicht standen alle denkbaren Pflanzen. In „Giverny" war auch das Grab des Malers auf dem kleinen Dorffriedhof.

Auf der Rückfahrt nach „Rouen" erfuhren die Gäste, dass geplant ist, „Paris" und „Le Havre" mit dem Schnellzug „TGV" zu verbinden. In „Rouen" solle dafür ein Bahnhof entstehen: Dann wird „Paris" wohl noch weiter wachsen.

„Rouen" war nun erst einmal unvorhergesehener Endpunkt der Schiffsreise. Der „Kahn" blieb fahruntüchtig. Ein deutsches Auto mit einem Mechaniker war vorgefahren. Dieser Mechaniker verschwand ab und zu unter Deck und tauchte mit schlechten Botschaften auf. Schließlich sah man ihn, wie er mit Hilfe eines Kollegen Instrumente an Bord schaffte: *„Dann fangen wir gleich an!"*

Leider mussten sie mit dem Bus von „Rouen" an die Loire fahren. Silke und Andor verabschiedeten sich von einigen Mitreisenden, die das Anschlussprogramm nicht mitmachen.

Um acht Uhr fuhr der Bus los. Mit siebenundvierzig Personen an Bord war er voll besetzt. Der Reiseleiter für die restlichen Tage war etwas hölzern und humorlos. Seine französischen Kolleginnen zuvor hatten mehr drauf gehabt. Der gesellige und umsichtige Busfahrer hieß „Jürgen" und erinnerte an den Strauß-Sohn Max. Ihn mochten die Mitreisenden mehr als den Reiseleiter.

Die Loire ist (wie schon erwähnt) nicht schiffbar.

Also fuhren sie mit dem Bus und begannen mit „Chambord". Dieses Schloss wurde 1519 begonnen, war jetzt von einem riesigen Park umgeben, in dem gejagt wurde. Es war Staatseigentum. Der französische Staatspräsident konnte hier seine Gäste empfangen. Helmut Schmidt soll es nicht so sehr gefallen haben, Bill Clinton dafür umso mehr. Das Gebäude wirkte bombastisch, aber die Einrichtung war spartanisch. Die Umgebungsmauer des Parks war zweiunddreißig Kilometer lang und wurde von sechs Toren unterbrochen. Das Gelände war so groß wie die „Pariser" Innenstadt.

Am kommenden Tag war es ist wieder heiß. Es stand die Besichtigung von „Villandry" auf dem Programm. Dieses um 1536 erbaute

Schloss wurde als letztes der Renaissance am Ufer der Loire errichtet. Besonders beeindruckend waren die das Schloss umgebenden Gärten: der Ziergarten, die Wälder, der Wassergarten, der Sonnengarten, das Labyrinth, der „Jardin des Siples" (Aromen-, Gewürz- und Heilpflanzen) sowie der Gemüsegarten. Bei der großen Hitze genossen die Besucher ein raffiniertes Picknick in der kühlen Orangerie des Schlosses. Es gab Pasteten und – Wein.

Hinterher fand eine Besichtigung von „Tours" statt.

Tags darauf wurde bei wieder großer Hitze das Wasserschloss „Chenonceau" besucht. Das liegt an einem Nebenfluss der Loire, dem „Cher". Früher war hier eine Burg, die ab dem 16. Jahrhundert zum Schoss umgebaut wurde. „Chenonceau" wird auch „Schloss der Damen genannt, weil Frauen hier eine große Rolle spielten: Diane de Poitiers (1499 bis 1566), Katharina von Medici (1519 bis 1589), Louise de Lorraine (1553 bis 1601), Louise Duoin (1706 bis 1799), Marguerite Polouze (geb. 1836) und Simone Menier (1881 bis 1972).

Nach dem Schloss ging es zum Winzer „Père Auguste" zu einer Weinprobe (!) und köstlichem Winzerimbiss. Ein Ergebnis war, dass die Stolps 24 Flaschen Wein aus der Touraine bestellten, die auch prompt zugestellt wurden und eine schöne Erinnerung waren.

Hinterher fuhr Silke alleine nach „Amboise" und wanderte durch den Ort, während ein Teil der Mitreisenden das ehemalige Anwesen von Leonardo da Vinci besuchte. Andor machte derweil eine „Diclofenac"-Kur – schlafend im Hotel-Bett, denn er hatte sich das Bein verletzt.

Abends wurden alle Reisenden zum Abschied ins Restaurant „Le Bistrot de Léonard" in „Blois" eingeladen. Es gab Lammkeule: viel Fleisch, kein Gemüse. Getränke musste man selber bezahlen!

Au revoir, „Paris" et Loire!

(2013)

14. Aquitanien: Frankreich oder England?

Ihre Schularbeiten zum Reiseziel hatten Silke und Andor gemacht: „Aquitanien" heißt das Departement und „Gironde" die Region, die sie diesmal bereisen wollten.

Schiffsglocke

Aquitanien gilt als das schönere Frankreich im Vergleich zu „Paris": Es ist südlicher, milder, wärmer. Einst (vor ca. 1000 Jahren) hatten die Menschen eine eigene Sprache: „okzitanisch". Das hörte sich in einem Gedicht Raimon Vidal de Besalús so an: *„Abril issi' e mays intrava e cascus dels auzels chantava josta sa par, que autz que bas; e car remanion atras vas totas partz, neus e freidors venion frugz venion flors e clar temps e dossa sazos, e yeu m'estava cossiros e per amor un pauc embroncx."* Die deutsche Übersetzung: *„Der April ging und der Mai kam und jeder Vogel sang mit seinem Beeiter, mancher mit hoher, mancher mit tiefer Stimme; und weil zurücklagen zu allen Seiten der Schnee und die Kälte, kamen hervor Früchte und Blumen und schönes Wetter und sanfte Zeiten, und ich war besorgglt und durch die Liebe missmutig."*

Heute spricht man in Aquitanien Französisch, aber als Zweitsprache und Dialekt ist Okzitanisch nicht ganz ausgestorben. Es bildet eine Brücke zu angrenzenden Regionen im Norden Spaniens.

Die Geographie der Region ist bemerkenswert: Nördlich fließt die „Dordogne" und südlich die „Garonne". Ab der Stelle, an der sie sich vereinigen, heißt der Fluss „Gironde". Aber da ist es eigentlich kein Fluss mehr, sondern eine Meereseinbuchtung – eine große sogar. Sie misst am Atlantik zwölf Kilometer. Kurz vor dem Treffen der beiden Flüsse liegt „Bordeaux" an der „Garonne". Das ist die „Hauptstadt" der Gironde und ganz Aquitaniens.

Bordeaux hat etwa 900.000 Einwohner und ist in der Welt als Weinstadt bekannt. Die Reisenden bekamen eine bunte Karte ausgehändigt. Auf der stand „Le vignoble de Bordeaux", was so viel hieß wie „Das Weingebiet von Bordeaux". Die Namen der hiesigen Weingebiete und Rebsorten ließen die Herzen von Weinfreunden schneller schlagen: „Bordeaux", „Bordeaux Supérieur", „Medoc", „Blaye & Bourg", „Libournais", „Entre-deux-Mers", „Graves & Sweet Bordeaux". Sie lernten, dass „Château" mehr „Weingut" als „Schloss" hieß, obwohl es so manches Gut gab, das auch als Schloss durchgehen würde. Das Wort „Cru" ist eigentlich unübersetzbar und soll etwas über die Qualität eines Weines aussagen. Im Übrigen gab es hier nur Cuvé-Weine; das waren „komponierte" oder profaner ausgedrückt: zwischen den Rebsorten „gemischte" Weine. Es kam auf die Kunst der Winzer an, das richtige Cuvé zu finden.

Die Heldin dieser Gegend ist die schon erwähnte Aliénor (Eleonore) von Aquitanien. Stilecht hieß unser Flusskreuzfahrtschiff auch „Princesse d'Aquitaine".

„Bordeaux" mit Umland gehörte nach der Vermählung der Aliénor mit Henri für Jahrhunderte zu England, und die Engländer intensivierten vor allem den Weinanbau und -handel. Frankreich war demgegenüber fast auf die „Ile de France" zusammengeschmolzen, und das gefiel ihm natürlich nicht. So kam es zum 100-jährigen Krieg. Am Ende musste England „Bordeaux" abgeben. Die Bewohner der Stadt waren über diesen Wechsel nicht froh, denn der König von Frankreich legte ihnen Steuern auf, und der Wein ließ sich nicht mehr so prima auf die Insel verkaufen. „Paris" aber hatte einen Intendanten eingesetzt, der die regionale Politik im Sinne des Königs von Frankreich überwachte. „Bordeaux" wurde (ob es wollte oder nicht) französisch.

Das alte „Bordeaux" war keltischen Ursprungs und prächtiger Sitz der Herzöge von Aquitanien. „Paris" ließ diesen Ort abreißen und ersetzte das Alte durch klassizistische Bauten. Diese waren aus Kalkstein, wurden schnell schwarz und hässlich.

„Bordeaux" erlebte nach dem 2. Weltkrieg einen Niedergang. Aber ab 1960 ging es wieder bergauf: Die Altstadt wurde unter Denkmalschutz gestellt und die Häuser gereinigt. Die Stadt an der „Garonne" hatte von da an eine schöne Promenade am westlichen Ufer mit moderner Straßenbahn, Autostraßen, Grünstreifen und Radfahrweg nebenan. Schmucke Häuser sind nun daran aufgereiht wie Perlen auf einer Schnur und strahlen hell, denn der Kalkstein wurde gereinigt.

Silke und Andor blieben drei Nächte in „Bordeaux" – wegen einer Programmänderung des Reiseveranstalters. Angeblich waren das Wetter, der Fluss und die Brücke schuld. Es habe zu viel geregnet, und nun könne eine Brücke nicht unterfahren werden.

Diese Brücke heißt „Pont de Pierre", ist eine Steinbrücke. Sie wurde einst auf Befehl Napoleons erbaut, der an dieser Stelle Soldaten über die Garonne marschieren lassen wollte. Den Einwand, der Fluss sei zu breit für eine Brücke, wischte der Feldherr mit dem Bemerken hinfort: „Franzosen können das!" Nun stand die Brücke da und hatte sehr niedrige Bögen. Flugzeugteile für den „Airbus" wurden aus England oder Deutschland nach „Paulliac" (einem seetüchtigen Hafen an der „Gironde") geschippert und hier auf kleine Schiffe umgeladen. Die standen dann vor der „Pont de Pierre", um auf die Ebbe (die hier noch stark zu spüren war) zu warten. Dann schipperten sie schnell hindurch, und weiter ging es bis nach „Toulouse", wo die Flugzeuge montiert wurden.

Das ist Europa!

Wo andere und kleinere Schiffe nicht durchkamen, kam natürlich auch das Kreuzfahrtschiff nicht durch, und sie sahen „Cadillac" eben nicht. Aber warum stand es auf dem Plan? Napoleons Brücke war schließlich älter als das Schiff:

„O lá lá."

Ersatzweise machten sie eine Rundfahrt nach „Graves" und „Sauternes" mit Besichtigung des „Château de Roguetaillarde" und einer obligatorischen „Weinprobe" (zwei Gläschen) im „Château Girard", wo es weißen Dessertwein gab.

Dann setzte sich das Schiff tatsächlich in Bewegung und fuhr nach „Pauillac". Von da aus ging es per Bus ins „Medoc", wo sie große

Weingüter sahen: „Château Monton Rothschild", „Château Lafite Rothschild" und „Château Margaux". Die Landschaft war vom Wein geprägt: Überall waren Weinfelder. Die Weinstöcke standen in Reih und Glied. Der Boden war kalkig-karg und ideal für den Wein. Die Trauben (alle rot) hingen sehr tief und wuchsen in der Nähe des von der „Gironde" befeuchteten und gewärmten Bodens.

Gerade begann die Lese. „Normale" Trauben wurden mit der Maschine geerntet. Das war eine Art Traktor, bei dem die vorderen Räder schräg nach innen gestellt waren. Der Trecker fuhr die Reihen der Weinstöcke ab. Die reifen Trauben fielen in einen Behälter darunter und warteten auf die weitere Bearbeitung. – Edle Trauben dagegen wurden von Hand gelesen. Das machten keine Ausländer mehr, sondern junge Franzosen, denn die Arbeitslosigkeit war hoch in diesem Land.

Die Weinliebhaber kamen zum „Château Lanessan". Dort besichtigten sie alte Gemäuer, Weinfelder, Weinkessel sowie einen Weinkeller, der gefüllt war mit Holzfässern, in denen Weine lagerten. Wieder wurden alle eingeladen zu einem Weinpröbchen. Es gab zwei Gläschen vom trockenen Roten. Kaufen tat keiner: zu trocken und zu teuer.

Nach dem Busausflug machten sie einen Spaziergang durch „Pauillac". Den beendeten sie bald, denn im Unterschied zum Land schien diese Stadt nicht gerade reich zu sein, und die wenigen Typen auf den Straßen wirkten nicht gerade vertrauenserweckend.

Sie schipperten weiter auf der „Gironde", fuhren etwas kreuz und quer (ist ja auch ein „Kreuzfahrtschiff"!), sahen das Meer nicht, ahnten es aber. Schließlich machten sie am dem „Medoc" gegenüber liegenden Ufer in „Blaye" fest. Hier wuchs ein „Côtes de Bordeaux".

Es erschien die „Citadelle de Blaye"! Das war eine Befestigungsanlage riesigen Ausmaßes. Hier war einmal ein römisches Fort. Daraus wurde die Zitadelle. Ein gewisser Sébastien le Prestre des Vauban hatte die 1689 fertig gestellte Anlage im Auftrag des französischen Königs erbauen lassen. Es ist ein gewaltiges Objekt. Auf der achtzehn Hektar großen Fläche war eine eigene Stadt entstanden. Nun war die Anlage Teil des Weltkulturerbes der UNESCO.

Das nächste Ziel der Reise hieß „Libourne" an der „Garonne". Da legte das Schiff erst 'mal nicht an, denn die „Maslaret"-Welle wurde erwartet. Die entstand dadurch, dass Wasser einer Flut schon in den

Fluss drückte, während das Wasser der Ebbe noch abfloss. Wann dieses Naturereignis eintrat, konnte man offensichtlich genau berechnen. Besatzung und Passagiere warteten also, merkten und sahen aber nichts. Das Schiff legte an. Es wurde behauptet, der Kapitän hätte die Welle bemerkt.

Weiter ging es im Bus, denn „St. Emilion" lag nicht am Wasser. Dieses Dorf ist weltberühmt. Es ist ein mittelalterlicher Ort und gehört ebenfalls zum Weltkulturerbe der UNESCO. Im Sommer soll es vor Touristen wimmeln, und auch jetzt im September war es ganz schön voll. An jeder Ecke konnte man Wein kaufen – auch Flaschen für 10.000 Euro waren zu haben. Aber gemach: Es gab daneben zivile Preise.

In „St. Emilion" stiegen die Gäste hinab in die „Église Monolithe". Das ist eine unterirdische Kathedrale, die von Benediktinern in den weichen Fels geschlagen wurde. Reliefs und Wandmalereien wurden in der Französischen Revolution zerstört, und nun wirkte das Ganze etwas gruselig.

Es ging wieder zurück nach „Bordeaux". Noch einmal besichtigten sie die Stadt und erinnerten sich dabei an ihr Schulwissen über die „Girondisten", die aus dieser Gegend stammten und Opfer jener Französischen Revolution wurden, die sie selbst eine Zeit lang getragen hatten. Die meist großbürgerlichen Girondisten stammten überwiegend aus der Gironde, befürworteten einen Krieg gegen Österreich, waren für die Abschaffung der Monarchie und für mehr Unabhängigkeiten in Frankreich. Am Ende gerieten sie unter die Räder und wurden von noch Radikaleren verfolgt. – Dieser Leute gedachte man in „Bordeaux": „Die Revolution frisst ihre Kinder."

Die Menschen in „Bordeaux" standen aber nicht nur auf alten Zeiten. Die Geschichten von Aliénor waren schließlich 1000 Jahre her. Ein Held von später hieß Alain Juppé. Der war Bürgermeister von „Bordeaux", Ministerpräsident von Frankreich und wurde auch 'mal auf Bewährung verurteilt. Für „Bordeaux" hatte er einiges getan. Nun wollte er Präsident der Republik werden. Schlechte Karten hatte er dabei zwar nicht, aber vor ihm rangierte Nicolas Sarkozy, der der gleichen Partei angehörte. Man sieht: Es ging nicht nur um Madam Le Pen in Frankreich – aus der Sicht von „Bordeaux" war alles zusätzlich spannend.

Die Wahl gewonnen hatte später ohnehin einer, der hier gar nicht erwähnt wurde...

Schon hieß es Abschied nehmen von „Bordeaux". Zeitgleich mit den Stolps weilte ein Feuerwerkerkongress in der Stadt, und am letzten Abend ballerten die Feuerwerker den Gästen auf dem Schiff noch etwas vor. Über die „Garonne" dröhnte laute Musik im Rhythmus von Feuerfontänen.

(2015)

15. Burgund und Provence: Das wahre Frankreich

Silke und Andor erkundeten ein weiteres Stück Frankreich auf der MS „Bijou du Rhône". „Bijou" heißt „Kleinod" (auch „Schatz") und ist ein französisches sowie auch in Teilen der Schweiz gebräuchliches Wort.

Mit dem Schiff fuhren die Beiden auf zwei Flüssen: Zuerst ging es die „Saône" hinauf bis zum Ort „Chalon-sur-Saône". Dann fuhren sie die „Rhône" hinunter bis nach „Châteauneuf du Pape". Von dort fuhren sie mit dem Bus zuerst in die Camargue und dann weiter nach „Les Saintes-Maries-de-la-Mer". Das ist ein Wallfahrtsort der Roma, und dort würden sie am Mittelmeer sein.

Dreh- und Angelpunkt der gesamten Unternehmung war „Lyon".

„Lyon" ist mit ca. 500.000 Einwohnern („Aire urbaine": ca. 2,2 Millionen) die drittgrößte Stadt Frankreichs nach „Paris" und „Marseille".

Zum Wohle!

175

Der Flughafen von „Lyon" heißt „Saint-Exupéry". Die Stolps erreichten ihn in einer Stunde von „München", wohin wir in etwa der gleichen Zeit ab zu Hause mit der „Lufthansa" geflogen sind. Beim Umsteigen in „München" mussten sie eine kleine U-Bahn benutzen, um zum richtigen Gate zu kommen.

In „Lyon" erfolgte schließlich die Einschiffung.

Die „Rhône" (französisch: „le Rhône) ist 812 Kilometer lang. Sie hat einen Höhenunterschied von 1753 Metern, entspringt im schweizerischen Kanton Wallis, fließt durch den „Genfer See" und ab „Lyon" Richtung Süden bis ins Mittelmeer. In der Schweiz heißt der Fluss teilweise „Rotten" (Dialekt: „Rottu"). Südlich von „Lyon" bildet die „Rhône" ein weites Tal. Dort ist das berühmte Weinbaugebiet „Côtes du Rhône". Hier gibt es oft den ungemütlichen Fallwind „Mistral", den auch Silke und Andor „genießen" konnten. Er war sehr heftig, blies unablässig und brachte ziemliche Kälte. Im Winter soll er unerträglich sein. Die Häuser hatten seinetwegen an den Nordfronten keine Fenster; überall sah man hohe Hecken, und die Pflanzen neigten sich Richtung Süden.

Die „Saône" ist mit 437 Kilometern Länge der größte Nebenfluss der „Rhône" und hat einen Höhenunterschied von zweihundertvierzig Metern. Sie mündet in „Lyon" in die „Rhône".

Ein anderer Nebenfluss ist die „Ardèche" (einhundertfünfundzwanzig Kilometer lang). Zu der wollten Silke und Andor noch fahren.

„Burgund" und die „Provence" sind keine politischen Einheiten mehr, sondern Landschaften. „Burgund" hat eine jahrhundertelange Tradition und ging am 1. Januar 2016 in der Region „Bourgogne-Franche-Comté" auf. Die Stolps sahen von „Burgund" nur einen Teil, aber der Name klingt einfach gut.

Einst gab es das „Herzogtum Burgund", das von 1032 bis 1361 von einer Seitenlinie des französischen Königshauses regiert wurde. 1363 ging dies an Philipp von Valois. Von da an entwickelte sich „Burgund" zu einem Zwischenreich zwischen Frankreich und dem Heiligen Römischen Reich, bis es 1477 aufgeteilt wurde. Ein wirtschaftlich wichtiger Teil ging an Habsburg. Das Kerngebiet allerdings (selbstverwaltet) erhielt die französische Krone.

Die „Provence" ist die Landschaft zwischen dem Rhônetal und Italien. Einst gab es eine Grafschaft „Provence". Der Name ist uralt und leitet sich vom lateinischen „provincia" her. Früher wurden hier okzitanische Dialekte gesprochen, was die Republik Frankreich unterdrückte. Spitzenweine wie der „Châteauneuf-du-Pape" kommen aus dieser Landschaft.

Beim ersten Frühstück auf dem Schiff lernten Silke und Andor ihre Tischgenossen für die Reise kennen. Es war ein Ehepaar aus Franken – abends zuvor angereist mit dem Bus. Wie üblich an Bord, müssen alle nach einer ausliegenden Karte Mittag- und Abendessen vorab bestellen.

Die Sicherheitsübung war wieder etwas fluschig.

Um 11 Uhr des ersten Reisetages in Frankreich kamen sie in „Chalon-sur-Saône" an und machen am „Quai des Messageries" fest. Zu Fuß begaben sie sich in den Ort, sahen das Rathaus, eine Kathedrale („Cathédrale Saint Vincent"), einen Platz und ein paar Geschäfte: Viel war nicht los.

Nachmittags kam ein Ausflug nach „Beaune" mit Besichtigung eines „Hôtel Dieu". Den machten sie mit dem Bus. Der Ort liegt ca. dreißig Kilometer nördlich von „Chalon". Die Reiseleiterin machte auf dem Weg Appetit auf köstliche Weine, denn sie fuhren durch große Weinbaugebiete. In „Beaune" besichtigten sie das mittelalterliche „Hôtel Dieu", einen prächtigen „Palast für die Armen", also eine Art Krankenhaus und Hospiz. Das wurde 1443 von Nicolas Rolin (Kanzler des Herzogs „Philipp der Gute von Burgund") erbaut. Der Kanzler tat das zusammen mit seiner Frau Guigone de Salin, die durch Salz- und Weinhandel reich geworden war. Das Ehepaar wollte etwas für sein Seelenheil tun. Das Hospiz wurde permanent erweitert und wurde ein gut erhaltenes Schmuckstück.

Imposantes Dach: Hospices de Beaune Hôtel-Dieu

Kernstück des Krankenhauses ist der „Große Armensaal". Dieser wurde 1452 eingeweiht, ist fünfzig Meter lang und vierzehn Meter breit. In der Mitte befinden sich Tische und Bänke, rund herum waren immer noch Alkoven mit weißem Bettzeug zu sehen und Truhen für die Kleidung der Kranken. An den Betten betreuten einst Schwestern (Nonnen) die Kranken.n

Die Einrichtung wird von einer Stiftung getragen. Ab 1971 gab es ein modernes Krankenhaus. Jedes Jahr veranstaltet das Hospiz eine große Weinversteigerung zugunsten des neuen Krankenhauses.

Hier im Hôtel-Dieu gab es mehrere Säle zu bewundern, so die Säle „Saint Nicolas", „Saint Hugues", „Sainte Anne" und „Saint Louis". Daneben existierte eine Apotheke, eine Kapelle, der Ehrenhof und das „Polyptychon". Das war der Höhepunkt. Es handelte sich um ein Werk des flämischen Künstlers Rogier van der Weyden – einen von beiden Seiten bemalten Klappaltar, der unter anderem aus einem Triptychon besteht, das Jesus beim „Jüngsten Gericht" zeigt: links die Jungfrau Maria, die um Gnade für die Sünder bittet und rechts Johannes der Täufer mit sechs Aposteln und Heiligen. Der Altar wurde sonntags und an Festtagen aufgeklappt und den Kranken gezeigt.

Wieder an Bord des Schiffes gab es vor dem Abendbrot einen Willkommensempfang. Jeder Gast erhielt ein Gläschen Sekt, und man konnte mit dem Kapitän, der Hotel-Managerin und der Kreuzfahrtleiterin anstoßen. Dann wurden die Kellner und Köche, die Mitarbeiter der Rezeption sowie die Putzfeen vorgestellt, die Matrosen leider nicht. Das Personal kam aus Osteuropa; die Hotel-Managerin und die Kreuzfahrtleiterin waren Deutsche, und der Kapitän war Franzose! Derweil fuhr das Schiff nach „Mâcon", wo es um 23:30 Uhr fest-machte.

Vormittags wanderten die Gäste durch „Mâcon". Die Besucher kamen schnell zum ehemaligen Dom, dem alten „Saint-Vincent". Im 6. Jahrhundert wurde hier ein Bistum gegründet. Dessen Dom war au-ßerhalb der Stadtmauern gelegen, und so erhielt er eine eigene Be-festigung. Darin bildete sich ein eigener kleiner kirchlicher Ort. Doch der alte Dom brannte aus und wurde zudem von Arabern und Ungarn nacheinander geplündert. Im 11. Jahrhundert war ein romanisches Bauwerk erstellt worden, dessen Türme als Stümpfe noch standen. Alles andere wurde zerstört – wahrscheinlich wie so viele Kirchen und Klöster in Frankreich als Folge der Französischen Revolution. – Jetzt war die Anlage ein mächtiges Freilichtmuseum; das Gelände des ehe-maligen Doms mit Wohnhäusern vollgebaut. Aber die Türme prägten weiterhin das Stadtbild von „Mâcon".

Sodann besuchten Silke und Andor das „Musee des Ursulines". Es befand sich im Hause eines früheren Klosters der Ursulinen, das (wie es heißt) „von der Regierung der Revolution" beschlagnahmt und später nacheinander als Gefängnis und Kaserne genutzt wurde. Dann bekam die Stadt das Haus „zurück", und seit 1968 befindet sich hier ein „Ursulinenmuseum".

Es enthält folgende Abteilungen: „Geschichte und Stadtplanung von ‚Mâcon'", „Archäologie heute", „Die Vorgeschichte von Mâcon", „Das Leben im Saônetal zur Bronze- und Eisenzeit", „Die gallo-römi-sche Zivilisation", „Mittelalter", „Der allgemeine Charakter des Mâconnais", „Die Berufe um die Saône", „Der Weinbau im Mâcon-nais" und „Raum Lamartine" (= in „Mâcon" geborener Schriftsteller und Politiker), „Französische und flämische Malerei des 16. Jahrhun-derts", „Französische und holländische Malerei des 17. Jahrhunderts", „Französische Malerei und Bildhauerei des 18. und 19. Jahrhunderts", „Moderne und zeitgenössische Kunst". – Es war also ein Heimatmu-seum.

Dann fuhren die Reisenden mit dem Bus ins „Beaujolais". Unter-wegs sah man Weinfelder über Weinfelder. Schließlich kamen sie zu einem Winzer, der zunächst seine Weintanks zeigte: „Hat jemand Fra-gen?" – Niemand!

Also ging es in die Gaststube, und die Gäste wurden von der Reiseleiterin über das „richtige" Weintrinken aufgeklärt: Es fange an mit dem Glas. Das müsse gerade 'mal einen Golfball aufnehmen können. Die „erste Nase" solle das leere Glas prüfen. Es müsse nach nichts riechen oder schmecken. Dann käme ein Schlückchen vom weißen Beaujolais hinein. Die „zweite Nase" solle dessen Duft prüfen. Nun werde das Glas geschwenkt, und die „dritte Nase" bestimme das Aroma: Kirschen, Veilchen, Heu oder was? Erst danach dürfe der Weinkenner einen Schluck nehmen, den er aber nicht trinken soll, sondern kauen. Dann endlich genehmige man sich den Trunk.

Nach dem Weißen gab es noch zwei Rote! Dazu wurden kleine Käse- und Wursthäppchen gereicht. Hinterher wurde gefragt, wie die einzelnen Weine geduftet und geschmeckt hätten. Die Antworten fielen vielfältig aus. Schließlich mussten die Teilnehmer der Weinprobe votieren, welcher Wein am besten gemundet habe. Die Stolps stimmten für „alle"!

Nach der Weinprobe fuhren sie per Bus nach „Trévoux", warteten ein wenig am Flussufer und erspähten das Schiff um eine Biegung kommend. Um 19:30 Uhr war „Landgangende", und die „heimgekehrten" Passagiere schipperten durch die Altstadt von „Lyon", um erst anderntags in „Viviers" festzumachen.

Die „Ardèche", dieser Nebenfluss der „Rhône", war noch wild und ein Paradies für Paddler. Manchmal soll sie lieblich aussehen wie hier auf dem Bild, manchmal trete sie weit über ihre vermeintlich „friedlichen" Ufer. Sie schlängelte sich durch eine wunderschöne Landschaft und formte das weiche Gestein ihres Bettes. Die „Ardèche" ist ein beliebtes Ausflugsziel in Frankreich.

An der Ardèche

Sie sahen auch Lavendel, der allerdings schon abgeerntet war. Die Büsche standen in Reih und Glied, und die blühenden blauen Felder im Sommer sind ein Wahrzeihen Südfrankreichs. Insekten aller Art umschwirren dann die leuchtenden Pflanzen und fühlen sich wohl. Stolps lernten, dass es verschiedene Sorten gibt. Lavendel gedeihe auf kargen Böden und brauche wenig Wasser. Die Verwendung des Lavendels sei vielfältig; hauptsächlich sei er Rohstoff für feines Parfüm und für Seife.

Die Kreuzfahrer starteten am nächsten Morgen früh mit dem Bus von „Tarascon" aus (Direkt in „Arles" zu liegen wäre wohl zu teuer gewesen.) zum Stadtrundgang in „Arles". Da war die Stadt wie ausgestorben, denn die meisten Franzosen schiefen um diese Zeit noch. Dafür wehte der Mistral sehr heftig, und es war trotz blauen Himmels überall ziemlich frisch. In „Arles" gab es zwei Themen: die Römer und van Gogh.

Die Römer hatten zwei Theater hinterlassen, und eine Arena war noch gut intakt. Die Arena war in Betrieb mit Theateraufführungen, Konzerten und speziellen Stierkämpfen. Die Gäste kauerten auf den Rängen, denn durch den Wind wurde es lausig kalt.

Bei den weiteren Besichtigungen stießen sie immer wieder auf Vincent van Gogh. Der war 1888 von „Paris" aus gekommen und hatte dem Vernehmen nach 187 Bilder in „Arles" geschaffen.

In dieser Stadt ereignete sich auch das Unglück, dass van Gogh sich nach einem Streit mit seinem Freund Paul Gauguin ein Ohr oder einen Ohrzipfel abschnitt und ins Krankenhaus kam. Später wurde er nach einer Petition von Bürgern in „Arles" sogar zwangseingewiesen. Er war arm und krank und ist nach der Zeit in „Arles" zur Heilung aufs Land gezogen. Sein jüngerer Bruder (ein Kunsthändler) sorgte für ihn. Vincent van Gogh starb mit 37 Jahren.

In „Arles" hatte man eines seiner berühmten Bilder nachgebaut: Das gelbe Café mit den heruntergelassenen Markisen bei Nacht. Touristen kamen aus der ganzen Welt, um das zu sehen. Nur, der Nachbau des Cafes befand sich nicht am Originalstandort.- Aber der Trick funktionierte dennoch.

Nachmittags startete ein Ausflug in den Süden, bis ans Mittelmeer. Die Schiffsreisenden kamen in die „Camargue". Das ist eine ziemlich platte und trockene Landschaft. Der Boden ist durch die Nähe des Meeres salzhaltig, und daher wachsen nur bestimmte Pflanzen. Es gibt hier für den Stierkampf ausgerichtete spezielle Stierfarmen. Die Gäste besuchten eine davon.

So eine Stierfarm ist flächenintensiv, denn die Stiere leben in freier Wildbahn. Sie sind schwarz, kleiner als ihre spanischen Artgenossen, und die Hörner sind nach außen gedreht. Gehütet werden sie von Reitern auf weißen Pferden, die nicht mit Cowboys verwechselt werden wollen. Die Pferde leben auch wild. Die Stiere werden für den Stierkampf gehalten, der nach anderen Regeln abläuft als in Spanien. Angeblich werden die Stiere nicht getötet, sondern junge Männer müssen ihnen Bänder oder Blumen entreißen, die man ihnen zwischen die Hörner gesteckt hatte. Die Stiere werden wütend gemacht – etwa durch Fixieren bei der Anfahrt. In die Arena geführt, sollen sie in einer bemessenen Zeit ihres „Schmuckes" entledigt werden.

Einige Stiere eignen sich besonders für solche Spielchen. Diese werden berühmt, bekommen später das Gnadenbrot. Manchem dieser „Helden" setzte man sogar ein Denkmal. Die weniger für die Arena geeigneten Tiere wandern in die Küchen der Farmen und werden zu (beispielsweise!) Gulasch verarbeitet.

So ein Gulasch-Gericht bekamen auch die Gäste vorgesetzt, nachdem sie andere und lebendige Tiere zuvor von einem Leiterwagen aus betrachten konnten.

Weiße Pferde, schwarze Stiere: Die Camargue

Schließlich erreichten die Reisenden „Maries de la Mer". Sie promenierten am Mittelmeer, sahen auch Badende. „Maries de la Mer" ist ein richtiger Küstenort im Süden. Die Besucher erfuhren die vielleicht wahre Geschichte, dass 42 n. Chr. drei heilige Frauen (Maria Magdalena, Maria Salome von Galiläa und Maria des Kleophas) per Schiff von Palästina nach Südfrankreich gekommen seien. Sie gründeten demnach eine christliche Gemeinde, und eine schwarze Sara versorgte sie durch Betteln und Bitten für die anderen. Sie ist nun die Schutzheilige der „Gitans" („Zigeuner"). Ihre Figur befand sich in der Krypta der Kirche. Alljährlich im Mai kämen „Gitans" aus aller Welt zu ihrer Schutzheiligen.

Alle übernachteten dann in „Avignon". Der Kapitän fuhr am Abend das Schiff ein Stück an der berühmten Brücke entlang. Diese Brücke überquerte die „Rhône" nicht mehr, sondern stand nur zur

Hälfte da – eine Folge natürlichen Zerfalls. Der Verlust ihrer Funktion macht ihren Charme aus. Die Brücke ist durch das Liedchen *Sur le pont d'Avignon ...* " in der ganzen Welt bekannt.

„Avignon" war zeitweise auch Papststadt. Von 1309 bis 1377 residier-

Le Pont d'Avignon

ten hier sieben von der Kirche anerkannte Päpste. „Rom" war diesen Herren nicht sicher genug. Diese französischen Päpste errichteten einen riesigen Palast, und auch die Kurie ließ sich hier nieder. All das besichtigten die Reisenden.

Papst Gregor XI. nahm die Rückkehr nach „Rom" in Angriff, starb aber kurz darauf, so dass erst der Nachfolger, der Italiener Urban VI., wieder wirklich ein römischer Papst wurde.

Doch die Sache war nicht zu Ende: Auch nach Gregor residierten „Päpste" in „Avignon". Es kam die Zeit des „Schismas" der Katholischen Kirche. Erst 1429 einigte sich der spätere Papst Martin V. mit dem Gegenpapst und beendete das kirchliche Schisma. Das war ein Ergebnis des Konzils von Konstanz: europäische Politik im späten Mittelalter!

Die französischen Päpste und ihre Kardinäle waren keine Kostverächter: Im Rhônetal und in Sichtweise „Avignons" ließ sich einer der Päpste ein Schloss auf einem Hügel erbauen, und rundherum waren Weinfelder. Hier wuchs köstlicher Roter, und er wächst noch immer. Vom Schloss steht nur noch eine Mauer, aber zu Füßen des Hügels befindet sich ein kleines Weindorf, das den Namen „Châteauneuf du Pape" trägt und vom Ruhm seines Namens lebt. Dem Vernehmen nach hatte man sich diesen Namen gegeben, um die daraus fließenden Marktchancen zu nutzen.

Schließlich kamen die Reisenden nach einer längeren Rhônefahrt wieder in „Lyon" an. Sie stiegen schon in „Vienne" in einen Bus, denn das Schiff hatte Verspätung. Dann machten sie eine Rundfahrt durch „Lyon" und bummelten durch die Altstadt. Schon bei der Ankunft hatten die Gäste hoch über der Stadt ein auffälliges Gemäuer gesehen. Nun fuhren sie hin. Es war die „Notre Dame de Fourviére" – eine Kathedrale, die auf einem alten Römerhügel thronte. Sie wurde im 19. Jahrhundert gebaut und war eigentlich ziemlich hässlich. Das Kirchenschiff war im Innern mit Mosaiken übersät. Von der Apsis der Kirche aus hatte man einen herrlichen Blick auf „Lyon" mit der „Saône" im Vordergrund.

Neben der Kirche steht ein Turm. Dessen Bau hatten Bürger von „Lyon" durchgesetzt, weil es nicht sein könne, dass eine Kirche das höchste Gebäude weit und breit sei...

Schließlich bummelten die Stolps (wieder unten) durch die engen Gassen. Was ihnen auffiel: Es gab jede Menge Restaurants, die alle einladend aussahen. Die beiden kauften eine getrocknete Wurst, die es bei einer Weinprobe gegeben und ihnen dort sehr gemundet hatte. Der Ladenbesitzer versicherte, das sei die Wurst. – Zu Hause schmeckte sie allerdings nicht mehr ganz so toll.

„Notre Dame de Fourviére" in Lyon

Schon war Ausschiffung. Frühstück gab es an Bord bis acht Uhr, und um neun Uhr mussten die Gäste die Kabine verlassen haben. Sie hatten gepackt, stellten ihre Sachen vor die Rezeption und spazierten am Ufer der „Rhône" („Quai Claude Bernard"). Sie sahen, wie die Flusskreuzfahrtschiffe (die es hier zahlreich gab) von Lastern aus allen Gegenden Frankreichs mit neuem Proviant versehen wurden, wie der Müll der letzten Reise entsorgt wurde und wie man sich auf die neuen Gäste einstellte.

Silke und Andor gingen an Gebäuden der Universität vorbei und setzten sich schließlich in ein Taxi; das sie zum Flughafen brachte.

(2016)

16. Holland und Belgien: Geizig oder doof?

„MAS" in Antwerpen

Die Reise startete unter diffizilen globalen sportpolitischen Bedingungen. In Brasilien fand die Fußballweltmeisterschaft statt. Holland, Belgien und auch Deutschland kamen nach den Vorrundenspielen ziemlich weit. Was würde sein, wenn Deutschland gegen eines dieser Gastländer spielen muss? Wenn „Jugis Jungs" gewännen oder verlören?

Als Deutscher könnte man dann im Gastland so oder so schlechte Karten haben. Aber der Fußballgott meinte es gut: Brasilien ging gegen Deutschland 7:1 baden; Argentinien warf nacheinander Belgien und Holland 'raus, und Deutschland stand im Endspiel gegen Argentinien. Also von Holland oder Belgien drohte keine Gefahr mehr, und Silke konnte mit Andor als Deutsche in aller Ruhe einreisen.

So etwas nennt man „Glück gehabt!".

Die Schiffreise auf dem „Rhein" war gerettet: Ab „Köln" sollte es nach Holland und Belgien gehen. Das unter der Flagge Maltas fahrende Schiff war übrigens ein Ersatz. Gebucht hatten sie für die „Britannia", die aber havariert war. Das war den Medien zu entnehmen. Näheres erfuhren die Gäste nicht. Die „Vienna" war jetzt eben das Ersatzschiff und war 2006 in „Rostock" gebaut worden.

Als sie kurz vor vier am Liegeplatz in „Köln" ankamen, mussten alle auf die Einschiffung warten. Denn die begann „Punkt vier". Danach stellte eine Reiseleiterin im überfüllten „Salon" die Route vor und brauchte dafür eine Stunde. Nach einer „Pause" von dreißig Minuten ging es zum Abendessen. Um 22 Uhr hieß es „Leinen los!". Sie verließen „Köln", grüßten den Dom und die Rheinbrücken, schauten in der Kabine einen Schweizer Krimi und lagen bald in den Betten, während das Schiff den „Rhein" entlang nach Holland fuhr.

Die ganze Nacht fuhren sie. Der „Rhein" war sehr frequentiert. Sie sahen viele Frachter mit Kohle und anderen Waren nach und von „Rotterdam" fahren. Die Städte „Düsseldorf", „Duisburg", „Oberhausen", „Wesel" und „Xanten" verschliefen sie, weil der Reiseplan es so wollte. Als sie ihre „Französischen Fenster" auf dem „Rhein" genießen wollten, stellten sie fest, dass das ach so moderne Schiff laut war. Es ächzte, quietschte und stöhnte. Die Klimaanlage neben der Kabine pustete permanent. Das war alles nicht schön. „Nicko-Tours" hieß das Reiseunternehmen und hätte eigentlich eine Beschwerde erhalten müssen.

Doch dann ging es nach „Nijmwegen". Das gehört schon zu den Niederlanden. Hier beginnt das Rheindelta. Der „Rhein" teilt sich, und nun fuhren sie auf der „Waal". In „Nijmwegen" gingen sie zum „Korenmarkt". Sie sahen ein altes Rathaus, eine Kirche, einen bunten Markt und viele Klamottengeschäfte, die ihre Preise reduziert hatten: Schlussverkauf. Auch Fischhändler waren da. Die Gäste genossen den neuen Matjes: Gleich in den Schlund hinein: Köstlich! Auf dem Schiff gab es als Vorspeise ebenfalls Matjes, und Silke hatte Recht: „Wie von

Aldi." Der Fisch war im Unterschied zu dem von „Nijmwegen"
schlecht: alt und salzig.

Um 22 Uhr spielte Brasilien gegen Holland um den dritten Platz
der Weltmeisterschaft im Fußball. Brasilien wollte die „Schmach" gegen Deutschland wieder gut machen. Das gelang nicht, denn die Niederländer gewannen 3:0, was den Gästen des Landes ganz recht war.

Sie befanden sich mittlerweile in „Rotterdam" und besichtigten
vormittags die Stadt. „Rotterdam" liegt an der „Maas" (einem weiteren Mündungsarm des „Rheins"). Die „Maas" kannten die Deutschen
aus der ersten Strophe des Deutschlandliedes, und nun sahen sie,
dass sie mitten in Holland fließt. Nichts war hier mit Deutschland. In
„Rotterdam" heißt der Fluss übrigens „Niauwe Maas".

Alles hier war dem Meer abgerungenes Land. Sie sahen unentwegt Grachten, Deiche, Becken, Brücken und Wasserspeicher. Die eigentliche Stadt „Rotterdam" besteht aus hochmoderner Architektur,
und von Hochseefahrt war wenig zu sehen. Das hatte zwei Gründe: 1.
Das alte „Rotterdam" wurde im Weltkrieg weitgehend zerstört und 2.
die Seefahrt benutzte mittlerweile riesige Containerschiffe, die weit
draußen an der Küste ankerten.

„Rotterdam" war die zweitgrößte Stadt Hollands und hatte einen der größten Häfen der Welt. Die Stadt hatte etwa 600.000 Bewohner, viele davon waren keine Holländer. Der Bürgermeister war
Marokkaner und mit den Problemen der Zuwanderer dem Vernehmen nach vertraut. Hier fanden sie viele große Handelshäuser und
stinkreiche Unternehmen. Dazu gehörte „Unilever". Auch „Ikea"
hatte hier eine Europazentrale. Schweden wäre für die Vertreter aus
ganz Europa zu teuer. In „Rotterdam" sah man (wie bereits bemerkt)
moderne Architektur, und in einigen Vierteln konnte man viel moderne Kunst im Straßenbild betrachten.

Ganz anders war „Delft" – eine Stadt, die ihr altes Aussehen bewahrt hatte. Es war nicht weit von „Rotterdam", wie überhaupt in Holland nichts weit zu sein schien. In „Delft" gab es alte Grachten, Kirchen
und Plätze. Es war eher ein Ort der Studenten und natürlich der Fahrräder. Die sah man allenthalben und dem Vernehmen nach hatten die
Radfahrer überall Vorfahrt. Hier waren sie friedlich und freundlich,
aber in „Amsterdam" war das anders. Überall sah man das „Delfter
Blau" – Keramik, das aussah wie altes chinesisches Porzellan und sehr
teuer war. Wer es billiger haben wollte, kaufte halt „Chinesisches
Delfter Blau"

Schließlich ankerten sie in „Dordrecht". Das war einmal das wichtigste Handelszentrum der Niederlande. Aber die große Flut von 1421 („St-Elisabeth-Flut") schnitt die Stadt vorübergehend vom Festland ab. „Dordrecht" wurde von „Amsterdam" und „Rotterdam" überrundet. Jetzt war „Dordrecht" ein beschauliches Städtchen mit rund 118.000 Einwohnern. Man sah auch hier alte Grachten: Holland wie im Bilderbuch.

An einer Stelle war die Straße abgesperrt, künstlicher Schnee lag auf der Erde und altertümlich gekleidete Menschen stolzierten einher. Es wurde gefilmt! Ansonsten sah man (wie vielerorts in Holland oder Belgien) zahlreiche Schilder: „Te koop" oder „Te huur" – „Zu verkaufen" oder „Zu vermieten". „Dordrecht" war eine Stadt auf der Abwärtsleiter.

Als sie nach einem Spaziergang aufs Schiff wollten, gab es einen Platzregen. Sie stellten sich unter und warteten, bis der vorbei war.

Um 21 Uhr war das Fußballspiel Argentinien – Deutschland. Es war das Endspiel. Deutschland gewann durch ein Tor von Götze in der 2. Hälfte der Verlängerung und war wieder einmal Weltmeister. Nun konnten die „Jungs" vier Sterne auf dem Trikot tragen: Deutschland jubelte.

Belgien jubelte nicht. Es war, als hätte es keine Weltmeisterschaft gegeben.

Morgens kamen die Reisenden in „Antwerpen" an und mussten eine Stunde warten, weil eine Zugbrücke sich erst 'mal nicht öffnen ließ. Dann durfte das Schiff doch an den Liegeplatz, und die Stadtführung begann.

Aber vor allem war Silkes Geburtstag. In der Kabine stand ein Gabentisch mit mitgebrachten Geschenken und einem Blumenstrauß. Die Geschenke waren vor allem Bücher – Reiselektüre und Schmöker. Der Champagner wurde am Tisch am Abend verteilt. Der war übrigens schön dekoriert, und am Ende trat die ganze Crew an und überreichte Silke eine Torte mit einer Wunderkerze drauf. Silke hatte einen „Schicksalsgenossen". Der wurde allerdings erst dreiundsechzig, erklärte aber stolz, er habe nun das Rentenalter erreicht: Es lebe der Fortschritt!

Silke erreichten viele Gratulationen auf dem Handy. Es kamen einundzwanzig Anrufe. Einige weitere waren verloren gegangen, weil die Technik Probleme hatte.

Nun zu „Antwerpen". Schon bei der Herfahrt sahen sie: „Antwerpen" hatte einen riesigen Hafen. Die größten Becken befanden sich an der Peripherie – fast schon an der Meeresküste. Dementsprechend lagen draußen die größten Schiffe und Raffinerien. Je näher man der Stadt kam, desto kleiner wurde alles. Was früher ausreichte, war jetzt zu klein. „Antwerpen" war ein Containerhafen, flächenmäßig der größte der Welt. Hier arbeiteten (und verdienten teilweise sehr gut) 148.000 Menschen. Demgegenüber hatte „Antwerpen" etwa 500.000 Einwohner und war nach „Brüssel" (eine Millionen) die zweitgrößte Stadt Belgiens, wo insgesamt fast elf Millionen Menschen lebten - in Holland rund siebzehn Millionen.

Die Stadt liegt an der „Schelde" (was die Einheimischen komisch aussprechen). Diese kommt von Frankreich her und fließt in die Nordsee. Einst hauste hier der Riese Antigonus, der Schiffern, die kein Zoll zahlen wollten, die Hand abhacke und sie in den Fluss warf. Da kam der römische Soldat Silvius Brobo, besiegte den Riesen, hackte nun ihm die Hand ab und warf diese in die „Schelde". Aus diesem „Hand werpen" wurde „Antwerpen". So kam die Stadt zu ihrem Namen.

Zu den Sehenswürdigkeiten von „Antwerpen" gehörten der „Grote Markt" mit Brobobrunnen und Rathaus, eine Wikinger-Burg („Hohe Steen") direkt an der Schelde (heute fast mitten in der Stadt) und die gotische „Onze-Lieve-Vrouw-Kathedraal" mit einem 123 Meter hohen Turm. Die Kathedrale ist ein wahres Schmuckstück. Sie ist hell und wirkt dadurch trotz ihrer Größe nicht abstoßend. Hier konnte man zwei der bedeutendsten Rubens-Gemälde bewundern: „Kreuzaufrichtung" und „Kreuzabnahme".

Rubens ist übrigens ein Sohn der Stadt „Antwerpen". Vor der Burg steht ein anderer Großer: der „Lange Wapper". Das ist ein Riese aus alter Zeit, der ein Tunichtgut mit einem großen Körper und kleinem Verstand war. Durch Ehrbezeugung sollte man sich gut mit ihm stellen. Wer das nicht tat, dem konnte es bald schlecht gehen, was sich bald als wahr herausstellte...

Nach einem ersten Rundgang durch „Antwerpen" unter der Leitung eines witzigen Führers ging es zum Mittagessen aufs Schiff. Als Nachtisch gab es da Rhabarber in rosa „Schlibberdibibba"-Soße. Die Rhabarber-Stücke waren roh und schmeckten teilweise bitter. Die Tischgenossen aßen sie nicht – Andor schon...

Am Nachmittag war „Freizeit", und sie zogen noch einmal in die Stadt. Silke wollte gerne ein Stück Kuchen essen, doch in dem Restaurant am Markt, wo sie sich niederließen, gab es so etwas nicht. Also kamen nur eine Tasse Schokolade für das Geburtstagskind und ein Cappuccino für ihren Begleiter.

Zwischen Belgien und Holland gibt es übrigens so einige kleine Streitereien. Parkt in Holland einer doof, heißt es: *„Das kann nur ein Belgier sein."* Hält dagegen in Belgien einer sein Geld zusammen, heißt es: *„So geizig kann nur ein Holländer sein."*

Auf dem Nachhauseweg kamen sie unversehens ins Rotlichtviertel von „Antwerpen". In Läden standen leicht bekleidete „Damen", und wer dachte, das seien Schaufensterpuppen, der irrte. Das waren junge „Damen" aus Fleisch und Blut. Manche telefonierten (mit wem wohl?).

Plötzlich war alles vorbei – „Antwerpen" normal. Sie gingen über zwei breite Fahrradwege, zwei nicht ganz so breite Autostraßen, einen schlecht markierten Fußgängersteig und kamen am Schiff an. Hinauf ging die Gangway, zur Rezeption, um die Ausgangskarten abzuliefern, und ab in die Kabine.

Hätte er doch bloß den „Langen Wapper" ehrfurchtsvoll gegrüßt! Andor hatte es nicht getan, und nach Mitternacht wurden „kleine Teufelchen" im Gedärm aktiv. Sie taten das ein-, zwei-, dreimal. Das war nicht sehr angenehm. Man sollte eben doch den „Langen Wapper" ehren!

Sie besuchten (es war kühl geworden) das „MAS" („Museum aan de Stroom"), einen roten modernen Backsteinbau, der an ein Lagerhaus erinnern sollte, das hier einmal stand. Das „MAS" ist ein imposantes Bauwerk (neun Stockwerke hoch). Die meisten Ausstellungen dort waren umsonst. Sie schauten sich die Schau „Exodus. Auf der Flucht vor dem Krieg" an: Deutschland ist 1914 in das eigentlich neutrale Belgien einmarschiert und hat am 28. September angefangen, das Land zu bombardieren. Menschen wurden getötet, Siedlungen zerstört. Auch und gerade „Antwerpen" war betroffen. Vor diesem Terror flohen etwa eine Millionen Belgier nach Frankreich, Holland und England. Die Ausstellung berichtet vom Schicksal dieser Menschen. Sie trafen teilweise schlimme Zustände an. Als der Krieg am 11. November 1918 zu Ende war, kehrten die Belgier zurück und kamen dabei oft in eine verwüstete Heimat.

Die Stolps sahen auch eine Ausstellung über die Diamanten-schleiferei. Die hatte „Antwerpen" schließlich einst reich gemacht. – Nun war der Hafen die Quelle des Reichtums der Stadt. Bei der Ausfahrt sahen sie die riesigen Hafenanlagen, die Lagerstätten für alle möglichen Güter, die Tanks, die riesigen Containerschiffe, die Hallen, Schienen und Straßen dieses großen Geländes. „Antwerpen" versorgt Europa mit vielen Produkten.

Von „Antwerpen" ging es nach „Amsterdam". Das dauert anderthalb Tage. Es ging über Seen, durch Kanäle, Flüsse und Schleusen. Und überall war Wasser, Wasser, Wasser. So glitten sie hinüber von Belgien nach Holland.

Früh wurden sie am folgenden Tag in Busse verfrachtet und besichtigten „Amsterdam". Das hatte etwa 800.000 Einwohner und ist eine richtige Weltstadt, dabei sehr sauber. „Amsterdam" entstand erst ab 1300, und es steht (wie vieles in Holland) auf Land, das dem Meer abgerungen wurde. Dazu dienen die Gräben („Grachten"), die so charakteristisch für Amsterdam und Holland sind.

Silke und Andor waren früher schon einmal in dieser Stadt der Kunst. Frans Hals, Rembrandt oder Jan Vermer hatten hier gewirkt. Mittlerweile gab es eine Fülle von Museen – allen voran das „Rijksmuseum": Gleich gegenüber befand sich das „Concertgebouw". Beide beherbergten Weltinstitutionen. Man sah lange Schlangen vor dem „Van Gogh Museum" mit 200 Gemälden oder vor dem „Anne-Frank-Huis". Renzo Piano, der italienische Stararchitekt, hatte im Hafen das Gebäude („NEMO") eines Technologie-Zentrums errichten lassen. Das ist ein beeindruckender Bau, ganz mit Kupfer verschalt und fügt sich wunderbar in das Stadtbild ein.

„Amsterdam" war und ist auch die Stadt des Kommerzes. Einst war es Wirtschaftshauptstadt der Welt. An den Grachten sah man überall Kaufmanns- und Handwerkerhäuser. Dort residierten nun entweder Firmen, oder vermögende Freaks. Sie mussten die Kosten für die Renovierung und Restaurierung ihrer alten Häuser selber tragen, was der Stadt sehr half.

„Amsterdam" zeigte sich den Besuchern vom Schiff als junge Stadt. Junge Leute kamen her. Haschisch war legalisiert, und das Hauptverkehrsmittel war das Fahrrad. Die Fahrradfahrer waren absolute „Kings". Sie durften durch die Stadt brettern; alle anderen Verkehrsteilnehmer waren ihnen gegenüber zweitrangig. Passierte ein Unfall, waren die Radler unschuldig.

Eine Gruppe vom Schiff stand in einer engen Gasse vor einer Bäckerei in einem Jugendstilladen. Da kam ein niederländischer Radfahrer angeflogen, fuhr fast in die Gruppe hinein, bremste schroff, rief „Nazis!" und sauste weiter.

Ein Stück weiter nördlich von „Amsterdam" liegt am „Ijsselmeer" „Hoorn" – eine alte Seefahrerstadt, die einst „Amsterdam" übertraf. 1616 brach der Kapitän Willem Schouten nach Südamerika auf, und er benannte die Südspitze dieses Kontinents nach seiner Heimatstadt „Kap Hoorn". 1642 fuhr Abel Tasman ab. Er entdeckte Neuseeland und Tasmanien. Jan Pieterszoon Coen gründete „Batavia" – das heutige „Jakarta". Aus dem „Zerbrochenen Krug" ist das bekannt.

„Hoorn" war jetzt eine Kleinstadt, hatte viele schöne Grachten sowie jede Menge schiefer Hollandhäuser. Es sah sehr gemütlich aus. Zentrum war der Platz „Rode Steen" – so genannt nach den Hinrichtungen, die hier einst stattfanden. Auf seinem Mittelpunkt steht ein Denkmal für Jan Pieterszoon Coen, den die Niederländer mittlerweile nicht mehr so sehr verehrten, denn er benutzte ziemlich fiese Methoden zur Unterjochung „Einheimischer" im fernen Indonesien.

Von „Hoorn" aus machten sie eine Busfahrt nach Nordholland. Sie sahen Deiche (auf deren Kronen sie manchmal fuhren), Gräben und Polder: Das waren Landstücke, die der einstigen See entrungen wurden. Auf ihnen standen meistens Kühe und Schafe, denn Ackerbau funktionierte nicht auf diesen Böden.

Aber die Holländer haben aus der Not eine Tugend gemacht, und sie produzieren Käse, den sie in alle Welt exportieren.

Immer musste Wasser abgepumpt werden, um alles zu erhalten. Jemand soll ausgerechnet haben, dass das Land wieder untergehen würde, wenn man damit drei Monate aussetzen würde.

Sie besichtigten eine Käserei. Da gab es allerdings nicht viel zu sehen; die Produktionsstätte blieb verborgen. Das war ein Verkaufsladen mit allen möglichen Käsesorten. Produziert wurde vor allem „Gouda" – so heißt auch ein Ort in dieser Gegend. Der „Gouda-Käse" wurde versetzt mit allen möglichen und unmöglichen Gewürzen. – Teurer als zu Hause im Supermarkt war er ohnehin.

Nach diesem Ausflug verließ die „Vienna" „Hoorn" und fuhr nach „Kampen". Dort kam sie gegen 17 Uhr an. „Kampen" wurde in 12. Jahrhundert gegründet und hatte zur Zeit des Besuchs 30.000 Einwohner. Das Stadtbild war unzerstört-altholländisch. Es gab drei gut erhaltene Stadttore zu bestaunen. Gerade war Markt in der Stadt. An drei

Punkten parallel zum Hafen hatten sich die „Kampener Bühnen" mit brüllenden Lautsprechern aufgestellt, und die wurden auf „volle Pulle" gedreht. Das Schiff und die Kabinen wurden gut beschallt. Um vierundzwanzig Uhr war jedoch Schluss. Man konnte also auch in „Kampen" schlafen. Die Stadt hatte übrigens mehrere Hafenbecken, und soll ein Anziehungspunkt für Bootsfreaks aller Art gewesen sein. Um das alles zu ehren, kaufte sich Andor ein Paar Segelslipper. Der linke Schuh hatte zwei kleine rote Bänder („backbord"), und der rechte hatte grüne („steuerbord"). So ausgerüstet ging er weiter auf Kreuzfahrt.

Die Urlauber erfuhren dann, dass über der Ukraine ein Flugzeug abgeschossen wurde, das in „Amsterdam" gestartet sei und nach „Malaysia" wollte. Alle Passagiere seien tot, unter ihnen über hundert Holländer.

In den Niederlanden wurde halbmast geflaggt.

Um neun Uhr machte sich das Schiff auf nach „Lelystadt", wo es um zwölf Uhr ankam. „Lelystadt" ist nach dem Ingenieur Cornelius Lely (1854 – 1929) benannt, der die einstige „Zuidersee" trocken legte. Es entstand die Provinz Flevoland, die 1986 von der Königin Beatrix ausgerufen wurde. Die Polder werden zum Anbau von Mais, Kartoffeln, Zuckerrüben und sogar Getreide genutzt. Straßen und Autobahnen liegen über dem Land.

Mit dem Bus fuhren sie nach „Deventer". Das ist eine einstige Handelsmetropole mit alten Bauwerken aus dem 16. und 17. Jahrhundert. In der Stadt steht ein Denkmal für Albert Schweizer, der in der Kirche dort Orgelkonzerte gegeben hatte, um seine Projekte in Afrika zu finanzieren. In „Deventer" war es dann auch heiß wie in Afrika, und ein Bier in einem Straßencafé tat wohl. Der Stadtrundgang dauerte mit An- und Abfahrt per Bus insgesamt viereinhalb Stunden. Das war etwas lang.

Im überfüllten Salon des Schiffes dann verabschiedete sich der Kapitän Zinum Zivic mit einem Gläschen Sekt. Er wünschte den Gästen alles Gute. Dann folgte ein „Gala-Abendessen", bei dem die Crew des Schiffes am Ende eine Eisbombe servierte. Hinterher fand eine Tombola statt, die der Crew zugutekommen sollte. Das Ehepaar Stolp hatte sechs Lose gekauft, aber keines gewann. Machte nichts – die Gewinne waren ohnehin nicht begehrenswert. Hinterher tranken Silke und Andor noch Einen mit einem Hamburger Ehepaar, das am selben Essenstisch gesessen hatte.

Müde fielen sie in die Betten in ihrer Kabine.

In „Arnheim", das einmal preußisch war, hatte der Zweite Weltkrieg tiefe Wunden hinterlassen. 1944 fand eine Schlacht statt, und die Stadt glich hinterher einer Trümmerwüste. Nur 150 Häuser blieben unversehrt. „Arnheim" hatte 1233 die Stadtrechte erhalten und gehörte einst der „Hanse" an. Es war jetzt Provinzhauptstadt von Gelderland und hatte 144.000 Einwohner. Die Gäste besuchten die spätgotische „Grote St. Eusebiuswerk"-Kirche und fuhren mit einem Fahrstuhl den Turm 93 Meter hinauf. Dort hatten sie einen herrlichen Blick über Stadt und Land.

Das Hauptschiff der riesigen Kirche wurde wieder aufgebaut. Es war protestantisch karg, vor der Kanzel waren ein paar Stühle aufgestellt. So viele Gläubige wie früher gab es auch hier nicht mehr. In der Kirche (die in den nächsten zwanzig Jahren wiederhergestellt werden sollte) war der Marmorsarkophag des Grafen Egmont von 1538 aufgebahrt.

An die Kirche schloss sich das „Oude Stadhuis" von 1540 an, das sie aber nicht besichtigten. Vor der Kirche war Markt. Blumen, Fisch, Obst und Gemüse, Brot und Käse konnte man hier kaufen. Die Straßen rundum bargen viele Geschäfte, und neben allerlei Kettenfilialen gab es noch einheimische Originalläden. Das ergab eine gute Mischung.

Gegen dreizehn Uhr setzte sich das Schiff wieder in Bewegung, und es ging nach „Köln". Irgendwann hatten sie die deutsch-niederländische Grenze passiert. Sie sahen Städte wie „Xanten" und „Wesel", und am Niederrhein war es so heiß, dass die Kühe in den „Rhein" gingen, um sich abzukühlen. Schließlich „durften" sie auch die in der Woche konsumierten Getränke bezahlen – bei den Stolps machte es rund zweihundert Euro. Dann packten sie die Koffer, die am nächsten Morgen um sieben Uhr vor der Tür stehen sollten – mit passenden Banderolen gefälligst!

(2014)

17. Irland: Whiskey in alten Wein- und Sherryfässern

Lisa und Heinz Tierheim, Silke und Andor Stolp flogen nach Irland.

Unübersehbar: Irland liegt hinter England. Einerseits will man als gestandener Ire mit England nichts zu tun haben. Andererseits ist man froh, zur großen englischen Sprachfamilie zu gehören. So stehen den

Iren lingual neben dem wenig geliebten England die USA, Kanada, Australien und Südafrika offen. Es ist also Platz für sie in der Welt. Den haben sie gebraucht. 1845 wohnten 8,5 Millionen Menschen auf der Insel; 2012 waren es 6,3 Millionen (4,5 Millionen in der Republik Irland / 1,8 Millionen in Nordirland). 1845 bis 1852 hatte es eine große Hungersnot gegeben, und damals sollen etwa eine Millionen Iren gestorben sein. Eine weitere Million ist (meist in die USA) ausgewandert. Die Hungersnot war eine Folge der Kartoffelpest, die vor allem im Westen des Landes die Menschen dahinraffte. Die ärmsten der Iren waren hierher vertrieben worden. Das Land hatte wohl genug andere Nahrung, doch die ging in dieser Zeit nach England. Im Westen aber faulten die Kartoffeln, das Hauptnahrungsmittel der Leute dort.

Die vielen Iren in den USA bildeten dort eine Macht. Andrew Jackson (ab 1829) war angeblich der erste Präsident irischer Abstammung, dem später John F. Kennedy (ab 1961) folgte. Kennedy war wie 86,6 Prozent der irischen Republikaner katholisch.

Die Republik Irland ist offiziell zweisprachig. Irisch (Gälisch) ist erste Landessprache, doch die Umgangssprache ist Englisch. Die Gebiete, in denen Gälisch gesprochen wird, heißen Gaeltacht, aber nur 50.000 Iren beherrschen die alte Sprache. Es gibt ein Gaeltacht-Ministerium, und alle Schilder sind zweisprachig. Es gehört zur Ideologie der Republik, die alte Sprache zu schätzen und zu fördern.

Irland ist schon lange besiedelt. 6000 v. Chr. soll es hier Menschen gegeben haben, und die Kelten kamen 400 v. Chr. Sie gelten als „Ur-Iren", hatten Druiden und Barden. 800 Jahre später wurden sie durch den Heiligen Patrick (wie auch immer, aber friedlich) christianisiert, und es entstanden frühe Klöster, von den aus Nordeuropa christianisiert wurde. Das war die goldene Zeit Irlands.

Dann kamen Wikinger. Sie plünderten zuerst Klöster und ließen sich später nieder. Nach den Wikingern fielen Normannen 1066 unter Wilhelm dem Eroberer ein. Sie waren den Einheimischen militärisch überlegen. Mordend und plündernd eroberten sie 75 Prozent des Landes und errichteten mächtige Festungen, Kirchen und Klöster in ihrem Stil. Innerhalb von 150 Jahren assimilierten sich auch die Normannen in Irland.

Nun fürchtete England um seinen Einfluss. Es unterdrückte die Katholiken. Das Irische wurde verboten. England kolonisierte das Land, und es kam immer wieder zu Aufständen. Katholiken verloren die Bürgerrechte. Die Klöster wurden ihres Einflusses beraubt, und Heinrich VIII. setzte Engländer als Großgrundbesitzer mit großen Privilegien und Ländereien ein. Diese saßen oft in England („absentee landlords") und ließen sich durch Verwalter vertreten.

So einer war auch Mr. Boykott, der 1880 auf Geheiß seines Herrn die Pachtzinsen erhöhen sollte – trotz schlechter Ernten. Die Pächter verweigerten die Arbeit und isolierten den Verwalter, und ein neues Wort war geboren: „Boykott"!

Vorher (1823) hatten Robert Emmet und Daniel O'Connell die „Catholic Association" gegründet, und 1829 wurden vor allem auf Betreiben O'Connells die antikatholischen Gesetze aufgehoben. O'Connell gilt seitdem als „The Liberator". 1920 schließlich wurden in „Dublin" und „Belfast" irische Parlamente eingerichtet. 1921 wurde die Republik Irland ohne Nordirland gegründet. „Dublin" wurde Hauptstadt, und der größte Teil Irlands ist seitdem von England befreit.

1973 trat die Republik Irland der EU bei. Bald trumpfte der „keltische Tiger" ökonomisch auf. Es kamen Gastarbeiter in die Republik. Doch aus dem Tiger wurde ein Bettvorleger, und heute hat Irland eine Arbeitslosenquote von 17 Prozent. Auf der Straße kann man sehen: Vielen Menschen geht es schlecht.

Aber die Iren bleiben fröhlich. In „Killorglin", einem kleinen Städtchen, feiern sie jeden August „Puck Fair". Dabei wird ein Ziegenbock zum König von Irland gekrönt. – Die Iren sind auch große Schriftsteller und Unterhalter: James Joyce, Samuel Becket, George Bernard Shaw, Jonathan Swift oder William Butler Yeats sind die bekanntesten. Man sagt, wenn die Iren 'mal nicht betrunken sind, schrieben sie Nobelpreistexte. – Es gibt auch hier Feen, Kobolde und Elfen. Kobolde zum Beispiel führen einen zu einem Goldtopf. Jedoch wenn man sie aus den Augen verliert, sind sie weg, lösen sich in Luft auf. Das ist bestimmt wahr! – In „Tralee" wird jedes Jahr die „Rose von Tralee" gewählt. Das ist die schönste Irin, und ihr Schicksal ist es, Reklame für das Land machen zu dürfen.

Nun aber hinein ins Vergnügen!

Als sie starteten, ist es sehr heiß in Deutschland. Mit dem Bus 135 und der Bahn fahren sie zum Flughafen und starten fast pünktlich um 11 Uhr mit der „Aer Lingus" nach „Dublin". Um 12 Uhr Ortszeit (13 Uhr MEZ) landen sie in der irischen Hauptstadt, und hier ist es kühl – etwa zwölf Grad. Sie werden abgeholt von einem knallroten Bus, der aus der Uckermark kommt. Dieser Bus wird mit Leuten aus Brandenburg, Niedersachen, Sachsen, Hessen und „Berlin" gut gefüllt. Als erstes wird die Gruppe zum „National Botanic Garden" gekarrt, wohl um nicht zu früh ins Hotel zu kommen. Im Garten sind prächtige Frühjahrsblüher zu bewundern.

Schließlich checkten sie doch bei starkem Regen im Hotel ein. Das war das „The Croke Park Hotel", direkt neben einem riesigen und modernen Fußballstadion gelegen, aber ruhig. Dort bekamen sie ein gepflegtes und gemütliches Zimmer. Unter Führung eines externen Guides gingen sie in die City und zur O'Connel-Street, wo das Zentrum der Stadt ist. Eine O'Connel-Street gibt es wohl in jeder irischen Stadt. Sie mussten beim Linksverkehr etwas aufpassen. Bei Queren einer Straße hieß es zuerst *Look Right* und dann *Look Left*. Dass es Irland nicht gut ging, sah man an den vielen Schildern „To Let" oder „For Sale". Dennoch war „Dublin" eine Metropole. Man sah Menschen aus vielen Ländern, und alle sprachen Englisch. Während der „Tiger"-Zeit sind übrigens auch viele Polen gekommen. Nun war die Arbeit knapp, und die jüngsten Gastarbeiter haben das Nachsehen.

Die Besucher sahen viele alte Gebäude (Theater, ein Postamt, ein Zollamt, Denkmäler) und kamen schließlich zum „River Leyffey". Hier drehten sie um und kehrten bald in einen Pub ein, um ein erstes „Guinness" zu zischen. Viel war da nicht los. Als sie auf die Straße gingen, schien die Sonne. Na bitte!

Das Abendbrot war gut Wie immer traf sich die Reisegruppe um 19 Uhr. Ein Bier kostete vier Euro fünfzig. Daran ändert sich nichts während der ganzen Reise. Früh sanken sie in die Betten (Deutsches Fernsehen gab es nicht.) und erwarteten mit Spannung den kommenden Tag.

Dann machten sie eine Stadtrundfahrt in „Dublin". Alle Gäste saßen um 9 Uhr im Bus, aber der Stadtführer war nicht da. Er kam später, entschuldigt sich nicht und erwies sich als ziemlich inkompetent. Da er meistens schwieg, störte er wenigstens nicht.

Sie sahen rote mehrstöckige Reihenhäuser, die aus Backstein im 19. Jahrhundert errichtet wurden – klassizistisch und im Quadrat um ein „Green" herum. Unten war das Wohnzimmer, im ersten Stock der große Salon, darüber das Schlafzimmer und dann andere Räumlichkeiten. Eigentlich waren es Türme. Hier sah vieles vergammelt aus. Diese Häuser hatten bestimmt bessere Tage erlebt.

„Dublin" ist sehr alt. Die Stadt wurde 448 n. Chr. gegründet und war einst nach „London" die zweitgrößte Stadt Englands. Sie hatte jetzt etwa eine Million Einwohner. Heute klapperten sie im Grunde die O'Connel-Street, die sie tags zuvor per Pedes erkundet hatten, noch einmal mit dem Bus ab. Sie sahen das „0-2-Theater", das alte Parlamentsgebäude, die Universität, und Pubs – alles von außen!

Es ist zwar der 1. Mai, aber die Iren sparten sich den freien Tag als „Bank-Holiday" auf. Das würden sie am Ende der Reise noch zu spüren bekommen. – Im Übrigen hatten die Iren gepfefferte Preise, und in dem hohen Preisniveau lag wohl auch eine Ursache für die wirtschaftliche Krise, in der das Land steckte.

Es ging in die „St. Patrickskathedrale" - eine „Nationale Kathedrale" und Stiftskirche. Eine dem Heiligen gewidmete Kirche wurde dort schon im 5. Jahrhundert gebaut. Die Normannen errichteten 1191 eine Steinkirche, die im 13., 14. und 18. Jahrhundert repariert und fortgebaut wurde. Von 1713 bis 1745 war hier kein Geringerer als Jonathan Swift Dekan, und 1742 wurde in dieser Kirche Händels „Messias" welturaufgeführt. Über dieses Ereignis gibt es eine Erzählung von Stefan Zweig. Das alte, vom Heiligen Patrick gegründete Irland, war ohne die Römische Amtskirche urtümlich christlich. Die Kathedrale ist von außen grau (Kalkstein) und hat innen einen aus bunten Steinen gelegten Fußboden. Sie besteht aus einem Kirchenschiff, nördlichen und südlichen Seitenschiffen, nördlichen und südlichen Querschiffen, einem Chor mit zwei Chorgängen, einer Arienkapelle und einer Taufkapelle. Die Kirche ist imposant, aber als Nationales Monument etwas überladen.

Danach besuchten die Irlandfahrer eine Whiskey-Destille. Aber es war nicht irgendeine Einrichtung, die sie aufsuchten, sondern „The Old Jameson Destillery". Es ging lustig zu. Zuerst erfuhren sie, wie es früher einmal war. Ein Journalist aus „New York" kam einst her und ließ sich die Destille zeigen. Er schrieb viel in seinen Notizblock und zog beeindruckt von dannen. Sie lernten sodann, dass Whiskey aus Gerste und Wasser hergestellt wird. Der Produktionsprozess ist angeblich einfach, in Wirklichkeit schon etwas kompliziert. Ein Clou ist, dass der Whiskey in alten Wein- und Sherryfässern gelagert wird und dort seine Farbe annimmt. Der irische Whiskey wird dreimal destilliert; angeblich schmeckt er deswegen so mild. Am Ende der Führung durften alle etwas kosten. Aber Vorsicht: Der Stoff war sehr teuer. Und natürlich gab es Unterschiede je nach dem Alter des Getränks. –

Ein kleiner Wermutstropfen war es dann schon, dass das hier „nur" ein Museum war. In Wirklichkeit wird der Whiskey von „Jameson" längst in „Cork" hergestellt...

Nach der „Jameson Destillery" in „Dublin" machten sie einen großen Sprung nach Westen und „landeten" schließlich in einem Hotel in der Nähe von „Limerick". Auf der Fahrt wurden sie immer wieder begleitet von Regen. Immer hört man: Es regnete zwar viel in Irland, aber dafür ist die Insel schön grün: Das stimmt wirklich.

Am 2. Mai präsentierte sich Irland in strahlendem Sonnenschein. Das traf sich gut, denn sie fuhren ans Meer und besuchten die „Cliffs of Moher". Die lagen südlich der „Galway Bay". Es sind Steilfelsen, die 120 bis 200 Meter aus dem Meer ragen. Diese Formation zieht sich über acht Kilometer hin. Für einunddreißig Millionen Euro wurde ein Besucherzentrum errichtet mit einer treppengeführten Route, Toiletten, einem Restaurant, einer Ausstellung usw.. Das Ganze kostete natürlich Eintrittsgeld. Erwachsene zahlten sechs Euro, Senioren vier. Dafür nisteten hier Seevögel: Papageientaucher, die als „clownartig" bezeichnet wurden, Eissturmvögel, Wanderfalken und Dohlen. Insgesamt sollen es 30.000 Brutpaare sein. Auch ohne die Tiere waren die „Cliffs of Moher" beeindruckend. Es ist eine großartige Landschaft.

Auf dem weiteren Weg kamen sie zu einem steinzeitlichen Hünengrab, dem „Poulnabrone Dolmen", wo eine riesige Steinplatte über aufrechtstehenden Steinen lagerte – seit ewigen Zeiten. Das Ganze lag in einer Steinwüste, war Kalkstein aus dem aufgeschwemmten Meer. Der Landstrich nennt sich „Burren". Zwischen den Kalksteinen befanden sich Moore, und früher hatten die Iren Moor zu Briketts verarbeitet und damit geheizt. Viele Menschen können es nicht gewesen sein, denn in diesem Gebiet wächst kaum etwas Essbares.

Weiter ging es nach „Galway". Das ist eine Stadt mit 73.000 Einwohnern, die größte Stadt im irischen Westen. Im Sommer soll sie ein Anziehungspunkt für Urlauber sein. Sie machten eine Bootstour und fuhren mit dem Schiff „The Corrib Princess" auf Irlands größtem See, „Lough Corrib". Das Wetter war immer noch gut. – Irgendwann ging fast alles ins Unterdeck („Luxury Saloon"), denn dort führte eine darauf spezialisierte Irin vor, wie man „Irish Coffeé" zubereitet. Dazu brauchte man so eine Art Grog-Glas, heißes Wasser, Kaffee, Schlagsahne, irischen Whiskey, Zucker und das richtige Know-how. Dann mundet es. Man konnte nach dem Trinken gern ein irisches Tänzchen wagen...

Von „Galway" zurück nach „Limerick" war es eine weite Tour, immer durch grünes Land. Heute waren sie im „County Clare". Morgen würde es ins „County Kerry" gehen.

Am 3. Mai besuchten sie zunächst „Limerick". Diese Stadt hat 53.000 Einwohner, und die Wikinger nannten den Platz „öder Fleck". Hier spielt ein Großteil des Romans *Die Asche meiner Mutter"* von Frank McCourt. *„Natürlich hatte ich eine unglückliche Kindheit; eine glückliche lohnt sich ja kaum. Schlimmer als die normale unglückliche Kindheit ist die unglückliche irische Kindheit, und noch schlimmer ist die unglückliche irische katholische Kindheit."* Der Roman spielt in den 30er und 40er Jahren. Da ging es den Menschen in „Limerick" sehr schlecht.

„Limericks" sind auch Fünfzeiler, die von irischen Städten und Menschen erzählen. Auf Deutsch könnte es vielleicht so klingen:

„Der Bürgermeister von Berlin
wollte einen Airport aufziehn.
Doch der Brandschutz ging nicht rein.
Da ließ er die Sache vorerst sein.
Man musste weiter von Tegel flieh'n."

Sie sahen am Ufer des Shannon die Burg von „Limerick". Es ist ein „King John's Castle" aus dem 13. Jahrhundert: Wehrhaft und sehr düster. Nicht viel anders ist es mit „St Mary's Cathedral". Diese Kirche lag in der „English Town" und war protestantisch. Sie stammt aus dem 12. Jahrhundert und wurde unter dem letzten König von „Munster", Dónal Mór O'Brien, erbaut. Später wurde kräftig hinzugefügt.

Nahe der Kathedrale war die Matthew Bridge, und dahinter lag der mittelalterliche Stadtkern, die „Irish Town". Das war eine Einkaufsgegend mit z.T. „zweckentfremdeten" Läden. In einem wurden unzählige Tonfiguren gezeigt, die unschuldige Opfer darstellten. – Auch hier gab es eine „O'Connell Street", auch hier sah man viele Ausländer. Die Einheimischen wirkten ärmlich, aber ein Irland-Kenner sagte, die Iren würden auf Äußerlichkeiten keinen großen Wert legen. Das ist gewisslich wahr!

Im Atlantik musste gerade Ebbe sein, denn alles Wasser des Shannnons und der Kanäle strömte mit ziemlicher Macht Richtung Meer. Es war, als ob die Stadt ausgesaugt würde, und normalerweise auf Straßenniveau liegende Schiffsanlegepontons sanken metertief ab, bis sie den schlickigen Boden erreicht hatten.

Von „Limerick" aus ging es weiter. Nach dreißig Minuten erreichten sie „Adare". Das war ein pittoresker Ort mit kleinen Läden, Restaurants und Parks. Jedoch: Durch dieses gemütliche Dorf donnerten Laster. Der Fernverkehr ging mittendurch. Aber es blühten viele Blumen, so dass es mehr Farbe gab als in „Limerick". Die Vier kehrten ein, verspeisten je eine „Atlantic-Showder" und tranken dazu je ein kleines Guinness. Und die Sonne lugte gelegentlich aus dem Himmel.

Schließlich kamen sie in „Tralee" an, wo sie drei Nächte bleiben wollten. „Tralee" ist eine Provinzstadt mit 23.000 Einwohnern. Sie ist der Sitz der berühmten „Kerry"-Molkereien, also gewissermaßen die Zentrale von „Kerry Gold". Aber Achtung: Die Butter war manchmal in Deutschland preiswerter als in Irland. „Tralee" (keltisch: „Tra Li") ist keltisches Gebiet. Es gibt auch ein keltisches Theater, das altes Brauchtum pflegte. Seinerzeit spielte es aber nicht...

Das Hotel (vier Sterne) hatte laut Prospekt einen Swimming-Pool. Das war aber nicht der Fall. Vielleicht einen Kilometer entfernt befand sich eine Einrichtung, die „Aqua Dome" hieß, und da „durften" Hotelgäste hinlaufen und hatten kostenlosen Eintritt. – Aber wer macht das schon – zum Beispiel vor dem Frühstück oder nach dem Abendessen?

Am 4. Mai war der „Ring of Kerry" dran, eine Rundfahrt entlang einer wilden Küstenlandschaft mit Buchten, Bergen und Seen. Alles erinnerte etwas an die Kanarischen Inseln, nur das Wetter nicht. In „Waterville" hielt der Bus. Das ist ein kleiner Küstenort mit einem Strand, an dem aber keiner badete. Dazu war es einerseits zu kalt, und andererseits warnte ein Schild davor, weil das Wasser zu schmutzig sei. Dafür stand inmitten des Ortes eine Statue von Charly Chaplin. Warum, wurde nicht erklärt. Aber so hatte der Ort wenigstens einen Mittelpunkt.

Weiter ging es die Südküste der Halbinsel Iveragh entlang bis zum Örtchen „Sneem". Dort war eine urige Brücke, die über einen in Kalkfelsen hineingefressenen Bach führte und ein großer quadratischer Patz, um den viele Häuser des Dorfes standen. Es gab einen Bäcker, einen Supermarkt, Butiken und Restaurants. Die Reisenden griffen auf die Wiener Würstchen des mecklenburgischen Busses zurück. Das war preiswert und solide.

Schließlich fuhren sie in den „Killarney National Park". Das war ein gepflegter Ort mit einem Schloss am See („Lough Leane"). Im Park blühten riesengroße Rhododendren, die von manchen Reisebegleitern „Fuchsien" genannt wurden. Auch andere Pflanzen, die zu Hause klein und bescheiden in den Gärten stehen, waren hier als Solitäre zu wahren Riesen gewachsen. Kleine Pferdewagen fuhren zwischen Schloss und See hin und her, und auf dem See konnte man im Boot schippern. In „Killarney National Park" gab es natürlich auch ein Besucherzentrum mit Restaurant, Shop und Toiletten. Es war für alles gesorgt.

Es ging wieder nach „Tralee." Nach dem Abendessen (wie fast immer Lachs oder Hühnchen) machten Silke und Andor einen Spaziergang an einem hinter dem Hotel fließenden Bach. Sauber sah der nicht gerade aus. Der Weg führte bis zu einem „Lidl" und war dann zu Ende.

Früh am 5. Mai bummelten sie noch einmal durch „Tralee". Es war Feiertag, und manche hatten sich zum Einkaufen offensichtlich fein gemacht. Als Mitbringsel kauften die Stolps noch einmal Küchenhandtücher – „Teatowels" genannt. Dass die aus Leinen waren, konnte man glauben oder nicht. In „Adare" jedenfalls hatte ihnen eine Verkäuferin geraten, an die Fabrik zu schreiben, wenn sie wissen wollten, aus welchem Material die Handtücher seien.

Gegen 11 Uhr fuhren Silke und Andor mit dem öffentlichen Bus („Bus Eireann") nach „Dingle Town" oder auch „Daingean Ui Chúis", einem Hafenort. Die Fahrt dauerte etwa eine Stunde (mit dem „R-275") und kostete als „Day Return" sechzehn Euro fünfzig. Unterwegs sahen sie viele Schafe und Kühe. Als sie ankamen, sagte der Fahrer „That's it!" und verließ den Bus. „Dingle" hatte etwa 2000 Einwohner. Als erstes sahen sie eine Bronzestatue von „Fungie", dem freundlichen Delphin. Der sollte seit 1984 im Hafen leben, war in Wirklichkeit wohl längst gestorben. Aber es existierte eine Delphinschule, so dass die Touristen ihren Spaß hatten. Stolps gingen etwas landeinwärts die „Green Street" entlang und kamen zu „St Marys Church". Die wurde gerade mit (künstlichen) Blumengebinden für eine Hochzeit präpariert, und drei junge Damen studierten die musikalische Begleitung der Feierlichkeit ein. Die Sängerin trug dabei ein rotes Sommerkleid. Ihnen erschien das etwas frisch. Schließlich gingen sie wieder zum Hafen hinunter und bestellten in einem Restaurant eine Fischplatte für zwei Personen. Die bestand aus mehreren Portionen: Hummerscheren, Calamaris, gebackener Schellfisch, Mucheln, Pommes frites, Brot,

Butter und viel Knoblauch. Dazu tranken sie zwei kleine „Guinness".
Am Nebentisch saß ein Ehepaar offensichtlich aus Australien, und der
junge Wirt des Restaurants stellte sich zu ihnen, um einen längeren
Plausch zu beginnen. Es ging um Australien („I like the outside life.",
sagt der Ire.) und um Irland („My brother has been in Sidney.", sagte
der Ire auch.)

Wieder auf der Straße sahen die Beiden viele rothaarige Menschen. Komisch: Der Reiseleiter hatte doch gesagt, die rothaarigen
Iren würden aussterben ...

Es wurde immer kühler, und so waren sie froh, dass ein Bus um
16 Uhr nach „Tralee" zurückfuhr.

Am 6. Mai machten die Reisenden eine lange Reise zurück in den
Osten der Insel. Um 9 Uhr fuhren sie in „Tralee" los, und um 18.30 Uhr
waren sie am Ziel!

Unterwegs besuchten sie den „Rock of Cashel". Aus einer Ebene
ragt eine auf einem sechzig Meter hohen Felsen gebaute mächtige
graue Kathedrale empor. Diese stammt aus dem 13. Jahrhundert.
Aber schon im 5. Jahrhundert war an diesem Ort ein Steinfort, und
laut „Baedeker" soll hier König Brian Ború 977 gekrönt worden sein.
Vor der Kathedrale gab es eine Kapelle. Als 1647 eine Armee Oliver
Cromwells einfiel, soll es 30.000 Tote gegeben haben. Das Ganze galt
nun als heiliger Ort Irlands. Sie kletterten über altes Gemäuer, sahen
Gräber mit Steinkreuzen. Unser Reiseleiter sagte, die Gräber seien
uralt. Sie sahen aber nur Tafeln aus dem 20. Jahrhundert.

Es war kurz Zeit für den Besuch eines Pubs, wo sie schnell zwei
kleine „Guinness" trinken konnten. Im Pub lief ein Fernseher. Sie
übertrugen das Fußballspiel Manchester City gegen Newcastle. Der
Tresen beteiligte sich lautstark. Als sie gehen mussten, stand es 0:0.

Später kamen sie zur „Holycross Abbey". Das ist ein Zisterzien-
serkloster, und angeblich gibt es hier einen Splitter aus dem Kreuz
Christi. Die Reliquie ist in ganz Irland bekannt, und das hier ist ein
wichtiger Wallfahrtsort. Sie fanden den Ort etwas ungemütlich.

Danach kamen sie in „The Westgrove Hotel" in „Clane" an. Dieses Hotel war die finale Katastrophe. Es hatte 500 Betten, und die waren alle belegt.

Silke hatte die Tasche mit Geld und Dokumenten im Bus liegen
lassen, aber der Fahrer war so nett und half ihr. Die Tasche war wieder
da.

Aber: Es waren „Bank Holidays" in Irland. Freitag, Sonnabend, Sonntag und Montag hatten die Iren frei, und da wurde Party gemacht. Kinder flitzten durch die Flure, knallten die Türen. Die älteren Schwestern waren mit Tüll grässlich und luftig gekleidet, hatten dicke Beine und Arme, blonde Perücken auf den Köpfen und Zigaretten in den Mündern. Dazu trugen sie popfarbene „High Heels", auf denen sie gar nicht laufen konnten. Solche Gestalten waren schon in „Tralee" gesehen, und ihnen war klar: Als „Rose von Tralee" bewarb sich keine von ihnen.

Stolps Hotelzimmer lag direkt über einem Partysalon. Das Fenster ging nicht zu schließen. Von innen und außen erreichte sie dröhnende Musik. Ein Anruf bei der Rezeption nützte nichts. Um 3 Uhr nachts war die Party aus, und dann begann bald ein Türengeknalle im Hotelflur.

Zum „Frühstück" wurden sie am 7. Mai in einen dunklen Raum geführt, in dem es keine Wurst, kein Käse, kein Obst und eigentlich nichts wirklich Essbares gab. Dafür wurde schmutziges Geschirr nicht abgeräumt.

In der Nähe des Hotels war ein Supermarkt. Da gab es eine Abteilung mit Alkohol, also auch Bier und Wein. Die lag aber im Dunklen. Erst um 10.30 Uhr wurde Licht angeschaltet, und dann konnte man einkaufen.

Den Supermarkt verließ gerade ein alter Zausel. Er war schäbig gekleidet und hatte eine Papiertüte in der Hand. Auf dem Parkplatz stieg er in einen super „Mercedes" Sportwagen mit Falttüren und röhrte davon. So kann man sich täuschen.

Ansonsten gab der Ort nichts her. Um 12 Uhr wurden die Besucher vom Bus abgeholt und fuhren zum Flughafen. Dort wurden sie schnell eingecheckt, hatten dann aber Zeit bis 18 Uhr. Sie vertrieben sich die Zeit mit Lesen, Essen und Trinken und starteten am Ende tatsächlich nach „Berlin". Aber wie auf dem Hinflug: Bei „Aer Lingus" gab es kein Essen oder Trinken ohne Geld. Alles war sehr teuer. Schließlich landeten sie in Berlin-Schönefeld (alter Flughafen) und fuhren von da mit der S-Bahn und mit dem Bus nach Hause.

(2012)

18. Rumänien: Land der vielen Kirchen

In Rumänien besuchten Silke und Andor vor allem Siebenbürgen.

Wie kommt man nach Rumänien? Die Stolps flogen mit der „Lufthansa" von „München" nach „Sibiu" („Hermannstadt") und waren nach neunzig Minuten da. Natürlich konnte man auch nach „Bukarest" (der Hauptstadt Rumäniens) und in andere Orte fliegen. Rumänien lag nicht mehr auf dem Mond: Es war seit 2007 in der EU: Kumpelhaft ließ der Passbeamte alle EU-Bürger geschwind in sein Land.

Die Beiden gehörten zu einer Gruppe von fünfzehn „Marco-Polo"-Reisenden deutscher Sprache, die mit einem Bus unter Anleitung eines sich „Siebenbürger" nennenden Menschen, der Sorin Rus hieß und mit leichtem Akzent sehr gut Deutsch sprach, durch die von den Karpaten umgebene Ebene reisten. Sie sahen vor allem „Siebenbürgen", aber auch die „Bukowina" und lernten dabei, dass Rumänien traditionell vielgliedrig ist. Die historischen Regionen heißen „Siebenbürgen", „Banat", „Walachei", „Bukowina" und „Moldau". Überall gab es einst Regionalfürsten. Das moderne Rumänien hat zahlreiche Nachbarn: im Süden Bulgarien, im Westen Serbien, Kroatien und Ungarn, im Norden die Ukraine, im Osten Moldawien, und dann ist da noch das Schwarze Meer. Rumänien hat etwa 20 Millionen Einwohner. Rumänische Nationalisten träumen davon, dass auch Moldawien zu Rumänien komme.

Es leben nicht mehr viele Deutsche hier. Aber in evangelischen Kirchen, an Denkmälern und wieder an Bankenfilialen sah man deutsche Schrift. Im 12. Jahrhundert waren Siedler aus Deutschland ins Land gekommen. Sie stammten in Wirklichkeit meist aus der Pfalz. Ähnlich wie die Banater Schwaben hatten deren Nachfahren in jüngster Zeit fast alle das Land verlassen und waren nach Deutschland oder Österreich gegangen.

Die erste Station der Reise hieß also „Hermannstadt", wo sie zwei Nächte blieben. Es war sehr heiß – (mindestens dreißig Grad). Sie wohnten im Hotel „Continental Forum", einem typischen Stadthotel, wo es Klimaanlagen gab und auch ansonsten alles o.k. war. „Hermannstadts" Altstadt wirkte sehr deutsch. Man kam sich vor wie in „Wittenberge" oder „Zwickau".

Der Ort wurde 1223 erstmals urkundlich erwähnt, hat 170.000 Einwohner und war 2007 Kulturhauptstadt Europas. Es wurde viel restauriert, und nun machte „Hermannstadt" mit seinen mächtigen Wehranlagen einen pittoresken Eindruck. Es war so etwas wie die Hauptstadt „Siebenbürgens" und hatte viel zu bieten: Da war der

„Große Ring" („Piata Mare") mit dem Rathausturm und einem Palais. Unter dem Turm einer katholischen Kirche kam man zum „Kleinen Ring" („Piata Micá"). Durch einen Torbogen gingen die Besucher über die gusseiserne „Lügenbrücke" von 1859, die über den Stadtgraben führte und angeblich einstürzt, wenn ein Lügner sie betritt. Das aber war noch nicht geschehen, passierte auch nicht, als die „Marco-Polo-Gruppe" darüber lief.

Vor einer riesigen evangelischen Stadtpfarrkirche, die 1322 bis 1520 gebaut wurde, stand ein Denkmal einer Reformationsfigur; daran war geschrieben: „Teutsch" (So hieß der Mann.).

Nach dem Abendessen in einem heißen Kellergewölbe mit Suppe, Fleisch und Süßigkeiten setzten sie sich in ein nettes Straßencafé an der Lügenbrücke. Sie tranken genießbaren Rotwein und lauschten einem dicken Pianisten, der viele bekannte Melodien (auch Opernarien) spielte.

Am zweiten Tag des Besuches fuhren sie „aufs Land" ins Dorf „Budenbach". Sie hörten auf der Fahrt, dass es in Rumänien zwar einen wundervollen Masterplan für Autobahnen gäbe aber keine Autobahnen. Trotzdem kamen sie zu „ihrem" Dorf, nachdem sie eine hügelige und grüne Landschaft (Ackerland zumeist) durchfahren hatten. Unterwegs sahen sie viele Störche (auf Schornsteinen und Wiesen). Die Jungen waren ausgewachsen, und Mitte August würden sie alle das Land verlassen. In ihren hohen Nestern standen sie über den Straßen, als ob sie alles überwachen würden. Apropos Tiere: In Rumänien soll es auch wilde Bären gegeben haben. Freilaufende Hunde jedenfalls waren nicht zu übersehen...

Im Dorf selbst besuchten die Besucher zuerst ein offensichtlich privat zusammen gestelltes „Museum" für Unterglasmalerei aus allen Landschaften Rumäniens. Danach gingen sie in einer Art Scheune zum Essen. Auf der Tafel standen Karaffen, die leuchteten rot und weiß. Alle dachten, in den weißen Karaffen befände sich (kühler!) Weißwein. In Wirklichkeit war Pflaumenschnaps drin: Die Karaffen blieben fast voll. Während des Mahls besuchte sie übrigens vorübergehend ein leibhaftiges Pferd!

Der ehemalige Bürgermeister von „Hermannstadt" heißt Klaus Johannis, ist einer der wenigen Deutschstämmigen und seinerzeit Präsident Rumäniens. Er soll „liberal" sein und „Hermannstadt" ohne jegliche Arbeitslosigkeit verlassen haben. Im rumänischen Parlament (zwei Kammern) stünde ihm eine „sozialdemokratische" Mehrheit gegenüber, und beide blockierten sich dort. Seinerzeit soll es Streit um die Mehrwertsteuer gegeben haben: Die Regierung wollte sie senken, der Präsident nicht. – Die rumänische Innenpolitik musste lustig gewesen sein!

Die Nachfolger der deutschen Siedler waren also fast alle verschwunden aus „Siebenbürgen" und dem ganzen Land. Rumänien war im Zweiten Weltkrieg anfangs Hitlers Verbündeter. Dann hatte es die Fronten gewechselt. In der Nazi-Zeit war so mancher Deutschrumäne bei der SS; auch als KZ-Aufseher hätten sich einige verdingt. Nach 1945 wurden viele Deutschrumänen in die Sowjetunion deportiert, und später waren fast alle Angehörige dieses Volksstamms „heim ins Reich" gekehrt, so dass es danach kaum noch deutschstämmige Rumänen gab. Ein paar „Alte" (70 +) waren geblieben, aber die würden nicht zählen, wie der Reiseleiter treuherzig sagte. Nun seien Ungarn die größte Minderheit. Die Deutschen aber hätten ihre Häuser, ihre Sitten und ihre Schrift hinterlassen.

In Rumänien lebten (wer weiß, wie viele?) Roma. Die mochte der Reiseleiter nicht. Er nannte sie „Zigeuner". Sie würden sich selber „Mensch" nennen, als ob andere keine Menschen wären. Sie missachteten Gesetze und Regeln und wühlten im Müll. Aber ihren „Königen" ginge es gut. Die Roma hätten zurzeit zwei davon, weil die Kinder eines verstorbenen Altkönigs sich über das Erbe nicht hätten einigen können.

Rumänisch ist bekanntlich eine romanische Sprache. Als Mitteleuropäer versteht man nichts. Die Rumänen behaupten, sie seien Nachfolger der früheren Völker der Daker und Geten sowie der Römer. Eigentlich seien sie doch Römer. Viele junge Rumänen wanderten nach Italien oder Spanien aus – der Sprache wegen.

Am Tag drei der Reise kamen sie nach „Schässburg" („Sighisoara"). Der Ort hat 32.000 Einwohner und wird in Reiseführern als „mittelalterliche Puppenstube" bezeichnet. Er ist der Heimatort von Hermann Julius Oberth, dem Raketenspezialisten, der in „Hermannstadt" geboren wurde.

Über dem Ort thronte eine Burg. Dahinter befand sich eine Bergkirche mit einem Friedhof. Die Grabsteine trugen deutsche Namen. Die Burg lag hoch und die Kirche mit Friedhof noch höher. Bei der Hitze war es kein Vergnügen, hinauf zu steigen. Beim Abstieg kamen sie in ein „Dracula"-Haus, in dem angeblich Draculas Sohn geboren wurde. Es schien eine Touristenfalle zu sein.

Die Reisenden schliefen übrigens in einem Hotel namens „Binderbubi", das sehr gemütlich war und ein erstklassiges Frühstück anbot.

Leider mussten die Besucher früh weiter. Es ging durch die Karpaten nach „Bistritz" („Bistrita"), von wo aus eine 82-jährige Mitreisende mit Tochter und Schwiegersohn per Taxi in ihren Geburtsort fuhr. Anschließend ging es in die Ostkarpaten in das „Buchenland" („Bukowina") in einen Ort namens „Radauti". Dort befand sich ein Hotel, das sich „The Gerald's" nannte. Der Ort und das Hotel gefielen nicht. Sie fühlten sich an miese Gegenden in der Ukraine erinnert.

Außendwandmalerei in Sucevita

Aber weiter ging's: Sie besichtigten drei Nonnenklöster: „Sucevita", „Varta Moldovitei" und „Voronet". Es waren immer (orthodoxe) Kirchen mit wundervollen Außenwandmalereien, Mauern drumherum. Zwischen Kirchen und Mauern befanden sich romantische Gärten, wo vor allem Rosen prächtig blühten.

Die Klöster sind alle etwa 500 Jahre alt und erinnern an Abwehrschlachten gegen Tataren. Ein Herrscher, „Stefan cel Mare" („Stefan der Große"), der körperlich klein und jähzornig gewesen sein soll sowie seine Verwandten wehrten zwischen 1360 und 1600 am laufenden Band angreifende Tataren ab und befestigten die „Bukowina" mit

Kirchen und Klöstern. Von denen (Es sind mindestens neunzehn.) sahen sie eine Auswahl. Die Außenwandmalerei in „Sucevita" war wohl ein Höhepunkt und stellte u.a. den Aufstieg der Menschen auf einer Himmelsleiter dar. Sie zeigt, wie wenige es ins Himmelreich schaffen. In „Varta Moldovitei" erklärte uns eine resolute ukrainische Nonne namens Tatjana die Zusammenhänge von Philosophie und Religion und vermittelte Einblicke in den rechten, den „orthodoxen" Glauben.

Kirchen und Klöster gab es in diesem Land reichlich. Dass Dörfer fünf Kirchen hatten, war keine Seltenheit. Es gab katholische, evangelische, orthodoxe, griechich-orthodoxe und griechisch-katholische, armenische und vielleicht noch andere Kirchen. Es wurden immer noch neue Kirchen gebaut: meist orthodoxe und mit staatlicher Unterstützung.

Irgendwann ist den Gläubigen (wohl von Türken) verboten worden, Glocken zu läuten. Dafür gab es nun Klopfhölzer, auf denen rhythmisch zum Gottesdienst gebeten wurde. -In „Bukarest" soll sogar eine neue Moschee gebaut werden.

An Gott kommt man nicht vorbei in Rumänien – egal, welcher Religion man anhängt!

Im Dezember 1989 gab es in Rumänien die „Revolution", die dem Diktator Ceaușescu und seiner Frau ihre Leben kostete. Es war wohl eher ein Putsch, in dessen Verlauf die zweite Garde der Kommunisten zu „Sozialdemokraten" mutierte. Die seinerzeit bekannt gewordenen Bilder der verlassenen Weisenkinder waren angeblich den damaligen Wirren geschuldet und sollen Vergangenheit sein. Überprüfen konnte niemand solche Aussagen.

Stolps verließen die „Bukowina", liefen ein Stück durch eine Klamm, das sich „Höllenschlund" nannte. Dann sahen sie einen durch einen Erdrutsch entstandenen Bergsee, der sich „Mördersee" nannte. In ihm waren Baumstämme versteinert.

Auf einem Pass brach plötzlich ein Gewitter los. Es war, als öffne der Himmel seine Schleusen. Dann aßen sie (Fleisch – natürlich!). Hinterher verlangte der Ober ein hübsches Sümmchen: Sie stellten fest: „Er hat uns besch...!"

Das nächste Ziel hieß „Kronstadt" („Brasov") – (wieder in Siebenbürgen). „Kronstadt" hat 300.000 Einwohner und soll von deutschen Rittern und Handwerkern im 13. Jahrhundert gegründet worden sein. Es hatte einmal zu Österreich gehört. Hier steht eine große gotische

Kathedrale, welche die größte Hallenkirche zwischen „Wien" und „Byzanz" sein soll. Es ist die evangelische „Schwarze Kirche" („Biscerica Neagra"), die 1385 bis 1477 erbaut wurde und 1689 teilweise einem Großbrand zum Opfer fiel (daher der Name). In der Kirche wurde die Gruppe von einem scheinbar ehemaligen Geheimdienstler misstrauisch beäugt, denn Fotografieren war verboten.

In der Nähe „Kronstadts" befindet sich die „Törzburg" („Bran"). Sie soll Vorlage für „Dracula"-Geschichten gewesen sein. Den Vampir sahen sie nicht und erfuhren auch nichts über ihn. Vielleicht hatte es ihn gar nicht gegeben? Aber für den Tourismus war er gut. Massen wurden durch die Burg geschleust: Es ging immer nur vorwärts; rückwärts war nicht drin. Fußlahm durfte man nicht sein. Diese Burg auf einer Anhöhe gehörte irgendwelchen Habsburgern. Sie war eine Geldmaschine, denn die Menschen kamen von allein aus allen Himmelsrichtungen und zahlten Eintritt.

Auf dem Parkplatz zwischen Burg und zahlreichen Verkaufsständen, Musikanlagen und Fressbuden herrschte Chaos. Ein Bus aus der Ukraine hatte sich vor den „Marco Polo-Bus" gestellt und war platt. Er fuhr nicht mehr von selbst. Die Marco-Polo-Reisenden waren blockiert. Da ermannten sich junge Burschen (kräftige Ukrainer offensichtlich) und schoben den Bus an: Siehe da: Er bewegte sich!

(2015)

19. Ukraine: U-Boote und Maschinengewehre

In Warschau gab es Ärger: Silke und Andor flogen mit Freunden in die Ukraine und galten in Polen als „Transfers". Sie drängten sich durch enge Flure und kamen schließlich (eingekeilt von übelgelaunten Menschen) zu einem „Trichter", durch den Passagiere nach „Moskau", „Antalya" und „Odessa" zugleich mussten. Als sie fast „durch" waren, drängten sich plötzlich Familien mit endlosen Kinderscharen gewaltsam vorbei – abgeschirmt von einem breitschultrigen Oberdrängler und einem Uniformierten. Dialog mit dem: *„Don't touch me!"* - *„Don't touch me!"*

Dann folgte noch einmal (wie schon am Anfang der Reise und zu Hause) eine Sicherheitskontrolle, allerdings viel gründlicher als daheim. Die Armbanduhr musste ab, der Gürtel musste ab, und eine Polizistin befühlte diesen gewissenhaft. Derweil drängten noch immer die Familien und schoben ihre Sachen auf das Kontrollband.

Am Ende war Andors Armbanduhr weg!

Verspätet landeten sie in „Odessa". Hier war es entspannter als in „Warschau". Die Reisenden warteten am verabredeten Kai und wurden bald eingeschifft. Da erkannten sie die engen und altmodischen Kabinen von der Wolga-Fahrt wieder – das Schiff („General Watutin" mit Namen) gehörte der gleichen Baureihe an wie das seinerzeitige. Und so fanden die neuen Gäste schnell die Dusche über dem Handwaschbecken.

Das Schiff war voll ausgebucht. Mit den Stolps und Freunden zusammen reiste eine Gruppe der „Gewerkschaft der Polizei" (GdP) aus Bonn.

Nach dem ersten Abendessen an Bord gingen die Freunde die aus einem Film Eisensteins berühmte „Potemkin'sche Treppe" empor. Oben konnte man die Promenade mit Stadtpalästen in fast südlicher Atmosphäre genießen. Auch bewunderten sie das frisch renovierte und angestrahlte Opernhaus in seinem neuen Glanz.

„Die Treppe, die Treppe" war jedoch leider im unteren Teil verkürzt zugunsten einer Schnellstraße und durch einen brutalen Industriehafen sowie ein protziges Glas-und-Stahl-Hotel verunziert. Die berühmten Juden von „Odessa" gab es nicht mehr: Es war lange her, dass ein Herr Ben Gurion diese Treppe hinabstieg, um nach Israel auszuwandern ...

Vormittags erfolgte eine Stadtrundfahrt in „Odessa". Das war nun eine junge Stadt. Die Gäste bewunderten erneut die Promenade (jetzt bei Tageslicht). Da sahen sie wieder die prachtvollen Paläste, die renoviert waren, aber wohl bessere Tage gehabt hatten. Das Opernhaus blieb das Glanzstück und der Stolz der Stadt.

Die Straßen waren begrünt mit Platanen und Kastanien. Der südliche Charme täuschte nicht darüber hinweg, dass die Straßen sich in einem erbarmungswürdigen Zustand befanden. Sie trugen die Namen der Völker, die hier einst vertreten waren: Griechen, Juden und andere. Mittlerweile war der Glamour weg, aber es könnte ja wieder werden: Diese Stadt hatte noch immer etwas.

Um 13 Uhr fuhr das Schiff mit Musik, Sirene und „Hallo" aus dem Hafen. Ein Lotse (hier „Pilot" genannt) ging an Bord. Sie stachen in See und fuhren hinaus auf's Schwarze Meer! Im Norden lag nun die ehemalige Sowjetrepublik Ukraine, im Süden die Türkei.

An Bord wurde das Personal (all die Nadjas, Nataschas, Viktors oder Vitalis) vorgestellt. Das Durchschnittsalter der Passagiere dürfte um die siebzig Jahre gelegen haben. Die meisten waren Deutsche oder Österreicher. Fast alle Oldies waren fit, unheimlich lebendig und laut. Trinkfest waren die meisten obendrein.

Das Schiff nahm Kurs auf „Sewastopol". In „Sewastopol" auf der Krim konnte man den langen Arm Russlands spüren, der auf der Ukraine lag. Die meisten Menschen hier waren Russen. Auch die russische Schwarzmeerflotte war stationiert. Der Vertrag dafür lief noch zehn Jahre – was dann?

Auf dem Hauptplatz der Stadt thronte eine Lenin-Statue, daneben sah man die blauen und orangen „Zelte" wahlkämpfender Parteien. Blau stand für „russisch", orange für „Reform". In der Ukraine wurde das Parlament gewählt. Man dachte, die derzeitige Pattsituation würde sich wieder einstellen. Die Ukrainer schienen nicht gerade Weltmeister im Kompromisse-Schmieden zu sein, und so waren die Menschen ziemlich gleichgültig der Wahl gegenüber.

Hinter dem Lenin-Denkmal stand übrigens ein Ehrenmal für die Helden des Zweiten Weltkrieges, der hier „großer vaterländischer Krieg" hieß.

Südlich von „Sewastopol" lag das Ruinenfeld der alten griechischen Stadt „Chersones". Das besichtigten die Besucher natürlich. Merkwürdigerweise befand sich inmitten dieser antiken Anlage eine orthodoxe Kathedrale, die von Putin und Juschtschenko (dem Staatspräsidenten der Ukraine) eröffnet wurde. Dort zelebrierte nun gerade ein Oligarch einen Privatgottesdienst. Ein altes Mütterchen mit Kopftuch putzte derweil kleinteilig den roten Steinfußboden...

Die Stadt „Sewastopol" machte insgesamt einen freundlichen Eindruck. Es gab helle Häuser, viele Restaurants und viel Wasser. Als langjährige (dazu noch geschlossene) Stadt der sowjetischen Schwarzmeerflotte hatte man eigentlich eine Kasernenstadt erwartet. Dem war nicht so. Im Übrigen wehten auf vielen Häusern oder Palästen russische Fahnen. Der „große Bruder" gehörte an diesem Ort dazu. Als die Gäste einen „Polenmarkt" (wie man zu Hause zu ähnlichem sagte) passierten, flunkerte der launige Reiseführer, hier könne man alles kaufen: von der Kalaschnikow bis zum Atom-U-Boot...

Nachmittags ging es per Bus zum Khanpalast der Krimtataren in „Bachtschissaraj", wo ein „Top Kapi" im Kleinen aufgebaut war. Die Tataren wurden übrigens von Stalin (den hier einige noch „Genosse" nannten) aus der Krim verjagt. Nun durften sie wieder siedeln. Im „Palast" wurden die Besucher per Lautsprecher vom Minarett aus durch einen Tonband-Muezzin in der bekannten Weise zum Gebet aufgefordert.

Abends sahen Silke und Andor in der „Deutschen Welle" einen Film über die Ukraine, der zeigte, wie gespalten das Land zwischen Russland- und Europaorientierung war.

Es folgte ein Tagesausflug nach „Yalta". Die Besucher sahen Weinfelder, etwas verwahrloste Kirchen, drei Gebirgsketten und waren dann an der Südküste der Krim. Dort stand ein Regierungspalast des ehemaligen „1. Sekretärs der KPdSU" hart am Meer und nun leer. Hauptziel der Fahrt aber war der „Liwadija-Palast", eine Zarenresidenz, in der sich am Ende des Zweiten Weltkrieges die „großen Drei" (Roosevelt, Stalin und Churchill) getroffen hatten, um vor allem über Deutschlands Schicksal zu verhandeln.

Nun war der weiß strahlende Palast ein Museum, und Mittelpunkt war wie in „Potsdam" ein großer runder Tisch.

„Yalta" selber war ein südlich anmutender Ort mit russischem Ambiente.

Nach einem Schlenker über das Schwarze Meer fuhr das Schiff in die „Dnjepr"-Mündung hinein. Die Landschaft war abwechslungsreich, der Fluss 'mal breit, 'mal schmal: viel Wasser und Natur. Es ging Richtung „Cherson". Diese Stadt leuchtete weiß im Wald. Von Nahem zu sehen bekamen die Passagiere sie aber nicht. Stattdessen fuhren sie mit einem kleinen Boot eine Stunde lang zur Insel „Belogrudov", wo sie in einer offensichtlich dauerhaft bewohnten Laubenkolonie Verkaufsstände erwarteten: Decken, Felle, Lackarbeiten (das Übliche). Alte Muttchen versuchten, ein paar Herbstastern los zu werden. Silke kaufte später auf dem Schiff Handpuppen für die Tochter.

Abends kamen erste „Wahlergebnisse", die sich als nicht stabil erwiesen. Julia Timoschenko (die Dame mit dem geflochtenen Zopf) sollte 30 Prozent errungen haben, Juschtschenko 8 – 15 Prozent. Diese Beiden wollten eine Koalition eingehen. – Später kamen aber andere Rechnungen. Die „Blauen" holten auf, so dass die Besucher bis zum Ende der Reise nicht erfuhren, wie es politisch weiter gehen könnte mit der Ukraine.

Nachts fuhr das Schiff durch die erste hohe Schleuse. Das hatten einige Passagiere glatt verschlafen. Um zehn Uhr morgens legte das Gefährt in „Saporoschje" an. Von der Wahl war hier nichts zu merken. Die Leute wussten noch nicht einmal, wie der Stand der Auszählung war. – Mit dem Bus fuhren die Besucher in ein Kosaken–Museum und erfuhren etwas darüber, wie bitter umkämpft die Stadt im Zweiten Weltkrieg gewesen war. Deutsche und Russen hatten sich eine fürchterliche Schlacht geliefert. Im ärmlichen Sozialismus-Stil wurde die Stadt nun wieder aufgebaut. „Saporoschje" wurde eine richtige Industriestadt am großen Staudamm.

Nach dem Mittagessen stellten Silke und Andor fest, dass ihr Fotoapparat weg war. Alle Nachforschungen führten zu nichts. Natascha, die Reiseleiterin schrieb sich die Adresse auf, damit sie die Kamera nach Hause schicken könne. Sie ist niemals zugestellt worden!

Es folgte an Bord ein „Flusstag". Beim Frühstück war es übervoll. Man musste sehen, dass man einen Platz fand. Da das Wetter herrlich war, hockte alles an Deck. Teilweise wurde dabei kräftig gebechert. Weil die Sonne schien, hatte sich vor der Kabine von Silke und Andor ein lärmender rheinischer Klüngel versammelt: Von Sonnenauf- bis -untergang blieben alle fröhlich beisammen.

Es gab auch einen „ukrainischer Kochkurs" – mittags gab es dann ukrainisches Essen: Einiges schmeckt, anderes weniger.

Derweil fuhr das Schiff über große Stauseen, zwischen denen mächtige Schleusen zu passieren waren. Die größte wies einen Höhenunterschied von sechsunddreißig Metern auf. – Es war ein weites Land hier (viel Wasser und Inseln). Alles wurde immer wieder unterbrochen von marode wirkenden Industrieanlagen.

Dann kam das Schiff in „Kiew" an. Das war auf den ersten Blick eine Stadt mit vielen bunten Kirchen, Kathedralen und Klöstern. Über allen leuchteten goldene Kuppeln. Die Häuserfassaden in der Altstadt waren in gutem Zustand. Auf den Straßen fuhren viele Autos, darunter nicht wenige „550er", „RR" usw. Die Stadt war voller Menschen und befand sich im Aufbruch. Nach dem Sozialismus suchten viele Ukrainer offensichtlich Zuflucht im Kapitalismus oder im Orthodoxen Glauben.

Die Kirchen hier hätten größeren Zulauf als die in Russland, wurde berichtet. Es gäbe Bestrebungen, sich vom Patriarchat in Moskau zu trennen und sich direkt „Konstantinopel" zu unterstellen. Aber das wird wohl in der Ost-Ukraine anders gesehen als hier. In der Westukraine übrigens (z.B. in „Lemberg") habe die Katholische Kirche einen ebenso großen Zulauf wie hier die Orthodoxe.

Die Gäste besuchten die „Andreaskirche", das „St-Michael-Goldkuppel-Kloster", den „Unabhängigkeitsplatz", auf dem die „orange Revolution" stattgefunden hatte.

Das Wahlergebnis wurde immer noch als „patt" wiedergegeben. Auf einem Platz standen noch (sehr ordentlich) Zelte der „Blauen", die dort tags zuvor eine Demo abgehalten hatten.

Die ausländischen Botschaften waren nicht so gut gesichert, wie die Gäste es von ihrigen zu Hause kannten. Und: Neben allem Patriotismus und aller Frömmigkeit – „McDonalds" hatte sich auch schon breit gemacht.

Abends im „Haus des Lehrers" schmetterte ein ukrainischer Männerchor: Die Sänger gaben alles. Vom Schiff aus sah man eine monumentale silbern glänzende Statue: „Mutter Heimat" mit Schild und Schwert. Auch die Tiefstrahler des Stadions von „Dynamo Kiew" konnten sie erspähen.

Die Gäste besichtigten das „Höhlenkloster" – eine gewaltige Anlage über dem „Dnjepr" und zur Zarenzeit ein eigenes Staatsgebilde mit viel Macht. Seit 1990 wurde die von Kommunisten zerstörte Anlage wiederaufgebaut. Übrigens: Als die Besucher am Parlamentsgebäude und an Regierungsgebäuden vorbeifuhren, konnten sie daneben in Parks Zelte erkennen. Sie wussten nicht: Sind das Militärs oder Demonstranten?

Dann gingen einige „auf eigene Kappe" durch die Stadt. Es fand sich nirgendwo ein stilles Eckchen. Alles wuselte: Frauen in kurzen Röcken, lauter Eilige und Autos über Autos. Vom Unabhängigkeitsplatz fuhren die Besucher mit der U-Bahn zum „Dnjepr". Es ging tief und tiefer, und dann jagte die überfüllte blaue Bahn durch die Röhre. Nach zwei Stationen stiegen sie aus und mussten etwa eine Stunde am „Dnjepr"-Ufer entlang zum Schiff laufen. Viele Kanalisationsdeckel waren übrigens geklaut, so dass der Weg mit gefährlichen Fallen (tiefen Gruben) gespickt war.

Die Reisenden nahmen Abschied von den Olgas, Nadjas, Vitalis, Ruslans und allen vierzig Millionen Ukrainern. Ihr Land war schon über 1000 Jahre alt, aber ihr Staat war noch sehr jung.

Nun hieß es: Warten.

Sie fuhren zum Flughafen und sahen riesige Satellitensiedlungen. Der Flughafen war modern und angenehm. Der Flieger nach „Warschau" war voll, und dort war wieder Stress: Im Warteraum gab es keine Toilette. Also: Noch einmal durch die Sicherheitsschleuse und zurück! Dann kam die letzte Überraschung: Sie flogen mit einem Propellerflugzeug nach Hause.

(Später besetzte Russland die Krim, verleibte sie sich ein und wurde vom „Westen" dafür diplomatisch und wirtschaftlich sanktioniert.)

(2007)

20. Baltikum: Sängerland

Schloss Rundales

In der deutschen Sprache werden Litauen, Lettland und Estland zusammengefasst: als die „baltischen Staaten". Gemeinsam ist diesen Ländern, dass sie zur Sowjetunion gehört hatten und nun EU-Mitglieder sind. Estland hat sogar den Euro als Zahlungsmittel. Auf Russland oder gar die Sowjetunion war niemand gut zu sprechen.

Ansonsten sind die drei Staaten sehr unterschiedlich.

Während anderswo die Ostsee „Baltisches Meer" genannt wird, reservieren die Deutschen die Bezeichnung „Baltikum" für die drei Staaten. Litauen ist an Polen orientiert und katholisch, während die beiden anderen Länder evangelisch sind. Lettland hat seine eigene Geschichte, und Estland ist an Skandinavien (besonders Finnland) ausgerichtet. Von „Tallinn" (früher „Reval") nach „Helsinki" sind es nur achtzig Kilometer über das Meer, und in Sowjetzeiten hatte man in

Estland „Westfernsehen" eben auf Finnisch gesehen. Die Letten und die Litauer verwenden andere Sprachen, die einander ähnlich sind, aber weder mit dem Russischen noch mit dem Deutschen zu tun haben. Neben Russen und Skandinaviern haben in allen drei Ländern Deutsche seit dem Mittelalter eine Rolle gespielt. Hervorgetan haben sich der „Deutsche Orden", die Hanse und der oft deutschstämmige baltische Adel, der sogar in Estland seine Güter errichtet hatte, wirtschaftlich aber eher an „St. Petersburg" orientiert war.

Man hatte den Eindruck, dass die Deutschen hoch eingeschätzt wurden. Das mag daran liegen, dass viele Litauer, Letten und Esten nach Sibirien deportiert wurden. Die Erinnerung an die Sowjetunion war frisch und Deutschland dagegen mit Ordnung und Wohlstand verbunden. Vielleicht fühlten sich viele Leute den Russen kulturell über-, den Deutschen aber unterlegen.

Der Nationalsozialismus wurde oft mit dem Sowjetsystem gleichgestellt, manchmal sogar vorgezogen. Einige sagten, Hitler habe verhindert, dass Länder wie Frankreich oder Spanien dem Sowjetimperialismus anheimgefallen sind.

Besondere Beziehungen zu Deutschland bestanden in allen drei Ländern.

Der zu Litauen gehörende Teil der „Kurischen Nehrung" wurde in Deutschland „Klein Litauen" genannt, weil die Deutschen hier einst dominierten und später als Touristen wiederkamen. Sie mieteten sich bei „Nidden" ein, wo Thomas Mann sein Ferienhaus hatte.

In „Kleipeda" („Memel") stand auf dem „Theaterplatz" eine Statue des Ännchens von „Tharau". „Tharau" liegt zwar bei „Königsberg", aber hier stimmten Einheimische das Volkslied an, und die Touristen aus Deutschland sangen mit:

> *„Ännchen von Tharau ist's, die mir gefällt*
> *sie ist mein Leben, mein Gut und mein Geld.*
> *Ännchen von Tharau hat wieder ihr Herz*
> *auf mich gerichtet in Lieb und in Schmerz.*
> *Ännchen von Tharau, mein Reichtum, mein Gut*
> *du meine Seele, mein Fleisch und mein Blut."*

„Riga", die Hauptstadt von Lettland, wurde 1201 von einem Bremer Domherrn gegründet und gehörte der Hanse an. Deren Schiffe aus Deutschland, England oder den Niederlanden brachten Waren aus dem Westen und tauschten diese gegen Rohstoffe wie Bernstein oder Felle. Die großen Kirchen „Rigas" haben hanseatische Namen und heißen „St. Petri", „St. Marien" und „St. Jacobi". 700 Jahre gehörten die Deutschbalten zur Oberschicht „Rigas", und das prachtvolle, im holländischen Renaissancestil errichtete „Schwarzhäupterhaus" erinnert an „Bremen" und „Lübeck". Am Giebel findet man die Wappen der Hansestädte und Sprüche in deutscher Sprache wie: „Wider Gesetz und Gewissen handeln thut Gottes Segen in Fluch verwandeln."

Hoch oben in Estland befinden sich die Güter, auf denen Barone mit deutschen Namen gewirtschaftet haben. Die Gäste aus Deutschland übernachteten beispielsweise im „Vihula Herrenhaus", das heute Hotel ist, aber früher Familien wie „Weckebrod", „von Helffreich" oder „von Schubert" gehörte. Am bekanntesten ist wohl der „Gutshof Palmse", der von 1674 bis 1923 im Besitz der Familie von der Pahlen war. Auf solchen Gütern, die ein wenig an Herrenhäuser in Brandenburg oder Mecklenburg erinnern, sprach man deutsch. Nur waren im Baltikum die Güter und die Häuser größer, und das Land war dünner besiedelt. 1939 kam der Hitler-Stalin-Pakt. Das Baltikum wurde von den Nazis der Sowjetunion überlassen, und die Deutschbalten „heim ins Reich" geholt. Seitdem gibt es außer den Touristen keine Deutschen mehr in diesen Ländern.

Die „baltischen Staaten" haben somit ihre eigene und jeweils spezielle Kultur. Als das Sowjetimperium zusammengebrochen war, bildeten Balten eine hunderte Kilometer lange Menschenkette von Tallinn bis Vilnius. Aus dem Sowjetreich wurden sie von Jelzin entlassen – nicht von Gorbatschow, der hier nicht so populär ist wie in Deutschland. Man erkannte schnell, dass die „baltischen Staaten" nicht zu Russland gehören.

Silke und Andor reisten also ins Baltikum. Die An- und Abreise erfolgte mit „airBaltic". Das hieß: Hin flogen sie von zu Hause mit einem Propellerflugzeug nach „Riga". Dort hatten sie einen Aufenthalt von vier Stunden, dann ging es weiter nach „Vilnius". Zurück starteten sie um halb neun in „Tallinn", wurden gegen elf Uhr in „Riga" pünktlich in den Flughafenbus gesetzt, dann wieder heraus gebeten, und schließlich teilte man ihnen mit, der Flug sei gestrichen. Nun bildete sich eine lange Schlange vor dem Schalter der „airBaltic", und nach einer Stunde Verhandlungen dort konnten sie über „Stockholm" nach Hause fliegen, wo sie mit der „SAS" gegen zwanzig Uhr statt mittags ankamen. Die Koffer waren jedoch nicht da. Und das einheimische

Bier auf dem Flughafen von „Riga" kostete fünf Euro! In der „SAS"-Maschine bekamen sie ein leckeres Mahl mit Lachs und Roquefort sowie französischem Weißwein. Das war ein nicht zu verachtender Trost.

Der Reiseleiter im Baltikum hieß „Edgar", war fünfundsiebzig Jahre alt und studierter Sportmediziner. Er musste sich noch etwas hinzuverdienen. Dabei war er politisch ziemlich „rechts" gewirkt. Der Busfahrer hieß Paul und machte seine Sache gut. Sie fuhren mindestens 1500 Kilometer mit zweiunddreißig Personen.

Der südlichste der „baltischen Staaten" ist Litauen und liegt nördlich von Ostpreußen, das großenteils zu Russland gehört. Die Hauptstadt Litauens heißt „Vilnius". Litauen hat 3,37 Millionen Einwohner – die meisten sind echte Balten. In der Mitte liegt Lettland mit „Riga" als Hauptstadt. Lettland hat 2,3 Millionen Einwohner mit 29 Prozent Russen. Im Norden liegt Estland mit „Tallinn" („Reval") als Hauptstadt. Estland hat 1,34 Millionen Einwohner mit 26 Prozent Russen. Die Esten sagen, das Ganze sei wie ein Schneemann. Der Unterteil sei Litauen, der Bauch Lettland, aber der kluge Kopf, das wäre eben Estland.

Die Reisegruppe startete in „Vilnius". Dort wohnten sie in einem „Best-Western"-Hotel. Das befand sich direkt neben einer Disco, aus der während der Nacht regelmäßig betrunkene Besucher kamen. Sie sprachen laut. Dann stieg einer gegen fünf Uhr morgens in sein Auto, das direkt vor ihrem Gästezimmer geparkt war. Er öffnete alle vier Türen und drehte sein Radio auf „volle Pulle". Die Gäste fielen fast aus den Betten und schlossen die Fenster. Am anderen Morgen erfuhren sie vom Reiseleiter, dass die Polizei gekommen sei.

Herzlich willkommen im Baltikum!

In „Vilnius" machten die Gäste eine Stadtbesichtigung. Jenseits der restaurierten Altstadt erweckte der Ort einen traurigen Eindruck. Vieles war verfallen. Der „Osten" der Sowjetunion hatte erkennbare Spuren hinterlassen.

Dann allerdings sahen sie das erste renovierte Gebäude, eine im Innern völlig weiße Barockkirche. Sie war sehr prachtvoll, und an ihrer Decke hing ein weißes Schiff. Es war eine Seemannskirche. Seit der Unabhängigkeit war in der Altstadt einiges getan worden. Man lief (wie überall im Baltikum) über Kopfsteinpflaster und konnte das barocke, das jüdische „Vilnius" bestaunen oder auch den „Gotischen Winkel". 1900 Gebäude soll die UNESCO zum Weltkulturerbe gezählt haben – von der Gotik bis zum Klassizismus. Aber die Barockgebäude waren die Höhepunkte, und manche Menschen attestierten „Vilnius" südlichen Charakter.

Die Stolps wollten eigentlich mit der Seilbahn zum „Gediminas-Turm" hinauffahren, weil man von hier einen guten Blick über die Stadt haben sollte. Aber der Fahrer war nicht gekommen, und die Sache fiel aus. Dafür als Ersatz besichtigten sie eine Kathedrale, die wie ein antiker Tempel aussah und deren Glockenturm frei stand. Im Innern konnte man Meisterwerke des Barocks bewundern. Beim Anblick des gotischen Ensembles der „St. Anna- und Bernhardinerkirche", die in rotem Backstein gebaut war, fühlte man sich an Norddeutschland erinnert. Diese Kirche soll Napoleon so schön gefunden haben, dass er sie am liebsten mit nach „Paris" genommen hätte. – Wer weiß, ob diese Geschichte stimmt?

Nicht weit von „Vilnius" liegt die Wasserburg „Trakei". Es ist ein nationales Denkmal. Die gotische Burg liegt auf einer Insel, und einst war „Trakei" die Hauptstadt des Großfürstentums Litauen, bevor Fürst Gediminas nach „Vilnius" umzog. Die Burg wurde im 14. Jahrhundert gegen die Ordensritter errichtet und 1655 von Russen zerstört. In den fünfziger Jahren des 20. Jahrhunderts wurde sie wieder aufgebaut und enthält seitdem ein historisches Museum. Wohl auch wegen des schönen Sees („Galvé-See"), der die Burg einbettet, ist sie ein beliebtes Ausflugsziel der Litauer und ein „Muss" für die Touristen. – Ein ortsansässiger Guide führte durch die Burg und erklärte jedes Exponat. Etwas anstrengend war das schon. – Vorher aßen sie eine Art Maultaschen: groß und mit deftiger Füllung. Es war angeblich eine Spezialität.

Nach der Burgbesichtigung fuhren die Besucher nach „Kleipeda", das hieß einmal „Memel". Nun waren sie an der Ostsee und an der Spitze der „Kurischen Nehrung". Nach einem Abendessen machten sie einen Spaziergang durch dunkle Hafenanlagen und kamen zu einer kleinen Fähre, die tagsüber zur „Kurischen Nehrung" fuhr.

Am andern Morgen fuhren sie etwas weiter, und eine größere Fähre als am Abend vorher brachte sie auf die Nehrung. Links war das Haff, rechts die Ostsee. Da fuhren sie gleich zu Anfang hin. Es war wie überall an der Ostsee, nur war der Strand weiter, größer und leerer als auf (etwa) Usedom. Es ging in einem Naturschutzgebiet immer die Straße mitten auf der Nehrung entlang bis „Nidden", wo es touristisch zuging. Vor „Nidden" gab es eine große weiße Düne, und der Reiseleiter erzählte, hier habe Rommel mit seinen Panzern geübt, bevor er nach Nordafrika gezogen sei.

In „Nidden" selbst sahen sie das Ferienhaus von Thomas Mann, wo er dreimal den Sommerurlaub verbracht haben soll. An den Wänden hingen Bilder, die den Mann in Seemannstracht zeigten. Auch ein Foto von „Cordschnauzer" Günter Grass war zu sehen, wie er sich in ein Buch (offensichtlich ein Gästebuch) eintrug – von Literaturnobelpreisträger zu Literaturnobelpreisträger gewissermaßen.

In „Nidden" gab es auch einen alten Friedhof mit teilweise deutschen Inschriften, eine deutsche evangelische Seemannskirche, eine moderne katholische Kirche, ein Bernsteinmuseum sowie Verkaufsstände von Positionsschildern, die früher den sozialen Status der Fischer angezeigt hatten.

Einmal kamen sie in eine Budenstadt, in der man Geld tauschen, essen und einkaufen konnte. Das Wetter war hochsommerlich. Sie entdeckten außerdem ein kleines Volksfest, zu dem sich die Menschen alte Trachten angezogen hatten und volkstümliche Weisen spielten.

Silke und Andor fuhren die Nehrung entlang zurück, ließen sich nach „Kleipeda" übersetzen und besuchten das schon erwähnte „Ännchen". Anschließend wurden sie zu einem Schmied geführt, der einst nach Sibirien verbannt gewesen sein soll und später ein Schmiedemuseum aufgebaut hatte, in dem auch Werke von deutschen Kollegen gezeigt wurden. Unser „Führer" und der Schmied selbst betrachteten das als subversiv den Sowjets gegenüber.

Die letzte Station in Litauen war der „Berg der Kreuze" – ein Pilgerort, wo jedermann für einen bestimmten Menschen oder ganz allgemein ein Kreuz (fast immer aus Holz) aufstellen konnte. Inzwischen gab es dort unzählbar viele Kreuze, winzige sowie auch übermannsgroße. Der Papst war hier gewesen, und das Podest, von dem er gesprochen hatte, war schon etwas eingefallen. Nun wurde auch ein modernes Kloster gebaut.

Alles erinnerte daran, dass Litauen streng katholisch ist.

Die erste Station in „Lettland" war das „Schloss Rundale". In ziemlicher Einsamkeit liegt dieser ehemalige Herrschaftssitz der Herzöge von Kurland. Kurland war nun ein Teil Lettlands. Das Schloss und der Garten waren schön und größer als die Preußenschlösser zu Hause. Der Berliner Bürgermeister habe dem „Schloss Rundale" ein bemaltes Kurlandservice von der „KPM" geschenkt. – Ob er wohl darauf hingewiesen hatte, dass die Staatssekretäre und Senatoren des Berliner Senats mit weißem Kurlandgeschirr ausgestattet waren und dass die Kaffeekannen tropften?

Jedenfalls lebte noch ein „Prinz von Kurland" irgendwo in Deutschland. Die letzte „regierende Herzogin" hieß Dorothea. Sie wurde am 3. Februar 1761 geboren und starb am 20. August 1821. Heute wird sie erwähnt als „Diplomatin und Salonière".

Endlich erreichten sie „Riga". Es ist die größte Stadt im Baltikum. Der breite Fluss und Kirchtürme sowie Kuppeln beherrschen das Stadtbild. „Riga" ist berühmt für seine Jugendstilhäuser. Einer der Architekten war Eisenstein, der Vater des berühmten Filmregisseurs aus „St. Petersburg". Die Jugendstilfassaden waren zum großen Teil restauriert. Es entstand ein großartiger Eindruck. Etwas überladen waren die meisten Fassaden schon. Doch: Die Besucher staunten und staunten.

Als alte Hansestadt hat „Riga" eine bewegte Geschichte. Es gab rivalisierende Gilden. Doch nach 700 Jahren war alles vorbei, weil die totalitären Regimes von Hitler und Stalin es so wollten. – Die Gäste besichtigten den Dom sowie Kirche um Kirche. Auch die Orthodoxen hatten einen Riesentempel aufgebaut, der fast an Moskau herankommt. In der Nähe war das Opernhaus, ein Stolz der Letten. Zurzeit waren leider Theaterferien. Aber die Reiseführer empfahlen einen Besuch.

Der lettische Reiseleiter erzählte, dass es in „Riga" ein „Wurstmuseum" gäbe. Im Sozialismus habe es zwar nicht immer alle Waren gegeben, aber für alle einen Preis. Da hätten sich die Letten entschlossen, an einer Stelle den Bauern zu erlauben, Wurst frei zu verkaufen. Diese sei jedoch so teuer gewesen, dass keiner sie sich kaufen konnte. So seien die Menschen darauf gekommen, 'mal zu schauen, wie Wurst überhaupt aussah: Das Wurstmuseum war geboren!

Die Eheleute aus Deutschland gingen an zwei Abenden in „Riga" in die Altstadt und setzten sich im Freien neben dem Dom in ein Restaurant, wo junge Leute alles servierten, was das Herz begehrte – auch Wurst, wenn sie gewünscht wurde. Dazu spielte eine Band. Sie tranken Rotwein und Orangensaft und hatten das sichere Gefühl, dass sie unter all den Menschen hier zu den Alten gehörten.

Dann fuhren sie nach „Estland". Das ist der kleinste baltische Staat, der mit der fast finnischen Sprache. Als erstes kamen sie zum

„Peipusee", der so groß ist, dass man das andere Ufer nicht sah. „Wozu auch?", würden viele Esten sicher fragen, denn in der Mitte des Sees verlief die Grenze zu Russland.

Weiter ging es nach „Tartu" („Doprat"), einer alten Universitätsstadt. Das war das geistige Zentrum des Landes. „Tartu" wurde im 19. Jahrhundert durch einen Brand zerstört, doch man baute die Stadt wieder auf. Nun hatte sie 100.000 Einwohner. Hier fand man pittoreske Ecken. Hervorzuheben ist der „Domberg" („Toomemägi"), eine hübsche Parkanlage mit alten Bäumen und den Denkmälern für viele Wissenschaftler. In der Mitte dieses Parks stand die Ruine der mittelalterlichen Domkirche, und die „Engelsbrücke" führte zu einer Sternwarte, die einst in ganz Europa berühmt war.

Dann ging es in den „Lahemaa-Nationalpark", der am Finnischen Meerbusen liegt. Die Esten hatten „Moskau" diesen Park zu Sowjetzeiten als ersten Nationalpark abgetrotzt, indem sie von großer Pflanzenvielfalt, von seltenen Tieren (unter anderem Bären) schwärmten. Daraufhin habe sich ein Inspektor aus „Moskau" auf den Weg gemacht. Die Esten erschraken, denn wo sollten jetzt die Bären herkommen? Da holten sie einen „Pensionär" aus dem Zirkus und ließen ihn im Park frei. Als der ein abgestelltes Fahrrad einer Beerensammlerin sah, fühlte er sich an alte Zeiten erinnert und radelte schnurstracks auf die hauptstädtische Delegation zu. Der sowjetische Inspektor war so beeindruckt, dass er den Nationalpark genehmigte: Man hatte ihm einen Bären aufgebunden! – Solche Witze funktionieren hier alle nach dem Muster „pfiffiger Balte trickst tölpelhaften Sowjetfunktionär aus".

Sie kamen in einen Gutshof, übernachten dort, wo es zum ersten Mal im Baltikum ruhig war und gedachten der Familie von Stackelberg, der das Gut gehört haben soll.

Nun war eine dänische Tourismusgesellschaft der Eigner.

Schließlich erreichten sie „Tallinn", das frühere „Reval". Diese Stadt war wunderschön wiederaufgebaut. Es gab einen lebendigen Rathausplatz, eine „Nikolaikirche", einen „Dicke Margarete" genannten Geschützturm aus dem 16. Jahrhundert, einen Dom, ein Schloss und, und. Ganz in Weiß gehalten ist eine riesige Muschel, in der sehr viele Sänger Platz haben und Konzerte vor großen Zuhörermengen geben können – im Freien.

Hier muss einst das Herz der „singenden Revolution" des Baltikums geschlagen haben.

Heute haben sie in „Tallinn" den Euro. Derweil überlegen manche in „Riga" und „Vilnius", ob sie es weiterhin so eilig haben sollten mit dem Wunsch, auch den Euro zu bekommen. Wer sind denn nun die cleversten Balten?

(2011)

21. Kroatien: Wo der Kaiser Urlaub machte

Alte Pracht

Mit Beate und Konrad Meyer-Maigang unternahmen Silke und Andor eine Silvesterreise nach Opatija in Kroatien.

Früher gab es Jugoslawien. Slowenien, Kroatien und auch Serbien gehörten dazu. „Belgrad" war die Hauptstadt. Jugoslawien war erst ein Königreich, dann unter Tito ein kommunistischer Staat. Später zerfiel Jugoslawien. Slowenien und Kroatien wurden wie andere Gebiete auch selbständige Staaten.

Sloweniens Hauptstadt ist seither „Ljubljana", österreichisch „Laibach" genannt. Kroatien, das südlich von Slowenien liegt, wird von „Zagreb" aus regiert. Kroatien ist eine parlamentarische Republik, hat etwa vier Millionen Einwohner und „Kuna" (HRK) (Ein Euro = 7,39 HRK) als Währung. Kroatien ist überwiegend römisch-katholisch und vor allem durch den Tourismus (ca. zwanzig Millionen Besucher pro

Jahr) berühmt. Außerdem ist Kroatien (dieses kleine Land!) eine der besten Fußballnationen der Welt.

Westlich von Kroatien ist die Adria, östlich und nördlich erheben sich gleich hinter dem Küstenstreifen die Ausläufer der Alpen („Kvarner-Bucht"). An der Küste ist es warm; in den Bergen weniger. So landen sie in Zagreb bei etwa null Grad und haben in „Opatija" an der Küste später etwa zehn Grad. Dazwischen lag eine etwa zweieinhalbstündige Busfahrt über eine hügelige Hochebene. Dort sahen sie auch etwas Schnee.

Der erste Ort an der Küste war „Rijeka". Das ist die drittgrößte Stadt Kroatiens mit 121.000 Einwohnern, im Grunde ein Industriehafen. Die meisten Teilnehmer der Reisegruppe verspeisten dort an einer Bude Wurst mit Sauerkraut; Silke und Andor entschieden sich für eine Pizzascheibe. Es war sonnig, aber windig.

„Rijeka" hat eine lange Geschichte bis in die Römerzeit, was den Gästen bei einer kleinen Stadtführung nahe gebracht wird. Nachdem die Industrie diesen Ort weitgehend verlassen hatte, sollte er 2020 eine Kulturhauptstadt in Europa werden. Und so wurde viel gebuddelt und gebaut. Von weitem sowie bei Nacht und ab einiger Entfernung war „Rijeka" ganz schön anzusehen mit seinen vielen Lichtern und Lämpchen an der Küste.

Von „Rijeka" fuhren sie eine Küstenstraße entlang und kamen nach „Opatija". Das ist ein prachtvoller Kurort, in dem wunderschöne Villen aus dem neunzehnten Jahrhundert stehen und meist als Hotels auf Gäste warteten. Einst soll „Opatija" als „Perle der Adria" dem österreichischen Hochadel als Kurort gedient haben. Die Herrschaften genossen den milden Winter und flüchteten vor den kalten Bergen rund um „Wien". An der Spitze dieser Gäste stand kein Geringerer als der legendäre Kaiser Franz-Josef. Er wohnte zum Meer hinaus; seine Bediensteten schauten auf die Berge.

In „Opatija" entstand eine zwölf Kilometer lange Uferpromenade, „Lungemare" genannt, welche die Dörfer „Lovran" und „Volosko" verbindet.

Hier sind die Gäste der Neuzeit ebenfalls gelustwandelt – auf der einen Seite das Meer, auf der anderen die Stadt.

Das „Grand Hotel" „Camelia" (4 Sterne) war prachtvoll und alt. Es steht in der ersten Reihe direkt am Meer. Die Stolps hatten ein Zimmer im sechsten Stock mit einer fantastischen Aussicht auf die Bucht. Das Zimmer war mit allem Luxus ausgestattet. An manchen Morgen bekamen sie Besuch von einer großen Möwe, die auf der Balkonbrüstung einher stolzierte. -Silke besuchte vor dem Frühstück öfter den hoteleigenen Pool zum Schwimmen und war alleine dort.

Im Parterre gab es das Frühstück und das Abendessen jeweils vom Buffet. Alles war reichlich vorhanden – Sekt, Wein, Bier und Menschen aus vielen Ländern ebenfalls.

Besuch auf dem Zimmerbalkon

Über die Silvesterfeier in „Opatia" schweigt des Sängers Höflichkeit weitgehend. Nur so viel: Beginn des „Events" war achtzehn Uhr. Die Gäste mehrerer Hotels wurden in einem Riesensaal zusammengepfercht. Österreicher, Italiener, Kroaten und natürlich auch Deutsche versammelten sich. Teilweise kamen sie in „Pennerzivil". Eine Tanzkapelle spielte „Anton aus Tirol" oder Wiener Walzer, und als Abschluss eines „Fünf-Gänge-Menues" wurde zerhacktes Spanferkel und ebensolches Lämmchen gereicht – braun gebraten mit viel Haut und Knochen: *„Da wendet sich der Gast mit Grausen!"* Ein grandioses Feuerwerk entschädigte die Vier hinterher.

Am Neujahrstag gab es in „Opatija" eine traditionelle Prozedur: Vor dem „Palais Kvarner" versammelten sich viele Menschen, um die Neujahrsbotschaft des Bürgermeisters zu hören. Es wurde ein Schlückchen Sekt gereicht; das Glas war zum Mitnehmen. Der Bürgermeister redete kroatisch-unverständlich, aber seine kurze Rede wurde übersetzt:

U.a. meinten sie, Chinesisch zu hören.

Dann fuhren sie in ein anderes Land, ins „Ausland" nach Slowenien und in dessen Hauptstadt „Ljubljana" („Laibach"). Slowenien hat etwa zwei Millionen Einwohner. Es hat den Euro als Zahlungsmittel und ist ebenfalls eine Parlamentarische Republik. Auf dem Wege dorthin musste man eine Staatsgrenze passieren – mit Polizeikontrolle und allem Pipapo. In „Ljubljana" war es kalt. Andors Schwester und deren Schwiegersohn interessierte das alles sehr, denn er stammt daher.

Ljubiljana

In „Ljubljana" machten sie eine Stadtführung durch die Altstadt. In der Stadt fließt das Flüsslein „Ljubljancia", über das viele Brücken gebaut wurden. „Ljubljana" verfügt über eine Burg, eine pittoreske Altstadt, über einen Dom („St. Nikolaus"), über eine Franziskanerkirche („Mariä-Verkündigung!"), ein Erzbischöfliches Palais und, und. Stolps fuhren auf das Dach eines Hauses, das 1933 das höchste Gebäude Europas gewesen sein soll. Dort sahen sie sogar die Alpen – das müssten die „Karawanken" sein. – In einem offenen Boot schippern sie schließlich durch die Stadt – bei der Kälte war das kein reines Vergnügen.

Bei „Rijeka" gab es das Kastell „Trsat" mit einer Wallfahrtskirche. „Trsat" ist der „Hausberg" „Rijekas" und bietet eine schöne Aussicht auf die Stadt und die Bucht. Der Papst Johannes Paul hat die Wallfahrtskirche besucht, und von diesem Ereignis gibt es viele Fotos. Die ganze Gegend muss damals aus dem Häuschen gewesen sein. Um die Burg herum befand sich jetzt ein Weihnachtsmarkt mit den üblichen Attraktionen, und - obwohl das Fest vorbei war, wurde immer noch amerikanische und deutsche Weihnachtsmusik gedudelt – durchaus laut!

Danach kam ein Ausflug auf die „Insel Krk". Vom Festland führt ein langer Damm dorthin. Dieser wurde zu kommunistisch-jugoslawischer Zeit gebaut. „Krk" ist eine Urlaubsinsel mit kleinen Städtchen und Dörfern. Das Land ist flach; man sieht Oliven- und Macchiawälder. Dazwischen spazieren freilaufende Schafe einher. Im Sommer soll es hier sehr voll (und heiß!) sein.

Sie begaben sich in ein Restaurant zu einer ... Weinprobe(!). Mehrere Tische waren einladend mit rohem Schinken, Käse und Brot aufgedeckt. Bei dem Käse handelte es sich um Schafskäse. Auf den Tischen standen Flaschen: Weiß-, Rot- und Dessertwein sowie Wasser. Der Weiße sollte sehr gut sein, den gäbe es nur auf dieser Insel: Alles Geschmackssache... Der Rote ist ein gemischter Fremdling und nicht besonders vollmundig. Trotzdem nahmen sie eine Flasche Roten zu sieben Euro mit. Nach der „Weinprobe" konnten die Gäste übrigens im Keller noch diverse Schnäpse probieren.

Vrbnik

Das Ganze vollzog sich im Bergdorf „Vrbnik". Dieses erwanderten sie nach der „Weinprobe". Es gab manches zu sehen: Zwei Elektroautos, die an Kabeln hingen und also gerade „getankt" wurden, eine alte Steintafel mit unlesbarer Schrift (altkroatisch) und die angeblich engste Gasse der Welt. Alle Touristen aus der Gruppe kamen hindurch! Von der Spitze des Ortes aus ließ sich wieder eine herrliche Aussicht genießen: Der Blick schweifte über das weite Meer.

Der Rückweg nach „Opatija" dauerte über eine Stunde im warmen Bus. Zuerst fuhren sie Landstraßen entlang, dann (wieder auf dem Festland) auf einer oberhalb der Küstenorte gelegenen Autobahn. Diese wurde im kommunistischen Jugoslawien gebaut und zieht sich den ganzen Küstenstreifen an der Adria entlang.

Und schon nahte der Abschied!

Mit Meyer-Maigangs („MM"s) wanderten sie die „Lungomare" entlang bis nach „Volosko". Dabei beobachteten sie manches: Badenixen (tatsächlich!), Jogger, Spaziergänger wie sie, Modellbootfreaks, kleine und große Hunde. Vor ihnen schlürfte eine alte Dame, die sie überholten und die dann wiederum sie überholte. Als sie am Ziel waren, war sie schon da, und Beate bemerkte: *„Bewegung ist das halbe Leben!"*

(Was ist dann mit der anderen Hälfte?)

Auf einer Mole tranken sie im Freien jeder eine Kleinigkeit und wanderten zurück ins Hotel. Es wurde Zeit für ein Nachmittagsschläfchen.

Am Nachmittag (Es dämmert schon.) gingen sie Richtung „Lovran" an vielen Jugendstilvillen vorbei. Die Weihnachtsbeleuchtung ging allmählich an, die Sonne verzog sich, und es wurde kühl. In einer kleinen Bar bekam jeder sein Getränk – Weißwein oder Tee. Es wurde dunkel, sie tranken aus und gingen zum letzten Mal ins Hotel. Da gab es um neunzehn Uhr Abendessen, wieder waren viele Menschen da. Die Hoffnung, nach Silvester würde das nachlassen, hatte sich nicht realisiert.

Nach dem Abendessen huschten sie bald ins Bett, denn der Bus fuhr anderntags um sechs Uhr ab. Sie fuhren wieder zweieinhalb Stunden, Silke zählte achtzehn Tunnel, und dann erreichten sie den Flughafen von „Zagreb".

Das Flugzeug ging um 9:45 Uhr. Pünktlich 11:25 Uhr landete sie mit „Eurowings".

Leider war der Flieger überbucht. Meyer-Maigangs und ein anderes Ehepaar kamen nicht mit und mussten später über „München" nach Hause fliegen. Sie schafften es zwar noch an diesem Tage, aber das war ein blödes Ende einer an sich ganz guten Reise.

Zu Hause wusste der bestellte Taxifahrer derweil nichts von dem Ungemach. Zwei Plätze in seinem Wagen blieben leer, denn der Veranstalter „Wörlitz-Reisen" hatte das Missgeschick von „MM"s nicht mitgeteilt bekommen. Beate und Konrad selber landeten vor vierundzwanzig Uhr in Hause. Eine Taxe für sie war nicht da, aber immerhin kam das Gepäck an. Eine Entschädigung bekamen sie später: Stress!

Aber das bleibt:

Lungomare in der Dämmerung

(2019/2020)

22. Norwegen: Eine Flasche Wein für siebzig Euro

Mit dem „Hurtigruten"-Schiff „Polarlys" ging es hoch in den Norden. Das Gastland war Norwegen.

Dass Norwegen zu Skandinavien gehört, weiß jeder. Norwegen hat viel Fläche, aber nur 5,2 Millionen Einwohner. Es ist ein Königreich, und der König heißt Harald V. Dieser residiert im Süden des Reiches, in „Oslo", der Hauptstadt. Früher hatte Norwegen zu Dänemark gehört; auch Schweden hatte einst das Sagen. Die Sprache „Norwegisch" ist verwandt mit den anderen skandinavischen Sprachen, und angeblich können sich alle Skandinavier untereinander verständigen, obwohl allein Norwegen mindestens zwei Sprachen (oder sind es Dialekte?) haben soll.

Im Norden vor allem ist das Land von Gletschern und Fjorden geprägt. Auf ihrer Reise konnten Silke und Andor sehen, dass die Fjorde zusammen mit den sie einfassenden Felsen (teilweise über eintausend Meter hohe Berge!) und dem sauberen, glasklaren Wasser fantastische Landschaften bildeten. Überall sah man immer noch etwas Grün, bunte Häuschen, aber auch elektrische Leitungen. Auf den Bergen leuchteten selbst im Hochsommer weiße Schneefelder – wie in der Schweiz.

Fjordlandschaft

Nachdem die Reisenden den Polarkreis („Polarsirkel") hinter sich gelassen hatten, ging die Sonne nicht mehr unter. Darüber erhielten sie jeweils eine Urkunde („Sertifikat"); die war auf ein konkretes Datum ausgestellt, unterschrieben vom Kapitän des Schiffes, Herrn Nilsen.

Norwegen ist ein reiches Land. Vor der Küste werden Öl und Gas gefördert, und das viele Wasser sichert die Stromversorgung.

Wind gibt es obendrauf reichlich.

Das Königreich braucht selber kein Öl oder Gas. Es exportiert alles und spielt auf dem Weltölmarkt eine gewichtige Rolle. Die Norweger verdienen sehr gut, und der Staat gewährt von den üppigen Einnahmen ein großzügiges Sozialsystem. Daneben hatte man eine gute Infrastruktur geschaffen, vor allem mit Straßen und grandiosen Brücken bis in den hohen Norden hinein.

Gleichheit ist ein hoher Wert im Lande. Alles duzt sich; nur den König darf man so nicht ansprechen. Es gilt als unfein, sich über andere zu stellen. Alkohol, aber auch Tabak, sind verpönt und mit hohen Steuern belegt. Eine Flasche Wein kostet mindestens fünfzig Euro.

Mit den Steuern fördert Norwegen beispielsweise Elektroautos mehr als jedes andere Land der Welt. Das soll dazu geführt haben, dass in „Oslo" auf den Busspuren Staus entstünden, weil dort auch die E-Autos fahren dürfen. – Ein Paradies auf Erden gibt es eben nicht.

Norwegen ist auch Land der Samen, die früher „Lappen" genannt wurden. Sie siedeln im Norden, haben eine eigene Sprache, das Privileg der Rentierzüchtung und sogar ein eigenes Parlament. In diesem Land soll es bis zu 100.000 Samen geben; sie siedeln auch in Finnland, Schweden und Russland.

Norwegen ist, wie man sich denken kann, ein sozialdemokratisch dominiertes Land. Ausländer gibt es hier auch: dreißig Prozent. Die meisten davon sind Polen und Schweden! Norwegen ist nicht in der EU, nicht in der Eurozone, aber im Schengen-Abkommen. Pässe oder Ausweise wollten nur die Fluggesellschaften sehen.

„Hurtigruten" ist eine Reederei, die über dreizehn Schiffe verfügt. Diese schippern die gesamte Küste von „Bergen" bis hoch nach „Kirkenes" entlang. Post bringen sie nicht mehr, aber man kann wie mit Bussen stets ein paar Stationen auch von kleineren Orten aus mitfahren. Dafür erhält die Reederei Subventionen. Das große Geld bringen dann die Touristen.

Am Ende der Nazi-Zeit übrigens war das eigentlich neutrale Norwegen von Deutschland besetzt worden. Auch „Hurtigruten" musste

Kriegsdienste leisten. Deswegen haben die Alliierten Schiffe dieser Reederei versenkt.

Mittlerweile werden die Fährdienste ausgeschrieben, und ob „Hurtigruten" beim nächsten Mal wieder zum Zuge kommt, war nicht gewiss. Das Leben geht weiter.

In Norwegen gibt es übrigens (wie auch auf Island) Trolle und Elfen. Die Trolle in Nordnorwegen sind nicht sehr freundlich. Sie sollen auch etwas dumm sein und haben eine Eigenschaft, die ihnen zu schaffen macht: Sie vertragen keine Sonne und werden darin zu Stein. Daher sind die meisten Felsen in Nordnorwegen erstarrte Trolle. Diese formen als solche die von den Menschen bewunderten Landschaften. Elfen übrigens sind anfangs reizvoll, locken besonders Männer an, haben aber Handicaps, welche diejenigen entdecken, die auf sie reinfallen sind.

Die Reise führte zunächst mit einem Flieger der „KLM" nach „Amsterdam". Dort stieg man um und flog (wieder mit „KLM") nach „Bergen", einem modernen Flughafen. Die Passagiere mussten eine beträchtliche Strecke wandern, bevor sie zu ihren Koffern kamen. Ein Bus von „Hurtigruten" stand bereit, und ab ging es zum Schiff. Sie fuhren über gut ausgebaute Straßen und durch ellenlange Tunnel. Schließlich waren sie im Hafen, wurden durch eine moderne Abfertigungshalle geschleust, wo sie ihre Unterlagen erhielten. Dann ging es eine Rolltreppe hinauf, und sie kamen auf's Schiff und dort zu einer Rezeption.

Doch welche Überraschung: Die gebuchte teure „Außenkabine" war in ein dunkles Loch mit zwei Bullaugen weit unten, einem offenen und einem hochgeklappten Bett. Also tauschten Silke und Andor. Sie bekamen für viel Geld eine (von Silke bezahlte) Suite. Da fühlten sie sich wohl.

Die nächste Überraschung war, dass der „Maitre de Salle" sie im Restaurant für 18 Uhr zum Abendessen eintragen wollte. Sie weigerten sich und „durften" dann um 20 bzw. 20:30 Uhr speisen. Mal gab es Buffet, 'mal wurde serviert. Frühstücken war um neun Uhr, Mittag gegessen wurde um dreizehn Uhr. Das Essen selber war gut. Es gab viel Fisch, am meisten Lachs. Auch diverse Sorten eingelegter Matjes waren da. Dazu gab es immer rote Grütze, Käse, Butter und Brot. Alkoholfreie Getränke waren frei; Wein, Schnaps, Bier usw. musste man zu gepfefferten Preisen extra bestellen.

„Polarlys" heißt auf Deutsch „Polarlicht". Das Schiff wurde 2016 modernisiert. Es hat drei Restaurants, eine Bäckerei mit Eisbar, eine Bar mit Lounge, WLAN, Sauna, einen Fitnessraum, Fahrstühle, Konferenzräume, ein Autodeck, zwei Whirlpools und einen Laden. Gebaut wurde es 1996 von einer holländischen Werft, bietet Platz für 619 Passagiere, hat 503 Betten, eine Länge von 123 Metern, eine Breite von 19,5 Metern und schafft 15 Knoten.

So war alles geregelt, und die Reise konnte beginnen. Für jeden Tag gab es ein Programm; das wurde auf Norwegisch, Englisch, Französisch und Deutsch ausgedruckt. Der erste Tag („Dag 1") diente der Einschiffung, und um 21:30 Uhr verließ die „Polarlys" Bergen.

„Dag 2" ging es hinein in den „Geirangerfjord". Der Name ist wohl den meisten Menschen vertraut. Von „Geiranger" bis zum nächsten Halt brauchte das Schiff vier Stunden und davon zwei über das offene Meer. Es schaukelte ganz schön. Als Temperatur wurden 20 Grad – es war Mitte Juli – vermerkt.

„Dag 3" war der 14. Juli, Silkes Geburtstag. Es war der „Trondheim"-Tag. Sie machten einen Stadtrundgang. Höhepunkt war die Besichtigung der Kathedrale. Dort wurden einst die norwegischen Könige gekrönt. „Hurtigruten" gab für den Ort eine Temperatur von 14 Grad Celsius an.

Abends gingen sie im schiffseigenen Edelrestaurant „aus". Sie hatten ihr Standardessen „upgegradet". Silke zog sich fein an; Andor warf sich in ein hier eher ungewohntes Sakko. Auf dem Tisch stand ein wie von Kinderhand gefertigtes Papierschildchen mit der Aufschrift „Happy Birthday". Doch plötzlich erschien der „Maitre de Salle" mit Köchen und Kellnern im Gefolge. Sie sangen ein norwegisches Lied und schwenkten fröhlich Nationalfähnchen. Dann umrahmten sie Silke und gratulierten. Andor war so perplex, dass er glatt vergaß, zu fotografieren.

Sie gönnten sich eine Flasche Wein für siebzig Euro: Das ist die Sache wert!

Für den „Dag 4" wurden zwölf Grad prognostiziert. Es war übrigens – wie Andor nachher feststellte – der fünfzigste Jahrestag seiner Promotion. Die Universität wollte ihn noch zur Feier der „Goldenen Promotion" einladen.

Doch sie waren in Norwegen, und dort war „Wikinger"-Tag. An Bord hörten die Gäste einen Vortrag und erfuhren, dass es über diesen Stamm viele Fehlinformationen gäbe. – Die Blütezeit der Wikinger werde von 793 (Überfall auf ein Kloster) bis 1066 (Schlacht von Stamford Bridge) angegeben.- Dass diese Menschen Hörner an den Helmen getragen hätten, hätten ihnen Engländer und später Richard Wagner angedichtet. Sie lebten in Wirklichkeit zu vielen Personen zusammen mit ihrem Vieh in Langhäusern. Die meisten von ihnen waren Bauern. Zur See gefahren seien einige schon, aber sie hätten oft Schwierigkeiten mit der Navigation gehabt. Außerdem seien sie keine Christen gewesen und hätten im Streitfall Mönche und Klöster nicht verschont, wie es die „kultivierten" Mitteleuropäer damals getan hätten. – Für den Wikinger Eric den Roten hätte man in „Reykjavik" auf Island ein Denkmal errichtet. Dabei soll Eric in Norwegen ein Mörder gewesen sein, den man verbannte und der auf der Insel seinem alten „Gewerbe" weiter nachging. Da verbannte man ihn erneut. Er strandete in Grönland und gelte seitdem als „Entdecker".

Auch eine Karriere!

Bei einem Ausflug zu den „Wikingern" besuchten die Stolps auf den Lofoten ein wieder aufgebautes Haus. Ein „König der Wikinger" gab gerade ein „Gelage" bei Met und Rentierfleisch. Leider sprachen der „König" und sein Gefolge Englisch: Es war Touristen-Nepp!

Schokoladenmännchen und Dr. rer. pol.

Vorher machten sie einen kleinen Rundgang durch den Hafen, in dem sie gerade ankerten. Die Stolps staunten, dass hier oben Menschen lebten, Häuser standen und Blumen blühten. – Wie mochte es wohl im Winter bei völliger Dunkelheit sein?

Einen Höhepunkt erlebten sie um Mitternacht bei einer Fahrt in den nur zwei Kilometer langen Trollfjord. Diese Fahrt wagen die Schiffe nur bei ruhigem Wetter, weil es sonst zu gefährlich würde. Es war sehr spektakulär, denn die Einfahrt zwischen hohen Felsen war sehr eng. Sie fuhren an grün bewachsenen Steinwänden entlang, dann öffnet sich der Fjord. Vor uns lag ein riesiger See, umrahmt von hohen Bergen.

Hoch im Norden

Das Schiff wendete und nahm Kurs nach „Hustadvika".

Am „Dag 5" wurden 11 Grad angegeben. Sie passierten den „Polarkreis". Gegen die Sonne nachts in der Kabine halfen dicke Vorhänge. Silke und Andor konnten sich mit Hilfe dieser Vorhänge aussuchen, wann es Tag oder Nacht sein sollte.

Das Schiff legte in „Tromsoe" an, und die Gäste erkundeten den Ort. Hier wie überall gab es eine öffentliche Bibliothek, die sehr modern und lichtdurchflutet gebaut war. Jedermann (und natürlich auch Jedefrau!) konnte sie benutzen – ohne jegliche Kontrolle. Das war der Sozialstaat Norwegen, und man hatte den Eindruck, dass insbesondere farbige Emigranten hier Zuflucht fanden.

Die Restaurants rundum waren übrigens meist in vietnamesischer Hand. Und: In einem Supermarkt entdeckten sie weder Bier noch richtigen Wein: Schöne neue Welt!

Um 23 Uhr begaben sie sich wieder auf hohe See. Silke wurde es etwas mulmig. Aber die Schaukelei im Bett war am Ende ganz angenehm. Seekrank wurde auf dieser Reise niemand.

Am „Dag 6" regnete es bei sieben Grad. An Bord erschien ein Beamter der Königlichen Post und stempelte Postkarten mit Briefmarken: „Nordkap"! Ein Ziel der Reise war also erreicht!

Sie setzten sich in einen Bus, und eine in grau gekleidete Vietnamesin führte die Besucher durch das Land. Sie sagte, sie sei wegen der Liebe hergekommen: „Na, diese Liebe sollten Sie mal sehen!" Im Übrigen habe sie noch einen Koffer in „Berlin". – Es wurde grau und grauer, und plötzlich waren sie am Nordkap.

Es regnete wie aus Eimern. Der Bus hielt vor einem Eingang, der in eine Glashalle führte. Links war ein Souvenirshop, rechts gingen Treppen hinunter zu Toiletten und einem Kunterbunt von kleinen Ausstellungen. Wenn man jedoch durch die Halle schritt, kam man zu einem Plateau mit grauem Gestein und grauer Luft darüber. Schemenhaft konnte man das Gerippe einer Weltkugel auf einem gemauerten Steinblock erkennen. Sonst nichts. Die Leute strömten zur Weltkugel und hinterher wieder in die Halle, denn das Wasser strömte vom Himmel.

Silke und Andor gingen auf die Toilette, setzten sich in einen Kinosaal, in eine Kapelle, besuchten den Shop und saßen am Ende erneut im Bus. Ihnen wurde eingetrichtert, dass man keine „Steinmännchen" bauen solle, weil das die Vegetation (?) zerstöre. Dann fuhren sie wieder durch graues Land und gingen an Bord. Nach Hause melden sie:

„Wir sind am Nordkap gewesen!"

Am „Dag 7" ging es weiter an der Küste entlang und richtig in die Fjordlandschaft hinein. Das Wetter war wieder gut; dreizehn Grad waren gemeldet. Endlich erreichten sie „Kirkenes", den Wendepunkt der Reise. Hier ist die Grenze zu Russland, und manches Straßenschild war zweisprachig: Norwegisch und Russisch.– Die Stolps trafen ein Ehepaar aus Berlin, das mit dem Auto nach „Bergen" gefahren, dort aufs Schiff gegangen war, in „Kirkenes" ausstieg und über Finnland wieder nach Hause fahren wollte: Gute Reise!

Badende in Hammerfest

Am „Dag 8" überraschten sie zwanzig Grad! Sie waren schon wieder auf der Südroute und ankerten in „Hammerfest". Als Schüler hatte Andor sich diese Stadt als im ewigen Eis liegend vorgestellt. Nun war es wie im deutschen Frühsommer!

Am Hafen herrschte geschäftiges Treiben. Ein Wal wurde gefüttert, angeblich kam er stets zur gleichen Zeit zu diesem Zwecke her. Überall waren Marktstände. Die Händler boten hauptsächlich Fisch,

Trödel und Kitsch an. Manche von ihnen waren Asiaten, die auch Garküchen betrieben. Dann der Hammer: Sie entdeckten drei Mädchen, die ein „Bad" nahmen. Sie zogen sich bis auf die Badeanzüge aus, huschten über eine Treppe ins Wasser und kamen sehr schnell wieder heraus. Das Wasser hatte höchstens 14 Grad! – Ein Einheimischer berichtete, das Schönste an solchen Bädern sei das Herauskommen: Man fühle sich unheimlich warm! – Die drei Mädchen in Hammerfest hatten jedenfalls viele Zuschauer.

Abends hielten sie in „Tromsoe" und besuchten um Mitternacht ein Konzert in einer modernen „Eismeerkathedrale". Drei Künstler trugen kirchliche und weltliche Lieder vor. Als das Konzert endete, war es ein Uhr nachts und noch so hell, dass viele Gäste draußen fotografieren konnten – ohne Blitz!

Auch in Norwegen ging alles der Reihe nach: Auf „Dag 8" folgte eben „Dag 9", für den 18 Grad angegeben wurden. Um 8:10 Uhr starteten die Besucher zu einem Ausflug von Harstad nach Sortland auf den „Vesteralen". „Wir treffen uns am Kai.", stand auf einem Programmzettel. – Zunächst besuchten sie eine uralte Kirche, wo ein kleiner Gottesdienst abgehalten wurde. Dann besichtigten sie ein Museum, und kamen in einen Park, in dem üppige Blumen blühten. Das Ganze lag an einem Fjord, und die Landschaft war faszinierend: Es war jedoch ein ehemaliges Kriegsgefangenenlager, das die „Deutsche Wehrmacht" hier einst betrieben hatte.

Danach fuhren sie weiter durch das Land, das immer wieder tolle Bilder bot. Mit einer kleinen Fähre überquerten sie einen Fjord. Auch eine „Badestelle" konnte man sehen – es badete aber niemand! An einer Brücke hielten sie an und hörten davon, dass an dieser Stelle eine Grenze zwischen Salz- und Süßwasser sei. Unter der Brücke könne man Muscheln finden.

Dieser Ausflug dauerte viereinhalb Stunden, und es ist der schönste. Die weißen Wolken, das Wasser und die Berge bildeten grandiose Landschaften, und Platz schien überall genug zu sein. Schließlich: Wo sie auch immer sie hinkamen, elektrischer Strom war schon da! (Damit die Norweger mit dieser Energiequelle nicht zu sehr aasen, müssten sie nun dafür zahlen!)

An Bord erfuhren sie einiges über die 125-jährige Geschichte der „Hurtigruten" und über Trolle. Sie packten die Koffer, genossen den „Dag 10" an Bord. Noch einmal fuhr die „Polarlys" in den Trollfjord und präsentierte schöne Bilder zum Abschied. Auch die „Sieben Schwestern" (markante Berge) grüßten.

„Dag 11" erreichen sie „Trondheim" (achtzehn Grad) und mussten um acht Uhr die Kabine verlassen. Sie stiegen in einen Bus, fuhren wieder über gepflegte Landstraßen und durch etliche lange Tunnel, bis sie zum Flughafen kamen. Der war zwar auch modern, ziemlich groß, im internationalen Abfertigungsbereich aber leer. Dann kam eine Maschine der „KLM" aus „Amsterdam". Ankommende Passagiere stiegen aus, und die Stolps stiegen ein. Sie hoben ab und freuten sich, denn:

„Auch Norwegen gehört unserer Vergangenheit an."

(2019)

23. Island: Trolle, Zwerge und Engel

Auf Island

Mit Verwandten zog es Silke und Andor diesmal nach Island. – Um rechtzeitig am Flieger zu sein, übernachteten sie in einem Hotel. Sie wurden um 3:30 Uhr geweckt. Frühstück (eigentlich hätte es „Nachtstück" heißen sollen) gab es nicht. Ein Bus fuhr um 5:00 Uhr zum Flugplatz. Dann begann ein Rätselraten, wann der Flieger gehen würde. Kurzfristig erfuhren sie es: 7:40 Uhr würde er starten, und (tatsächlich!) sie flogen. Was machte es da, wenn die Stewardess für einen

Kaffee 2,50 Euro nahm? Sie flogen jedenfalls und lernten, dass Island hinter 1. Dänemark, 2. Norwegen und 3. Schottland I – also ziemlich weit im Norden im Atlantik liegt.

Schließlich waren sie wirklich da (so gegen 10 Uhr). Es regnete, war zwölf Grad Celsius (im Juli!), und der Flughafen hieß „Keflavik". Zoll- oder Passkontrollen schien es nicht zu geben. Schon saßen sie in einem gelben Bus, auf den der Regen prasselte, der aber nicht abfuhr, weil ein Herr Neumann nicht in Island gelandet war. (Vielleicht war der nach Mekka geflogen?): Bonjour tristess!

Nach einer Stunde ging es aber doch los (Neumann hin und Neumann her). Sie fuhren in die Hauptstadt „Reykjavik". Das ist eine locker bebaute Stadt im Grünen und sieht ganz wohnlich aus. Der Schwager und Architekt, bestaunte die vielen weißen Dächer.

„Reykjavik" hat etwa 113.000 Einwohner, und im Großraum leben ungefähr 190.000 Menschen. Ganz Island zählt etwa 310.000 Bewohner – (wie Charlottenburg-Wilmersdorf, ein Berliner Stadtbezirk). Dafür ist die Insel etwa so groß, wie die DDR es war, und neben Einwohnern gab es viele Unsichtbare, aber auch viele sichtbare Naturwunder.

Seit 1944 ist Island eine unabhängige Republik. 1986 trafen sich hier Ronald Reagan und Michail Gorbatschow. Vielen (vor allem in Island) gilt dieses Treffen als Anfang vom Ende des Kalten Krieges.

Eis sahen sie erst einmal nicht. Aber Lava war überall. Island ist eine Feuer- und Vulkaninsel. Der letzte große Ausbruch soll um das Jahr 1000 gewesen sein. Das war die Zeit, als man Island christianisierte. Man sagt, die alten Götter hätten es damals noch einmal richtig krachen lassen und Lava verströmt. Seltsamerweise nennen die Isländer die Lava aus dieser Zeit „Christuslava". Es müsste eigentlich „Wotanslava" oder so heißen...

Die Christianisierung selber soll friedlich verlaufen sein. Nur wollten die Isländer sich nicht in kalten Seen taufen lassen und sind stattdessen zu wärmeren Gewässern gepilgert, wo sie untergetaucht sind. Der Wechsel vom katholischen zum evangelischen Glauben später dann war etwas unfriedlicher. Man musste angeblich erst einem katholischen Bischof und seinen zwei Söhnen (!) die Köpfe abschlagen, bevor die Sache funktionierte. Heute sind fast alle Isländer evangelisch. Es gibt aber auch eine anerkannte Gemeinde, die an die alten germanischen Götter glaubt. Diese soll 1.100 Mitglieder haben.

Um 930 traf sich in Island erstmals so etwas Ähnliches wie ein Parlament, das Althing – „th" wie im Englischen gesprochen. Dort wurde Recht verkündet, die Durchsetzung (also die Exekutive) war Privatsache. Dieses Parlament traf sich in „Thingvellir" westlich von „Reykjavik.": Als die jetzt aus Deutschland neu angekommenen Besucher das erste Mal dort waren, regnete und stürmte es fürchterlich. Aber sie kamen später noch einmal bei herrlichem Wetter zu diesem Nationalheiligtum der Isländer.

Am ersten Tag machten sie eine Stadtrundfahrt durch „Reykjavik". Sie besichtigten die beherrschende Kirche des Ortes, die „Hallgrimskirkje", die groß und aus grauem Beton gebaut wurde. Im Innern derselben befand sich kein Bild, kein Schmuck, nichts dergleichen. Es war alles sehr ordentlich, sauber, und geheizt war obendrein. Vor der Kirche stand ein riesiges Denkmal für Leifur Eriksson (ca. 970 – ca. 1020), den Entdecker. Martialisch mit Schwert und Rüstung blickte Leifur auf den Hafen von „Reykjavik".

Dann wurden die Besucher zu einem merkwürdigen weißen Haus mit einem Garten geführt. In dem Garten standen auch Skulpturen: Mächtige Figuren. Hier konnte man aber vor allem sehen: In Island gab es Bäume, Gras und anderes Gewächs! Die Bäume (unter anderen Birken und Kiefern) wirkten etwas ruppig, und der Garten blühte nicht gerade üppig, allerdings standen da sogar Rosen, wenn auch Heckenrosen, wie sie in Deutschland an der See zu sehen sind. Aber immerhin! In dem Haus selbst befinden sich noch mehr Kunstwerke, die der Bildhauer Ásmundor Sveinsson geschaffen hatte. Er habe in „Kopenhagen" „gelernt", und Island hätte es ihm ermöglicht, sich zu verwirklichen.

Danach mussten die Gäste eine der öffentlichen Badeanstalten „Reykjaviks" besuchen. Es regnete (wie man auf einer anderen Insel sagen würde: „Cats an dogs". Aber in den Bahnen und Becken schwammen tatsächlich Menschen. Die Wassertemperaturen waren unterschiedlich und sollten bis vierzig Grad gehen. Die Tribünen erschienen überholungsbedürftig, und das Ganze hatte die Ausmaße großer Schwimmanlagen in Deutschland. Nun wussten sie: Es gab Isländer, die gingen auch bei schlechtem Wetter ins Freibad, denn die Insel verfügte über viel an die Oberfläche quellendes warmes Wasser.

„Perlan" liegt auf einem Hügel. Dort wurde per Pipelines herangeführte Erdwärme in Heißwassertanks (Kapazität achtzehn Millionen Liter Wasser) gespeichert und als Fernwärme weiter gegeben. Über allem befand sich eine riesige silberne Kuppel, in der in mehreren Stockwerken Museen, Restaurants usw. untergebracht sind. Das Ganze thront über „Reykjavik", wird als „futuristisches Architekturkunstwerk" bezeichnet und ist ein Wahrzeichen der Hauptstadt. Über die Qualität der Restaurants sei geschwiegen.

„Und der Regen höret nimmer auf."

Es stand auf dem Programm, und deswegen musste es auch sein: „Whalewatching"! Oben war es grau, unten war es grau, und die See war es ebenfalls, aber sie fuhren zum Pier, um drei Stunden lang auf einem Boot zu verbringen, von dem aus man angeblich Wale beobachten können sollte. Die „Whalewatcher" ankerten am Pier gleich gegenüber den Wahlfängern, was sehr sinnig war. Die einen konnten die andern nämlich nicht leiden. Island war stur. Es fing – wie Japan und Norwegen es auch taten - Wale. Besonders deutsche Menschen erregte das sehr.

Die „Whalewatcherin" war auch Deutsche und hieß obendrein Angela. Ihr vertrauten die Touristen sich von 17 bis 20 Uhr an. Sie war jünger als die andere Angie in „Berlin". Auf „Denglisch" konnte sie viel über Wale erzählen. Das Boot schaukelte derweil hinaus aufs offene Meer, die Gäste saßen unter Deck. Auf dem nassen und windigen Oberdeck taumelten einige Mutige in Ölzeug verpackte Figuren hin und her. Über allem thronte in einem Ausguck Angela und hielt Ausschau – ein Mikrofon in der Hand. Dann verkündete sie aus ihrem „Bundeskanzleramt" (pardon: „Aussichtsturm") heraus: „Auf elf Uhr ein Blauwal!" Oder: „Auf ein Uhr eine ganze Delphinfamilie!" Die Touristen schauten, sahen das graue Meer, die graue Regenluft, Schaumkronen und stießen verzückt hervor: „Ja, hat da nicht gerade ein Meeressäuger Luft geholt?" – Oder war es nur eine Welle? Man wusste es nicht genau, und als das Boot wieder im Hafen war, sagte Angie, sie hätten trotz des schlechten Wetters Glück gehabt, Wale und Delphine gesehen. Man musste zugeben: Diese junge Dame hieß nicht nur Angela, sie taugte auch für die große Politik!

Diesen langen Tag beschlossen sie im Hotel-Restaurant, wo es witzigerweise fast nur „Shabu-Shabu" (also ein japanisches Gericht) gab. Kohlsuppe mit Lamm (eine Art isländisches Nationalgericht) war auch noch auf dem Programm, und das wählten Silke und Andor. Dazu gab es ein kleines Bier für neun Euro: Prost!

Alkohol im Supermarkt gab es nicht. Dafür waren spezielle Geschäfte geschaffen worden. Sie befanden sich überall an Tankstellen und hießen „VinBud". Geöffnet hatten sie zu Zeiten wie von 14 bis 17 Uhr. Eine Flasche trinkbarer Chianti kostete zehn Euro. Wenn man warm duschte, stank es, als erschiene der Teufel persönlich. Das warme Wasser kam nämlich aus der isländischen Erde und roch (nein: stank!) nach Schwefel. Wenn man es lange genug laufen ließ, kam kaltes Wasser, und das war in Ordnung. Man musste sich fürs Duschen und zum Zähneputzen eben neue Techniken aneignen.

Das Frühstück im Hotel war gar nicht skandinavisch: Es gab verschiedene Tee- und Kaffeesorten, Eier, Leberpastete, diverse Fischsorten, Käse, Wurst, Waffeln, Joghurt, Tomaten, Gurken, verschiedene Brotsorten usw. ... Man konnte sich je nach Belieben auf einen neuen Ausflug vorbereiten.

Der eine begann um 8:30 Uhr. Es standen 415 Kilometer auf dem Programm. Dabei ging es zuerst nach „Vik", dem südlichsten Städtchen Islands. Das hatte 290 Einwohner. Zuvor jedoch sahen die Ausflügler zwei Wasserfälle, einen rauchenden Berg und ein Heimatmuseum. Nebenher erfuhren sie, dass Isländer am liebsten Geländewagen mit überdimensionalen Reifen führen. Für die Lavafelder sei das nämlich praktisch. Es gibt Hochlandbusse, die „Jumbo"-Reifen haben und mit denen man über die Schotterpisten im Landesinnern brettern kann. Für ihre Autos verschuldeten sich Isländer angeblich gerne. Sie sollen es im Schnitt auf 50.000 Euro Schulden gebracht haben bei hohem Lebensstandard, für den sie allerdings hart arbeiten mussten.

In einem Ort namens „Skóga" lag ein Museum. Hier hatte man allerhand Krimskrams aus der Zeit gesammelt, als die Isländer noch arm waren. So konnte man Schuhe aus Fischhaut sehen, einen Gurt zum Fangen von Seevögeln einschließlich zum „Klauen" von deren Eiern. Das „Museum" war über alle Maßen vollgestopft. Ein junger Deutscher erläuterte alles mit viel Humor und Spott.

Bei „Vik" befand sich einer der „schönsten" Strände der Welt. Nur mit dem Baden war es allerdings nichts. Das Meer war wild, obwohl der Regen aufgehört hatte. Drei Felsen standen in der Brandung. Sie werden wie fast alles hier wohl aus Lava gewesen sein, so dass ihre Tage gezählt sein dürften.

Auf dem Rückweg grüßte ein geothermisches Kraftwerk, das auch Gewächshäuser speiste, in denen Tomaten und sogar Bananen, die man natürlich nicht missen wollte, wuchsen.

Abends gingen sie mit den Verwandten zum „Italiener" in „Reykjavik": „Rossopomodoro" hieß er. Silke und Andor waren hinterher
siebzig Euro ärmer: So ist das in Island offensichtlich.

Dunkel wurde es übrigens nicht, solange sie auf waren. Und als
sie erwachten, war es schon richtig hell. Zwischen 23 und 2 Uhr soll es
sich zu dieser Jahreszeit verdunkeln. Hier war jedoch alles zwei Stunden später als Daheim, und so bekamen die Gäste aus dem Süden das
kaum mit. Die Leute hier sagten übrigens, im Winter sei es gar nicht
so schlimm mit der Dunkelheit: Es gäbe ja die Dämmerung.

Dann ging es in den Norden „Reykjaviks", bis nach „Reykholt".
Hier lebte einst (1206 bis 1241) Snorri Sturluson, ein Dichter und Politiker. Er herrschte über zwei Godentümer, etwa Grafschaften (aber
mit freiwilliger Mitgliedschaft) und war Sprecher des Althing, also so
etwas wie der oberste Politiker des seinerzeitigen Islands. Irgendwie
hatte er mit dem norwegischen Königshaus gemauschelt und fiel dabei einem Mordanschlag in „Reykholt" zum Opfer. Dort hatte ihm der
norwegische König in neuer Zeit ein Denkmal gestiftet. – Stimmt es
also auch in diesem Fall, dass der Täter immer zum Tatort zurück-
kehre?

Das alles war Geschichte. Der Freistaat Island ist untergegangen.
Erst haben die Norweger sich das Land untertan gemacht, dann die
Dänen. Um 1800 löste sich das Althing auf. Am Ende des Zweiten
Weltkrieges besetzten die Briten die Insel und gaben sie weiter an die
Amerikaner. Die beendeten die Bindung an Dänemark, und so ent-
stand die Republik Island. Island hatte als erstes Land ein vom Volke
gewähltes weibliches Staatsoberhaupt: Vigdis Finnbogadóttir beklei-
dete sechszehn Jahre dieses Amt und kandidierte dann nicht wieder.
Sie war noch sehr populär.

Die Reisenden besuchten „Borganes", das am gleichnamigen
Fjord liegt. Dann ging es zurück nach „Reykjavik". Dazu müssten sie
eigentlich einen weiten Fjord umfahren, der „Hvalförthur" oder so
ähnlich heißt und weit ins Landesinnere hineingeht. Aber die Isländer
hatten an der „Mündung" dieses Fjords einen fünf Kilometer langen
Tunnel gebaut, der die Strecke mächtig abkürzt. Dieser Tunnel besteht nur aus einer Röhre, geht tief hinab, dann glücklicherweise wieder hoch, und man ist schließlich froh, das Ende des Tunnels zu sehen.

Denn ob so eine Tunneldurchfahrt gelang, hing davon ab, dass
eine Reihe unsichtbarer Wesen keinen Schabernack trieben. Hier gab
es nämlich Elfen und Engel, von denen normalerweise keine Gefahr

ausging. Dann existierten aber noch Trolle, Zwerge und verborgene Menschen, bei denen man nie wusste, was sie im Schilde führten. Es sei schon vorgekommen, dass sie den Bau einer Straße durch einen Berg solange sabotiert hatten, bis die Menschen die Straße um den Berg herum führten. Besonders die Zwerge könnten unangenehm werden, während die verborgenen Menschen heiter seien, bunte Kleider trügen und am Leben der sichtbaren Menschen teilhaben würden, ohne dass diese es merkten.

Vielleicht hatten die Zwerge oder die Trolle dafür gesorgt, dass der Sprit in Island ebenso teuer geworden war wie in Deutschland. Ein Liter Benzin kostete 160 Isländische Kronen, und bei einem Kurs von einem Euro zu 122 Isländischen Kronen war das ebenso teuer wie in Deutschland. Und die Isländer konnten nicht ausweichen nach Österreich oder Polen, um „billig" zu tanken.

Dann ging es in die Wildnis nach „Landmannelaugar". Dieses angeblich milde Hochland lag hinter Bergen und Wüsten, in denen menschenleere Staudämme und Kraftwerke gebaut waren. Das Land bis zum Ziel war ziemlich trostlos. Der Bus fuhr über abenteuerliche Schotterpisten, und die Bewunderung für den Fahrer war größer als die Furcht vor Zwergen oder Trollen. „Landmannelaugar" war enttäuschend. Sie hielten auf einem riesigen Parkplatz. Dort standen Busse mit hohen Reifen, viele „Landroover" und einige Zelte. Überall war Wasser, auch in der Luft; es war kalt, und eine kleine Pferdeherde hatte sogar ein eigenes Schneefeld für sich. Offensichtlich kundige Touristen liefen mit Regensachen, Mützen, Schals und Handschuhen herum – wie im Winter. Dann gab es auch welche, die in „Hot Pots" badeten. – Jedem Tierchen sein Pläsierchen.

Bei der Fahrt hierher hatte sie die „Hekla" begleitet – natürlich nur optisch. Die „Hekla" ist einer der bekanntesten Vulkane der Erde, schneebedeckt, etwa 1500 Meter hoch und sehr aktiv. Im Jahre 2000 hatte er Feuer gespuckt, und das Schauspiel konnte man bis ins 100 Kilometer entfernte „Reykjavik" sehen. Die „Hekla" war ein Höllenschlund und die Heimat verlorener Seelen. – Doch wer wagte es, diese zu retten?

Auf der langen Rückfahrt bestaunten sie wieder Islands Lavamassen, die sich als grünes Bauernland darboten, sobald sich die Küste näherte. Sie sahen viele Gletscherflüsse, die weiß sedimentiert die Landschaft durchzogen. Es gab auch Wäldchen und auf den Weiden immer nur Schafe und Pferde.

Die Islandpferde, von denen es 80.000 geben sollte, waren seit den Wikingern auf der Insel und haben sich dem Land angepasst. Sie sind klein, widerstandsfähig, und kräftige Mähnen zieren sie. Es gibt sie in allen denkbaren Farbkombinationen. Das ganze Jahr stehen sie draußen, und im Winter wächst ihnen ein dickes Fell. Wie man auf Fotos erkennen kann, sehen sie dann besonders putzig aus. Diese Pferde sind auch in Deutschland sehr beliebt, und hierher wurden viele von ihnen exportiert. Dabei vertrugen sie das Klima in Mitteleuropa oft nicht, aber zurück auf die Insel durften sie nie wieder. – An diesem Tag waren sie 429 Kilometer gefahren – für einen Besuch in der „Wildnis".

„Hafnarfrörthur" ist mit 25.000 Einwohnern die drittgrößte Stadt Islands. Neben den nicht so zahlreichen Sichtbaren gibt es hier besonders viele Unsichtbare. Die Stadt liegt zwischen Lavahügeln, die von Unsichtbaren bewohnt sind. Hier residierte die Feenkundige Erla Steffansdottir, die man konsultieren soll, bevor man baut. Aber so etwas hatten die Besucher auch nicht vor, und so wurden sie nach einem kurzen Stopp durchgelassen zur Schnellstraße.

Plötzlich tauchte inmitten einer Lavalandschaft ein großer See auf: der „Kleifervatn". Die Sonne schien, die Luft war wie Seide, und ein Hauch von Frühling kam auf. Der See war majestätisch; kein Mensch war zu sehen. An seinen Ufern ließ es sich zwischen Lavafelsen gut klettern.

Kurz danach erreichten sie eine Hexenküche: blubbernde und sprudelnde heiße Quellen, die eingerahmt waren von grauen, grünen, blauen und roten Felsen. Dazu stank es wieder nach Schwefel.

Dann kam „Grindavik", ein Fischerdorf, das sehr aufgeräumt wirkte. Hier sahen sie nur weiße Einfamilienhäuser, saubere Lagerhallen, ein paar soziale Einrichtungen wie Schulen, – jedoch kaum Menschen.

Fisch war noch immer ein wichtiger Exportartikel Islands. Zwölf Prozent des Fanges gingen nach Deutschland, meist tiefgefroren direkt vom Schiff. Und wovon lebte Island noch? Da gab es zwei Aluminiumschmelzen, die Bauxiterde aus Australien bezogen und unter enormem Energieverbrauch (80 Prozent des durch Erdwärme und Wasserkraftwerke gewonnenen Stromes) Aluminium produzierten. Dann wurden Islandpferde exportiert, und schließlich brachten die Touristen Geld. So schlugen sich die Isländer durch, die Maschinen, Autos, Früchte, Sprit und vieles andere importieren mussten. Auch gab es hier kaum Holz oder Granit, so dass viel mit Kunststoff, Beton und Wellblech gebaut wurde.

Mehr als alles andere liebten die Isländer ihre Autos, also die meist geländegängigen Jumboautos. Im Winter fuhren sie mit Schneeketten und Spikes, sonst würde keiner aus seinem Ort herauskommen.

Die Höchstgeschwindigkeit im Lande war neunzig Kilometer pro Stunde. An den Autoschildern konnte man nichts erkennen, denn jedes Auto im Land bekam bei der ersten Zulassung eine Nummer, die es das ganze „Leben" beibehielt – egal, wie oft es den Besitzer wechselte. In Island gab es immer wieder Autos, die Buchstabenkombinationen trugen, die in Deutschland politisch inkorrekt wären: „SS" und „KZ" zum Beispiel. Man konnte aber auch für 250 Euro ein bis zu sechsstelliges Namensschild kaufen. In der Stadt und auch über Land fuhren öffentliche Busse; Bahnen gab es nicht. Wer weite Strecken etwa vom Süden in den Norden zurücklegen wollte, nahm den Flieger. Flugplätze gab es fast überall.

Lustig sind die Namen der Menschen. Man redet sich grundsätzlich mit Vornamen an und duzt sich. Der Familienname ist meistens vom Vornamen des Vaters abgeleitet. Die Frau heißt „Dottir" und der Mann „Son". Das bleibt das ganze Leben so: Eine Hochzeit ändert nichts am Namen. Würden also Silke und Andor Isländer sein, hieße Silke (da ihr Vater auf den Namen Robert hörte) „Silke Robertdottir". Wäre sie etwas frauenbewegt, könnte sie sich auch nach ihrer Mutter nennen: „Silke Margarethedottir". Andors Vater hieß Erwin, und so wäre er „Andor Erwinson". Man male sich aus, wie nervig es ist, im Telefonbuch von „Reykjavik" jemand zu finden, denn hier sind die Teilnehmer nach ihren Vornamen aufgelistet.

Dann tauchte die „Blaue Lagune" auf. Diese war das Nebenprodukt eines Thermalkraftwerkes, wo inmitten einer Lavalandschaft ein warmer See entstanden ist. Das Wasser hat eine Temperatur von fünfunddreißig Grad plus X, dampft, ist nicht tief und angeblich dermatologisch wirksam: Gegen Schuppen und Flechten sollte es gut sein. So war dem Bad auch eine dermatologische Klinik angeschlossen und ein Hotel. Wenn es bewölkt war, wie jetzt wieder, strahlte die Lagune nicht blau, sondern weiß.

Am 17. Juni 1944 wurde die Republik Island ausgerufen. Nach 682 Jahren Herrschaft erst der Norweger und dann der Dänen wurde Island frei. Das Land ist Mitglied der NATO, ohne eine eigene Armee zu haben. Die Landesverteidigung ist Sache der USA. Die haben in „Keflavik", wo sich auch der internationale Flughafen befindet, einen NATO-Stützpunkt gebaut. Obwohl der Abzug der Amerikaner immer wieder ein innenpolitisches Thema war (1956 stimmte sogar das wiederbelebte Althing für den Abzug.) sind die Amis noch immer da.

Das Nationaldenkmal Islands heißt (wie gesagt) „Thingvellir", liegt östlich von „Reykjavik". Hier konnte man die Abbruchkante der amerikanischen Festlandplatte sehen, und daneben eine rissige Hochebene, auf der sich nach der Theorie die eurasische Festlandplatte entfernt: Island als Produkt des Auseinanderdriftens von Amerika und Eurasien! Pro Jahr würden es zwei Zentimeter sein.

Davon haben die alten Wikinger nichts gewusst, als hier 930 das erste Althing tagte, das 1800 aufgelöst wurde und nun (allerdings in „Reykjavik") wieder tagt. Früher, als Island Freistaat war, haben sich hier die Goden (etwa vierzig Oligarchen von der ganzen Insel) getroffen, um das Recht festzulegen. Das „Althing" war angeblich das älteste Parlament der Welt. Hohe politische Feste wurden in dieser von Wasserläufen durchzogenen Landschaft, die sehr idyllisch anmutet, begangen. Das Ganze stand auf der Liste des Weltkulturerbes der UNESCO.

Übrigens Amerika: Die Nordmänner oder Wikinger hatten Island besiedelt. Sie glaubten noch an die alten Götter, haben einerseits viele Mittelmeerkulturen raubend und plündernd verunsichert und ließen sich andererseits nach Norden von Insel zu Insel treiben. So betrat um das Jahr 1000 Leif Eriksson amerikanischen Boden, ist aber wieder vertrieben worden. Womöglich war ihm das sogar recht, denn die Wikinger hatten Angst, von der Erdenscheibe herunter zu fallen.

Am Ende blieben die Wikinger eben auf Island. Ihre Kultur rankt sich wesentlich um die Sprache, die sich seit den alten Zeiten wenig geändert hat. Isländisch ist eine germanisch-nordische Sprache, und Isländer können alte Texte lesen, vielleicht so als ob deutsche Mittelhochdeutsch verstehen könnten. Im 12. bis 14. Jahrhundert entstanden die Sagas, germanische Heldengeschichten wie die „Edda", gespeist aus Historie und Fantasie. Island ist trotz der wenigen Menschen, die Isländisch sprechen, ein Land der Schriftsteller und Dichter. 1955 erhielt Halldór Laxness den Nobelpreis für Literatur. Er hat Theaterstücke und Romane wie „Atomstation" oder „Der große Weber von Kaschmir" geschrieben, die Welterfolge wurden. Island hat ein Nationaltheater, das ab 1. September spielt. Im Hafen von „Reykjavik" bauten sie ein Kongresszentrum mit einer Musikhalle. Eine Universität hat „Reykjavik" schon länger.

Dann meldete sich noch einmal Islands Natur. Der Ort „Geysir" hat allen heißen Springquellen in der Welt seinen Namen gegeben. Der Geysir ruhte gerade – keiner wusste, wie lange. Aber direkt neben ihm war ein Bruder, der etwa alle fünf Minuten ausbrach und eine große heiße Wasserfontäne in die Luft schoss. Manchmal kam eine zweite Fontäne gleich hinterher, dann riefen die Menschen „Oh!" und „Ah!".

Nicht weit von diesem Naturwunder befand sich der gewaltige Wasserfall „Gullfoss", über den in mindestens zwei Stufen gewaltige Wassermassen strömten. So könnte es auch an den Niagarafällen sein. Es war beeindruckend. Eine isländische Aktivistin soll verhindert haben, dass an dieser Stelle von Engländern ein Kraftwerk gebaut wurde. Ihr hat man ein Denkmal gesetzt.

Von dieser Gegend aus ließ sich auch einer der Gletscher Islands, der „Langjökull" heisst, erkennen.

Ewiges Eis im Hochsommer: Island!

(2008)

24. Passau: Wien – Bratislava – Budapest

An Bord

Silke und Andor gönnten sich eine Paneuropatour. Mit dem PKW fuhren sie durchs Voigtland und das östliche Bayern. Schließlich kamen sie in „Passau" an. Das Navi steuerte sie direkt vor die „Globus-Garagen", wo sie ihr Auto abstellten. Mit dem Bus wurden sie zu einem Flusskreuzfahrtschiff gebracht.

„Passau" ist eine alte Bischofsstadt und kam 1741 zu Bayern. Ein Kollege von Andor war hier an der Universität Professor für Soziologie. Vor Jahren hatte er ihnen seinen (wie er sich ausdrückte) „Mickey-Mouse-Lehrstuhl" gezeigt. Der Mann, aus „Hof" stammend und evangelisch, war der Autor über die CSU. An der Universität „Passau" hatte er einen „Madonnen-Streit" ausgelöst, als er dagegen ankämpfte, dass die Universität „Passau" eine Madonna im Siegel bekommen sollte. Ein religiöses Motiv im Siegel einer Universität! Das passte nicht, und er wehrte sich dagegen. Es muss hoch hergegangen sein im katholischen „Passau" und weit über die Universität hinaus. Doch am Ende hatte der Professor gesiegt.

Bei der Einschiffung erfuhren die Gäste, dass einhundert Spanier ebenfalls angeheuert hätten. Das Schiff hatte Platz für zweihundert

Passagiere. „Platz" war geprahlt, denn die vielen Menschen gingen zwar alle in die Kabinen hinein, aber im Restaurant kam es zu Staus. Es war laut, und man musste fast drei Stunden ausharren, bis man die vier Gänge durch hatte. Das Essen war gut: Aber Frühstück, Mittag und Abendessen, außerdem Kaffee und Kuchen am Nachmittag; das war reichlich. Und immer wieder im selben Restaurant!

Auf dem Schiff trafen sie sechs befreundete Mitreisende. In der Nacht fuhren sie durch mehrere Schleusen. Es ging dort immer tiefer hinab. Manchmal sind sie davon wach geworden. Um 22:15 Uhr wollten sie im Fernsehen Nachrichten sehen. Dort berichteten sie gerade von einem „Duell Merkel-Steinmeier" am Tag zuvor und über einen „Wettbewerb" zwischen Westerwelle, Trittin und Lafontaine (oder war es Gysi?) für die Bundestagswahl. Danach kam eine Meldung über einen von Jugendlichen erschlagenen Fünfzigjährigen in der Münchner S-Bahn, und dann blieb das Bild stehen: Sie fuhren 'mal wieder hinab in den Schlund einer Schleuse, und „aus" war der Empfang.

Also gute Nacht!

Das Schiff kam an in „Spitz". Das Wetter war nicht schön. Regenschirm und Jacke waren durchaus angebracht. Sie befanden sich in der Wachau, dem Land der „Mariand'l", die das Herz des Sängers am „Band'l" hatte. Dieser Song stammte aus dem Film „Hofrat Geiger" mit Hans Moser und Paul Hörbiger. Hier in „Spitz" wurden die angeblich besten Weine Österreichs angebaut. Seit dem Glycol-Skandal hatte sich die Winzerei in Österreich neu erfunden: Nun produzierte Österreich tatsächlich mit die besten Weine der Welt.

Schon von der „Donau" her sahen sie den „1000-Eimerberg", mit Weinreben bestanden. Nachher im Bus fuhren sie an weiteren Weinfeldern vorbei. Wein hätten sie in Österreich schon siebenhundert Jahre vor den Römern angebaut, berichtete ein Reiseführer. Die Römer aber hätten den Einheimischen gezeigt, wie man es richtig mache, und seitdem sei der Wein aus diesem Lande trinkbar.

Schon am frühen Vormittag machten sie eine Weinprobe in „Weißenkirchen". Sie verkosteten einen Wachauer Müller-Thurgauer „Federspiel 2008", einen Wachauer Grünen Veltliner „Federspiel 2008" und einen „Zweigelt". Davon nahmen sie je eine Flasche mit und obendrein ein Fläschchen „Wachauer Marillenlikör", denn Marillen (= Aprikosen) sind neben dem Wein die andere Spezialität der Wachau.

Die „Wachau" ist übrigens Weltkulturerbe, und dies wollte man nicht verbauen. Deshalb gibt es keine Brücke über die „Donau" in dieser Landschaft. Man könnte mit der Fähre von einem Ufer zum anderen fahren.

Natürlich besichtigten sie „Dürnstein", „die Perle der Wachau". Diese „Stadt" hat nur 600 Einwohner, aber 1,5 Millionen Touristen pro Saison. Es ist ein wenig wie in „Rothenburg ob der Tauber": Alle Gebäude waren alt und für den Tourismus hergerichtet. Es gab viele hübsche Lädchen. Auch einen Pranger konnte man besichtigen. Klatschsüchtige Frauen und krakeelende Männer sollen dort bloßgestellt worden sein.

Das „Stift Dürnstein" war sehr beeindruckend: Braun und gelb waren die unteren Gebäude, weiß und blau der Turm. Das sollte den Übergang vom Erdreich zum Himmel symbolisieren.

Dann gab es die „Burg Dürnstein". Hier soll Richard Löwenherz von England einst bei seiner Reise vom Heiligen Land zurück in die Heimat eine Weile festgesessen haben, nachdem man ihn in „Wien" verhaftet hatte. Viele Legenden ranken sich um dieses Ereignis. Es war wohl so, dass der König für ein stattliches Lösegeld bald wieder freigekommen war.

Wieder auf dem Schiff: Durch einige weitere Schleusen fuhren sie an diesem Tage nach „Wien-Nußdorf". Das ist der 19. Bezirk von „Wien". Sie lagen an einer Stelle, wo die Bahn und eine Autobahn direkt an der „Donau" vor dem Kabinenfenster entlang gehen. Nach „Nussdorf" selber mussten sie zuerst einen hässlichen Weg unter der Autobahn entlang gehen, dann kamen sie zum Nußdorfer Platz. Hier fuhr die Straßenbahn „D" in die Innenstadt. Die Häuser-Aufgänge heißen hier „Stiege", und man konnte lesen „Stiege 4" usw.. Sie fuhren nicht nach „Grinzing" und fanden hier ein Heurigen-Lokal. Es hieß „Heuriger Schübel-Auer" und war in der Kahlenberger Straße gelegen. Dort tranken alle ihren Veltliner, Riesling oder Sturm. Der Wirt (oder war es der Kellner?) war ein wenig grantig; schließlich waren sie in „Wien". Sie saßen draußen unter Kastanien-Bäumen, die offensichtlich nicht von der Miniermotte befallen waren.

Am folgenden Vormittag machten die Stolps mit ihren Freunden einen Ausflug nach „Wien". Sie sahen das „K.u.K.-Wien", die austrosozialistische Stadt, die UNO-Stadt, das heutige Regierungsviertel, das Burgtheater, den Musikverein, die Staatsoper, den seit 850 Jahren existierenden Stephansdom, die Kärntnerstraße, den Ring, die Hotels, die Konditoreien Sacher und Demel usw. usw..

Wieder (wie in Spanien) erspähten sie die Pferde der Spanischen Hofreitschule, die in dieser Stadt seit 430 Jahren ansässig ist und eine Art „Elitegymnasium" für Pferde darstellt. Zum Training wurden die Pferde über eine sehr belebte Straße geführt; das war ein Aufsehen erregendes Spektakel.

Unmengen von Menschen pilgerten durch die Stadt, und nicht wenige kamen mit Bussen von Kreuzfahrtschiffen, ausgerüstet mit Audioanlagen. Dazwischen waren überall Baustellen, Fiaker, Laster und Taxis. Es war ein richtiges Chaos Die Stolps und ihre Freunde „kannten" „Wien" und zogen sich gegen Mittag auf das Schiff zurück, wo sie in Ruhe aßen, denn die spanischen Passagiere waren noch nicht da! Sie kamen, als die Deutschen fertig waren.

Irgendwie hatte „Wien" etwas, das man in anderen Städten nicht fand. Da waren die Arbeiterwohnviertel aus den zwanziger Jahren des vorigen Jahrhunderts. Wie hatte Andors Doktorvater vom „Austrosozialismus" geschwärmt! – Oder die Müllverbrennungsanlage: Sie wurde von Friedensreich Hundertwasser entworfen und stellte seitdem ein kleines Kunstwerk im Stadtbild dar.

Doch schon verließen sie „Wien". Sie fuhren die „Donau" hinab und kamen bei Dunkelheit an „Bratislava" (einst: „Preßburg") vorbei. Das war jetzt die Hauptstadt der Slowakei, einem kleinen Land, in dem 500.000 Ungarn – (Das waren zehn Prozent der Landesbevölkerung.) als Minderheit leben. Sie wohnen entlang der „Donau" im Süden des Landes und wurden seinerzeit von den Slowaken traktiert. Denn es gab ein Gesetz, das der slowakischen Landessprache in der Öffentlichkeit absoluten Vorrang einräumte. Die Ungarn befürchteten, dass ihre Sprache zur „Küchensprache" degradiert werden sollte: – Das alles innerhalb der EU!

„Budapest!" Das war nach „Wien" die Stadt an der „Donau". Auf der einen Seite liegt „Buda", auf der anderen „Pest". Bis 1872 waren die Gemeinden „Obuda", „Buda" und „Pest" selbständig, dann erst entstand „Budapest". „Buda" liegt am Berg, „Pest" in der Ebene. Sie ankerten in der Nähe des Hotels „Gellert" neben der „Freiheitsbrük- ke".

„Budapest" hat sieben Brücken. Das Ensemble beiderseits der „Donau" ist UNESCO-Kulturerbe. Sie sahen das gewaltige Parlamentsgebäude mit 365 Türmen, Westminster nachempfunden. Es ist das drittgrößte Parlamentsgebäude der Erde.

Die ungarische Hauptstadt war quirlig; Autos, Busse, Straßenbahnen und Schiffe fuhren hin und her und erzeugten viel Lärm. Sie hat etwa 1,8 Millionen Einwohner – unmittelbar nach der Wende waren es schon mehr. Aber auch hier wollten die Menschen im Grünen wohnen, so dass viele in den „Speckgürtel" zogen. Im Staat Ungarn gibt es ungefähr 10 Millionen Einwohner, und insgesamt existieren auf der Erde etwa 14 Millionen Menschen, die diese merkwürdige Sprache sprechen. Einige der Auslandsungarn leben (wie berichtet) in der Slowakei, andere in Rumänien oder in Bulgarien.

Ungarn war früher größer – ein „Reich". Nicht alle Nachbarvölker erinnerten sich mit Freude daran. Ungarn selbst hatte auch seine Minderheiten. Einst hatte es viele Juden in diesem Lande gegeben. Nach wie vor lebten zahlreiche „Zigeuner" (die in Deutschland „Sinti" oder „Roma" heißen) hier. Die Ungarn sahen sich als ein kriegerisches und freiheitsliebendes Volk. Sie hätten sich im Laufe der Geschichte der Mongolen, der Türken und der Russen erwehren müssen.

Auch die Habsburger seien bekämpft worden. Das sei vor allem im 19. Jahrhundert der Fall gewesen, in der Zeit der Nationenwerdung überall in Europa.

Bei den generell ungeliebten Habsburgern gab es eine Ausnahme: die Kaiserin Elisabeth („Sissi"), die auch ungarische Königin war und die Landessprache perfekt beherrscht haben soll. Sie war noch immer populär, und nach ihr wurde eine Brücke benannt, die niemals ihren Namen abgeben musste.

Nun mussten aber die Ungarn ihrerseits fremde Sprachen lernen, denn wer spricht schon ungarisch im modernen Ausland? Russisch hatte seit der Wende an „Beliebtheit" verloren. Viele junge Ungarn lernten nun Englisch, aber auch Deutsch wurde oft gewählt. – Wirtschaftlich lief es nicht so gut in Ungarn; deshalb gab es immer noch den „Forint" als Landeswährung.

Eine Stadtrundfahrt entwickelte sich als wässrige Angelegenheit. Das Parlament konnte man gerade noch sehen, aber die Burg auf dem „Gellertberg" verschwand fast im Nass des Regens, den der Himmel schickte. Am Ende konnte man gar nichts mehr sehen, und die Besucher verzogen sich resigniert auf das Schiff, wo sie völlig durchnässte

Sachen ablegten. Am Tage zuvor soll es sonnig bei 30 Grad gewesen sein. Diesmal dampfte die Stadt.

Vor dem Abendessen zog es einige dennoch in die Markthalle, und da kauften sie Salami-Würste, das Stück zu neun Euro!

Am folgen Tag war das Wetter wieder schön!

Sie fuhren mit dem Bus 63 km nach „Lajosmizse". Dort befand sich ein Pferdehof namens „Tanyacsárda". Nicht nur Pferde, sondern auch Rinder, Schafe, Esel, diverse Vögel und anderes Getier lebten hier. Es war eine riesige Anlage mit Restaurant und Shops. – Eigentlich sollten die Gäste die „Puszta" kennen lernen. Sie nahmen eben an: „Das hier ist sie."

Zur Begrüßung bekamen sie je einen Marillenschnaps und ein Stück Salzgebäck. Dann begann eine Vorführung. „Tschikoschs" (ungarische Cowboys in blauen Trachten) knallten mit langen Peitschen. Es klang, als ob sie schießen würden. Eine auf freier Weide lebende Herde von Pferden wurde von diesen „Tschikoschs" hin und her getrieben. Das sah sehr wild aus. Dann fuhren die Reisenden in Pferdekutschen durch die Anlagen. Hinterher schauten die Gäste einer Vorführung zu: Ein Reiter auf fünf Pferden, rasende Fahrten mit Kutschen, Kunststückchen, Rinder und ein Esel, der genauso viel konnte wie die Pferde: Das alles wurde gezeigt. Hinterher gab es zu essen und zu trinken: Schinken, Wurst, Käse und Brot wurden gereicht und dazu „recher" Wein. – Das war genau das „richtige" zweite Frühstück!

In dieser Gegend soll der Film *„Ich denke oft an Piroschka"* gedreht worden sein. Der lange Name für die Bahnstation – *„Hódmezővásárhelykutasipuszta"* – sei aus zwei Wörtern zusammengesetzt worden, um es besonders lustig zu machen.

So war die Puszta!

Am Nachmittag fuhren sie mit dem Bus zum Donauknie über „Visegrad" nach „Esztergom". Aber zuvor besuchten sie das Künstlerstädtchen „Sentendre" („St. Andreas") mit malerischen Ecken und zahlreichen Einkaufsmöglichkeiten für Touristen. Dieser Ort gehörte angeblich noch zum „Speckgürtel" von „Budapest".

In „Visegrad" trafen sie auf das alte Ungarn. Hier gab es eine Burg und eine Schlossruine. Einst war „Visegrad" Sitz der ungarischen Könige, und eine Kopie der Stephanskrone mitsamt Zepter und Reichsapfel war zu besichtigen. Die Originale befanden sich in „Budapest" im Parlamentsgebäude.

Bei der Fahrt erfuhren die Gäste viel über das alte Ungarn. So sollen früher spezielle Häuser in den Dörfern gebaut worden sein, weil diese nach der Zahl der Fenster zur Straße hin besteuert worden seien. Noch zeigten ein oder höchstens zwei Fenster zur Dorfstraße hin, und daran schloss sich ein langer Wurm von Haus an, weit in den Garten hinein.

In „Esztergom" besichtigten die Besucher die Basilika mit 8.000 Sitzplätzen, die auf der höchsten Erhebung der Stadt steht. Das war das religiöse Herz Ungarns. Hier hatte der Kardinal József Mindszenty gelebt, gegen die Russen gekämpft, bevor er für Jahre in die amerikanische Botschaft geflüchtet war. Die Erzbischöfe von „Esztergom" hatten einst die ungarischen Könige gekrönt, und nach der Wende war der Papst zu Besuch hier. Von „Esztergom" konnte man in die Slowakei hineinschauen.

„Bratislava" schließlich war (wie berichtet) die Hauptstadt der Slowakei. Diese hatte sich nach der Wende von der Tschechoslowakei „friedlich" getrennt.

Hier galt bereits der Euro. Die Stadt ist nicht groß und hat etwa eine halbe Millionen Einwohner.

„Bratislava" und „Wien" sind die einander am nächsten gelegenen Hauptstädte der Welt, nur sechzig Kilometer voneinander entfernt. Die Altstadt von „Bratislava" war wunderbar restauriert. Offensichtlich kamen viele Leute als Urlauber, weil die Preise günstig waren. Warum die Slowakei sich von „Prag" getrennt hatte, erfuhren sie auf dieser Reise nicht so genau: Die Fremdenführerin sagte nur, früher sei alles Geld nach „Prag" geflossen. Das allerdings kam vielen auch von woanders her bekannt vor.

In der Altstadt gab es viele restaurierte Palais von wichtigen Familien der Vergangenheit. „Preßburg" war einmal Königsstadt. Maria Theresia wurde 1741 im „St. Martinsdom" gekrönt. Die Könige von Ungarn hatten hier residiert. Nun sollten die „Zigeuner" die größte Minderheit stellen. Vielleicht erzählte man das auch nur, um die Ungarn auf den zweiten Platz zu verweisen.

Die Slowaken waren wohl fromm, aber ein Sonntagsarbeitsverbot gab es nicht. Auch mussten die Arbeitslosen vorübergehend bei der Straßenreinigung arbeiten, wenn sie ihre Unterstützung nicht verlieren wollten. Das sollte zu Hause 'mal jemand vorschlagen!

„Bratislava" hatte eine Philharmonie und ein Nationaltheater. Über allem thronte die strahlend weiße Burg, neben der sich das Parlament befand. Der Platz vor dem Parlament hieß „Alexander-Dubcek-Platz". Auf dem befand sich ein Denkmal für diesen Slowaken: Dubcek war einst KP-Sekretär in „Bratislava", dann Symbolfigur des „Prager Frühlings", danach wurde er verbannt, 1989 rehabilitiert und Parlamentspräsident in Prag. 1992 kam er bei einem Autounfall ums Leben, und es gab Gerüchte, dass dies ein „politischer Unfall" war.

Wer weiß?

Die ganze folgende Nacht war das Schiff gefahren, und kam gegen 13 Uhr in „Melk" an. Sie waren wieder in der Wachau. Der Ort „Melk" wurde überragt vom Gebäude des Benediktinerstiftes, in dem der Roman von Umberto Ecco „Im Namen der Rose" gespielt haben soll. Nun lebten dreißig Mönche hier. Einst nächtigte Maria Theresia mit Gefolge an diesem Ort, und noch immer war das Stift der beherrschende Mittelpunkt der gesamten Landschaft. Eine Ausstellung stellte die Geschichte des Stiftes dar.

Der Tourismus war mittlerweile die Nr. eins bei den Einnahmequellen der Einrichtung geworden.

Gerade wurden in der Barockkirche Diakone geweiht, und so strömten viele sonntäglich herausgeputzte Österreicher herbei. Einige trugen Trachten, andere gute Anzüge, und viele geistliche „Herren" waren auch zu sehen. Diese Teilnehmer waren eingeladen und hatten feste Plätze. Es schien ein großes gesellschaftliches Ereignis zu sein.

Bald ging es wieder aufs Schiff. Das nahm Kurs Richtung „Passau". Die Reise näherte sich dem Ende. Sie passierten wieder Schleuse um Schleuse. Abschließend gab es ein „Galadiner". Schließlich schafften sie die letzte Schleuse nicht rechtzeitig und wurden noch in Österreich ausgeladen, von wo aus sie in einer halben Stunde nach „Passau" zur Garage gefahren wurden.

(2009)

VII. Weltweite Regionen

1. Die Weltreise: Berlin – Singapur – Sydney – Neuseeland – Rarotonga – Los Angeles – Frankfurt/M. – Berlin

Bluff: Südlichster Punkt der Reise

Eine Reisegruppe bestehend aus Silke, Andor sowie Beate und Konrad startete eine kleine Weltreise und große Neuseelandfahrt.

Zwischenstopp Singapur

„Singapur" ist eine Stadt im Grünen. Die U-Bahn mit den mittels Glasscheiben abgesicherten Bahnsteigkanten und den von vorne bis hinten durchgehenden Zügen erkannten die Reisenden von einem früheren Besuch her mit Freuden wieder. Auch den hinduistischen Tempel mit den vielen bunten Menschen- und Tiergruppen auf dem Gesimse besuchten sie erneut.

Den ersten Abend ereilte Andor gleich ein kleines Missgeschick: Nachdem sie ein Restaurant gefunden hatten, in das sie aufdringliche chinesische Türsteherinnen lockten, bestellten sie asiatisches Essen: Sushis. Das war ziemlich teuer, dafür aber wenig. Besonders lecker erschien Andor Konrads Suppe. Er bestellte sie. Bei der Rechnung (die sowieso vorne und hinten nicht stimmte), stellte sich heraus, dass diese Suppe (angeblich Haifischflossen) dreißig Singapurdollar kosten sollte. Das stand tatsächlich so auf der Karte: Reingefallen!

Anderntags machten sie mit einem betagten Chinesen eine Hafenrundfahrt und sahen das imperiale Viertel. Der gute alte Löwe von Singapur, der früher alle einfahrenden Schiffe begrüßte, war leider mittlerweile von einer Autobahnbrücke verbaut worden!

„Singapur" war eine Stadt, bei der man spürte und sah, dass in ihr Geld steckte. In ihrer Vielfalt von Menschen (Chinesen, Malaien, Inder und Europäer) wirkte sie nicht nur adrett, sondern auch sehr dynamisch- vielleicht auch wegen der vielen jungen Menschen, die das Bild prägten.

Zwischenstopp Sydney: Down under

Mit einem Nachtflug der „New Zealand Airlines" („nur" siebeneinhalb Stunden!) ging es weiter nach „Sydney". Die Enge im Flugzeug war die gleiche wie überall, aber die Stewardessen waren schmuck und freundlich, hielten ihren „Kahn" sauber. Nur bei der Landung in „Sydney" (Regen war angesagt) gab es einen gewaltigen Rums. Ein neben Andor sitzender Grieche, der schon eine Weile in Australien lebte, aber jährlich zwischen Europa und Australien pendelte, sagte hinterher, das sei nur gut gegangen, weil er sich zuvor bekreuzigt hätte. Gut, dass er es getan hat! – In Australien gibt es übrigens eine große griechische Kolonie: Zwei Millionen Griechen leben hier, das ist für das kleine Volk sehr viel!

„Sydney"! Vier Tage blieben sie in der australischen Metropole, dann flogen sie weiter nach Neuseeland. Der Regen verging bald, sie spüren Seeklima, aber von subtropischer Art. Am vierten Tag hier war knalliger Sonnenschein, und es wurde sehr hell und heiß – so sehr, dass Andor die Augen weh taten, vielleicht auch vom Seewind.

„Sydney" war vor allem Hafen, ein natürlicher Hafen mit vielen Buchten und Inseln. Alles zog sich weit ins Land hinein. Die Stadt lebte am Hafen, war Hafen. Mit großen, schnellen Fähren konnte man überall hinfahren. Dabei sah man immer wieder die imponierenden Wahrzeichen dieser Metropole der südlichen Halbkugel: die „Sydney Opera" und die „Harbour-Bridge". Für die Olympiade hatte sich „Sydney" zu Füßen dieser Monumente zurecht geputzt. Es sind Restaurants, Büros, Brücken, Hotels, Galerien und Arenen entstanden, die Massen anlockten. Hier herrschte eine helle, freundliche Atmosphäre mit viel Licht, Seeluft, wehenden Fahnen, großen und kleinen Booten. Es gab internationale Restaurants. Mädchen und junge Frauen telefonierten fortwährend mit Handys, und alles machte den Eindruck einer konsequenten Freizeitgesellschaft.

Was auch angenehm war: Das öffentliche Personennahverkehrssystem war sehr effektiv. Busse und Bahnen brachten einen neben den Fähren überall hin. Vom Zentralbahnhof aus konnte man den Kontinent bereisen: Der Zug nach Perth sollte sechzig Stunden brauchen!

Australien, wohl größer als Europa, hat über 18 Millionen Einwohner; die meisten Angelsachsen (seit einiger Zeit auch Chinesen). Davon leben allein 3,8 Millionen im Großraum „Sydney". Im Innern des Kontinents soll so gut wie nichts sein.

Mit dem Flugzeug waren sie Stunden über die Festlandsmasse geflogen. Sie mussten also den Besuch in diesem Riesenkontinent konzentrieren. Sie machten eine abendliche Hafenrundfahrt und besuchten den Zoo. Dort zog es sie hin, weil sie Kängurus sehen wollten. Sie sahen auch welche und sogar, wie ein Junges in den Beutel seiner Mutter schlüpfte. Sie bestaunten aber auch Pandas, die sich gemächlich bewegten und andere Tiere. Überhaupt hatten sie es mit der Fauna: Im Aquarium bestaunten sie von unten und von der Seite sowie aus einer Plastikröhre heraus Haie, Rochen und andere Wunderwesen. Selbst niedliche Seepferdchen waren zu betrachten.

Mit einem Riesenschwarm von Ausflüglern fahren sie mit der Fähre nach „Manly". Das ist ein sieben Meilen von der Stadt entfernter Ausflugsort am Meer – ein Badeort, wo man schwimmen und surfen kann. Dort sei man tausend Meilen entfernt von allen Sorgen, heißt es. Aber das ist wohl Geschmackssache. Jedenfalls ist es krachend voll; die Leute schieben sich durch die „Geschäftsstraßen" des Badeorts. Alles futtert, trinkt, kauft oder ist mit Badesachen (teils ohne, teils mit Gerät wie Surfbrettern) unterwegs vom oder zum

Strand. Dieser ist natürlich voll. Auf der Promenade, am Strand und im Wasser sind unzählig viele Menschen.

Dabei soll Australien doch so groß sein...

Es geht eine enorme Brandung. Das ganze Areal ist von Gischt erfüllt, wie von Nebel. Vornean steht ein Rettungswagen neben einem Polizeiauto, beide einsatzbereit. Über dem Strand kreist ein Hubschrauber. Links tummeln sich Surfer und Ähnliche (die Orthopäden freuen sich schon auf den Geldsegen), rechts kann man einfache Badende sehen und beobachten, wie weit sie gegen die Wellen ankommen: Dreißig Zentimeter oder fünfzig? Die Weltreisenden essen je eine Pizzascheibe aus der Tüte für drei Dollar und sehen zu, dass sie auf die Fähre kommen. Die ist natürlich voll und macht nach einer halben Stunde am „Circular Quai" in „Sydney" fest.

Da ist es schon besser als am Meer. Beeindruckend ist ein Spaziergang entlang der Hafenküsten außerhalb der Amüsiermeilen: Schöne grüne Parks mit exotischen Vögeln und prächtigen Pflanzen prangen dort. Vor der Kulisse der Oper und der „Harbour-Bridge" eröffnet bei Einbruch der Dunkelheit ein Open-Air-Kino: Junges Publikum. Es ist Februar, Sommer und ein lauer Abend. Wie in Deutschland im Juli oder August.

Auch „richtiges China" hat „Sydney" zu bieten. In einem altmodischen Restaurant werden sie freundlich von vielen Geistern bedient, es wird aufgetragen, und das Ambiente erinnert mehr an „Peking" als an „Berlin" oder „München". Doch diese „Bar" schließt um 23 Uhr, und die Besucher wissen, dass sie in einem britischen Land sind und nicht in der Volksrepublik oder daheim.

Ziel Neuseeland

Der Flug von „Sydney" nach „Christchurch" dauerte drei Stunden, der Zeitunterschied zu Deutschland betrug in Neuseeland genau zwölf Stunden. Wenn sie also in Neuseeland um acht Uhr zu Abend aßen, konnten sie die Daheimgebliebene beim Frühstück anrufen, was sie auch taten.

In „Sydney" hatte es noch einmal kurzen Stress gegeben, als der Taxifahrer sagte, Andors Checkkarte „Mastercard" ginge nicht. Am Abend zuvor im Restaurant hatte sie noch funktioniert: Was nun, keine Karte, denn auch Silke hatte ihre „Visakarte" zu Hause nicht gefunden? Beim „Duty Free" in „Christchurch" dasselbe: Die Karte ging nicht. Andor gab eine neue, eigentlich noch gar nicht gültige hin, und die ging merkwürdigerweise. – Ob das daran lag, dass sie jetzt am anderen Ende der Erde „hingen"? Wer weiß?

Der Flug mit „New Zealand Airlines" nach Neuseeland war angenehm, weil die Maschine nicht voll und Platz war. Alles an Bord machte einen sehr korrekten und etwas altmodischen Eindruck. Beim Anflug sah man grün-hügeliges Land, klein parzelliert. Das Bild erinnerte an Europa.

Dann waren sie in „Christchurch". Die ersten Neuseeländer vor der Passkontrolle waren freundlich, redeten allerdings ein bisschen viel. Bei der Kontrolle wurde nicht gespaßt: Lange Schlangen bildeten sich vor den Schaltern, weil die Beamten (meist Frauen) sehr genau prüften. Als sie endlich dran waren, wurde zuerst Andor und dann Silke gefragt, ob sie in irgendeinem Lande der Welt schon einmal in einem Gefängnis gesessen hätten. Verschüchtert antworteten sie: „No". Die Kontrolldame lächelte und glaubte offenbar. Dann beim Zoll gingen sie durch die Schranke „Nothing to declare". Dort wurde zuerst die Einreiseerklärung der Stolps streng geprüft, und dann kam jedes einzelne Gepäckstück auf das Band. Beate musste ihren Koffer öffnen, weil sie einen Blutdruckmesser da drin hatte. Beim Vordringen zu diesem Gerät stießen die Zöllner auf eine Flasche Schnaps. Beides zusammen wurde von der Einreisenden als „Diagnose und Therapie-Material" deklariert, und alles ging durch. So streng schienen die Neuseeländer mithin doch nicht zu sein...

Südinsel

Nun waren sie richtig bei den „Kiwis", wie sich die Neuseeländer selber nannten. Sie warteten am Flughafen, dass sie abgeholt wurden. Bald kam eine etwas maorihaft wirkende Angestellte von der Firma „Breakaway" angefahren und fuhr sie zu den Campern. Diese waren in etwa so wie im Prospekt vorgestellt. Beide Autos hatten über 160.000 Kilometer drauf.

Mögliche Mängel wurden erklärt und gezeigt, dann blieb nichts übrig, und sie mussten per Linksverkehr (Lenkrad rechts, Schaltung links) zum Campingground fahren. Das quietschte zwar noch und war vielleicht nicht ohne Gefahren, aber die überstanden sie, und dann waren die Autos auf den Stellplätzen. Die Reisenden packten die Koffer und Taschen aus, verstauten alle Sachen und gingen zu „Pizza-Hut" essen. Vorher hatten sie den ersten Großeinkauf getätigt und stellten mit Freuden fest, dass Bier und Wein nur etwas teurer waren als zu

Hause, Obst eher gleich und Fleisch ebenso wie Fisch reichhaltiger und auch billiger. Das Brot war pappig, angelsächsisch eben. Später würden sie allerdings erträglichere Backwaren entdecken.

Das Wetter erschien mitteleuropäisch frühlingshaft – oder herbstlich? Jedenfalls war die Luft rein wie Seide, und man spürte das nahe Meer. Die Vegetation erinnerte an zu Hause, jedoch mit südlichen Einsprengseln – palmenartigen Gewächsen. Die Gärten waren bunt mit Blumen geschmückt, dominierend waren leuchtende lila Alliumpflanzen, die auch an den Feldrändern wuchsen. Alles wirkte irgendwie heimelig, gar nicht fremd.

Neuseeland war seit 1840 britische Kronkolonie und wirkte auf den ersten Blick „old fashioned" britisch. Das Land war dünn besiedelt, insgesamt größer als Großbritannien selber und hatte laut Baedeker nur vier Millionen Einwohner, was aber wenig glaubhaft klang: Ganz so wenige Menschen gab es nun auch wieder nicht. Oder waren die Reisenden stets dort, wo sich gerade neuseeländische Massen oder viele Touristen aufhielten? Das Land gehörte zum Commonwealth. Das Parlament bestand übrigens nur aus einer Kammer. Für die Wahlen wurde ein System nach deutschem Muster eingeführt mit einer Kombination aus Mehrheits- und Verhältniswahl. Die 120 Abgeordneten wurden alle drei Jahre gewählt.

Bevor die Weißen kamen, lebten hier etwa 120.000 Maoris, ein polynesischer Volksstamm, mit dem die britischen Eroberer die üblichen Spielchen machten: Landabnahme, Zurückdrängung, Deklassierung. Ganz ausgerottet haben sie aber die Maoris nicht, und so haben sie mittlerweile Probleme wegen der früheren Durchstechereien.

Bei „Pizza-Hut" trafen sie eine junge Familie, von der die Mutter sagte, sie seien „Kiwis". In Neuseeland gab es mithin „Kiwi-Menschen", „Kiwi-Früchte" und die dritte Sorte, die Vögel, war ihnen noch nicht begegnet: „Kiwi-Vögel" eben.

Die erste Nacht im Camper war o.k. Sie waren müde von der vielen Fliegerei, den Eindrücken und der Aufregung. Also bauten sie ihre Sitzecken zu Betten um, bezogen die mitgelieferten Schlafsäcke wie Inletts und schliefen das erste Mal in einem Camper.

Am nächsten Tag besichtigten sie „Christchurch", die größte Stadt der gegenüber der Nordinsel auf der südlichen Erdkugel kälteren Südinsel. Es ist eine Provinzstadt von 300.000 Einwohnern (der richtige Kontrast zu „Sydney")! Alles war ruhig, bieder, kaffig und sehr englisch. Die Attraktion war die „Christchurch Cathedral", ein grauer

Backsteinbau aus dem 19. Jahrhundert, vor dem ein Square zum Verweilen einlud. Da war noch ein aus gleicher Zeit stammendes Theater und ein Postoffice, dahinter hatten sich die fünfziger Jahre breit gemacht mit Zweckbauten. Die Stadt war insgesamt angenehm; quer durch das schachbrettartige Straßenmuster floss der „Avon", und seine Uferstraßen hießen „Cambridge Terrace" und „Oxford Terrace" (wie in „old England" eben). Die Stadt war das Werk sogenannter „Pilgrims", die Mitte des 19. Jahrhunderts eine Feudalgesellschaft nach englischem Vorbild errichten wollten, aber nach wenigen Jahren von australischen Schafsfarmern verdrängt wurden.

Das musste reichen von „Christchurch", und sie zogen weiter in den „kalten Süden". Sie fuhren die Straße 1 entlang. Die war schön angelegt, nicht voll: So ließ sich das Fahren mit dem Camper gut trainieren. Das war schon wichtig, denn Wind und Berge taten diesem großen Gefährt einiges an. Man musste gegenlenken, schalten und auf der Hut sein. Als Fahrer fühlte man sich wie der Buschauffeur vom „Greyhound" in irgendeinem alten Ami-Film: Der lenkte auch auf gerader Straße ständig hin und her.

Die Vier fanden schließlich einen Camperplatz in einem Ort namens „Temuka". Andere Gäste schien es nicht zu geben. Nachts wurde es ziemlich kalt. Es roch mehr nach Herbst als nach Frühling. Am Morgen fuhr ein Polizeiauto an den Campern vorbei: Was sollte das? – Etwas später erfuhren sie den Grund. Direkt neben ihnen parkte nämlich ein PKW, eine Frau stieg aus und fragte, ob wir etwas gehört hätten; heute Nacht sei in der Nähe eingebrochen worden. Sie verneinten, die Frau bedankte sich, setzte sich in ihr Auto und fuhr ab.

So, so: Einbrecher im Paradies am anderen Ende der Welt! Und die Frau war eine neuseeländische Polizistin...

Sie fuhren zum ersten Mal von der Hauptstraße ab in die Berge. Herrliche Landschaften! Sie sahen Schafe, Schafe, Schafe! Sanfte Hügel und milde Täler erfreuten sie. Dann kamen sie an blau blühenden Feldern vorbei und genossen immer wieder, wie menschenleer das Land war. Man könnte sich vorstellen, hier zu leben, dann doch wieder nicht: keine Freunde, keine Symphoniekonzerte, kein Theater, keine Studenten, Zeitungen und Artikel. Das wäre vielleicht doch nichts. Vor allem, was sollten sie ohne Angehörige hier?

Die nächste Übernachtung war in „Karitane", einem Badeort in traumhafter Landschaft, an einem Priel, der an einem Felsen vorbei sich zum Meer öffnete, von wo aus sich ein phantastischer Blick über die felsige Küstenlandschaft eröffnete. Alles war wie menschenleer, Kurbetrieb oder dergleichen gab es nicht. Die Häuser waren höchstens einstöckig, klein und von schönen Blumenrabatten umrankt. Eine Idylle, die offensichtlich von wenigen Menschen aufgesucht wurde.

Dann fuhren sie eine traumhafte Küstenstraße entlang nach „Dunedin" - das sollte ein alter Name für „Edinburgh" sein. Der Ort lag prächtig am Wasser und zwischen Hügeln. Die Atmosphäre war wieder sehr provinziell, weswegen sie sich auf die Bahn setzten und vom stilvollen Bahnhof aus auf einer alten Goldgräberstrecke nach „Pukerangi" in die Berge fuhren und dann wieder zurück. Die Strecke ging meist entlang einem wilden Flusslauf bis zu einer Hochebene und über viele abenteuerliche Viadukte: Das Ganze war nur für den Tourismus attraktiv, ansonsten wertlos.

Nachtruhe fanden an einem riesigen See bei „Waihola". Sie näherten sich dem Süden des Südens, reisten dem Pol immer näher. In „Balcutha", einem hübschen Städtchen, tankten sie im wahrsten Sinne des Wortes: Billiges Diesel für dreiundsiebzig Pfennige, frische Neuseelanddollar im Kurse etwa eins zu eins, Lebensmittel, Wein, Bier und das Geburtstagsgeschenk für Konrad, denn der wurde fünfundsechzig Jahre alt. Auch buchten sie schon eine Bus- und Bootsfahrt zum und im „Milford Sound", die man angeblich vorbuchen musste und in Reiseführern und von Neuseelandfans als Hauptattraktion des Landes dargestellt wurde. Überhaupt: Hier (und vielleicht auch sonst) wurde ständig irgendetwas als „Highlight" hingestellt oder „absolutes Muss" für den Besucher. Andor kam es vor, als ob die Tourismusbranche glaubte, sie müsse den Menschen ständig irgendwelche „Events" liefern und das auch in der Natur.

Ein See, ein Feld, eine Schafherde können schon wunderschön sein, aber alle mussten und wollten Regenwälder sehen, Wasserfälle und Fjords. Es gab immer wieder „View Points" oder „Scenic Points", zu denen man mit dem Auto fahren und in gebührendem Abstand zum Vordermann auf einem vorbereiteten Weg bleiben sollte, um Pinguine, Robben oder anderes Getier zu erspähen.

Ein anderes Beispiel war der „Nationalpark Fjordland": Da führte keine Straße hinein, so riesig war er. Nur von seinem Nordende her konnte man den „Milford Sound" besuchen, was sie auch tun wollten. Aber vorher hielten sie in „Papatowai", in einem sehr schönen Park mitten in fast subtropisch anmutender Natur.

Dann fuhren sie auf der „Southern Scenic Route", wo sie brav all die angegebenen Sehenswürdigkeiten abklapperten und schließlich in „Invercargill" und seinem Hafen „Bluff" ankamen. Hier gab es angeblich die besten Austern der Welt, aber dann doch wieder nicht: Es war keine Saison. Abgesehen von der allgemeinen Provinzialität machte alles speziell hier doch einen trüben Eindruck: Kaum Menschen waren auf den Straßen. (Es war Sonnabend!) Fast alle Geschäfte und auch Restaurants waren verrammelt und manchmal gleich zum Kauf oder zur Miete angeboten. Die Innenstadt von „Invercargill" (angeblich die südlichste Stadt der Erde) war nicht einmal verkommen, sondern nur verödet und verlassen. Ein Chinese immerhin hielt sein Restaurant offen; ansonsten gab es Anlaufpunkte wie „KFZ", „Mac Donald" oder „Pizza Hut" am Stadtrand, wo auch Tankstellen und der eine oder andere Supermarkt waren. Aber während in den USA die „Mac Donalds" Zentren waren (andere gab es sowieso nicht) vergammelten hier die alten Häuser der City, Jugendstilgebäude darunter.

Die nächste Nachtstation hieß „Lorneville". Endlich fuhren die Freunde nach „Te Anau", der Ausgangsstation für den „Milford Sound". Der Weg dorthin erfüllte in der Tat, was einem von Neuseeland versprochen wurde: Wildnis. Sie fuhren in eine grandiose Gebirgslandschaft: hoher blauer Himmel mit klaren weißen Wolken, riesige grüne Wiesen von hohen Bäumen durchsetzt, blaue Berge, an deren Gipfeln hier und da Schneeflächen zu sehen waren. Fast immer konnte das Auge schweifen soweit es wollte: Kein Haus und keine Siedlung waren zu entdecken. Da kamen einem die Alpen vor wie der Kurfürstendamm oder die Mönckebergstraße. Das hier waren Ausläufer der „Southern Alpes", und so könnte es in Europa einmal ausgesehen haben, bevor Menschen sich dort explosionsartig vermehrten.

An einem See namens „Lake Monoway" stellten sich die Tachos der Autos auf 1.000 Kilometer. (Hier zählte man nicht in Meilen.) Es gab nur Natur und zu 95 Prozent unzugänglichen Urwald. Am Ende des Sees kam jedoch ein Motorboot nach dem anderen an: Das Wochenende war vorbei. Männer mittleren Alters hievten ihre Boote auf Hänger und fuhren sie dann auf kilometerlangen schnurgeraden Straßen durch den Busch nach Hause, wer weiß, wo das lag.

Die Gäste erfuhren, es habe ein „fishing" stattgefunden.

In „Te Anau" allerdings war es fast wie in einem Kurort in den bayerischen Alpen. Der Campingplatz war voll, Restaurants und Geschäfte lockten. Dann (eine Woche Neuseeland war schon vorbei) ging es von „Te Anau" per Bus endlich zum „Milford Sound", laut verbreiteter Lehre einer der Höhepunkte, wenn nicht der Höhepunkt dieses Landes. Sie fuhren drei Stunden hin, zwei Stunden mit dem Schiff auf dem „Sound" (das ist ein Fjord) und drei Stunden mit dem Bus zurück. Kurz vor dem Ziel kamen sie in einen einröhrigen, stark abfallenden Tunnel hinein, in dem kein Licht war: Ein Albtraum!

Nach ebenfalls verbreiteter Lehre herrsche am „Milford Sound" immer schlechtes Wetter (Regen, Wind und Kälte), weswegen sie sich Regenhosen zugelegt hatten und Regensachen sowie warme Klamotten. Morgens war es auch erwartungsgemäß trüb, aber es wurde ein strahlend blauer und heißer Tag. Wieder eröffnete sich eine großartige Gebirgslandschaft. Sie sahen Schneeberge, Fjorde, weite Ebenen, wilde Flüsse und Bäche, auch immer wieder Regenwald. Ab 11 Uhr (das Schiff legte ab) reichte das T-Shirt als Oberbekleidung. Sie fuhren an hohen Granitfelsen entlang, sahen mit Glück Delphine, Robben und immer wieder Wasserfälle. Aufs offene Meer fuhren sie nicht; das mit Passagieren gut besetzte Schiff fuhr wieder zurück, und dann ging es schnell in den Bus. Dort war die vorherrschende Sprache der Passagiere Deutsch. Sofort tauschten sie ihre Reiseerlebnisse zwischen Afrika, Australien, Fernost und Südamerika aus. „Chile ist ein großartiges Reiseland!", hörte man beispielsweise. Das Durchschnittsalter dieser Reisenden dürfte mit Sicherheit über unserem von sechzig Jahren gelegen haben.

Der Campingpark war übrigens rappelvoll und erinnerte darin an die entsprechenden Einrichtungen in Berlin-Kladow. Da fährt Andor immer mit dem guten Gefühl dran vorbei, wie schön es ist, dass er dort nicht nächtigen muss. Mit der Einsamkeit und Weite Neuseelands ist es mithin auf dem Campingpark „Te Anau" nichts.- Hoffentlich eine Ausnahme, bewirkt durch die TUIs und Baedekers.

Das nächste Ziel war „Queenstown" – wie es hieß: „Das touristische Zentrum der Südinsel." Die Stadt liegt traumhaft am Ende des von Bergen gesäumten „Lake Wakatipu". Maoris gibt es hier nicht mehr, nur noch die Namen, die sie dem Land gegeben haben. Die Straßen aus dem Ort hinaus führen alle in weite, einsame Landschaften. In den Straßen der Stadt drängeln sich Touristen.

Doch halt: „Queenstown" (angeblich eine alte Goldgräberstadt), ist die Hauptstadt vieler activity-Fanatiker. So etwas nennt sich „extreme Freizeitbeschäftigung" und bedeutet „bungee jumping" (sich an einem Seil in die Tiefe stürzen lassen), „Jetboat fahren", „Wildwasserfahren", „Gleitschirmfliegen", „Gebirgsklettern". Auch kann man sich in eine Rakete stopfen lassen und über die Landschaft hinweg düsen.

Die Vier fuhren mit einer Gondel auf den Hausberg „Bobs Peak" (446 Meter) und beobachteten von einem Aussichtspunkt aus eine der bekanntesten Verrücktheiten: „Bungee". Der erste Springer war ein Deutscher. In sicherer Entfernung sah Andor eine Gruppe Japaner, die alles skeptisch, aber doch respektvoll beobachteten. (Auf die Idee, sich freiwillig an ein Seil zu hängen, würde von denen wohl keiner kommen.)

Übrigens: Wo waren die Kiwis, also die Vögel? „Chinesische Stachelbeeren" und eingeborene Kiwi-Menschen in kurzen Hosen und weißen Kniestrümpfen haben sie ja schon gesehen. Aber die Vögel, wo waren die Vögel? Nur Abbildungen aller Art (auf Schlipsen und als-Denkmäler) drängen sich auf, aber eben keine richtigen Vögel: Wo waren sie nur?

Wenn schon Hardy Krüger (natürlich bei einem Looping!) die „Earnslaw" vom Privatflieger aus gesehen haben mag, dann wollten auch die Vier den 1912 in Dienst gestellten Dampfer entern, um auf dem „Lake Wakatipu" zu schippern. Es war bewölkt und sehr windig, da musste man schon auf den Hut aufpassen. Wie es in allen Reiseführern stand, klimperte eine ältere Lady an Bord auf einem Klavier Lieder von der Art „Yellow Rose of Texas". Das war lustig. Auf der Rückfahrt machte Beate darauf aufmerksam, dass ihr Gatte Geburtstag hätte, so dass es ein Geburtstagsständchen gab, zuerst natürlich „Happy Birthday", und dann sang der Jubilar zusammen mit anderen „Ich hab mein Herz in Heidelberg verloren", allerdings nicht textsicher. Die Gattin filmte alles, so dass dieser Auftritt für die Nachwelt festgehalten ist.

Die „Earnslaw" brachte sie zu „Walter Peaks Farm", und das war lustig. Da standen am Seeufer Farmhäuser, wunderschön eingebettet in Grün und geschmückt mit Sommerblumen. Der Phlox war doppelt so hoch wie daheim und die Malven ebenfalls. Außerdem waren die Farben der Blumen sehr intensiv. Auf der Farm gab es (wie sie es schon viel in Neuseeland beobachtet hatten) gezüchtetes „Wild" oder wie immer man das nennen mochte. Dann waren da auch Rinder mit einem Zuchtbullen, der einen Ring durch die Nase bekommen hatte. Auf dem durften die Touristen reiten, was sich das Geburtstags-„kind" nicht entgehen ließ.

Dann kamen die Schafe! Das heißt, eigentlich kam zuerst ein Hund, denn der trieb eine Gruppe von etwa sechs verängstigten Schafen dahin, wo sein Herr sie haben wollte. Keine Sekunde ließ der Hund seine „Untergebenen" aus den Augen. Schließlich wurde ein Schaf geschoren: Bei der Größe und Kraft des Tieres war das ein schwieriger Akt. Zum Schluss jedoch hielt der Farmer ein prächtiges Flies hoch, und das verängstigte Tier flüchtete sich, so schnell es konnte, in den Schutz seiner Artgenossen. – Gleich dahinter war ein Shop, wo man Pullover, Schals, Kuscheltiere aus Schafswolle kaufen konnte.

Dann ging es wieder aufs Schiff.

In „Queenstown" machten sie einen Spaziergang in den „Queenstows Gardens", wo sie riesig hohe Bäume („Sequoias" zum Beispiel) bestaunten, und sie fragten sich, wer sie wohl gepflanzt hatte, denn sie stammten aus Nordamerika und mussten vor Hunderten von Jahren hergebracht worden sein. Das gleiche galt für eine riesige Eiche, die hier „englische" hieß, und die sie natürlich für eine „deutsche" Eiche hielten. Wer hatte bloß diese Bäume gepflanzt? Maoris waren es wohl kaum, und die Weißen waren doch nicht länger als 300 Jahre hier (höchstens!): Ein Geheimnis!

Ein anderes Geheimnis löste sich: Sie sahen ein richtiges Kiwi-Pärchen! Da pickten sie in einem Privatzoo im Nachttierhaus mit langen Schnäbeln. Diese flugunfähigen Federtiere waren angeblich die untypischsten Vögel. Aber Eier legen sie dem Vernehmen nach schon, sogar ziemlich große.

Also, sie hatten nun alle Kiwiarten gesehen: Früchte, Menschen und komische Vögel!

Ein weiteres Geheimnis der Reise war Andors „Mastercard": Nachdem sie in „Sydney" am Ende und in „Christchurch" am Anfang ihren Dienst verweigerte, dafür aber eine neue (noch gar nicht gültige), ging die alte nun wieder und die neue (wie es sein sollte) nicht. Was wohl dahinter steckte? Ob das mit den Bedingungen der südlichen Hemisphäre zusammenhing, wo der Codierungsstreifen eigentlich nach oben zeigt, obwohl er nach unten in den Apparat gesteckt wurde?

Zu Hause buchte die Bank alles ganz profan ab.

Der Geburtstag wurde stilgerecht abgeschlossen mit einem Essen in einem schicken Fischrestaurant im Hafen von „Queenstown".

Es gab Austern, gute Chowders, raffinierte Fischgerichte, einen Aperitif und eine Flasche Wein. – An diesem Ort hatte übrigens auch Bill Clinton reingeschaut, was Fotos bezeugten.

Danach machten sie einen großen Sprung über die Berge von „Queenstown" nach „Haast" am „Tasmanischen Meer", das ist die Westküste der Südinsel. Doch zuerst musste etwas mit einem Kühlschrank im Auto der Stolps geschehen. Der tat nämlich genau das Gegenteil von dem, was er sollte: Er machte die Butter nicht fest, sondern verflüssigte sie. Es war eigentlich kein Kühlschrank mehr, sondern ein „Wärmeschrank". Sie mussten für die Werkstatt des Autovermieters ein Gewerbegebiet aufsuchen, das nicht ganz so gemütlich war wie die Plätze, die sie sonst ansteuerten. Ein junger Mann bastelte an der Batterie und am Kühlschrank herum mit dem Ergebnis, dass das Ding wenigstens nicht mehr heizte.

Dann kam der Regen! In und hinter „Queenstown" tröpfelte es noch. Sie fuhren in die Berge, und der Regen wurde immer stärker. Ab Mittag bis in den Abend strömte und floss es vom Himmel. Die Berge verschwanden im Grau, die Straßen wurden nass und nässer. Es war „Regen satt".

Das hatte mindestens einen Vorteil: Endlich konnten sie ihre mitgebrachten Regenhosen einsetzen. Oben die Schweizer Regenjacken, unten die Regenhosen: Und ‚raus ging es im strömenden Regen zur „Kawarau-Brücke", wo das moderne „Bungee" seinen Ausgang genommen haben soll. Seither kommen Leute, die sich an den Füßen anseilen lassen und dann in die 43 Meter tiefe Schlucht fallen, unten kurz mit dem Kopf in den reißenden grünen Gebirgsfluss eintauchen, und dann ein Weilchen kopfunter ziemlich hilflos herumbaumeln, bevor sie von einem Schlauchboot geborgen werden, auf dem sie liegen, um dann (bestimmt angetörnt) alleine und im nassen Hemd die Treppe bis zur Brückenhöhe wieder emporzusteigen. Das ganz normale Leben hat sie wieder...

Es ging weiter auf wilden Gebirgsstraßen, entlang riesiger Seen, bergauf, bergab. Die Parole hieß „schalten, schalten, bremsen" und aufpassen, dass es nicht zu Aquaplaning oder sonstigen Gemeinheiten kam. Am „Haast-Pass" war der Höhepunkt. Die Straßen waren steil und kurvig, sie schwebten in den Wolken, und dann kam aus den Felswänden Wasser geschossen, so dass sie immer wieder wie durch heftige Wasserfälle fuhren. Als sie schließlich nur noch an Regen und

Wasser denken konnten, kamen die Camperfahrer in „Haast" (benannt nach einem Deutschen, der sich im 19. Jahrhundert hier als Geograph und Entdecker hervortat) an, und die Sonne war am Himmel zu erkennen!

„Haast" war eigentlich kein Ort, sondern ein Supermarkt, eine Polizeistation, ein Platz für „Motorhomes" und drei Motels. Sie fuhren noch einmal fünfzehn Kilometer die Küstenstraße entlang und kamen zu einem „Kiwi-Campingpark". Bevor sie dort ihre Steaks verzehrten (Offenbar gab es in Neuseeland kein „BSE"; die deutsche Hysterie war oben auf dem Globus geblieben.), machten sie einen Spaziergang zum Meer und erlebten ein Schauspiel der Natur aus Abendstimmung, Gebirgskulisse, aufsteigendem Nebeln, Wolken, Strand, angeschwemmten Bäumen, das einmalig war. Kein Vergleich war möglich: Das war „Neuseeland pur", aber nach den Reiseführern überhaupt kein „Muss"!

Dann kam die Gletscher-Tour. Wieder ging es „on the road". Sie fuhren die Straße sechs Richtung Norden, teils in den Bergen, teils entlang der Küste zum „Tasmanischen Meer". Hoch auf die Pässe: „4. Gang, 3. Gang, dann wieder bergab und bremsen, bremsen!", schließlich durch eine Ebene („4. Gang, 5. Gang mit bis zu 100 Sachen"). Doch da kam schon wieder eine Brücke, auf der Einbahnverkehr war. Die Brücken hier waren fast alle eng und nur für eine Spur ausgelegt. Deswegen stand auf die Straße für diejenigen geschrieben, die entgegenkamen: *„Give* way".

Dann kamen die Gletscher „Fox Glacier" und „Franz Josef". (Dieser benannt nach dem österreichischen Kaiser, den der hier renommierte Gelehrte Haast aus dem Rheinland verehrt haben soll.) In beiden Fällen konnte man die Gletscherzungen fast berühren, und es war schon bemerkenswert, dass diese steil abfallenden Gletscher mit ihren Zungen beinahe die tropisch wirkenden Regenwälder erreichten. Es gab auch etwas, das ein Ort sein sollte und sich ebenfalls „Franz Josef" nannte. Da waren ein paar Restaurants, eine Tankstelle, einige Hotels und Motels sowie natürlich Souvenirshops. Hier übernachteten sie.

Langsam aber sicher ging es die Straße „sechs" entlang Richtung Norden der Südinsel, damit sie rechtzeitig den Süden der Nordinsel erreichen würden, um auch deren Norden kennenzulernen. Morgens betrachteten sie noch von einem gleich an eine Meereslagune anschließenden Berg von etwa einhundertzwanzig Metern Höhe die Gipfel der „Southern Alps": Der König ist der „Mount Cook" mit der stolzen Höhe von 3753 Metern, und dann gibt es noch fünfzehn weitere Dreitausender! Das waren von der Küste der „Tasmanischen See" aus betrachtet imposanten Schneeberge.

Die Straßen waren gesäumt von der üppigen Vegetation der Regenwälder mit moosbehafteten Bäumen, hellgrünen Farnen und direkt am Straßenrand blühenden Montbretien. Es waren Alleen wie für den Botanischen Garten geschaffen. Dann kamen sie endlich mit dem nassen Element in direkten Kontakt: Am riesigen blauen „Lake Lanthe Matai" nahmen sie ein Bad. Der See war ziemlich groß, aber an ihm stand kein einziges Haus, – von Ortschaften ganz zu schweigen. Der nächste Ort hieß „Hari Hari" und bestand aus einer Tankstelle, einem Denkmal, einem Saloon...

Anderen Ausmaßes war die Jade-Stadt „Hokitika": Die hatte ein Uhrenmonument zu Ehren eines englischen Königs, eine Bahnstation, zwei Straßen in die eine Richtung und drei, die diese querten. Die Jadearbeiten, die teilweise auf Maorimotive zurückgriffen, waren sehr teuer wie das meiste außer Essen und Trinken in diesem Land. Aber ein Amulett für Silke und eines für die Tochter, die beide hoffentlich Glück bringen sollten, wie die Maorisage verhieß, waren noch im Etat.

Nachtruhe fanden sie bei „Greymouth" auf einem Platz, an dessen Eingang die deutsche Fahne wehte. Ein junger Mann vom Bodensee checkte sie ein, und einem Spaziergang am weiten Strand stand nichts mehr im Wege. „Greymouth" war übrigens ein Ort, der wegen häufigen Regens und einem eiskalten Wind im Winter an Bevölkerung verlor. Sie spürten von beidem nichts – aber es war ja Februar und Sommer.

Bei der Gelegenheit: Neuseeland liegt zwar auf der Europa entgegengesetzten Stelle der Erdkugel, aber die Leute fallen ebenso wenig wie daheim in den Himmel. Sie bekommen auch keine roten Köpfe, weil ihnen das Blut da hineinsteigen würde, denn sie hängen nicht an der Erde unten dran. Sie gehen genau wie die Europäer und die Amis obendrauf auf der Erde entlang. Dafür fahren sie wie daheim die Engländer links Auto, haben einen anderen Sternenhimmel, und das Wasser im Abwaschbecken dreht sich andersherum als in Europa (aber wie?). Ist in Europa Winter, so hat Neuseeland Sommer, – unter anderem deswegen waren sie da. Wenn es hier 12 Uhr ist, ist es auch in Europa 12, nur dass hier die Menschen sich langsam um ihr Lunch kümmern, während die Gerechten im Norden dieser Erde schon eine Stunde lang den angeblich so gesunden Schlaf vor Mitternacht genossen haben und die Ungerechten zusehen sollten, dass sie in die Federn kommen. Weiterhin gibt es Unterschiede mit dem Schatten. Aber das ist zu kompliziert! Peter Schlemihl würde auch hier auffallen, denn einen Schatten haben die Menschen in Neuseeland alle, jedenfalls, wenn die Sonne scheint. Das tut sie, wenn in Europa der Mond am Himmel steht, manchmal allerdings auch nicht: So ist Neuseeland.

Sie machten einen großen Sprung nach Norden. Dreihundertfünfzig Kilometer mit den Campern bei den bergigen und kurvenreichen Strecken, das war schon etwas. Sie sahen die „Pancake Rocks" an der Westküste, wirklich wie Pfannkuchen geschichtete Felsen, allerdings von gigantischen Ausmaßen. Wären das wirkliche Pfannkuchen, könnte ein Mensch sein Leben lang davon essen, und es würde für die Nachfahren noch einiges übrig bleiben. Dann fuhren sie Richtung Osten die Straße „sechs" entlang ins Landesinnere. Die Straße schlängelte sich oberhalb des tiefen Bettes eines Flusses, der dunkelblau war. Dazu kontrastierten die strahlend weißen Schlemmsteine und das Dunkelgrün der üppigen Vegetation. Jeder Blick war wie ein Postkartenmotiv. Wo man Rast machte, traf man mit hoher Wahrscheinlichkeit keinen Menschen, es sei denn, man blieb direkt an der Straße, da rauschte ab und zu ein Auto vorbei.

Sie kamen an eine Hängebrücke, die den Fluss überquerte, und über die man für fünf Dollar laufen konnte. Von der anderen Uferseite konnte man sich in einem Sessellift wieder zurückschießen lassen: In einem immer größer werdenden Tempo raste man dann auf die Endstelle zu, wo mit einem gewaltigen Klatsch der Sessellift an seiner Aufhängung jäh stoppte: Kostete fünfundzwanzig Dollar. Sie beobachteten, dass eine Familie mit Vater, Mutter und Kind stolz waren, wenn sie es vollbracht hatten. Viele Menschen brauchen eben nicht die Natur allein, sie müssen offensichtlich noch einen Nervenkitzel dazu haben. Wer wollte, konnte auch im „Jetboat" über den reißenden Fluss stromaufwärts rasen, das kostete mindestens hundert Dollar. Die Veranstalter verdienten daran gut: Neuseeland eben!

Sie näherten sich dem Siedlungsgebiet um „Nelson" an der Nordküste, und die Straße wurde langsam voller. Es war Sonntagnachmittag, und die Freizeitaktivisten kamen aus der Natur zurück. Obendrauf auf den Autos oder in Hängern dahinter transportierten sie Boote, sie fuhren ziemlich flott, und in den Bergen bildeten sich hinter den langsamen Campern oft lange Schlangen von ungeduldigen Wochenendurlaubern.

Schließlich kamen sie nach langer Fahrt in „Marahau" an. Das lag schon im „Abel-Tasman-Nationalpark", der nach dem Holländer Abel Janszoon Tasman benannt ist, der im Jahre 1642 im Auftrage des niederländischen Generalgouverneurs von „Batavia" (heute „Jakarta") hier war und nach dessen Aufzeichnungen Kapitän James Cook über hundertzwanzig Jahre später (1769) herkam und die Landnahme für die Engländer vorbereitete. Sicher nicht dafür wurde Cook 1779 auf Hawaii von Einheimischen erschlagen, während Tasman sich nach ersten Händeln mit Maoris wieder nach „Batavia" zurückzog. – Wir kennen Tasman von den Äpfeln, die von der Insel „Tasmanien" kommen, die allerdings zu Australien gehört.

Der Nationalpark war traumhaft, und sie machten eine ausgiebige Wanderung durch eine südseehafte Wattlandschaft mit einsamen Buchten, blauen Bergen im Hintergrund und superklarem Wasser. Wenn in Neuseeland Sommerferien sind, soll hier viel los sein. Jetzt war es wie ein Paradies, und man könnte hier eigentlich für den Rest des Urlaubs bleiben.

Aber sie mussten wieder Geld umtauschen und tanken, und beides war hier nicht möglich. Außerdem warteten noch die berühmten „green mussels" von „Havelock", die Weingüter von „Blenheim" und die Fähre in „Picton".

Die Vier unternahmen noch einen Abstecher nach „Nelson" an der Nordküste. In dieser Gegend gab es viele Obstplantagen, und es wuchsen Pflanzen, wie die Besucher sie aus dem Mittelmeerraum kannten, zum Beispiel Oleander. „Nelson" hat 48.000 Einwohner und ist ein Zentrum hier im Norden des Südens. Den Campingplatz fanden sie in „Havelock", wo einer der Mitreisenden ganz enttäuscht war, dass hier nicht ein Fischrestaurant am andern war, sondern nur zwei, drei Pinten, die vielleicht die angeblich so vorzüglichen grünen Muscheln führten.

Apropos Campingplatz. Das war nicht jedermanns Sache. Die „facilities" (Toiletten, Duschen und Küchen) waren vergesellschaftet, und es war gewöhnungsbedürftig, sich auf der einen Seite des Raumes die Zähne zu putzen, während männliche „Ebenbilder Gottes" verschiedenster Erziehung auf der anderen Seite ihr Wasser abließen. Wollte man des Morgens duschen, konnte es sein, dass alle Duschkabinen besetzt waren. Dann stand man da (ungewaschen und unge-kämmt, rasiert sowieso nicht) und wartete, bis man die Kabine des Mannes davor betreten konnte, um in Hautkontakt zu den flüssigen und noch dampfenden Hinterlassenschaften des Vorduschers zu tre-ten. Es geschah auch, dass zwischen Dusche und nicht vorhandener Ablage für die Nacht- und Tagsachen kein Vorhang existierte, so dass man sich nicht nur selber duschte, sondern den Pyjama, Hemd und Hose für den Tag zugleich. Manchmal kam auch nur kaltes Wasser aus der Dusche, manchmal aber auch nur warmes, manchmal heißes und kaltes abwechselnd, ohne dass man es beeinflussen konnte. Gele-gentlich musste man fürs Duschen einen Dollar zahlen (In zwei 50 Cent-Stücken, die man natürlich nicht hatte), und wenn alles o.k. war, hatte man vergessen, das Duschzeug mitzunehmen und musste zu-rück zum Camper. Wenn man dann endlich duschen wollte, war die Kabine erst einmal besetzt. Es geschah auch, dass ein dicker nackter Mensch vor den Handwaschbecken stand, sich sein Haupt einseifte und unter fröhlichem Gepfeife sowie Gespritzte nach links und rechts sich mittels eines Messers seiner Barthaare entledigte. Der Mann hatte Stil: Nassrasur!

Übrigens: Kiwis (also Vögel) waren keine mehr zu sehen seit „Queenstown". Vielleicht war denen doch das Blut in den Kopf gestie-gen, weswegen sie ausgestorben sind. Andererseits: Auf einem der geliebten Campingplätze hatte eine kurzfristige Nachbarin ihre Wä-sche aufgehängt, und die baumelte nach unten (also von daheim aus betrachtet nach oben) und die Wassertropfen fielen auf die Erde und nicht in den Himmel...

Auch als sie endlich ihre so begehrten „green mussels" genossen hatten, war der dazu gereichte Wein im Glas geblieben und fiel nicht heraus. Er wartete geduldig darauf, getrunken zu werden – ganz wie zu Hause. Die Muscheln waren sehr groß, die Schalen fast grasgrün, und das Fleisch war fester als das der kleinen Muscheln, die sie aus Europa kannten. Diese hier etwas zähen und sich gerne in den Zähen festsetzenden Muscheln sollen gezüchtet worden sein. – Andor fragte sich: „Womit werden sie wohl hier in ‚down under' ihre Muscheln füt-tern?"

Nordinsel

Das Muschelessen war die „Henkersmahlzeit" auf der Südinsel.

Weil die Büros in Deutschland mit der Buchung der Fähre zur Nordinsel ein kleines Chaos vorausgesagt hatten, fuhren sie eine wiederum faszinierende Passstraße entlang den „Marlborough Sounds" nach „Picton", um Klarheit für die geplante Überfahrt zu bekommen. Als sie endlich am richtigen Schalter waren, sah es nicht nach Klarheit aus. Die „Campervans" (wie man hier sagte) seien getrennt von den Personen gebucht und ein Camper sei obendrein storniert. Also mussten sie den Camper noch einmal buchen in der Erwartung, das Geld zu Hause wieder zu bekommen.

Dann ging auf einmal alles ganz schnell: Sie sollten sich auf die „Linie 3" stellen, sozusagen auf die Warteliste. Um 13.30 Uhr fuhren sie auf die Fähre. Heraus ging es aus den Sounds um „Picton", etwa zwanzig Kilometer über das offene Meer der „Cook-Straße", dann hinein in den Hafen von „Wellington", das sich über die Hügel der Südküste der Nordinsel ausbreitete. Um fünf Uhr waren sie in „Wellington".

Sie fuhren die hier existierende Autobahn entlang nach Norden im dicksten Berufsverkehr. Alles war ungewohnt-gewohnt: Stau und Stress beim Autofahren. Schließlich erreichten sie nach einigem Suchen den auserwählten Platz, der sich als mittelmäßiges Hotel herausstellte, von dem einige der asphaltierten Parkplätze für Camper vermietet wurden. Waschen und Duschen war neben der Rezeption, und das Ganze war in Duft- und Hörweite der Autobahn. Zwar hatten sie schon gebucht, aber das machten sie wieder rückgängig, was immerhin ging. Geld zurück, und es ging wieder auf die überfüllte Autobahn bis nach „Paekakariki" ca. zwanzig Kilometer nördlich von „Wellington", wo sie ein wunderschöner ruhiger Platz erwartete, gleich neben einem ellenlangen Strand und in einem großzügigen Park mit dem Namen der Königin. Hier konnte man atmen, hier ließ sich's sein!

Auf der Fähre waren übrigens viele Deutsche, manche mit klitzekleinen Kindern. Auch ein Mensch (kein Landsmann!) mit einem schwarzen T-Shirt, auf dem Adolf Hitler, verziert mit vier Hakenkreuzen, abgebildet war, zählte zu den Reisegenossen. An Land stellten sie fest, dass auch hier zwar die Kiwis nicht scharenweise umher trollen, aber sie sahen mehr Menschen, die dem Aussehen nach Maoris sein mussten. Auch der „Portier" des „Campgrounds", ein rundlicher und freundlicher Mittvierziger, muss ein Maori gewesen sein. Er beantwortete alle Fragen fröhlich und geduldig.

Sie waren zwar im Grünen, aber nach „Wellington" fuhr eine Bahn, die „Tanz Metro", jede Stunde. Sie brachte die Besucher in fünfundvierzig Minuten nach „Wellington", der Hauptstadt Neuseelands.

Die Maoris, die sie von nun an im Unterschied zum Süden öfter sahen, galten als die Ureinwohner Neuseelands. Diese kamen einst aus der Südsee, waren Polynesier und hatten auf den Inseln unfriedlich miteinander gelebt, bis die Weißen kamen. Damals hatten sie sich angeblich noch gegenseitig aufgefressen und waren gerade mal hundert Jahre sesshaft geworden. Den Weißen hatten einige von ihnen Land verkauft, das ihnen gar nicht gehörte, sondern dem jeweiligen Stamm. Die Weißen taten aber so, als ob sie das gar nicht wüssten und haben das neue Land munter vermessen. Mindestens ein Anführer der Eroberer wurde dafür ins Jenseits befördert. Das alles war auf der Südinsel.

Die meisten Händeleien ereigneten sich aber auf der Nordinsel, wo die Maoris überwiegend siedelten und sich das Volk noch immer ballte. Im 19. Jahrhundert gab es die meisten Auseinandersetzungen: Einige Maoris kamen an Feuerwaffen und setzten ihre alten Stammesfeindschaften fort, die sie nun auch auf weiße Siedler übertrugen. Die verlangten von den Gouverneuren Schutz, doch die hatten weder Geld und Soldaten, und so „zeigten sie Interesse" für die Kultur der Maoris, brachten ihre Sprache zu Papier. Das besänftigte einige (aber nicht alle!) Häuptlinge so sehr, dass sie einen Vertrag unterschrieben, in dem sie sich der Oberhoheit der britischen Krone unterstellten. Das war am 6. Februar 1840 in „Waitangi", und dieser Vertrag gilt als die Geburtsurkunde Neuseelands.

Allerdings protestieren an jedem Jahrestag Maoris gegen den Coup der Briten, aber so oder ähnlich hatten diese es ja überall gemacht. Nun gehörten die Maoris eher zu den „zweiten Siegern" der Gesellschaft, ähnlich wie ihre polynesischen Vettern im US-Bundesstaat Hawaii, und daran ändert sich sicher auch nichts durch eine angebliche Renaissance der Maori-Kultur oder die offiziellen Kulturzentren, die die Weltreisenden auf der Nordinsel zu sehen bekamen. Auch hatten die Maoris eine Königin. Die wurde aber nicht von allen Maoris anerkannt, und die Regierung akzeptierte sie nur informell.

Dann besuchten alle Vier die Hauptstadt Neuseelands, „Wellington". Mit der Bahn fuhren sie von „Paekakariki" zurück. Sie kamen gleich im Regierungs- und Parlamentsviertel an und besichtigten brav das Parlament. Es war interessant, dass vieles ohne großes Sicherheitstrara besucht werden konnte. Obwohl um 14 Uhr eine Sitzung war, standen sie in einer Besuchergruppe noch kurz vor 13 Uhr im Plenarsaal, der sich am Vorbild des britischen Unterhauses mit dem Speaker in der Mitte orientierte. Allerdings hatte hier jeder Abgeordnete einen Platz. Die Sitze waren mit grünem Leder bespannt, der Raum war klimatisiert, und einige Abgeordnete hatten sich deswegen Felle über ihre Sessel gespannt. Im „Deutschen Bundestag" wäre das sicher nicht statthaft. Es war hier übrigens alles etwas bescheiden-beschaulich und übersichtlich. Schon der „Preußische Landtag", Sitz des Berliner Abgeordnetenhauses, hat größere Ausmaße als dieses nationale Parlament.

Nach der „politischen Bildung" kam eine Fahrt mit der „Cable-Car", die zu einem Aussichtsplatz über „windy city" führte, und von dort ging ein schöner Weg durch den Botanischen Garten hinunter in die City. Höhepunkte des Gartens waren ein Rosengarten mit diversen Züchtungen Neuseelands (jetzt in schönster Blüte) sowie ein Gewächshaus, in dem vor allem tropische Pflanzen imponierten, besonders lila und rosa Seerosen.

Die City und die Geschäftsstraßen waren nicht besonders aufregend; es war etwas provinziell. Das „eigentliche Wellington" besteht aus unzähligen Holzhäusern, die über die Hügel rund um die Bucht zerstreut liegen, jedes mit einem winzigen Gärtchen dabei. In der Stadt selber hatte man in der jüngsten Vergangenheit eine Menge Bausünden begangen und hässliche Klötze in die Landschaft gestellt.

Schließlich besuchten sie das moderne Museum „Te Papa" („unsere Heimat"), in dem mit neuesten musealen Methoden Natur, Geschichte und Kultur Neuseelands dargestellt wurden. So saßen sie zum ersten Mal in einem Maori-Versammlungshaus, das wie das meiste hier nachgebaut war und schöner sein dürfte, als je ein wirkliches Maori-Haus war. Sie sahen eine nach 200 Jahren aus dem Meer geborgene Kanone, die Cook neben weiteren auf seinen Schiffen gehabt haben soll, einen prächtigen Königsmantel aus Federn, den man ihm bei seinem ersten Besuch auf Hawaii umgehängt hatte und vieles mehr. Alles war zweisprachig, Maori und Englisch. Das Museum war ambitioniert, sehr auf die Bedürfnisse der TV-Generation abgestellt.

Es war nicht nur windig in „Wellington", besonders am Hafen, sondern auf einmal herbstlich-kühl. Sie fanden am Hafen ein gutes Restaurant und bestellten „Chowders", Austern, Muscheln und Fisch.

Die Muscheln waren übrigens wieder groß und grün wie die von den „Marlborough-Sounds" – obwohl sie diesmal „Coromandel-Mussels" hießen.

Tags darauf fuhren sie von „Paekakariki" nach „Whakapapa Village". Das waren 322 Kilometer, mit den Campern auf den engen, kurvenreichen Straßen Neuseelands eine Tagesreise. Es ging in den Norden, zuerst die „eins" entlang der Küste, dann die „drei", die „vier" ins Landesinnere und schließlich die „siebenundvierzig" in den „Tongariro National Park", der sich um drei Vulkane gruppiert, von denen der höchste und ganzjährig schneebedeckte der „Ruapehu" mit 2797 Metern ist. Der Park steht auf der Welterbeliste der UNESCO. Hier kann man Wanderungen machen, und in der Zeit von Juni bis Oktober Ski fahren. Auf ihre Art ist auch diese Landschaft wieder faszinierend durch die Weite und Einsamkeit. Zur Maori-Zeit waren die feuerspeienden Berge gefürchtet und verehrt worden. Sie wurden auch jetzt beobachtet, denn Gefahr ging weiterhin von ihnen aus.

Der Camper war mittlerweile das rollende Zuhause geworden. In welche Gegend Neuseelands sie auch immer fuhren: Sie schliefen stets in denselben Betten, und das war eigentlich recht gut. Natürlich war es im Camper eng, aber im dortigen Wohn-„Schlafzimmer" konnte man vieles tun. Angeboten wurde das Auto für vier Personen, aber für zwei war es gerade in Ordnung. Den Umbau vom Wohn- zum Schlafzimmer schafften sie mittlerweile mit Routine. Den als Doppelbett vorgesehenen und „Alkoven" genannten Raum über dem Fahrersitz hatten sie zur Abstellkammer umfunktioniert. Hier lagen Koffer, Taschen, Rucksäcke, eine Tasche mit der jeweils schmutzigen Wäsche, Schlafsäcke und Kopfkissen. – Dann hieß es: „Vorhang zu.", und die ganze Chose war verschwunden!

Probleme gab es weiterhin mit dem Kühlschrank. Der sollte mit Strom, Batterie oder Gas gehen (je nachdem) und tat nichts von dem. Vor dem Fahren stellten sie das Gas ab, beim Stehen auf dem Campground wieder an. Die Toilette musste regelmäßig entleert werden, eine eher unangenehme Aufgabe. Wasser wurde nachgetankt. Die beiden letzten Verrichtungen vollzog man auf jenem Campground, den sie sich vor jeder Tagestour aussuchten; meist entschieden sie sich für einen Platz der Marke „Kiwi". Wenn man dort ankam, musste man sich im Office melden, wurde freundlich begrüßt und bekam entweder einen Stellplatz zugewiesen oder konnte sich einen aussuchen. Dann musste man für eine Nacht pro Person ´mal acht, ´mal zwölf, meistens jedoch zehn Dollar zahlen, und schon war der Standort gesichert. Jetzt wurde das Auto an den Strom angeschlossen, „power" war da, und dann konnte der Laptop in Betrieb genommen werden für das Tagebuch.

Bei strahlendem Sonnenschein wanderten sie sodann vom Village zu den „Silica Rapids". Es ging durch mehrere Vegetationszonen, und immer wieder hatten sie Ausblicke in die unendlichen Weiten dieses Landes. Die „Rapids" waren weiße bis gelbe Steine an einer Stelle eines aus dem Vulkangebiet kommenden Gebirgsflusses und waren durch Aluminiumablagerungen entstanden. Wie üblich war an diesem Ort, zu dem ausgebarbeitete Wanderwege führten, eine Tafel angebracht, auf der vermerkt war, dass der sehr ehrenwerte Minister „Soundso" diese Anlage geschaffen habe. Ein Bürger hat darunter geschrieben: Statt des Ministers „the taxpayers"! – Ein Demokrat in Gottes freier Natur!

Sie blieben im Vulkanland. Zuerst ging es von den 1140 Metern Höhe, in denen sich ihr Village befand, hinab auf normales Niveau. Dann durchfuhren sie die Landschaft des „Lake Taupo", eines riesigen Sees, dessen Hauptort („Taupo") ein einziger Freizeitgarten zu sein schien.

Doch sie verließen auch diese imposante Landschaft und fuhren zum „Waikarei Tourist Park – Craters of the Moon". Das war ein Ort, wo aus grünem Hügelland weiße Dampfwolken zum Himmel aufstiegen, dazu roch es nach Schwefel. Allüberall kamen kleine Wölkchen aus der Erde, es gab klitzekleine und beachtlich große Krater. Im Hintergrund weidete friedlich eine Kuh, der dieses Erdenschauspiel ziemlich egal war. Stöße sie jedoch hier auf eine kochende Wasserpfütze, verlöre sie ihren Gleichmut sicher sehr schnell. Nach dem Rundgang auf den vorgeschriebenen Wegen bei glühender Sonne machten sie auf einem Schattenplatz ein Picknick mit Hühnchen, Kartoffelsalat, Brot, Obst, Wasser und Wein: „Looks good", bemerkte eine Touristin. Danach schlief Andor ein, und ihm war plötzlich so, als wackele währenddessen die Erde ein ganz klein wenig. Es war eben gefährlich hier: Sachen ins Auto, und weiter ging die Fahrt!

Weiter ging es nach Nordosten in Richtung „Rotorua". Sie besuchten „Wai-O-Tapu – Thermal Woderland". Der Eintritt betrug fünfzehn Dollar pro Person. Hier veranstaltete die Thermik der Erde einige Spektakel. Es stank, blubberte, zischte und leuchtete in vielen Farben:

Giftig-gelb, jade-grün, dunkelblau, rot, silbern, aber auch „Eierpampen"-grau. Man konnte eine Sinterteterrasse sehen, die sich wie ein Schneegletscher ins Land ergoss, dann den berühmten „Champagner-Pool" mit dem perlenden Wasser und allerlei Gebrauchsgegenstände des Teufels wie „Devils Bath" oder „Devils Ink Pots". Damit es so richtig wirkte, kam die Hitze nicht nur von unten, sondern auch ziemlich stechend von oben. Nachdem sie einigermaßen durchgeglüht waren, verließen sie diesen Ort.

Auf der weiteren Fahrt nach „Roturua" wurden sie durch eines der üblichen Ortsschilder auf ein Maori-Dorf aufmerksam gemacht, das sie natürlich besichtigen wollten. Doch es war nach sechzehn Uhr, und die Maoris hatten Feierabend. Das „Dorf" war zu. Aber der gewaltige Parkplatz für Busse, Camper und PKWs ließ ermessen, was hier zu anderer Stunde los war: Massentourismus. Das konnten sie auch an einem kantinenartigen Gebäude erkennen, in dem Massen von Tischen und Stühlen aufgestellt waren, desgleichen Bestecke, Geschirr und Gläser, sicher in Erwartung von Busladungen, um die „Maori-Kultur" vorzuführen.

Ähnliches erlebten sie im „Whakarewarewa Thermal Reserve", wo Maori-Leben und Vulkanisches kombiniert wurden. Es gab eine Vorführung von Maoris mit Tänzen, Liedern und einigen Kriegsgesten. Komisch war es schon, wie die Touristen (in Scharen erschienen) mit ihrem Freizeitoutfit den "Maoris" in ihren Stammesklüften gegenüber saßen und sich etwas vorführen ließen. Die bekannten Zeremonien - Nasenreiben zur Begrüßung und Zunge rausstrecken im Kriegsfall - wurden vorgeführt. Insbesondere das Augenaufreißen und Herausstrecken der Zunge unter Gefuchtel mit einem Holzdegen werden den britischen Pfeffersäcken seinerzeit nicht besonders imponiert haben. Wer jetzt das Sagen hatte, war klar, denn es waren Maoris, die hier vor vorwiegend weißen Touristen den August machen und nicht etwa die Briten in London, die dunkelhäutigen Besuchern seltsame Bräuche wie Dudelsackmusik oder das Gießen von heißem Wasser auf grüne Blätter vorführten.

Das Ganze war eine Mischung von Touristenfalle, Alibiveranstaltung für die seinerzeit ausgetricksten Maoris und dem ehrlichen Bemühen auch mancher blauäugiger Weißer, alte Bräuche der Ureinwohner Neuseelands zu bewahren. Im Ort selber sah man übrigens viele Polynesier, die hier als Maoris galten. Sie waren (mit Verlaub!) meist ziemlich dick und dürften nicht zur Oberschicht von „Rotorua" gehört haben. Deren Angehörige trafen sie dagegen in „Government Garden", wo sie (nur Herren!) in weißer Tracht Bowling spielten. Das wirkte „very british".

Ein Wort zum Wein: Es hatte sich leider doch nicht ergeben, dass sie den Hauptweinort „Blenheim" auf der Südinsel besuchten. Möglicherweise war das kein zu großes Versäumnis. Denn, um mit dem Roten zu beginnen, wirklich Bemerkenswertes war ihnen in Neuseeland nicht begegnet. Häufig bekamen sie ein rotes Getränk mit eigenartigem Beigeschmack. Auch war es bei den roten Neuseelandweinen häufiger Usus, dass Weine etwa aus Italien, Argentinien und eben Neuseeland ungeschickt gemischt wurden. Da war es ein Glück, dass es sehr viel australischen Wein gab, der insgesamt auf einem höheren Niveau zu stehen schien.

Aber nach drei Wochen bekam man selbst mit australischem Roten Sehnsucht nach einem kräftigen Franzosen oder einem edlen Chianti. – Der Weiße hingegen sollte nach Hörensagen in Neuseeland höheres Niveau haben. Das mochte sein, aber streng und stark aromatisiert schmeckte auch der, und wer kann es schon beurteilen, ob es an der Qualität oder an der Quantität dieses Produktes lag, wenn man am anderen Tag im Kopfe etwas spürte? – Doch auch das Positive sei erwähnt: Die ersten „2000er"(rot und weiß) hatten sie in „down unter" verkostet. Und da man nie aufgeben soll, haben sie in einer „Vinery" eine Flasche „1996er Hawkes Bay – Merlot – Cabernet" erstanden: Wohlsein!

Doch auf dem Wege von „Rotorua" nach „Hahei" auf der Halbinsel Coromandel (263 Kilometer) standen die Kiwis im Mittelpunkt, – jene Kiwis, die auf Bäumen wachsen. Sie besuchten die Farm „Longridge Park", wo nicht nur Landwirtschaft betrieben wurde, sondern auch Tourismus: In einem Laden konnte man alle möglichen Produkte kaufen, man konnte auch mit dem „Jetboat" rasen, grillen, essen oder für zwölf Dollar eine Farmtour machen, wofür sie sich entschieden. Dabei ging es hauptsächlich um die „Kiwis" an den Bäumen. Eigentlich heißen diese Früchte „Chinesische Stachelbeeren", denn das Land der Mitte ist ihre Heimat. Doch die Neuseeländer haben die Süß-Sauer-Frucht mit der pelzigen Schale für sich entdeckt und vermarktet. Achtzig Prozent aller Kiwis, ohne die kein Supermarkt denkbar ist, kommen aus Neuseeland und von denen wieder die allermeisten aus der Gegend um „Tauranga", wo die Besucher sich befanden. Überall in dem hügeligen Bauernland sah man Plantagen, geschützt durch hohe Hecken oder tiefe Mulden. Die Bäume wurden an Drähten hochgezogen und hingen voll der grünen Früchte. Reif wurden sie erst im Herbst, also im europäischen Juli. Dann gingen sie in die Welt, nach Japan, Europa und in die hiesigen Supermärkte. Was übrig blieb, wurde verfüttert, zum Beispiel an jene angebliche Kreuzung aus Elchen und Rotwild, die „Venisson" hieß. Diese Tiere standen hier wie die Rinder und Schafe auf der Weide.

Nach dem Ausflug in die neuseeländische Landwirtschaft ging die Fahrt nach „Coromandel". Sie kamen durch Straßen, bei denen man überhaupt nicht den Eindruck hatte, das Land sei wenig bevölkert. Sie erlebten hektischen Autoverkehr. Dann wurde es wieder einsam, und sie durchreisten eine liebliche Landschaft mit grünen Hügeln und urwaldbewachsenen Tälern. Schließlich waren sie am Meer. Die Küste des „Südpazifischen Ozeans" präsentierte sich mit vorgelagerten Felsen. Der Seegang war lebendig. Sie waren auf der „Coromandel Peninsula", einer der vielen Naturlandschaften hier.

Sie „quartierten" in „Hahei" ein, das war ein wunderschöner Ort an der Küste und gleich neben der „Cathedral Cove" gelegen, einem Torbogen-Felsen am Strand. Sie gingen durch den Ort und bewunderten die gepflegten Anlagen: Riesige Hortensien, Fleißige Lieschen und andere Pflanzen erfreuten. Sie nahmen ein Bad im Meer, das war sehr angenehm: Nicht zu kalt, nicht zu warm. Schließlich besuchten sie den „Hot Water-Beach", wo bei Ebbe auf einem Streifen von fünfzig Metern heißes Wasser am Strand entstand, wenn man dort ein Loch grub. Viele Menschen wollten an dieser Stelle denn auch ein heißes Bad genießen.

Abends spielten alle vier Reisenden Karten.

Am nächsten Tag fand eine Rundfahrt über die „Coramandel"-Halbinsel statt. Erst ging es nach Norden, dann nach Osten zur Stadt „Coromandel", weiter nach Süden Richtung „Thames" und schließlich in den „Firth of Thames", eine Bucht, entlang nach „Miranda", einem wunderschönen und gepflegten Campingplatz, der jedoch ziemlich abgelegen war. Hier gab es Internet und heiße Schwimmbäder. – Die Fahrt war anstrengend mit dem Camper auf engen Straßen mit enormen Gefällen und sehr scharfen Kurven. Wieder und wieder präsentierten sich aber imposante Landschaftsbilder, Berge, Wiesen, Urwälder, Meeresbuchten und liebliche Hafenstädtchen. Sie sahen Muschelfelder und kauften diese „Früchte".

Aber, aber: Nach drei Wochen Camperleben wurde selbst das großartige Neuseeland etwas nervig. Mancher könnte vielleicht gar nicht genug „Highlights" mitnehmen, aber ihre Begeisterungsfähigkeit für Naturlandschaften war aufgebraucht, denn eigentlich ist es ja nicht der Sinn menschlichen Daseins, jeden Tag mit einem unförmigen Auto stundenlang durch schöne Landschaften zu fahren. Andor war sich auch nicht sicher, ob er alle möglichen Naturphänomene dadurch besser begriff, dass er sie durchschritt, erkletterte, erbadete oder fotografierte.

Eine Besonderheit Neuseelands waren die Opossums. Diese niedlichen Pelztierchen sollen von australischen Farmern eingeführt worden sein. Die Tiere hätten beide Inseln erobert und dabei das natürliche Gleichgewicht zerstört. Jedenfalls lebten die niedlichen Tierchen nun frei und galten als Landplage. Deswegen gingen die Menschen ihnen gerne an die Krägen: Selbst in ökomäßig eingefärbten Läden wurde versichert, es sei gut, ihre Felle zu kaufen, weil man damit die Reduzierung von Naturfeinden betreibe. Billig waren die Felle deswegen noch lange nicht. Aber das Traurige an der ganzen Sache war, dass Tausende von Opossums Nacht für Nacht auf den gepflegten Landstraßen Neuseelands überfahren wurden und die Straßen mit ihren Kadavern geradezu gepflastert waren. Die Opossums sind Nachttiere und werden von den Scheinwerfern der Autos desorientiert. Eine „nature life"-Ruhmestat war das gerade nicht.

So langsam rückte die Heimat wieder näher.

Sie verließen einen Supercampingplatz und fuhren eine kleine, kurvenreiche und ziemlich unbefahrene Küstenstraße Richtung Norden den „Firth of Thales" entlang. Die Landschaft war wieder beeindruckend. Sie machten Halt an einem kleinen Regionalpark, „Waharau", und begaben sich dort auf den „Bush walk", eineinhalb Kilometer durch den Regenwald. Der Park war tip top gepflegt mit „Visitor Center", markierten Wanderwegen und einem Parkplatz in der Mitte, auf dem Schafe weideten. Ein paar Menschen (vier genau) traf man hier auch, und alles war ziemlich urtümlich: Absolute Einsamkeit vielleicht fünfundsiebzig Kilometer vom angeblich pulsierenden „Auckland" entfernt!

Nach dem vielleicht letzten Naturerlebnis in Neuseeland machten die Weltreisenden nämlich je einen Schlenker nach Westen und begaben sich auf „Auckland" zu. Die Häuser standen dichter (alles immer noch mit reichlich grün und strahlend blauem Himmel). Dann wurden die Straßen voll, sie sahen Schulkinder in Uniformen, und schließlich waren sie auf der Autobahn, zu der sich hier die „eins" gemausert hatte. Sie flossen im Strom eines Verkehrs an einem Freitagnachmittag. Nach etlichen Kilometern kamen sie auf die „Auckland Harbour Bridge", einem Wahrzeichen dieser mit einer Millionen Einwohnern größten Stadt Neuseelands. Die Brücke ist sechs- bis achtspurig und überquert in einem kühnen Bogen eine Bucht namens „Waitemata".

Sie sahen die Skyline von „Auckland", einer Stadt am Wasser, darin „Sydney" ähnlich. Nach etwas Suchen erreichten sie den „Takapuna Beach Holiday Park". Der lag hinter einem Restaurant- und Geschäftszentrum direkt am Meer, und für neunundzwanzig Dollar pro Nacht bekamen sie Plätze in der „ersten Reihe". Gleich neben dem Platz war ein schöner langer Strand, an dem sie auch ein Bad nahmen. Nach 3.700 Kilometern ließen sie es genug sein mit dem Autofahren. Sie blieben drei Nächte und machten dann nur noch die letzte Fahrt mit dem Gefährt zum Vermieter „Breakaway", von wo aus es zum Flughafen mit dem Ziel „Cook Islands" gehen würde.

Vorher wollten sie sich jedoch „Auckland" ansehen und zwar mit Hilfe öffentlicher Verkehrsmittel.

Ein Wort über die Neuseeländer. Auffällig ist: Sie sind fremdenfreundlich. Ein wenig hat diese Freundlichkeit offensichtlich mit dem Stolz zu tun, dass sie Gäste aus Übersee haben. Das wiederum mag daher rühren, dass sie hier unten weit hinter Australien ein wenig befürchten, vergessen zu werden. Und da tut ihnen jeder Gast, der zu ihnen kommt, gut. Immer wieder kommt die Frage, woher man komme, und nach der Antwort „Germany" setzt der Neuseeländer gerne noch einen drauf: „Yesterday we had visitors from Denmark." Neben der Fremdenfreundlichkeit ist die Geschäftstüchtigkeit auffällig. Wer hier eine Farm betreibt, betreibt eben nicht nur eine Farm, sondern auch ein „Visitor Center", und er veranstaltet „Tours" per Auto, Schiff oder womit auch immer. Die Preise sind gepfeffert, werden aber bezahlt. Das mit der Geschäftstüchtigkeit gilt nicht für die Maoris, die hier die Unterschicht bilden. Außer in den Touristenvillages kommt man mit Maoris nicht in Kontakt; auf den Bahnhöfen und Supermärkten machen sie nicht gerade den zugänglichsten Eindruck. Eines aber haben sie mit ihren weißen Landsleuten gemein: Sie sprechen ein eigenwilliges Englisch, was besonders für ungeübte Nichtangelsachsen die Verständigung schwierig macht. Zum Beispiel „ten" für

„zehn" heißt hier „tein". Mehr wissen Stolps über die Neuseeländer nicht, nur noch, dass sie wegen des Linksverkehrs immer erst nach rechts gucken, wenn sie die Straße überqueren wollen. – Das war klug von ihnen, und die Gäste machten es ihnen mittlerweile nach.

Dann war „Auckland"-Tag!

Der Stadtteil, in dem sie wohnten, hieß „Takapuna" und lag nördlich von „Auckland-Downtown". Man konnte dorthin fahren mit dem Bus über die „Harbour-Bridge" oder mit dem Bus und der Fähre von „Devonport". Sie fuhren hin mit dem Bus und zurück mit der Fähre. Ziemlich rasch waren sie beim touristischen Mittelpunkt der Stadt, dem „Ferry Building", angekommen. Vom Bus aus ging es die Queenstreet hinauf; das war die Haupteinkaufsstraße.

„Auckland" war Multikulti. Japaner, Inder, Chinesen, Polynesier, Britisch-Stämmige und andere Völkerschaften waren zugange.

Ihr Stadtbummel begann damit, dass sie für Silke ein Hemd mit langen Ärmeln und einen weißen Sonnenhut kauften. Die intensive Sonneneinstrahlung hatte auf ihren Armen Ausschlag hervorgebracht, und der alte rote Strohhut war schon durchlöchert. Dann entschlossen sie sich zu einer einstündigen Rundfahrt mit dem „Explorer-Bus". Es ging u.a. zum „Aucklandmuseum". Das war nicht sehr spektakulär.

„Auckland" ist eine Stadt am Wasser, nennt sich selber „City of Sails". Überall sind Parks und Strände, Häfen, Buchten und Seen. Diese Großstadt hat die gute neuseeländische Luft noch nicht zerstört.

Nach der Rundfahrt kamen sie in den Hafen, wo ein riesiges Luxusschiff namens „Gorki" ankerte. Sie schauten zu und labten sich an einer Meeresfrüchteplatte. Dann fuhren sie auf den „Skytower", einem Turm mit „1a-Rundsicht" über „Auckland". Hier wurden sie als „Seniors" eingelassen. Dann lag „Auckland" ihnen zu Füßen. Sie erfuhren, wo sie sich (global betrachtet) gerade befanden: Zum Südpol waren es 5.918 Kilometer, zum Nordpol 14.083 Kilometer, und noch weiter war es nach „Berlin" mit 17.736 Kilometern.

Wieder auf der Straße sahen sie Menschen, die sich mit einem überdimensionierten Katapult in die Luft schießen ließen, für teures Geld natürlich. Wer das machen wollte, wurde gewarnt: Man durfte nichts am Rücken haben, nichts mit dem Herzen, musste auch sonst gesund sein. Hier hatte man gute Chancen, sich allerhand neue Krankheiten einzufangen, wenn man sie noch nicht hatte. Dann kauften sie in der Queenstreet einen roten Hartschalenkoffer für die Mitbringsel und sahen danach in einem auf einem Hügel gelegenen Park mit einem Denkmal der Queen Victoria verlockende Blumenrabatten und „Frisby" spielende junge Menschen. Hinterher kamen sie in ein Asiatenviertel und kauften bei einem Japaner Sushis als „takeaways". Sie nahmen die Fähre, warteten eine halbe Stunde in „Devonport" auf den Bus und waren vor acht Uhr auf dem Platz, wo sie heimische Nachrichten hörten.

Die fremdenfreundlichen Neuseeländer verstanden es schon, den Menschen das Geld aus der Tasche zu ziehen. Unter anderem deswegen wurde es Zeit, abzureisen. Wenn „Sydney" für den Gesamteindruck eine „2+" bekam, dann erhielt Auckland eine „2-": Punktum!

Zum Wetter: Auch in „down under" gab es Tag und Nacht, Wind, Sonne, Regen, Temperaturen und Schnee. Für viele Menschen, zum Beispiel Bauern und Natursportler war es offensichtlich wichtig, wieviel von dem Schnee und in welcher Mischung geboten wurde. „Ihr" Wetter in Neuseeland war sommerlich, das hieß viel Tag und weniger Nacht bei Temperaturen meist um die zwanzig Grad Celsius. Anfangs war es kälter, vor allem nachts. Je weiter sie nach Norden kamen, desto wärmer wurde es, und in „Auckland" war es eigentlich schon heiß. Regen hatten sie einmal richtig erlebt, und zwar in den Bergen. Sonst war es trocken, und oft hatten sie Sonnenschein. Nördlich der Gletscher konnten sie überall baden, soweit das von der Wassertemperatur abhing.

Aus touristischer Sicht war das Wetter gut. Ob das für die Jahreszeit normal war oder ob sie eine Trockenperiode erwischt hatten, wussten sie nicht. Und dass es ganz im Norden des Landes fast schon subtropisch war, konnte man daran erkennen, dass dort Pflanzen wuchsen, die sie als Mitteleuropäer nur in Kübeln mit Überwinterung im Gewächshaus halten konnten: Palmen, Oleander, Hibiskus oder Bleiwurz. Mitteleuropäisch war es in ganz Neuseeland nicht, denn die Sonne war überall sehr aggressiv.

Man konnte sich schnell einen Sonnenbrand zuziehen. Das war nicht erstrebenswert. Genau deswegen hatte ihnen eine Verkäuferin in einer Pharmazie in „Thames" geraten, Creme mit dem Sonnenschutzfaktor „dreißig" aufzutragen. Silke berichtete, dass sich deutsche Touristen auf dem Campingplatz unterhalten hätten und gesagt hätten, dies sei ein kalter Sommer in Neuseeland. – Wer weiß, ob das stimmte.

Am letzten Sonntag in Neuseeland machten sie einen ausgedehnten Spaziergang am Strand von „Takapuna". Da standen Häuser an der Küste, die vom allerfeinsten waren. Schöne Gärten mit Hibiskus, Rosen und Bleiwurz, große Terrassen und elegante Inneneinrichtungen waren zu bewundern. Dazu kamen Traumblicke auf das Meer, Teile von „Auckland" und die blauen Berge in der Ferne. Über ihnen flog ein Flugzeug mit einem Spruchband, auf dem stand, die UV-Belastung sei hoch.

Sie kamen an eine Bucht nach der anderen, wo die Menschen allmählich zum Baden oder Bräunen erschienen: Zustände wie in Europa an schönen Tagen in überfüllten Strandbädern gab es hier nicht: Auch im dichtest besiedelten Teil des Landes war Platz genug.

Nach neunundzwanzig Tagen Neuseeland reisten sie ab und hatten das andere Ende der Welt gesehen!

Andors alte Scheckkarte wurde außer Dienst gestellt, und die neue (die sich schon vorab einmal vorwitzig gemeldet hatte) war nun auch offiziell „im Dienst". Das war auch notwendig, denn Geld kostete alles: Der volle Benzintank für den Camper, die Ausreise (achtundachtzig Neuseelanddollar für vier Personen), der Imbiss auf dem Flughafen.

Sie fanden zur „Breakaway"-Station, wo die Übergabe der Camper problemlos vonstatten ging. Die vielen neuen Eindrücke mussten nun nach und nach sortiert werden.

Es bleibt anzumerken, dass Neuseeland ganz offensichtlich ein sehr ordentliches Land war. Auf den Straßen war alles genau markiert für den Fall, dass man links, rechts oder geradeaus fahren wollte. Hunde waren von vielen interessanten Plätzen und Parks verbannt. Aggressive und pöbelnde Kinder oder Jugendliche hatten sie nicht getroffen. Kamen ihnen Kinder etwa auf einer Treppe entgegen, machten sie Älteren Platz.

Die Frage war, ob und wie lange sich das alles so halten würde. Wie lange wird es dauern, bis Bettenburgen wie in Spanien an den von Touristen bevorzugten Orten (die wiederum in den Reiseführern vorgeschrieben wurden) auch hier errichtet werden? Neuseeland hatte den Vorteil, dass es weit weg lag von Europa, wo die meisten Touristen herkamen. Aber Japan, wo viele Menschen lebten, war gleich nebenan. Und China oder Indien würden eines Tages neue Ziele für anschwellende Touristenmassen suchen. Hinter dem Gelde sind die

Leute in Neuseeland genug her, so dass sie die Sünden „alter" Urlaubsländern nicht abschrecken werden.

Aber vielleicht haben Öko- und Naturschützer ja alles fest in der Hand. Denn es war schon imponierend, dass etwa ein Viertel des Landes unter Naturschutz stand. Wenn das so bliebe: *„Glückwunsch, Neuseeland!"*

Doch nun hieß es endgültig: *„Tschüs, Neuseeland. Du bist ein interessantes Land, ein Kaleidoskop diverser Landschaften, die in Europa so ähnlich weit auseinander liegen und doch wieder anders sind: zersiedelter. Das Klima ist erträglich und der Lebenszuschnitt ähnelt dem eigenen. Du scheinst etwas weniger hektisch zu sein als die USA, Australien oder Europa!*

Hier leben? Wäre möglich, aber gewöhnungsbedürftig: Zu wenig Kultur, keine tief gefächerte Geschichte. Auch politisch bist Du irgendwie „down under". Aber vielleicht ließe sich das durch einen anwachsenden „Outdoor"-Trieb kompensieren.

Es ging weiter Richtung Osten, erst in die Südsee, dann nach USA. Die vier vom Norden der Erde mussten die (noch vollen!) Gläser ganz vorsichtig neigen, damit kein Tropfen in den Himmel versank.

Obendrein noch eine kleine Merkwürdigkeit: Laut Reiseplan flogen sie in „Auckland" ab und landeten einen Tag früher auf den „Cook Islands".

Was war denn nun schon wieder los?

Rarotonga

Die Sache relativierte sich, weil das Flugzeug zwei Stunden Verspätung hatte. Sie hatten die Datumsgrenze überschritten! Bisher waren sie am Anfang des Tages, jetzt waren sie ans Ende verlagert worden. Die imaginäre Grenze hatte man einst gezogen, weil es für die wenigen Insulaner nicht so wichtig wäre, ob Montag oder Dienstag sei. Wer will, kann also in dieser Gegend siebenundvierzig Stunden lang Geburtstag, Weihnachten oder sonst etwas feiern.

Nun waren sie in der Südsee! Beim Landen war erst nur finstere Dunkelheit zu erkennen, dann Regen. Es regnete auf „Rarotonga", der Südseeinsel. Als sie das Flugzeug verließen, hatten sie das Gefühl, in einen Backofen zu steigen: Warme Luft, aber feucht. Die „Empfangshalle" des Flughafens war eine Baracke. Ein Barde im Hawaii-Hemd und mit Strohhut stand auf einem Podest vor einem Mikrofon und trug den Angekommenen, während diese Schlangen vor der Passkontrolle bildeten, polynesische Heimatweisen vor. Dann musste Silke drei Avocados, die sie im Handgepäck mitgebracht hatte, beim Zoll abgeben, und sie wurden mit Blütenketten behängt in einem engen Bus zusammen mit anderen Reisenden in das Hotel gefahren.

Hier angekommen, waren sie völlig durchgeschwitzt. Doch duschen konnten sie nicht: Kein Wasser! Die Befürchtung, dass das so weiter gehen würde, bestätigte sich indes nicht. Die Klimaanlage funktionierte, und am anderen Morgen war auch Wasser da. Alle haben fest geschlafen.

„Rarotonga" gehört zu den „Cook Islands", die am Tropf „Neuseelands" hängen. Hier gilt noch immer der Neuseelanddollar als Zahlungsmittel. Die „Kiwis" machen für die Insulaner (meistens auch Maoris) die Außen- und Militärpolitik, zahlen Entwicklungshilfe und dürfen sich dafür über ein Einflussgebiet freuen. Die „Cook Islands" liegen über 1.000 Kilometer auseinander und haben 17.800 Einwohner. Die Hälfte davon lebt auf „Rarotonga".

Diese Insel ist vulkanischen Ursprungs, besteht aus meistens in den Wolken liegenden Bergen und einer Rundstraße in der Länge von einunddreißig Kilometern. Vor der Küste liegt ein Korallenriff, und in der Lagune dahinter badeten einige Touristen, zu denen nun auch die vier Neuankömmlinge zählten. Das Wasser war sauber, warm und trotzdem erfrischend. In der Lagune herrschte ein starker Sog: Das Wasser floss mit Macht in jene Richtung, in der die Lagune einen Auslass hatte. Man konnte sehen, wie das Meer draußen gegen das Riff tobte. Der Strand war weiß (offenbar zu Sand zermahlene Korallen). Auf ihm wuchsen schlanke Kokospalmen, deren Schatten man lieber nicht suchte, weil herabfallende Früchte gefährlich werden konnten.

Verließ man das Hotel, so war man auf der Inselstraße, wo man abwechselnd Tropenlandschaften und Dritte-Welt-Bilder sehen konnte. Das Land war arm, aber Hunger litt offensichtlich niemand. – Die Cook-Inseln gehörten wie Samoa, die Fidschis oder Französisch-Polynesien zu dem, was Europäer „Südsee" nennen. Es sind die Inseln südlich des Äquators im Pazifischen, auch „Stiller" Ozean, dem größten Meer der Welt. Die Polynesier waren einst große Seefahrer und haben so die Inseln vor Jahrtausenden nach und nach besiedelt, von Hawaii (Das liegt allerdings schon über dem Äquator.) bis nach Neuseeland. Die Inseln gelten in Europa als Traum, wohl weil sie weit weg sind, aber auch, weil ihre Menschen schon in früheren Zeiten als besonders freundlich geschildert wurden. Künstler wie Gauguin haben dazu beigetragen, das romantische Bild der Südsee zu prägen. Die Menschen haben eigene Bräuche, gelten als Erfinder der fragwürdigen Kunst des Tätowierens, haben ihre Tabus und angeblich so viele Götter wie die alten Griechen. Nun wurden sie allerdings beherrscht von den Kulturen der Australier, Neuseeländer, Amerikaner und Franzosen. Deutsche waren von 1900 bis 1914 einmal „Kolonialherren" auf Westsamoa. Seitdem sollen dort die Pflanzen auf den Plantagen in Reih und Glied stehen…

Auf „Rarotonga" leben Maoris, dazu Touristen. Da der Tourismus eine wichtige Rolle spielt, hat die kleine Insel einen Flughafen nicht nur mit regionaler Bedeutung: Es fliegen Jets nach „Auckland", „Los Angeles" und sicher auch nach „Sydney". Dennoch sieht man keine Bettenburgen, sondern höchstens einstöckige Bauten. So hat sich die Insel ihren Charakter bewahrt, denn auch die Einwohner leben meist in einstöckigen Häusern („Hütten" boshaft ausgedrückt).

Das Meer, das üppige Grün und die Berge prägten die Landschaft. Die Rundstraße war wie eine Bühne, auf ihr spielte sich das öffentliche Leben ab. Schulkinder zogen nach Hause, Trauernde sammelten sich zur Beerdigung, alte Leute mit Blütenkronen auf den Köpfen tauchten auf, herrenlose Hunde streunten umher und gleich neben der Straße weideten schwarze Schweine und grunzten die Menschen an.

Die Straße war auch eine botanische Allee mit vielen üppigen Pflanzen, die teils Blüten, teils tropische Früchte trugen. Hibiskushekkencken wurden geschnitten wie in Deutschlands Eiben.

Das Medium auf dieser Straße schien der Bus zu sein, der im Uhrzeigersinn –„clockwise" (und gegen den Uhrzeiger – „anticlockwise)" mindestens jede Stunde fuhr und überall hielt, wo jemand ein- oder aussteigen wollte. Der Busfahrer war so etwas wie ein Moderator: Er grüßte vorbeihuschende Passanten, wechselte mit diesem und jenem ein paar Worte und war zu den Buspassagieren sehr freundlich und geduldig, z.B. wenn es sich um Touristen handelte, die mit ihrer Hilflosigkeit manchen Westler nerven würden. – *„Fahren Sie nach Black Rock?"*, fragte ein sonnenverbrannter Weißer. *„Not me, but the bus"*, kam die fröhliche Antwort.

Die Menschen waren fast immer fröhlich und freundlich. Meist huschte ein Lächeln über ihre Gesichter, wenn sie jemanden sahen.

Aber in den Geschäften, Restaurants und an den Rezeptionen wurden sie oft sehr langsam, schwerfällig und träge. (Ob das vom ewig warmen Wetter kam?)

Die Hauptstadt „Avarua" war eigentlich ein mieses Dorf. Ein großes weißes Holzhaus sollte ein ehemaliger „Königspalast" gewesen sein. Es gab auch Baracken, an denen stand „Pacific University". Dort hielten sich aber keine jungen Leute auf, die Studenten hätten sein können. Es lockten reichlich Andenkenläden mit Klamotten, Schnitzereien und den berühmten, ziemlich teuren, schwarzen Perlen. Dann residierte hier ein Honorarkonsul von Deutschland „Dr. Wolfgang": Das war ein Arzt, der hinter dem schwarz-rot-goldenen Dienstschild größeren Ausmaßes als das des Bundeskanzlers in „Berlin" und unter der gehissten deutschen Fahne zwar seine Praxis, aber nach Augenschein keine Patienten hatte. Die Herrlichkeit dieses Orts währte bis 16 Uhr. Dann machten fast alle zu, und es war „töter als tote Hose". Nur ein paar Restaurants (nicht alle einladend) hatten auf und ein Supermarkt der neuseeländischen Kette „Food World" (allerdings auf Rarotonga-Niveau reduziert). Man musste sehen, dass man einen Bus bekam, der einen mit fröhlicher Unterhaltung durch den Fahrer ins Hotel brachte. Dort war übrigens auch früh „finito": Um „9 h pm" schlossen die Restaurants. Dann wurde es dunkel, und man hörte nur noch das Donnern der Meeresbrandung am Korallenriff.

Tage in der Südsee auf einer kleinen Insel können lang werden! Ewig rauscht das Meer, internationale Presse oder Fernsehen gibt es nicht, und die Hitze sitzt einem ganz schön in den Knochen. Da ist ein tropischer Regen, der plötzlich einsetzt, als hätte der Herrgott alle Himmelsschleusen geöffnet, eine richtige Abwechslung. Spannend wird es auch, den leeren Strand entlang zu laufen und nach Muscheln oder Korallen zu suchen. Man könnte natürlich eine Wanderung durch die Insel machen,- aber bei der Hitze und Feuchtigkeit? Auch Kanu fahren in der Lagune könnte man, sich ein Fahrrad oder Moped mieten oder mit dem Flugzeug zu einer anderen Insel fliegen.

Sie blieben die letzten Tage am Strand, lasen, schliefen, schrieben, schwammen, aßen, tranken, cremten sich ein und verfielen in Lethargie. – (Wer weiß, vielleicht diente das der Erholung?)

Am Abreisetag trat ein, was die Reiseführer (also die Bücher!) „angedroht" hatten: Regen, Regen und nochmals Regen. Wenn es auch nicht kalt wurde, war das doch ungemütlich: Alles war grau und nass. Time to go. Aber das ging nicht so einfach. Das Flugzeug nach

„LA" blieb des Sturmes wegen auf dem Boden. So saßen die vier Welt-reisenden in einer großen Halle am Meer, lasen, schrieben und war-teten. Sie beobachteten einen faden Cocktail-Empfang für Neuan-kömmlinge, aßen etwas: „Fish-Chowder" genannte Mehlsuppe. Drau-ßen war es ist stockfinster und regnete weiter wie aus Kannen.

Das Flugzeug startete nicht. Der Kapitän sagte, es seien zu starke Seitenwinde, hier sei nur eine Startbahn und so bliebe übrig, „to wait and look what will happen". So saßen sie dann zwei Stunden in der Südseenacht im Flugzeug, sahen den Regen, wie er gegen die Fenster prasselte und spürten den Sturm, wie er an dem Jet rüttelte. Dann erklärte der Kapitän kurz vor drei Uhr nachts, jetzt ginge es los, und mit einem gewaltigen Schubs setzten sie ab in den stürmischen Him-mel über dem Südpazifischen Meer. Sie flogen über Wasser, Wasser, Wasser, überquerten den Äquator (keine Ansage) ließen Hawaii links liegen und landeten nach über acht Stunden in „Los Angeles" („LA"), California, USA.

Los Angeles

Sicherheitshalber hatten sie alle Gläser immer etwas vorsichtig zur Seite gekippt. Und siehe da: Sie waren auf der nördlichen Halbkugel, und die Flüssigkeit blieb in jedem Glas! Die Autos fuhren rechts, die Entfernung wurde nicht in Kilometern, sondern in Meilen gerechnet, und die Temperatur maß man nicht nach Celsius, sondern nach Fah-renheit. Die war mit fünfzehn Grad (Celsius!) niedriger als da unten, aber für europäische Verhältnisse frühlingshaft. Was aber das Wich-tigste war: Auch hier gab es wie in Neuseeland „Dollars", doch die kos-teten in USA über zwei statt einer Mark. Die Preise waren deswegen nicht niedriger, sondern nominell etwa gleich wie bei den „Kiwis" (den Menschen). Kurz: Amerika war teuer.

Dafür war es ist eben Amerika. Die Riesen-Siedlungslandschaft „LA" begrüßte sie schon, als sie noch aus dem Flugzeug schauten. Al-les hatte andere Dimensionen als in „down under". Der Flughafen war unendlich größer, die Menschen zahlreicher und vielrassiger. Die Highways waren voll mit Autoströmen, das Leben war praller, hekti-scher und sicher auch brutaler als dort unten.

Sie übernachteten im „Crowne Plaza", gleich neben dem Flugha-fen „LAX" und entschieden sich für einen Besuch in „Santa Monica". Mit dem „Big Blue Bus", Linie drei, fuhren sie für je einen Dollar dort-hin. Auf den Fahrten hin und zurück konnten sie die „Rassen-Palette" dieses Landes studieren: Schwarze, Weiße, „Latinos", Asiaten: Alle waren Amerikaner und als solche nicht gerade konfliktfrei miteinander verbunden. In „Santa Monica" gingen sie auf den Pier und nahmen Abschied vom Pazifik, der hier kalt und nicht zum Bade ladend war. Dann bummelten sie durch die Straßen, schauten Darstellungen diverser Kleinkünstler zu und schoben sich mit Menschenmassen hin und her. Ihnen stieß auf, dass in diesem mächtigsten und angeblich reichsten Land der Welt so viele Elendsgestalten zu sehen waren. „Hungrig, arm, behindert, obdachlos" hatte einer auf ein Schild geschrieben, das er sich umgehängt hatte. Eine junge Asiatin versuchte es dagegen mit eisernem Xylophonspiel.

In diesem Land musst Du Dir selber helfen, da kannst Du unermesslich reich werden, Du kannst aber auch vor die Hunde gehen. Und wenn Du unten bist, dann ist das eben so im Kapitalismus: Wer sollte Dir da helfen?

Sie kamen in ein italienisches Restaurant, wo ein Glas Wein acht US-Dollar kostete. Das Restaurant war voll und laut, das Essen gut. Sie bestellten sich alle vier je ein „Samuel Adams", das besondere Bier.

Dann schnupperten sie an den USA – im Hotelzimmer und über TV-Kanäle. Sie sahen den Präsidenten Bush jun., wie er zum Wochenende auf einer Ranch in Texas startete, die Trauerfeier für einen erschossenen Schüler, einen Bericht über angeschlagene Airlines. Sie sahen Sport (jedoch kein Fußball!) und das präzise Wetter für alle Teile der USA: im Westen mild, in der Mitte Schnee und im Osten Regen.

Es war aufregend, wieder in Amerika zu sein, wenn auch nur für ein paar Stunden und war wie immer ambivalent: Sie bewunderten die Power dieses Landes und bedauerte zugleich die Schicksale der Gestrandeten. Sie staunten über die Härte der Menschen und waren überrascht, wenn junge Farbige im Bus alten Menschen Plätze anboten. Das Land quirlte und brodelte. In „LA" lebten wohl bald mehr „Latinos" als andere: Was wird aus diesem Land werden? – Bewegung, wohin man schaut und Dynamik, die in Europa und erst recht in Neuseeland nicht bekannt ist.

Am nächsten Tag um 15.20 Uhr ging die „Lufthansa"-Maschine nach „Frankfurt/M.". Sie flog zwölf Stunden.

Erst dann hatten sie nach einer Reise um die Erdkugel die englisch sprechende Welt verlassen.

Wieder daheim

Die vier Weltreisenden waren nun einmal um die Welt geflogen, hatten vier Kontinente und sechs Staaten besucht. Geflogen waren sie über 40.000 Kilometer. Ausgegeben hatten sie viel zu viel Geld. Zu Hause waren alle Sachen noch an ihren Plätzen. Der „Green Stone" (Kiwi) den sie doch noch in „Rotorua" erstanden hatten, bekam einen Ehrenplatz.

Merkwürdig: Die Menschen sprachen nicht mehr englisch. Irgendwie kam ihnen „Deutschland" vor wie eine kleine Insel auf der großen Welt. Warum hatten sich die Briten eigentlich auf die „EU" eingelassen; sie hatten doch ein kulturelles Empire rund um den Globus? Wen interessiert in Australien oder Neuseeland schon Deutschland wirklich? Aber England ist dort etwas Besonderes.

Die Autos fuhren rechts -wie in den USA. Der Sternenhimmel (hinter Wolken!) war (wie sie wussten) ein anderer als im Süden. Das Wasser im Abwaschbecken sollte andersherum abfließen als im Süden. Die Menschen in Deutschland hatten alle einen Schatten: Sie wussten es genau, und Peter Schlemihl war ja tot. Nur sah man diese Schatten nicht oft, weil die Sonne selten schien. Auch hier „oben" blieb jedes Getränk im Glas. Sie hatten es ja auch die ganze Reise über vorsichtig gehalten. Noch immer flog in Deutschland ebenso wie in Neuseeland kein Tropfen in den Himmel. Es schien also doch zu stimmen, dass die Erde eine Kugel war. Immer wo man sich gerade befand, meint man, oben zu sein.

Neuseeland war wieder weit weg.

Aber wo war nur die Checkkarte von Silke, und wo befand sich eigentlich der zweite Auto-Schlüssel? In irgendwelchen Taschen und Ecken hatte sich beides versteckt und wurde nun wieder hervorgekramt:

Sie waren wieder daheim!

(2001)

2. Ägypten

Edfu-Tempel

Unheimlich war diese Reise, weil die USA unter Bush jun. einen Krieg gegen den Irak vorbereiteten, und der Angriff jeden Tag erfolgen konnte. Man merkte die angespannte Situation auch als Tourist: Es war nicht so voll wie sonst (aber immer noch voll genug!), und amerikanische Touristen sah man sowieso nicht. Andor hatte einen Weltempfänger dabei, um informiert zu sein. Dauernd kamen Leute und fragten: „Ist schon Krieg?" Die Österreicher unter den Reisenden aber fragten: „Liegt noch Schnee in Österreich?" – Unterwegs trafen Silke und Andor, die allen Gefahren zum Trotz die Reise nach Ägypten machten, eine Gruppe Kanadier. Diese trugen Kappen mit dem Ahorn drauf, damit man sie ja nicht für „Amerikaner" hielt.

Bei der Ankunft in Kairo erlebten die Gäste aus Deutschland einen Sandsturm. Das Hotel hieß „Sheraton Heliopolis", war westlich eingerichtet und hielt den Gästen den Orient ein wenig vom Leibe. Allerdings sahen sie schon hier schwarz verschleierte Frauen („Pinguine"), so dass deutlich wurde: Sie waren nicht mehr in Mitteleuropa. Ägypten ist ein Staat und ein Mythos zugleich. Es ist eine Militärdiktatur und hat etwa 83 Millionen Einwohner. Die Amtssprache ist arabisch. Die Ägypter sind seit dem 7. Jahrhundert muslimisch; es gibt aber auch Christen, meist Kopten.

3000 Jahre vor Christus hatte sich hier eine Hochkultur entwickelt, die vor allem durch den „Nil" geprägt war: Regelmäßig zu bestimmten Zeiten trat dieser Riesenfluss über seine Ufer und machte das Land weithin fruchtbar. Auf diesen Rhythmus hatten sich die alten Ägypter eingestellt und ein modernes Staatswesen entwickelt. Das alte Ägypten mit seinen Pharaonen bleibt weltbekannt.

Das moderne Ägypten zur Zeit des Besuchs von Silke und Andor war, obgleich arabisch, westlich orientiert. Man konnte durchaus behaupten, dass es von den USA ausgehalten wurde. Dennoch waren die Amerikaner unbeliebt. Muhammad Husni Mubarak war Staatspräsident Ägyptens. Als sie das Land besuchten, hatten sie den Eindruck, dass das Volk ihn verehrte. (Im Zuge der Revolutionen in der arabischen Welt später Anfang 2011 musste er jedoch gehen.)

Dass Mubarak so beliebt war, erstaunte 2003 schon. Denn die Ägypter waren arm, bettelarm zum großen Teil. Auch Mittelständler wie Ärzte oder Lehrer mussten auf weitere Berufe oder „Korruption" ausweichen, um über die Runden zu kommen.

Die Hauptstadt „Kairo" hatte etwa 8 Millionen Einwohner und war ein wahrer Moloch. Die Wohnhäuser waren schäbig, die Autos abgewrackt, und ein Teil der Menschen vegetierte mit den Toten auf weitflächigen Friedhöfen, wo es Mausoleen gab, die Lebenden als Wohnungen dienten: Es war Dritte Welt.

„El Qahira", die „Siegreiche", also „Kairo", stand auf dem Programm. Es ist die größte Stadt Afrikas. Den Anfang machten die Gäste konventionell mit dem „Ägyptischen Museum", wo sie erst einmal auf den Reiseleiter Khaled warten mussten. Er hieß mit vollem Namen Khaled Meleha, sprach perfekt Deutsch, was er in „Kairo" gelernt habe. Pünktlichkeit jedoch war seine Stärke nicht.

Das Museum zeigte Exponate aus der Geschichte Ägyptens und war ziemlich unübersichtlich. Höhepunkte waren die Ausgrabungen aus den Königsgräbern. Die alten Ägypter hatten ihre Könige und die anderen hohen Würdenträger in prunkvollen Gruften beigesetzt und ihnen allerlei Kostbarkeiten beigegeben, weil sie an ein Weiterleben glaubten. Vorwiegend im 20. Jahrhundert wurden solche Grabkammern von Archäologen gefunden, und die Schätze wurden, falls Plünderer nicht schon da gewesen waren, geborgen. Sehr pietätvoll war das nicht. Mit der Totenruhe der Verblichenen war es vorbei.

Auf diese Weise kam auch das Grab des „Tutanchamun" ans Tageslicht. Es wurde 1922 entdeckt. In diesem Museum sind von den 3500 Grabbeigaben 1700 in einer Etage ausgestellt. Dabei kam ein wenig bekannter König Jahrhunderte nach seinem Ableben zu Weltruhm, denn die Schätze machten eine Reise um den Globus und wurden an vielen Orten gezeigt.

Natürlich war die Museums-Besichtigung anstrengend. Mittags gab es daher ein „arabisches Essen" am „Nil". Anschließend ging es weiter auf Besichtigungstour ins alte moslemische „Kairo". Dabei wurden sie von der „Antiquitäten- und Tourismuspolizei" stets bewacht, wahrscheinlich auch geschützt.

Ein Ziel war die „Mohammed-Ali-Moschee", auch „Alabastermoschee" genannt. Der Bau wurde 1824 begonnen und 1857 beendet. Architekt war ein Grieche, der sich in „Istanbul" von der „Hagia Sophia" inspirieren ließ. Von hier aus hatte man einen tollen Blick auf die Stadt mit ihren Minaretten, Kuppeln, Gräbern und Hochhäusern. Am Horizont konnte man sogar die Pyramiden sehen.

1912 wurde die „El-Rifai-Moschee" gebaut, und hier waren neure ägyptische Könige wie Faruk (1920-1965) beerdigt. Auch der im ägyptischen Asyl gestorbene Schah von Persien, Mohammed Resa Pahlevi (1919-1980) wurde an dieser Stelle beigesetzt.

Hinterher besuchten sie den „Khan El-Khaliki-Basar", den angeblich größten und auf jeden Fall beliebtesten Basar Ägyptens. Ein hier erhältlicher Steinskarabäus ist eigentlich nur ein ordinärer Käfer, aber im alten Ägypten wurde er verehrt. Im Basar konnte man übrigens viele Männer sehen, die gemütlich ihre Wasserpfeifen schmauchten. Die Besucher gönnten sich Pfefferminztee und zogen sich ins Hotel zurück.

Am folgenden Tage standen die echten Altertümer auf dem Programm: „Memphis" mit dem Koloss Ramses II., „Saqqara" mit den Stufenpyramiden und „Gizeh" mit den Pyramiden.

Der mittlerweile liegende und in ein Betonbett eingepferchte Koloss von Ramses II. (1290 – 1224 v. Ch.) misst eine Höhe von zehneinhalb Metern und ist aus Kalkstein gefertigt. Eine zweite Statue dieser Art hatte man 1954 vor dem Hauptbahnhof von „Kairo" aufgestellt. Ramses II. war ein Pharao und ist hier im Königsornat verewigt: Er trägt einen Zeremonienbart und ein Röckchen; in der rechten Hand sieht man die Überreste einer Lanze. Dieser Pharao ist übrigens deutschen Pennälern bekannt: *„Ramses der Ägypterkönig hatte der Moneten wenig. Und er sprach zu Isis: ,Wir haben eine Krisis!'"* Weiter soll hier lieber nicht zitiert werden…

In Memphis „trafen" sie auch die Alabastersphinx: Ein Löwenkörper mit einem Frauengesicht, das das bekannte geheimnisvolle Lächeln zeigt. Diese Figur wurde 1912 freigelegt, ist acht Meter lang und vier Meter hoch. Die Touristen scharten sich um sie. Auf der anderen Seite der Straße sah man auf trockenem Boden in einem Palmenwäldchen schäbige Häuser. Davor verkaufte eine Ägypterin von einem Kiosk aus Kisten und vertrockneten Palmenwedeln Apfelsinen. Das moderne Ägypten wirkte trostlos.

In „Saqqara" konnte man Stufenpyramiden bewundern, die aus der Zeit um 2600 v. Chr. stammten und aus Kalkstein gebaut waren. Die Pyramiden bargen in ihrem Innern Grabkammern meist der Pharaonen, die im Osten des „Nils" im Sonnenlicht weiterleben sollten. Es gab auch Pyramiden, die schon zu Schutthügeln zusammengebrochen waren.

Nach Besichtigung des ersten Teils der Altertümer fand eine Mittagspause im Grünen statt. Das Restaurant hieß „Sakkara Nest", und jeder Besucher wurde von rotgewandeten Herren mit Musik empfangen. Gespeist wurde im Freien an einem langen Tisch. Es gab unter anderem Fladenbrot, dessen altertümliche Zubereitung man beobachten konnte. Silke trank einen Dattelschnaps, der ihr schmeckte.

Dann ging es nach „Giza" (auch „Gizeh" genannt) zu den „Cheops-Pyramiden". Das sind Riesenbauwerke, die den Höhepunkt des Pyramidenbaus darstellen. Die Pyramiden sind oben spitz und waren einst verkleidet. Davon sah man aber nichts mehr. Vor den Pyramiden saß eine kolossale Wächterfigur: Die oder der Sphinx, der „Vater des Schreckens". Es war eine aus einem Felsen herausgehauene Löwengestalt mit dem Haupt eines Pharaos. Diese Figur hier war dreiundsiebzigeinhalb Meter lang und etwa zwanzig Meter hoch! Das Gesicht war verwittert. – Wie hatten die alten Ägypter es nur geschafft, solche Massen ohne die Geräte der Moderne zu bewegen?

Der Moloch „Kairo" hat sich bis in diese westlichen Gebiete jenseits des „Nils" vorgefressen, so dass die Pyramiden wie ein Teil der modernen Hauptstadt wirken, was sie aber nicht sind.

Nach Luxor

Zwischen „Kairo" und „Luxor" war Ägypten für den Tourismus gesperrt, weil man Angst vor Anschlägen hatten. Eine vom Volke getragene Demokratie war Ägypten wahrlich nicht.

In „Luxor" wurden die Gäste eingeschifft. Das „schwimmende Nil-Hotel" hieß „Helios Regency", und sie bezogen luxuriöse Kabinen mit riesigen Fenstern, jeweils zwei Betten, zwei Sesseln und einem kleinen runden Tisch. Was sie aber vorher nicht bedacht hatten: Es gab viele „Nil"-Schiffe, und abends ankerte eines neben dem andern. Meist hatte man die Außenseite eines anderen Schiffes vor dem Fenster, so dass man die gute Aussicht nur während der Fahrt oder im seltenen Glücksfall hatte, dass das „eigene" Schiff das letzte war und die eigene Seite die äußere.

Das Personal des Schiffes liebte kleine Späße: Immer wieder wurden Decken oder andere Gegenstände in Abwesenheit der Gäste zu Figuren drapiert, und die „Täter" freuen sich diebisch, wenn diese beim Betreten der Kabine einen Schreck bekamen, weil sie dachten, da säße einer.

Einen „freien Nachmittag" in „Luxor" nutzen Silke und Andor zum Besuch des „Luxor-Museums", zum Spazieren entlang der Uferpromenade und zum Dösen an Deck.

Früh am nächsten Morgen war es noch kalt, aber die Gäste machten sich auf zum Westufer des „Nils". Ziel war das „Tal der Könige". Es war eine Hügellandschaft in der Wüste, wo sich die Grabkammern etlicher Pharaonen befanden. Viele dieser Kammern waren in der Vergangenheit ausgeräubert worden, und nun hatten sich hier auch noch neue Menschen angesiedelt. Sie hatten ihre Häuser hingestellt, und alle Versuche der Behörden, diese Personen, die Berber sein sollten, wegzubekommen, um die unter den Häusern schlummernden Kulturgüter zu schützen, schlugen fehl. Wer weiß, was sich in den Kellern dieser unscheinbaren Häuser verbarg?

Sie besichtigten drei Grabanlagen. Es ging tief hinein in die Berge, Blitzen war verboten, weil das den Farben der noch vorhandenen Malereien (mystische Gestalten) schaden könne. Man konnte sich gut vorstellen, dass noch manche Kostbarkeit hier ruhte. Aber es waren Grabanlagen, und damit war Ruhe vor den Archäologen angebracht.

Später sahen die Touristen auch den Tempel des Hatschepsut (1479 – 1457 v. Chr.). Der war schon einmal ein Trümmerhaufen, aber seit dem 19. Jahrhundert wurde er wiederhergestellt, und nun hatte man einen Eindruck von der einstigen Bedeutung dieser Anlage. Man konnte auch Skulpturen sehen, einen Vogel aus Stein und die Figur des Hatschepsut mit Zeremonienbart. Da kam man sich als europäischer Tourist ziemlich nackt im Gesicht vor.

Natürlich waren hier Museumswächter (also moderne) stationiert, die mit ihren Turbanen sehr arabisch aussahen. Für einen Obolus ließen sich diese „Moslems" gerne fotografieren.

Insgesamt sollen sich in dieser Gegend zweiundsechzig Grabanlagen befunden haben. Sie hatten also nur einen winzigen Teil davon gesehen. Auch die Grabkammer des „Tutanchamun" befand sich hier. Da waren sie aber nicht hineingekrochen. Am Ende verabschieden sie zwei verwitterte Memnonkolosse – Figuren, die einmal einundzwanzig Meter hoch gewesen sein sollen. – Auf dem Schiff konnten sie sich dann von der „Reise" in die Wüste, die Tiefe und die Vergangenheit erholen.

Sie fuhren weiter nach „Esna".

Von Bord des Schiffes aus konnte man das alte Ägypten gut verstehen. Der Fluss war ein riesiges blaues Band, eingerahmt von üppigem Grün. Haarscharf war die Grenze zur Wüste. Deren Farben waren gelb und grau. Es gab keinen Übergang zwischen der Vegetation und der Wüste. Nur im grünen Bereich hatte das alte Ägypten gelebt. Die Menschen hatten die regelmäßigen Überschwemmungen erwartet. Diese brachten wieder Leben auf die Felder, und die Pflanzen gediehen auf dem angeschwemmten Boden prächtig. Jenseits schien kein Leben möglich. So hatte die Natur eine der ersten Zivilisationen der Erde geprägt: Aus Natur erwuchs Hochkultur!

Am nächsten Tag standen die Tempel von „Esna" und „Edfu" auf dem Programm. Das Ziel hieß „Kom Ombo". In „Esna" sahen sie einen erhaltenen Tempel. Sie begaben sich neun Meter unter das Straßenniveau und bestaunten den Tempel des Chnum. Dieser Tempel war einst auch von Kopten bewohnt worden. Deren Spuren hatte der Nilschlamm konserviert.

Am Staudamm von „Esna" mussten sie stundenlang warten, bis sie weiterfahren durften. Offensichtlich ging das allen Kreuzfahrtschiffen so. Diese Situation machen sich einheimische Händler zunutze, indem sie die großen „Pötte" mit kleinen „Äppelkähnen" umkreuzten und von ganz unten T-Shirts, Tischdecken usw. auf die Sonnendecks warfen. Die Sache klappte: Eingepackt in Plastiktüten kam die Ware bei den Touristen an, und es gab nicht wenige, die sich zum Kauf entschlossen. Wieder eingepackt in Plastik flog dann das Geld nach unten und wurde von den Verkäufern geschickt aufgefischt. Auch das war Marktwirtschaft!

Danach glitten sie wieder (bewacht von der Tourismuspolizei) auf dem „Nil" dahin. Sie sahen grüne Auen, Palmen und dahinter bedrohlich graue Berge: Die Wüste. Ab und zu kam ein kleines Boot entgegen.

„Edfu" ist eine kleine Kreisstadt am Westufer des „Nils". Schon von weitem sah man die mächtigen Pylone des Horus-Tempels über den Häusern aufragen. Diese Anlage war dem Falkengott Horus geweiht und eine der großen Kostbarkeiten Ägyptens. Die Arbeiten dazu begannen 237 v. Chr. unter Ptolemaios III. und wurden 150 Jahre später unter Ptolemaios XII. (Kleopatras Vater) beendet. Ältere Anlagen aus der Zeit Ramses II. hatte man vorher abgerissen. Der Tempelbereich war nur dem König und den Priestern zugänglich, und im Allerheiligsten stand eine Kultstatue. Das Volk durfte nur vor den Pylonen beten.

Dazu eine Geschichte:

„Osiris herrschte als wohltätiger und gerechter König über Ägypten. Sein Bruder Seth jedoch missgönnte ihm die Herrschaft, zettelte eine Verschwörung an, ermordete den König und warf ihn in den Nil. Nach langer Suche entdeckte Isis den Toten und erweckte ihn auf magische Weise wieder zum Leben.
Osiris zeugte mit ihr den Horus, der ihm auf dem Thron folgen sollte. Osiris herrschte fortan als König über das Totenreich."

Die Rache des Horus an Seth (der personifizierte Kampf zwischen Ordnung und Chaos) wurde Thema verschiedener Mythen, die alle mit dem Sieg des Horus enden.

Es ging nach „Assuan". Dort gab es einen älteren und einen neueren Staudamm. Der ältere stammte aus der Zeit von 1892 bis 1912 und war einst die längste Talsperre der Welt. Doch der Regulierungseffekt entsprach nicht den Erwartungen seiner Erbauer. So wurde unter Präsident Nasser sieben Kilometer oberhalb des alten Damms ein neuer errichtet – mit Hilfe der Sowjetunion, wie auf dem Schiff betont wurde. Dieser Damm wurde 1971 eingeweiht. Es war ein riesiger See entstanden, der „Nasser-See", dessen Fluten 60.000 Nubier und andere Menschen sowie antike Denkmäler weichen mussten. Die Tempel von „Abou Simbel" wurden filetiert und an anderer Stelle wieder zusammengesetzt.

Die südliche Staumauer ist 3.600 Meter lang, 196 Meter hoch und auf der Krone 40 Meter breit. An der Sohle sind es 980 Meter. Würde diese Mauer bersten, müsste ganz Ägypten ertrinken, und noch im nördlichen Mittelmeer wären Flutwellen zu spüren.

Eigentlich war die Errichtung des Staudamms ein Frevel. Seitdem gab es zwar die regelmäßigen Überschwemmungen Ägyptens nicht mehr. Die Äcker werden mittels Gräben und Dünger betrieben. Doch die Basis für die alte Kultur war weg, und Tiere wie etwa das Nilpferd gibt es in Ägypten nicht mehr. Darf der Mensch das?

Auf einem kleinen Motorboot fuhren Silke und Andor zur Insel „Philae", die im ersten Stausee liegt. Eigentlich war die Insel heilig. Schon durch den ersten Staudamm wurde sie jedoch gefährdet: Wenn jeweils im Herbst die Schleusentore geschlossen wurden, versank das Eiland allmählich mitsamt den darauf befindlichen Tempeln im Wasser. Die Farben verschwanden, aber der Sandstein verhärtete sich. Mit Hilfe aus Italien wurden die Tempel daraufhin in dreißig Monaten auf die höhere Granitinsel „Agilkia" versetzt und blieben so der Nachwelt erhalten.

Es gab auf der Insel so viele Tempel, dass man schnell den Überblick verlieren konnte. Auch wurde es immer wärmer, so dass die Besichtigung Kraft kostete. Hier konnte man übrigens sehen, dass der Tourismus infolge des bevorstehenden Krieges im Irak zurückgegangen war Viele unbemannte Motorboote ankerten am Ufer.

Um 4.30 Uhr wurden die Reisenden für einen Ausflug mit dem Flieger geweckt, bekamen ein Frühstückspaket und fuhren zum Flughafen. Sie stiegen in eine offensichtlich aus „Kairo" kommende Maschine der „Egyptair" ein und wurden nach „Abou Simbel" geflogen. Im Flieger saßen zahlreiche blasse und schläfrige Touristen. Es waren Japaner.

Dann standen sie vor den berühmten Tempelanlagen. Am frühen Morgen war es noch kalt. Die Touristenführer mussten ihre Sprüchlein außerhalb der Tempel aufsagen, angeblich weil durch das Sprechen im Innern zu viel Luftfeuchtigkeit entstehen würde. Blitzen beim Fotografieren durfte man natürlich auch hier nicht. Vor der dreiunddreißig Meter hohen Tempelfassade thronen Kolossalstatuen von Ramses II. Diese waren zwanzig Meter hoch, in gutem Zustand und beherrschten das Bild der Tempelanlage.

Es gab auch einen „kleinen" Tempel, welcher der Liebesgöttin Hathor geweiht war und dem Kult um die vergötterte Gemahlin des Pharaos, der Königin Nefertari, diente.

Mittags flogen sie wieder zurück nach „Assuan". Dort sahen sie Felukken, kleine Segelboote, auf den die hier ansässigen Nubier segelten.

Apropos Nubier: Die Nubier sind so eine Art Zwischenvolk zwischen Schwarzafrika und Arabien. Sie leben im Sudan und im südlichen Ägypten. In Ägypten sollen es 140.000 sein. Im alten Reich hatte es auch eine Nubierdynastie („Kuschiten") gegeben, und deren fünfter Pharao hieß Taharqa (690 – 554 v.Ch.). Er soll sehr erfolgreich gewesen sein. Bis 663 v.Ch. herrschte sein Sohn als letzter „Schwarzer Pharao". Für das alte Ägypten war Nubien ein Land, aus dem es Gold, Elfenbein, Felle und nicht zuletzt Sklaven beziehen konnte. Auch die sagenhaften „nubischen Prinzessinnen" sollen auf die weißen Pharaonen ihren Reiz ausgeübt haben.

Im Basar von „Assuan" konnte man manches kaufen. Eine Österreicherin erwarb eine Wasserpfeife, deren Preis sie mächtig nach unten handelte. Aber auch die „Felsengräber der Vornehmen" besichtigten Stolps und bekamen einen guten Überblick über das moderne „Assuan". Es war Feiertag, und so strömten viele Einheimische in einen Botanischen Garten. Großfamilien hielten dort Picknick unter wertvollen Bäumen und kümmerten sich nicht um den Verbleib des dabei anfallenden Unrats. Es herrschte arges Gedränge, aber die Gäste hielten sich an den Reiseleiter Khaled und gelangten mit seiner Hilfe wieder auf das Hotelschiff, wo sie es geruhsam ausklingen lassen wollten. Denn es hieß:

„Abschied von ‚Assuan'."

Aber die Tempel von „Kom Ombo" und „El Cahb" standen noch auf dem Programm. Das Schiff glitt wieder beruhigend den „Nil" entlang. Der Tempel von „Kom Ombo" stand auf einer Anhöhe direkt am

„Nil". Dieses Gebäude wurde von Ptolemaios VI. im 2. Jahrhundert v.Chr. errichtet und später von Römern mit dem heutigen Wandschmuck versehen. Der Tempel war zwei Gottheiten (der Krokodilgott Sobek und der falkenköpfige Haroeris) gewidmet, weswegen es zwei parallele Prozessionswege gab. Einst hatten hier auch Kopten gewohnt, was man an den Stellen erkennen konnte, an denen sie ihre Tiere befestigt hatten. Man konnte auch einen steinernen Kalender sehen, der einst anzeigte, welche Abgaben das Volk wann dem Tempel zu entrichten hatte. Im Eingangsbereich konnte man Krokodilmumien entdecken, die man hier in großer Zahl gefunden hatte.

Draußen saß ein Schlangenbeschwörer, der für die Kunststücke seiner Tierchen Trinkgeld kassierte.

Über den „Nil" schrieb der arabische Weltreisende Ibn Battuta (1304-1377):

„Der ägyptische Nil übertrifft alle anderen Flüsse der Erde an Süße im Geschmack, an Breite und an der Möglichkeit seiner vielfältigen Nutzung. Ohne Unterlass ziehen sich Dörfer und Städte an seinen Ufern entlang, die unvergleichlich sind in ihrer Schönheit. Es gibt keinen Fluss in der Welt, dessen Becken von solch einer Fruchtbarkeit ist und den man ,Meer' nennt. ...Eine andere Eigenschaft des Flusses ist die, dass er bei größter Hitze zu steigen beginnt, in der Zeit also, wenn die Höhe aller Flüsse abnimmt oder die Flüsse ganz austrocknen, und er an Wasser verliert, wenn die anderen Flüsse anwachsen und ihr Wasser über die Ufer tritt."

Die Felsengräber der Noblen von „El Chab" lagen ungewöhnlicher Weise im Osten des „Nils". Normaler Weise bestatteten die Ägypter ihre Toten im Westen, weil da die Sonne länger schien. – Auf der Busfahrt dorthin wurden die Gäste von einem bewaffneten Polizisten begleitet.

Das Schiff fuhr früh am Morgen zurück nach „Luxor" und „Karnak". Zur Anlage dort führte eine „Sphinxallee", und dann betraten sie die Tempelstadt „Karnak". Diese wurde errichtet für den Sonnengott Amun-Re und war 2.000 Jahre lang das religiöse Zentrum des Pharaonenreiches. Hier hatten alle Pharaonen Tempel, Kapellen und Denkmäler errichtet oder renoviert. Die Tempel bestanden aus gigantischen Säulen und waren mit riesigen Obelisken versehen. Hier konnte man auch den Heiligen See bewundern, der früher für rituelle Reinigungen der Priester da war und als Schauplatz für Bootsprozessionen diente. Einst hatten alle Tempel solch einen „Heiligen See".

Nach dem letzten Mittagessen an Bord ging es zum „Luxor"-Tempel. Hier beeindruckte die Abu-al-Hag-gag-Moschee, die in ziemlicher Höhe im Gemäuer „klebte". Man konnte daran sehen, wie hoch der Tempel einst im Sand vergraben war. An anderer Stelle waren in einer Stele Königskartuschen eingemeißelt, die vollkommen symmetrisch waren.

Zurück nach Kairo

Allmählich überfrachteten all die Altertümer die Besucher jedoch, und sie waren gar nicht traurig, dass es nun zurück nach „Kairo" ging.

In „Kairo" hatten alle einen „freien Tag". Mit drei weiteren Gästen quetschen sich Silke und Andor zu fünft in ein Taxi. Es war eine richtige Klapperkiste. Als der Taxifahrer seine Tour sicher hatte, tankte er erst einmal. Dann ging es ziemlich chaotisch auf überfüllten und breiten Straßen los, und sie kamen schließlich beim „Ägyptischen Museum" an, wohin es die Mitreisenden zog. Die Stolps aber wollten zu den Kopten und ins „Koptische Museum". Dazu benutzten sie die U-Bahn vom mittlerweile berühmten „Tahir-Platz" (das heißt „Freiheitsplatz") zur Station „Marygigis".

Jawohl, „Kairo" hat. eine U-Bahn! Die war zwar klapperig und rappelvoll, aber der erste Wagen war für Frauen reserviert. Hierher konnten sich die Frauen retten, wenn sie nicht in der überfüllten U-Bahn angegrabscht werden wollten. Eine Gruppe Jugendlicher bedrängte die Gäste aus Europa. Als sie erfuhren, dass die aus „Germany" kämen, nickten sie wohlwollend.

Das „Koptische Museum" befand sich im allerfeinsten Zustand, im Unterschied zu den vergammelten Häusern rundum. Etwa sechs Millionen Ägypter waren Kopten, und die bezeichneten sich als die älteste christliche Gemeinschaft der Welt. Sie hatten einen Papst, der aktuelle hieß Schenouda III. Bis 641, als die muslimischen Araber Ägypten eroberten, war das ganze Land christianisiert. Heute sind die Kopten eine Minderheit im muslimischen Staat. Einerseits haben sie gute Chancen, wie das Beispiel von Boutrous Boutrous Ghali zeigt, der als mit einer Jüdin verheirateter Kopte faktisch ägyptischer Außenminister und UN-Generalsekretär wurde, andererseits gab es immer wieder Ausschreitungen aus der muslimischen Mehrheit gegen Kopten.

Die Besucher schauten bei einer Messe zu, die von Frauen besucht wurde, die weiße Kopftücher mit einem roten Kreuz darauf trugen. Sie beteten ebenso inbrünstig wie ihre muslimischen Schwestern und Brüder.

Mit der „Lufthansa" flogen sie zurück nach Deutschland. In „München" stiegen sie um. Dort begegneten ihnen Personen, die in dicke Decken eingehüllt schienen. Ach nein, das waren ja Mäntel: In Deutschland herrschte strenger Winter.

Und der Krieg im Irak begann erst am 20 März des Jahres.

(2003)

3. Cuba

Cuba

In Havanna steht ein Denkmal am Meer. Ein Mann weist in Richtung des Bösen, die USA. Dort sieht man Cuba so:

„Der Neger war auf einem Auge blind, und ein Bein war kürzer als das andere; er trug einen uralten Filzhut, und seine Rippen zeichneten sich durch das zerlumpte Hemd ab wie die eines abgewrackten Schiffes."

Diese Beschreibung von Graham Greene stammt aus dem Roman *„Unser Mann in Havanna"* und könnte eine Charakterisierung Cubas sein. Das Cuba Fidel Castros war morbid und exotisch zugleich. Viel Armut war zu sehen, aber keine Verhungernden. Reiche Leute schien es nicht zu geben.

Auf Cuba lebten 11,2 Millionen Menschen aller Hautfarben – von hellweiß bis tiefschwarz. Rassenschranken bestanden offensichtlich nicht. In den USA sollen noch einmal etwa eine Millionen Exilcubaner gewesen sein, die meisten weiß und besser situiert als die Daheimgebliebenen. Früher einmal hatten auf der Insel Indianer gewohnt, aber eindringende Spanier haben sie ausgerottet. Die Spanier waren auf Gold aus, das es aber kaum gab. Später existierten Zuckerrohrplantagen, und einige „Zuckerbarone" sind steinreich geworden. Als Arbeiter holten sie sich Sklaven aus Afrika. Die modernen Cubaner sind meistens Nachfahren der Spanier und dieser Sklaven.

Cuba war einst eine spanische Kolonie. 1800 hatte es auf Haiti einen Sklavenaufstand gegeben, vor dem etwa 30.000 französische Pflanzer geflohen waren, die Cuba zum weltgrößten Zuckerexporteur machten. 1868 bis 1878 kam es in Cuba selbst zu einem Aufstand unter Carlos M. de Cèspedes, der von der spanischen Krone niedergeschlagen wurde. Cèspedes „Nachfolger" wurde José Marti. Das ist der Komponist von „Quanta la Mera", dem informellen cubanischen „Nationallied". Aber auch der scheiterte. Beide werden weiterhin auf Cuba verehrt.

1898 trat Spanien Cuba an die USA ab, und Cuba wurde zur Republik. Praktisch war die Insel ein amerikanischer Satellit. Nachdem er beim ersten Mal gescheitert war, landeten Fidel Castro 1956 und sein aus Argentinien stammender Freund „Che" Guevara mit der Yacht „Granma" im Osten Cubas. Sie eroberten in einem Guerillakrieg das Land. 1959 waren sie siegreich, und der Diktator Batista floh. Ein Versuch von Exilkubanern, mithilfe der CIA die Insel von der „Schweinebucht" aus zu erobern, scheiterte 1961. Damals wollte obendrein die UdSSR Raketenbasen auf Cuba stationieren, den USA direkt vor die Haustür. Die Amerikaner verhängten ein totales Wirtschaftsembargo, und die „Cuba-Krise" von 1962 beschwor die Gefahr eines Dritten Weltkrieges herauf.

Seit dem Sieg der „Revolution" war Cuba ein Einparteienstaat, und es hatte schwere Wirtschaftskrisen durchgemacht. „Che" Guevara wurde „Wirtschaftsminister", zog aber bald anderswo in Guerillakriege und wurde 1967 in Bolivien erschossen. 2008 wurde Raúl Castro, der jüngere Bruder von Fidel an dessen Stelle Staatspräsident und

Parteiführer. Mittlerweile hatte auch der einen designierten Nachfolger.

Seit dem Erscheinen des Romans von Graham Green, der kurz vor der Machtergreifung Fidel Castros spielte, schien Cuba seine Identität behalten zu haben. Rum, Cocktails, Bars und Shows mit leicht bekleideten Mädchen gab es noch immer. Die schlimme Diktatur von einst war zwar weg, aber eine Demokratie war Cuba auch nicht geworden. Es gab nur eine Zeitung und eine Partei; wirkliche Reisefreiheit existierte nicht, und über die ganze Insel schien ein dichtes Spitzelnetz gespannt zu sein.

Silke und Andor wollten das alles mit eigenen Augen sehen und flogen hin. Die dortige (zur Partei sicher nicht ablehnend eingestellte) cubanische Reiseleiterin betonte immer wieder, dass es auf Cuba zwei wirkliche Errungenschaften gäbe: das Gesundheits- und das Bildungssystem. Angeblich gab es auf Cuba keine Analphabeten, und ein Großteil der Bevölkerung habe „studiert". Dafür wollten nicht genügend Menschen in der Landwirtschaft arbeiten. Das Gesundheitssystem war für caribische Verhältnisse wirklich gut. Aber als Andor Magnesium brauchte, war dieses ohne ärztliches Rezept nicht zu bekommen.

Auf Cuba waren alle Straßen sauber. Ständig waren Straßenfegerinnen oder Straßenfeger dabei, mit Besen und Müllschippe alles sauber zu halten. Ruhig und inbrünstig verrichteten diese Menschen ihre Arbeit.

Der „Nationalbaum" Cubas ist die bis zu vierzig Meter hohe Königspalme. Sie hat einen glatten, betonfarbenen und sehr hohen Stamm mit einem grünen Puschel an der Spitze. Überall auf der Insel kann man sie sehen. Nach dem Hurrikan „Sandy" waren viele dieser Palmen allerdings „enthauptet".

Cuba war wie ein Gottesstaat. Fidel war der Gott, der über allem schwebt. Er verkörperte die Revolution, die natürlich segensreich war. Raúl (der Bruder) war der aktuelle Papst. „Che" Guevara war der Erlöser. Überall war sein Bild präsent: Baskenmütze, Roter Stern, schwarze Locken, eine dicke Zigarre im Mund. Angetan war der Argentinier mit einem schweren Gewehr oder zumindest mit einer Pistole und Kampfuniform. Dieser Mann hatte private Unternehmungen enteignet und ziemlich armselige „Fabriken" daraus gemacht. Dann gab er sein Amt in Cuba auf, um in der Welt als Revolutionär zu wirken. Dort wurde er (wie berichtet) erschossen. Auf Cuba kannte jedes Schulkind „Che", und jedes wollte so werden wie er.

Der Teufel hieß „Amerika" oder korrekt „USA". Die Exilkubaner waren Sünder, die diesen Teufel noch antrieben. Für Gott Fidel war es gut, dass es den Teufel gab. Denn er war schuld an allem Versagen des Systems und der Grund dafür, wenn den Gläubigen die eine oder andere Freiheit genommen werden musste.

Dass es auf Cuba in der Politik sehr pathetisch zugeht, zeigt die Landesflagge. Die Ecken des Dreiecks stehen für „Freiheit", „Gleichheit", „Brüderlichkeit". Der Stern symbolisierte die Einheit des Landes. Die Farbe Rot zeigt, dass für diese Einheit viel Blut geflossen sei. Die blauen Balken erinnern an eine frühere Dreiteilung Cubas, und die weißen Balken symbolisieren die Reinheit und Tugend des Volkes.

Cubas Wirtschaft hat viele Wurzeln: Die Indianer kannten schon den Tabak und den Kakao. Beides wird immer noch produziert. Indianer gibt es auf Cuba nicht mehr, aber ihre Gebräuche und einige Wörter bestehen noch. Die Spanier waren scharf auf Gold. Das kam hier nicht vor. Die Zuckerbarone machten „Kohle" mit Zucker und mit Hilfe der aus Afrika gestohlenen Menschen.

Natürlich hatte Cuba im Bürgerkrieg der USA die Südstaaten unterstützt. Das hatte nichts genützt. Solange der Ostblock existierte, war Cuba dann Mitglied im „Rat für gegenseitige Wirtschaftshilfe"(RGW). Daher kamen auch die „Weltklassemotorräder" aus Zwickau, die man hier sah. Aus der Batista-Zeit stammen die „Buicks" und „Chevis" mit den Heckflossen und den grellbunten Farben. Venezuela lieferte dazu lange Zeit Erdöl, dafür exportierte Cuba Ärzte.

Auf Cuba gab es zwei Währungen: den „Peso Convertible" (CUC) und den „Peso Cubano" (CUP). Letzterer war nicht viel Wert und wohl nur für die interne Staatswirtschaft da. Der CUC war das Hartgeld, das die Touristen bekamen und für die man sich manches kaufen konnte. Ein CUC war etwa so viel Wert wie achtzig Eurocents, und er sollte verhindern, dass in Cuba der böse Dollar in Umlauf war. Es gab auch keine „Coca-Cola" und keinen „Burger King", sondern Ersatzmarken. Die Menschen sollten keine amerikanischen Produkte kaufen müssen.

In „Havanna" wurde die Reisegruppe in einen „Laden" geführt, in dem es nicht nur dunkel und dreckig war, sondern auch Regale zu sehen waren, auf denen ein paar traurige Tüten und Flaschen standen. Diese Lokalität wählte die Reiseleiterin, um zu erklären, dass auf Cuba jeder genügend zu essen bekäme. Das bisschen Saft und Reis konnten sich die Bewohner auf Lebensmittelkarten holen – es schützte in der Tat vor dem Verhungern. *„Trotz Embargo muss keiner* *verhungern"*, sagte die Reiseleiterin stolz. Aber so ärmlich wie hier hatten die Lebensmittelläden in Deutschland nicht einmal 1945 ausgesehen: In solchen „Läden" bezahlte man mit Peso Cubano. Für CUC dagegen gab es gleich nebenan Fleisch, Gemüse und was das Herz noch begehrte.

Eines Tages setzte Cuba auf den Tourismus und kaufte eine Flotte chinesischer Busse, die man dann überall auf der Insel sah. Nach dem Vorbild des Touristenghettos „Varadero" wurden zudem andere Zentren geschaffen. Im cubanischen „Winter" war alles überfüllt: Was im „Sommer" geschah, wenn die Hitze und die Hurrikane kamen, wurde nicht berichtet. An den Hotels, ihrer Anzahl und Qualität, aber musste Cuba noch arbeiten. Undichte Fenster, fehlende Klobürsten oder nicht intakte Vorhänge kamen vor. Das galt aber noch als akzeptabel. Wenn aber Türen in Zimmern zerbrochen waren oder die Klospülung nicht ging, war es schon ärger. – Warum ein Hotel fünf Sterne hatte und ein anderes nur einen, war nicht zu ergründen.

Doch die Reisenden hatten schon geahnt, dass die Hotels auf Cuba ihre Probleme haben könnten. Also hatten sie „Superior-Hotels" gebucht. So kamen die meisten beispielsweise in „Havanna" im „Occidental" unter. Aber eine Dame, die ebenfalls so gebucht hatte, kam gar nicht erst rein. Andere Mitreisende entdeckten in dem „Luxushotel" dafür Kakerlaken. Einer Nürnbergerin waren die ihren zu groß, so dass sie diese nicht töten mochte. Ein mitreisender Österreicher wusste als Trost, dass diese Tierchen sich ganz schnell verkrümeln könnten: Seine Kakerlake sei unter die Zimmertür geflüchtet, wo er sie mit Hilfe von Toilettenpapier hervorgeholt und anschließend weggespült habe.

Wie die meisten Gäste schliefen die Stolps in übermäßig gegen Insekten vergifteten Räumen, die kalt und dunkel waren. Andernorts kamen sie in ein Zimmer ohne Fenster nach außen. Einmal glaubten andere, ein Zimmer direkt neben einem Knast ergattert zu haben. Das Hotelpersonal bedeutete, dass sie froh sein sollten, „ruhig" untergekommen zu sein, es sei schließlich Sonnabend. Das merkten sie dann bald, denn sie wohnten direkt über einer Disco, deren Besucher bis vier Uhr so laut brüllten, dass die Gäste glaubten, die Discofans ermordeten sich gegenseitig. Am nächsten Morgen jedoch wurde keine Leiche gefunden.

Einmal hatten Gäste ein Zimmer „mit Meeresblick", dessen Fenster direkt vor einer hässlichen Mauer war. Das „Melia" in „Santiago de Cuba" machte vieles wieder gut, aber beim dritten Besuch im „Occidental" in „Havanna" stand im Doppelzimmer nur ein Bett da. Das Strandhotel „Patriarca" auf „Varadero" dagegen war gut. Das Zimmer war spitze, wurde aber normalerweise erst gegen 16:30 Uhr gemacht. – Was wäre gewesen, wenn die Besucher nicht „Superior" gebucht hätten?

Eigentlich ist Cuba ein katholisches Land. Fünfunddreißig Prozent der Cubaner sind praktizierende Katholiken. Aber es gibt auch Konkurrenz und Gegnerschaft: Die afrikanischen Sklaven hatten ihren eigenen Glauben mitgebracht, so zum Beispiel mit der Voodoo-„Religion": Frauen in Weiß haben kleine Voodoo-Püppchen aus Stoff bei sich, die sie mit Nadeln pieken, wenn ihnen etwas schief geht. Die Katholische Kirche versuchte, solche Geister der einstigen Afrikaner zu integrieren, indem sie diese mit ihren Heiligen gleichsetzte. Andererseits stand das Regime Religion grundsätzlich nicht freundlich gegenüber: Einst war es beispielsweise verboten, Weihnachten zu feiern. Das war mittlerweile erlaubt. Dennoch ist es merkwürdig, dass die Reiseleiterin oft dem Wunsch von Teilnehmern der Reisegruppe nicht zu entsprechen vermochte, Kirchen zu besichtigen. Die standen in den vielen im spanischen Stil errichteten Städten und waren oft („leider") verschlossen. Ab und zu kam die Gruppe aber doch in eine Kirche und wurde einmal von einem mexikanischen Pfarrer begrüßt, der in T-Shirt, Shorts und Sandalen durch das Gotteshaus führte.- Welch ein Unterschied zu „Rom" war das!

Musik erklingt auf Cuba ständig. Auf den Straßen, in Restaurants, in Hallen und Bars war fast immer das zu hören, was Europäer „lateinamerikanische Rhythmen" nennen. Meistens spielten drei Musiker auf. Ein Streichinstrument, ein Schifferklavier und Ratschen, Rasseln oder Trommeln waren stets dabei. Dazu wurde gesungen – immer wieder „Quanta la Mera". Die Musik war eine Symbiose aus spanischen Weisen und afrikanischem Rhythmus. So kam ständig Neues zustande wie Rumba oder Cha-Cha-Cha. – Und zur Musik gehörte fröhlicher Tanz.

Auf Cuba war vieles bunt. Das gilt sogar für die Autoschilder. An deren Farben kann man den Halter des Fahrzeuges einordnen. Blau heißt „Staat", grün bedeutet „Militär", weiß ist die „Partei", schwarze Schilder haben „Diplomaten", gelb steht für „Private", rot ist die Farbe des „Tourismus", braun ist „Landwirtschaft", und orange bekommen „Ausländer". – Kann man sich vorstellen, dass die einstige SED-Führung je ein solches Farbenspiel entfaltet hätte?

Stolps hatten eine 14-tägige Rundreise „Cuba Intensiv" gebucht. Mit einem staatlichen Reisebus aus chinesischer Produktion legte die aus einundzwanzig Personen bestehende Reisegruppe (einschließlich der vielen Stadtrundfahrten) etwa 3.500 Kilometer zurück. Es kam zu keinem Unfall und keiner Panne.

Nach fast elf Stunden mit der „Condor" über Canada sowie den USA landeten sie von Florida aus einfliegend in „Varadero". Nach „Havanna" fuhren sie weitere zwei Stunden. Ihnen war kalt. Ein Wind wehte kräftig und peitschte hohe Wellen aus dem Meer auf die Straße.

Am ersten Tag besuchten sie den „Revolutionsplatz". Das war eine riesige Betonfläche mit einem Obelisken drauf. Am Rande waren an Wohnhäusern Riesenreliefs von „Fidel" und „Che" angebracht worden. Der Platz war ungemütlich. Hier soll Papst Benedikt bei seinem Besuch eine Messe gehalten haben.

Anschließend kamen sie in eine Rumfabrik. Diese war altmodisch. Die Gäste aber hatten schon zwei Säulen des aktuellen Cubas kennen gelernt: die kommunistische Partei und den Rum.

Danach besichtigten sie die üblichen Sehenswürdigkeiten „Havannas": das von den ungeliebten Amerikanern gebaute Capitol, die Hemingway-Bar, die Kathedrale (von außen!) und die Burg. Die Innenstadt „Havannas" war prächtig und morbid zugleich, wie man es von Bildern her kannte. Die Straßen waren voll Menschen, und die bunten „Amischlitten" belebten das Stadtbild. Abends besuchten sie eine caribische „Tropicana Show". Es gab viel nackte Haut zu sehen. – Alles war laut und bunt.

Am nächsten Tag war in „Havanna" ein „Rum-Museum" zu sehen. Es wurde verraten: Rum war eigentlich ein Abfallprodukt bei der Zuckerherstellung. Die Zuckerrohrstangen wurden ausgepresst, und dabei kam der Zuckerrohrsaft heraus. Übrig blieb ausgepresstes Zuckerrohr, und das wurde gehäckselt sowie mit Zuckerrohrsaft und Wasser versehen. Das war die Maische. Diese wurde fermentiert und zur Gärung gebracht. So entstand Zuckerwein mit vier bis fünf Prozent Alkohol. Dieser wurde destilliert. Den gewünschten Alkoholgehalt erreichte man durch Zugabe von Wasser. In alten Whisky-Fässern wurde der Rum anschließend gelagert und schließlich ausgeliefert. Verkauft wurde fünf- und siebenjähriger Rum.

Der Fünfzehnjährige war für Staatsgäste und den Export reserviert. Da jeder Arbeiter der Rumfabrik eine Flasche im Monat erhielt und diese gerne verkaufte, konnte die Reiseleiterin für zwanzig Euro je Flasche dieses kostbare Getränk „organisieren". Einige aus der Reisegruppe mochten nicht widerstehen.

Passend dazu fuhren sie danach zum „Museo Casa Ernest Hemingway" in „San Francisco de Paula". Der Dichter war nämlich ein Säufer. Hemingway hatte hier ein schönes Anwesen auf einem Hügel. Nahe diesem Ort soll sich das Geschehen von „Der alte Mann und das Meer" zugetragen haben. Für diesen Roman hatte Hemingway den Nobelpreis bekommen. Mittags gingen alle in ein Fischrestaurant, das der Dichter angeblich auch besucht hatte.

Anschließend fuhren sie sehr lange und kamen zu einer üppigen Orchideenfarm. In der Abendsonne war es sehr angenehm. Wunderschönen Blumen, Büsche und Bäume erfreuten die Gäste.

Über das Hotel in dieser Nacht sollte des Sängers Höflichkeit eigentlich schweigen. Allerdings: Die Nacht in der „Rancho de San Vicente" war kalt und muffig. Der Tag begann aber schön. Es wurde heiß. Sie besuchten zuerst per Boot eine Tropfsteinhöhle.

Höhepunkt jedoch war der Besuch auf einer Tabakfarm. Hier arbeiteten Menschen vom Tabakanbau bis hin zu fertigen Zigarren. Das war schwer. Die rote Erde wurde von einem Ochsengespann gepflügt. Ein Landarbeiter schnitt Tabakblätter zu großen Büscheln. In riesigen aus Palmenwedeln gebauten Scheunen wurde der Tabak an Gestängen in drei Durchgängen getrocknet, und am Ende drehte einer richtige Zigarren. Das war dann eine echte „Havanna".

Das alles konnten sie im herrlichen „Vinales-Tal" sehen. Es war eine bezaubernde Landschaft: rote Erde, grüne Pflanzen, abgerundet durch blaue Hügel.

Mittags aßen sie in einem Touristenrestaurant vor einer bunt bemalten Felswand. Danach gingen sie zu einer Tabak-„fabrik" in „San Christobal". Angeblich hatte „Che" Guevara sie gegründet. Früher soll hier ein Gefängnis gewesen sein. Nun saßen Arbeiterinnen in einem rechteckigen Saal und drehten Zigarren. Vor ihnen saß eine Funktionärin, die mit einem Mikrofon ausgestattet war und mit Männerstimme die Arbeiterinnen permanent zubrüllte. Was der Inhalt ihrer Tiraden war, wusste man nicht; die Besucher wussten auch nicht, ob die Arbeiterinnen überhaupt hinhörten oder das Ganze als Klangteppich über sich ergehen ließen. Reden konnten sie mit den Frauen nicht. – Die Szene wirkte deprimierend.

Abends fuhren alle zurück nach „Havanna". Um 21 h fand das tägliche Kanonenschießen statt. Auf und in den Straßen der Burg sammelten sich zahlreiche Menschen. Soldaten in historischen Uniformen marschierten auf. Man hörte Militärkommandos, dann machte es „Bumm", und ... das war's! Alle gingen nach Hause. – Irgendwie sollte diese Zeremonie an eine Auseinandersetzung mit den Engländern erinnern.

Tags darauf ging es nach „Santa Clara". Zuerst aber fuhren sie mit Motorbooten über einen Lagunensee zu einem nachgestellten „Indianerdorf". Ab 4.000 v. Chr. hatten auf Cuba die später ausgerotteten Indianerstämme der „Siboneyes" und ab dem 3. Jahrhundert n. Chr. die der „Tainos" gelebt. Sie ernährten sich vom Fischfang und der Landwirtschaft, waren kulturell nicht so hochstehend wie etwa die Inkas. – Nach dem Indianerdorf sahen sie noch eine Krokodilfarm. Die Echsen wurden vor Ort gezüchtet.

Für fünf CUC zusätzlich machten die Stolps einen Abstecher zur „Schweinebucht", wo die gescheiterte Invasion der Exilkubaner stattgefunden hatte. Sie sahen das türkisfarbene karibische Meer und erfuhren, dass es hier bei Regen widerliche Krabbeninvasionen geben soll. – Zu sehen war nichts davon.

Auf einer Straße hierher beobachteten sie, wie Cubaner ihren Reis trockneten, indem sie ihn auf einer langen Bahn ausstreuen und am Ende wieder in Säcke schippten. Derweil fraß eine Kuh vom ausgestreuten Reis, und keiner hinderte sie. Es war offensichtlich genug da für Mensch und Tier.

Schließlich trafen sie in „Santa Clara" ein. Sie übernachteten im Hotel „America", wo Silke und Andor ein winziges aber sauberes Zimmer bekamen, das allerdings kein richtiges Fenster hatte. – Das Hotel hatte ein kleines Restaurant, wo es Fisch oder Hühnchen zur Auswahl gab.

„Santa Clara" war ein Provinzort. Ganz im spanischen Stil befand sich in der Mitte ein schöner Platz, auf dem Bänke und Bäume in voller Blüte standen, um den herum Paläste gebaut waren: Ein Theater, ein Hotel, ein Rathaus, ein Palais usw. Deren prachtvolle Fassaden waren meistens restauriert; man sah viel Marmor. In den Gebäuden befanden sich Einrichtungen für das Volk: Irgendein Amt, eine Disco, ein heruntergekommenes Hotel, armselige Geschäfte.

Am Abend kam ein Polizeiauto zu unserem Hotel gefahren. Zwei Polizisten (eine Frau und ein Mann) ließen sich an der Rezeption die Gästelisten geben, die ein Angestellter gelangweilt aushändigte.

Am folgenden Tag war „Cienfuegos" das Ziel. Vorher kamen sie zu einem Mausoleum für den geliebten „Che" Guevara. Die Anlage war gewaltig. Sie bestand aus Stein. Man sah eine riesige Statue „Che"s und eine Wand mit Reliefs von Figuren aus dem revolutionären Volke. Gewaltig prangte das „Danke Ché" von Fidel Castro. Das dazugehörige Museum war etwas primitiv. Zu sehen waren Fotos aus „Che"s Leben, ein paar Handschriften und seine Sachen. Ein guter Museumsshop fehlte. In anderer als spanischer Sprache gab es keine Bücher, auch Fotos oder irgendwelche Devotionalien gab es nicht. So kaufte kein Tourist irgendetwas.

Munter ging es weiter zu einer stillgelegten Zuckerrohrfabrik, die jetzt als „Museum" dastand. Archaische Maschinen aus den USA waren zu sehen.

Dann besichtigten sie die Kirche mit dem mexikanischen Priester. Diese Kirche hatte einen goldverzierten Edelholzaltar, und das vor der Kirchentüre stehende Auto des Priesters war (wie es sich gehörte) mit einem orangefarbenen Nummernschild versehen.

Abends gab es wieder das übliche Hotelchaos. Nicht alle Mitglieder der Gruppe kamen im vorgesehenen Hotel unter.

Von „Cienfuegos" ging es nach „Trinidad". Die Reiseleiterin zickte etwas herum, obwohl die Reisegruppe diszipliniert war. Sie ärgerte sich wohl darüber, dass sie abends immer zwei Hotels anfahren musste. Aber das ging zu Lasten des Reiseveranstalters.

In „Trinidad" war es sehr heiß. Es war eine alte Sklaven- und Zuckerrohrstadt. Das Zentrum war Weltkulturerbe. Sie besichtigen das Haus eines früheren Zuckerbarons und gässelten durch die Innenstadt.

Nach dem Essen fuhren sie zum Hotel „Brisas Trinidad des Mar". Nachdem das Zimmer fertig war, konnten Silke und Andor im Meer (Karibik) schwimmen gehen. Das Hotel war „all inclusive". Dafür gab es gelbe Armbändchen. Hier sahen sie eine „Tropicana-Show" (grell, bunt, laut) wieder mit halbnackten Mädchen und schlanken jungen Männern aller Hautfarben, die sangen und tanzten.

Dann stand „Camagüey" auf dem Programm. Das war das Tor zum Osten Cubas („Oriente"). Unterwegs sah man ehemalige Herrenhäuser ziemlich einsam in der Landschaft. Silke fiel auf, dass die Wohnhäuser auf dem Land und in den kleinen Städten nur ein Stockwerk und keine Glasscheiben hatten. Die Fenster waren vergittert und mit Holzlamellen versehen. In „Sancti Spiritus" existierte ein offenbar freier Bauernmarkt, auf dem es Obst, Gemüse und Fleisch gab. Für CUC's gab es so manches. Die Innenstadt insgesamt schien passabel zu sein.

Es ging weiter durch eine nun ziemlich öde Landschaft zum Zielort. Mit Fahrradrikschas (extra „CUC"'s) fuhren sie durch die Stadt und hielten an vielen Plätzen. Der Fahrer sagte dann immer: „Fotopause." Das Hotelzimmer der Stolps war diesmal ein düsterer Raum ohne Aussicht. Sie trösteten sich mit zwei Gläsern Rum: *„Havanna Club, sieben Jahre alt".*

Weiter ging es nach „Bayamo". Das war die Musiker- und Revolutionsstadt Cubas. Mittags aßen die Reisenden in einem ganz schönen Hotel, in dem es sogar einen Swimming-Pool gab. Einige Gäste frohlocken schon, doch dort übernachteten sie nicht. Stattdessen kamen sie erst einmal in ein Etablissement, wo drei ältere schwarze Herren mit Strohhüten Samba, Rumba usw. spielten. Dazu wurden die Tanzbeine geschwungen und Cocktails getrunken. Die Reiseleiterin war Feuer und Flamme. „Bayamo" selber (jedenfalls das Zentrum) war sauber und schön. Diesmal übernachteten alle im gleichen Hotel: „Royalton".

Es ging nach „Santiago de Cuba". Das war einst die zweite Hauptstadt Cubas; „Havanna" ist die dritte. – Aber zuerst fuhren alle zur „Basilica de Nuestro Senora del Cobre". Das ist das National-Heiligtum der Cubaner und eine Wallfahrtsbasilika, die in den Bergen liegt. Vor 300 Jahren hätten drei Jungen hier an der Küste die hölzerne Statue einer schwarzen Madonna gefunden und sie nach „Cobre" gebracht. Dort soll damals eines der größten Kupferbergwerke der Welt gewesen sein. Die Sklaven und ihre Nachfahren verehrten die Figur als „Virgen del Cobre" und sahen in ihr „Ochún", die Aphrodite der afrocubanischen Götterwelt. In der hier errichteten Kathedrale hatte Hemingway seine Nobelpreismedaille abgegeben, und die Mutter Fidel Castros hätte die Jungfrau auf einem Zettel um Schutz für ihren Sohn im Guerilakrieg gebeten.

In „Santiago" war es schwül, heiß und hell. Die Außenbezirke waren abstoßend. Aber sie sahen auch die „Bacardi-Villa". Der Markenname wurde nach der Revolution ins Ausland verkauft. Emilio Bacardi stammte ursprünglich aus „Santiago de Cuba". Die cubanische Rum-Marke Nummer eins war nunmehr „Havanna Club".

Sie wohnten in einem „Melia"-Hotel, wo sie zwei Mal übernachten. Das Hotel war wunderbar. Hier konnte man sogar (auf „Kanal 12") die „Deutsche Welle" sehen! Das Hotel war ein Hochhaus mitten in der Stadt. Die Stadt selber (mit Ausnahme des Zentrums) war mit ihren zerfallenen Häusern und Wellblechhütten eigentlich hässlich, aber mittendrin thronte eben das Hotel.

Das Abendessen im Hotel war spitze. Andor kaufte sich hinterher eine Flasche kubanischen Rotweins; der war allerdings nicht spitze...

Sie blieben in „Santiago de Cuba". In dieser Stadt sah man mehr Schwarze als in „Havanna". In der Innenstadt gab es wieder imposante Paläste mit herausgeputzten Fassaden, aber dahinter verbarg sich meistens nichts. Die Straßen waren voll fröhlicher Menschen. Das hier könnte wohl auch Afrika sein.

Es war sehr heiß. In einem kleinen „Botanischen Garten" sahen sie Orchideen und andere schöne Blumen. Zu Mittag aßen sie in einer luftigen Villa und wurden dabei mit der Musik und dem Gesang zweier Schwestern unterhalten, die angenehm dezent vortrugen.

Es ging anderntags über die Berge nach „Baracoa". Unterwegs kamen sie in die Stadt „Guantanamo". Im „Hotel Guantanamo" machten sie eine Pause. In dieser Gegend gab es militärische Kontrollstellen, an denen die Touristen mit dem Bus ungehindert passieren durften. Die Abzweigung nach „Guantanamo-Bay" wurde noch einmal gesondert bewacht. Die USA unterhielten dort ihr berüchtigtes Gefangenenlager. Das Recht auf den Marinestützpunkt leiteten sie aus dem „Platt Amendment" ab, einem Zusatzartikel der ersten „freien" Verfassung Cubas. Die Pacht für die Bucht konnte nur einvernehmlich gekündigt werden. Der Stützpunkt war eingezäunt und vermint. Von Cuba kam kein Wasser, kein Strom: Nichts herein. Alles wurde aus den USA herbeigeschafft. Medizinische Versorgung durch Cubaner dagegen soll es gegeben haben – gegen Bezahlung.

Sie fuhren weiter und passierten die „Alturas de Baracoa". Es gibt hier einen Berg, der heißt „Pico del Toldo" (1175 Meter hoch). Nach dem Pass kamen sie allmählich in eine Tropenlandschaft, in der

Bananen, Kakao, Kaffee und Kokospalmen wuchsen. In einem Urwald-restaurant aßen sie (mit der Machete zerhacktes) Spanferkel. Dazu gab es die üblichen Reis- und Maniok-Beilagen.

Direkt am Meer in der Stadt „Baracoa" besichtigten sie ein klei-nes Castillo mit einem merkwürdigen Museum. Da wurden z.b. Schmetterlinge gezeigt. Davor stand eine Columbus-Statue. Columbus soll an dieser Stelle am 28. Oktober 1492 an Land gegangen sein.

Es war der zweite Tag in „Baracoa", das übrigens die erste Haupt-stadt Cubas war. Nun ging es hinein in den Urwald, in den „Alexander-von-Humboldt-Nationalpark". Die Farmer durften hier nicht allzu viel tun; alles wuchs durcheinander. Zwei Männer begleiteten die Besu-cher; einer mit einer Machete. Diese sahen tropische Früchte wie Ko-kusnüsse, Kakaoschoten und Pampelmusen. Danach fuhr der Bus über eine Rumpelstraße zu einem Strand am Atlantik. Dort liefen Zie-gen, Hühner und Schweine umher. Ein Cubaner kam und sagte, er hätte eine Zeitlang in „Karl-Marx-Stadt" gelebt... Diesmal wohnte die ganze Gruppe wieder im selben Hotel, und nachts merkte Andor, dass es sich mit zu viel Rum im Bauch nicht gut schläft.

Die Rundreise näherte sich dem Ende. Sie machten noch einen Bootsausflug in „Baracoa" auf einem Fluss durch den Urwald. Das Wasser war klar, und am Ufer wusch eine Frau ihre Wäsche. Hier be-gegneten sie einem Mann, der je sechs Finger und sechs Zehen hatte. Das sah ganz normal aus und soll hier öfter vorkommen. Warum, weiß keiner.

Über das Gebirge ging es wieder zurück nach „Guantanamo" und weiter nach „Santiago de Cuba". Hier bekamen sie jeder" ein Picknick-Paket, und dann ging es zum Flughafen.

Sie wollten zurück nach „Havanna" fliegen. Der Flieger dahin flog zu spät ab. Es war eine Propeller-Maschine der „Aero Caribbean". Diese landete nach zwei Stunden in „Havanna", wo es dunkel war und regnete. Das Förderband für das Gepäck knallte permanent, als wür-den regelmäßig Menschen erschossen. Dann blieb es stehen, und es herrschte Ruhe im Terminal. Als die Knallerei wieder losging, kamen irgendwann die Koffer, und bei Dunkelheit und Regen ging es im Bus zum Hotel in „Havanna". Um 1 Uhr nachts konnten die Gäste einschla-fen.

Um 9 Uhr brachen Silke und Andor auf in Richtung „Varadero". Das Wetter war schlecht. Die beiden wurden im Hotel „Patriarca" ab-geliefert. Sie erhielten jeder ein blaues Armbändchen. Ihnen kam alles sehr laut und kalt vor. Um 16 Uhr war das Zimmer fertig. Es war sehr luxuriös. Mit Inbrunst machten sich die Stolps daran, die Koffer zum ersten Mal auf dieser Reise auszupacken. -Die Rundreise war ja zu Ende.

Am nächsten Morgen regnete es in Strömen. Frühstück gab es in einer Riesenhalle – alles inklusive. Man musste sich die vielseitigen Speisen und Säfte vom Büfett holen. Aber erst einmal musste ein Mechaniker ins Hotelzimmer kommen, damit der elektrische Rasierer angeschlossen werden konnte. Auch eine Tüte für Wäsche war in diesem Fünfsternehotel nicht da. Mit etwas Geschick schaffte es Silke, dass acht Wäschestücke zu je drei „CUC" abgeholt und am selben Tag sauber und gebügelt ins Zimmer zurückgebracht wurden.

Dann ließ sich die Sonne langsam blicken. Sie wanderten eine Stunde am Strand entlang. Es war stürmisch und kalt. An Baden war nicht zu denken; die Wellen waren viel zu hoch. Eine „rote Fahne" flatterte.

Fürs Mittagessen entdeckten sie ein ruhiges Strandlokal. Um 16:15 Uhr war das Zimmer fertig, und sie konnten sich ausruhen. Abends aßen sie in einem „italienischen" Restaurant, wo man sich vorher anmelden musste. Hier konnte man gemütlich sitzen, à la carte essen und wurde freundlich bedient.

Sie stellten fest, dass „Varadero" ein Touristenghetto war. Die in den Atlantik ragende Halbinsel bot einen „Endlosstrand". Diese Landzunge war zwanzig Kilometer lang und einen Kilometer breit. Hier gab es über vierzig Strandhotels! Das der Stolps war neu und geschmackvoll gebaut. Es wurde überwiegend von Canadiern bevölkert. Viele von denen waren öfter hier, kannten aber Cuba gar nicht. Höchstens hatten sie 'mal einen Ausflug nach „Havanna" gemacht. Man konnte diese Canadier daran erkennen, dass sie mitgebrachte Thermoskannen bei sich trugen, in denen sie irgendetwas Flüssiges aus dem Hotel gebunkert hatten.

Frühstück gab es tags darauf wieder in der Halle – alles inklusive. Es geschah auch Gutes: Nach einer Intervention durch Silke wurde das Zimmer früh gemacht, und eine Flasche (spanischen) Rotweins wurde vom Hotel spendiert.

Sie gingen am Strand in die andere Richtung als am Tage vorher und sammelten Muscheln.

Abends besuchten sie das „asiatische" Restaurant des Hotels. Es war nicht besonders. Das Essen ging schnell, und bald mussten sie wieder gehen.

Mit einem Doppeldeckerbus fuhren sie in den Ort „Varadero". Das kostete fünf „CUC" für den ganzen Tag. Das Wetter war jetzt schön und gleich auch schön heiß. Sie stiegen bei einem Kunstmarkt aus und kauften Mitbringsel. In „Varadero" gab es einen gepflegten Park mit einem See und einer palmenbewachsenen Insel.

Mittags gingen sie wieder ins Strandrestaurant, und nachmittags fuhren sie noch einmal los, diesmal an die Nordspitze der Halbinsel, wo kräftig neue Hotels gebaut wurden.

Abends besuchten sie (nach vorheriger Anmeldung natürlich) ein „Gourmet"-Restaurant. Da es hier gepolsterte Sessel und Stoffvorhänge gab, war es nicht so laut wie in den anderen Lokalen. Im Fernsehen meldeten sie, dass Hugo Chaves gestorben sei. Für Cuba konnte das Konsequenzen haben. Venezuela hatte den Inselstaat bisher unterstützt. – Die cubanische Flagge wurde auf Halbmast gesetzt.

Es war warm und windstill geworden. Also gingen sie an den Strand zum Schwimmen. Aber als sie dort um 11 Uhr ankamen, gab es kaum noch Liegen. Das Hotel war ausgebucht, und Canada schien es in Besitz genommen zu haben. So liefen sie zum Nachbarhotel „Paradisus".

„Varadero" war nicht Cuba, und das Strandleben wurde langweilig.

Das Wetter wurde wieder kühler, aber die Sonne schien. Sie „wanderten" eine Straße entlang zu einer Höhle, die man besichtigen konnte, was Silke dann auch tat. An den Wänden waren alte Malereien zu sehen.

Nachmittags gingen sie noch einmal zum Hotel „Paradisus", das ihnen gefiel.

Abends kehrten sie wieder im „Gourmet"-Restaurant ein. Sie bestellten ein Gericht, das aus Lachs und großen Krabben mit Reis bestand. Dazu gab es mäßigen weißen (natürlich auch roten) Wein – so viel sie wollten.

Dann war Abflugtag. Noch einmal gingen sie an den Strand, zogen sie sich „mitteleuropäisch" an, denn um 12 Uhr mussten sie das Zimmer verlassen. Sie spielten Karten, aßen noch einmal am Strandrestaurant, lasen und warteten auf den Bus, der um 17:30 Uhr eintraf.

Auf dem Flughafen checkten sie sich ein, zahlten je 25 CUC Ausreisegebühr, wurden kontrolliert und warteten wieder. Schließlich ging der Flug ab. Eine „Condor"-Maschine aus England („Thomas Cook" stand drauf) brachte sie nach Europa. Sie flog neuneinhalb Stunden über den Atlantik.

Was bleibt von Cuba?

„Ein ausführlicher Reisebericht liegt vor, und über 600 Bilder sind auf der Speicherkarte. Im Kopf haben wir die Erinnerung an arme, fröhliche Menschen, an wunderschön blühende Pflanzen und exotische Früchte. Mitgebracht haben wir zwei kleine Flaschen „Havanna Club", eine Zigarre, zwei geschnitzte cubanische Figuren, eine Maske, ein Zauberkästchen, drei Untersetzer aus verschiedenen Holzarten, zwei Ölbilder mit Katzen, Ketten aus Kernen und vom Strand Gehäuse von Schnecken sowie Muschelschalen. Natürlich hat uns die Sonne auch etwas gebräunt.

Silke Stolp"
(2013)

4. Indien

Am Taj Mahal

Silke und Andor Stolp machten sich zusammen mit Kathrin und Paul Bootweg auf in den Norden Indiens.

Indien war ein erwachender Riese. Dieses Land war mit 1,3 Milliarden Bewohnern die „größte Demokratie der Welt" mit einer westlich-parlamentarischen Fassade. Hinter dieser Fassade wirkten religiöse, ethnische, soziale und Kastenkonflikte, wurden teilweise mit brutaler Gewalt ausgetragen – und das im Lande Mahatma Ghandis (1869 – 1948)!

Nicht die Lehren der endemischen vielfältigen Kultur streben in die Globalisierung (sie wirken eher konservierend), sondern die Armut der vom westlichen Wohlstand faszinierten Massen lockte Investoren an und löste einen Prozess aus, von dem niemand weiß, wohin der den Subkontinent (der bevölkerungsreicher als Afrika war!) führen wird. Rechtsstaatlichkeit und soziale Gerechtigkeit werden wohl auf absehbare Zeit relevante Kriterien nur für eine Schicht von „Westlern" sein, die an der Spitze einer Pyramide leben. Die Kasten, der Hinduismus mit seinen extremen Varianten und der Islam werden bleiben.

Einst hatten Engländer mit Hilfe der Maharajas (einschließlich moslemischer Moguln) geherrscht. Die Statthalter von einst durften nach der Unabhängigkeit ihre Besitztümer einschließlich der Paläste behalten, und heute agieren sie als Fürsten und Hoteliers.

Über „Wien" flogen sie in den Subkontinent. Noch labten sie sich am Grünen Veltliner, aber der Mythos Indien kam näher. Es war Nacht, und es wartete ein Riesenland mit einer Vielfalt von Völkern, Religionen, Lebensstilen und Sitten. Die Geschichte Indiens ist tief; sie geht bis ins Jahr 2.500 v. Chr. zurück. Diese Kultur hat auch Europa geprägt.

Indien kennt mittlerweile Wahlen, ein Parlament und eine gewählte Regierung. Wie das dort funktioniert, weiß keiner so richtig, und hinter der republikanischen Fassade leben die Wucht und Vielfalt von Traditionen, Völkern, Religionen, Wohlstand, Armut sowie Regionen. Nur ein kleiner Teil der Inder (vielleicht fünf Prozent) ist westlich orientiert und vermögend, darf reisen. Aber das sind schon sehr viele; und was würde sein, wenn alle Inder sich aufmachen dürften und könnten in die Welt?

Das Flugzeug brummte. Auf Anweisung der indischen Regierung wurden alle Passagiere desinfiziert: Eine neblige Substanz wurde in den Flieger geblasen. Alle überstanden das. Der Reiseleiter warnte: *„Wenn wir in ‚Neu-Delhi' gelandet sind, werden sich uns aus dem Dunklen 1.000 Hände entgegenstrecken."*

So war es. Sie landeten nachts um 2 Uhr und beeilten sich, zu den Bussen zu kommen. Dabei passierten sie eine Absperrung, hinter der im Dunklen Gestalten standen, ihnen die Hände entgegenstreckten und bettelten. – Bettler haben sie in Indien dann auf Schritt und Tritt verfolgt.

Vor den Bussen hier standen junge Frauen, die sie in fremder Sprache willkommen hießen und lächelnd jedem Touristen einen Blumenkranz umhängten. So angetan saßen alle im übertrieben gekühlten Bus. Sie fuhren durch die Nacht. Die war trübe: Smog und heftiger Straßenverkehr überall. Abenteuerliche Baustellen huschten vorbei, ungelenke LKWs und immer wieder Düsternis. Dann drehte der Bus, und sie kamen im „Hyatt Regency"-Hotel an. Es war eine Welt, die mit der da draußen nichts gemein zu haben schien. Zimmer und Betten hatten amerikanische Ausmaße, und alle schliefen tief und fest. – Es sollte das beste Hotel auf dieser Reise bleiben.

Eigentlich besuchten sie gar nicht Indien, sondern „nur" „Delhi" und Rajasthan. Rajasthan ist ein Bundesstaat Indiens und hat 65 Millionen Einwohner. Die Hauptstadt ist „Jaipur". Die Amtssprache ist

Hindi, neunundachtzig Prozent der Bevölkerung hängen dem Hinduismus an, aber es gibt auch achteinhalb Prozent Moslems und andere Religionen.

Zuerst war „Delhi" angesagt. Nach ein paar Stunden Schlaf mussten sie aus den Federn. Nur für kurze Zeit saßen sie in einem großen Frühstücksrestaurant, wo es die üblichen Sachen vom Rührei bis zu zahlreichen Säften gab. Es war sonnenhell: *„Guten Tag, Indien!"* – Bald ging es los.

„Delhi": Es ist seit 1931 die Hauptstadt Indiens. Die Stadt hat über zehn Millionen Einwohner und unterscheidet sich in „Old Delhi", früher „Shahjahanabad", und „New Delhi", der einstigen britischen Hauptstadt. „Delhi" hat eine lange Geschichte; es steht auf dem Boden von zwölf alten Städten. Bis ins 19. Jahrhundert hinein haben aus dem Norden stammende Großmoguln geherrscht wie allenthalben in dieser Gegend. Es war eine hierarchische Feudalgesellschaft, und Engländer setzten sich zu ihrer Zeit an die Spitze der Spitze. König George V. bereiste „Delhi" 1911 und ernannte es zur Hauptstadt des Britischen Weltreiches in Indien. Nach den Plänen eines britischen Architekten wurde ab 1931 „Neu Delhi" angelegt. „Delhi" hat einen eigenen politischen Status, gehört also nicht zu Rajasthan oder einem anderen Bundesstaat.

Zuerst besuchten sie „Old Delhi". Sie fuhren durch verfallene Stadtviertel und sahen viele Menschen: In Indien ist man nie einsam. Einige Leute wohnten (oder müsste man sagen: „vegetierten"?) unter schwarzen Plastikplanen. Dann wieder sahen sie Ruinenhäuser, die menschenverlassen waren. An ihrer Stelle waren Affenhorden eingezogen. Auf der Straße standen Kühe, Autos und Mopeds qualmten, merkwürdige Fuhrwerke und Rikschas zogen vorüber. Auf Ruinengrundstücken „weideten" Wasserbüffel ohne Wasser, auf den Gehwegen verrichteten Menschen hockend unter ihren weiten und bunten Gewändern ihre Notdurft. Hellgrüne Vögel flogen durch die Gegend.: „Turbulentes Treiben" könnte man das nennen, aber auch „Szenen des Elends". Die Bettler in Brechts „Drei-Groschen-Oper" sind gar nichts gegenüber dem, was man hier sah.

In „Alt-Delhi" besuchten die Vier auch den ersten Tempel. Dazu gingen sie eine große Treppe hinauf, auf der Bettler ihnen entgegen stürmten. Teilweise waren sie Invaliden. Diese hätten sich, sagt man, selber verstümmelt, um Mitleid zu erregen. Einer dieser Bettler stürmte auf die kleine Touristengruppe zu, so dass er einen zu Boden riss. Er hob ihn auf, entschuldigte sich vielmals und bettelte weiter.

Oben war ein großer Platz, rundherum Laubengänge. Hier herrschte Ruhe. Offenbar durften Bettler hier nicht her. Mitten auf dem Platz sahen sie einen älteren Mann, grau gekleidet. Der fegte mit einem primitiven Reisigbesen. Doch den Staub, den er vorne zusammenkehrte, verwirbelte hinter ihm der Wind. Von der Reisegruppe nahm er keine Notiz.

Dann fuhren sie ins Regierungsviertel. Breite Straßen sah man hier, Parks und Grün: Englisch eben und ein wenig imperial. Eine Autokolonne fuhr in einem Kreisverkehr: „Staatsbesuch" hieß es. Doch die Autos waren alle „Fiat-500"-mäßig und uniform weiß. Sie waren in Indien hergestellt und über das ganze Land verbreitet. Ob Helmut Kohl auch in einer solchen Kiste gesessen hatte, als er einst dieses Land besuchte? Die Vorstellung ist lustig...

Schon schloss sich die Fahrt nach „Agra" an. Alles war überfüllt von Menschen – Stadt und Land. Wenn man auf freiem Feld eine „technische Pause" machte, tauchten von überall her Menschen wie aus dem Nichts auf.- Die Vier übernachteten im „The Trident Hotel". Dort gab es ein currygeschwängertes Buffet, dazu „Kingfisher"-Bier. Das würde die ganze Reise über so gehen.

Dann war „Fatehpur Sikri" an der Reihe. Hierüber weiß „Wikipedia" u.a. zu berichten: Es ist „ist eine Stadt im Bundesstaat Uttar Pradesh in Indien mit 30.500 Einwohnern. Die Baudenkmäler der Stadt stehen unter Schutz der UNESCO und gehören zum Weltkulturerbe der Menschheit."

So eingestimmt besuchten sie das „Taj Mahal" und das „Rote Fort". Das „Taj Mahal" ist weltbekannt. Hoch ragt es heraus aus einer dürren Flusslandschaft. Hier ist alles Kunst: der Garten, die Anlage und die zierlichen Einlegearbeiten aus Lapislazuli, Yade und anderem wertvollen Gestein. Die Anlage ist eine Grabmoschee, und daher gab es Minarette. Der Großmogul Shah Jahan ließ es zum Gedenken an seine im Jahre 1631 verstorbene Hauptfrau Mumtaz Mahal erbauen.

Vom Bus dorthin war es ein weiter Weg, vorbei an Händlern, die aufdringlich waren wie überall in Indien. Und dann konnten sie die Anlage betreten. Die Vier ließen sich auf einer Bank nieder, und ein Fotograf lichtete sie ab. Das wurde das Erinnerungsfoto aus Indien.

Als Souvenir nahmen die Stolps später eine „Garnitur" von Untersetzern für Gläser aus Marmor mit eingelegten Elefanten in einem passenden Behälter (natürlich auch aus Marmor und mit Einlegearbeiten) mit. So haben sie ihr kleines „Taj Mahal" zu Hause.

Weiter ging es zum „Roten Fort". Hierüber berichtet der „Südwestfunk":

„Weil sich der Mogul-Herrscher Akbar in Delhi nicht mehr sicher fühlte, ließ er sich im 16. Jahrhundert in Agra eine neue Festung bauen. Hier trafen sich Philosophen, es wurde Gericht gehalten, und man feierte Feste. Die Nachfolger Akbars bauten weiter. Akbars Enkel Sha Jahan, der bauwütigste aller Moguln, ist weitgehend für die äußere Erscheinung des Forts verantwortlich. Er verwandelte es in einen prächtigen Palast mit der Marmormoschee Jahans Moti Masjid. Als Sha Jahan Jahre später von seinem Sohn Aurangzeb gestürzt worden war, kehrte er endgültig nach Agra zurück. Hier verbrachte er unter Hausarrest seine letzten Lebensjahre. Vom Jasminturm aus konnte er auf das Grabmal seiner Lieblingsfrau blicken, den Taj Mahal. Den Thronsaal mit seinen Intarsienarbeiten in der Halle der öffentlichen Audienzen durfte er nicht mehr betreten."

Danach ging die Fahrt zum „Keoladeo-Ghana-Nationalpark von Bharatpur". Der Park, der sich fünfundfünfzig Kilometer östlich von „Agra" im Bundesstaat Rajasthan befindet, ist auch unter dem Namen „Keoladeo Gahna Bird Sanctuary" bekannt. In dem nunmehrigen Nationalpark gingen früher die Maharadschas von Bharatpur der Entenjagd nach. In dem neunundzwanzig Quadratkilometer großen Gebiet wurden insgesamt über 364 Vogelarten beobachtet. So überwintern im Park unter anderem Kraniche, Pelikane, Gänse, Enten und Adler. Im Sommer sind Rebhühner, Pfauen, Störche, Kormorane und unzählige andere Vogelarten zu sehen. Ein ganz besonderer Besucher des Nationalparks war der Sibirische Kranich. Diese Vogelart war akut vom Aussterben bedroht. *„Der Bestand der Sibirischen Kraniche war von hundert im Jahr 1976 auf fünf Tiere gesunken."* (aus: „Indien aktuell")

In den zahlreichen Teichen zogen bis zu den Hüften in Wasser stehende Frauen wildwachsende Pflanzen heraus. Währenddessen fuhren die Gäste in Rikschas spazieren. Sie lernten, dass die Tierwelt Indiens weitgehend reduziert war. So lebten nur noch vereinzelte Tiger in diesem Land.

Es folgte die Weiterfahrt nach „Jaipur". Die schnell wachsende Hauptstadt Rajasthans hat 2.324.000 Einwohner und liegt dreihundert Kilometer südwestlich von „Delhi" sowie zweihundert Kilometer westlich von „Agra". Es ist eine Industriestadt (Metall-, Textil-,

Schmuck-, chemische Industrie), aber auch ein Kulturzentrum mit Universität, Theater, Kinos, Museen, Zoo sowie Kunstdenkmälern. – Dort gibt es die Sternwarte „Jantar Mantar", die erste und größte einer Serie, die der Maharaja Jai Singh II. in ganz Indien bauen ließ.

Auf den Straßen herrschte scheinbares Chaos: Mopeds, Busse, Rikschas, Kühe, von Kamelen gezogene Kutschen und Dreiradwagen wuselten durcheinander und erzeugten einen eigenartigen Geruch: eine Mischung aus Benzin und Kuhstall. Die Besucher betrachteten dieses Treiben ungläubig.

Dann bestaunen die Touristen die rosarote Stadt mit dem Stadtpalast des Maharajas und die Kulisse des „Palastes der Winde". „Jaipur" war wirklich rosarot und wurde deshalb auch „Pink City" genannt. Die Bezeichnung bezieht sich auf die rosarote Farbe der Gebäude im Altstadtviertel.

„Radio MultiKulti" berichtete: *„Seit nahezu 300 Jahren ist die Altstadt unverändert geblieben. Heute steht der von einer Mauer umgebene Kern unter Denkmalschutz. Jaipur hat gleich mehrere Wahrzeichen zu bieten. Zum Touristenprogramm gehört beispielsweise eine Tour mit dem Elefanten zum alten Zentrum Jaipurs, dem Amber Fort, elf Kilometer außerhalb der Stadt. Das Fort wirkt mit seinen engen Gassen und kleinen Tempeln wie ein Irrgarten. Nur die Elefanten lassen sich nicht aus der Ruhe bringen.*

Jaipurs anderes Wahrzeichen ist der Palast der Winde.... Das um 1800 errichtete Gebäude ist eigentlich nicht viel mehr als ein verschnörkelter Treppenaufgang. Es wurde wie ein riesiger Fächer gebaut und besteht aus 953 Nischen und Fenstern. Einziger Zweck des luftigen Gebäudes war es, den Haremsdamen einen tollen Blick auf die Festumzüge zu ermöglichen, ohne, dass sie selber gesehen werden konnten. Natürlich ist auch der Palast der Winde in rosarot gehalten. Nicht immer war die Stadt so farbenfroh. Sie wurde erst 1876 rosa angestrichen, denn rosa ist die Begrüßungsfarbe, die Farbe der Gastlichkeit in Rajasthan." – Na ja. Über den „Palast der Winde" kann man, was den Status der Frauen angeht, geteilter Meinung sein.

Weiter fuhren sie nach „Amber", und ein wackliger Elefantenritt brachte sie hinauf zum auf einem Hügel liegenden Fort. Dort wurden sie von aufmerksamen Affen „begrüßt". Die Gäste kamen ihnen nicht zu nahe, denn man weiß ja nie....

Danach führte die Fahrt durch die Wüste Thar nach „Jodhpur". Diese Stadt hatte genau 927.831 Einwohner. Sie wurde 1459 durch

331

Roa Jodha, dem Oberhaupt eines Rajputen-Clans, gegründet. Dieser machte sie zur Kapitale seines mächtigen Kriegsstaates Marwar. Jodhpur ist bekannt als die „Blaue Stadt": *„Traditionell kennzeichnete die Farbe Blau die Zugehörigkeit der Bewohner zur Kaste der Brahmanen, allerdings haben heute auch Nicht-Brahmanen diesen Brauch übernommen. Man sagt der Farbe nach, dass sie ein effektives Mittel zur Abwehr von Moskitos sei."* (Wikipedia)

Bei einer Pause auf dem Lande sahen sie, wie zwei Ochsen ein Wasserrad drehten. Zwei Menschen trieben sie an. Das war Indien: Hochtechnisiert, wahrhaft nach den Sternen greifend einerseits und mittelalterlich, sogar vorsintflutlich, andererseits.

Auch die Landstraßen waren abenteuerlich. Sie waren eng und mit Schlaglöchern bestückt. Wenn es geregnet hatte, umschiffte der Bus Seen und Lachen. Der Busfahrer der Touristengruppe war durch Scheiben von denen getrennt. Die Verbindung hielt sein Assistent aufrecht und versorgte die Gäste gelegentlich mit Wasser. – Die Besucher gewöhnten es sich schnell ab, dem Fahrer zuzuschauen. Es empfahl sich vor allem nicht, nachts zu fahren.

Ein neuer Tag begann mit der Besichtigung von „Jodhpur". Dann fuhren sie nach „Udaipur" und besuchten den wunderschönen „Ranakpur-Tempel". Der liegt versteckt in den Bergen und sollte so vor kriegerischen Moslems sicher sein. Der Tempel wurde 1460 aus weißem Marmor gefertigt und ist ein Meisterwerk der Architektur. 1444 Säulen, von denen keine einer anderen gleicht, stützen den Haupttempel. Unter vier wunderschön geschwungenen Kuppeln befinden sich die Statuen von Mahavira und anderen Jain-Heiligen. Diese durften nicht fotografiert werden. Die Jains sind sehr wohlhabende Menschen. Sie glauben: *„Die höchste Religion ist die Friedfertigkeit."* Jedes Lebewesen müsse geschützt und dürfe nicht verzehrt werden. Die Mönche dieser Religion tragen Tücher vor Mündern und Nasen, um auch die kleinsten Lebewesen durch das Atmen nicht zu stören. Jain-Tempel durfte man nur barfuß betreten. Ledersachen durften nicht hinein. Also musste man neben den Schuhen auch Gürtel ablegen.

Es gibt auch eine extreme Spielart der Jains. Die lehnen auch das „Töten" von Pflanzen ab. Also laufen sie nackend durch die Welt. Sie tragen „Luftkleider". Wenn die mal ihre Kleider wechseln wollen, müssen sie reisen. – Wovon diese Jains sich ernähren, bleibt ihr Geheimnis.

Am nächsten Tag schauten sie sich „Udaipur" an: *„Mehrere Seen, insbesondere der Pichola-See, befinden sich in Innenstadtnähe. Der große Maharaja-Palast, in dem bis 1956 der Maharana von Mewar regierte, wird heute als Museum sowie als Hotel genutzt. Unterhalb des Palasteingangs befindet sich der Jagdish-Tempel. Udaipur, im Besonderen das Lake Palace Hotel, mitten im Pichola-See gelegen, war Drehort für Fritz Langs Filme Der Tiger von Eschnapur und Das indische Grabmal (beide 1958/59) und Teile des James-Bond-Filmes Octopussy mit Roger Moore."* (Wikipedia)

Sie machten eine Bootsfahrt auf dem „Pichola-See". Das war sehr romantisch. Auch besichtigten sie ein Nobel-Hotel. Es war überaus feudal. Wer da wohnte, wussten sie nicht. Es kam ihnen vor wie im Märchen. Seltsam war, dass die Hotelangestellten sehr freundlich zu den Eindringlingen waren und sie in aller Ruhe durch die Anlagen bummeln ließen.

Die Fahrt führte anschließend in die „Aravalli-Berge", wo sich der Deogarh-Palast, der am See gelegen und zum Teil Hotel war, befand. Sie übernachteten in einer etwas verranzten Burg eines Rajas. Als sie einzogen, beobachteten sie mannshohe Affen, die aber vom Personal verjagt wurden. Alles war später in Dunkel gehüllt. Das war wohl auch gut so, denn man musste das Essen und die Betten ja nicht unbedingt in aller Schärfe sehen. Abends gab es auf dem Dachgarten ein Abschiedsdiner mit einem Glas merkwürdigen Weins. Schöne Tänzerinnen führten etwas vor.

Die Reisegruppe war klein – fünfzehn Personen stark. Dazu gehörten auch witzige Rheinländer. Die decken sich mit einheimischer Tracht für den bevorstehenden Karneval ein. Angesichts der manchmal etwas ungepflegten Gebäude schlug so eine rheinische Frohnatur vor, dass man sie „streicht". Und sagte: *„Schlage vor, wir streichen einen Palast."* – Er wollte ihn nicht besichtigen.

Über „Ajmer" fuhren sie zurück nach „Jaipur". Von dort ging es im „Shatabdi-Luxus"-Express nach „Delhi", wo sie nachts eintrafen. Der Zug war nicht wirklich luxuriös, wenn man davon absah, dass draußen am Waggon die Namen der Passagiere standen. Aber innen war der Zug voll und schmutzig. Ständig wurden Speisen und Getränke gereicht. Da Andor zuschaute, wie diese angerichtet wurden, verzichtete er lieber.

Als sie im Schritttempo in „Delhi" ankamen, war es stockfinster, und sie wurden bedrängt von Bettlern und Dieben. Eine Gruppe von

Bodyguards bildete jedoch einen Ring und schützte sie vor dem Ärgstem. Auf dem Bahnhof wusste man nicht genau, ob die herumliegenden Menschen „nur" erschöpft oder vielleicht doch schon tot waren. – Es roch nach Urin.

Dann saßen sie in einem Bus, in dem die Klimaanlage „volle Pulle" lief, obwohl es ohnehin sehr kühl war. Es wurde eiskalt. Beim Eingang zum Flughafen hatten die Stolps Schwierigkeiten, die Koffer zu öffnen. Ohne diese Prozedur kamen sie nicht hinein. Das fehlte noch, dass sie hier bleiben müssten! – Da tat sich das Schloss auf, und sie waren erleichtert.

Nach Mitternacht startete die österreichische Maschine den Rückflug nach „Wien". In diesem Gefährt gab es sogar wieder „richtigen" Wein. – Aber es war einfach nicht die Zeit dafür.

Vom Bett im Deogarh-„Hotel" bis nach Hause hatten sie siebenunddreißig Stunden gebraucht!

„Indien satt!"

(2004)

5. Arabische Tage

Autos am Meer

Silke und Andor Stolp machten mit ihren Freunden Kathrin und Paul eine Reise nach Arabien. Veranstalter war „Mediplus Reisen", deren Markenzeichen ein mitreisender Arzt ist. Ihr Arzt war eine Polin. Sie hieß Christine, kam aus dem Ruhrgebiet, stellte sich als Neurochirurgin vor und wurde (soweit ersichtlich) bis auf ein paar Zipperlein nicht gebraucht. Mit den Vieren zusammen bestand die Reisegruppe aus vierundzwanzig Personen. Ost und West waren angemessen vertreten. Für die Rundreise standen Busse zur Verfügung.

Über die eine Ausnahme wird berichtet.

Sie besuchten die „Vereinigten Arabischen Emirate" („VAE") – das hieß „Dubai" und „Abu Dhabi" – sowie das Sultanat „Oman".

Das Klima

Der erste Eindruck überraschte nicht: Es war warm (fünfundzwanzig Grad Celsius und mehr). Immer wieder wurde versichert, das sei der arabische „Winter", und im Sommer (ab Mai) könnten die Temperaturen auf über fünfzig Grad ansteigen. „Muscat", Hauptstadt des „Omans", die sie besuchen wollten, ist angeblich die heißeste Stadt der Welt, und in früheren Zeiten wären hier ein französischer und zwei britische Diplomaten an der Hitze gestorben. Frankreich und Groß Britannien hätten daraufhin ihre Vertretungen für längere Zeiten geschlossen.

Das Bild

Der zweite Eindruck war orientalisch: Frauen trugen eine schwarze „Abaya"; Männer eine weiße „Dishdasha": knöchellange, den ganzen Körper verdeckende Gewänder. Doch das taten nur die Araber. Die Frauen gingen auf schicken, meist zierlichen Schuhen, die Männer alle auf Ledersandalen. Die Herrscher trugen zusätzlich Umhänge. Kopfbedeckungen hatten sie alle: Entweder umhüllte das Überkleid der Frau den ganzen Kopf einschließlich dem Gesicht oder nur die Haare. Manche Frauen (besonders Beduininnen, die wiederum bunte Gewänder mit einem Schleiertuch darüber anhatten) trugen die berühmte „Burqa" (Gesichtsmaske). Warum sie das taten, konnten die Besucher nicht erkunden: Wollten die Frauen sich den neugierigen Blicken der Männer entziehen, wollten sie die Schönheit ihrer Augen betonen, oder wollten sie sich gegen den Wüstensand schützen? Unklar!

Die Männer gingen niemals ohne Kopfbedeckung. Entweder trugen sie einen „Kumma" (Kappe) (Das taten vor allem die Omanis.) oder einen Turban, der ganz in Weiß bei den Emiratis bevorzugt wurde. Auch das rot-weiße Kopftuch, befestigt mit einer schwarzen Kordel (also der „Arafat-Look") war zu sehen.

Ein richtiger Mann trug zudem eine gewaltige Sonnenbrille und ein Handy. Letzteres hatten Frauen auch bei sich (im Miniformat und oft an teuren Kettchen befestigt). Sie schienen ein noch größeres Mitteilungsbedürfnis zu haben als die Männer. So konnte man allenthalben ganz verschleierte Gestalten mit kostbaren Stickereien sehen, die unentwegt telefonierten.

In den so beliebten „Malls" (klimatisierten Einkaufszentren mit Gucci, Dior usw.) schob Pappi in schneeweißer „Dishdasha" und mit „Turban" angetan den Kinderwagen, und die total in schwarz gekleidete und verhüllte Mammi prüfte derweil mit ihrem schmuckverzierten Handtäschchen angetan das Angebot eines Juwelenladens.

Am Strand schritten derweil eine größere weiße und eine kleinere schwarze Gestalt einträchtig, redeten miteinander, aber berührten sich nicht: Offensichtlich war das ein Liebespaar.

Asien

Das Ganze strahlt Würde aus. Halbstarke mit zerlöcherten Jeans an den Knien und Pudelmützen, Aggressive, sieht man nicht. Aber nicht jeder hier ist Araber, und nicht alle Araber kleiden sich traditionell. Alles ist Multikulti. Neben den Arabern und den (noch wenigen) europäischen Touristen sieht man Heerscharen vom naheliegenden indischen Subkontinent Gekommene: Inder aller Art und Pakistanis vor allem. Asien lässt grüßen. Diese Menschen sind meistens Gastarbeiter und müssen (wie alle Ausländer) nach zwei bis drei Jahren die arabischen Länder verlassen. Einbürgerungen gibt es nicht. Das Land, das Öl, das Gas und der Wohlstand gehören den Arabern. Sie sind die dünne Oberschicht und werden von ihren jeweiligen Potentaten (Scheichs, Emiren oder einem Sultan) ausgehalten. Ob der plötzliche Reichtum einer Bevölkerung, die vor dreißig Jahren zu dem ärmsten der Welt gehörte, guttut, wird die Zukunft zeigen.

Der Glaube

Die Religion bestimmt alles. Fünfmal am Tage ruft der Muezzin zum Gebet, und am Freitag ist Feiertag.

Der Prophet Muhammad („Der Gepriesene") lebte von 570 bis 632. Nach Adam, Noah, Abraham, Hiob, Moses und Jesus war er der letzte Auserwählte, durch den Gott seine Botschaft verkündete. Ein weiterer Prophet wird nicht kommen. Da Mohammad Mensch war und nicht etwa Gottes Sohn, mögen seine Anhänger nicht, dass man sie „Mohammedaner" nennt. Sie sind Muslime. Ihr Schicksal ist von Gott vorherbestimmt und nicht vom Menschen selbstverantwortet – wie bei den Christen.

Das Christentum ist anthrozentrisch, der Islam theozentrisch. Der Muslim soll sich an die Regeln des Korans halten, dann wird er ins Paradies eingelassen. Jeder Mensch hat zwei namenlose Schutzengel, die Gott dienen und von diesem aus Licht geschaffen wurden. Sie stehen über Zeit und Raum, verfügen über Sprache und Vernunft.

Das Heilige Buch des Islam ist bekanntlich der „Koran", der aus 114 Suren besteht, die nach ihrer Länge geordnet sind. Die Suren sind teils Offenbarungen, teils Leitlinien für das Alltagsleben. So ist bestimmt, dass Männer nicht mehr als vier Frauen haben dürfen, was für die Zeit des Propheten ein Fortschritt war, denn in vorislamischer Zeit war die Zahl der Frauen in Arabien nicht beschränkt.

Das ist das Problem des Islam ist, dass seine Regeln sich in 1400 Jahren nicht geändert haben. Gegenwärtig ist eine Ehe eines Mannes mit vier Frauen wohl eher problematisch. Auch in den muslimischen Ländern können sich das nur wenige leisten, oder sie finden es ziemlich stressig.

In seiner arabischen Sprache soll der „Koran" von großer Poesie sein, denn der Islam sollte seinerzeit die Araber einen. Durch seine Dynamik und mit Waffengewalt hat er sich mittlerweile weit über Arabien hinaus ausgedehnt, wie man weiß.

Nun immunisiert der Islam sich gegen viele Neuerungen, und so erscheint die arabische Welt eigenständig „orientalisch". Aber der Kapitalismus hat auch diese Welt erfasst. Keiner weiß, was daraus wird. Vielleicht findet man hier andere Wege als im mehr und mehr wertearmen Westen mit seiner politischen Korrektheit und Moden.

In Arabien führt die islamische Tradition des Abgebens dazu, dass die Herrschenden einen Teil ihrer Ölgewinne in ihre Länder investieren und in die Bevölkerung. Darin unterscheiden sie sich von anderen Potentaten, die einfach nur raffen und damit Unruhen schüren. Das Abgeben jedoch betrifft nur die Araber. Andere dürfen für den hohen Zivilisationsstand schuften.

Aber sie bleiben draußen vor der Tür.

Frauen

Viele sagen beim Thema „Frauen", man solle nicht in den „Koran" schauen, sondern mit muslimischen Frauen reden. In der Tat gibt es viele, die sich „freiwillig" verschleiern und andere, die westlich erscheinen, Bücher und Romane veröffentlichen. Sie fühlen sich nicht „unterdrückt". Auch drängen mehr Frauen als Männer in die Hochschulen am Golf. Junge Frauen bringen bessere Noten als ihre männlichen Altersgenossen. Offensichtlich müssen sie das, um ihre nachrangige Stellung gegenüber den Männern zu kompensieren. Denn die Gesellschaftsordnung ist durch den Islam patriarchalisch gestimmt. In der Sure 4, Vers 34 heißt es:

„Die Männer stehen über den Frauen, wegen dessen, was Allah den einen vor den anderen gegeben hat und weil sie von ihrem Geld auslegen."

Mal sehen, ob dieses Patriarchat den Kapitalismus übersteht, denn der oder die Erfolgreiche braucht nunmehr keine Körperstärke mehr, sondern Verstand und Geschicklichkeit. Und die sind ganz sicher in Arabien ebenso wie sonst in der Welt unter den Geschlechtern gleich verteilt. Vielleicht findet man in Arabien andere Antworten auf die Geschlechterfrage als im Westen.

Gastarbeiter

Einer dünnen Schicht von reichen Arabern steht ein riesiges Heer von Gastarbeitern aus Asien gegenüber. Sie tun die Arbeit, ohne die nichts gehen würde, in Hotels und auf Baustellen. Dort arbeiten sie bei oft glühender Hitze an sechs Tagen in der Woche und zehn Stunden am Tag. Sie leben in Baracken (weg vom Wohlstand) und werden morgens ohne Klimaanlage in Hitze und Staub zur Arbeit gekarrt, und abends geht es wieder zurück. Der Staat tritt ihnen gegenüber in Gestalt ihrer Firma, an die sie sich verdingt haben. Sie verdienen rund hundert Dollar im Monat und müssen nach ihrer Zeit wieder gehen. Manche versuchen es auch illegal und reisen als Touristen ein.

Das „Zeit"-Magazin berichtet, allein in „Dubai" hätte es 2004 880 Todesfälle unter den dort lebenden Asiaten gegeben – meist Unfälle auf Baustellen. Oft würden deren Familien von den Firmen um jene 40. 000 Dollar betrogen, die ihnen dann zuständen und die sie brauchten, wenn sie in Indien oder sonst wo weiterleben mochten. – Ein Inder wird im „Zeit"-Magazin mit einem Urteil über die in faulem Luxus lebenden Araber zitiert: *„Alle träge und dumm. Wir Inder sind viel cleverer."*

Wenn diese Menschen zweiter Klasse einmal nicht mehr „funktionieren" würden, bräche die Herrlichkeit der Emirate und des Sultanats zusammen. Aber sie funktionieren, und immer mehr wollten in die Glitzerwelt am Golf.

Poesie

Fantasie und Realität sind in Arabien keine Gegensätze. So kennen alle die Araberpferde, die vielen als die vollkommenste Pferderasse gilt. Diese soll Gott aus einer Hand voll Wind geschaffen haben, in ihren Mähnen sei das Glück verflochten, sie könnten fliegen ohne Flügel, und nach seinem Tode sei der Prophet von der weißen Araberstute „Burak" in den Himmel getragen worden. Nun aber ist *„H.H. Dr. General Shaikh Maktoum bin Rasheed al-Maktoum"* der reichste Pferdebesitzer der Welt, und macht sehr hohe Gewinne. Der „Dubai World Cub" alljährlich im März ist eines der größten Pferdereignisse überhaupt.

Oder das Kamel. Eine Legende lautet:

„Allah schuf die Wüste, damit es einen Ort gebe, darin er in Ruhe lustwandeln könne. Aber bald sah er seinen Irrtum ein, und er korrigierte ihn. Er rief den Südwind, den Nordwind und alle anderen Winde und befahl ihnen, sich zu vereinigen. Sie gehorchten ihm, er nahm eine Handvoll des Gemisches, und so entstand zum Ruhme Gottes, zur Schande seiner Feinde und zum Nutzen der Menschen das Kamel."

Doch für die Wüste gab es nunmehr vierradgetriebene Geländewagen von „Toyota" und anderen Firmen, so dass man das Kamel eigentlich nicht mehr braucht. Aber es lebt: Zum einen als Rennkamel, wo es in chaotischen „Rennen" seinen Haltern gute Einkünfte beschert, zum andern aber auch als schlichtes Kamel, von dem die Beduinen sich nicht trennen, weil es immer schon zum Leben gehört hat. – Dann aber auch: Nur das Kamel weiß den 100. Namen Gottes. 99 „schöne Namen" sind dem Menschen bekannt, so „der Barmherzige", „der Verzeihende", „der Milde", „der Frieden" oder „das Leben". Das Kamel jedoch kennt den 100. Namen, verrät ihn aber nicht. Das ist übriges der Grund, warum das Kamel so arrogant dreinschaut...

Sprache

Wer spricht schon Arabisch am Golf? Sicher tun es die Einheimischen, besonders auf dem Lande im Oman. Aber die allgemeine Verkehrssprache ist Englisch. Unter dem Strich wird wohl mehr Englisch gesprochen als andere Sprachen.

Arabische Toiletten

Die öffentlichen arabischen Toiletten sind im Schnitt sauberer als diejenigen in Deutschland, obwohl man fast nirgendwo eine Klobürste findet. In Arabien gibt es sowohl Stehklos als auch solche zum Sitzen. Überall ist ein Schlauch mit kleiner Dusche installiert, womit man sich reinigen kann. Wenn die Wasserspülung nicht funktioniert, kann man mit dem Schlauch gleich die ganze Toilette reinigen.

Aber an einem Ort tauchte die vermisste Klobürste dann doch auf: in der Wüste!

Politik

Reiseführer empfehlen, am Golf nicht über Religion oder Politik zu reden. Das könnte ihnen so passen! Hier herrscht nämlich „gelenkte Demokratie", also keine richtige Demokratie. Die Scheichs, Emire oder der Sultan haben das Sagen. Richtige Wahlen, Pressefreiheit oder Parteien gibt es nicht. Und solange das Volk (also die dünne Schicht der Araber) vom aus dem Öl und Gas fließenden Wohlstand etwas abbekommt, ist es zufrieden.

Die Omanis lieben den seit 1970 als absoluter Monarch herrschenden Sultan „Qaboos" offensichtlich wirklich, denn er hat inneren Frieden zwischen den Stämmen geschaffen und das Land dank der „fließenden" Petrodollars aus dem Mittelalter in die Moderne mit zeitgemäßer Infrastruktur führen können.

Doch noch tun die Gastarbeiter die meisten Arbeiten, ohne zu rebellieren. Keiner weiß, ob es Oppositionelle gibt und wie sie behandelt werden. Die arabischen Herrscher gewähren entsprechend islamischer Tradition großzügig Almosen. Wenn einer von ihnen stirbt, bestimmen die herrschenden Familien, wer Nachfolger wird: nicht das Volk.

VAE

Sie besuchten zuerst „Dubai" und „Abu Dhabi". Diese Stadtstaaten gehören zu den 1971 gegründeten „VAE", zu denen noch „Sharja",

„Ajman", „Um al Quwain", „Fujairah" und „Ras al-Khaimahs" kommen. Richtig „ölreich" waren nur „Dubai" und „Abu Dhabi". Alles das sind kleine Scheichtümer am Arabisch-Persischen Golf.

Danach fuhren die Besucher in den „Oman", dem Sultanat, das so groß war wie Deutschland, aber nur drei Millionen Einwohner hatte. Es war in weiten Teilen ein Wüstenland. Im Südwesten „Omans" lag der „Jemen", offensichtlich unregierbar.

Großer Bruder von allen war „Saudi-Arabien", das die Arabische Halbinsel weitgehend beherrschte und zu dessen Gebiet „Mekka" und „Medina" gehörten. Dessen Herrscherfamilie empfand sich als Hüter des Islam. Die Öffnung der „VAE" und des „Omans" nach Westen und einige andere Lockerungen wurden als „Sündenbabel am Golf" geduldet, wohl auch als Ventil für die Staatsbürger „Saudi-Arabiens" selbst.

Dubai

Nach fünfeinhalb Stunden im Flugzeug waren sie in „Dubai". Das Hotel lag irgendwo in der Großstadt. Nach der langen Reise dürstete sie es nach einem Bier. Im Hotel gab's keines. Aber der Portier wies den Weg. Um die Ecke war ein anderes Hotel mit einer Bar, die eine Lizenz für den Ausschank von Alkohol hatte. Hier saßen auch ein paar Araber, tranken Bier, rauchten und ließen sich von kurzberockten Mädchen aus Asien bedienen. Die Ankömmlinge nahmen einen „Schlummertrunk" und versanken bald in den Betten nach der langen Reise.

„Dubai", eine supermoderne Großstadt, war noch in den sechziger Jahren ein trostloses Kaff. Es hatte nun 1,7 Millionen Einwohner, und jeden Tag wurden 7.000 Visa erteilt. Zwanzig Prozent der Bewohner waren Einheimische, achtzig Prozent Gastarbeiter – meist Inder. 99 Prozent der Araber arbeiteten beim Staat – jeden Tag von 7:30 Uhr bis 14:30 Uhr! Freitags war frei. Frauen wurden mit fünfundfünfzig Jahren pensioniert, die Männer mit sechzig. Sie bekamen dann eine Abfindung und mussten keine Steuern mehr zahlen. – „Dubai" war eine Art Freihandelsgebiet. Die Ausfuhr war frei, und bei der Einfuhr mussten fünf Prozent Steuern auf alles gezahlt werden.

In „Dubai" standen Wolkenkratzer dicht gedrängt, und ständig kamen neue hinzu. Ins Meer bauten sie eine „Palmeninsel" (wegen der Grundform so genannt) und eine „Weltkugel" – eine Welt ohne Israel! Für diese Inseln schütten sie jede Menge Sand ins Meer und bauten darauf Häuser. Die Grundstücke gingen weg wie warme Semmeln. Die Araber verkauften hier Träume und Schäume. Dafür wurden Millionen gezahlt – von Kunden aus der ganzen Welt.

Japaner hatten den Auftrag, eine U-Bahn zu bauen, die Ende 2009 fertig und siebzig Kilometer lang sein sollte. Überall sah man riesige Baustellen dafür und an der Ausfallstraße eine schon fertige Hochtrasse. Jede Baustelle wimmelte vor Arbeitern. Natürlich sollte auch die „Palmeninsel" einen U-Bahnanschluss bekommen.

Der Herrscher von „Dubai" hieß *Muhammad bin Raschid"*. Er regierte seit 2006. Jeder seiner sechs Söhne soll einen eigenen Palast gehabt haben. – Für ein Pferderennen gab es hier einen ersten Preis, der mit zehn Millionen Dollar dotiert gewesen sein soll! – Besondere Bedeutung für den Staat hatte die Aluminiumherstellung. Die Planung besagte, dass 2010 fünfzehn Millionen Tonnen produziert werden sollten!

Sie sahen aber auch das alte „Dubai": Ein Museum zeigte, wie die Menschen vor dem Reichtum gelebt hatten: Beispielsweise waren sie Perlentaucher im Golf. – Im Hafen sahen die Vier dann viele Holzboote, die aus Persien gekommen waren und mit wer weiß was sie handelten. Die Beziehungen zu Persien waren gut. „Dubai" hatte eine große persische Gemeinde. – Im „Souq" lebte das alte Arabien noch mit Gewürzen, Gold, Silber und Weihrauch.

Vor allem war „Dubai" die sicher größte Baustelle der Welt. Das Wasser kam aus siebenundneunzig Meerwasserentsalzungsanlagen. Öl für deren Betrieb war reichlich da. Nun wollte die Stadt noch einen neuen Flughafen bauen: den „größten der Welt" natürlich. – Auf einem Bauschild stand: *„What is a great idea if it's only build in the mind?"* Hier sagte man, „Dubai" sei das achte Weltwunder.

Oder war das ein neuer Turmbau zu Babel?

Abu Dhabi

Die Reise ging weiter Richtung Südwesten auf der Autobahn nach „Abu Dhabi". Unterwegs rasteten sie beim „Burj al Arab", dem einzigen Sieben-Sterne-Hotel der Welt, das wie ein Segel aussieht und auf einer Insel ins Meer gebaut wurde. Es ist ein Wahrzeichen, aber sie stiegen da nicht ab...

Allmählich verschwanden die Baustellen längs der Autobahn, und sie fuhren durch die Wüste. Dann wurde es neben der Straße immer grüner, und beleuchtet war sie auch. Sie kamen nach „Abu Dhabi".

„Abu Dhabi" war noch reicher als „Dubai". Es gibt hier noch mehr Öl! Hier sahen sie nicht ganz so viele Wolkenkratzer, dafür Blumen und schmucke Boulevards. Die Stadt „Abu Dhabi" liegt auf einer Insel und hat etwa eine Millionen Einwohner. Einundzwanzig Prozent sind Einheimische. Die meisten Gastarbeiter kommen aus Pakistan. Man sah sie überall: in Blumenrabatten und auf Grünflächen. Pakistanis sind es auch, die eine alte Oase mit prächtigem Dattelpalmenbestand bewirtschaften. Die Einheimischen haben das längst aufgegeben.

„Abu Dhabi" hat einen eigenen Flughafen, eine eigene Fluggesellschaft, demnächst sollten „Guggenheim" und der „Louvre" Dependenzen eröffnen. 2009 sollte es „Formel-1-Rennen" geben. Sie haben hier so viel Geld, dass sie eigentlich gar keine Touristen brauchen und betreiben den Fremdenverkehr als Hobby. Hier entstand (bei den Außenanlagen noch im Bau) die „Scheich Zayed-Moschee" mit Platz für angeblich 40.000 Gläubige. So viel waren wohl noch niemals hier. Die Moschee stand schon in strahlendem Weiß da, die Minarette waren 111 Meter hoch. Die „Corniche" war eine prächtige Strandpromenade und führte zum „Emirates Palace Hotel" mit 8.000 Palmen im Garten. Für den Blumenschmuck gab das Hotel 16.000 Dollar im Monat aus, und der Palast war angeblich so groß, dass der Petersdom in Rom hineinpassen würde. Auch hier stiegen sie nicht ab...

Abends begaben sie sich nach Landessitte in eine klimatisierte Mall, bestaunten die exklusiven Läden, sahen schwarz (Frauen) und weiß (Männer) bekleidete Gestalten, wie sie ihre Zeit totschlugen. An einer Stelle wurde gerade eine Skiabfahrtspiste gebaut. Die Besucher aus Europa nahmen ihr Abendessen in Form je einer Pizza ein. Später im Hotel bekamen sie auch Bier.

„Al Ain"

Die Vier fuhren Richtung Osten bis an die Grenze nach „Oman". Hier liegt die Stadt „Al Ain" („Die Quelle") mit 300.000 Einwohnern am Fuße eines Gebirgszuges. Die Fahrt ging durch die Wüste, aber hier entstanden Farmen: Man wollte autark werden und sich vor allem mit Obst und Gemüse selber versorgen.

Sie besuchten (auch in der Wüste gelegen) einen Kamelmarkt. Hierher kamen Händler aus ganz Arabien, kauften und verkauften normale oder auch Rennkamele. Letztere bekamen Eier und Honig zu fressen, damit sie schlank und schnell blieben. Kamele geben Milch und Fleisch. Geschlachtet wurden vorwiegend junge männliche Kamele, weil deren Fleisch schmecken würde und weil sie keine Jungen zur Welt bringen konnten. Als „Wüstenschiffe" wurden diese Tiere nicht mehr gebraucht. Für den Transport waren Autos praktischer.

Das Hotel lag in den Bergen, herrlich luftig und mit einem schönen Pool. Hier ließ es sich leben. Das Abendessen war sehr gut, und dazu gab es ordentlichen Rotwein.

Oman

„Nizwa":
Reiseführung, Busfahrer und Bus wurden gewechselt, – alles kam aus dem „Oman". Die neue Reiseleiterin hieß May Kappes. Sie war ziemlich dick und eine orthodoxe Palästinenserin, die mit einem Deutschen verheiratet war. May machte ihren Job gut. Der Fahrer war ein schwarzer „Omani" und hieß Seif.

Die Grenzkontrollen dauerten. Schließlich war Freitag, und alles wirkte wie ausgestorben. Zuerst kam die Ausreise: Das kostete etwas. Dann begaben sie sich in einen großen, sauberen Warteraum, um die Einreise in den „Oman" zu organisieren. Hier hieß es warten und auch wieder zahlen. Als alles erledigt war, betrat ein Uniformierter den Bus. Er scherzte mit May offensichtlich auf Arabisch und kontrollierte nicht.

Sie waren im Sultanat. Nun ging es über dreihundert Kilometer durch Wüste bis nach „Nizwa". Sie sahen Sand, Berge und Kamele. Im „Oman" gab es keine Hochhäuser. Der Sultan hatte angeordnet, dass nur im traditionell arabischen Stil gebaut werden durfte.

Dreiundachtzig Prozent des Landes sind Wüste, und es gibt hier Berge mit über 3.000 Metern Höhe. – Der „Oman" hat eine 5000 Jahre alte Geschichte. Die „Omanis" sind ein altes Seefahrervolk. „Sindbad, der Seefahrer" kommt der Sage nach hierher. Sie sind früher bis nach China gefahren und haben „Sansibar" als Kolonie genommen. Weihrauch gehörte lange Zeit zu ihren wichtigsten Exportgütern.

Zwei Drittel der „Omanis" sind „Ibaditen", Anhänger einer islamischen Sekte, die meint, der Koran müsse stets der Zeit gemäß neu interpretiert werden. Die „Ibaditen" lehnen Religion als Grund für Gewalt und Kriege ab und haben eine liberale Einstellung zu Andersgläubigen. Sie sind puritanisch eingestellt. Wenn sie einen Geeigneten finden, nehmen sie ihn als einen Imam, der hoher Würdenträger und Islamgelehrter ist. In der Vergangenheit sind die Ämter des Imams und des Sultans auseinander gefallen. Das war ein Grund für die Zerstrittenheit und Schwäche des „Omans" in langen Zeiten.

Der nunmehr regierende Sultan „Qaboos" hat das weltliche und das religiöse Amt in seiner Person wieder zusammengefügt, die Stammesrivalitäten mit Mitteln aus dem neuen Ölreichtum beendet und das Land modernisiert. Er war der absolute Herrscher in diesem Land und offensichtlich sehr beliebt. Jedes neue Krankenhaus, jedes neue Stadion, jede neue Moschee wurden nach ihm benannt. Er war omnipräsent.

Der Sprung Omans in die Neuzeit war gewaltig. Bis 1970 war das Land geschlossen und isoliert. Es gab kein Strom und kein Wasser. Man hatte die höchste Sterberate der Welt. Das Land hatte keine eigene Währung. Gezahlt wurde u.a. mit dem „Maria-Theresia-Taler" aus Österreich. Als der Sultan an die Macht kam, soll er gesagt haben: „Jetzt wird die Sonne im ‚Oman' scheinen." Und das war mittlerweile der Fall.

1963 hatte „Shell" Öl entdeckt, und das wurde die Quelle allen Fortschritts. Das Durchschnittseinkommen im Oman ist mittlerweile 350 Dollar. Das ist nicht der märchenhafte Reichtum von „Dubai" oder „Abu Dhabi", aber solide. Und die Infrastruktur wurde ausgebaut. Jede „Omani"-Familie hatte ein Haus, das englische Rechtssystem wurde eingeführt, Schulen und Krankenhäuser standen offen. Brillen und Zähne wurden bezahlt. Auf Autos standen keine Steuern, und auch Frauen durften Auto fahren. Man sah fast nur neue Wagen, die viel Sprit fraßen. Das konnte man sich leisten. – Viele Berufe waren den „Omanis" vorbehalten: So durften nur die Einheimischen Busse und Taxis fahren. Aber Inder und andere sah man auch hier in großer Zahl.

Nach langer Fahrt erreichten sie „Nizwa" und würden nun zweimal in einem Hotel übernachten, das einen Swimmingpool hatte und in dem es zum Abendessen Grillbuffet unter freiem Himmel gab. Auch Wein und Bier waren da.

„Nizwa" (im Landesinneren gelegen) ist die alte Hauptstadt „Omans". Sie wird bewacht von einem riesigen Wehrturm, der nun restauriert wurde.

Sie gingen in einen „Souq", tauschten vorsichtiger Weise vorher Geld ein. „Nizwa" war vor allem durch Silberschmiedekunst bekannt. Sie gaben sich aber mit kleinen süßen Bananen, wie man sie zu Hause nicht bekommt, zufrieden.

Dann besichtigten sie die Burg, wo sich eine Reihenfolge abspulte, die sich im Folgenden mehrmals wiederholte: Eingangshalle, Gefängniszimmer, Empfangsraum des Imams/Sultans, Jungenzimmer, Mädchenzimmer, Frauenzimmer, Familienzimmer, Küche, Lagerraum für Datteln. Die gelagerten Datteln hatten durch den Druck einen Ölbrei erzeugt, mit dem man (heiß gemacht) Feinde abwehren konnte. Das geschah nach der Methode *„Bernauer Grieß, Bernauer Brei macht die Stadt Hussitenfrei."* Die Burgen („Forts" wie sie auch hießen) waren sehr gut restauriert. Ihre Inneneinrichtungen waren karg sowie offenbar wenig authentisch, denn Bilder aus alten Zeiten gab es nicht.

So war es auch beim Fort „Behla", einem UNESCO-Weltkulturerbe, dessen Fundament 2.000 Jahre alt sein sollte. – Später sahen sie das Ruinendorf „Wadi Tanuf". In der Zeit der Stammeskriege hatten Engländer das auf Wunsch Beteiligter kaputtgebombt.

Die Reisenden standen vor „Al Hamra", der „roten Stadt". Das war eine bewohnte Oase am Hang des Gebirges mit einem 3.000er Berg. Man sah tausende von Palmen, Lehmhäuser, und alles flimmerte in der Hitze.

„Wahiba Sands"

Es ging in die Wüste, und sie würden dort übernachten!

Vorher besichtigten sie ein Dorf, das von einem Kanal, der Wasser aus den Bergen führte, durchzogen wurde. Hier gab es viel Grün und vor allem: Palmen. Früher soll es in diesem Land viele dieser Kanäle gegeben haben (genannt „Falaj"). Portugiesen, die sich in Vorzeiten als Kolonialherren versucht hatten, hatten angeblich vor ihrem Abzug diese Anlagen zerstört. Nun wurden diese teilweise restauriert. Das Wasser in diesen Kanälen war warm und wurde außer zum Bewässern auch zum Baden, zur Körperpflege und zum Tränken des Viehs genutzt.

Die Gäste sahen auch einen Obst- und Fischmarkt, auf dem Beduinenfrauen in bunten Kleidern und mit Gesichtsmasken einkauften.

Diese trugen ihre Ware (die teilweise aus Persien (Äpfel) oder China (Knoblauch) kam) in Plastiktüten davon wie die Europäer es auch taten. Fische lagen in der Sonne und fanden meist männliche Käufer. Möglicherweise waren es Restaurantbesitzer, die Fische in ihren großen Geländewagen verstauten und irgendwohin fuhren. Auf dem Fischmarkt „duftete" es ziemlich.

Die Wüste nahte!

Mittags rasteten sie im „Al-Sharquiya Sands Hotel", wo sie bei Hitze im Schatten riesengroße Sandwiches verdrückten.

Nach dieser Siesta kamen sie in die Stadt „Bidiyak", hinter der die Wüste begann. An einer Tankstelle wartete schon eine „Karawane": Geländewagen mitsamt beduinischen (in weiß gekleideten) Fahrern. Erlaubt war nur kleines Handgepäck.

Dann ging es mit Tempo in die Wüste: rötliche Sandberge mit Tälern und kaum Vegetation. Unterwegs machten sie Halt bei einem „Camp", wo sie in ein Zelt geführt und mit Kaffee und Feigen bewirtet wurden. Dann konnte/sollte man kaufen: Tücher, Kettchen und allerlei Krimskrams. Angeblich diente das der Unterstützung einer teilweise (Vater fehlte) anwesenden Beduinenfamilie. Die Fahrer saßen derweil im Schatten ihrer Autos. – Und weiter ging es mit Karacho in die Wüste. Die Wüstensöhne und Autofahrer jagten die Autos teils nebeneinander, teils sich überholend zum Camp, das sie nach angeblichen vierzig Kilometern erreichten.

Es war ein Lager in einer Mulde mit etwa vierzig Zelten. Diese waren alle schwarz mit weißen Streifen, drinnen standen jeweils zwei Betten, zwei Stühle, ein Schränkchen und ein Tischchen. Unter den Fußmatten spürte man den Sand, der hier allgegenwärtig war. Strom gab es nicht, dafür mobile Laternen. Die „Toilette" befand sich in Lehmhäuschen neben den Zelten mit freiem Blick zum Himmel. Auch eine Handdusche war da. – Sie mussten das „Klo-Häuschen" mit anderen teilen, und die Spülung funktionierte sowieso nicht.

Im Zelt war es bei der Ankunft heiß.

An einer Stelle des Lagers war ein „Freiluftrestaurant" aufgebaut, alles sehr urig oder primitiv. Ein Beduine machte Feuer und buk darauf Fladenbrote, andere grillten unter enormer Rauchentwicklung Hühnchen und Hammel. Sie grillten die Fleischstücke, bis sie schwarz waren.

Die Reisegruppe saß an einem langen Tisch, genau in der Abzugsschneise des Rauches vom Grill. Zu Trinken gab es Wasser, Cola und

Fanta. Nachher im Zelt waren sie froh, dass sie aus dem Duty-free-Shop in „Frankfurt" eine halbe Flasche Cognac mitgenommen hatten. Daraus genehmigten sie sich jeweils zwei Gläschen.

Vorher kletterten sie auf eine Düne, um den Sonnenuntergang zu erhaschen. Das „Bergsteigen" durch die Sandmassen war anstrengend. An gegenüber liegenden Hängen sahen sie die „Wüstensöhne" wie sie mit ihren Autos steil die Dünen hinauf preschten. Das war nichts für schwache Nerven.

Mit Kathrin und Paul sowie der Medizinerin Christine saßen Silke und Andor bei Dunkelheit vor den Zelten. Der Mond schien hell, und die Sterne waren klar. Es war still, und man kam sich ein wenig wie in einer Schneelandschaft vor. Langsam wurde es kühler, und so suchten alle ihre Schlafstellen auf. – Gegen Morgen war es in den Zelten richtig kalt, da halfen auch die zwei Decken pro Person wenig. Wenn man das Zelt verließ, sah man bald den Mond nicht mehr, dafür klar glänzende Sterne. Als dann die ersten Eulen riefen, ging die Sonne schnell wieder auf, und schon wurde es wärmer.

Sie frühstückten im „Wüstenrestaurant". Es wurde immer wärmer. Um neun Uhr fuhr die wilde Karawane wieder zurück zur Tankstelle, wo alle erleichtert in den dort geparkten Bus einstiegen.

Das war der Abstecher in die Wüste, von dem eine Frau im Bus vorher gesagt hatte: *„Dass ich mir das antun muss so kurz vor meinem Tode."*

Muscat

Nun aber ging es nach „Muscat", der Hauptstadt des „Omans".

„Muscat" liegt am Meer und hat etwa eine Millionen Einwohner. Der Streifen zwischen Küste und dazu parallel verlaufendem Gebirgszug ist schmal, so dass die Stadt in die Länge wächst, denn Hochhäuser dürfen ja nicht gebaut werden. Die Omanis haben hier ein neues Regierungsviertel gebaut mit Palästen für die Ministerien und schicken neuen Botschaften. (Die deutsche Botschaft lag noch in der Altstadt. -Alles beherrschend war auch hier der absolute Monarch, Sultan „Qaboos". Er war siebenundsiebzig Jahre alt, besaß 1.200 Pferde, war ein Liebhaber klassischer Musik, weswegen eine Philharmonie in „Muscat" gebaut wurde.

Der Sultan hat keine Kinder. Wenn er stirbt (mittlerweile leider eingetreten), hat seine Familie drei Tage Zeit, einen Nachfolger zu bestimmen. Sollte das nicht gelingen, kommt das Testament des Sultans zum Zuge.

Sie besichtigten die neue „Sultan-Qaboos-Moschee". Diese sollte die viertgrößte der Welt sein und wurde in sechseinhalb Jahren errichtet. Sie hat Platz für 20.000 Menschen. Die Moschee ist unbeschreiblich prunkvoll. Der Marmor kam aus Italien, der Teppich im Gebetraum für Männer war der größte der Welt, und über ihm hing in einer riesengroßen Kuppel ein Kronleuchter von „Swarovski". Die Moschee hatte fünf Minarette für die fünf religiösen Pflichten der Moslems: das Glaubensbekenntnis, die Pilgerfahrt nach Mekka, das Fasten, die Almosengabe und das Beten. Sie war ein „Geschenk" des Sultans. Es war nicht bekannt, was sie gekostet hatte.

Dann ging es in den alten Hafen „Cornice", wo sie den „Souq Muttra" besuchten: Von Gold, Silber über alle Gewürze; Tücher und Gewänder konnte man hier alles kaufen. Die Händler waren meistens (oder alle?) Inder; Europäer sah man selten. Vielleicht war das Grund, dass die Araber zu den Touristen freundlich waren: Diese waren noch nicht in Heerscharen wie etwa in Spanien eingebrochen.

Marka – Nehai – Rustaq

Die Reisenden machten einen Ausflug in die Region „Marka – Nehai – Rustaq" im Nordwesten der Hauptstadt.

Zuerst kamen sie zum Fischmarkt in „Seed". Der war direkt am Meer. Die Fische (große und kleine) lagen wieder in der sengenden Sonne. Sie waren auf der Erde und wurden ab und zu mit Meerwasser übergossen. Wer Fisch gekauft hatte, konnte ihn gleich in einer Halle filetieren lassen. Es war alles sehr urig und blutig.

Dann besuchten sie wieder zwei Burgen von ähnlicher Art wie die schon bekannte. Im „Al Sawadi Beach Ressort" ruhten sie sich aus: Es gab wunderbares asiatisches Essen und ein Stündchen Ruhe unter Palmen am Pool oder am Strand – je nach Lust und Laune.

Abreise

Abends gingen Silke, Kathrin, Paul und Andor zum Abendessen ins „Crown Plaza", das über ihrem etwas schäbigen indischen Hotel thronte. Von dessen Terrasse hatten sie einen herrlichen Blick über Muscat.

Dann wurde es etwas frisch in „Muscat". Aber es waren immer noch sechsundzwanzig Grad und mehr. Sie machten einige Abschiedsrunden, im „Mall", im „Souq" und im Hotel. Es wehte ein Lüftchen, fast war es wie im Frühling zu Hause. Abends erfuhren sie, dass ein Sandsturm im Kommen sei. Da ging das Flugzeug nach Hause: Von „Frankfurt" aus flogen sie nach „Berlin", wo sie gegen acht Uhr landeten. Müde fuhren die Reisenden ins eigene Haus.

Der Himmel war grau. Statt der altmodisch gekleideten schwarzen und weißen Gestalten sahen sie wieder fast nur Jeans- und Kuttenträger.

(2008)

6. Oman

Silke und Andor besuchten noch einmal den „Oman". Diesmal flogen sie mit „Qatar Airways" nach „Doha" und von dort weiter nach „Muscat". Im Hotel „Al Sawadi Beach Ressort" kamen sie nach Mitternacht an. Im Hotel bekamen sie Obst, und Bier war in der Mini-Bar.

Im Flugzeug („Airbus 320") nach „Doha" saß neben ihnen ein Pakistani, der in „Berlin" lebte und dort mindestens zwei „italienische" Restaurants betrieb. In „Karatschi" würde er ab „Doha" in drei Stunden sein. Dort besuchte er die in der Heimat gebliebenen Verwandten. Seine deutsche Frau kam nicht mit. So ist das also mit manchen „italienischen" Restaurants in Deutschland!

In „Doha" stiegen Silke und Andor in einen neueren „Airbus 320" um. Das Flugzeug hatte ein wenig gewartet, so dass sie Zeit hatten. Als sie reingelassen wurden, war es leer, und sie freuten sich. Aber die Maschine hob nicht ab. Endlich erschien eine zweite Gruppe von Passagieren, und es wurde voll. Unter den Zugestiegenen war eine Gruppe junger Frauen in schwarzen „Abayas". Offensichtlich waren das Frauen aus dem „Oman". Sie hatten Tüten bei sich, ihre Gewänder waren mit Gold abgesetzt und die freien Gesichter unter den Kopftüchern waren raffiniert geschminkt. Das waren wohl reiche arabische Töchter, die in „Doha shoppen" waren. Später erfuhren sie, dass solche Umhänge achthundert Euro kosten könnten und die Mode in schwarz aus Saudi-Arabien käme, während bunte Gewänder dieser Art die ursprünglichen im „Oman" waren und von den „Landfrauen" noch immer getragen wurden.

In „Muscat" am Flughafen war es voll. Sie wurden gleich in der Empfangshalle von einem weiß gewandeten „Omani" begrüßt, der sie ganz fix durch alle Instanzen schleuste. Der „Eintritt" in den „Oman" kostete siebenundvierzig Euro pro Person. Sie tauschten noch etwas Geld, und der freundliche Herr setzte sie ins Auto, damit sie schnell ins Hotel kämen.

Das Zimmer dort war groß, das Bett auch, und das „ZDF" konnte man immerhin schemenhaft empfangen. Der Fernsehkonsum auf dieser Reise war damit erschöpft, denn wer guckt schon um acht, was in Deutschland um fünf gesendet wurde?

Sie kannten den „Oman" so weit, dass sie wussten: Er ist eine absolute Monarchie. Der Sultan ist Staatsoberhaupt und Ministerpräsident. Er ernennt seine Minister, die ihn beraten. „Majlis Oman" ist ein Zweikammer-„Parlament". Es besteht aus einem „Majlis ad-Dawla", dem aus einundvierzig Personen zusammengesetzten und vom Sultan ernannten Oberhaus, sowie aus dem „Majlis ash-Shura", der Beratenden Versammlung, zu der die über einundzwanzig Jahre alten „Omanis" 164 Kandidaten wählen, aus denen der Sultan 82 Abgeordnete aussucht.

Der Sultan gilt als Reformer. Er hatte die Sklaverei abgeschafft, das Sozial- und das Bildungssystem „Omans" verbessert. Zur Hilfe kam ihm dabei, dass das Land Öl hat, auf dem sich ein solider Wohlstand aufbauen ließ. Die niederen Arbeiten verrichten in diesem Land Asiaten. Frauen geht es hier besser als in anderen Ländern Arabiens, aber ob sie wirklich gleichberechtigt waren, darf bezweifelt werden.

Innerhalb der „Arabischen Liga" gehört der „Oman" zu den „liberaleren" Staaten.

Am ersten Tag wachten sie gegen sieben Uhr auf. In „Al Sawadi" war es heiß und sehr hell.

Beim Frühstück sahen sie, dass das Hotel ein großes Zelt aufgestellt hatte. Darunter befanden sich lange Tische und daran Stühle. An einer Seite war ein Buffet mit Warmhaltevorrichtungen. Ein Podium gab es auch. Araberinnen in langen schwarzen „Abayas" kamen hervor oder gingen ins Zelt hinein. Drinnen waren auch viele Kinder. Sie bekamen bald mit, dass hier arabische Mütter mit ihren Kindern „bespasst" wurden. Vom Podium wurde offenbar eine Art Lotterie veranstaltet. Das Ganze dauerte bis siebzehn Uhr. Dann zogen die schwarzen Gestalten mit ihren Kindern ab, und Inder oder Pakistanis begannen, das Ganze abzubauen. Die schwarz gewandeten Damen sahen nicht ganz so vornehm aus wie die jungen Frauen vom Flugzeug am Tag vorher. Es war kein Gold zu sehen.

Derweil saßen weiß gekleidete Männer mit Käppis oder Turbanen im Restaurant, redeten laut, standen auf, um sich die Hände zu geben oder sich zu umarmen, und dann setzten sie sich wieder. Die Hotelgäste begrüßten sie nebenher mit imperialen Gesten. – Den Fremden fiel ein: Morgen ist Freitag, der Feiertag der Moslems, und da gehen einige Familien offenbar gerne ins Hotel.

Dort sah man Araber ansonsten nur an der Rezeption. Die übrige Arbeit taten andere, meist Asiaten. Die „Zimmermädchen" beispielsweise waren Inder oder Pakistanis.

Bei einem ersten Gang zum Meer sahen die Stolps dann, dass da viele Algen waren. Die anrollenden Wellen hatten grüne Kronen. Das sah zwar lustig aus, lud aber nicht unbedingt zum Bade.

Vor der Küste waren rechts mehrere Inseln und Felsen, die nicht bewachsen waren. Gegenüber der größten Insel an Land befand sich ein Parkplatz, zu dem eine schnurgerade Straße führte. Hier war ein kleiner Park mit spärlichem Grün. – Nachmittags war Ebbe, und sie machten eine kleine Wanderung zum „Park". Dort saßen ganze Familien, teilweise ausgerüstet mit großen Mengen an Spießen. Die Menschen grillten. Männer und besonders die jungen Burschen fuhren derweil mit Autos den Sandstrand entlang. Manche lieferten sich in dreirädrigen Rennwagen Wettfahrten. Motorräder waren ebenfalls da. Auch auf einem Pferd konnte man reiten, ebenso mit einer Kutsche oder im Boot fahren. Es war ein richtiges Volksfest.

Kurz nach 5:30 Uhr abends ging die Sonne unter. Dann herrschte die berühmte arabische Finsternis. Nach dem Abendessen entdeckten sie am Rande des Hotels einen eigenartig beleuchteten „Palast", in den nur arabische Männer hineingingen. Alle Fenster waren verhängt. Der Musik und einem Plakat nach zu urteilen wurde hier Bauchtanz oder noch „mehr" geboten. Vor dem „Lokal" befand sich ein großer Parkplatz. Offenbar bestand Bedarf für dieses Angebot.

An einem Freitag, den 13., ging alles gut. Vielleicht lag das daran, dass sich an der Decke des Zimmers der Gäste ein grüner Pfeil befand. Der zeigte nach „Mekka". So würde wahrscheinlich auch an den kommenden Tagen alles im „grünen Bereich" (das hieß im Sinne des Propheten) bleiben.

Es war ja hier sowieso ein Feiertag. Sie gingen den Strand entlang in die andere Richtung als zuvor. Das Ziel hieß „Al Sawadi". Das war ein Fischerort, und bevor man den erreichte, konnte man am Dünen-rand viele weiße Fischerboote sehen, dahinter Buden mit diversem Fischerkram. Zwischen dem Meer und den Booten war ein breiter Sandstreifen. Den hatte die Ebbe hinterlassen.

Der Sandstreifen wurde von „Omanis" für diverse Aktivitäten ge-nutzt. Manche fuhren mit großen Autos gemütlich die Küste entlang. Andere lieferten sich Rennen. Mädchen und Frauen in bunten Bedui-nengewändern lustwandelten. Nur die ganz kleinen Knaben begleiten sie. Kleinfamilien parkten, um die Sprösslinge im Wasser plantschen zu lassen.

Hauptsächlich aber wurde auf dem Sand Fußball gespielt. Jungen und Jugendliche spielten getrennt. Das taten sie barfuß; alle aber hat-ten Jerseys großer Fußballclubs an. Die Spieler waren kleine „Messis" oder „Ronaldos". Das Wasser zum Meer hin war die Seitenauslinie, und wenn einer ein Tor schoss, zog er sein Jersey aus und schleuderte es über dem Kopf: ganz so, wie die Profis es taten.

Auf dem Rückweg sahen die Beiden, wie ein Boot nach dem an-deren ins Wasser geschoben wurde. Unter den Kiel wurden quer zum Boot Holzbohlen gelegt. Mit vereinten „Mannes"-kräften (auch die „Messis" machten mit) wurden die Boote zum Meer geschoben. Drei-mal etwa wurde die Zeremonie wiederholt. Dann waren die Boote im Wasser, und die „Yamaha"-Motoren taten ihre Werke. Die Fischer fuhren hinaus.

Sie fragten sich, wie die Boote wohl wieder an Land kommen würden. Da fiel ihnen ein, dass sie wohl von der Flut „angespült" wer-den. Es war eben in manchem sehr urig hier.

Bald mussten Silke und Andor realisieren, dass ihr Hotel auf dem Marschland vor der Küste und den Bergen „Omans" lag und ziemlich isoliert war. Es befand sich in einer Oase, die von zahlreichen Asiaten gepflegt wurde. Von hier fuhr kein Bus ab.

Bei „Barka" (etwa zwanzig Kilometer entfernt), wurde ein Rie-senhotel projektiert. Es sollte die „größte Touristenanlage Omans" werden. Nun war das Geld ausgegangen. Vom Park, den sie am ersten Tag besucht hatten, konnte man am Horizont die Kräne und die Roh-bauten sehen. Die Investoren versuchten angeblich, den Sultan für das Projekt zu gewinnen.

Bootsfahrer sprachen sie ständig an und wollten kleine Ausflüge per Boot machen. Sie sahen auch, wie ein Mann mit einem Pferd im

Hänger am Strand vorfuhr und das Pferd tief ins Wasser führte. – Merkwürdig!

Sie wanderten eine neu angelegte Küstenstraße mit künstlich bewässerten Bäumen entlang, wurden ständig von rasenden Autos, die ihnen meist zuhupten, überholt und kamen schließlich immer wieder im „Ghetto" des palmenbestandenen Hotels an: Da waren sie sogar froh.

Um einiges aus dem Hotel festzuhalten:

- Zur Ehrenrettung der arabischen Klos muss berichtet werden, dass es zwar keine Klobürsten gab, dass aber die Schläuche, die man hier fand, mindestens ebenso hygienisch waren wie das bekannte Gerät. Denn sie standen unter Wasserdruck, an den Enden befanden sich Duschen, und mit denen konnte man jede Toilette tadellos reinigen. – So viel dazu.
- Das Hotel hatte Internet-Anschluss. Man konnte ihn kostenfrei benutzen. In Europa war das nicht so.
- Und, obwohl sie in einem moslemischen Land waren: Es gab Alkohol! Im Restaurant wurde sogar eine kleine Weinkarte gereicht, und Bier war auch da. An der Bar konnte man Araber in weißen „Abayas" sehen, wie sie genüsslich ihr Bierchen tranken. Sogar Schnaps war im Angebot. Allerdings war alles teurer als zu Hause.
- Das Hotel hatte einen Pool und einen langen Meeresstrand. Manche Gäste störte es, dass Krähen hin und her flogen. Das war aber gar nicht so schlimm.

Eines Tages wurden sie durch lautes Rauschen geweckt. Das war das Meer. Über Nacht war Wind aufgekommen, und das Meer zeigte weiße Schaumkronen. Sie beschlossen, die Küstenstraße landeinwärts zu laufen. Sie sahen viele Ziegen im braunen Fell, die im Sand frei umherliefen und sich dabei möglichst im Schatten aufhielten. Ein paar Menschen trafen sie auch. Die grüßten freundlich. Die Kinder bestaunten die Gäste aus dem Norden. Endlich erreichten sie einen Laden, in dem es aber nichts Rechtes zu kaufen gab. Sie erstanden dennoch zwei „Cola" und eine Tüte Kartoffelchips. Die ausgeleerten „Cola"-Flaschen kamen in den Müll: Schade! – Mit einem Taxi fuhren sie ins Hotel, wo sie ans schäumende Meer gingen und später im Pool badeten.

Einen anderen Tag fuhren sie mit vier anderen Gästen im Klein-
bus nach „Muscat". Seit dem letzten Aufenthalt schien sich einiges geändert zu haben: Die vor vier Jahren noch stückhaften Autobahnen
waren fertig, und jetzt gab es auch ein Opernhaus. Es war ein riesiges
weiß strahlendes Gebäude, das Ende 2011 eingeweiht wurde.

Natürlich besuchten sie wieder die „Große Moschee" mit den
prachtvollen Gärten und der ebenso prachtvollen (und teuren!) In-
nenausstattung. In „Muscat" kamen sie zum Fischmarkt, wo das Angebot reichlich und vielfältig war. Am chaotischsten war allerdings der
Parkplatz davor. Rein kam man noch, aber raus: „Oh, oh!"

Die „Cornice" war wieder wunderschön, und dass der Muezzin
mittags kurz vor halb eins zum Gebet rief, passte eigentlich ganz schön
zur Atmosphäre. Dann besuchten sie den „Souq Muttra", der ihnen
diesmal allerdings nicht so gut gefiel wie vor vier Jahren. Es war einfach viel zu wenig los.

Aber der Sultan Qaboos regierte noch immer, war offenbar noch
immer geachtet, und sie besuchten seinen Palast. Es war wie „Tausend und eine Nacht", so prachtvoll. Höhepunkt war der „Al Bustan
Palace", ein Superluxushotel der „Ritz-Carlton"-Gruppe. Alles war
vom Feinsten; die Empfangshalle riesengroß und prächtig; die Außenanlagen erfreuten sie mit den schönsten Bäumen und Blumen, und
den Pool durften sie erst gar nicht sehen. Die oberste Etage dieses
Hotels war (so wurde gesagt) ständig für den Sultan reserviert. Wenn
er in „Muscat" weilte, soll er hier gewohnt haben.

Dass sie dieses Hotel sahen, hatten sie übrigens einem Hotelier-
Ehepaar aus Liechtenstein zu verdanken. Mit dieser Nationalität
wusste der Bankangestellte übrigens nichts anzufangen, als sie für
den „Souq"-Besuch Geld eintauschten.

Apropos Geld: Der Liter Super kostete 0,27 Euro! Aber das nützte
nichts, denn sie tankten ja nicht. Dafür kostete ein Glas Rotwein etwas
mehr als fünf Euro, und den gab es nur im Hotel. Über eine Stunde
jagten sie die Autobahn entlang, dann waren sie wieder in der Oase.
Der Ausflug war zu Ende.

Sie legten wieder einen „Hoteltag" ein und gingen an den Pool.
Dort suchten sie ein windstilles Plätzchen. Die Sonne schien zwar,
aber der Wind war doch ziemlich kalt. In „Muscat" hatte das Thermo-
meter fünfundzwanzig Grad angezeigt. Doch nun war unangenehmer
Wind gekommen. Zum Baden braucht man eben nicht nur Wasser und
Sonne, sondern auch ein laues Lüftchen...

Also machten sie einen erneuten Strandausflug, diesmal zum Fischerdorf. Gleich hinter dem Hotelgelände entdeckten sie eine verendete Ziege, an der Krähen herumpickten. Eklig! Dann sahen sie jede Menge angestrandeter Plastiktüten, Wasserflaschen und anderen Müll. Offenbar betrachteten viele Menschen das Meer als Müllkippe. Das ist schade. Nach diesem „Erlebnis" zogen sie sich in das Hotelzimmer zurück und lasen, denn es war draußen schon dunkel, aber noch nicht Abendbrotzeit.

Aber was war das? Alle Tage konnte Andor das Internet kostenlos nutzen, aber nun musste er einen „Rial" zahlen, später wieder nichts. Da half nur Fatalismus.

Der Wind blieb unangenehm, und sie merkten, dass es hier anfangs wärmer gewesen wärmer war. Nun mieteten sie ein Auto mit Fahrer und machten einen Ausflug nach „Nakhl". Das war eine große Burg, die man renoviert und mit neuerem Mobiliar eingerichtet hatte. Das hatten sie alles schon einmal gesehen. Der Parkplatz war leer, und die Renovierungen bröckelten an einigen Stellen schon wieder.

Rund um die Burg, die am Fuße der Berge und am Beginn einer Ebene liegt, befindet sich eine große Oase, die hauptsächlich mit Dattelpalmen bestanden ist. Das kommt daher, dass an einer Stelle Wasser aus den Bergen fließt. Man konnte baden. Am Beginn war ein Becken, in dem Männer und junge Burschen sich erfrischten; in einem Bache danach konnten Frauen (natürlich nur in voller Montur) mit den kleinen Kindern baden; weiter unten durfte man sein Auto waschen, und anschließend erfolgte die Bewässerung der vielen Gärten.

Von „Nakhl" fuhren sie nach „Barka", der Stadt am Meer. Die Straße war nicht ganz ungefährlich, denn die entgegen kommenden Autos lieferten sich abenteuerliche Überholgefechte. In „Barka" stand direkt am Meer eine alte Zitadelle, die aber geschlossen war. Sie war sehr mächtig und hatte früher dazu gedient, über den Golf einfallende Feinde abzuwehren. Das Umfeld dieser Burg war ziemlich verkommen.

Zurück ins Hotel brachte sie der arabische Fahrer auf einer halbfertigen Autostraße. Die durfte man offensichtlich schon benutzen, obwohl sie nicht zu Ende gebaut war und teilweise durch Dreck führte. Aber sie kamen an.

Im Hotel entdeckte Andor im Internet eine E-Mail, in der er gefragt wurde, wie der Ausflug nach „Barka" gefallen hätte: „Na nu?" Dann „checkte" er, dass das Hotel zur Region „Barka" gehörte und der

Reiseveranstalter dahintersteckte: Der sollte warten, denn sie flogen erst später nach Hause.

Auf einmal war der kalte Wind weg. Dafür schien es, als sei den ganzen Tag über Ebbe. Mit dem Baden im Meer war es also erst 'mal nichts. Im Pool war es auch schlecht, weil von neun bis siebzehn Uhr eine omanische Ölgesellschaft einen Betriebs-Ausflug für ihre Mitarbeiter organisiert hatte. Es war wieder einmal Feiertag.

Sie erfuhren, dass sie am kommenden Tag in der Nacht um halb drei abgeholt würden. Das konnte ja heiter werden! – Im Hotel war das Zelt von vor einer Woche wiederaufgebaut, darunter wurden Tische und Stühle gestellt. Die Stühle waren weiß überzogen und bekamen jeder eine grüne Schleife. Unter dem Zelt saßen arabische Familien. Für die Kinder wurden Hüpfburgen usw. am Strand errichtet. Mittags fanden sich alle unterm Zelt zum Essen ein. Dann konnten die Kinder wieder spielen. Sie wurden dabei animiert von lauter Rockmusik.

Gegen siebzehn Uhr war auch dieser Spuk vorbei, und Asiaten schleppten das „Equipment" für die Bespaßung wieder fort.

Sie gingen am Strand entlang. Jetzt hatte das Meer Grünalgen, und sie beobachteten, dass viele Araber mit ihren Autos am Meer entlangfuhren – immer schön langsam, einmal hin und dann wieder zurück. An der Küste ging es zu wie auf einer Straße. Die Autoradios waren voll aufgedreht, und eine Kolonne fuhr sogar ins Meer hinein. Man merkte: Hier ist der Sprit billig, und im Auto übers Watt zu fahren, war offenbar ein Volkssport im „Oman". Aber das galt „natürlich" nur für Männer. Frauen saßen derweil im Sand, brieten Spieße und hantierten mit Wasserflaschen.

Dann wurden sie tatsächlich nachts um zwei Uhr dreißig abgeholt. Über leere und finstere Straßen kamen sie schnell zum Flughafen, wo sie, weil es noch gähnend leer war, schnell eingecheckt wurden. Dort saßen sie zwei Stunden unausgeschlafen herum. In aller Herrgottsfrühe ging ein unterbesetzter Flieger nach „Doha" ab, wo sie in die Warteschleife auf Platz „17" aufgenommen wurden und mit dreißig-minütiger Verspätung landeten. Schließlich machten sie eine lange Bus-„reise" und mussten auf den Weiterflug warten. In der Abfertigungshalle kribbelte und krabbelte es. Man sah Araberfamilien – die Männer in kostbaren Kopftüchern, die Frauen total schwarz gekleidet, teilweise mit Gesichtsmasken versehen und der Filius als Aufpasser wie ein Hütehund gegenüber.

Später zerriss ein Angestellter der „Qartar-Airlines" ihre Bordkarten und gab ihnen andere: Silke saß jetzt auf „Platz 15 E" und Andor auf „14 F". Eine junge Berlinerin sah das und lästerte: *„Tja, is, nichts mit ‚Berlin'. Geht nach ‚Moskau'!"* – Ganz so schlimm war es nicht. Die Gesellschaft hatte offenbar festgestellt, dass die ursprüngliche Maschine nicht ausgelastet war. Stolps hatten eigentlich die „Reihe 27" gebucht, aber das andere Flugzeug hatte eben nur 25 Reihen. Also wurde ein kleines Flugzeug genommen, die Plätze der letzten Reihen nach vorne verteilt und so 100-prozentige Auslastung erreicht. Sie tauschten mit einem netten arabischen Herrn, so dass sie doch zusammensaßen.

Dafür gab es in diesem Flugzeug null Ansagen über die Flugroute und über die Landezeit. Auch der entsprechende Computer funktioniert nicht. Da sie in „Doha" eine Stunde zu spät abgeflogen waren, kamen sie zu Hause auch eine Stunde zu spät an.

Übrigens saßen in der Reihe neben ihnen drei junge arabische Burschen. Die bestellten bei der Stewardess jeder ein Glas Whisky und freuten sich diebisch darüber. Noch größer war ihre Freude, als sie erfuhren, dass es in „Berlin" zwei Grad „warm" sei. Sie machten daraus null Grad und jubelten noch mehr.

Das Jubeln wird ihnen bald vergangen sein.

(2012)

7. Sri Lanka

Silke bei ihrem Elefantenritt

Silke und Andor flogen mit Beate und Konrad Meyer-Maigang nach „Colombo". Die Hauptstadt „Sri Lankas" hat etwa 650.000 Einwohner und ist ethnisch sehr gemischt. Die meisten Menschen (etwa über vierzig Prozent) sind „Singhalesen", neunundzwanzig Prozent sind „Tamilen" und dreiundzwanzig Prozent „Moors" (srilankische Mauren). Dazu kommen Inder, Malaien und andere.

Sri Lanka ist eine Insel im Süden des Indischen Subkontinents und hieß bis 1972 Ceylon. „Sri Lanka" ist ein uralter Name und bedeutet „Ein glänzendes Land". Nun ist es ein Staat mit etwa zwanzig Millionen Einwohnern. Das Land ist multireligiös und multiethnisch. Der Buddhismus dominiert. Die Insel übernahm diese Religion bereits 250 Jahre v. Chr. Neunundsechzig Prozent der Bevölkerung sollen Buddhisten sein, 15 Prozent Hinduisten und 7 Prozent Christen. Immer wieder gibt es kriegerische Auseinandersetzungen.

Sri Lanka lebt vom Export von Tee, Kaffee, Kautschuk und Kokosnüssen. Auch der Tourismus ist eine wichtige Einnahmequelle. Die Menschen ernähren sich hauptsächlich von Reis.

2000 Jahre war Sri Lanka in verschiedene Königreiche aufgeteilt. Im 16. Jahrhundert kamen Portugiesen, dann Holländer und machten sich weite Teile des Landes untertan. Unabhängig blieb nur das Königreich Kandy. 1815 jedoch hatten Engländer die ganze Insel eingenommen, und 1948 wurde diese unabhängig. Die offizielle Bezeichnung ist „Demokratische Sozialistische Republik Sri Lanka".

Die Vier wohnten im „Bentota Beach Hotel" in „Bentota". Das liegt an der Westküste und südlich von „Colombo". Die Hitze und die Feuchtigkeit hatten dem Hotel zugesetzt, aber die europäischen Gäste bekamen durch Beharrlichkeit Zimmer in guter Lage mit Klimaanlagen. Das Hotel lag in einem großen Palmengarten direkt am Meer mit feinem Strand. Es wurde rund um die Uhr streng bewacht.

Im Innern der Anlage ereignete sich so manches: Viele Tiere wie Frösche, Hörnchen, Echsen, Eisvögel, Warane, Affen, aber auch Elefanten lebten hier. Ein fünfundsechzig-jähriger Mann, mit einem Lendenschurz bekleidet, kletterte jeden Tag die hohen Palmenstämme empor, um Kokosnüsse und alte Palmenwedel abzuschneiden. Dafür gaben ihm Touristen Zigaretten oder Rupies.

Dann erschienen Hörnchen, stießen die neben den Liegen der Touristen stehenden Colaflaschen um und tranken daraus. Auch in den Zimmern ereignete sich Merkwürdiges: Eine mitgebrachte Cognac-Flasche leerte sich „von selbst". Sie brauchten gar nicht davon zu trinken. Das war gut für die Gesundheit. Die Elefanten im Garten fraßen störrische Palmwedel und nahmen jeden Tag ein ausführliches Bad im neben dem Hotel mündenden „Bentota-Fluss". Es sah dann lustig aus, wenn nur noch die Löcher der Rüssel an der Wasseroberfläche erschienen.

Im Ort „Bentota" standen Kühe unter Rot blühenden Bäumen. Ebenfalls in Rot gewickelte Mönche mit schwarzen Regenschirmen warteten auf irgendetwas. Die Einheimischen liefen auf einer einspurigen Eisenbahntrasse hin und her, bis ein langsamer und alter Zug kam, der tatsächlich an der Station „Bentota" hielt. Die Besucher wussten nicht, wo dieser Zug herkam und wohin er fuhr.

Sie fuhren nach „Colombo" und wohnten im Hotel „Taj Samudra". Von hier aus riefen sie zu Hause an. Da war Andors Vater in Wirklichkeit schon gestorben, wie sie erst nachher erfuhren. Aber man sagte ihm jetzt nichts, weil die Familie das so beschlossen hatte. Also starteten sie am nächsten Morgen unbeschwert und noch unwissend eine Rundreise.

Vorher bestaunten sie das Treiben auf einem Markt in „Colombo". Es gab Ananas, unbekannte Früchte und bunte Ballons in

Mengen. Sie sahen dunkelhäutige Mädchen in weißer Schulkleidung. Die Lehrer bekamen Eis, die Schüler nicht. Im Zoo sahen sie eine Elefanten-Show. Dann erblickten sie eine Gruppe buddhistischer Mönche in ihren orangefarbenen Tüchern. Viele waren Knaben und hatten kahlgeschorene Köpfe.

Sie fuhren ins Inselinnere, nach „Habarana". In den Norden der Insel kamen sie nicht; das war Tamilen-Gebiet. Die Reise machten sie in einem alten Bus aus den sechziger Jahren. Da war viel Platz. – Auf einem Bauernmarkt wurden jede Menge Früchte (Bohnen, Zitronen, Limonen, Erbsen und vieles andere) sowie Gewürze aus Säcken verkauft. Die Kunden hatten große Plastiktüten, in welche die Händler die Waren taten. Hungern musste wohl keiner.

An den Landstraßen standen neben blühenden Bäumen wüste „Vogelscheuchen", die böse Geister fernhalten sollten. Statt Felder sahen sie oft riesige Wasserflächen, auf denen Seerosen blühten. In der Trockenzeit sollen diese sich in öde Steppen verwandeln.

Aber nun fühlten sich an diesem Ort Wasserbüffel wohl. Hielt der Bus einmal in einer scheinbar menschenleeren Gegend, tauchten Scharen von Kindern auf, die nach Bonbons bettelten.

Tempel und Affen begegneten ihnen immer wieder. Richtig romantisch wurde es in der „Habarana Lodge", wo sie bei Sonnenuntergang einen Abendrundgang machten.

Sie kamen nach „Anuradhapura". Das war die erste Hauptstadt der singhalesischen Königreiche. Sie wurde um 500 v. Chr. gegründet und war länger als tausend Jahre kosmopolitisches und religiöses Zentrum „Sri Lankas". Sie sahen eine weiß getünchte Stupa, eine Mauer aus steinernen Elefantenköpfen, künstlerische und Ruhe ausstrahlende Buddha-Figuren.

Fünfzig Jahre lang wurde in „Anuradhapura" die „Ruwanweli-Dagoba" (auch eine Stupa) restauriert. Sie hat ein Fundament von 113 Metern Durchmesser. Zu ihren Füßen wehten bunte Papiergirlanden, und festlich gekleidete Menschen brachten Opfer dar. Man konnte die alten Badebecken sehen, und auf antiken Ziegelsteinen spielten possierliche Äffchen. – In Felsen gemeißelt sahen sie die berühmten „Wolkenmädchen" von „Sigiriya". Es waren anmutige Fresken.

Dann kamen sie zum ehemaligen Königspalast, zu dem man über eine „Löwenpforte" aufsteigen musste. Konrad ließ sich hinauftragen. Von oben hatte man einen weiten Blick auf die Dschungellandschaft.

In „Polonnaruwa" (Hauptstadt vom 11. bis 13. Jahrhundert) sahen sie Tempel, einen Königspalast und eines der bekanntesten Kunstwerke der Insel, einen liegenden Buddha, der aus Stein ist und eine Länge von dreizehn Metern aufweist. Ganz friedlich ruhte er, umwuselt von vielen weiß gekleideten Menschen.

Der zwölf Meter hohe „Aukana-Buddha" dann wurde zwischen dem 5. und 9, Jahrhundert n. Chr.., aus einem Findling gehauen und zeigt eine Geste der Furchtlosigkeit („Abhaya Mudra"): Aufrecht stehend weist er mit dem angewinkelten rechten Arm und dem ausgestreckten Zeigefinger nach oben. Es sieht aus, als würde er von dort beschützt.

Beate wickelte sich kunstvoll ein großes rosa Batik-Tuch um und posierte so in einer Geste der Anmut und Eleganz.

Sie sahen uralte Tempel, eine Blasen-Stupa, eine prächtige Wächterstele, einen Reliquienschrein und immer wieder kahlköpfige junge Mönche in ihren orangefarbenen Tüchern und dazu passenden schwarzen oder knallgelben Schirmen gegen die Sonne. Dann erblickten sie einen meditierenden Buddha – aus Stein gehauen: Ganz in sich gekehrt saß er im Schneidersitz da.

Bei aller Geschichte und aller Religion sollte der Kommerz nicht zu kurz kommen. Silke „verliebte" sich in einen riesigen Holzelfanten und meinte, das wäre etwas für den Garten daheim. Es blieb aber bei kleineren Elefanten und Masken: Die „durften" mit nach „Germany".

Die Besichtigung von Ananas- und Kautschuk-Plantagen blieb ebenfalls nicht aus. Für den Kautschuk wurden spezielle Bäume angeritzt, und heraus floss eine klebrige weiße Masse – der Kautschuk. Das erinnerte an alte Zeiten als man in der DDR Kiefern angeritzt hatte, um den herausfließenden Harz in kleinen Töpfchen zu sammeln. – Hier wurden die Waren (Ananas und die klebrige Masse) in einem zweirädrigen Wagen abtransportiert, den ein Wasserbüffel zog.

Beim Gang zum Frühstück in einem Bungalow-Hotel wurden sie von einer Affenfamilie eskortiert. Die Affen rannten voraus und fletschten die Zähne. Besonders aggressiv führte sich ein „Oberaffe" auf, der der größte war. Sie waren froh, als sie ins Haus gehen konnten. Die „Tierchen" mussten draußen bleiben.

Schließlich kamen sie nach „Kandy". Das liegt hoch in den Bergen an einem See und ist ein Zentrum des Buddhismus. Dies ist wohl das Herz „Sri Lankas", denn hier konnten weder Portugiesen noch Holländer als Kolonialmächte landen.

Nun hatten die Gäste aus Europa einen religiösen Höhepunkt erreicht. Sie wurden ermahnt, religiöse Anlagen in angemessener Kleidung zu betreten, das hieß „kniebedeckt, nicht schulterfrei" und „ohne Schuhe", weswegen Socken aus dem Flieger empfohlen wurden. Denn nun betraten sie den „Zahntempel", das größte buddhistische Heiligtum Sri Lankas.

In einem goldenen Schrein lag ein Zahn Buddhas. Es war düster und feierlich. Viele Menschen waren da. Sie waren weiß gewandet, manche mit roten Schärpen. Einer war mit freiem Oberkörper erschienen, aber auf dem Kopf trug er einen Turban. Überall waren goldverzierte oder rot lackierte Säulen und Abgrenzungen. An den Säulen befanden sich bunte Fähnchen. Man spürte: Das ist ein Ort, der Buddhisten sehr heilig ist!

Bei „Kandy", in „Peredeniya", gab es einen großen tropischen Botanischen Garten. An einigen Bäumen wuchsen Früchte, die sahen aus wie Kanonenkugeln. Wenn die vom Baum fielen und zerplatzten, stanken sie gewaltig. Andere Bäume waren übersät von Flughunden. Die schliefen. Aber wenn man gegen den Stamm des Baumes klopfte, wurden sie aufgescheucht.

Im Gebirge fuhren sie mit dem Bus abenteuerliche Serpentinen. Als sie an einer Stelle oben starteten, stand da ein alter Mann, der einen Blumenstrauß verkaufen wollte. Keiner kaufte. Aber an der nächsten darunter liegenden Kurve war der Alte wieder da und an der übernächsten auch: usw., usw. Der Mann war schneller als der Bus, und wie es schien, freut er sich darüber.

Später kamen sie zu einer Teeplantage. Engländer hatten den Anbau eingeführt und dazu Tamilen aus Indien hergeholt, weil die das feuchte und kühle Klima hier oben angeblich besser vertrugen als die Singhalesen. Sie sahen riesige Teeplantagen im satten Grün. Dazwischen machten sich Frauen zu schaffen, die auf den Rücken Säcke trugen, die mit dem Kopf gehalten wurden und in die sie gesammelte grüne Teeblätter warfen. Vor einer Fabrik standen die Pflückerinnen danach brav an. Ein Turbanträger wog das Grün. In der Fabrik wurde es getrocknet, zermahlen, auf riesigen Fließbändern transportiert und schließlich nach Sorten separiert in Kisten getan.

Der geographische Höhepunkt war „Nuwara Eliya". Das heißt „Stadt über den Wolken" und liegt in 1.900 bis 2.100 Metern Höhe. Hier hatte der britische Gouverneur residiert. Das Wetter, der Rasen und die Pflanzen: Alles war sehr britisch. Es gab viele Gewürze und mitteleuropäische Gemüsesorten. Entwicklungshelfer aus Deutschland hatten angeblich ihren Anteil daran.

In „Pinnawela" gab es einen Elefantenwaisenhort. Hilflose Jungelefanten wurden aufgezogen. Aber nur die ganz kleinen wurden nicht angebunden. Silke machte sich an so einen Kleinen heran, aber der war schon so stark, dass er sie fast umwarf. Da halfen ihr rote Bananen. Die konnte man hier kaufen und sie sollten besondere Kräfte verliehen haben…

Schon ging es zurück nach „Colombo". Da warf jemand einen Stein auf den Bus. Eine Fensterscheibe war zerbrochen, und es dauerte sehr lange, bis er weiterfahren konnte, weil die einheimischen Begleiter diesen Vorfall bei einer Polizeistation meldeten.

So kamen sie in „Colombo" spät am Abend an.

Dort erreichte sie endgültig die Nachricht vom Tod des Vaters von Andor. Die Urlaubstimmung war dahin. Eine frühere Rückflugmöglichkeit gab es nicht. So mussten sie noch einige Tage in „Bentota" verbringen.

Silke wagte endlich einen Ritt auf einem Elefanten, und danach traute sich auch Konrad. Schließlich nahmen sie Abschied vom Strand, von den Tieren und von der üppigen Vegetation.

Zu Hause erwartete sie die Beerdigung des Vaters.

(1994)

8. Vietnam und Kambodscha

Kambodscha

Vietnam

Es gibt ein nettes vietnamesisches Neujahrsbild:
Eine fette alte Katze erhält Tribute von lustigen Mäusen. Eine Maus bringt einen Vogel, eine andere einen Fisch, zwei spielen auf einer Flöte, vier tragen einen Baldachin mit einer fröhlichen fünften Maus darin, eine hält ein Plakat hoch, eine weitere trägt einen Schirm, und eine Maus gar sitzt auf einem Pferd und dreht sich zu den anderen um: Die Katze ist China, und die Mäuse sind Vietnamesen. Aber wie das so ist: Die Nguyen-Fürsten in „Hue", die sich „Könige" nannten und noch im vorigen Jahrhundert amtierten, ließen sich ihre Stellung stets von den Kaisern von China bestätigen.
Silke und Andor Stolp besuchten ein Land der Widersprüche.

Vietnam hatte viele schrecklich Kriege erlitten und auch geführt. Immer wieder hat es sich behauptet. Zuletzt haben Amerikaner resigniert. Wie bei Franzosen und auch Japanern sind ihre Soldaten abgezogen.

Aber nun herrschte der Dollar in ganz Indochina, und Ströme von Touristen aus Frankreich und Japan bevölkerten das Land. Die Franzosen haben zumindest die allgegenwärtige Anrede „Madame", den Rotwein und das Baguette dauerhaft importiert.

Die Stolps verzichteten darauf, Zeugnisse jüngster Auseinandersetzungen zu besuchen. Also fuhren sie nicht zum Tunnelsystem, von dem aus „Saigon" durch die Kommunisten erobert wurde. Manche sagten, das sei eindrucksvoll – andere sahen hierin eine moderne Touristenfalle. Auch kein Kriegsmuseum stand auf der Tagesordnung. Krieg hatten sie ja selber gehabt.

Das wiedervereinigte Vietnam ist so groß wie Deutschland und hat etwa achtzig Millionen Einwohner. Die Menschen sind jung. Das ist ein großer Unterschied zu Deutschland. Ein Viertel der Vietnamesen hat keine persönlichen Erinnerungen an die Kriege gegen Franzosen und Amerikaner.

In Vietnam leben vierundfünfzig ethnische Gruppen in fünf Sprachfamilien. Die größte Gruppe sind die „Viet (Kinh)", die sechsundachtzig Prozent der Bevölkerung ausmachen.

Eine Staatsreligion existiert nicht. Vietnamesen verehren vor allem ihre Ahnen. Im Norden ist der Kommunismus stärker verwurzelt als im Süden, wo Kapitalismus und Buddhismus verbreitet sind. Franzosen hatten außerdem den Katholizismus eingeführt. Überall sieht man Kirchen mit Kreuzen. Konfuzius aus China hat ebenfalls Spuren hinterlassen. Zeugnisse hinduistischer Kultur gibt es ebenfalls. Das Land ist, was das Überirdische angeht, sehr pragmatisch, wenngleich es im Einzelnen glühende Anhänger aller erwähnten „Religionen" gibt.

Die Vietnamesen betrieben einen Nationalsport: das Hupen. Jedes Gefährt hatte seinen eigenen Sound. Die eindeutig in der Mehrheit befindlichen Mopeds tröteten, die Busse und Laster trompeteten, PKWs hupten wie in Deutschland, und Rikschas klingelten laut. – Fußgänger waren Hindernisse auf den Straßen, um die man fuhr, auch wenn sie „grün" hatten. Traute sich so einer nicht, eine Straße zu queren, hatte er eben Pech.

Und was wäre ganz Indochina ohne Handy? Auch Arme haben eines – oder zwei. Auf den Mopeds konnte man junge Frauen mit Schutzmasken sehen, wie sie an Staus fast im Stehen telefonierten und dabei trotz Staub und Benzindunst aussahen wie aus dem Ei gepellt.

Schließlich ist Vietnam das einzige Land in Fernost, das beim Schreiben lateinische Buchstaben benutzt. Europäer (Portugiesen und Franzosen) haben diese eingeführt, und die Vietnamesen haben sie gerne importiert – wohl, um sich von den Chinesen zu unterscheiden.

Die Reise

Kurz nach sieben Uhr holte ihr Sohn Johann Silke und Andor ab und brachte sie zum Bahnhof. Seit Wochen liegender Schnee schmolz schon etwas, aber noch fuhren sie durch eine Winterlandschaft. Sie fuhren dann mit der Bahn nach „Frankfurt/M.", von wo aus ihr Flugzeug nach „Hanoi" startete. Die Zeit bis dahin vertrieben sie sich im Duty-Free-Shop, wo sie eine kleine Plastikflasche mit Brandy kauften – für „alle Fälle". Im Warteraum trafen sie ihren früheren Reiseleiter von der Reise nach Indien. Diesmal betreute er eine Gruppe, die nach Indochina wollte. Wir hörten, wie er seinen nunmehrigen Gästen ankündigte, dass der Flug langweilig werde und was nach der Landung zu tun sei. So waren auch die Stolps im Bilde.

Der Flieger war richtig voll. Er startete pünktlich, flog über die Ukraine, Afghanistan sowie Indien und landete wie vorgesehenen 6:50 Uhr Ortszeit in „Hanoi". Da hatten sie etwa 8.700 Kilometer „auf dem Buckel".

Hanoi

Ein neuer Tag begann. Es wurde hell und mürrische Passbeamte in Vopo-Uniformen ließen sie in ihr Land. Ewig warteten sie aufs Gepäck. Beim Zoll wurden sie durchgewinkt. Draußen wartete ihr Fahrer von „Geoplan". Sie tauschten zweihundert Euros um und waren jetzt „reich", so viele Geldscheine im Wert von fünf Millionen Dong hatten sie. Dann ging es siebenunddreißig Kilometer nach „Hanoi".

Der erste Eindruck war nicht umwerfend: Slums jenseits der Autobahn, Reisfelder mit übervielen Landarbeitern und Mopedfahrer, die sich offenbar mit jedem Kilometer, den sie sich der Stadt näherten, exponentiell vermehrten. Viele waren Frauen. Die meisten trugen Atemmasken und schützten sich gegen den Smog, die Vogel- oder Schweinegrippe, vielleicht auch gegen die Sonne. Möglicherweise war das auch eine Mode, wer weiß?

Sie sahen einen prächtigen Blumenmarkt und danach viele mit Blumen überladende Motorroller, Mopeds und Fahrräder.

Endlich kamen sie durch ein Gewirr von Straßen und Verkehrs-
teilnehmern unter viel Gehupe am „Zephyr-Hotel" an, wo sie warten
mussten, bis sie ins Zimmer konnten: Es war ja auch erst neun Uhr. Sie
machten einen Rundgang um dem „Hoan-Kiem-See" und sahen seltsam anmutende Gestalten, darunter viele junge Leute, aber auch Alte,
die wie in Schlafanzügen erschienen waren, um „Yoga", „Shigon" (o-
der was es auch sein mochte) zu betreiben.

Diese Senioren konnten sich wohl noch an den Vietnam-Krieg,
an Amerikaner und ihre Bomben, erinnern. Dass dies heute ein kommunistisches Land war, zeigten viele rote Fahren und andere aus der
untergegangenen DDR bekannte „Ost"-Symbole.

Es war heiß, und schnell hatten sie Durst. Um zehn Uhr durften
sie ins Zimmer, das leise war. Sie sanken dahin und schliefen drei Stunden lang. – Danach wagten sie sich wieder in die Metropole, die mittlerweile wohl mehr als die im Reiseführer angegebenen vier Millionen
Einwohner hatte. Es sollten sechseinhalb Millionen sein!

Die erste Nudelsuppe (das Nationalgericht Vietnams „Pho") nahmen sie in der Nachbarschaft ein. Noch einmal umrundeten sie den
„Hoan-Kiem-See". Es waren mehr Menschen dort als in der Frühe, und
nach einer Stunde Fußmarsch waren die Neuankömmlinge „groggy" –
von der Hitze und der Schwüle. Wieder erwies sich das Hotel als guter
Zufluchtsort.

Abends war der See illuminiert. Es war traumhaft, und man sah
viele Liebespaare, die sich hier trafen und „ewig" zusammensaßen.
Silke und Andor „dinierten" draußen bei einem lauen Lüftchen.

Herr Nguyen Van Trang – der Reiseleiter – und der Fahrer holten
sie am folgenden Tag um acht Uhr vom Hotel ab. Herr Van Trang hatte
in Dresden in der DDR studiert und war daher des Deutschen mächtig.
Sie dagegen verstanden von der Sprache der Vietnamesen gar nichts.
Sie sollte sich vom Chinesischen herleiten (konnten sie auch nicht beurteilen) und unter anderem darauf basieren, dass eine Silbe sechs
Bedeutungen habe (je nachdem, wie man sie betonte). Fast alle Wörter wären einsilbig, hieß es.

Als erstes besuchten das „Ho-Chi-Minh-Mausoleum". Dort gab
es ein Wachregiment in weißer „Vopo"-Uniform. Die Herren waren
sehr streng. Die Gäste mussten die Kameras abgeben und sich in einer
Reihe anstellen – vor einer französischen Reisegruppe.

Nun aber zu „Onkel Ho", wie die Leute ihn dem Vernehmen nach
hier nannten. Sie standen vor den Franzosen in Reih und Glied, bis sie

ein Weißuniformierter ernst anwies, neben ihm auf einem „roten Teppich" (der aus Plastik oder PVC bestand), zur Tat zu schreiten. Sie gingen in das Mausoleum hinein, rechts herum, links herum und immer so weiter. Überall standen bewaffnete weiße Soldaten, am Eingang sogar welche mit aufgesetzten Bajonetten. Am Ende kamen sie in einen viereckigen Raum, in dessen Mitte „Ho Chi Minh" aufgebahrt und einbalsamiert lag, eskortiert von vier strammen Weißuniformierten. Unser Soldat führte die Prozession an. – Die Gäste hatten ihren Auftritt und Abgang gehabt. Erst draußen vor dem Gebäude durften sie sich zivil „auflösen", nachdem sie noch einmal mehrere Wachen passiert hatten.

Ganz schön viel Aufwand war das: „Ho, Ho, Ho Chi Minh", hatten auch Stolps Ende der sechziger Jahre auf dem „Ku-damm" gerufen. Heute wussten sie, dass „Ho" wirklich kein Böser war und dass man sich im Unterschied zu Mao seinetwegen nicht zu schämen brauchte: Das war die Lesart der Vietnamesen. Sicher war „Ho" wohl kein lupenreiner Demokrat, aber ein gebildeter Humanist war er wohl, wenngleich man dem alten Haudegen auch keinen Heiligenschein aufsetzen sollte.

„Ho Chi Minh" (den Namen hatte er angenommen) wurde 1890 als Sohn eines konfuzianischen Beamten geboren, ging auf das französische Gymnasium in „Hue" und bereiste danach Amerika, England und Frankreich. Hier lernte er die kommunistische Bewegung kennen, war viel für die Komintern von Moskau aus tätig. Später galt er als aus dem Dschungel heraus agierender Führer der Befreiungsbewegung Vietnams von den Franzosen und Amerikanern sowie als Gründer des Staates. Dort hatte er alle wichtigen Ämter inne, obendrein war er Vorsitzender der KP.

So beliebt wie „Bac Ho", also wie „Onkel Ho", wäre „Honi" in Deutschland sicher auch gerne geworden. Aber der hatte das Land nicht wiedervereint und auch sonst nicht viel fürs Vaterland geleistet. Es lebe der Unterschied! So kommt es, dass man „Ho" ein Mausoleum errichtet hatte, obwohl er gewollt haben soll, dass man seine Asche übers ganze Land verteile.

Vielleicht hat man „Ho" auch so geehrt, weil es zur Tradition Vietnams gehört, die Ahnen zu achten. An ihren Todestagen werden sie gefeiert. In den Familien sind sie präsent. Denn würde man sich nicht um sie kümmern, irrten sie als Geister ruhelos durch den Kosmos, und wer will das schon seinen Vorfahren antun?

Politisch war Vietnam ein kommunistisches Land: Rote Fahnen mit einem gelben Stern, manchmal auch Hammer und Sichel sowie Lenin- oder Marx-Büsten konnte man sehen. Kulturell und wirtschaftlich war es frei – auch in seinen Sitten, was die „alten Kämpfer" sicher bedauerten: So durfte an jeder Ecke die Nudelsuppe „Pho" verkauft werden. Bei den Kommunisten vor der Wiedervereinigung war das verboten: zu viel Fleisch. Damals musste das Volk hungern, und danach exportierte das Land Reis. Liebespaare knutschen derweil ungeniert im Park. Das hätte „Onkel Ho" sicher nicht gefallen, aber die Zeiten änderten sich halt.

Übrigens hieß es früher in Deutschland:

„Bürger runter vom Balkon,
reiht Euch ein beim Vietcong!"

Doch wer wusste damals schon genau, was es mit Vietnam und dem Vietcong auf sich hatte? Die Amis werden nicht amüsiert gewesen sein über die damaligen Sprüche der deutschen Studenten.

„Ho" wurde eingereiht in die Liste der großen Kaiser Vietnams: Um in die Geschichte dieses Landes einzutauchen, besuchten sie nach dem „Ho-Chi-Minh-Mausoleum" den Konfuzius- oder Literaturtempel („Van Nieu"). Hier war früher eine an die Verbotene Stadt in „Peking" erinnernde Anlage mit fünf hintereinander gelegenen Höfen, in denen nach Errichtung der Ly-Dynastie (ab 1010: 2010 sollte „Hanoi" 1000 Jahre Hauptstadt sein!) die Beamten Vietnams nach den Lehren des Konfuzius (Hierarchie, Verhaltensregeln) ausgebildet wurden.

Nun war die Anlage Treffpunkt für Literaten. Silke und Andor erlebten ein vor Besuchern überquellendes Dichtertreffen, wo Künstler ihre Werke vortrugen oder an anderer Stelle Gedichte über das Gebirge, die Seen usw. aufgeschrieben waren. Die früheren Lehrer wurden durch Gebete, Räucherstäbchen und anderes geehrt. – Das war ein gutes Beispiel dafür, wie eine historische Anlage aktuell genutzt werden kann.

Schließlich führte sie Herr van Trang ins Ethnologische Museum, wo sie lernen sollten, wie friedlich die Völkerschaften in Vietnam zusammenleben würden. Sie sahen Spinnstuben, Boote, Langhäuser: Alles etwas ermüdend. Draußen sollte noch ein Wasserpuppentheater aufgeführt werden. Sie aber hatten keine Zeit zum Zuschauen.

Hinterher fuhren sie noch circa eine Stunde mit Rikschas durch die Altstadt. Es war ein Gewirbel und Gewühle dort. Viele wollten Geschäfte machen und stellten ihre Waren auf die Straße, wo sie auch aßen, tranken oder Mittagsschlaf hielten.

Ha Long

Es ging nach „Ha Long". Abfahrt war um acht Uhr am Hotel mit „kleinem Handgepäck", denn am nächsten Tag kamen sie wieder. Die Fahrt dauerte fast vier Stunden, und sie waren nahe der Grenze zu China.

„Ha Long" heißt „herabsteigender Drache", und das geht so: *Wieder einmal wurde Vietnam vom Norden her bedroht, da bat der Jadekaiser einen Drachen um Hilfe. Der spuckte Jadestücke auf die angreifenden Schiffe, versenkte diese dadurch und zurück blieben 3.000 Inseln und Inselchen, die aus dem Meer ragen und der Landschaft ihr bizarres Aussehen geben.*

Was man sieht, sind Kalksteinfelsen, die mystisch aus dem Wasser ragen. Das Gebiet steht auf der Erbeliste der UNESCO.

Am Pier war großes Gedränge. Einige Touristen wollten fix an Bord, andere kamen gemächlich. Endlich durften alle auf die „Dschunke".

Die „Luxuskabine" der Stolps war ein dunkles Loch mit einem engen Doppelbett an der Wand, bezogen mit Synthetik. Das „Bad" war eine Toilette mit Duschmöglichkeit. Hinterher erfuhren sie, dass dies die öffentliche Toilette sei, wenn alle ihre Kabinen ausgecheckt hätten.

Eigentlich sollten sie ja ein anderes Boot bekommen. Das war aber angeblich leider „abgebrannt".

Der hiesige Guide war etwas aufdringlich. Gleich nach der Ankunft gab es „Fisch", – das hieß eigentlich Schalentiere. Dazu tranken sie vietnamesischen Weißwein ohne Angabe des Jahrganges und der Rebsorte für zwanzig Dollar die Flasche. – Na, ja.

Dann ging es in die Höhlen, und der Guide hatte Spaß daran, wieder und wieder zu fragen, welchen Tieren die Stalagmiten oder Stalaktiten wohl ähneln würden. Um 19 Uhr gab es Abendessen, – wieder Schalentiere. Dann ankerte das Schiff zusammen mit vielen anderen in einer Bucht. Die Gäste konnten sehen, wie sie den Abend verbringen. Im Übrigen war alles sehr teuer, und die Preise in Dollar (US!)

angegeben. Eine Flasche Weißwein aus Australien kostete dreißig Dollar.

Um sechs Uhr (!) begann das Aufstehen an Bord. Um sieben Uhr gab es Frühstück, und um acht Uhr hieß es umsteigen, um von noch kleineren Booten auf dem Wasser lebende Fischer zu beobachten. Sie saßen zu Dritt auf einem Kahn, der von einer jungen Vietnamesin gerudert wurde. Der Guide sah überall in den Felsformationen ringsum „Tiere". Wenn gerade ‚mal nicht‚ hustete er seine Gäste von hinten voll. Kurz vor neun Uhr waren sie wieder auf dem Schiff, und um halb zehn Uhr musste die Kabine geräumt sein. Dann gab es nur für Silke und Andor schon wieder ein Menü aus Meeresfrüchten und: Tschüss!

Sie gingen von Bord.

Nach dreieinhalb-stündiger Fahrt waren sie wieder im „Zephyr-Hotel" in „Hanoi". Das Zimmer war diesmal größer als das an den beiden Tagen vorher: Sie waren „upgegradet".

Im Supermarkt kauften sie für neun Dollar eine Flasche „2005er Bordeaux Lafaurie Trio": Vive la France!

Im Luxuszimmer lief die ganze Nacht die Klimaanlage. Dennoch konnten sie gut schlafen. Um sechs Uhr wurden sie geweckt, denn früh fuhren sie mit Gepäck nach „Ninh Binh". Sie fuhren sehr lange durch mehrere „Provinzen" (Vietnam hat dreiundsechzig davon, darunter fünf Städte wie „Hanoi" oder „Saigon".) und kamen schließlich an den Überresten der alten Königsstadt „Hoa Lu" an. Paläste gab es nicht mehr, „nur" zwei Tempel. Das hier war auch nur kurze Zeit Hauptstadt eines Reiches der „Le-Dynastie". Die Herrschaft zerbrach 1010.

In der Nähe von „Ninh Binh" konnte man eine Bootsfahrt machen, bei der Kalkfelsen zu sehen waren. Die waren umringt vom zarten Grün der Reisefelder, durch die sich das Flüsschen „Ngo Dong" schlängelte.

Mit einem Flieger kamen sie so gegen zweiundzwanzig Uhr in „Hue" an. Hier herrschten es um diese Uhrzeit noch siebenundzwanzig Grad Celsius, aber sie bewohnten ein sehr gepflegtes tropisches Hotel mit Klimaanlage. Sie schliefen fest und lange in dem exklusiven „Haus".

Das Hotel in „Hue" war spitze, denn sie waren schon wieder „upgegradet" worden. Nach dem Frühstück ging es auf den „Parfüm-fluss". Der war aber nicht anmutig und romantisch, sondern einfach nur breit und grau. Sie fuhren auf einem ollen Motorboot, das sich zugleich als mobile Boutique entpuppte. Sie kauften zwei Tuschbilder und ein weißes Maohemd, das sich bei der Hitze als praktisch erwies – immerhin zeigte das Außenthermometer siebenunddreißig Grad Celsius.

Sie verließen den Fluss und kletterten hinauf zur „Thien-Mu-Pagode". Die sollte von 1601 stammen und symbolisierte mit ihren sieben Stockwerken die Reinkarnation Buddhas. Es ist das buddhistische Zentrum rund um „Hue".

„Hue" gehörte während der Teilung Vietnams zum Süden. 1945 bis 1963 soll das auch gut gegangen sein. Doch dann schlug das erzkatholische Diem-Regime in „Saigon" einen antibuddhistischen Kurs ein und provozierte Widerstand. Der Mönch Thich Quang Duc ließ sich am 11. Juni 1963 nach „Saigon" fahren, um sich dort aus Protest zu verbrennen. Der alte „Austin", der den Mönch nach „Saigon" gebracht hatte, ist in einem Seitenflügel der Pagode zu sehen. – So etwas wurde erzählt.

Höhepunkt „Hues" war zweifellos die Königsstadt „Dai Noi" – eine riesige Anlage, die dem Kaiserpalast in „Peking" nachempfunden sei. Die Anlage hier bestand aus drei ineinander verschachtelten Rechtecken. Es gab eine Zitadelle und eine „Verbotene Stadt" mit ihren Palästen, Tempeln und Gärten. Das Ganze war zerstört und wurde rekonstruiert. Angefangen von Nguyen Hoang hatten hier zehn Herrscher gewirkt – bis 1945. Sie hatten Konkurrenz im Norden Vietnams, standen zum Schluss unter der Oberhoheit von Franzosen, und der letzte „König" musste gar ins Exil: Die vietnamesische Geschichte war nicht einfach.

Mittlerweile war „Hue" ein kulturelles und touristisches Zentrum.

Vietnam hat die Form eines „S". So schlängelt es sich von Nord mit dem Zentrum „Hanoi" nach Süd mit dem Zentrum „Saigon" am Südchinesischen Meer entlang. Westliche Nachbarn sind Laos, Kambodscha und Thailand. In der Mitte des „S" liegt an einer dünnen Stelle, wo es nur wenige Kilometer von Laos zum Meer sind, der „Wolkenpass". Das ist die Wetterscheide zwischen Nord- und Südvietnam. Es heißt, im Norden sei es kühl, im Süden heiß. Gerade war es im Norden heiß und im Süden ebenfalls. Der „Wolkenpass" ist nicht die alte politische Grenze zwischen den beiden Vietnams nach dem Indochinakrieg. Das war der berühmte 17. Breitengrad.

Hue – Hoi An

Sie fuhren sie von „Hue" nach „Hoi An". Gerne wären sie in dem schönen Hotel geblieben. Vor dem „Wolkenpass" besuchten sie ein etwas heruntergekommenes Strandhotel. Die Treppen zum Meer hin waren abgebrochen, und alles machte einen schlechten Eindruck. Aber das Meer konnte man sehen: Es war gleißend mit hohen Wellen, etwas unwirtlich. In einem Perlenshop sollten Fotos von Condoleezza Rice und von Mutter Bush, die sich hier mit Schmuck behängt hatten, zum Kauf animieren.

Stolps wurden wieder einmal daran erinnert, dass es schwarze und weiße Perlen gibt, auch echte und unechte. Die letzteren könne man daran erkennen, dass sie brennen und dass man sie mit einem Messer ankratzen könne. Manche Fälschungen allerdings vertrügen auch das.

Der „Wolkenpass" war ziemlich unspektakulär. Busse, Laster, Touri-Autos hielten an der Scheitelstelle, wo ein alter Tunnel mit Turm und ein vergammelter Tempel standen. Aber die Aussicht war toll, und vor allem war es schön, dass ein laues Lüftchen wehte.

Wie überall hier wurden die Reisenden von Händlern „angesprochen", die irgendetwas verkaufen oder (echte?) Dollar-Münzen in Scheine umtauschen wollten. (Warum gibt es eigentlich keine Ein-Euro-Scheine? Die Ein-Dollar-Scheine waren hier sehr begehrt und konnten in der Bank umgetauscht werden.)

Nach dem „Wolkenpass" kam „Da Nang", eine Riesenstadt. Das war einst Gebiet des Volkes der Cham. Die waren Hinduisten und sind von den Vietnamesen vollständig verdrängt worden, warum auch immer.

Nun gab es in „Da Nang" ein „Cham-Museum", wo man die Figuren und Fabelwesen der Hindis bestaunen und sich darüber freuen konnte, wie sinnlich sie doch waren.

In „Hoi An" ging es zuerst in eine Seidenfabrik. Es wimmelte vor Touristen (Deutschen vor allem). – Von der Puppe über den Cocon bis zum Tischtuch konnte man sämtliche Stufen der Seidenproduktion sehen, und im oberen Stockwerk gleich Maß nehmen, um sich ein Hemd, ein Kleid, einen Anzug oder sonst etwas nähen zu lassen.

Das Hotel in „Hoi An" hieß „Riversinde"und lag sehr schön im Grünen an einem Fluss. Vier Nächte würden sie bleiben, um sich zu erholen.

Abends gingen die Stolps eine finstere Straße vor dem Hotel entlang und kamen in ein Restaurant, wo der Weißwein warm war, die Suppe aus, aber die anderen Gänge (die alle mit einem Mal kamen) köstlich. Der „Kellner" sprach keine europäische Sprache, hampelte ständig vor dem Tisch herum: Aber Oliver Kahn, Michael Ballack und Jürgen Klinsmann, die kannte er alle!

„Hoi An" hat etwa 80.000 Einwohner. In Europa hieß die Stadt früher „Faifo". Mittlerweile ist der Hafen für die Überseeschiffe nicht mehr groß genug, und in dieser Hinsicht hat „Da Nang" „Hoi An" den Rang abgelaufen. Aber nun ist „Hoi An" ein Touristenzentrum geworden. Am Ufer des Flusses „Thu Bon" wurde restauriert, und dort reihte sich eine Boutique an die andere. Trotz der Hitze bummelten Touristen durch die Gassen: Es war wie in Europa.

Vorher gingen Silke und Andor auf den Markt. Dort war es eng und stickig, und es gab Obst und Gemüse. Auch allerhand lebendes Getier war im Angebot. Man konnte nach Luft hechelnde Enten direkt neben anderen sehen, die schon geschlachtet waren. Hühner wurden lebendig abgeschleppt: kopfunter und die Krallen als Henkel eingesetzt. Fische, Krabben und andere Wassertiere gab es von quicklebendig bis pulverisiert in jeder Verarbeitungsstufe. Schweine- oder Rindfleisch wurde auf Holzblöcken von alten Frauen klein geschnitten und offensichtlich grammweise verkauft. Zwischen den Ständen war es dunkel und feucht, aber im Gewühle durften auch Mopeds hindurch. Laut hupend bahnten sie sich ihre Wege

Dann sollte es zu einem Kochkurs gehen. Vorher besichtigen sie eine wie eine Bratpfanne daliegende heiße Gärtnerei, in der Gemüse angeblich ökologisch angebaut wurde. Schlingpflanzen aus dem Fluss wurden untergegraben und sollten als Dünger für die Salate, Erdnüsse, Kürbisse, Bohnen und vielen anderen Pflanzen dienen. – Wer will, konnte sich hier massieren lassen. Silke wagte es im weißen Kleid.

Endlich begann der Kochkurs. Aus „Hanoi" wussten sie, dass Katzen besser schmecken sollten als Hunde und dass dieser am besten munden würden, wenn das Tier ein dreiviertel Jahr alt war. Hier immerhin wurden weder Hunde noch Katzen verspeist. Lediglich Hühner wurden mit Krabben zu Röllchen verarbeitet, vorher mit vielen Gewürzen zu einer Masse geknetet, die zwanzig Minuten ziehen musste.

Nach einer Stunde war dieser „Kochkurs" vorbei: Alles und noch mehr wurde serviert, angefangen mit Frühlingsrollen. Es schmeckte wirklich sehr gut, und es war ein Glück, dass die Köche bei der Hitze auch tiefgekühltes „Tigerbier" hatten, das in „Saigon" gebraut worden war.

Plötzlich „stank" bei Andor alles nach Fisch und Tran. Ob es an der vergorenen Fischsauce lag, die es überall gab und die sie auf das Essen geschüttet hatten? Er wusch die Hände, aber der Gestank blieb. Da bemerkte er, dass die Pille, die er gegen den „schlechten Fettwert" einnehmen sollte und die er in die Hemdtasche gelegt hatte, sich in der Hitze aufgelöst hatte, so dass der Inhalt (Fischöl!) sich über das Hemd verbreiten konnte. Das Hemd „stank" auch nach dem Waschen. Der Arzt zu Hause wird sich über diese Story freuen.

In der Stadt besichtigten sie die „Halle Phuc Kein", die eine chinesische Gemeinde 1890 erbauen ließ und so ein Mittelding zwischen Kulturhalle und Tempel ist. Sie gingen auch über die „Japanische Brücke", die überdacht war und auf der einen Seite von Hunden, auf der anderen von Affen eskortiert wurde (steinernen natürlich). Es folgten zwei weitere Besichtigungen, und dann „durften" sie ins Hotel. Der Pool lockte.

Doch - oh Schreck! - der Pool war von Sachsen eingenommen. Keine Liege war frei. Einer der Sachsen sagte, er würde nachher „mit Moniga" früh zum Strandrestaurant gehen, damit er einen Platz in der ersten Reihe bekäme. Ein anderer verkündete, er wolle im Hotel bleiben, schließlich hätte er schon „genug Elend" gesehen. Und als eine Landsfrau von der Massage kam, berichtete sie stolz, dass es aufregend gewesen sei. Wie die Mücken ums Licht scharten sich alle Sachsen um sie, um nichts zu versäumen. Einer fragte, ob Männer und Frauen getrennt würden, bekam aber keine Antwort. Dann verkündete ein Landsmann, dass auch er sich habe massieren lassen: *„So günstig kriecht man das bald nicht wieder."*

Am Hotel floss ein Seitenarm des „Thu Bon" vorbei. Abends in der Dunkelheit ließen einige Leute kleine bunte mit Kerzen beleuchtete Papierlampions auf diesem Fluss gleiten. Das sah sehr romantisch aus.

Freizeit! Sie frühstückten ab neun Uhr. Dann ging es an den leeren Pool. Die Sachsen waren weg. Mit dem Hotelbus fuhren sie zum Meer und badeten in der „Südchinesischen See". Da waren die Wellen sehr hoch, am Strand war es glühend heiß, und das Meerwasser schien nicht sauber zu sein.

Hemden und Hosen gaben sie zum Waschen außerhalb des Hotels, denn da kostete es nur einen Bruchteil. Abends aßen sie in einem kleinen Restaurant am Fluss. Es wurde etwas kühl. Wind kam auf, so dass man fast eine Jacke vertragen konnte. Aber in der Nacht wurde es wieder tropisch heiß.

Stolps genossen einen weiteren Ruhetag, bevor der zweite Teil der Rundreise begann. Es war „Weltfrauentag": Schließlich waren sie in einem sozialistischen Land! Da mochte das Hotel nicht abseits stehen und bot für fünfzehn Dollar den Frauen ein „Extra-Menu" an: *„Chicken Soup with Fairy Hair / White Rose / Pork Wrapped in Cabbage / Sweet and Sour Fish Soup / Braised Shrimp / Steamed Rice / Flan Caramel".*

So reichten sich Kommunismus und Kapitalismus die Hände.

Mit dem Hotelbus fuhren sie noch einmal zum Markt. Dort kauften sie Messerbänkchen (weil sie die ja so dringend brauchten!) und als Mitbringsel zwei chinesische Lampions. Im Hotel faulenzten sie am Pool, und dann verdüsterte sich der Himmel, als ob es Regen geben würde, was aber doch nicht geschah.

Saigon

Von „Da Nang" ging es nach „Ho-Chi-Minh-City", besser bekannt als „Saigon". Sie verließen ihr mittlerweile lieb gewonnenes Hotel. Dort hatten sie übrigens einen Nachbarn, der Doppelgänger eines heimischen Freundes gewesen sein könnte: Aussehen, Größe und Bewegungen waren identisch. Allerdings sprach dieser Mensch Englisch, und seine Frau war eine kleine schwarzhaarige Dicke mit Brille: unserer heimischen Freundin sehr unähnlich. Im Pool hatten sie sich getraut, den Mann zu fotografieren.

Das Wetter hatte sich abgekühlt. Es war stürmisch, und auf dem Weg zum Flughafen erlebten sie Sandstürme. Aber der Flieger startete trotzdem.

1.000 Kilometer flogen sie Richtung Süden. Dort waren es dreiunddreißig Grad Celsius. Andor wurde etwas schwindelig beim Verlassen des Flugzeuges. Ein Minibus - der erste auf dieser Reise – fuhr durch den Moloch namens „Saigon" oder (was aber keiner sagte) „Ho-Chi-Minh-City" und setzte sie vor dem Hotel ab. Hier war so weit alles o.k., aber es war laut und heiß! Sie bekamen ein Zimmer mit Hinterhofaussicht, dafür war nicht so viel Lärm.

Graham Green schreibt in seinem Vietnam-Roman „Der stille Amerikaner": *„Eine Schar alter Frauen in schwarzen Hosen hockte auf dem Treppenabsatz; es war Februar und vermutlich fanden sie es im*

Bett zu heiß." Jetzt hatten sie hier natürlich Strom, und zumindest die Hotels verfügten über Klimaanlagen, so dass es drinnen kühler war als draußen. Dafür wurde man permanent angepustet.

„Saigon" war ab 1859 Hauptstadt des französischen Protektorats „Cochinchina" und so etwas wie eine französische Provinzstadt in Fernost. Franzosen bauten ein Rathaus nach dem Vorbild in „Marseille", ein Hauptpostamt, eine Kathedrale und ein Opernhaus. Alles stand noch und wurde eifrig von Touristen aufgesucht. Im Rathaus tagte der Volkskongress; in der Kathedrale wurde sonntags auch Englisch gepredigt; das Hauptpostamt war eine Art Museum, von wo man nach „Paris" oder „Sydney" telefonieren konnte, und in der Oper sollen gerade die „Wiener" gastiert haben mit der „Zauberflöte" auf Englisch.

„Ho-Chi-Minh-City" hatte mittlerweile etwa acht Millionen Einwohner mit vier Millionen Mopeds. Es trug den Spitznamen „Honda-City". „Saigon" war 1954 bis 1975 Hauptstadt der „Republik Südvietnam". Dann rammte ein kommunistischer Panzer aus dem Norden die Umzäunung des Präsidentenpalastes (heute „Wiedervereinigungspalast") ein, und seitdem ist Vietnam mit der Hauptstadt „Hanoi" wieder vereint. Eigentlich besteht „Ho-Chi-Minh-City" aus zwei Städten: aus „Saigon" und „Cho Lon", dem Chinesenviertel. Der hindurch fließende Fluss heißt nach wie vor „Sai Gon".

„Saigon" machte einen noch lebendigeren Eindruck als „Hanoi": Mehr Menschen, mehr Mopeds und mehr Hitze. Jedes Loch wurde als Laden benutzt, und am häufigsten sah man Moped-Werkstätten, in denen geschraubt, geschmiert und gelötet wurde. Die Leute aßen auf den Bürgersteigen, und ganz Kluge unter den Mopedfahrern benutzten die Bürgersteige als Fahrstraßen, wenn die Straßen selbst ihnen zu voll waren. Wenn ihnen dabei Fußgänger im Wege waren, hupten sie diese einfach weg. Diese ließen sich das gefallen und schauten dem Moped versonnen nach, wenn sie kein eigenes Gefährt hatten.

Stolps besichtigten das alte französische Zentrum, sahen die berühmten Hotels „Rex" und „Continental", betrachteten am Ufer des „Saigon-Flusses" die Seelenverkäufer, mit denen man aufs Meer hinaus fahren konnte und bummelten über den „Benh-Tanh-Markt", wo es von getrockneten Fischen bis zu Seidenblusen alles zu kaufen gab. Auch die „Pagode des Jadekaisers" (eine Mischung aus Hinduismus und Buddhismus) besuchten sie, wo man dicke Fische, Unmengen von

Schildkröten, Räucherstäbchen ohne Ende, Gladiolensträuße, Betende und Gottheiten für viele Gelegenheiten, die aus Pappmaschee gefertigt waren, bestaunen konnte.

Der deutsche „Verteidigungs"-minister zu Guttenberg sollte in der Stadt weilen. Was der hier wohl wollte? Oder meinte die Vietnamesin, die uns das erzählte, Dirk Niebel, der tatsächlich im Lande war? Richtig stolz waren die Vietnamesen aber auf Philipp Rösler, der in Vietnam geboren war und in Deutschland aufgewachsen. Er wurde adoptiert und spricht angeblich kein Wort vietnamesisch. Als Bundesminister sei er noch nicht in Südostasien gewesen. Vielleicht suchte er noch etwas zum Vorzeigen.

Offensichtlich sind sie im Süden Vietnams nicht so gut auf den Norden zu sprechen. Sie sagen, die da oben verzehrten Hunde und Katzen, und überhaupt wäre das Essen nicht so gut. Vielleicht meinten sie auch: *„Die sollen mit dem Kommunismus zufrieden sein und uns unsere Geschäfte machen lassen."*

Es hatte den Anschein, dass die vietnamesischen Kommunisten genau das taten.

Kambodscha

Kambodscha war ein anderer Fall als Vietnam. Nach dem Zweiten Weltkrieg war Kambodscha ein unabhängiger Staat mit Norodom Sihanouk als Staatschef. Ab 1969 begannen die USA während des Vietnam-Krieges mit Flächenbombardements auf Stellungen des „Vietcong" in Kambodscha. Die „Roten Khmer" marschierten 1975 in „Phnom Pen" ein und errichteten eine Schreckensherrschaft, der angeblich ein Viertel der Bevölkerung zum Opfer fiel. Pol Pot war der Anführer und erklärte den Beginn seiner Herrschaft zum Jahre „0".

Das Land hieß jetzt „Demokratisches Kampuchea", und die maoistischen „Roten Khmer" wollten moderne Strukturen abschaffen, den Mittelstand und die Intelligenz auflösen und einen Agrarsozialismus errichten. Es gab Konzentrationslager und Massenexekutionen. 1978 marschierten die Vietnamesen in Kambodscha ein und verjagten die „Roten Khmer" in das nördliche Grenzgebiet. Es entstand die „Volksrepublik Kampuchea" als Teil des Ostblocks. Doch dagegen formierte sich eine „Koalition des Widerstandes", zu der u.a. Sihanouk und die „Roten Khmer" gehörten und die von China unterstützt wurden. Schließlich kam es 1991 zu einem Friedensabkommen, und der Sohn von Sihanouk, Prinz Norodom Ranariddh, kam an die Macht.

Nunmehr hieß das Land „Königreich Kambodscha". Es war eine konstitutionelle Monarchie mit einem Mehrparteiensystem. Kambodscha ist etwa doppelt so groß wie Österreich und hat etwas mehr als vierzehn Millionen Einwohner. Die Hauptstadt war „Phnom Pen" mit seinen etwa eineinhalb Millionen Einwohnern. Das Land hatte eine eigene Sprache und Schrift. Staatsvolk waren die „Khmer" (fast alle waren Buddhisten). Kambodscha war eines der ärmsten Länder der Welt und lebte zum großen Teil vom Ausland.

Einst jedoch (um 1200) hatten die „Khmer" ein großes Reich errichtet und „Angkor Wat" sowie „Angkor Thorm" geschaffen: riesige Tempelanlagen, derentwegen die Reisenden hier waren.

Sie verließen also den Moloch „Saigon" oder „HCMC", wie es auch hieß. Vor dem Flughafen hatte sich eine Menschenmenge versammelt, Angehörige von ab- oder anreisenden Vietnamesen. Es surrte wie in einem Ameisenhaufen. Drinnen wurden sie eingecheckt: Nach „Siem Reap" flogen fast nur Touristen. Mit den Stolps zugleich flog eine große Gruppe Franzosen. Man könnte fast meinen, wie die ebenfalls zahlreichen Amerikaner wollten sie ihre alten „Besitzungen" in Augenschein nehmen. Nur war Amerika erfolgreicher als Frankreich: In Kambodscha regierte der Dollar!

Gleich bei der Einreise mussten sie nicht nur drei Formulare ausfüllen und ein Passbild dabei haben, sondern auch zwanzig Dollar für das Visum bezahlen. Bei der Ausreise würden es dann sogar fünfundzwanzig Dollar pro Person sein.

Sie wurden von einem höflichen, Englisch sprechenden Guide, Monsieur Phoeun Sothearoath, und einem freundlichen Fahrer begrüßt. Dann ging es nach „Siem Reap".

Das Hotel „Terasse des Elefants" lag mitten im Ort; im Internet hatte man das Bild geschönt. Es war muffig, laut und heiß. Eigentlich sollten sie in einer Laube hoch über dem Hotel schlafen, hübsch luftig dort oben. Unten wäre das „Wohnzimmer" mit Bad usw.. „Nachts dunkle Treppen steigen?" – Sie tauschten noch am Abend das „Luxuszimmer" gegen ein ruhigeres, das etwas einfacher zu handhaben war. Dann aber zogen sie ganz aus und wechselten in das moderne Hotel „Tara".

Sie buchten die Tempel-Tour. Das kostete vierzig Dollar pro Person. Von Tempelbeamten wurden sie fotografiert und bekamen je einen Ausweis, den sie an Bändchen vor den Bäuchen hängen hatten und der die folgenden Daten enthielt: „Date of entry 11/03/2010, Date of expiry 13/03/2010, Nationality E1519".

Die Hitze hielt sie nicht ab, „Angkor Thorm" zu besichtigen. Die Ausmaße waren beträchtlich, und die vielen bildlichen Darstellungen überwältigend. Es konnte einem die Sprache verschlagen. Dennoch ist auch dieses Reich, dessen ehemalige Hauptstadt sie besuchten, untergegangen, letzten Endes dem Krieg zum Opfer gefallen. So blühen Reiche auf und vergehen wieder.

„Angkor Thorm" wurde um 1.200 erbaut und war die letzte große Hauptstadt des Khmer-Reiches. Sie hat ein Ausmaß von drei Quadratkilometern und verfügt über Sakralbauten, vier Tore, Prozessionsstraßen, Wassergräben und Kanälen mit einem raffinierten Wassersystem. Als Bauherr gilt Jayavarnan VII., der sich hinduistisch-buddhistisch orientierte. Im Zentrum des Glaubens befand sich der heilige Weltenberg „Meru", der hier durch den „Bayon-Tempel" als Sitz der Götter dargestellt wird. Hier begegnete ihnen auch wieder das indische Heldenepos „Ramayana". Da sitzen beispielsweise auf der Rückseite der Stadttore vierundfünfzig Dämonen vierundfünfzig Göttern gegenüber. Auch rätselhafte Gesichtertürme sahen sie.

Es war eine andere, ferne Welt, deren Bedeutung man nur erahnen konnte. Sie sahen auch „Apsaras", das sind himmlische Nymphen. Von diesen Tänzerinnen gab es etwa 1.900, und sie schmückten barbusig, raffiniert frisiert und angetan mit Ringen und anderem überall die Wände und Galerien der Anlagen. Keines dieser Wesen gleicht einem anderen.

„Angkor Wat", das Silke und Andor am nächsten Tag besichtigten, war das bekannteste Bauwerk hier und als Kunstwerk unbeschreiblich. Sie sahen etwa achthundert in Sandstein gemeißelte Flachreliefs, Bilder aus dem 12. Jahrhundert. Sie erstiegen bei quälender und feuchter Hitze steile Treppen zu den Tempeln.

Doch auch hier sah man, was es überall auf der Welt gibt: Neue Herrschaften zerstörten die Bilder der Alten, und Diebe bemächtigten sich der Kulturgüter. Als die Hinduisten die Macht übernahmen, zerstörten sie die Buddhas, die sie vorfanden. Außerdem sahen die Stolps viele „geköpfte" Statuen: Das war das Werk von Kunsträubern.

Am Nachmittag fuhren sie zum „Tonle-Sap-See". In „Phom Penh" vereinte sich der Fluss „Tonle Sap" mit dem „Mekong". Ab Mai gelangen die Wassermassen des „Himalajas" von der Schneeschmelze in den „Mekong" nach Kambodscha, die See kann alles Wasser nicht aufnehmen, und dann überschwemmt das Kambodschanische Becken, so dass der „Tonle-Sap-See" zu einem riesigen Binnenmeer anschwillt. Das Wasser fließt von Süd nach Nord. Im Oktober/November ändert sich die Fließrichtung wieder: Das Wasser ergießt sich ins Meer. Der „Tonle-Sap-See" ist der größte Asiens und außerordentlich fischreich.

Reis und Fisch sind die Hauptnahrungsmittel Kambodschas.

Auf dem See leben Menschen. Es gibt ganze Dörfer am und auf dem Wasser und Rangunterschiede. Auf der untersten Stufe stehen (angeblich vietnamesische) Bettler, die in kleinen Kähnen an die anderen Schiffe heranfahren und irgendetwas verkaufen oder betteln wollen. Mädchen tragen dicke Schlangen wie Ketten um die Hälse, und man weiß nicht, ob die aus dem Wasser kommen oder an Land leben. Kleine Kinder schreien. Die Führer der größeren Schiffe nehmen auf diese Menschen keine Rücksicht. Bei ihren Wendemanövern bringen sie die Leute in den Kähnen in lebensbedrohliche Situationen. Angeblich sind das ja nur Vietnamesen. Die Khmer können die Viet nicht leiden, und umgekehrt wird es wohl nicht anders sein.

Bei großer Hitze machten Stolps den großen und den kleinen Rundweg bei den Tempeln in „Angkor". Es waren wohl acht Tempel, die sie (unterbrochen von einer Mittagspause) besichtigten: Stufen ‚rauf und Stufen ‘runter, ‘mal Buddhisten und ‘mal Hinduisten. Immer wurden sie begleitet von Händlern, die Bücher, Obst oder Kunsthandwerk verkaufen wollten. Es war eine anstrengende Tour.

Weil sie ja Ärger mit dem Hotel hatten, lud die Agentur zu einem Abendessen ein, an dem der Guide und der Fahrer nicht teilnahmen. Das Essen fand statt in einer Fressmeile für Touristen im Herzen der Stadt. Silke und Andor bekamen ein Menü, mussten aber die Getränke selber bezahlen: Drei Bier machten zusammen sechs Dollar. Die Gerichte jedoch waren vor allem ein Augenschmaus.

Da ihnen die Dollars ausgingen, holten sie noch einmal hundert Dollar aus einem Automaten, was problemlos funktionierte.

Im gekühlten anderen Hotel warteten sie schließlich auf den Abflug. Sie kauften eine Tischdecke: Maße gab es nicht. Silke schwamm im Pool, Andor schrieb.

Es ging per Flugzeug noch einmal nach „HCMC", wo die Jets in alle Himmelsrichtungen flogen. „Vietnam Airlines" startete um halb zwölf nach „Frankfurt/M.". Das kalte Europa würde sie bald wiederhaben.

Nach zwölf Stunden im Flieger und vier Stunden „auf" der Bahn kamen sie mittags zu Hause an. Ein Nachbar wartete schon auf dem Bahnhof: Vielen Dank!

Südostasien ist eine eigene Welt. Die einen lieben die Wärme, anderen ist es zu heiß. Für die einen stinkt es, den anderen sind das Wohlgerüche. Manche schätzen den speziellen Sound dieser Weltgegend, anderen ist es einfach zu laut. Viele lieben die Freundlichkeit der Menschen, andere erinnern sich an Kriegsberichte, in denen diese Menschen Feinden die Kehlen durchgeschnitten haben.

Doch Vorsicht. Schließlich waren Deutsche auch nicht immer Engel.

(2010)

VIII.   Mythische Staaten

1.   USA 1

New York

Die Reisegesellschaft bestand aus Silke, Andor, deren Kinder Maria und Johann Stolp sowie den Freunden Beate und Konrad Meyer-Maigang und deren Kinder Mirko und Mike.

Am Meteor-Krater am 29. Juli 1979

1. Tag
7:45 Uhr: Taxi zum Flughafen
9:15 Uhr: Pünktlicher Abflug mit BEA („Super one eleven") nach „London"
11:05 – 16:00 Uhr: Aufenthalt auf dem Flughafen Heathrow in „London"
16:00 Uhr: Mit einer Stunde Verspätung mit BEA 177 (Jumbo) nach „New York" – „Kennedy-Airport"
ca. 19:00 Uhr: Ortszeit „New York" mit Privat-Charter-Auto beide Familien zum „RAMADA-Inn Hotel" 48./49. Street – Achte Avenue Zimmer Nr. 323 mit zwei Doppelbetten

21:30   Uhr Die Kinder sind endlich im Bett (MEZ 1,30 Uhr). Die Eltern machen noch einen Rundgang und essen die ersten „Burger" – Chili-Burger.

2. Tag „New York"
Heute sind alle viel zu früh aufgewacht: Die „innere Uhr" war noch in Europa. Aber Fernsehen in der Nacht hat sie unterhalten. Johann war gleich von Amerika begeistert – wegen TV.
Um 7:30 Uhr sind sie aufgestanden, nachdem sie zu Hause angerufen hatten. Im Coffee-Shop gegenüber hatten sie das erste amerikanische Frühstück eingenommen: Pancakes, Ham und Sirup. Danach starteten sie zur 4 ½-stündigen Stadtrundfahrt durch Manhattan: Broadway, Lincoln-Center, Central Park, Harlem, Greenwich Village, China-Town und, und, und... – Das Elend und die Armut vieler Menschen waren bedrückend.
     Nach der Rundfahrt haben sie in dem Dach Swimming-Pool des „RAMADA" gebadet. Danach ging es mit der Subway nach Greenwich Village, wo sie in einem feinen Fischrestaurant mit den Kindern gegessen haben. Auf dem Rückweg zur U-Bahn haben sie Straßenjazzer, Rollschuhfahrer und jede Menge Typen bestaunt.
     Die Kinder waren nun k.o. und verschwanden in den Betten. Die „Alten" sind danach noch zum Rockefeller-Center gegangen, aber das Restaurant war schon zu (kein Bier!). Schließlich sind sie in der Bierstube des Hausrestaurants „Wienerwald" gelandet und tranken dort „ein Bierchen".
     Alle waren etwas maulig, aber das würde sich wieder geben...

3. Tag „New York"
Sie frühstückten erneut (um 9:30 Uhr) im Coffee-shop gegenüber. Es war wieder sehr heiß. Heute gab es Spiegelei, Speck, Toast und Bratkartoffeln. Danach ging es mit der Subway (Linie „RR") an die Südspitze Manhattans zur Fähre, um auf die Insel mit der Freiheitsstatue zu kommen. Da innerhalb der Statue die Fahrstühle überfüllt waren, hieß es Treppensteigen: Im Innern der Dame war es wahnsinnig eng und heiß (dreiundvierzig Grad Celsius). Aus dem Stirnband dann ein kurzer Blick.
     Zurück in Manhattan (Die Skyline von der Fähre aus war phantastisch.) ging es dann über die Wall-St. (Washington-Denkmal) zum

World-Trade-Center hinauf bis zum 107. bis 110. Stock! Die Größe und Höhe des Gebäudes waren überwältigend.

Nachmittags fuhren sie mit der „RR"-Linie ins Hotel zurück und gingen schwimmen. Die Kinder tobten im Swimming-Pool wie toll. Anschließend wurden sie im „Burger-King" am Times-Sq. „abgefüttert"; die „Alten" aßen etwas weiter ein Steak. (Hier gab es Bier!)

Konrad hatte Karten für's Musical besorgt. Also ging es um 20 Uhr ins Theater, mit Maria: „The best little whorehouse in Texas". Die Inszenierung hatte Schwung und viele sehr gute musikalische und tänzerische Einlagen. Die Gags bei den Dialogen entgingen ihnen meist.

Nachher tranken sie noch ein Bier und gingen ins Hotel – vorbei an geöffneten Läden, vielen Polizisten mit langen Stöcken, Farbigen, Weißen, Armen und Reichen, Typen. Ein Schwarzer ohne Hände bettelte um zwanzig Cent. – Es war immer noch heiß, aber im Hotel hatten sie ja eine Klimaanlage...

Johanns Kommentar zum Tag: *„Aber das Baden war am schönsten!"*

4.Tag „New York"

Sie machten einen Rundgang im Central-Park. Viele lustige (vorwiegend schwarze) Kindergruppen begegneten ihnen dort. Höhepunkt war wohl der kleine Zoo. Dann kam eine Besichtigung des „Plaza", auch bei „Tiffanys" schauten sie vorbei. Von dort ging es im Fußmarsch zur 59. Straße: „Bloomingdale's" hieß das Ziel. Maria kaufte eine rote Satin-Hose, und Johann bekam wegen der „Gerechtigkeit" einen Bumerang.

Abends fuhren sie noch 'mal nach China-Town und aßen in einem schönen Familienrestaurant Ente sowie Huhn. Nach dem vergeblichen Versuch, das Judenviertel zu finden, fuhren sie alle mit einer Taxe „Baujahr 1910" durch ganz Manhattan für sechs Dollar – natürlich in das Hotel. Nachdem die Kinder in die Betten gebracht worden waren, hoben die „Alten"noch einen in der Hotel-Bar und nahmen Abschied von „NY".

Johanns Kommentar zum Tage: *„Wir sind auf einem Karussell gefahren. Und im Zoo haben wir ganz freche Meerkatzen."*

5. Tag „NY"- „LA"
Letzter Tag in „NY!"
Es war wieder sehr heiß, und zum letzten Mal frühstückten sie im freundlichen Coffee-shop gegenüber. Um 10 Uhr ging es mit der Taxe zum „JFK"-Flugplatz. Durch dicken Verkehr und Staus dauerte die Fahrt 45 Minuten, bezahlen mussten sie 18 Dollar.

Bei der „American Airlines" checkten sie sich ein, und um 12 Uhr ging es ab nach „Los Angeles". Nach fünfeinviertelstündigem Flug im Jumbo waren sie um 14:15 Uhr Ortszeit in „LA". Das Auto vom hiesigen RAMADA war auch bald zur Stelle, und da das Hotel in der Nähe des Flugplatzes lag, waren sie schnell da. Es war ein Motel mit einem Swimming-Pool. In „LA" war es kühler und frischer als in „NY". Sie badeten. Nachher bezog es sich, so dass es richtig kühl wurde. Sie gingen ein wenig spazieren, bewunderten die subtropischen Vorgärten, um schließlich ein schlechtes Essen mit nach Ziegenkäse (oder Fischmehl?) schmeckendem Wein zu „genießen".

Morgen würden sie ihre Wohnmobile in Empfang nehmen.

Im Camper

6. Tag „LA" – „Blythe"
Vorerst zum letzten Mal wachten sie in einem RAMADA-Hotel auf. Eine Frau von „El-Monte-Rent" rief an und teilte mit, dass sie um 11 Uhr abgeholt würden, um die Wohnmobile in Empfang zu nehmen. Vorher tauschten sie die ersten Traveller-Checks ein.

Die Fahrt zum Übergabe-Platz dauerte eine Stunde durch „Los Angeles", einer unstrukturierten Ansammlung von Gebäuden und Straßen. Auf dem Autohof nahmen sie ihre Motor-Homes in Empfang. Es war alles sehr kompliziert: die Automatik, die Klimaanlagen, der Kühlschrank, das Frischwasser, das Brauchwasser, das Propangas, der Strom usw. Die Autos waren von „Dodge" („Sportsman") und sollten je für sechs Personen reichen.

Nach einigem Hin und Her ging es los: Die erste Fahrt führte zum Supermarkt („Safeway"). Sie kauften vor allem Getränke, leckeres Obst und Gemüse. Silke erstand einen Riesentopf mit Eis, das im gerade erst eingestellten Kühlschrank schmolz: Riesenschweinerei!

Dann ging es auf den Highway Nr. 10 von „El Monte", „Ontario", „Palm Springs", „Indio" zunächst in die Berge nach „Cottonwood". Der Camping-Platz war Beate (auch Andor?) zu einsam. Also ging es wieder zurück auf dem Highway ca. 100 Kilometer weiter nach „Blythe" am „Colorado" direkt an der Grenze zwischen Kalifornien und Arizona. Dort war ein Camping-Platz. Sie kamen sehr spät an und waren durchgeschwitzt, müde und hungrig.

Alles war stockfinster und heiß.

7. Tag „Blythe" – „Black Canyon"

Früh wurden sie in „Blythe" wach. Die Klimaanlage ging zwar wie verrückt, aber es war dennoch heiß wie auf einer Bratpfanne. Szenen aus „In der Hitze einer Sommernacht" fielen einem ein: Der amerikanische Süden!

Sie duschten, schwammen im „Colorado" (starke Strömung) und frühstückten auf einem Schattenplätzchen. Danach ging es wieder los. Sie fuhren in die „Wüste", nachdem sie mit dem „Colorado" auch die Staatsgrenze nach Arizona passiert hatten. Nach der Einfahrt in Arizona fragte ein Beamter, ob sie Karten und „fresh food" hätten.

Der Highway Richtung „Phoenix" zog sich. Herrliche Landschaftsbilder erschienen: Kakteen, Berge und vor Hitze flimmernde Luft. Trotz Klimaanlage in den Autos schwitzten und tranken sie enorm („7-up"). Die Autos waren Schluckspechte. In einem Kaff neben der Autobahn – (Es hieß „Buckeye".) tankten sie wieder (wie schon am Tage zuvor) für zwanzig Dollar.

Anschließend kauften sie in einem Supermarkt ein. Es war alles wie im „Ami-Film": Hausfrauen, die mit ihren Autos zum Einkaufen vorrollten. Die Männer fuhren in riesigen Blechkisten und trugen Texashüte. Der Ort war ein richtiges „Straßenkaff". Außerhalb sahen sie Obstplantagen, Wüsten, grünumrandete Wohngebiete.

Sie umfuhren „Phoenix" über „Sun City", einer piekfeinen Bungalow-Stadt offensichtlich für die hier stationierten höheren Chargen der Flieger. Das machte einen sehr noblen Eindruck. Das Ziel, „Montezuma", erreichten sie nicht. Auf der Straße von „Phoenix" nach „Flagstaff" fanden sie bei „Black Canyon City" einen guten Camping Ground mit Swimming-Pool – inmitten der Wüste!

Ab 16 Uhr wurde gebadet, gegrillt und der Durst gestillt.

Ihnen gefiel das Quartier.

8. Tag „Black Canyon" – „Flagstaff"

Nun schliefen sie schon besser als in der Nacht vorher. Die Klimaanlage rauschte auch diesmal die ganze Nacht, aber sie schwitzten trotzdem. Als erstes kam am Morgen der Gang in den Swimming-Pool, dann frühstückten sie in den Wohnmobilen, weil es draußen zu heiß war. Nach 10 Uhr und allerlei „Getüdelei" ging es weiter. Das Tagesziel hieß „Flagstaff".

Als erstes erreichten sie „Montezuma Castle", ein etwa siebenhundert Jahre altes in den Felsen gehauenes Dorf der Indianer, die hier einst vom Ackerbau gelebt haben sollen. Das Gebiet ist von einer schönen Anlage umgeben: Sie sahen wieder Bäume, aber auch einen ausgetrockneten Fluss.

Von „Montezuma" ging es nach „Jerome", einer einst blühenden Kupferminenstadt in den Bergen, die ausstarb, nachdem die Kupferpreise am Weltmarkt gesunken waren. Nun wohnten wieder ein paar Bürger und Hippies hier, es war eine richtige Wild-West-Stadt. Nach „Jerome" fuhren sie Richtung „Flagstaff" durch imposante Landschaften. Die Farben waren rot, grün, blau der Himmel und weiß die Wolken. Rote Berge stiegen aus der Landschaft empor; es war wie in einem Wild-West-Film, nur schöner. Sie badeten in einem großen Wildbach mit klarem und kaltem Wasser. Je höher sie kamen, desto grüner wurde die Landschaft, und desto „kühler" war es.

Schließlich stiegen sie in „Wooden Mountain" ab, etwas westlich von „Flagstaff". Das war ein Riesencamp, wo „Air-Condition" nach Auskunft des Büros überflüssig war. Tatsächlich, das Klima war so wie zu Hause in einem schönen Sommer. Sie stellten das Radio ein und „prepelten" leckeres, frisches Schweinekotelett mit Tomatensalat. Dazu gab es sehr guten kalifornischen Rotwein für die „Alten" und Coke für die „Jungen".

Ihnen ging es gut!

9. Tag „Flagstaff" – „Gallup"
Die erste Nacht in den USA ohne Klimaanlage!

Sie fuhren früh von „Flagstaff" weg; das Ziel hieß „Gallup". Als erstes machten sie an einem „Indianer-Store" Halt. Sie kauften je einen Cowboy-Hut für Johann und Andor, und Silke erwarb drei Ketten. Maria schließlich entschied sich für türkisfarbene Ohrringe.

Dann ging es zum „Meteor-Krater" gewaltigen Ausmaßes. Von dort fuhren sie in den National „Park Petrified Forst" und „Painted Dessert". Die zu Stein gewordenen Baumstämme waren in der Tat beeindruckend. Zwischen dem Nationalpark und „Gallup" passierten sie verschiedenartige Landschaften. Sie fuhren durch eine Indianer-Reservation und erreichten die Grenze nach Neu-Mexiko.

Den Camping-Platz in „Gallup" fanden sie schnell. Danach wollten sie im „Ort" essen. Nach langer Latscherei landeten sie leider „nur" bei McDonald's. Andor trank ein Milch-Shake, aber die Kinder schlugen zu.

„Zu Hause" (also in den Campern) gab's doch noch ein Steak...

10. Tag „Gallup" – „Mesa Verde"

Alle schliefen gut in „Gallup", frühstückten in Ruhe, gingen schwimmen und begaben sich in den Ort. Die erste Amtshandlung war natürlich wieder tanken (neunzehn Gallons), und dann suchten sie eine Bank, was einige Schwierigkeiten bereitete. Sie tauschten vierhundertfünfzig Dollar ein. Anschließend setzte sich der Trail fort. Es ging durch eine Indianer-Reservation (Navajos) nach „Shiprock", einer Indianer-Stadt, wo sie (was denn sonst?) Burgers aßen und Milch-Shakes tranken. Im Restaurant überwogen tatsächlich Indianer. Soweit man es sehen konnte, machten die Wohnungen der Indianer einen ärmlichen Eindruck; die Landschaft jedoch war wieder großartig und abwechslungsreich.

Von „Shiprock" fuhren sie nach „Cortez" (wieder durch eine Indianer-Reservation) mit dem Ziel „Mesa Verde". Sie waren jetzt schon in Colorado. Kurz vor „Cortez" wurde das Land grün, und im „Mesa Verde" fanden sie einen Camping-Ground – etwa 1.500 Meter über dem Meeresspiegel. Es war eine herrliche Gebirgslandschaft, und sie beschlossen, einen Tag länger zu bleiben als geplant, obwohl es keinen elektrischen Anschluss fürs Home-Mobil gab. Abends grillten sie, wobei es langsam so kalt wurde, dass Andor sich einen Pullover und eine Jacke anzog.

Maria spielte auf der Gitarre.

11. Tag „Mesa Verde"

In der Nacht, in der es angenehm kühl war, wachten sie durch ein merkwürdiges Geräusch auf. Silke dachte, es regnete, Andor meinte, ein Streifenhörnchen wäre vom Baum auf das Dach geklettert, um ihm beim Schlafen zuzusehen...

Nach dem Frühstück fuhren sie mit Mayer-Maigangs („MM") Mobile in das „Mesa Verde" („grüner Tisch") ein und besichtigten die verschiedenen Höhlenwohnburgen der Indianer. Sie waren alle schwer zugänglich und bereits im 13. Jahrhundert von ihren Bewohnern verlassen worden. Ende des 19. Jahrhunderts wurden sie von

Weißen entdeckt und in diesem Jahrhundert für den Tourismus total renoviert.

12. Tag „Mesa Verde" – „Monument Valley"
Früh um 7:30 Uhr wurden sie wach, standen auf und frühstückten im schönen Tal. Sie sahen Hörnchen, ganz in der Nähe. Frühzeitig wollten sie losfahren, doch Stolps Auto sprang nicht an. Sie starteten und starteten: Nichts tat sich. Da ging Silke zu einer Tankstelle, und schon kam ein Tankwart, der „fix-fix" die Motorhaube abschraubte und das Auto wieder in Gang brachte. Es lag am Kondenswasser, das sich in den Bergen besonders leicht im Motor festsetzte: Sechs Dollar!

Dann fuhren sie nach „Cortez", wo eine Dodge-Werkstatt war. Stolps Tank hatte einen Riss und bekam ein „Pflaster", Konrads Winker wurde wieder in Ordnung gebracht: Je zwölfeinhalb Dollar! – Der weitere Weg führte ans „Vier-Länder-Eck" – Utah/Colorado/Arizona/Neu-Mexiko. Sie machten mehr oder weniger neckische Fotos und kauften Indianer-Schmuck. Weiter ging die Reise ins „Monument Valley", das sie in der Abendsonne genossen: Einmalig!

13. Tag „Monument Valley" – „Grand Canyon"
Weiter fuhren sie vom „Monument Valley" zum „Grand Canyon". Konrad hatte gehört, man könne bei „Page" am Staudamm gut Boot fahren und schwimmen. Um 9 Uhr starteten sie vom Camping Ground los, um 18:30 Uhr waren sie am „Grand Canyon"! Die Camping-Grounds waren alle besetzt, aber am „Monument Valley" hatten deutsche Camper behauptet, man könne am „Grand Canyon" „wild" campen. Das stellte sich als Irrtum heraus, denn (nachdem sie Abendbrot gegessen hatten), kam ein Ranger und schickte sie vierzehn Meilen fort. Sie parkten jetzt wieder „wild" auf einem überfüllten Campingground außerhalb des Nationalparks. Dabei lernten sie ein amerikanisches Ehepaar kennen, mit dem sie sich gut unterhielten.

Für den nächsten Tag einigten sie sich darauf, dass MMs noch 'mal alleine zum „Grand Canyon" zurückfuhren, Stolps aber dem nächsten Ziel („Brice Canyon") allmählich entgegen zuckelten.

Bei all dem Hin und Her waren sie fast gar nicht zum Genießen des „Grand Canyon" selber gekommen. Er war überwältigend. Die Größe des Massivs und die Tiefe der Schlucht hatten aber etwas Bedrohliches. Die Straße vorher war sehr schön, und sie hatten unterwegs auch gebadet, aber es war sehr, sehr heiß, und alles spielte sich unter Zeitdruck ab.

14. Tag „Grand Canyon" – „Bryce Canyon

Kurz nach sieben Uhr wurden sie auf dem „fremden" Campingplatz wach. Konrad fuhr um 7:15 Uhr und legte einen Zettel hin. Stolps „ritten" um 7:30 Uhr „vom Hof". Ein paar Meilen weiter fuhren sie in einen Waldweg, um auf einer Lichtung zu frühstücken. Anlässlich eines „Geschäftes" etwas tiefer im Walde fand Andor einen Zehn-Dollar-Schein.

Nach dem Frühstück fuhren sie langsam weiter. Unterwegs kauften sie fröhlich ein: Eine Indianer-Silberkette für Silke; je einen Cowboy-Gürtel für Johann, Andor und Opa daheim sowie obendrein eine Cowboy-Peitsche für Johann. Sie besuchten ein mineralogisches Museum (was sich sehr wissenschaftlich anhörte) in Wirklichkeit aber eine Mischung aus Museum, Kitschkabinett und Geschäft war.

Immer wieder fuhren sie durch neue und schöne Landschaften. Ein von einem Bach durchzogenes, langes und grünes Tal, grün bewachsene Berge mit gelbem und rotem Untergrund, roten Felsen und strahlend blau-weißer Himmel: Sie waren in Utah, das sich „Color Country" nannte. Im „Best Western" aßen sie so gegen drei Uhr. Alle waren satt und zufrieden. Etwa um fünf Uhr nachmittags kamen sie am vereinbarten Ziel („Rubys Inn") an. Sie benutzten erst 'mal den Swimming-Pool, die Dusche und ruhten sich aus.

Um neunzehn Uhr (Utah-Zeit zwanzig Uhr; MMs waren inzwischen auch eingetroffen) gingen alle zum „Rodeo". Es begann mit der Nationalhymne und endete mit einem von einem Stier getretenen Cowboy, der gottseidank nicht schwer verletzt zu sein schien.

Danach gingen sie bald in die Betten. Sie waren hundemüde, auch Johann, der das Gegenteil behauptete.

15. Tag „Bryce Canyon"

Endlich ein Ruhetag! In der Kühle der Nacht haben alle gut geschlafen. Morgens war es allerdings schon wieder sehr heiß. Vormittags gammelten sie etwas – duschten, badeten, wuschen Wäsche und riefen bei Oma an: Sehr kompliziert!

Nachmittags fuhren sie in den „Bryce Canyon". Rote, gelbe und weiße Felsen waren zu Kathedralen und Türmchen geformt, dazwischen war das Grün der Pflanzen und darüber das strahlende Himmelsblau, unterbrochen von schneeweißen Wolken: Color Country! Vom „Bryce Canyon" waren alle fasziniert. Am Abend gingen sie um acht zum Essen. Es gab Steaks und Hamburgers – was denn sonst? Kurz vor dem Schlafengehen wollten Johann und Andor noch eine Runde Billard spielen, aber alle kamen dazu und spielten mit. Maria durfte schließlich ein halbes Stündchen länger in der „Spielhölle" bleiben. Viel Vergnügen!

16. Tag „Bryce Canyon" – „Zion National Park"
In der Nacht hatte Johann über Schmerzen in den Füßen gejammert. Silke und Andor gaben ihm eine halbe „Gardan", und so etwa um vier Uhr war Ruhe.

Die Fahrt zum „Zion National Park" war sehr geruhsam. In „Cedar City", einer kleinen Mormonenstadt, herrschte provinzielle Sonntagsatmosphäre. Sie aßen in einem typischen Ami-Restaurant („Big Boy") zu Mittag, vorwiegend natürlich Burgers. Danach ging es in einem Rutsch zum „ZNP". Hier trafen sie das amerikanische Ehepaar vom „Grand Canyon" wieder. Die beiden luden MMs und Stolps abends zu „einem Bier" ein, und sie unterhielten sich lange über Amerika, Gott und die Welt...

17. Tag „Zion National Park" – „Las Vegas"
Bevor sie nach „Las Vegas" fuhren, gingen alle im Gebirgsbach schwimmen. Maria lernte ein Mädchen in ihrem Alter kennen, eine Farmerstochter aus Illinois. Vielleicht schreibt sie sich mit ihr...

Nach einem Zwischenaufenthalt am heißen „Lake Mead" und anschließender Fahrt durchs wunderschöne „Valley of Fire" kamen sie (mit dem letzten Tropfen Benzin!) nachmittags in „Las Vegas" an. Das Domizil dort war der Campingground vom „Stardust, Hotel and Casino". Das Hotel war eine Riesenanlage und lag am mehrere Meilen langen „Las Vegas Boulevard". Zuerst kam auch hier der schon obligatorische Gang in den Swimming Pool. Dort saß eine Frau, die Silke bekannt vorkam: Später steckte eine Visitenkarte am Camper: *Schöne Grüße von Peter Weiß und Familie.*" Peter Weiß war ein SPD-Funktionär von zu Hause.

In der Hotel-Halle des „Stardust" sahen sie, was man weiß, aber gesehen haben muss: Heerscharen von Spielautomaten („einarmigen Banditen"), Spieltische, Publikum, mit Pistolen behängte Wachmänner, ein riesiges Durcheinander. Alles drehte sich um den Dollar. Die Automaten spuckten nur so die Dollar-Münzen aus, aber ganz sicher schluckten sie noch mehr.

Sie gingen zu „Circus, Circus" und aßen zuerst Abendbrot – so viel sie wollten für je zwei Dollar neunundvierzig. Dabei bewunderten sie viele fette Frauen, die sie „Ballon-Girls" nannten. Anschließend machten sie einen Rundgang. Wieder Automaten „en masse". Sie tauschten zehn Dollar in Münzen und hatten auf einmal fünfundzwanzig Dollar! Den Gewinn „zogen" sie ein. Dann ging es vorbei an allen möglichen Spielen für Kinder wie elektrisches Schießen, Ball werfen usw.. Alles war irrsinnig voll und elektronisiert. Und in der Mitte gab es Zirkus-Treiben.

Danach sahen sie sich die Show des „Stardust" an: „Lido de Paris" mit den „Superstars of Magic" „Siegfried and Roy". Es war eine Ausstattungsrevue der Superlative, ohne eine Sekunde Pause. Zwar war viel Kitsch dabei, aber insgesamt war die Show dennoch Spitze. Da war die Bühne plötzlich eine Eisfläche, dann rauschte dort ein leibhaftiger Wasserfall. Später marschierten Elefanten, Löwen, Tiger, Gänse und andere Tiere über die Bühne. „Siegfried and Roy" zauberten alles weg und auch wieder her. Natürlich schwebte auch eine „Jungfrau", wurde zersägt (mit einer Kreissäge!) und in ein Handtuch verwandelt. Alles in einem Affentempo. Das war (trotz der Kitscheinlagen) imposant.

Nach der Show bummelten sie ein wenig durch die Hotels. Sie sahen Spieltische, Automaten und viele, viele Menschen. In einer der „Wedding-Chapels" fragte ein Küster – nachts um ein Uhr: *„Can I help you?"* – Sie sagten „No". Denn ihnen war schon geholfen worden.

18. Tag „Las Vegas" – „Death Valley"
Andor wachte mit Kopfschmerzen auf: eine Folge des Weins, der Zigarre, des Bieres oder der Klimaanlage? In einem Coffee-Shop am Boulevard frühstückten sie spät so gegen elf Uhr. Silke war das zu

teuer, aber dennoch gefiel es ihr gut. Es war nämlich ein sehr nobles Frühstückslokal.

Danach verließen sie fluchtartig den Campingplatz, denn „check-out" war um zwölf Uhr. Das Ziel war „Death Valley"! Sie hatten einen Campingplatz ausgemacht inmitten des Tales.

Konrad aber wollte sich noch das Zentrum von „Las Vegas" ansehen. Stolps fuhren schon los. Sie vereinbarten, sich am Rande des „Death Valley", in „Shoshone" zu treffen. Die Fahrt bis dahin war gemütlich: schnurgerade Straßen, bergauf, bergab. Sie kauften ein und tauschten Geld um. – „Shoshone" war ein verschlafenes Nest, das unter der Hitze dalag. Sie parkten unter einem großen Baum im Schatten, tranken Kaffee und warteten, aber von „MM"s keine Spur.

Um kurz vor fünf entschlossen die Stolps sich, alleine durchs „Tal des Todes" zu fahren. Am Anfang stand ein Schild: Die nächsten zweiundsiebzig Meilen gäbe es kein „gas" und auch kein „food". Etwas komisch war ihnen schon zumute. Nach einer Passfahrt ging es ab in die Tiefe: Riesige Salzflächen, die wie ein Meer wirkten, beherrschten das weite Tal. Sie stiegen aus, und Backofenluft (vielleicht fünfundvierzig Grad Celsius, obwohl es bewölkt war) schlug ihnen entgegen. In „Badwater", einer Salzlache, erreichten sie den tiefsten Punkt der USA (fünfundachtzig Meter unter dem Meeresspiegel). Heißer Wind umgab sie. Nach zwei Stunden erreichten sie „Furnace Greek", eine mit Palmen und anderen Bäumen bestandene Oase. Hier war auch ein großer Swimming-Pool.

Etwa eine Stunde nach ihnen trafen auch „MM"s ein. Sie hatten sich (wie Silke vermutete) verfahren. Abends um halb elf gingen sie alle einen Blick aufs Thermometer werfen. Konrad lud für seine „Verfahrerei" in den Saloon der Anlage ein. Hier gab es kaltes Bier aus großen Kannen und Wild-West-Atmosphäre, allerdings mit Music-Box und TV.

19. Tag „Death Valley" – „Bishop"
In „Death Valley" schliefen alle ausgesprochen gut. Der Vormittag wurde zum allgemeinen Gammel. Das Ziel war immer wieder der Swimming-Pool, bei der Hitze natürlich der schönste Ort.

Etwa um zwölf Uhr aber fuhren sie dann doch los. Zunächst ging es zu „Scotty's Castle" am Nordende des „Death Valley". Hier hatte ein vermögender Industrieller ein Schloss mit allerlei Kostbarkeiten und technischen Raffinessen hingezaubert. Sie unterzogen sich einer gründlichen Führung.

Danach näherten sie sich hauptsächlich auf Nebenstraßen „Bishop", der ersten Etappe für den „Yosemite National Park". Dabei kamen sie auf sehr steile Straßen in beachtliche Höhen: Der „Westgard Pass" erreichte eine Höhe von 7.271 Fuß. Bei der Abfahrt konnte man die schneebedeckten Riesenberge der „Sierra Nevada" sehen.

Der avisierte Campingplatz war zwar besetzt, aber eine Meile weiter war ein großer, neuer mit „allen Anschlüssen".

20. Tag „Bishop" – „Yosemite National Park"

In „Bishop" gingen sie noch in einen Supermarkt. Beim Parken nahm Andor mit dem Aufbau des Autos fast ein Verkehrsschild mit.

Bevor sie in den „Yosemite Park" fuhren, kauften sie in „Bishop" ein und tankten (für zwei Tage). Etwa eine Stunde ging die Straße 395 nach Norden, wobei sie wieder enorme Höhen erreichten. Kurz vor „Lee Vining" fuhren sie in den „Yosemite Park" ein. Gleich zu Beginn kam der „Tioga Pass" mit einer Höhe von 9.945 Fuß!

Am Eingang zum National-Park stand, alle Camping-Grounds seien besetzt. Die Camper fuhren trotzdem in den Park hinein, und mittendrin versuchten sie ihr Glück. Beim „White Wolf-Camping-Ground" musste man sich selber seinen Platz suchen und ihn dann registrieren. Sie fanden tatsächlich zwei schöne Plätze in der Natur. Es war hier alles sehr urig. Abends machten sie ein Lagerfeuer und sangen. Sie waren froh, dass sie am nächsten Tag nicht schon wieder weiter mussten.

21. Tag „Yosemite-Park"

Es war der ersehnte „Ruhetag". Sie frühstückten langsam und starteten um halb zwölf in „MM"s Camper zu einer Rundfahrt im „Yosemite". An der Tankstelle wurde man nur bedient, wenn der Tank halb leer war (und dann auch nur für zehn Dollar).

Als erstes kamen sie an einen sehr hohen Wasserfall, zu dessen Füßen sie den Bach hinauf kletterten. Es war der „Bridaveil-Fall". Bei „Muir-tree" machten sie einen Spaziergang und sahen dicke, alte Bäume. Sie badeten im kühlen Fluss und kamen nach „Yosemite-Village", dem Touristenzentrum des Parks. Es gab Geschäfte, ein Restaurant, ein Hotel, sogar eine Klinik und natürlich mehrere Campinggrounds. Alles war sehr auf schlicht und urtümlich angelegt, und es war krachend voll. Sie fuhren eine Stunde mit einem doppelstöckigen, offenen Shuttlebus durch „Yosemite-Village". Die Landschaft war eindrucksvoll: hohe, glatte Felsen, saftige Wiesen, riesige Bäume sowie überall Bäche und Wasserfälle. In dem sehr großen Nationalpark, von dem sie nur einen Bruchteil sehen konnten, gab es mannigfache Urlaubsmöglichkeiten, z.B. an den vielen Seen. Auf jeden Fall konnte man hier, wenn man sie suchte, auch Einsamkeit finden,– trotz der vielen Menschen.

Abends im Wohnmobil war bei Stolps ein „Festessen": Es gab endlich 'mal wieder „Nudeln mit": Lecker! („mit" = Tomatensauce).

22. Tag „Yosemite-Park" – „Lake Topas"
Es ging 'raus aus dem „Yosemite-Park". Die Familien fuhren getrennt.

Nachts war es wieder ganz schön kühl gewesen, und es war der erste Tag, den sie mit richtig bedecktem Himmel in Amerika erlebten. Auch ein wenig Regen bekamen sie ab.

Bei der Ausfahrt aus dem „Yosemite" genossen sie noch einmal die Naturschönheiten, wozu man auch ein leibhaftiges Murmeltier zählen konnte.

Nach einer ungemütlichen Abfahrt mit scharfen Kurven und großem Gefälle kamen sie auf die Bundesstraße 395, die es auch in sich hatte. Sie fuhren durch weite Täler, die alle in etwa 2.000 Metern Höhe lagen. In „Bridgeport" machten sie Rast, kehrten ein und besichtigten den „Ort". Es war ein trauriges Kaff. Von dort fuhren sie in einem Rutsch zum „Topaz-See", wo sie sich im verabredeten Campingground einrichteten. Es war eng hier, und offensichtlich handelte es sich um einen Treffpunkt für Dauercamper, darunter viele „Senioren".

Hier war ein wenig zu viel „Milieu".

23. Tag „Lake Topaz" – „Lake Tahoe"
Für diesen Tag hatten sie sich ein großes Programm vorgenommen. Das Ziel war zwar der „Lake Tahoe", aber vorher wollten sie tüchtig „in Wild-West" machen. Sie kamen sogar „früh" weg: um zehn Uhr s.t.!

Als erstes steuerten sie „Carson City" an, die heutige Hauptstadt von Nevada. Dort war zunächst einmal ein „Safeway"-Supermarkt, wo sie Obst, Gemüse und Fleischberge (alles Qualität 1 A) einkauften.

Von „Carson City" (an der sie nichts Besonderes entdeckten) ging es über „Silver City", einer zerfallenen Goldgräberstadt (eigentlich ein Drecksnest) – nach „Virginia City." Auch das war eine ehemalige Goldgräberstadt, allerdings mit Opernhaus, Eisenbahn und Pipapo. Heute war es der reinste Touristenrummel: Nevada! Sie ließen sich im Western-Stil „auf alt" fotografieren und fuhren mit der Eisenbahn (alles sehr, sehr teuer).

Mittlerweile war es nachmittags, und es fing an zu regnen!

Über wieder irrsinnige Passfahrten (jetzt mit Nässe gewürzt) fuhren sie zur „Ponderosa Ranch" am „Lake Tahoe", bekannt aus „Bonanza". Hier waren die Geldschneider so richtig zugange: Die Familie bezahlte vierzehn Dollar für die „Besichtigung", wozu regelrechtes Gerümpel gehörte. Aber Johann, Mikro und Mike (vielleicht auch Maria?) fanden es gut, dass sie auch dort gewesen waren.

Nun begann die Suche nach dem Camping-Ground. „Lake Tahoe" (wunderschön) war Touristenzentrum, und der erste Campingground war prompt voll. Es regnete mittlerweile in Strömen, und dunkel wurde es auch. Dann fuhren sie (nach einigem hektischen Suchen) einfach auf einen Campingplatz, an dessen Eingang „No vacancy" stand, fanden zwei Plätze und verharrten. „Wir werden ja sehen, was in der Nacht oder morgen früh passiert.", dachten sie.

Am anderen Morgen mussten sie pro Familie fünf Dollar zahlen.

24. Tag „Lake Tahoe"
Eigentlich wollten sie ab elf Uhr eine schöne Dampferfahrt mit der „Dixie" über den „Lake Tahoe" machen, aber es war ja der 13.! „MM"s Auto sprang nicht an. Stolps fuhren mit ihrem Camper zur Tankstelle und holten ein Starterkabel. Aber (wieder zurück) nützte auch das leider nichts.

Andere Camper waren behilflich, so dass Konrad schließlich wenigstens mit der zweiten Batterie starten konnte. Sie gaben die Batterie bei der Tankstelle zum Aufladen ab und vergnügten sich am herrlichen See: „MM"s auf einem Motor- und Stolps auf einem Tretboot. Das Wetter war wieder schön, und sie badeten alle. Gegen vier Uhr war auch der Camper wieder fertig: Der Chef von „El Monte" war zufällig aufgetaucht (?) und hatte seine Batterie gegeben. Sie fuhren ein paar Meilen weiter zu einem „KOA-Platz". Dort wuschen sie, grillten und bereiteten sich innerlich auf „San Francisco" vor.

San Francisco

25. Tag „Lake Tahoe" – „San Francisco"

Vom „Lake Tahoe" aus machten sie den Sprung nach „San Francisco".
Sie fuhren auf den Highway Nr. 80 über „Sacramento". Zunächst
ging es kühn aus den Bergen hinab in die Ebene: 6.000 Fuß, 5.000 Fuß,
4.000 Fuß. – Dann wurde es wieder heiß, das Land war hügelig. Gold-
braune Steppengebiete wechselten mit grünen Monokulturen. Sie erkannten Obstplantagen, Sonnenblumen- und Maisfelder. Kurz vor einem Aussichtspunkt, von dem aus sie die Bucht von „San Francisco
hätten bewundern können, fuhr vor ihnen ein mit Tomaten gefüllter
LKW und versperrte die Sicht.

In „San Francisco" (genauer gesagt, in „Madeira" nördlich von
„Frisco" und hinter der „Golden Gate") fanden sie einen Campingplatz
„mit allen Anschlüssen", Swimming-Pool usw. Dazu hatten sie die
Bucht von „San Francisco" über die „Richmond-San Rafael-Bridge"
überquert, ein fünf Meilen langes Bauwerk! Die Mautgebühr betrug
ein Dollar.

Nach einer Abkühlung im Swimming-Pool und einem Täss'chen
Kaffee fuhren Stolps mit dem Bus (Linie 50) nach „Frisco" rein. „MM"s
benutzten ihr Motor-Home. Der Bus (Drei Dollar zwanzig kostete die
etwa halbstündige Fahrt.) überquerte mit ihnen zum ersten Mal die
„Golden Gate", die (wie es sich gehörte) im Nebel lag. Rundumher war
Sonnenschein.

Sie sahen vorher im Sonnenlicht die Silhouette von „San Francisco". Die gesamte Landschaft machte einen freundlichen, südlichen,
wohlhabenden und reizvollen Eindruck. In „Frisco" stiegen sie an der
Ecke Van-Ness-Ave./Clay-Street aus und setzten sich in die berühmte
„Cable Car". Wirklich urtümlich und lustig ging es die steile California
Street hinauf. Sie stiegen in China-Town aus. China-Town wirkte ge-
fälliger als in „New York", mehr dem Tourismus geöffnet, wenngleich
auch original. Sie aßen gut in einem freundlichen China-Restaurant.

Auf dem Weg hinunter zur Bucht bewunderten sie das Spiel der
Wolken, des Nebels und des Abendlichts. Es war einmalig und unbeschreiblich. Beim Laufen durch die Stadt sahen sie vornehme und
schöne Häuser, alte und neue (große und elegante Wolkenkratzer).
„San Francisco" – (Es wurde kühl.) war eine Stadt, in der es sich leben
ließe. Die vielen Straßenkünstler (Musiker, Virtuosen, Pantomimen)
waren das Tüpfelchen auf dem „i".

Es wurde immer kühler, und sie waren müde. Sie warteten auf den Bus, der endlich kam und sie „nach Hause" brachte.

26. Tag „San Francisco"
Tag der Stadtbesichtigung!

Mit dem Bus ging es zur Lombard-Street, die sie lange und steil hinauf liefen, bis sie zur berühmten Stelle mit den Serpentinen und der enormen Steigung kamen. Obwohl das aus vielen Filmen schon bekannt war, war die Wirklichkeit beeindruckender.

Mittags waren sie in einem originalen Italiener-Restaurant. Dort aßen (und tranken) sie sehr gut. Danach ging es weiter auf einen Turm mit einer phantastischen Aussicht auf „Frisco". Es war alles unwahrscheinlich schön. Auch die Vegetation rundherum war für sie faszinierend: Südlich und fast ebenso üppig wie auf Teneriffa. Vom Turm aus wanderten sie hinunter zum Hafen. „Pier neununddreißig" war ihr erstes Ziel. Hier waren Geschäfte, Attraktionen und vor allem eine herrliche Aussicht auf die Bucht zu bewundern. Daran anschließend ging es zu „Fisherman's Wharf", wo es Krabben- und Hummerfleisch in kleinen Portionen zu kaufen gab. Aus „Red-Pine"-Holz ließen sie sich ein Namensschild für den Garten daheim anfertigen.

Mittlerweile war es Abend geworden. Nach langem Warten (Plötzlich war es wieder kalt.) kam endlich ein Bus. Sie freuten sich auf ihr „Haus".

Und es blieb dabei: Frisco ist spitze!

27. Tag „San Francisco"
Zweiter „Frisco"-Tag!

Wieder ging es gegen Mittag downtown. Diesmal fuhren sie zum „Civic-Center", dem Verwaltungszentrum. Um einen großen Platz herum waren einige Monumentalbauten gruppiert. Es war nicht sehr einladend.

Sie wanderten in Richtung „Golden Gate" Park. Direkt vor dem Eingang zum Park, den sie nach langem Marsch bei unangenehmer Kühle erreichten, kehrten sie bei „McDonalds" ein. Den Kindern gefiel das gut. Innerhalb des Parkes bewunderten sie vor allem den „Japanese Tea Garden", der leider viel zu voll war. Mit dem Bus und anschließend der Cable Car gelangten sie (einmal quer durch die Stadt) wieder bei „Fisherman's Wharf" an. Es war noch immer kühl. Sie kauften ein paar Dinge ein (T-Shirts und Jeans) und gingen schließlich bei

„Fisherman's Grotto" essen. Das war teuer. Endlich landeten sie so gegen zehn Uhr abends im Wohnmobil und waren müde.

Auf Wiedersehen, „San Francisco!"

28. Tag „San Francisco" – „Pinnacles Nt. Mon."

Abschied von „Frisco"!

Hinter der „Golden Gate" fuhren Stolps auf die Straße Nr. 1, während „MM"s den angeblich schnelleren Highway einschlugen. Das Meer und die Küste (einschließlich der Häuser) waren im Nebel, und es war ziemlich kühl. Dann fuhren sie bis „Santa Cruz" an der Küste entlang, die man 'mal im strahlenden Sonnenschein bewundern und 'mal im Nebel nur erahnen konnte. In „Santa Cruz" kehrten sie auch ein. Die Kinder aßen ihre geliebten Hamburger.

Nach dem Essen krachten sie mit dem Dach des Autos gegen das Dach des Restaurants: Der Deckel über dem Kühlschrank war ab. Silke besorgte eine Leiter, und im „do-it-yourself"-Verfahren bekamen sie es wieder hin.

Bei starkem Wind ging es dann (wie mit Beate und Konrad vereinbart) die „101" entlang, bis „Soledad", wo sie in dem „Pinnacles National Monument" einen Campingplatz vermuteten. Nach mühseliger Fahrt durch eine allerdings sehr schöne Landschaft kamen sie endlich an einem vereinsamten Platz an, wo sie einen Landsmann trafen, der schon lange in „LA" lebte.

Es war landschaftlich herrlich hier, sehr sauber, „keine Anschlüsse", aber es blieb arg einsam. Sie machten einen Spaziergang und sahen viele Tiere – seltsame Vögel, Rehe, Kaninchen, Hörnchen. Es wurde dunkel, aber „MM"s kamen nicht. Nun, sie hatten sich ja auch für die kommenden zwei Tage verabredet, und man würde sehen...

29. Tag „Pinnacles N.M." – „Carpinteria"

Die Nacht war diesmal fast ereignisreicher als der Tag:

1. Haben sie beim Abendbrot die noch hinzugekommenen „Nachbarn" beobachten können, die gepicknickt hatten und dabei immer wieder raubkatzenartige Geschöpfe, die unter Gefauche verschwanden, vom Essenstisch davonjagten. Sie sagten, halb im Spaß, das seien „Pumas". Ein bisschen Angst hatte aber jeder schon. Am nächsten Morgen sagte der Landsmann, dass es eine Waschbärenfamilie gewesen sei.

2. Sie waren gerade (nach der Aufregung mit dem „wilden Tier") eingeschlafen, als in der Dunkelheit ein Auto direkt neben ihnen hielt. Andor war wieder hellwach. Drei junge Männer (Es war zwei Uhr nachts!) entstiegen dem Auto und machten Lärm. Sie brachten umständlich eine Petroleumlampe in Gang. Vertrauenserweckend sahen sie alle drei nicht aus. Schließlich schlugen sie auf der Erde ihr Nachtlager auf (wieder mit viel Radau) und alles unter endlosem Gerede. Um fünf Uhr schließlich ist Andor eingeschlafen.

Am Tage danach galt es, einen großen Sprung in Richtung „LA" zu machen. Sie fuhren um 9:30 Uhr los. Bei „King City" kamen sie wieder auf die 101, und dann ging es stundenlang den Highway hinunter.

Plötzlich waren „MM"s hinter ihnen! An der nächsten „Rest-Area" hielten sie, und das große Palaver ging los. Jedenfalls waren „MM"s am Abend vorher schon bis kurz vor den Campingplatz vorgestoßen, dann aber (sozusagen vor dem Ziel) umgedreht, weil sie zu wenig Benzin hatten und weil Beate die Gegend zu einsam erschienen war. Schade.

Sie einigten sich auf einen neuen Campingground hinter „Santa Barbara" in „Carpinteria". Nach stundenlanger Fahrt kamen sie an: Der Ort lag im Nebel, und der Campingplatz war eine rechte Räuberwiese. Aber, was sollte es? Es war ja nur für eine Nacht. „MM"s fuhren noch einmal zehn Meilen nach „Santa Barbara" zurück, die Stolps „latschten" durch „ihren" Ort.

In der Nacht wurden sie wieder geweckt: So gegen fünf Uhr fing in einem der Wohnwagen eine Frau fürchterlich zu fluchen und zu kreischen an. Das erleichterte den Abschied vom Motorhome, denn alle dachten:

„Übermorgen schlafen wir wieder in einem Hotel."

30. Tag „Carpinteria" – „San Fernando (LA)"
Weiter ging die Fahrt.

Stolps brauchten zwei Stunden bis „San Fernando", das schon im Einzugsgebiet von „Los Angeles" lag. Dabei durchquerten sie riesige Apfelsinenplantagen. Um dreizehn Uhr kamen sie im „KOA-Campingground" an. Im Unterschied zum vorherigen Quartier war alles eine Wohltat, die Anlage war sauber und adrett. Sie badeten wieder einmal in einem großen Swimmingpool, aßen „deutsch" zu Mittag (Kartoffeln, Schweinekotelett, Bohnen) und schliefen ein halbes Stündchen.

Am Nachmittag fuhren sie eineinhalb Stunden durch die Riesenstadt „Los Angeles". Das Ziel war „Beverly Hills" und „Hollywood". „Beverly Hills" war eine wunderschöne Wohngegend mit teuren Häusern und phantastischer Flora. Nach einigem Gesuche fanden sie die Studios der „Twentieth Century Fox", die aber leider nicht zur öffentlichen Besichtigung freigegeben waren. Sie trafen einen freundlichen Wachpolizisten, der Deutschland kannte, und er ließ sie einmal „schnuppern". Immerhin sahen sie die Kulissen, vor denen „Starsky und Hutch" sowie „Drei Engel für Charly" gedreht wurden.

Auf dem Highway kamen sie schneller zurück zum „KOA". Um 21:30 Uhr trafen auch „MM"s ein, die sich so verspätet hatten, weil sie am Sonntag in Kalifornien fast kein Benzin bekommen hätten. Aber nach einigem Trara hatte man ihnen schon zehn Gallonen gegeben.

Los Angeles

31. Tag „Los Angeles"
Die Reise mit dem Motor-Home war zu Ende. Eine Stunde noch fuhren sie über die Highways von „LA", dann waren sie wieder in „El Monte" bei „El Monte Rents". Die Autos wurden ausgeräumt, kontrolliert und abgegeben. Es war alles o.k. Beate und Konrad sagten, sie wären traurig. Auch Silke und Andor hatten es mit dem Motor-Home gut gefunden, aber sie waren auch wieder froh, dass es nun eben vorbei war. Die Kinder nahmen es hin.

Carmen Weekly brachte sie wieder von „El Monte" fort. Sie redete immer noch so viel wie vor dreieinhalb Wochen und freute sich, dass ihnen die Rundreise gut gefallen hatte. Sie fuhren (wieder eine gute Stunde) zu „Ajax-Rent-a-Car". Dort nahmen sie für den Rest der Reise PKWs in Empfang. Stolps bekamen einen „Oldsmobile" Sportwagen mit allen Schikanen wie Klimaanlage, Stereo-Radio usw.. Das Auto fuhr (besonders im Vergleich zum Motor-Home) wie Sahne, allerdings auch so schnell wie eine Rakete.

Mit den neuen Autos fuhren sie zum dritten „RAMADA-Inn", diesmal eben in „Santa Ana", immer noch ein Teil von „Los-Angeles-area". Dieses Hotel entpuppte sich als das beste von allen dreien. Die Zimmer waren schön und groß; Stolps lag im zehnten Stockwerk. Unten war ein wunderbarer Swimmingpool mit einem Heißwasserbad daneben sowie einem Übungsraum mit Kraftturngeräten. Sie kosteten alles weidlich aus. Abends gingen alle „acht Mann hoch" in einem Restaurant in der Nähe essen.

32. Tag „Los Angeles"
Disneytag.

Von morgens um zehn bis abends um acht streiften sie durch „Disneyland". Sie fuhren mit der Bahn um die ganze Anlage, besichtigten die Welt der Sterne, fuhren Auto, Boot und U-Boot, machten eine Reise durch die Welt der US-Musik, gingen ins Geisterhaus, waren im Wilden Westen, im Fantasieland, in einem europäischen Schloss usw., usw. Es war alles perfektioniert und unterhaltend für Alt und Jung. Nirgendwo war ein Leerlauf. Und überall waren Menschen über Menschen.

Andor kam es allerdings etwas komisch vor, wenn die „Bank of America" als Attraktion die „Kinder der Welt" anbot, wo Kinder aus aller Herren Länder (Franzosen natürlich unterm Eiffel-Turm und mit Can-Can) schnuckelig und adrett das Lied von der Gemeinsamkeit sangen. Doch die „Kinder" waren halt nur Puppen.

Über allem strahlte der blaue kalifornische Himmel...

San Diego

33. Tag „Los Angeles" – „San Diego"
Nachdem sie noch einmal den schönen Swimmingpool genossen hatten, setzten sie sich in Bewegung Richtung „San Diego" (der letzten Station der Reise). Sie fuhren die Küste entlang. Es war schönes Wetter und sehr warm. Zwischendurch hielten sie immer wieder und hielten Ausschau nach Hotels, Apartments und Motels. Sie badeten zum ersten Mal im Pazifik. Es war natürlich nicht viel anders als im Atlantik; aber so schön wie in Portugal war es nicht. Dann trafen sie in „San Diego" in Hariris Hotel ein. Dort mieteten sie zwei Zimmer, machte zusammen vierzig Dollar. Hariris luden alle zu sich nach Hause ein, wo gegrillt und geklönt wurde. Sie fanden, das war eine sehr freundliche Geste.

34. Tag „San Diego"
Hariris hatten sie zum Frühstück und zum Mittag eingeladen. Zwischen beiden Mahlzeiten fuhren die Reisenden auf Quartiersuche. Sie fanden ein Motel auf der Halbinsel „Coronado".

Hariris hatten sie zu Hause bei „MM"s kennen gelernt. Sie war Norwegerin, und er Perser. Beide hatten in Deutschland studiert und im Hause von Beates Mutter gewohnt. Hariris Gastfreundschaft in

„San Diego" überraschte und machte etwas verlegen. Sie wollten ja eigentlich nur „relaxen".

Das Motel war auf den ersten Eindruck passabel, aber Stolps Raum stellte sich abends als viel zu heiß heraus, und laut war es auch. Direkt am Schlafzimmer ging eine Straße vorbei. Silke sagte, morgen würden sie lieber ausziehen.

Mal sehen ...

35. Tag „San Diego"

Es war ein Tag der Sommerfrische an der See. Zunächst zogen Stolps allerdings um: Vom Zimmer acht zum Zimmer sechszehn. Hier war es viel ruhiger und auch sauberer. Dann ging es an den Strand. Das Wasser war kühl, aber die Sonneneinstrahlung war sehr intensiv. Schon nach drei Stunden hatten alle einen Sonnenbrand.

Abends gingen sie mit Beate und Konrad sowie mit den Kindern Pizza essen. Die feineren Restaurants waren alle volll. Danach tranken sie auf der Terrasse vor dem Motel eine Flasche kalifornischen Chablis aus, entspannt unter Bananenbüschen und Apfelsinenbäumen.

Tijuana

36. Tag „San Diego" – „Tijuana"

Noch ein Umzug: *„Ade, Zimmer sechzehn!"*. Sie bekamen eine richtige kleine Wohnung mit zwei Räumen und einer Küche im ersten Stock eines typisch amerikanischen Holzhauses. Hier war es luftig und ruhig, und das alles kostete nur dreißig Dollar.

Dann fuhren sie nach „Tijuana" in Mexiko. Hinter der Grenze mussten sie eine besondere Versicherung für das Auto abschließen (fünf Dollar fünfundsechzig). Die Stadt (die wohl zum großen Teil vom billigen Geschäft mit US-Touristen lebte) machte einen sehr deprimierenden Eindruck. Bettler, Abgewrackte auf den Bürgersteigen und Indio-Frauen, die (im Gefolge ihrer müden Kinder) verängstigt Kaugummis anboten, sah man allenthalben. Das Elend so vieler Menschen war unübersehbar, und sie hätten es in dieser Form in Mexiko nicht erwartet. Auch der Zustand der Häuser und der Straßen war miserabel.

Irgendwie war es ein schlechtes Gefühl, wenn man als wohlgenährter Tourist durch diese Stadt bummelte. Sie fuhren noch an den Strand von „Tijuana", sahen eine große Stierkampfarena und schauten beim Sonnabend-Nachmittag-Vergnügen einiger Mexikaner zu: Baseball.

Als sie die Grenze zu den USA passierten, hatten sie fast das Gefühl, wieder „nach Hause" zu kommen. In der „neuen Wohnung" gab es „Nudeln mit"!

37. Tag „San Diego"
Es war ein geruhsamer Sommersonntag.

Der Himmel war blau, und sie unternahmen einen Bummel durch „Coronado". Sie sahen schöne Häuser und üppige, subtropische Gärten, schwammen ausführlich im Pool, riefen zu Hause an, badeten auch noch im Meer und gingen abends mit Hariris Fisch essen.

38. Tag „San Diego"
Diese Nacht hatte es - in „sunny California"! - geregnet. Vormittags war es bewölkt, und ab Mittag hatten sie wieder Sonnenschein und Hitze.

Zuerst gingen sie in die Wäscherei. Sie wuschen Hemden, Unterhosen, Schlafanzüge usw. So würden sie diesmal mit einem Koffer voll sauberer Wäsche zu Hause landen. Mittlerweile tauschte Andor noch einmal Geld ein: dreihundert DM für einhundertfünfundsiebzig Dollar.

Später kamen sie nach „San Diego" downtown. Zunächst gingen sie am Hafen spazieren, wo sie ein altes Segelboot ebenso besichtigten wie das Zusammenlegen eines riesigen Fischernetzes. Von dort fuhren sie nach „Sea-World", wo sie eine Dephin- und Walfisch-Show sahen.

Sie waren neugierig, was sich in „Haus und Hof" und im Büro alles getan hatte. Die Eindrücke aus Amerika mussten sie sowieso erst ordnen und bewerten.

Stolps kauften zwei Bände mit Farbfotos aus Kalifornien, gingen noch einmal im Pazifik baden (hohe Wellen) und waren abends bei Hariris zu Gast. Es gab Paprikaschoten mit Reis, und es wurde über Deutschland, Europa, Persien, „Geschäftemachen" sowie natürlich über Amerika gesprochen.

Abreise

40. Tag Abreise
Abreisetag!

Sie standen gegen acht auf und frühstückten noch einmal in der kleinen Ferienwohnung.

Dann wurden die Koffer gepackt und im Auto verstaut. Sie machten eine letzte Runde durch „Coronado", tankten und warfen einen Blick auf den Pazifik. Um zwölf Uhr ging es nach „Los Angeles". Bis zur „Ajax"-Autovermietung fuhren sie etwas über zwei Stunden. Sie gaben die Autos ab und wurden zum Flughafen gebracht, wo sie über zwei Stunden Zeit bis zum Abflug warteten.

Um 18:30 Uhr ging der „British-Airways"-Jumbo los. Bis er endgültig den Boden Amerikas verließ, dauerte es noch etwa eine halbe Stunde. Sie sahen den letzten roten Sonnenuntergang in den USA:

Good bye, America!

Zehn Stunden dauerte der Flug, dann landeten sie so gegen 13 Uhr Ortszeit in „London". Sie hatten kaum geschlafen. Um 15:10 Uhr ging es weiter nach „Berlin", wo sie gegen 17 Uhr landeten.

Letzte Aufregung: Die Koffer waren nicht da! Sie kamen aber mit der nächsten Maschine aus „London", eine Stunde später. Ein Koffer von „MM"s (der mit den Filmen) kam sogar erst einen ganzen Tag später.

Spät kam er, aber er kam!

(1979)

2. USA 2

Am 4. Juli in Washington

New York

Die große Reise startete. Johann fuhr seine Eltern Silke und Andor zum Flughafen. Dort bestiegen sie eine „Delta"-Maschine. Es war auf dieser Reise der erste Flug von insgesamt zwölf. Sie waren schnell weg und nach acht Stunden landeten sie in „New York". Amerika empfing sie mit Regen, und vom Flugzeug aus war nichts zu sehen: Kein grandioser Blick auf Manhattan.

Nach dem Gepäck-Empfang, der Zoll- und Passkontrolle standen sie irgendwo auf dem Flughafen-Gelände und reihten sich ein in eine Schlange – „a line", (wie sie es noch sehr oft hören würden) von Menschen, die auf ein Taxi („yellow cab") warteten. Die Fahrt kostete offiziell fünfunddreißig Dollar, doch der Fahrer brauchte fast zwei Stunden zum Hotel, weil angeblich die naheliegenden Brücken und Tunnel alle gesperrt waren. So kamen sie auf rund fünfzig Dollar, bis sie ihr „Doral Hotel" an der Park Avenue erreicht hatten. Der Regen hatte mittlerweile aufgehört. Es war schwül-warm.

Das Hotel war gut; sie wohnten im zwölften Stock. Eine kleine Überraschung war, dass sie Gutscheine für das Frühstück bekamen:

„Continental". Nachdem sie vom Zimmer Besitz ergriffen hatten, gingen sie zur „Central Station" – wenige Schritte vom Hotel entfernt, liefen die 5 th Avenue entlang, besuchten die „St. Patrick's Cathedral" und kamen schließlich in einen Pub, wo sie „Sirlion Steak" mit „Corn" und „Bud" bestellten. Jetzt schmeckten sie Amerika und erkannten es wieder.

Sie riefen zu Hause an und erfuhren, dass Deutschland soeben Europameister im Fußball geworden sei, was hier keinen Menschen interessierte. Müde gingen sie gegen neun Uhr p.m. Ortszeit in die Betten und wachten erwartungsgemäß sehr früh auf.

Nach dem „continental breakfast" (Kaffee, Orangensaft, ein Hörnchen, ein Brötchen, Butter und Marmelade) zogen sie los. Sie gingen zum „Times Square", von dort zum „Central Park" und fuhren mit der U-Bahn nach „South Ferry". Dort gingen Schiffe zur Freiheitsstatue: Diese waren alle voll. Sie schauten sich das Treiben ein wenig an und fuhren zurück zur 42. Str. W.. Hier startete die „Circle Line" eine Tour rund um „Manhattan". Die Fahrt dauerte drei Stunden, der Guide redete unentwegt, dazu war es sehr heiß. Vorher waren sie beim „Japaner". Da gab es Sushis abgepackt, frisch, gut und preiswerter als zu Hause.

Nach der Rundfahrt besorgten sie sich am „Times Square" Karten fürs Theater „Seven Guitars". Der Titel täuschte. Es war kein Musical oder Musikstück, sondern Sprechtheater mit schwarzen Schauspielern. Deren Dialoge waren schwer zu verstehen. Müde wie sie waren, verzogen sie sich nach der Pause, kehrten bei einem „Mexikaner" ein, dessen Speiseangebot zu wünschen übrig ließ.

Todmüde fielen sie in die Betten.

Am nächsten Morgen liefen vom Hotel zum „Guggenheim-Museum": Durch die „Central Station" hindurch, am „Rockefeller-Center" vorbei kamen sie zum „Trump-Tower", dessen Inneres sie bestaunen. Es war ein super gepflegtes, riesiges Geschäftszentrum mit exklusiven Läden. Fast schon am „Central Park" schauten sie bei „Tiffanys" vorbei. Diesmal war für sie nichts Passendes da.

Also ging es weiter, links das „Plaza", den Park entlang, bis sie endlich das „Guggenheim-Museum" erreicht hatten. Etwas enttäuscht stellten sie fest, dass hier eine Ausstellung über Afrika lief und die von ihnen eigentlich ersehnte Galerie moderner Gemälde zusammen geschmolzen war. Dennoch besichtigten sie die Ausstellung und ließen sich allerdings in erster Linie von der modernen, hellen Architektur des Frank Lloyd Wright beeindrucken. Man hatte das Gefühl, im Innern eines großen Schneckenhauses zu wandeln.

Abends gingen sie noch einmal ins Theater. Sie sahen sich „Cats" im „Wintergarden" an. Das Stück beruhte auf einer eigen- oder auch abartigen Idee, deren Sinn sich nicht jedem erschließt. Aber die Inszenierung war perfekt, die Darsteller waren ausgezeichnet. Sie konnten spielen, singen und tanzen zugleich. Großartige Stimmen und tolle Ballettszenen waren zu erleben.

Nach dem Theater-Genuss kam der leibliche. Es gab „Sirloin-Steak" und Bier aus der Kanne.

Sie spürten es physisch: „New York" war groß und voll. Voll von Menschen aller Hautfarben, Rassen, Klassen und Nationalitäten. Es fiel auf, dass sich „New York" seit den letzten Besuchen vorteilhaft entwickelt hatte. Die U-Bahnen waren sauber, die Straßen wurden repariert. Graffitis gab es nicht, und überall waren Polizisten und Sicherheitsleute präsent, die nicht wegguckten, wenn etwas zu tun war.

Sie besuchten in „New York" die „Vereinten Nationen". Das Gebiet am East River war nicht weit vom Hotel entfernt. Das Bauensemble ist nicht besonders aufregend, strahlt nichts aus.

Mittags gingen sie noch einmal zum „Sushi-Mann" in die 38. Straße.

Sie machten einen Bummel der Broadway hinunter, kamen am „Empire-State-Building" vorbei und fuhren schließlich vom Hotel aus zum Flughafen. Diesmal waren sie – allerdings mit einer Luxuslimousine für sechzig Dollar in einer halben Stunde dort. Auf dem „JFK"-Flughafen war es voll; die abflugbereiten Maschinen standen Schlange. Es ging zu wie beim Brötchenbacken. Sie hatten Verspätung. Nach einem kurzen Flug warteten sie in „Washington" lange auf das Gepäck, denn dasr Band war defekt. So kamen sie sehr spät im Hotel an. Sie stellten fest, dass das Klima angenehmer als in „New York" war. Vor allem war es nicht so schwül.

Washington DC

„Washington DC" am 4. Juli, dem „Independence Day"!
Schon morgens im Hotel sahen sie Menschen, die in den amerikanischen Nationalfarben blau-weiß-rot gekleidet waren. Sie liefen zur Mall. Um zehn Uhr war die Stadt noch fast leer: Feiertagvormittag.

Vor dem Weißen Haus sahen sie eine lange Menschenschlange. Heute konnte der Amtssitz des Präsidenten besichtigt werden! Die Wartezeit soll zwei Stunden betragen haben. Sie verzichteten. Am „Washington Monument" waren Tribünen und Zelte aufgebaut. Um 11:45 Uhr begann (das prophezeite ein freundlicher Polizist) eine große Parade. Die ganze Mall war voll mit Zelten. Es stand ein riesiges Volksfest bevor, in dem sich die einzelnen Staaten der USA vorstellten. Die Parade begann langsam. Sie war vielfältig, bunt, fröhlich und unmilitärisch.

Silke und Andor gingen über das „Smithsonian Institute" zum „Kapitol", um die zugänglichen Bereiche („Great Rotunda" und anschließende Räume) zu besichtigten. Auf dem Riesengelände wurde es immer voller. Geboten wurden kleine Ausstellungen, Speisen und Getränke aus den gesamten USA und vor allem Musik unterschiedlichster Richtungen.

Sie schoben sich durch die Massen, aßen in einem Zelt „Pork Shops" aus Iowa. Die Menschen waren fröhlich und freundlich. Auch das Denkmal für die Vietnam-Gefallenen wurde von Massen besucht, hier waren die Besucher ruhig und gesammelt. Am „Lincoln-Memorial" machten Stolps kehrt und liefen zum „Holocaust-Museum", das sie aber nur von außen besichtigten, weil es geschlossen hatte. Aber darüber und über das Pendant an der anderen Küste der USA hatten sie ja einen besonderen Bericht.

Das Volksfest in Washington indes soll den ganzen Tag gedauert und mit einem Feuerwerk geschlossen haben. Sie schätzten, dass etwa eine Million Menschen auf den Beinen waren, Menschen aus allen Ecken der USA und aus vielen Ländern der Erde. Es fiel auf, dass wenige Schwarze an dem Volksfest teilnahmen, obwohl die Mehrheit der Einwohner Washingtons schwarz war. Aber die, die mitmachten, feierten ihr Land und ihren Staat voller Stolz und unverkrampft.

Yellowstone

Früh um sechs Uhr verließen Silke und Andor die Hauptstadt der USA und fuhren Richtung Westen die Autobahn entlang zum „Dallas/Washington" Flughafen. Die Fahrt war herrlich zu dieser Stunde, die Sonne ging auf, die Straße war leer und die Landschaft einnehmend.

Die Flüge klappten prima, auch der erste Kontakt mit „Salt Lake City Airport" brachte keinerlei Probleme. Noch ein kurzer Sprung nach „Jackson Hole", und eine großartige Gebirgslandschaft empfing sie. Am Flugplatz wartete schon das Auto, ein roter „Toyota Corolla", natürlich mit Automatik und Klimaanlage. Mit diesem begaben sie sich auf den Highway unter hohem Himmel mit weißen Wolken, Bergen in der Ferne und einem glasklaren Blick. Silke sagte: *„Das ist Amerika!"*

Sie waren nun nicht „nur" in Amerika, sondern auch in Wyoming. Das Hotel „Best Western Inn" in „Teton Village" entpuppte sich als etwas morbide. Aber auf der Kuhweide des Touristenortes, der hauptsächlich für Skifahrer konzipiert war, tat sich kulturell einiges: Da war eine Ausstellung alter Autos, und gleich dahinter gab es in einer Scheune ein Konzert. Auf dem Programm stand Beethoven, und in der Pause sahen sie mitten im Wilden Westen Abendgarderoben!

Sie fuhren in den nächsten Ort, gingen dort in den Supermarkt, kauften eine Baseballmütze, Käse, Wein, Bier, Schinken und „richtiges" Brot. So ausgestattet, begaben sie sich „aufs Zimmer" und speisten zu Abend wie daheim.

Mit dem Auto fuhren sie Richtung Norden zuerst durch den „Teton" und dann durch den „Yellowstone" Nationalpark. Sie erlebten großartige Natur: 4.000er Berge, riesige eiskalte und tiefblaue Seen, dazu dunkle Koniferen. Der Aufenthalt für beide plus Auto kostete für sieben Tage sieben Dollar.

Es war strahlend blauer Himmel, heiß aber nicht schwül und daher gut erträglich hier oben auf etwa 2.000 Metern. Vom „Teton Park" aus ging es zum Südeingang des „Yellowstone". Überall sahen sie bald tote Wälder. Das war die Folge riesiger Feuer. Da man hier alles der Natur überließ, erfolgte auch keine Aufforstung. Die Natur sollte sich allein regenerieren, so wie es seit Jahrmillionen geschah.

Dann bestaunten Silke und Andor die Geysire, die heißen Quellen mit dem aus der Tiefe schießenden kochenden Wasser. Das Element erreichte die Erdoberfläche im Umfeld verschiedenster Farben von weiß über gelb bis braun. Es hatten sich leuchtende Terrassen gebildet. Dann sah man strahlend blaue oder türkisfarbene Seen und Becken. Es zischte, brodelte und blubberte, und manchmal stank es auch ein wenig. Über allem stiegen immer wieder Dampfwolken auf.

Auch Tiere waren in freier Wildbahn zu sehen. Sie begegneten Büffeln und Waipitihirschen. Die vielen putzigen keinen kleinen Erdmännchen sollen auf keinen Fall vergessen werden.

Mammoth Hot Spring – Gardiner

Das Hotel in „Mammoth Hot Spring" war o.k., wenn auch old fashioned. Alles war sauber, ruhig, in großartige Landschaft eingebettet. Das größte Wunder aber war, dass das Zimmer keinen Fernseher hatte. So etwas gab es also auch in Amerika! Die Stolps störte das nicht, denn die ständig von Werbung unterbrochenen, marktschreierischen Programme machten etwas nervös.

Sie besichtigte ausführlich die „Mammoth Hot Springs"-Terrassen und waren beeindruckt von dem Spiel der Farben, von den warmen Seen und Tümpeln, ebenso von den kochenden Quellen. Die Menschen wurden durch Schilder gewarnt, diese Terrassen nicht zu betreten, weil man sich verbrennen oder auch einbrechen konnte. Aber wilde Hirsche oder Rehe bewegten sich höchst lässig und selbstverständlich darauf und nahmen provokativ ausführliche Sonnenbäder.

Weiter fuhren sie nach „Gardiner", das schon im Bundesstaat Montana lag. Hier wuschen sie Wäsche. Es war eine Wild-West-Stadt, wie sie im Buche steht. Nur waren die Pferde durch die Autos abgelöst worden, und die Railway fuhr leider auch nicht mehr. Hier war vor allem Hitze und ansonsten nichts los. Während die Wäsche in der Maschine „Modell 1910" ihre Runden drehte, nahmen sie draußen auf der Veranda einen kühlen Drink und fühlten sich wie John Wayne.

In Andors Kalender klebte ein Zettel, den ihm Freunde zu Hause gegeben hatten: „Treffen am Grand Canyon Campingplatz." Die Freunde machten zeitgleich eine Campertour durch die USA. Silke sagte, sie hätten sich für 11 Uhr verabredet. Also fuhren sie rechtzeitig los Richtung Süden und waren kurz vor 11 Uhr am Canyon Campingplatz.

Sie dachten, die anderen hätten dort schon einmal genächtigt, aber die trafen ebenfalls erst um 11 Uhr ein. Der Campingplatz war zu dieser Zeit leider schon voll. Die Freunde traf das nicht besonders, sie meldeten sich für den kommenden Tag an, meinten, sie würden schon irgendwie einen Platz finden, und sie machten alle zusammen eine Wanderung zu dem „Yellowstone Fall". Alle hier Versammelten waren wohlauf.

Am Ende eines schönen Tages bewegten sie sich alle über einen riesigen, hohen Pass Richtung Norden. Dabei pickten sie ein amerikanisches Ehepaar auf, dessen Auto eine Panne hatte. Sie hatten ihr Wohnmobil auf einem Campingplatz in der Nähe. Mit diesem wollten sie ihren fahruntüchtigen Jeep abschleppen. So fügte sich alles zum Guten: Die Camper von zu Hause brachten die beiden Amerikaner von „MammothSprings" (Bis dahin waren sie in dem Auto des Ehepaares Stolp.) zu ihrem Campingplatz. Dort machten sie ihren Platz frei für die Freunde aus der Heimat, die dann in Ruhe und Schönheit ihre Steaks genießen und sich anschließend zur Nachtruhe begeben konnten.

Am Vormittag des folgenden Tages schauten Silke und Andor sich das „Yellowstone"-Museum in „Mammoth" an, wo sie auch etwas über die Geschichte des Parks erfuhren. Anschließend stiegen sie auf einen kleinen Berg neben „ihrem" Ort und schauten sich das Ganze von oben an.

Mittags fuhren sie mit den Freunden (in getrennten Autos) zum „Old Faithfull". Diese Fahrt dauerte zwei Stunden, aber es sollte sich lohnen. Nicht nur war „Old Faithfull" während ihrer Anwesenheit dreimal eruptiert; sie sahen auch andere Quellen, Tümpel und sonstige Heißwassergebilde, die sie beeindruckten.

Und alles lag inmitten einer grandiosen Landschaft. Auch ein kesses Murmeltier, das sich stolz fotografieren ließ, stand am Wegesrand. Dessen Artgenossen in der Schweiz hatten sie scheuer in Erinnerung.

Um 18 Uhr („6 p.m.", wie man hier sagte) verabschieden sie sich von den Freunden, die ihren Campingplatz aufsuchten. Sie fuhren zur letzten Nacht in „Mammoth Springs". Unterwegs hatten sie mächtige Regenfälle, aber am Ort war alles trocken. Als sie dann um 20:45 Uhr zum Abendbrot gingen, goss es auch hier in Strömen. In „New York" erworbene Regenschirme schützen sie nach dem Essen.

Zurück nach „Teton Village". Wieder besichtigten sie auf dem Weg zahlreiche Geysire, Krater und Becken. Überwältigend wirkten der „Yellowstone-See" und wieder die „Tetons". Auf der Straße begegnete ihnen eine Büffelherde, und sie mussten - wie in Bayern bei Kühen - warten, bis die Urtiere die Straße passiert hatten. Für das Auto interessieren sie sich glücklicherweise nicht, obwohl es knallrot war.

In „Teton Village" nahmen sie Abschied vom Wilden Westen und verzehrten jeder ein Riesensteak, dazu tranken sie einen „Pitcher Ale"!

Oahu

Dann kam der Tag der großen Fliegerei. Es ging von „Jackson" mit einem kleinen Flugzeug (Propeller) nach „Salt Lake City", von dort mit einem Düsenjet nach „Los Angeles" und dort weiter nach „Honolulu". Die Anschlüsse waren sehr knapp, aber „Delta" hatte alles im Griff. In „LA" wurden sie mit einem Elektroauto unter dem Flughafen durch ein Tunnelgewirr zum richtigen Gate gekarrt.

In „Honolulu" empfing sie tropische Luft, wie Stolps sie von Sri Lanka oder Thailand her kannten. Es war ein Gefühl, als würden einem die Hosenbeine geheizt. Sie bekamen ein kleines rotes Auto (diesmal ein „Mercury") und fuhren vom heißen (ziemlich ernüchternden) Umfeld des Flugplatzes in einer Stunde zum Hotel im Norden der Insel Oahu.

Dort war es frisch, gepflegt, und der Meereswind wehte durch die Palmen. Ein schöner Strand war auch dabei, und das erste Bad im Pazifik war fällig. Das Wetter war mild, aber wolkig und windig zugleich. Sie würden noch lernen, dass das gut für Mitteleuropäer war. Nach dem Abendessen riefen sie zu früher Stunde zu Hause an. Der Zeitunterschied nach Deutschland betrug zwölf Stunden!

Am ersten Tag auf Hawaii (genauer auf Oahu) besichtigen sie in Ruhe das Hotel und seine Umgebung, die „Turtle Bay". Sie machten eine Wanderung entlang der nördlich gelegenen Küste. Es war einsam. Sie entdeckten einen Reiterhof, einen „Trimm-Dich-Pfad" und (natürlich!) einen Golfplatz. Das Wetter war gemischt: Schnell dahinfliegende Wolken brachten 'mal Schatten, 'mal Sonne, gelegentlich auch einen kurzen tropischen Regenschauer. Es war warm, achtundzwanzig Grad ungefähr. Das war gut auszuhalten.

Später wandelten sie durch die zwischen einer Straße und dem Hotel gelegene „Residential Area", die sehr gepflegt war und wo man die üppigsten Blumen, Palmen und blühenden Bäume bestaunen konnte. Abends schließlich wanderten sie den Strand entlang Richtung Süden und erlebten am Ende einen herrlichen Sonnenuntergang. Das Spiel des Lichtes, der Wolken und der Meeresweite bescherte grandiose Bilder.

Dann wollten sie die Insel „Oahu" richtig kennen lernen. Mit dem Mietwagen machten sie eine erste Erkundigungsfahrt. Sie sahen weitgehend leere Strände, begegneten auf der Straße ständig dem Inselbus, der alle halbe Stunde eine Rundtour machte. Auch eine kleine Ortschaft, die aber außer McDonalds, einem Hafen und Supermärkten nichts zu bieten hatte, suchten sie auf.

Schließlich kamen sie in „Waimea Valley" an, einem Park mit Botanischem Garten und kleinen Darbietungen zur hawaiianischen Kultur. Am Ende des Tales lockte ein Wasserfall von etwa vierzig Metern Höhe. Zwei Waghalsige sprangen hier von den Felsen und ließen sich vom Publikum bewundern. „Show must be!", – schließlich waren sie in Amerika, obwohl sie eigentlich ziemlich in der Mitte zwischen Kalifornien und Japan im Pazifischen Ozean schwammen. Aber das Archipel war unter dem Namen seiner größten Insel „Hawaii" (auch „big island" genannt) der fünfzigste Bundesstaat der USA.

Nach dem Felsenspringen bekamen sie noch eine „Hula"-Demonstration geboten. Das aber kam ihnen ziemlich lahm vor.

Im Tal wurde es wieder schwül, und sie waren etwas erschöpft.

Auf dem Rückweg ins Hotel gingen sie in einen Supermarkt, wo Kühlschranktemperatur herrschte! Dort kauften sie Lachs, Seafood-Salat, Schinken, Käse, Wein, Bier, Obst, Saft, – aber kein Brot!

Paul Kuhn hat nicht recht: Bier gibt es genug auf Hawaii! Man konnte sogar wählen zwischen regionalen, amerikanischen und ausländischen (auch deutschen wie „Warsteiner" oder „Becks") Sorten. Sie entschieden sich für Amerika: „Samuel Adams" aus Boston: eine Köstlichkeit. Aber: Das Brot war wabbelig. So wie auf dem Kontinent konnte man nicht auf genießbare Marken ausweichen. Die Wahrheit also war:

„Es gibt kein (richtiges) Brot auf Hawaii!"

Silke hatte Geburtstag! Früh, vor 7 Uhr, deckte Andor den Geburtstagstisch mit den Geschenken von daheim sowie von ihm selbst, während Silke wie jeden Morgen vor dem Frühstück im Pool schwamm. Auch eine Kerze wurde entzündet. Das Geburtstagsritual konnte beginnen.

Nach dem Frühstück mit tropischen Früchten und japanischer Misosuppe stand ein tropischer Blumenstrauß im Zimmer. Silke freute sich sehr.

Mit dem Circle-Bus („55") fuhren sie nach „Waikiki". Zuvor machten sie einen Stopp am und auf dem „Aloha-Tower". Dort bestaunten sie schicke Geschäfte und genossen den Rundblick auf die moderne Stadt. „Waikiki", ein Stadtteil von „Honolulu", war krachend voll. Hochhaus stand an Hochhaus. Alle berühmten Hotelketten waren vertreten. Die Touristen kamen von überall her, aber neben Amerikanern dominierten Japaner. Im „Royal Hawaian", dem rosa Hotel, nahmen sie ein Mittagssnack ein: Langusten.

Am Strand schien hier die Sonne den ganzen Tag, und der schmale Streifen, (angeblich einer der schönsten Stadtstrände der Welt), war überfüllt von Personen, die sehen und gesehen werden wollten.

Mit dem Bus (Fahrzeit fast zwei Stunden und unangenehme Tiefkühlung) ging es zurück zur „Turtle Bay". Dort wärmten sie sich an der frischen Luft wieder auf. Sie speisten gut zu Abend, und den Geburtstag beschlossen sie mit Kartenspielen.

Silke gewann.

Der Tag danach begann mit Baden und Bräunen am „hauseigenen" Strand. Mittags übermannte sie eine große Müdigkeit. Von lautem Bohren und Hämmern im Hotel wurden sie geweckt. So fuhren sie mit dem „Mercury" die „83" entlang zum Mormonentempel, wo sie von einer deutschsprechenden „Schwester" freudig begrüßt wurden. Sie sahen einen ihnen typisch amerikanisch erscheinenden Propagandafilm über den Mormonenglauben. Anschließend besichtigten sie den strahlend weißen Tempel inmitten eines prächtigen Gartens, allerdings nur von außen. Hinein durften sie nicht.

Weiter ging es nach „Chinamans Hat", einem Oahu vorgelagerten Felsen, angeblich das Wahrzeichen der Insel. Zum Schluss waren sie im „Valley of Temples", einem riesigen Friedhof für verschiedene Religionen. Die hügelige Landschaft war von gerade geschnittenem Rasen bedeckt. Die Fahnen der USA und von Hawaii waren zu sehen, und die Gräber wurden mit großen Blumensträußen geschmückt. Höhepunkt war zweifellos der „Byodo-In Buddhist Temple", der eine originalgetreue Nachbildung des gleichen Tempels in der japanischen Stadt „Uji" sein soll.

Dann stand ein Besuch beim „USS-Arizona"-Denkmal in „Pearl Harbor" auf dem Programm. Am 7. Dezember 1941 hatten Japaner hier liegende Kriegsschiffe der amerikanischen Pazifikflotte angegriffen und weitgehend zerstört. Bei dem Angriff waren fast 2500 Menschen ums Leben gekommen. Die Folge war der Eintritt der USA in den II. Weltkrieg.

Über dem (neben anderen) versenkten Kriegsschiff „Arizona" ist ein „Memorial" errichtet worden, und mithilfe eines „Visitor Centers" konnten dort täglich bis zu 3.000 Besucher betreut werden. Es gab einen Buchladen, ein kleines Museum, einen Einführungsfilm und eine Fahrt mit der Fähre zum Denkmal. Über dem Wrack warfen Menschen, auch junge Japaner, Blumenketten ins Meer.

Anschließend aßen Silke und Andor zu Mittag bei „Mc Donald" und fuhren nach downtown „Honolulu". Dort besichtigten sie das Kongressgebäude, den einzigen Königspalast auf amerikanischem Boden und die „Kamehameha"-Statue, das Königsdenkmal. Sie trauen sich, mit dem Auto durch „Waikiki" zu fahren, und am Ende bestiegen sie bei großer Hitze „Diamond Head", den Hausberg „Honolulus", einen erloschenen Vulkan. Angeblich hatte Mark Twain von diesem Berg aus in dem höchsten Tönen geschwärmt. Mittlerweile hatte man einen weiten, imposanten Blick auf die Hochhäuser „Honolulus".

Die Nachhausefahrt dauerte lange. Sie fanden „ihre" Küstenstraße nicht gleich. Doch am Ende empfing sie der Hotelgarten mit angenehmer Kühle.

Dann kam wieder eine Küstenwanderung. Sie gingen nach Osten und erreichten „Kahuku Point". Vom Hotel und zurück dauerte das zwei Stunden. Zwischendurch badeten sie im Meer. Außer einem anderen Ehepaar (wahrscheinlich auch Deutsche) waren sie die einzigen Menschen. Wer die Einsamkeit suchte, konnte sie außerhalb des Trubels von „Honolulu" schon auf der vollsten Insel von Hawaii, Oahu selbst, finden.

Später fuhren sie mit dem Auto über „Waipahu" an der Westlüste der Insel entlang, bis die Straße zu Ende war. Hier war es trocken und kahl. Quer über die Insel und das Gebirge durfte man nicht fahren: Alles war militärisches Sperrgebiet.

Letzter Tag auf Hawaii!

Sie packten allmählich alle Sachen in die Koffer und in eine Tasche. Mit Ausdauer erfolgte ein letztes Bad im Pazifik. Noch einmal genossen sie dieses Wasser und die Wärme.

Dann fuhren Stolps zum „Polynesischen Kulturzentrum". Die Mormonen hatten mithilfe ihrer hier ansässigen Universität einen

Park über die wichtigsten Gebiete Polynesiens gestaltet. Studenten aus diesen Gegenden stellten hier (für teures Geld übrigens) ihre jeweilige Heimat vor. So zogen Silke und Andor Stolp von Neuseeland nach Samoa, von Tonga nach Hawaii. Es war viel amerikanische Show dabei, aber man konnte immerhin fremde Bräuche und Fertigungstechniken sehen und dazu seltene Pflanzen oder Früchte betrachten, – auch davon kosten.

Abends gab es eine große Show über Polynesien: Das riesige Theater, halb überdacht, wurde in dieser tropischen Nacht bis auf den letzten Platz gefüllt. Es gab Tanz, Musik, Licht-, Wasser- und Feuereffekte. Es war ein amerikanischer Abend, aber mit polynesischem Einschlag. Zumindest die Mehrzahl der Tänzer hatte braune Hautfarbe.

Das war der richtige Abschied von Hawaii. Sie fuhren durch die warme dunkle Nacht zum Hotel, und noch einmal umfing sie der milde, frische Wind des Meeres. Das Rauschen des Ozeans und der hohen Palmen übersetzten sie mit:

„Aloha, Hawaii!"

Um 5:30 Uhr standen sie auf, und um 6:30 Uhr verließen sie das Hotel. Obwohl der Highway nach „Honolulu" sehr voll war, waren sie in einer Stunde bei „Alamo", wo man ihnen blitzartig das Auto abnahm und sie zum Flughafen fuhr. Pünktlich um 9:50 Uhr starteten sie und waren auf die Minute um 17:50 Uhr in „Los Angeles".

Der Flug hatte fünf Stunden gedauert. Vom Flughafen in „Los Angeles" aus waren sie in sechs Minuten im Hotel. Dort gab es ein gutes Abendessen, das von einem netten Kellner namens Nick Pellegrino aus „Santa Monica" serviert wurde.

Los Angeles

Frühstück gab es bei „Burger King", das sich direkt gegenüber dem Hotel befand. Sie bekamen heraus, dass sich drei Blocks vom Hotel entfernt der Bus-Terminal befand. Merkwürdig war, dass die Hotel-Bediensteten von dieser günstigen Bus-Anbindung keine Ahnung hatten. Oder taten sie so, damit die Gäste teure Mietwagen oder Taxis nähmen? So lautete eine Auskunft, der Bus führe zwei Stunden nach „Santa Monica", dabei waren es genau vierunddreißig Minuten. Im Bus fiel weiter auf, dass der Busfahrer tatsächlich kontrollierte, ob alle Fahrgäste ihren richtigen Fahrpreis bezahlt hatten. Auch, dass Jüngere für Ältere aufstehen sollten, wurde hier gefordert.

Um 11 Uhr starteten sie mit dem „42"er nach downtown „LA". Dort wollten sie „El Pueblo", die spanische Keimzelle von „LA", besichtigen. Viel zu sehen würde da nicht sein, was sich noch herausstellte.

Im Bus waren sie unter Schwarzen, asiatischen Amerikanern und „Chicanos" zeitweilig die einzigen „Weißen". Der Busfahrer (freundlich und hilfsbereit wie alle seine Kollegen) war tiefschwarz.

Nach der Besichtigung von „El Pueblo" (einer Trödelstraße wie im Süden Europas oder in Arabien, einem Siedlungshaus und einer alten Kirche) begegneten ihnen merkwürdige Hochzeitsgesellschaften mit vielen kleinen Kindern, die festlich geputzt und offensichtlich noch schnell getauft wurden.

Sie liefen nach „Little Tokyo". Dort aßen sie Sushis, gut und preiswert mit einer wohlschmeckenden Suppe dazu.

Nach den leiblichen Genüssen unterzogen sie sich der Bildung und besuchten das amerikanisch-japanische Kulturzentrum, das die Geschichte der Internierung von „Jabs" während des II. Weltkrieges erzählte und anprangerte.

Nach „Little Tokyo" zog es sie nach „Santa Monica". Sie fuhren mit dem „10"er Bus und bummelten bald bei etwas nebligem Wetter auf dem Pier. Sie hatten den Eindruck, dass hier mehr Spanisch als Englisch gesprochen wurde. Ein wenig schauten sie sich noch im „Shopping-Center" um, dann fuhren sie mit dem Bus „3" zum Hotel zusammen mit Menschen unterschiedlichster Herkunft, die nun alle Amerikaner waren.

Boston

Es war wieder einmal Reisetag!

4:45 Uhr wurden sie geweckt! Gegen 5:30 Uhr fuhren sie vom Hotel ab und waren mehr als rechtzeitig eingecheckt. Über großartige Landschaften (u.a. „Sierra Nevada") flogen sie nach „Salt Lake City". Innerhalb wenigen Minuten stiegen sie in ein wirklich sehr enges Flugzeug, mit dem sie nach „Boston" düsten. Aus dem Flugzeug sahen sie u.a. die großen Seen nördlich von „Chicago".

Das Hotel „The Boston Park Plaza & Towers" war Andor von einer anderen Reise her bekannt. Sie gingen in den „Public Garden" und später die Boylsten Street entlang, wo sie im Freien ein schönes Restaurant fanden. Vor dem Schlafengehen noch entdeckten sie einen „Samuel Adams"-Pub und freuten sich über ein frisch gezapftes Bier.

Sie schliefen lange: Die Zeitumstellung machte sich bemerkbar. Frühstück nahmen sie im „Café des Paris" ein. Dann ging es hurtigen Schritts zum „John Hancock Tower", von dessen Spitze sie das Panorama von „Boston", „Cambridge" und Massachusetts überhaupt betrachteten.

Danach stand Einkaufen auf dem Programm: Jeans für Johann, Schuhe für Maria (Die „Kinder" waren längst keine mehr und zu Hause geblieben.), ein „Bras" sowie Schuhe und ein T-Shirt für Silke sowie zwei Hemden für Andor. Etwas schwierig war es mit den europäischen und den amerikanischen Größen, aber sie dachten, das Problem am Ende gelöst zu haben.

Abends waren sie in „Quincy Market", unten am Hafen. Sie genossen die Stimmung, die kommenden und gehenden Flugzeuge, die Architektur der Hochhäuser, den Meeresduft und das klare Licht. Die Luft war sauber, und es wehte ein milder Wind. Erst nachdem sie schon gegessen hatten, entdeckten sie in „Quincy Market" „ihr" altes Restaurant, das ihnen einst wegen der großen Gerichte, der Fülle und der Küche mitten in der Gaststube so originell vorgekommen war.

Wieder langes Schlafen!

Sie schritten einen Teil des „Freedom Trails" ab. Ausführlich besichtigten sie das „State House" und warfen auch einen Blick in das Repräsentantenhaus.

Es regnete sich ein, und die Regenschirme aus „New York" taten wieder einmal gute Dienste. In einem großen Buchladen schauten sie sich um und nahmen einiges mit. Sie glaubten, nun alle Mitbringsel besorgt zu haben.

Der Regen war stärker geworden, und so waren sie schon um 18 Uhr im Hotel. Für 20:30 Uhr hatten sie sich im „Legal Seafood" angemeldet. Da gingen sie hin, aßen genussvoll „Lobster" und „Oysters" von bester Qualität. Silke lud heute ein. Es war ein würdiger Abschied von Amerika.

Noch einmal gingen sie ins „Café des Paris" und in den Public Garden. Dann packten sie, checkten aus und gaben die Koffer für einen Dollar das Stück auf. Das Gepäck hatte sich mittlerweile um eine Reisetasche vermehrt. Sie liefen zum „Charles River" und betrachteten dort jede Menge Jogger, Geher, Rollschuhfahrer und weitere Freizeitsportler.

Um 13 Uhr ging es zum Flughafen. Der Flug nach „New York" dauerte eine Stunde, und 19:45 Uhr startete die Maschine zum Nachtflug nach Deutschland. Sie landeten pünktlich 9:40 Uhr. Die Stewardess meldete fünfzehn Grad und Regen. Kommentar ihres Kollegen: „15 degrees and a little weather!"

Maria und Johann holten sie ab. Maria war mit einem Blumenstrauß bewaffnet, und Johann hatte Brot und Aufschnitt gekauft. Darüber freuten sich die Heimkehrer sehr.

Eine große Reise lag hinter ihnen: Zwölf Starts und Landungen und 20.176 Meilen!

Sie würden Zeit brauchen, um alle Eindrücke zu verarbeiten.

(1996)

3. Russland: Arm und Reich

Silke und Andor schipperten mit ihren Freunden Hildegard und Josef Altfrau, Hagen Klatsch, Kathrin und Paul Bootweg sowie Helga und Ludwig Blume auf einer Schiffsreise von Moskau nach St. Petersburg auf der Wolga durch Russland.

Silke in Russland

Es war eine Reise der Saunagruppe, also eine „Saunareise". Natürlich verreiste nicht die Sauna, sondern regelmäßig Saunierende. – Hagen war einer der weiteren Freunde. Seine Frau war plötzlich gestorben, und so nahm die Saunagruppe Hagen auf die schon lange geplante Reise mit.

An einem Sonntag begann das Abenteuer: Um 5:30 Uhr kam eine Taxe. Die brachte sie zum Bahnhof, wo sie 6:22 Uhr den RE zum Flughafen nahmen. Von dort ging es um 9 Uhr mit der „Aeroflot" nach „Moskau". Um 11:20 Uhr waren sie endlich in der russischen Hauptstadt. Aber gemach: Bei der Passkontrolle „durften" sie erst einmal neunzig Minuten in irgendeinem Tunnel warten. Ein warmer Empfang war das gerade nicht.

Ein Bus brachte sie aufs Schiff. Das war ordentlich aber nicht unbedingt luxuriös. Es war eines aus DDR-Produktion. Die Dusche beispielsweise war über dem Klo (alles in einer „Nasszelle") untergebracht. Der „Kahn" trug den stolzen Namen „MS Tschitscherin". Auf diesem Schiff gab es um 18 Uhr das erste Abendbrot auf dieser Reise. Serviert wurde Fisch mit Ölkartoffeln.

Um 21 Uhr startete eine Nachtfahrt durch „Moskau". Sie standen zum ersten Mal auf dem „Roten Platz" und fuhren mit der U-Bahn, wo sie die tief unten gelegenen prächtigen Bahnhöfe bestaunten. Sie sahen Kirchen und Kathedralen mit Zwiebeltürmen. Auch einen leibhaftigen Reiter entdeckten sie, der eine Moskauer Hauptstraße benutzte. Die Stadt war riesengroß. An den Boulevards standen mächtige Gebäude. Die Menschen wirkten bescheiden, aber nicht wirklich arm.

Am nächsten Tag fuhren die Touristen wieder nach „Moskau" „rein". Sie erkannten die Straßen vom Vorabend wieder. Nun lag alles im Tageslicht. Für den „Kreml" und die Kathedralen (die teilweise erst nach der „Wende" wieder aufgebaut worden waren) wurden Fotografierpausen gewährt. Übrigens: Die Stadtführerin hieß Olga. Als sie erfuhr, dass Hagen „solo" war, wurde sie ganz nervös. Mehr war aber nicht.

Der Besuch des „Kremls" war zweifellos der Höhepunkt des Ausflugs. Vorher flanierten sie auf dem „Roten Platz". Sie entdeckten eine Einkaufsstraße mit „Westläden", offensichtlich für reiche Russen. Denn die Touristen aus dem „Westen" würden hier wohl kaum Dinge kaufen, die sie auch zu Hause bekamen.

Dann der „Kreml": Einmalig! Sie waren überwältigt vom Gesamtensemble mit seinen Palästen, Kirchen und Kuppeln. Besonders beeindruckend war die feierliche Krönungskathedrale, eine orthodoxe

Kirche mit wunderbaren Ikonen, ein überwältigendes Kunstwerk. Man ahnte, welche Feierlichkeit hier erreicht werden konnte. An der Mauer des „Kreml", der eine Burg ist, war unter anderen Lenin in einem Mausoleum bestattet: der „Rote Platz". Hier grüßte ein ewig leuchtender roter Stern.

Natürlich gingen sie auch ins Kaufhaus „GUM" und sahen den ausgestellten Luxus. Stets muss es in Russland Menschen gegeben haben, die sich derlei leisten konnten.

Auf einem Hügel über der Stadt (den „Sperlingsbergen") waren Stände aufgebaut, an denen man Andenken kaufen konnte: Pelze, „Babuschkas", nachgemachte Ikonen oder Uniformteile aus UdSSR-Zeiten,– alles, was das Herz des Reisenden begehrte. Dahinter stand etwas, was das Herz allerdings normalerweise nicht höher schlagen ließ: Die „Lomonossow-Universität". Sie befand sich in einem Riesengebäude im Zuckerbäckerstil.

„Moskau" war eine Stadt, mit der man nicht auf Anhieb heimelig werden konnte. Deswegen waren sie froh, dass an diesem Abend die Reise nach „St. Petersburg" begann.

Das Schiff fuhr nach Norden und machte einen Knick Richtung Westen. Unter Stalin war die Strecke „Moskau-Leningrad" schiffbar gemacht worden. Man kann ab da von der Ostsee bis ins Schwarze Meer schippern. Sie fuhren zunächst durch den „Moskau-Wolga-Kanal" bis nach „Uglitsch". Dahinter trafen sie auf die Wolga, denn die fließt mitnichten durch „Moskau". Weiter ging es durch den „Rybinsker Stausee" (mit dem Turm einer überfluteten Kirche) und immer die Wolga entlang bis zum „Onega-See". An dessen Nordspitze besuchten sie „Kischi", wo ein karelisches Freiluftmuseum aufgebaut war. Karelien ist übrigens eine Landschaft, die sich Russland mit Finnland teilt. *„Tausende Seen, die durch unzählige Flüsse verbunden sind, bedecken das Territorium, das sich von der Onega-Bucht des Weißen Meeres im Norden bis zum Ladoga- und Onega-See im Süden erstreckt und zu den waldreichsten Gegenden Russlands gehört."[7]*

Ab „Onega-See" ging der Kurs (wie schon vermerkt) Richtung Westen („Swir") zum „Ladoga-See". Diese „Seen" waren groß wie Meere. Bei schlechtem Wetter sollen sich hier riesige Wellen auftürmen.

---

[7] Christine Hamel, Russland. Von der Wolga bis zur Newa und Goldener Ring, St. Petersburg und Karelien, Nowgorod, Pskaow und Kasan,, Köln 1998, S. 347

Schließlich erreichten sie die Newa und „St. Petersburg." Die Fahrt hierher war sehr romantisch. Sie kamen durch einsame Gegenden und erahnten die Weite Russlands. Unterwegs sahen sie manche Holzbauten. In einer mit Ikonen wunderbar geschmückten Kirche sangen Mönche einzigartig „a Capello" fromme Lieder. Die Besucher gingen dann zu einem Dorf, in dem es aussah wie vielleicht in Deutschland um 1930. Dort lernten sie, dass die Russen auch in kleinen Gärten Kartoffeln anbauten: Hier musste man offensichtlich auf den Winter gut vorbereitet sein.

In „Kischi" im Norden des „Onega-Sees" war ein Freilichtmuseum mit mächtigen Bauernhäusern und zwei Kirchen. Die Kirchtürme hatten dreiunddreißig Kuppeln, und alles war aus Holz! Diese Anlage gehörte zum UNESCO Weltkulturerbe.

Auf dem Schiff und neben ihm wurde einiges geboten. Die Reederei veranstaltete allerlei Programme. So konnte man in einem Schnellkurs Russisch lernen oder an einem Kochkurs teilnehmen. Hildegard und Silke mühten sich ab. Auch zum Tanz wurde aufgespielt, und dabei fand Kathrin (zur „Freude" von Paul!) einen schicken Verehrer aus Wien, der sie immer wieder aufforderte. Es gab auch eine Bar, und die hatte „Stalin"-Wein (hieß tatsächlich so!) im Angebot. Aber niemand war zu sehen, der davon Gebrauch gemacht hätte.

Ging das Schiff irgendwo vor Anker, hörte die Musik nicht auf. Am Ufer standen lustige Einwohner und spielten launige Weisen wie „Kalinka" oder auch das „Deutschlandlied". Bei der Abfahrt tönte es: *„Muss I denn zum Städtele hinaus..."* – Auf dem Schiff wurden sie außerdem jeden Morgen aus dem Lautsprecher mit Vogelgezwitscher geweckt. Unter der Tür der Kabine lag das Tagesprogramm.

Früh kamen sie in „St. Petersburg" an und wurden ausgeschifft. Sie zogen in ein Hotel. Um 8:30 Uhr wurden sie von einem Bus zur Stadtrundfahrt abgeholt. Zuerst sahen sie verkommene Straßen und hässliche Bauten. Schließlich kamen sie in die Stadt der Paläste und Palais. Große prunkvolle Brücken führten über die „Newa". Überall waren Kanäle und Bögen. Und dann standen sie auf dem Schlossplatz vor dem „Winterpalais". Ein Mythos!

Nachmittags ging es nach „Pawlowsk". Sie bestaunten den „Sommerpalast" und wunderten sich über all den Luxus, den die Fürsten angesammelt hatten.

Auch im nachsowjetischen Russland hatte sich bei einigen nun nicht mehr adligen Russen wieder unermesslicher Reichtum angesammelt. Sie sahen zugleich viele alte Mütterchen, die bettelten oder kleine Blumensträuße aus ihren Gärten verkauften. Von Polizisten wurden sie verscheucht.

Welche Ungleichheit! Was soll aus Russland werden?

Dann war „St. Petersburg" zu Fuß angesagt. Das war ziemlich aufregend. Sie stiegen tief hinab in einen U-Bahnschacht. Da unten warteten überfüllte Bahnhöfe und schlechte Luft. Das Ziel war die Peter-Festung. Sie standen vor Zaren-Särgen. Hier hatte die „künstliche" Stadt „St. Petersburg" ihren Anfang genommen. – Nun regierte der Kapitalismus an der „Newa". Man sah einige sehr Reiche und viele Arme. Über einem „Puschkin-Denkmal" war eine grelle „Camel"-Reklame angebracht.

Gestern noch hatten sie den „Sozialismus". Da hieß die Stadt „Leningrad". So lange war es auch nicht her, dass die deutschen Nazis im II. Weltkrieg dieses „Leningrad" blockierten und bei bitterer Kälte aushungern wollten. Viele Menschen sind damals gestorben – sinnlos!

Es folgte ein Ausflug zum „Katharinen-Palast". Das war wieder beeindruckend. Das berühmte „Bernstein-Zimmer" wurde wiederhergestellt, und sie konnten den Fortschritt des Projektes begutachten.

Nachmittags bummelten sie über den „Newskij Prospekt", den großen Boulevard „St. Petersburgs". Er war nach einem alten russischen Großfürsten benannt und strahlte noch den Glanz vergangener Tage aus. – Sie schauten noch einmal am „Winterpalais" vorbei und besuchten einen orthodoxen Gottesdienst.

Weiterhin war die Besichtigung vom „Peterhof" auf dem Programm. Dazu fuhren die neun Gäste mit zwei Taxis etwa vierzig Minuten bis zur Ostsee. Die sahen sie auch – neben Menschenmassen, dem Schloss und einem von Bächlein, Brunnen und Wasserfällen geradezu übersäten Park. Im Palais selber erstrahlten viel Gold und Marmor. Peter I., Katharina und all die anderen hohen Herrschaften hatten die Reichtümer angesammelt – zu Lasten der armen Leute Russlands.

Zum Abschluss der Reise besuchten sie das „Marinski-Theater" und sahen ein Ballett. Das heißt „gesehen" haben sie kaum etwas, denn sie mussten hinter einer Säule Platz nehmen. So wie es schien, bestand das Publikum ausschließlich aus Touristen.

In „St. Petersburg" haben sie in einem Riesen-Hotel gewohnt. Die Ober dort boten versteckt Kaviar in Büchsen an. Gleich neben dem

Hotel aber war in einem Mietshaus ein Laden, in dem man offiziell Kaviar in jeder Menge und in vielen Farben kaufen konnte. Das Ganze wurde bewacht von einem Mann mit Pistole.

Doch bald schon war alles vorbei: Sie flogen zurück und landeten um 16:55 Uhr in Deutschland.

Kaviar hatten sie in Russland gelassen.

(2001)

4. China: Schlappi, Schlappi

Silke und Andor fuhren mit Beate und Konrad Meyer-Maigang, Ida und Georg Ludwig sowie Orietta und Gerd Hooven nach China.

In China setzte sich gerade ein staatlich gelenkter Kapitalismus ohne bürgerliche Freiheitsrechte durch. Wegen des aus Bevölkerungszahl und Nachholbedarf resultierenden extremen Wachstums war das Land ein eigener „Global Player" und potenzieller Rivale der USA geworden. Im Übrigen hatte sich in China die These nicht verifiziert, dass Marktwirtschaft gleichsam systemnotwendig bürgerliche Freiheiten als erforderlichen Überbau entstehen ließe.

China war überall. „Singapur" und „Formosa" waren auch China. Chinatowns gibt es von „New York" bis nach „Los Angeles". In „Sydney" und auch in Andalusien kann man beim „Chinesen" essen, natürlich auch in „Berlin". Und wer sich in Griechenland zum Schutz gegen die Sonne der Ägäis eine Kappe kauft, wird bald im Innern das Schild „Made in China" finden.

China ist aber auch eine Volksrepublik, das heißt im Kernland herrscht die „Kommunistische Partei" („KPCh"). Allein dieses China hat über eine Milliarde Einwohner. In dieser Hinsicht ist es nur mit Indien vergleichbar. Der moderne Staat wurde 1949 gegründet. Früher war China (wie jeder weiß) ein Kaiserreich und lange Zeit Objekt blühender Fantasien in Europa. In Potsdam-Sanssouci gibt es ein „Chinesisches Teehaus": Ein Produkt hohenzollernscher Imagination. Sie wussten, dass „die Chinesen" das Porzellan erfunden hatten und angeblich auch das Schießpulver.

Auf der Reise lernten sie, dass womöglich auch die Spagetti und die Maultaschen aus China kommen. Gegen Ende des 19. und zu Beginn des 20. Jahrhunderts war China politisch unter die Räder gekommen, so dass sich europäische Kolonialmächte Teile des Riesenreiches einverleibten. Engländer machten Chinesen abhängig vom Rauschgift, damit sie ihren Stoff aus Indien verkaufen konnten. Gegen all das hatte es einen „Boxeraufstand" gegeben, in dem „Boxer" ähnlich wie später der Vietcong in Vietnam oder die Taliban in Afghanistan gegen die Weißen vorgingen. Die „Boxer" blockierten das westliche Diplomatenviertel in „Peking" und scheuten auch vor Gewalttaten nicht zurück. Der deutsche Kaiser Wilhelm II. wollte aufräumen (lassen), aber Engländer waren ihm zuvorgekommen. Der Kaiser aus „Berlin" hatte wohl keine Vorstellung davon, wie lange eine Reise nach China per Schiff damals dauerte.

Die modernen Reisenden indes flogen mit der „Lufthansa" („LH 720") in ein paar Stunden nach „Peking".

Es empfing sie eine Riesenstadt, ein Flickenteppich aus hässlichen modernen Hochhaussiedlungen und Altstadtvierteln („Hutongs"). Diese traditionellen Siedlungen wurden zunehmend abgerissen, und die Einwohner dabei nicht groß gefragt. Während der Staat das als fortschrittlich empfand, hingen die Touristen an den Hutongs. Das waren Häuser in Hofform, errichtet mit höchstens einem Stockwerk. Die „Straßen" dazwischen waren nicht asphaltiert, und von armseligen Ständen aus wurde Handel und Wandel betrieben. Man konnte Pfennigartikel erwerben. Die Hygiene in diesen Vierteln war nicht top.- Das war das „alte China". Und wenn die Leute noch so sehr dagegen lamentierten: Es würde verschwinden.

Das Hotel dagegen machte einen modernen Eindruck, wenn auch der „Bürger"-Steig dahin mit Schlaglöchern gespickt war. Beim Frühstück wurden sie in einen zweiten, einen dritten und noch in einen weiteren Raum gebeten. Die Luft war nicht besonders gut, doch das nahmen sie hin.

„Um die Ecke" konnte man auch speisen. Sie nahmen Platz an einem runden Tisch für acht Personen. Auf ihm war eine Platte, die man drehen konnte. So würde das überall in China sein. Dann wurde aufgetan: Reisschüsseln, Gemüseschüsseln, Soßenschüsseln, Fleischschüsseln. Es gab auch Bier: „Tsingtao". – Dieses Bier ist vielleicht das einzige, was aus der deutschen Kolonialzeit übrig geblieben ist. – Das (zahlreiche) chinesische Personal, zeigte, wie man das alles mit Stäbchen verzehrte. Die Gäste mühten sich ab und stellten fest, dass die Chinesen am Nebentisch ebenfalls speisten, kichernd mit Löffeln, Messern und Gabeln!

Ganz zu Anfang der China-Reise haben sie den „Sommerpalast" besichtigt. Das war ein „Garten der Harmonie und des Wohlwollens" (ein Palast eben) und eine Anlage, die der Kaiserin Tzu Shi (1839 bis 1908) gedient haben soll. – Nicht alle Mitreisenden nahmen an dieser Besichtigung teil. Sie holten lieber den im Flugzeug verpassten Schlaf nach.

„Peking" bedeutet eigentlich „Hauptstadt im Norden", und es liegt am Rande der Inneren Mongolei. Es gibt Sandstürme, und überhaupt ist das Klima nicht gemütlich. Mittelpunkt dieser Hauptstadt des „Reiches der Mitte" ist der Kaiserpalast. Für die Chinesen ist das sicher der Mittelpunkt der Welt.

Der Palast besteht aus mehreren hintereinander gelegenen Höfen – ein ähnliches Prinzip wie der Frühstücksraum im Hotel. Natürlich ist hier alles viel, viel größer und majestätischer. In den Höfen stehen kunstvolle Gänge und Brücken aus Stein, wie die x-mal kopierte „Rialtobrücke" in „Venedig". Daneben thronen grimmig dreinschauende Messing-Löwen, einer mit der rechten Tatze auf einer Kugel.

Es ging durch noch ein Tor und dann noch ein Tor: Ein Hof folgte dem andern. Es kam ein Messinggeländer, verziert mit einem eleganten Reiher. Auch sahen sie mächtige Vasen aus Bronze. Die Mauern der Paläste sind rot getüncht, und mit roter Lackfarbe gestrichen sind die Säulen, die die geschwungenen Dächer tragen. Auf deren Giebeln sah man Getier: Kleine Drachen, auch Affen. Dann ging es durch noch ein Tor, und da hockte wieder ein großes grimmigen Tier aus Messing, diesmal die linke Pfote auf einer Kugel lagernd. Im Innern der Paläste befinden sich altarähnliche Aufbauten.

Das Ganze hat einen imperialen Charakter. Man spürte: Hier war das Zentrum einer Weltmacht! – Ganz am Ende der vielen Tempel und Tore befindet sich das Allerheiligste, wo die Kaiser gelebt hatten. Im Verhältnis zum Vorherigen hat das fast Puppenstubencharakter.

Sie waren wieder auf der Straße. Hier durfte man vor allem nicht spucken. Das hatte die „KP" nämlich in ganz China verboten. Man konnte sich jedoch beim Freiluftfrisör die Haare schneiden lassen. Der „Meister" hatte dafür ein Fahrrad zur Anreise, eine Schere und ein Tuch, das er dem Kunden umlegte. Einen Faconschnitt konnte man wohl nicht erwarten, aber eine militärisch kurze Frisur allemal. Wer wollte, konnte sich auch gleich stärken, denn Garküchen gab es ebenfalls. Es standen u.a. „Schweinepfötchen" auf dem Speiseplan.

Man konnte allem entschweben und den „Himmelstempel" besuchen, der neben Kaiserpalast liegt und chinesischen Herrschern dazu diente, Kontakte ins Jenseits aufzunehmen. Die Paläste waren rund, die Treppen dahin steil, und die Kaiser (die ja Götter waren) hatten die Aufgabe, das Volk durch Zwiesprache mit „oben" vor Katastrophen aller Art zu schützen. Manchmal hatte das geklappt, manchmal nicht.

Vom Zentrum des alten China ging es zum neuen Machtzentrum, den „Platz des Himmlischen Friedens". Für einen Ort kommunistischer Machtkumulation war das ein merkwürdiger Name. Von Frieden konnte keine Rede sein. Der Platz war berüchtigt durch das „Tian'anmen-Massaker" von 1989: Panzer rollten auf demonstrierende Studenten zu. In der ganzen Stadt „Peking" soll es damals bis zu 3.000 Tote gegeben haben.

Es war ein riesiger Platz, umstanden von Regierungs- und Museumsgebäuden. Überall wehten rote Fahnen. In der Mitte dieses Platzes hatte sich eine kurze Menschenschlange gebildet. Man konnte den einbalsamierten Mao besichtigen: Mao Zedong (1893 bis 1976) war der Staatsgründer des modernen Chinas und eigentlich ein Verbrecher. Zehntausende Menschen mussten seine politischen Kampagnen wie den *„Großen Sprung nach vorn"* oder die *„Kulturrevolution"* mit dem Leben bezahlen.

Die Besucher reihten sich in die Schlange ein und sahen bald den aufgebahrten Mao, den sie umrunden mussten wie in „London" die Kronjuwelen. Mao sah aus wie eine Porzellanpuppe. Vor dem Mausoleum wurden rote Nelken verkauft, die man dem „großen Vorsitzenden" hinlegen sollte. Hinterher sammelten Soldaten die Blumen ein. Sie gingen sicher erneut in den Verkauf: Praktische Chinesen!

In „Peking" sah man zu dieser Zeit Heerscharen von Radfahrern. An den Kreuzungen stauten sie sich. Wie würde es werden, wenn diese Menschen in Autos umsteigen? Es würde ein anderes China sein. An den Kreuzungen übrigens regelte die „Opa-Polizei" den Verkehr: Rentner (in Filzpantoffeln und mit Armbinde versehen) erledigten diese Aufgabe.

Bei der Fahrt zur Großen Mauer baute der „TUI" die Besichtigung einer Manufaktur ein, die Vasen aus emailliertem Kupferblech herstellte. Es waren Vasen in allen Größen da, von „normal" bis zu übermannsgroß. Über Geschmack lässt sich bekanntlich nicht streiten.

Zur Großen Mauer dann war es eine kleine Reise. In „Ba Da Ling" schließlich, das etwa achtzig Kilometer von „Peking" entfernt liegt, wurde viel restauriert. Touristen durften kommen und staunen. Die

Mauer durchzog eine Wüsten-Gebirgslandschaft. Sie sollte einst Chinesen vor Mongolen schützen und obwohl die „Chinesische Mauer" angeblich das einzige menschliche Bauwerk ist, das man aus dem Weltall sehen könne, hatte sie versagt: Die Mongolen hatten sie überwunden.

In „Ba Da Ling" war es lausig kalt. Es wehte ein scharfer Wind. Um auf die Mauer zu gelangen, musste man steile Treppen emporsteigen, und auf der Krone erreichte man breite Straßen. Oben war es noch kälter als unten. Manchmal überspannte ein Steinhaus die Mauer, dann kam ein Treppenabschnitt. So schlängelte sich die Mauer durch das Land: Bergauf und bergab.

Die Große Mauer ist 8.851 Kilometer lang.

Bei „Wikipedia" heißt es:

„214 v. Chr. ließ der erste chinesische Kaiser, Qin Shihuangdi, Schutzwälle errichten, die das chinesische Kaiserreich, nach der Expansion über den Gelben Fluss, gegen die Völker aus dem Norden, vor allem die Xiongnu, schützen sollte. Im Unterschied zu schon vorhandenen alten Mauerresten wurde die Mauer nicht in den Tälern, sondern unterhalb der Kammlinie der Gebirge an den Nordabhängen errichtet. Sie bestand wegen des Fehlens von Lehm größtenteils aus aufeinander geschichteten Natursteinplatten."

In den folgenden Jahrhunderten wurde immer weiter gebaut, und so entstand ein „Weltwunder". Am Fuße der Mauer befanden sich übrigens Andenkenhändler, und man konnte Tischdecken und alles Mögliche erwerben.

Abends ging es in die „Peking Oper".

Das war ein gewöhnungsbedürftiger Kunstgenuss. In einer Art Kinosaal saßen Touristen. Chinesen waren nicht auszumachen. Bunt gekleidete und etwas tuntig geschminkte Männer erschienen als Darsteller auf der Bühne und sangen mit quäkigen Stimmen ihre Partien. Man sah ein Boot, irgendwie spielte das Stück auf dem Wasser. Und natürlich ging es um Liebe.

Auch ein Kaufhaus besuchten sie. An diesem Ort war der Westen (oder der Kapitalismus?) voll angekommen. Es gab Luxuswaren, dezente Musik, und die chinesische Kundschaft war sehr fein. Entsprechend waren die Preise.

Weiter ging die Reise zum Grabhügel der Kaiser der Ming-Dynastie (1368 bis 1644). Eine Allee („Heilige Straße") wurde von mächtigen marmornen Figuren eskortiert: Elefanten, Beamten, Kriegern und Hochgestellten mit langen Kinnbärten. Sie kündeten von den Gräbern einstiger Persönlichkeiten.

Mit dem Flieger ging es nach „Xian". Das ist die Stadt mit der „Terrakotta-Armee", und die liegt ziemlich weit im Innern Chinas.

Das chinesische Flugzeug war superpünktlich. Die Gäste wurden mit einigem Schnickschnack (z.B. Bierflaschenöffnern) beglückt. Als es Essen gab, öffnete ein Herr im dunklen Anzug freundlich eine mitgebrachte und mit Sushis gut bestückte Box auf dem Tablett vor ihm. Fröhlich grinsend machte er sich darüber her: *„Aha, ein Japaner!"*

„Xiang" hatte ebenfalls kulinarisch einiges zu bieten. Es gab „Maultaschen", die etwas größer waren als die aus dem „Ländle" bekannten. Marco Polo soll hier gewesen sein und das Rezept nach Europa transportiert haben. Vielleicht hatte er den Italienern auch beigebracht, wie man Spaghetti macht. Man sah hier jedenfalls Köche (Artisten?, Künstler?) am Straßenrand, die nahmen mit beiden Händen eine Teigmasse aus einem Behältnis und wirbelten diese zwischen ihren Händen so lange durch die Luft, bis sie die feinsten Langnudeln gezogen hatten: Donnerwetter!

Die „Terrakotta-Armee" befand sich in einem Gebäude unterhalb des Bodenniveaus. Man konnte die Soldaten, die Offiziere, die Pferde, die Gespanne und die Reiter von oben sehen, durch eine Glasscheibe von diesen getrennt. Wie ein Feldherr stand man da und hatte vor sich eine ganze Armee, die aus Individuen bestand. Denn keiner glich dem anderen. Das also waren Grabbeigaben für einen verstorbenen Kaiser! Es war unglaublich. Man hatte nur einen Teil der Krieger ausgegraben, und so gibt es genug zu tun für künftige Generationen von Archäologen.

Vor dem Haus mit der Terrakotta-Armee hatten sich zahlreiche Händler postiert. Sie boten alles Mögliche und Unmögliche an, z.B. bunte Hüte und Umhängetaschen. Man konnte auch Repliken aus der großen Armee kaufen.

Rund um die Stadt „Xian" zog sich eine riesige Stadtmauer. Ihre Krone war so breit wie eine Autobahn in Deutschland. Wieder war es kalt. Statt der aus „Peking" bekannten roten Fahnen wurden an diesem Ort rote Lampions angebracht.

Natürlich ließen sie die Große Moschee von „Xian" nicht aus. Sie wollten (ganz wie es die Regierung wünschte!) sehen, dass auch religiöse Minderheiten in der Volksrepublik ihren Platz hätten. Aber es regnete, und alles wurde grau. Immerhin blühte ein Mandelbaum, und eine Pagode streckte sich in den Himmel. Menschen zündeten Kerzen an, und alles wirkte sehr fromm.

Weiter ging's mit dem Flugzeug an die Küste nach „Shanghai". Das war eine richtige Boom-Stadt. Allerdings gab es keine Bürgerbeteiligung. Was hochgezogen werden sollte, wurde hochgezogen. Während der „Nazi"-Zeit flohen etwa 18.000 deutsche und österreichische Juden nach „Shanghai", weil man keine Papiere brauchte. Mit seinen zur Zeit etwa 20 Millionen Einwohnern unterstand es der Zentralregierung in „Peking" direkt, hatte also den Status einer Provinz.

Aushängeschild von „Shanghai" war der „Bund", die Uferpromenade am Huangpufluss. Dort konnte man auf der gegenüber liegenden Seite Hochhäuser in allen Formen und Farben sehen. Besonders abends, wenn alles angestrahlt wurde, war das umwerfend. Und es sollte weiter gehen: größer, bunter, mehr.

In „Shanghai" war man nie allein. Die Freunde besuchten in einer Hauptstraße der chinesischen Altstadt eine Apotheke. Da gab es einen Apparat, auf den man seine Hand legte, und alle Krankheiten wurden angezeigt. In der Apotheke konnte man dann die entsprechenden Medikamente erwerben. Das war die praktische chinesische Medizin.

Sie sahen Großeltern, die voller Stolz ihre Enkel auf Metalldrachen spielen ließen. Ein älterer Herr, bekleidet mit einem Mao-Anzug und roten Turnschuhen tanzte versonnen „Tai Chi". Andere verehrten voller Inbrunst Buddha, und es gab gepflegte Tempel. Das alles spielte sich im oder am „Yue-Garten" ab, in dessen Mitte ein chinesisches Teehaus lag. Angeblich war auch die Königin von England einst dort zu Gast gewesen.

Beim Wandern durch die Stadt wurde es spät. Schließlich kehrten sie in einem Restaurant ein, das eigentlich schon geschlossen hatte. Aber sie (die „acht Mann hoch") bestellten quer durch die Speisekarte. Es dauerte und dauerte, bis endlich serviert wurde. Gerd hatte „Hühnchen" bestellt. Nun lag es auf dem Tisch: Ein Huhn mit Kopf, Kamm, Schnabel und Krallen, in drei Teile zerhackt. Gerd erklärte, er habe keinen Appetit mehr...

„Kunming" lockte. Das lag schon im Süden Chinas, und die Bäume blühten. An der Straße hingen wie auf einer Wäscheleine gerupfte Enten. Das Gemüse dazu wuchs gleich dahinter auf einem Feld.

In „Kunming" lebten (wie berichtet wurde) keine chinesischen Völker. Wohl deswegen gab es einen taoistischen und einen „Goldenen Tempel". Der war reich geschmückt und mit goldenen Figuren (offenbar Buddha darstellend) versehen. Die Menschen nahmen Haltung an und ließen sich vor dem Tempel fotografieren. Lässig stellten sich Europäer daneben und ließen sich ebenfalls ablichten, diese schon längst „per Taille".

Höhepunkt war der „Steinwald". Das waren bizarre Felsen, die der Landschaft das Gesicht gaben. Wie aufgestellte Säulen standen sie da, dicht an dicht. Dazwischen befanden sich üppige Blumenbeete, und auf den Wegen (natürlich nur auf denen!) liefen bunte Gestalten, teilweise mit Schirmen bewaffnet (hier gegen die Sonne). Auf der Spitze eines Felsens war eine kleine Pagode, die als Aussichtsplatz genutzt wurde.

Es soll in dieser Gegend ein Dorf gegeben haben, in dem die Frauen „die Hosen anhaben". Sie suchten ihre Liebhaber aus, und wenn sie ihrer überdrüssig wurden, schickten sie die wieder fort: Stolps sahen dieses Dorf nicht, dafür aber eines mit einem großen Teich in der Mitte. Die Bauern lebten in Backsteinhäusern mit geschwungenen Ziegeldächern. Es gab wenig Grün und viel Grau-Braun. Die Kinder waren „unten herum" luftig „gekleidet", so konnten sie sich einfach ihrer Notdurft entledigen ohne lästige Hosen oder Röcke. Diese „Mode" war offensichtlich nur fürs Land geeignet: In den Städten sah man dergleichen nicht.

Weiter ging es nach „Guilin". Die Reisenden wohnten im Sheraton, einem richtigen „Klopper". Aber: *„Sheraton Guilin shows you the beauty of Li River."* Der „Li-Fluss" war in der Tat das Ziel aller Sehnsüchte. Er floss durch ein Land voller bizarrer Felsen, die im Dunst der Gischt des Flusses oder des Sprühregens sehr romantisch aussahen. Sie schifften ein und schipperten den Fluss entlang. Immer wieder machten sich am Land oder auch auf dem Wasser (schwimmend oder vom Boot aus) Händler bemerkbar, die beispielsweise Fächer anboten.

Aber was war das? Als sie den Ausflug starteten, befand sich auf dem Heck des Schiffes ein weißes Huhn. Unterwegs wurden sie mit leckerer Hühnersuppe verwöhnt, und das Huhn war weg: O je!

Sie kehrten irgendwo ein und bekamen den obligatorischen runden Tisch. Außer Tee, Wasser und Bier gab es diesmal noch Schnaps.

Der befand sich in einer Apothekerflasche, war hellbraun wie Weinbrand und umschwämmte eine tote Schlange. Es gab einige Gäste, die davon ein Gläschen tranken. Prost!

Im Ort trafen sie einen Fischer, der eine Stange hielt mit je einem Kormoran am Ende. Die Vögel fingen Fische, deponieren sie in den ihnen zugebundenen Schlünden und gaben sie den Menschen später ab.

Das fand unser Fischer aber nicht so interessant, denn er merkte, dass die Gäste aus Deutschland kamen. Da stammte doch der frühere Trainer der chinesischen Fußballmannschaft her. *„Schlappi, Schlappi!":* Der Fischer lachte. Lachte er aus Freude oder lachte er unseren „Schlappi" aus? Gemeint war jedenfalls Klaus Schlappner, der von 1992 bis 1995 Trainer der chinesischen Fußballnationalmannschaft war.

„Hong Kong" war noch britische Kronkolonie. Dieses Jahr würde es an China gehen. Dann sollte die Doktrin „Ein Land, zwei Systeme" gelten, und das demokratisch- marktwirtschaftliche System „Hongkongs" sollte mindestens 50 Jahre neben dem autoritären sozialistischen System der Volksrepublik China bestehen. Dennoch verließen jetzt viele die Region, und man hörte, dass es beispielsweise in „Seattle" vor „Hong-Kong-Chinesen" wimmelte. Das waren alles keine armen Leute.

Der Anflug in „Hong Kong" war etwas beängstigend. Das Flugzeug senkte sich zwischen Hochhäusern auf die Landebahn. Aber alle haben es überlebt. Die Reisegruppe war im „Hongkong Hyatt" untergebracht, konnte sich also jederzeit von der Hektik der Stadt erholen. Die Straßen waren laut, die Läden klein und vollgestopft. Es war spürbar warm: Das war richtig Südostasien.

Die Stadt boomte, aber doch wohl aufgrund der Tatsache, dass Arbeiter unbegrenzt zur Verfügung standen. Wenn Investoren in „Hong Kong" ein Hochhaus bauten, heuerten sie etliche der armen Schlucker an, die zu Tausenden vom Land in die Stadt gekommen waren. Diese schufteten von morgens bis abends, schliefen auf der Baustelle. Angetan waren sie mit Sandalen, Shorts und T-Shirts. Soziale Rechte hatten sie nicht. Ansprüche zu erheben, wagten sie nicht. Wenn sie sich verletzten und arbeitsunfähig wurden, flogen sie. Genügend andere warteten auf ihre Jobs. Sie bauten das Haus von einem Gerüst aus, das aus Bambusstangen bestand. Wenn diese Stangen verschwanden, stand ein Hochhaus da aus Marmor und anderem edlen Material, versehen mit modernster Technik. Es zogen schicke junge Menschen im Businesstyle ein, die auch gefeuert wurden, wenn man sie nicht mehr gebrauchte.

Oberflächlich war manches „very british". An einer Stelle ging aus irgendeinem in der britischen Seele zu suchenden Grund jeden Tag um zwölf Uhr ein gewaltiger Kanonenschuss los. Gleich daneben war eine Sushi-Bar, in der junge Chinesen in dunklen Geschäftsanzügen chic ihr Mittagessen einnahmen, in dem sie sich von einem Rundband appetitliche Häppchen griffen.

Wie in „Lissabon" fuhren sie mit einer Bergbahn auf einen Hügel über „Hong Kong." Sie sahen Palmen, unendlich viele Hochhäuser und eine große Bucht. An diesem Ort wohnten die Noch-Herren der Kolonie.

Mit einem Tragflächenboot donnerten sie nach „Macao", der portugiesischen Kolonie. Im Boot war es richtig kalt: Man hatte schließlich eine Klimaanlage! „Macao" wirkte tatsächlich wie „Klein-Lissabon". Es gab in Wellenmuster gepflasterte Plätze und Straßen und reich verzierte Häuser mit Laubengängen. Am Giebel eines schneeweißen Hauses stand „Santa Casa da Misericordia" und darüber befanden sich bunte Fliesen, Pflanzen darstellend. Straßenmusiker mit europäischen Instrumenten spielten auf. In „Macao" war es längst nicht so voll wie in „Hong Kong".

Dann gingen sie noch einmal in „Hong Kong" essen zwischen Doppeldeckerbussen, roten Taxis und Menschenmassen, um Abschied zu nehmen von China.

Im Fernsehen sahen sie später, wie die Briten die Kronkolonie verließen. Der letzte britische Gouverneur von Hong Kong ging an Bord eines stolzen Schiffes und grüßte. Seine Tochter weinte bitterlich. Die herrlichen Zeiten waren vorüber.

„Good-bye Hong Kong!"

(1997)

IX. Favoriten

1. Die Schweiz

Berner Oberland

Schweiz

Silke und Andor fuhren mit dem PKW ins „Berner Oberland". Sie legten dabei 1024 Kilometer zurück und bewältigten die Strecke in zwölf Stunden und dreißig Minuten. Dann waren sie in den Bergen und genossen die frische, würzige Luft.

Gleich am ersten Tag, besuchten sie einen Gottesdienst in Bergeshöhe. Oben war ein Zelt aufgebaut, Bläser waren aufgestiegen, und die Teilnehmer saßen im Gras. Man war auf gleicher Höhe wie viele Gipfel hier und so dem lieben Gott vielleicht ein Stückchen näher als „im Tal".

Schnell wurde es wieder irdisch. Sie gingen einkaufen in „Zweisimmen". Lebensmittel erstanden sie bei „Coop", aber Schuhe und Regenjacken wurden in Fachgeschäften erstanden. Nun waren sie in dem Land, wo Butter „Anke", Rouladen „Fleischvögeli" und Brötchen entweder „Müetschlis" oder „Wegglis" hießen.

Hier gab es keinen Aperitif, sondern einen „Apéro", die Katze war die „Büssie" und die Oma die „Großi". Als Gruß galt nicht „Hallo" oder so, sondern „Salü", mit der Betonung auf dem „a". Franzosen waren „Welsche", und dass die etwas unordentlich waren, war klar. Das „Fräulein" im Schuhgeschäft amüsierte sich darüber, wie sie (die Deutschen) Wanderschuhe schnürten. Und eines war ohnehin klar: Hier bezahlte man mit Franken, liebevoll „Fränklis" genannt. DM wollte keiner sehen. Dann gab es stets zwei Weinsorten: „Fendant" (weiß) und „Dole" (rot). Diese Weine kamen aus dem Wallis, auch „Valais" genannt. Die schweizer Gastgeber fragten: *„Salüt! Möchtet Ihr Fendant oder Dole trinken?"* Und die Kellnerin war die „Saaltochter".

Es folgte die erste richtige Bergtour, der Klassiker: *„Rinderberg – Horneggli – Schönried – Zweisimmen".* Den „Rinderberg" fuhren sie in einer Gondelbahn hinauf. Die Gondeln waren knallbunt und wurden bei einer früheren Reise von den Kindern „Ostereier" getauft. Oben (etwa 1.500 Meter) war eine Bergstation, und von da aus machten sie eine Gratwanderung. Man hatte herrliche Blicke auf die Bergwelt und konnte in stinkende Schweineställe schauen. Auf dem „Horneggli" war wieder eine Bergstation, und da wurde das Nationalgericht angeboten: „Schweinswurst mit Rösti". Dazu gab es eine Flasche „Gurten"-Bier, das sie „Gurkenbier" nannten: Köstlich! – Sie stiegen ab und fuhren von „Schönried" mit der „MOB" (Das war die „Montreux-Oberland-Bahn".). Die kam auf die Minute pünktlich, dann kontrollierte ein überaus gewissenhafter Schaffner die „Billets" und vor Einfahrt in den Bahnhof „Zweisimmen" machte der Zug eine Schleife in einem langen Tunnel, den er weithin hörbar pfeifend verließ: Das war der Sound von „Zweisimmen", den sie kannten und liebten.

Es wurden einunddreißig Grad Celsius und mehr. Sie flüchteten ins Freibad von „Zweisimmen". Dort trafen sie ihre schweizer Gastgeberfamilie mit „Großi", „Großpapa", Enkel und Urenkel. Einst hatte der damals noch kleine Enkel Silke in ein Gespräch verwickelt, in dem er Silke mit „Frauli" angesprochen hatte.

Am nächsten Tag folgte eine „richtige" Wanderung. Es ging nach „Sieben-Brunnen" am Ende des „Simmentales". Dann fuhren sie mit der „Metsch-Bahn" von „Lenk" zurück nach „Zweisimmen". In „Lenk" gab es schicke Hotels und Restaurants. Der Ort war klein und eine richtige Sommerfrische. Auch konnte man wirklich köstliche und tatsächlich frische Milch trinken.

Dann fuhren sie mit der „MOB" nach „Genf". Um acht Uhr starteten sie in „Zweisimmen", und 11:12 Uhr waren sie in „Genf". In „Montreux" stiegen sie um. Sie kamen durch herrliche Gebirgslandschaften und erreichten schließlich das weite Blau des „Genfer Sees", auch (denn hier sprach man Französisch) „Lac Léman" genannt.

Es war sehr heiß. In „Genf" besichtigten sie die „Porte Mont Blanc", den Englischen Garten, „La Place de Neuve", das Reformationsdenkmal und die Universität. Leider hatten sie noch nicht Stefan Zweigs „Castellio gegen Calvin" gelesen, sonst hätten sie damals schon gewusst, was für ein Tyrann der Reformator gewesen war.

„Genf - eine Weltstadt: Jean-Jacques Rousseau kam in „Genf" zur Welt; hier stand ein Denkmal für Henry Dunand; und der Völkerbund hatte seinen Sitz an diesem Ort. Uwe Barschel, der einstige Ministerpräsident von Schleswig-Holstein, fand hier seinen mysteriösen Tod in der Badewanne: Viel los in „Genf"!

Pünktlich 16:48 Uhr fuhr der Zug ab und planmäßig 20:10 Uhr waren sie wieder in „Zweisimmen". Übrigens hieß der Ort „Zweisimmen", weil hier zwei reißende Gebirgsströme namens „Simme" zusammenflossen.

Zur Begrüßung weiterer Freunde hatten die schweizer Gastgeber alle abends zum Grillen bei sich zu Hause in „Blankenburg" (Das war ein Ortsteil von „Zweisimmen".) eingeladen. Ihr Grundstück lag an einem Berghang, direkt neben einem Bach, der in die Simme hinabstürzte.: *„Und ewig rauscht der Wildbach..."*

Eines Abends gingen sie ins Konzert. In der Dorfkirche hatten sie es schon einmal erlebt, dass die angereisten Musiker sagten, was sie gerne gespielt hätten. Sie konnten es diesmal aber nicht, weil sie vorher in Polen gewesen wären. Und da hätte man ihnen die Instrumente gestohlen...: So kam die große weite Welt nach „Zweisimmen".

Es war der „1. August", der Schweizer Nationalfeiertag - auch „Bundestag" genannt. Gefeiert wurde der Bundesbrief, den die Urkantone Uri, Schwyz und Unterwalden im Jahre 1291 geschlossen hatten. Das war eine Art Verteidigungspakt. – Dieser Tag wurde im „Berner Oberland" gefeiert, indem bei Dunkelheit auf den Bergeshöhen Feuer entzündet wurden. Einmal hatten sie miterlebt, wie ein Politiker auf „Schweizerdeutsch" eine Ansprache vor zahlreichen Menschen gehalten hatte. Von dieser Rede bekamen die Gäste das meiste nicht mit. Aber so viel hatten sie verstanden: Geschimpft wurde auf „Zürich", wo es Jugendproteste gegeben hatte. In „Zweisimmen" dagegen hieß es: *„So etwas gibt es hier nicht".*

Alle - Gäste und Einheimische - wanderten anschließend vom „Sparenmoos" zum „Hundsrück" und wieder zurück. Am „Sparenmoos" hatte sich eine Sau, nachdem sie sich in einer Kuhle gesuhlt hatte, am Auto der Stolps sehr heftig den Rücken geschubbert. – Daneben gleich war ein Höhenrestaurant, und dort kehrten sie frohgemut ein.

Endlich kam Andors Manuskript vom Hentrich-Verlag aus Berlin, so dass er Lesestoff hatte. Es waren die Fahnen von „Berlin, Brandenburg und die Vereinigung". Das passte doch in die Schweiz, oder? Vor allem passte es zur Wanderung ins „Färmeltal". Das ist ein Nebental zwischen „Zweisimmen" und „Lenk". Sehr wild und eng war es hier.

Andor las das Manuskript für das Buch und schickte es ab.

Wieder ging es hinaus in die Natur: Wandern von „Lenk" zum „Lauenensee", nach „Saanen" und „Gstaad" war angesagt. Es war eine ganztägige Wanderung.

„Gstaad" war, anders als „Zweisimmen", ein richtiger internationaler Kurort. Es gab teure Geschäfte, und alles war mondän auf zahlungskräftiges Publikum ausgerichtet. Hier fand alljährlich ein hochbesetztes Tennisturnier statt, und wenn das im Fernsehen übertragen wurde, konnte man im Hintergrund immer pünktlich die „MOB" vorbeifahren sehen. Das alles spielte sich in der Kulisse der Schweizer Berge ab.

Es folgte eine große Wanderung zum „Wildstrubel" (von den Gästen „Willy Strubel" genannt) – oder war es ein anderer Berg? An einer steilen Stelle brach Andor allerdings ab. Es war merkwürdig in den Bergen: Wenn man forsch voran ging, konnte man alle Hindernisse problemlos meistern. Doch wenn man erst einmal ins Nachdenken geriet, stellte sich Panik ein, und vorbei war's mit der Sicherheit.

Zu „Erholung" fuhren Sie nach „Kandersteg". Das lag in 1.200 Metern Höhe am Ende des „Kandertals" und hatte etwa 1.200 Einwohner. Sie besuchten auch den „Öschinensee".

Es ging weiter: Eine ganztägige Wanderung führte über „Matten" ins „Färmeltal", zum „Albristhorn" und dann wieder nach „Matten". Bei solchen Wanderungen waren sie stets mit Landjägern und

Getränken ausgestattet. Begegneten ihnen andere Wanderer, sagten die „Gruetzi!" und sie erwiderten „Grüß Gott!" – das war das Mindeste.

Es wurde (nur verbal) frivol, denn es sollte endlich „auf die Jungfrau" gehen! Die ist 3.454 Meter hoch und ein Heiligtum der Schweiz. Mit diversen Bahnen fuhren sie zuerst nach „Spiez" (wo sie Fritz Walters und seiner Jungs gedachten), „Interlaken" und über „Lauterbrunnen" auf die „Kleine Scheidegg". Die Schweizer hatten in das Bergmassiv der „Jungfrau" so etwas wie eine U-Bahn, die steil nach oben fuhr, gebaut. In dem Waggon sah man schlafende Asiaten, für die die „Jungfrau" eben zu Europa gehörte. Sie hatten alle ihr „time-lag". Bei der Fahrt nach oben fragte Andor sich: *„Ist hier noch die Schweiz, oder ist das schon Japan?"*

Endlich kamen sie oben an, und Andor sah eine Frau - natürlich eine Asiatin, die gerade zu kollabieren schien. Das steckte an. Dann gingen sie auf eine Plattform, das war wohl der Gipfel der „Jungfrau". Aber man sah nur Nebel, rundherum. Andor dachte, dass ihm das alles aufs Herz gehen könnte, und sie fuhren mit der Schweiz-Japanischen U-Bahn schnell wieder ins Tal. Hier ging es ihm gleich wieder besser. Es ist eben doch nicht ohne, so „ruck-zuck" auf die „Jungfrau" zu steigen...

Sie wanderten daraufhin lieber zur „Iffigenalp", zum „Iffigensee" und zurück –alles im Oberland. Das dauerte vier Stunden. Unterwegs begegneten sie friedlichen brauen Kühnen (den „Simmentalern"), die auf der Alm standen und Glocken um hatten. So bimmelte es beschaulich. Der schweizer Freund von der „Schweizer Mobiliar" erklärte, dass ab und zu ‚mal eine Kuh vom Blitz erschlagen und von der Versicherung bezahlt werden müsse, weil sonst kein Bauer seine Kühe versichern würde.

Abends waren alle wieder bei den schweizer Gastgebern: *„Salü!"*

(1994)

Die Schweiz per Bahn

„Gruetzi!" – Silke und Andor Stolp besuchten mit Lisa und Heinz Tierheim eine alte Bekannte: die Schweiz.

Seit den Aufenthalten in „Zweisimmen" im Berner Oberland hat sich einiges in der Schweiz geändert, anderes nicht:

- Noch immer zahlten sie mit Franken, dem bunten Papiergeld. Aber seit die Gäste den „Euro" hatten, war dieser mehr wert als der „Fränkli". Das war bei der „D-Mark" umgekehrt. –
- An der Grenze fanden keine Kontrollen mehr statt, obwohl die Schweiz nicht zur EU gehörte: Das allerdings war schon immer so.
- Ist man in der Schweiz, trifft man in den Hotels wenig Schweizer: Das war neu. Das Personal kam aus Deutschland (Ost und West), aus Fernost, selten aus der Schweiz.
- Wo sind sie geblieben, die „Saaltöchter", die noch Anfang des Jahrhunderts mit der „Räthischen" gen „Davos" fuhren, um ihre Stellen anzutreten?
- Echte Schweizer traf man allerdings noch im Supermarkt bei „Coop" oder bei „Migros" an der Kasse (!) oder in der Bahn, die nach wie vor pünktlich wie ein Uhrwerk verkehrte und sauber war. Hier gab's noch Schaffner, die nach jedem Halt erschienen und mit einem „Merci" die Fahrkarten der Passagiere kontrollierten.
- Teuer war die Schweiz nach wie vor. Hier nahmen sie es immer noch „vom Lebendigen". Die Toten konnte man ja nicht zur Kasse bitten.
- Alles war propper (wie geleckt), und die Berge mit ihren Almwiesen und weißen Gipfeln waren schön wie eh und je. Dazwischen lagen große blauen Seen, die das Auge erfreuten und der Schweiz zusätzlichen Charme verliehen.
- Nicht mehr zu hören waren die aggressiven Düsenjäger. War das Zufall, oder sollte die Schweiz unkriegerisch geworden sein?
- Die moderne Schweiz entstand 1848. Beim Staatsaufbau orientierte man sich in vielem an den USA. Dass die Schweizer seit eh und je wie die Amerikaner beim Erklingen der Nationalhymne die rechte Hand vors Herz legen, erklären Lästerzungen damit, dass die Schweizer ihre Brieftasche schützen würden. In Wirklichkeit legen sie „nur" die Hand aufs Herz.

Diesmal waren sie überwiegend im Kanton Graubünden. Das ist von der Fläche her der größte Kanton der Schweiz mit 188.762 Einwohnern. Der Hauptort heißt „Chur". Graubünden ist 1803 der alten Eidgenossenschaft beigetreten, und die dort gesprochenen Sprachen sind Deutsch, Italienisch und Rätoromanisch. Sie wohnten in „Klosters" unterhalb von „Davos".

Die Anreise war nicht gerade kurz. Sie fuhren mit dem Bus nach „Klosters" und auch wieder zurück. Los ging es um 4:15 Uhr. Vierundfünfzig Personen begaben sich auf diesen Höllentrip. Alle standen mitten in der Nacht an der Haltestelle, bis pünktlich ein Bus mit einem Schweizerfähnchen vorfuhr. Doch (oh Schreck!) der Bus hatte eine fremde Fahrzeugnummer, die begann mit „AP". Nun würden Passanten denken, sie kämen aus „Apolda". Trotzdem ging alles gut.

Ein junger Mann, der später als der „Chef" des Busunternehmens enttarnt wurde, brachte die Fahrgäste zum „Hermsdorfer Kreuz". Dort übernahm eine „Crew" den Rest der Reise: Günter, der Busfahrer und Andrea, seine jüngst Angetraute, die für Speisen und Getränke zuständig war. Beide redeten im thüringischen Akzent. Der Fahrer sprach auch (wenn er wollte) perfektes Deutsch, weswegen die Gäste vermuteten, dass er schon andere Zeiten erlebt hatte, in denen er nicht „auf dem Bock" sitzen musste. Aber Genaues wussten sie nicht. Er konnte nicht nur Witze erzählen und den Reiseführer machen, sondern fuhr auch umsichtig und hielt alle vorgeschriebenen Pausen ein. – Dennoch: Ein Fahrer für die ganze Reise, das war ganz schön eng.

Die Reisegruppe war sozial und altersmäßig gemischt, aber alle waren offenbar Berliner. Der Reiseveranstalter hieß „HIT-Reiseclub". Vor Andor saß eine Frau, die quer über den Bus konversierte. So erfuhr er, dass sie immer mittwochs im Tegeler Forst joggte, dass „Er" der neben ihr sitzende Mann war. Der hätte jetzt schon Pilze gefunden, schaute sich nun aber allmählich nach den Blaubeeren um, usw....

Zum Abendessen waren sie im Hotel. Dieses war sehr ruhig und offenbar „schweizerfrei". Die Reisegruppe war im Übrigen superpünktlich. Alle waren zu den angegebenen Zeiten stets zur Stelle. Keiner bummelte.

Am ersten Abend begrüßte sie eine weitere Dame namens „Eva". Sie berichtete nichts Neues. Heinz und Andor rätselten, ob sie Polin oder Ukrainerin sei. Jedenfalls war auch sie keine Schweizerin.

Trotz der langen Fahrt am Anreisetag ging es am nächsten Tag früh los: Der Bus fuhr 7:30 Uhr von „Klosters" nach „Chur". 8:56 Uhr starten sie (natürlich pünktlich auf die Minute!) mit der „Rätischen Bahn" auf den Spuren des „Glaciers" nach „Andermatt".

Sie nahmen Platz in einem fast leeren Abteil und genossen die Bergwelt. Das Wetter war herrlich, und sie stiegen per Bahn in die Berge. Da auch die Schmalspurbahn nur sieben Prozent Steigung schaffte, hatten die Erbauer zwischen die Schienen eine Zahnradspur gelegt. So kletterte die Bahn von 584 Metern in „Chur" auf 2.033 Meter am „Oberalppass", und dann ging es wieder hinab nach „Andermatt", wo sie 11:25 Uhr ankamen.

Es war faszinierend, mit der Bahn durch die Wildnis der Berge zu fahren. Der Himmel war tiefblau, die Berge schneeweiß, die Almen grün, und der Zug hielt an „jeder Milchkanne". Immer nahm ein korrekter Bahnhofsvorsteher ʹmal mit roter, ʹmal mit orangefarbener Mütze die Abfahrtmodalitäten vor.

Wie weit war doch die „Deutsche Bundesbahn" mit ihrer Unpünktlichkeit und den vielen vergammelten Bahnhöfen entfernt von der schweizerischen Realität!

Mit dem Bus fuhren sie später zum „Vierwaldstätter See" und nach „Luzern". Hier wartete eine Stadtführerin, die tatsächlich eine echte Schweizerin gewesen sein könnte, was von einigen Gästen aber angezweifelt wurde. Die Gäste fragten (aufgestachelt vom Busfahrer!) woher der „Vierwaldstätter See" seinen Namen hätte. Als habe sie nur auf diese Frage gewartet, antwortet die Stadtführerin, „Waldstadt" sei ein alter Name für „Kanton", und hier an diesem See lägen die vier Urkantone – Schwyz, Uri, Unterwalden und Luzern: Da habe der See seinen Namen her.

Das Wahrzeichen Luzerns, eine Holzbrücke über die seeauswärts fließende „Reuss", hatten die Schweizer nach einem Brand wieder aufgebaut. Die vier Freunde verließen die Gruppe und gingen zu „Migros", wo es die guten Schweizer Militärsocken gab, die nun „Outdoor" hießen und „Made in Turkey" waren. (Was steckte denn da hinter?) Silke kaufte einen Gemüseschäler: Bei „Migros" gab es eben praktische Sachen. Hinterher setzten sie sich ans Ufer der „Reuss," tranken einen doppelten Espresso und eine „Ovomaltine". Dabei beobachteten sie die vielen anderen Touristen, die nach der Flaute vom 11. September auch aus den USA und aus Japan wieder reichlich gekommen waren. – Nach einer langen Busfahrt kamen sie kurz vor 19 Uhr wieder im Hotel an, rechtzeitig zum Abendessen vom Büffet.

Am nächsten Tag machte die Gruppe eine „Vier-Pässe-Fahrt". Sie starteten 7:20 Uhr! Über den „Flüela-Pass" (2.300 Meter) ging es zuerst nach „St. Moritz". Unterwegs konnte man Murmeltiere sehen. Auch eine Gämse ließ sich blicken. War das nicht schön? In „St. Moritz", das zu dieser frühen Stunde ausgestorben wirkte, ahnten sie noch die Nachwehen der Hochzeit von Boris Becker, die hier gerade stattgefunden hatte.

Wieder bestiegen sie einen Panorama-Zug, den „Bernina-Express", der sie in die schwindelnde Höhe von 2.253 Meter führte. Sie konnten die Wasserscheide zwischen Nord und Süd beobachten, sahen erneut üppig bedeckte Schneeberge und fuhren hinab in die Tiefe.

An einer Stelle rollten sie über einen kreisrunden Viadukt, wo man vom Zugende aus unten die Zugspitze sehen konnte. Das Bauwerk wurde errichtet, um den großen Höhenunterschied auf kleinem Platz zu überwinden. Schließlich kamen sie in „Triano", der Endstation, an. Hier waren sie auf italienischem Boden, zahlten mit „Euro" und kehrten in einem Restaurant ein, wo man mit Käse und Pilzen gewürztes Bündner Fleisch (das hier natürlich anders hieß und preiswerter als in der Schweiz war) speisen konnte.

Bei diesem Ausflug überwanden sie einen Höhenunterschied von 2.000 Metern und etliche Temperaturschwankungen. Durch wunderschöne Berglandschaften fuhren sie unter fröhlichem Geplauder eines aus dem Ruhrgebiet stammenden Reiseleiters namens Frank, der sich als „Spanier" vorgestellt hatte, zurück nach „Klosters". Da die richtigen Schweizer sowieso sehr selten waren, machte Frank eben Witze in Ruhrdeutsch: Viel Erfolg erzielte er, als er den Satz mit allen drei Artikeln vortrug: *„Meine Schwester is' schwanger. Der die das gemacht hat, is' wech!"*

Am dritten und letzten Schweizer Tag nahmen die vier „frei". Silke, Lisa und Heinz gingen vor dem Frühstück schwimmen; Andor blieb noch ein wenig im Bett. 10:28 Uhr (pünktlich!) fuhr die Bahn nach „Davos". Sie stiegen in „Davos-Dorf" aus. In „Davos" selber war an diesem Tage die „Tour de Suisse", und man konnte sehen, wie viele Menschen daran partizipierten. Die ganze lange Straße durch den Ort war für die Tour hergerichtet, und jede Menge Werbefritzen hingen sich an dieses Ereignis.

Sie benutzten die „Schatzalpbahn" und fuhren hinauf zum „Zauberberg". Dort stand noch immer das Sanatorium, die Liegestühle

Richtung Sonne gestellt. Hier schützten sich einst diejenigen, die es sich leisten konnten oder mussten, vor der „TBC". Das war der Hintergrund des 1924 veröffentlichten Romans „Der Zauberberg" von Thomas Mann. Nun war vor dem Sanatorium ein botanischer Alpengarten zu bestaunen, der einen traumhaften Vordergrund für die sich dahinter aufbauende Alpenkulisse bildete.

In einem Restaurant genossen die Stolps mit Tierheims ein kleines Menue. Anschließend liefen sie hinunter nach „Davos"-Platz, um mit der „Jacobshornbahn" auf der anderen Seite gleich wieder hinaufzufahren. Nun sahen sie „Davos" von der anderen Seite, tranken noch etwas und fuhren wieder hinab.

In „Davos"-Platz stiegen sie wieder in die „Rhätische Bahn" und fuhren bis nach „Davos Wolfgang". Von hier aus begann ein Eilmarsch entlang dem „Davos-See" nach „Davos-Dorf", wo sie den 18:05-Uhr-Zug erwischten.

Neben der Tatsache, dass es keine „Saaltöchter" mehr gab, hatten sie auf diesem Trip gelernt, dass die Schweiz über 1.300 Kilometer Tunnel hatte, dass spitze Berge „Piz" und runde „Horn" hießen und dass sich der deutsche Finanzminister Steinbrück mit seiner Bemerkung über die Eidgenossenschaft und die „Indianer" sehr unbeliebt gemacht hatte: nicht nur bei Schweizern, sondern auch bei den von ihnen lebenden Deutschen. Denn (So wird berichtet.) in Gestalt von Polizeibeamten tauchten manchmal echte Schweizer auf, hielten Ausschau nach deutschen Bussen und kontrollierten diese gerne auf alle Vorschriften, von denen es reichlich gegeben haben soll. Diese Tortur ist ihnen erspart geblieben.

Sie aber waren sicher: Bei ihrem „ollen" Bus aus Apolda hätten die eidgenössischen Polizisten schon einige Mängel finden können.

Was mit dem Bus auch immer gewesen sein mag: Der Fahrer war spitze: 8:45 Uhr fuhren sie in „Klosters" ab. Vor ihnen lagen 830 Kilometer. Der Fahrer sagte, um 20:24 Uhr würden sie zu Hause ankommen. Und auf die Minute trafen sie 20:24 Uhr an der Haltestelle ein.

„Da biste platt, wa?"

(2009)

2. Samos

„Er stand auf eines Daches Zinnen
und schaute mit vergnügten Sinnen
auf das beherrschte Samos hin.
„Dies alles ist mir untertänig, "
begann er zu Ägyptens König,
,Gestehe, daß ich glücklich bin.'"
(aus: Friedrich Schiller, Ring des Polykrates)

Schiller hatte Samos zwar nie betreten, aber sicher kannte er es besser als mancher Tourist, der die Insel später bereiste. In drei Stunden brachte einen „Air Berlin" einst von Deutschland auf die Insel in der südlichen Ägäis. Im Südosten bei „Posidonio" ist das Meer nur etwas mehr als einen Kilometer breit, und schon ist man in der Türkei.

Jedes ältere Kind kennt Samos durch den süßen Wein. Wein wurde auf Samos seit eh und je angebaut. Der Süßwein geht als Dessertwein zumeist nach Frankreich. Der Klassiker hierbei heißt „Samos Nectar Vin Naturellement Doux" und ist ein Jahrgangswein. Es gibt aber auch trockene Weißweine, so den „Samaina Vin Blanc Sec" oder den „Samaina Golden", die beide aus Muskattrauben gewonnen werden. Diese Weine waren Favoriten der Besucher Silke und Andor Stolp sowie der Freunde Kathrin und Hagen Bootweg. Der Süße hatte außerhalb Frankreichs noch immer seine Liebhaber. Auf den Etiketten findet man zumeist die Abbildung eines Schiffes. Das erinnert daran, dass auf Samos zur Zeit des Polykrates die modernsten Schiffe gebaut wurden – eine Quelle für die Vormachtstellung der Insel in der damaligen Welt.

Wein und Tourismus sind Standbeine der samischen Wirtschaft. Die Insel hat etwa 31.000 Einwohner. In ganz Griechenland gibt es elf Millionen Bewohner, dazu kommen drei Millionen Auslandsgriechen. Politisch gehört Samos zur Provinz der Ägäischen Inseln; „Rhodos" ist die Hauptstadt. Dort befindet sich die Präfektur mit einem gewählten Präfekten an der Spitze. Mit den Inseln Ikaria und Fourni zusammen bildet Samos eine Präfektur. Deren Sitz ist „Vathi", auch „Samos Stadt" genannt.

Balkon

Über neunundneunzig Prozent der Menschen auf Samos sind griechisch-orthodoxen Glaubens.

Samos hat eine bewegte Geschichte: Eine Zeit lang wurde es vom Peloponnes aus beherrscht, dann war es ‚mal Gegner und ‚mal Verbündeter von „Athen". Vorübergehend unterstand es Alexander dem Großen, den Römern, den Byzantinern, den Genuesen und den Venezianern. 1475 kamen die Türken, und 1912 schloss sich Samos Griechenland an.

Irgendwann zwischendurch war die Insel menschenleer.

Am stärksten war Samos unter „Polykrates," da hatte es sogar Kolonien und war eine Macht. „Polykrates" regierte Samos als „Tyrann" von 538 bis 522 v. Chr. Herodot schrieb über ihn: *„Wohin er auch in den Kampf ziehen mochte, ihm gelang alles. Er hatte hundert Fünfzigruderer und tausend Bogenschützen, und da plünderte und beraubte er alle ohne Unterschied."*

„Polykrates" brachte der Insel Unabhängigkeit, Wohlstand und Ruhm. Aber er soll habgierig gewesen sein, und so konnte ihn der persische Statthalter Oroites in einen Hinterhalt locken und auf dem Berg „Mykale", dem Festland gegenüber von Samos (nun Türkei) kreuzigen lassen. So musste er mit Blick auf sein geliebtes Samos sterben. Zuvor hatte „Ägyptens König" den „Polykrates" gewarnt, mit seinem Glück die Götter nicht herauszufordern. Der jedoch fühlte sich sicher. Da riet der Pharao dem Tyrannen, etwas Wertvolles ins Meer zu werfen. „Polykrates" warf einen kostbaren Ring in die Fluten. Als hinterher den Herrschern ein Fisch als Speise gereicht wurde, fand man im Magen des Tieres den Ring. „Amasis" (so hieß der Ägypterkönig) war entsetzt und floh auf der Stelle. Schiller schrieb: *„Die Götter wollen dein Verderben, fort eil ich, nicht mit dir zu sterben."*

Die Hauptstadt der Insel war zur Zeit des „Polykrates" „Pythagorio". Der Tyrann schmückte sich mit Künstlern und Wissenschaftlern. Aus seiner Epoche sind der „Tunnel des Eupallions" erhalten – eine gewaltige Wasserleitung, die Stadtmauern und eine Hafenmole. Zu „Polykrates" Zeit gab es eine riesige Tempelanlage für die Göttin „Hera". Diese Anlage wurde nach der Herrschaft des Tyrannen geplündert und zerstört. Die Überreste begeisterten später die Archäologen.

Obwohl sie nun wirtschaftlich keine besondere Rolle mehr spielen: Auf Samos gibt es noch Fischer. Sie werden mit ihren kleinen Booten noch immer sehnsüchtig erwartet, wenn sie vormittags im Hafen von „Samos-Stadt" ankommen. Viele Boote waren es nun allerdings nicht mehr – vielleicht drei oder vier, jeweils mit drei Mann besetzt. Die einzelnen Boote hatten ein paar Kisten Fisch, nach Größe sortiert. Richtig große Fische waren nicht dabei. Die Leute, die sie an Land erwarteten, sahen nicht besonders reich aus, wirkten aber wie eine verschworene Gesellschaft. Sie kauften als erstes die kleinen (Ob sie wohl Fischsuppe zubereiten wollten?), und den Rest mussten die Fisher lange feilbieten.

Von einer Badestelle aus sahen die Gäste ein andermal zu, wie Fische mit einem Netz gefangen wurden. Die Badegäste wurden aufmerksam, dass etwas geschehen würde, weil plötzlich aus der Nachbarbucht die drei Enten angeschwommen kamen. Auch kreischende Möwen stellten sich ein. Ein Fischerboot erregte das besondere Interesse der Vögel. Es warf vor den Liegen der Gäste den Anker und legte in einem riesigen Bogen (als wollte es die gesamte Bucht ausmessen) ein Netz. Sie machten es genau wie die „Capri-Fischer" in dem bekannten Schlager. Auf dem Seil, welches das Netz hielt, ließen sich die weißen Möwen hübsch aufgereiht nieder. Vor dem blauen Meer sah das romantisch aus. Das kleine Boot fuhr seinen Bogen, und als es endlich beim Anker wieder ankam, wurde das Netz aufgerollt. Das dauerte lange. Die drei Fischer an Bord hatten damit zu tun, das Netz zu ordnen und Tang oder anderes Zeug zurück ins Meer zu werfen. Endlich kam das Ende des Netzes aus dem Wasser. Die Fischer schütteten den zappligen Fang an Bord und sorgten sich zunächst um den Rest des Netzes. Dann wurden die Fische sortiert und viele wieder über Bord geworfen. Der Fang kam in eine überschaubare Anzahl Kisten, die immer wieder aus Eimern mit Wasser übergossen wurden. Schließlich lichteten die Fischer den Anker und („tuck, tuck, tuck") ging es in die nächste Bucht. Die Möwen und die Enten trollten sich...

Die Fischer gehören wie der Wein seit Urzeiten zu Samos. Angeblich sahen sie im Winter auf einem Gipfel der Insel ein Licht wie ein Leuchtfeuer. Sie glaubten, das sei der Geist des großen „Pythagoras", der vor 2.500 Jahren auf der Insel geboren wurde. Von ihm stammt der berühmte Lehrsatz: *„In jedem rechtwinkligen Dreieck ist das Quadrat über der Hypotenuse gleich der Summe der Quadrate über den beiden Katheten."* „Pythagoras" war nicht nur Mathematiker, sondern auch Philosoph und Künstler. In Samos behaupteten manche, er stamme von „Apollo" ab. Da ihm die Herrschaft des „Polykrates" zu despotisch war, ging er für zweiundzwanzig Jahre nach Ägypten, wurde anschließend zwölf Jahre in „Babylon" gefangen gehalten und kam im Alter von sechsundfünfzig Jahren frei. Bei seinen Aufenthalten hatte er die fremden Kulturen und Wissenschaften studiert und ließ sich am Ende im heutigen Süditalien nieder. Dort unterhielt er als berühmter Mann eine Philosophenschule, bis er mit 80 Jahren starb.

Samos ist eine schöne Insel mit einer üppigen Vegetation. Es hat Berge, tiefe Schluchten, und an den Terrassen wachsen vor allem Olivenbäume und Weinstöcke. Es gibt auch Pinien und Zypressen, Eichen, Maronen- und Nussbäume, Herbstzeitlosen, Ginster und vieles mehr. Das Klima ist besonders im Herbst angenehm: Dreiundzwanzig Grad Celsius Lufttemperatur, einundzwanzig Grad das Wasser bei drei Regentagen im Schnitt!

Aber das sollte alles eigentlich nicht verraten werden, denn Samos ist ein Geheimtipp. Auch dass die schönsten Mädchen Griechenlands aus Samos kommen, muss man nicht wissen. Das liegt nämlich daran, dass sich die Jungfrauen des Morgens vor sieben Uhr in „Plantanos" an einer eingefassten Quelle laben.

Überhaupt sind die Bergdörfer im Innern der Insel besuchenswert. Sie liegen wie „Vourliotes" oder „Manolites" an Bergspitzen geklebt, und in ihren Mauern gibt es hübsche Restaurants, wo man köstliche „Mezé" (eine Art griechischer Tapas) zusammen mit dem Inselwein genießen kann, denn die ansonsten etwas einfallslose griechische Küche ist hier nicht bekannt. Bei solchen Gelegenheiten war man niemals allein: Kleine Katzen ließen sich stets zu Füßen der Gäste nieder.

Wenn es nach den Sultanen ginge, würde Samos zur Türkei gehören. Es liegt in der Tat geografisch näher an Kleinasien als an Europa. Also machten sie einen Ausflug von Samos nach „Ephesos". Dazu fuhren sie in aller Herrgottsfrühe ab „Samos-Stadt" auf einem völlig überbuchten griechischen Schiff nach „Kusadasi" in der Türkei. Hier wurden sie in wartende Busse verfrachtet. Eine türkische Reiseleiterin fragte, ob alle Insassen Deutsche seien. Zwei (ein Ehepaar) verneinten das: Sie wären Österreicher. Der österreichische Mann sagte: *„Wir sind immer in der Minderheit – zu Hause auch!"* Die Reiseleiterin verstand und lächelte süßsauer.

Der „deutsche" Bus brachte sie zur antiken Stadt, in der es vor Touristen wimmelte. Früher soll „Ephesos" am Meer gelegen haben, nun lag es im Landesinnern. Es war einmal eine riesige Stadt mit Tempeln, Geschäften, einem großen Theater, einer Bibliothek und einem Bordell. Nachdem sie das alles gesehen hatten, wurden sie zum Mittagessen gefahren, nicht ohne von der Reiseleiterin zu hören, wie gut das türkische Essen sei.

Dann aber war „Kusadasi" unvermeidbar! Nur weil das Ministerium ein Auge drauf habe, wurden sie zu einer „Teppichfabrik" geführt, wo sich das bekannte Ritual einer Teppichvorführung (die in Wahrheit ein einziger Verkaufsversuch war) abspielte. Wieder auf der Straße hörten sie den Muezzin und von überall her die Rufe: *„Kaufen, kaufen, kaufen!"*

Sie flüchteten auf das überfüllte griechische Boot, und nach einer Stunde waren sie wieder „zu Hause" auf „ihrem" Samos. Nach dem Theater da drüben kamen sie sich vor wie in „Friesack": Sie genossen die Ruhe.

Noch mehr Ruhe gab es im Kloster. Sie besuchten „Moni Zoodochos Pigi", im Nordosten der Insel gelegen. Obwohl sie nur Nonnen (jedenfalls geistliche Damen) sahen, wurde dieses auf einem Berg gelegene Kloster allenthalben als Mönchskloster annonciert. Das Kloster stammte aus dem Jahre 1756. Die Kirche war von 1786 und wurde gebaut unter der Verwendung von antiken Säulen aus „Milet". Das

Übrige wurde im 19. Jahrhundert errichtet. In dem rechteckigen Klosterinneren herrschte absolute Ruhe. Es gab Steinbänke, auf denen man verweilen und die reifen Granatäpfel an den Bäumen bewundern konnte.

Die Orthodoxe Kirche war sehr angesehen in Griechenland. Sicher kam das daher, dass die Kirche in den Zeiten der Fremdherrschaft das hellenische Bewusstsein am Leben gehalten hatte. Die Priester („Papades") sah man oft. Sie trugen schwarze oder dunkelblaue Gewänder. Ihre hohe schwarze Kopfbedeckung hieß „Kalimafki". Ihre Gehälter wurden vom Staat bezahlt, und die Griechen fanden es nicht schicklich, wenn man diese Männer als „Popen" bezeichnete.

Das Kloster „Zoodochos Pigi" war nicht das einzige und auch nicht das größte auf Samos. Aber von hier war es nicht weit zum „Archäologischen Museum" in „Samos-Stadt". Das war eines der bedeutendsten in ganz Griechenland. Besonders spektakulär war die riesengroße Jünglingsstatue, die den Besucher freundlich begrüßte. Ganz in der Nähe des Museums war ein kleiner Stadtpark mit einem Café darin. Es wäre keine gute Idee, hier einen „Mokka" zu bestellen. Man trank „Kafes ellinikos", das ist griechischer Kaffee, den man „sketto" (ohne Zucker), „metrio" (mittelsüß) oder „gliko" (sehr süß) bestellen konnte. Der Kaffee wurde serviert in einer (hm, hm!) Mokkatasse mit Kaffeegrund und einem Glas Wasser auf einem kleinen Tablett.

In „Samos-Stadt" gab es einst ein griechisches Restaurant, in dem man nach alter Sitte das Essen in der Küche bestellen konnte. Die Wirtin öffnete die Kochtöpfe oder zeigte die Pfannen, dann konnte man sich beispielsweise gebratene Sardinen in Olivenöl bestellen und wartete am Tisch bei Wein und Weißbrot auf das Essen: Leider war diese Institution verschwunden.

„Samos-Stadt" hatte eine weit ausladende Strandpromenade. Da gab es Hotels, Cafés, Banken und Schiffsagenturen. Nirgendwo störte ein Hochhaus. In der Mitte der Promenade und der Stadt befand sich ein schöner Platz, auf dem ein Steinlöwe thronte. Dahinter sah man an einem Haus das Wappen der Bundesrepublik Deutschland: Hier residierte ein Honorarkonsul. Der allerdings soll kein Deutsch gesprochen haben, dafür ein paar Brocken Englisch.

Unter dem Wappen war eine Apotheke, die gelegentlich geöffnet hatte. Man konnte Medikamente preiswerter als in Deutschland kaufen, allerdings manchmal unter einem anderen Namen. „Paracetamol" z.B. hieß „Depon". Neben der Apotheke lag eine Fleischerei.

Wenn der Meister Koteletts schnitt, bedauerte man, keine Ferienwohnung zu haben und im Hotel zu wohnen: So appetitlich sah das aus.

Doch alle Geheimnisse und Schönheiten von Samos sollen nicht geschildert werden. So bleibt unerwähnt, mit wem und wie oft und wo genau sie waren.

Nur eines noch: Im Oktober ist das Meer (wie bereits erwähnt) einundzwanzig Grad warm. Dazu ist es klar und hellblau. Es lädt ein zum Bade. Auf Samos verlängert sich der Sommer...

Samos soll Geheimtipp bleiben!

(2009,
wieder 2014)

3. Bad Reichenhall

Silke und Andor Stolp reisten mit Kathrin Bootweg, Pamela Hameln und Hagen Klatsch nach Bayern. Wurde noch nichts über „Bad Reichenhall" berichtet? Das ist ja merkwürdig!

Bei Bad Reichenhall

Die Freunde waren nämlich schon oft hier. Einmal sind Stolps mit dem Auto angereist, mit Übernachtung irgendwo. Ein anderes Mal flogen sie nach „München" und sind von dort mit der Bahn gefahren. Das war keine gute Idee, denn die Bahnfahrt ab „München" zog sich ziemlich lange hin.

Dann kamen sie zum zweiten Mal mit dem Flugzeug (noch mit „AirBerlin") in Salzburg an, von wo es mit dem Auto eine halbe Stunde bis zur Unterkunft dauerte. Der Flug währte etwa eine Stunde, dann holte sie ein Lederbehoster ab. Die Unterkunft war ein Hotel. Das befand sich außerhalb „Bad Reichenhalls" und hieß „Seeblick", weil es am „Thumsee" liegt.

Das ist ein Gebirgssee, und der erreicht nach Angaben von Reiseführern im Hochsommer „Badetemperaturen", was die Gäste bestätigen konnten. Der „Thumsee" war ja schon Urlaubsort von Sigmund Freud, der beim „Seewirt" abstieg. Der zum See gehörige „Hausberg" hat den Namen „Ristfeuchthorn" und ist 1.569 Meter hoch. Ihn soll einmal eine 15-jährige Helga bestiegen haben, wovon noch Jahre später erzählt wurde.

Manchmal bekamen sie zu Hause Post vom Hotel „Seeblick". Jedes Mal dachten sie: *„Oh, Post von der Ostsee!"* Aber Pustekuchen! Es war Werbung, die aus den Alpen kam. Da wurde mit Sonderangeboten gelockt, denn nicht immer war das Hotel ausgebucht (im Sommer aber doch). Man konnte dann schwimmen, in „Reichenhall" promenieren oder einkaufen; man konnte wandern, essen, trinken oder Fußball gucken.

Das Fernsehen übertrug übrigens jederzeit Spiele. Denn immer, wenn sie in „Reichenhall" waren, war irgendeine internationale Fußballmeisterschaft. Dann gab es im Hotel so etwas Ähnliches wie „Public Viewing", aber Deutschland gewann hier nie einen Titel. Hagen und Andor lästerten einmal lauthals über Özil. Da sagte der Reporter im Fernsehen, Özil sei „genial". Andor kommentierte, das habe er nur gesagt, um sie zu ärgern. Die übrigen Gäste nahmen das schweigend hin. Damit war der Fall erledigt.

„Reichenhall" liegt inmitten einer deutschen Zunge, die nach Österreich hineinragt. Man könnte auch „Blase" dazu sagen. Diese Blase nennt sich „Berchtesgadener Land" und könnte auch zu Österreich gehören. Dann würde das Handy nicht dauernd nerven: „Willkommen in Österreich..." – „Willkommen in Deutschland..." (Oder doch?) Immerhin: So hat Deutschland auch ein wenig richtige Alpenlandschaft.

Aber Vorsicht: Ein vermeintlicher „Weltenbeglücker" wählte den Berchtesgadener Ortsteil „Obersalzberg" einschließlich „Kehlsteinhaus" als eines seiner Domizile. Im „Kehlsteinhaus" war nun ein Museum. Sie haben es besucht, fühlten sich aber hinterher beim „Windbeutelbaron" abseits einer weiter talwärts gelegenen Straßenkurve wohler. Riesige Portionen gab es dort, und die Serviererinnen waren „bayerisch-fesch" gekleidet. – Aber wegen der Windbeutel war der Herr damals bestimmt nicht hergekommen...

„Bad Reichenhall" selber dagegen war auf den ersten Blick ein schmuckes Städtchen. Es hatte etwas über 17.000 Einwohner und zehn Ortsteile. Der „Hausberg" heißt „Predigtstuhl" – wie denn sonst? Revolutionär eingestellt ist man hier ohnehin nicht. Das zeigte auch das Ergebnis einer Kommunalwahl von 2014: CSU 38,1 Prozent, FWG (=Wählergemeinschaft: „Fleisch vom Fleische" der CSU) 23,6 Prozent, Grüne 20,3 Prozent, SPD 13,4 Prozent und FDP 4,5 Prozent. Bei der Linkspartei war Fehlanzeige.

Die Idylle trog jedoch. 1999 wurde der Schauspieler Günter Lamprecht angeschossen und schwer verletzt. Außerdem war die Decke einer Eislaufhalle einmal unter der Schneelast eingestürzt. Es empfiehlt sich also: Vorsicht walten lassen in Bad Reichenhall!

Dennoch war es hier stets schön. Die Stadt hatte viele gute Geschäfte und Kaufhäuser. Auch „Peter Hahn" war mit einem Laden da. Da stand ein Computer, und der konnte ermitteln, wo die Stolps wohnten! Das Gleiche galt für die Filiale von „Telekom". Außerdem existierte ein exzellenter Hosenladen. Da gab es schmucke Hosen, die sogar passten! Reisekamerad Paul Bootweg hatte sich in diesem Laden jedes Jahr eine Hose gekauft, und so war er stets warm und gut gekleidet.

Aber im „Salinenmuseum" war es kalt. Man musste tief hinab in den Felsen und lernte, dass das „Berchtesgadener Land" einst von „Soleleitungswegen" durchzogen war. Darauf wurde das „weiße Gold", in Form der „Sole" (salzhaltigem Wasser) über Höhendifferenzen hinweg zu jenen Orten geleitet, die es haben wollte. In „Bad Reichenhall" kam Salz vor, im Felsen vor Urzeiten erstarrt. Daraus bezog die Stadt einst ihren Wohlstand. Nun waren diese Soleleitungswege oft verfallen, dienten als (teils gefährliche!) Wanderwege in den Alpen. – Im Museum konnte man darüber hinaus lernen, dass das hiesige Salz besonders gesund sei, und man gleich kaufen könne. „Bad

Reichenhaller" Salz war übrigens in der ganzen Republik berühmt und stellte so etwas wie eine Marke dar.

Dicht neben dem „Salinenmuseum" befand sich ein „Gradierwerk", dessen ursprünglicher Sinn von „Wikipedia" erklärt wurde: *„Ein Gradierwerk (auch Leckwerk) ist eine Anlage zur Salzgewinnung. Sie besteht aus einem Holzgerüst, das mit Reisigbündeln (vorwiegend Schwarzdorn) verfüllt ist. Das Verb ´gradieren´ bedeutet ´einen Stoff in einem Medium konzentrieren´. Im Falle eines Gradierwerks wird der Salzgehalt im Wasser erhöht, indem Sole durch das Reisig hindurchgeleitet wird, wobei auf natürliche Weise Wasser verdunstet. Außerdem lagern sich Verunreinigungen der Sole an den Dornen ab; dadurch wird die Qualität des erzeugten Salzes erhöht."*

Nun diente das Gradierwerk in „Bad Reichenhall" nicht mehr der Salzgewinnung, sondern der Gesundheit. Wer das Werk umlief, atmete etwas salzige und kühle Luft ein. Er (oder „sie" natürlich!) tat damit etwas gegen sein/ihr Asthma, wenn er/sie daran litt. Paul kam her, um so sein Leiden zu lindern. Dabei entdeckte er für andere mit „Bad Reichenhall", denn hier gab es nicht nur das Gradierwerk, sondern auch Tennisplätze...

Gleich neben dem Gradierwerk steht ein Kurhaus, wo ein Brunnen fließt, aus dem salziges Wasser kam – angeblich auch sehr gesund! In diesem Haus gab es ferner einen Konzertsaal und eine kleine Bibliothek, in der u.a. Zeitungen aus Österreich hingen. Wenn dann Großbritannien per Volksabstimmung die EU verließ, versetzte das sogar die Salzburger Gazetten in Aufruhr. – Andor aber wollte die „Süddeutsche" vom Haken nehmen und stellte fest: Es war die „Sudetendeutsche". Eine ältere Dame riss sie ihm aus der Hand. Als Andor bemerkte: *„Es ist nur die ‚Sudetendeutsche‘!"*, giftete sie schnippisch: *„Das ist eine sehr interessante Zeitung!"*

Gradierwerk und Kurhaus sind im Kurpark von „Reichenhall", der mit seinen vielen Blumen sehr gepflegt ist. Er befindet sich inmitten der Stadt. Man darf diesen Park mit allen seinen Einrichtungen „kostenfrei" betreten, denn als Gast hat man natürlich seine Kurtaxe längst bezahlt.

In der Stadt ließ es sich (wie berichtet) gut einkaufen. Allerdings standen auch hier Ladenflächen leer. Doch feine Läden gab es genug, und an jeder Ecke konnte man „Mozartkugeln" erwerben. Es schien so, als sei die österreichische Stadt „Salzburg" das kulturelle Zentrum dieser Gegend. Also fuhren sie hin – mit dem Bus.

Die Stadt „Salzburg" war voll von Besuchern. Sie sahen vor allem Japaner, ständig fotografierend und in der Altstadt umher laufend. Dann standen sie vor Mozarts Geburtshaus: GetreBesuchernidegasse 9. 1756 kam der Komponist hier auf die Welt. Massen von Menschen verharrten vor der Hausfassade, schauten, fotografierten oder alberten herum. Waren sie um die halbe Welt gereist, um das zu erleben?

Auf dem „Kapuzinerberg" entdeckten sie das „Passinger Schlössl" und waren sicher, dass sie den Ort gefunden hatten, an dem Stefan Zweig von 1919 bis 1933 gewohnt hatte. In seinem tollen Buch *„Die Welt von gestern"* schreibt er: *„Salzburg schien mir von allen österreichischen Kleinstädten nicht nur durch seine landschaftliche, sondern auch durch seine geographische Lage die idealste, weil am Rande Österreichs gelegen, zweieinhalb Eisenbahnstunden von München, fünf Stunden nach Wien, zehn Stunden nach Zürich oder Venedig und zwanzig nach Paris, also ein richtiger Abstoßpunkt nach Europa."* „Salzburg" war noch nicht die Festspielstadt, der sich *„im Sommer snobistisch gebärende(n)"* Gästeschar, gewesen – sonst wäre Zweig nicht hingezogen, wie er versichert. Der mühsame Weg und die unwirtlichen Zimmer hätten ihm andererseits Flüchtlinge jener Zeit von Leib gehalten. – Nun war ein Institut der „Universität Salzburg" zu sehen, das den Namen „Stefan Zweig" trug.

Berchtesgadener Land

Sie aber zog es hinauf auf die „Festung Hohensalzburg". Wieder sahen sie Menschen über Menschen, bestaunten die mächtige Anlage und genossen einen herrlichen Blick auf „Salzburg" mit all seinen Türmen, Türmchen und der sich dazwischen schlängelnden „Salzach".

Schließlich nahmen sie wieder im Bus Platz, um ins beschaulichere „Bad Reichenhall" zu zuckeln. Im Bus war es leer, und als sie (nach unbemerktem Passieren der Staatsgrenze) ankamen, waren sie die einzigen Fahrgäste.

Das Hotel am „Thumsee" war ein idealer Ausgangspunkt für Alpenwanderungen. Es gab leichtere und schwerere Touren: Alles machten sie. Einmal suchten sie sich einen „Alpgartenrundweg" in „Bayrisch Gmain" aus, wohin man mit der Kurkarte per Bus fahren konnte.

Sie glaubten, der Rundweg sei gerade das Richtige für Pensionäre. Er begann wie ein Park, wo allerdings keine besonderen Pflanzen zu sehen waren. Sie dachten: „Was soll in den Alpen schon Besonderes wachsen?" und wanderten weiter. Allmählich wurde der Weg steiler und enger. Statt Erde hatten sie plötzlich Fels unter den Füßen, und rechts in einer tiefen Schlucht tobte ein Gebirgswasser. Sollten sie umkehren? Sie trösteten sich: *„Es wird gleich hinter der nächsten Kurve besser werden!"* Wurde es aber nicht!

Plötzlich führte eine transparente Stahlbrücke über die Schlucht, und sie waren auf der anderen Seite des Gebirgswassers. Wieder war das Wasser tief unten. Jetzt war sogar ein Seil im Fels eingelassen, damit man sich festhalten konnte. Andor dachte: *„Wenn man hier abstürzt, hört das kein Mensch, so laut ist das Wasser."*

An einem Felsvorsprung stand ein Kreuz: Hier muss also jemand in die Tiefe gestürzt sein! Plötzlich überholten sie zwei junge Wanderer: *„Grüß Gott!",* sagten sie und: *„Wir werden auch 'mal alt."* Dann waren wieder weg. Unter Todesängsten kletterten sie weiter hinunter ins Dorf. Dass es dort nach Schweinegülle stank, störte überhaupt nicht.

Später schauten sie sich die Karte genau an und lasen, der Weg war etwas für „Trittfeste" und für Menschen ohne Gleichgewichtsprobleme.- Oh je!

„Reichenhall" kann wirklich ein gefährlicher Ort sein...

Mit dem Hotelauto ging es nach einem Urlaub bald wieder nach „Salzburg" zum Flughafen. Der Lederbehoste hielt einen Vortrag über

Heu und die richtige Art, es zu ernten, während er eine angeblich überfüllte Grenze „mit vielen Flüchtlingen" umfuhr.

(2016)

Das letzte Mal

Noch immer fuhr der „zweier" Bus zum „Thumsee". Anfangs war es sehr heiß, so dass man prima baden konnte. In „Bad Reichenhall" gab es sogar Regen, was zu Hause immer seltener wurde.

Sie kamen aus „München", wo Silkes Schwester Dora Blank ihren „90." (!) gefeiert hatte. Der Zug nach „Freilassing" blieb plötzlich stehen, weil vor ihm ein Baufahrzeug entgleist war. Aber sie hatten Glück: Nach etwa fünfzehn Minuten ging es weiter, und in „Freilassing" wartete die andere Bahn nach „Bad Reichenhall". An der Bushaltestelle trafen sie Kathrin.

Das Publikum in „Bad Reichenhall" schien gewechselt zu haben: Weniger reiche Pensionäre und mehr Jugendliche waren unterwegs. Auch manche Geschäfte gab es nicht mehr, oder sie hatten neue Besitzer.

Endlich fuhren sie auch auf den „Predigtstuhl". Ein Angestellter berichtete, die Seilbahn sei die älteste in Deutschland, und sie habe im letzten Jahr das 90. (!) Jubiläum gehabt. Da bemerkte eine Passagierin, dann sei die Bahn ja sieben Jahre jünger als sie: „Bad Reichenhall" im Wandel...

Auch in Bad Reichenhall bleibt die Zeit nicht stehen.

(2019)

X. Alltagsreisen

Mit der Zeit setzte es sich durch, dass die Menschen nicht nur „Jahres-urlaub", sondern zusätzlich „Kurzurlaube" machten. Der gute alte „Jahresurlaub" orientierte sich an der Arbeit der Menschen. Drei Wo-chen galten als normal. Es hieß, die ersten vierzehn Tage wären für die Regeneration notwendig, und die dritte Woche sei reine Erholung. Die Urlaubsziele steigerten sich vom Westerwald oder einen Bauernhof in Bayern über Italien und Spanien bis nach Thailand oder den Westen der USA.

Der „Kurzurlaub" rankte sich anfangs um ein Wochenende. Die „Fünf-Tage-Woche" hatte die Sonnabende disponibel gemacht. Dann löste der „Kurzurlaub" sich vom „freien" Sonnabend und wurde für vier bis fünf Tage für ein gegenüber der „Haupttreise" sekundäres Ziel ar-rangiert. So kamen die Menschen nach „Hamburg", in die Lüneburger Heide, nach „Paris" oder „London" und später auch nach „San Fran-cisco" oder „Tokio". Die Kurzurlaube rückten mehr und mehr in den Fokus.

Silke und Andor zog es an die Ostsee, in die Heide oder nach Sach-sen.

1. An der Ostsee

Der Strand

Usedom wurde einst als „Badewanne der Berliner" bezeichnet. Während der DDR-Zeit verschwand dieses Bild von der Insel Usedom war Vergangenheit mit seinen einstigen „Kaiserbädern" „Bansin", „Heringsdorf" und „Ahlbeck". Gelegentlich tauchten wacklige Schwarz-Weiß-Filmchen auf, die zeigten, wie „Seine Majestät" mit Angehörigen in alberne Trikots gezwängt in unförmigen Strandkörben sitzend sich der Erholung hingaben. Uniformträger waren auch zu sehen. Rundherum lag Sand, dahinter war das Meer mit einem Horizont, der wie mit dem Lineal gezogen wirkte.

Übrig geblieben war eine vergammelte „Bäderarchitektur", die dem ostdeutschen „FDGB" als Kulisse für Ferienplätze diente. In West-Berlin aber wusste man, dass „Swinemünde" mittlerweile von Usedom abgetrennt war, nun unaussprechlich „Swinoujscie" hieß und wie die Nachbarinsel Wollin zur „Volksrepublik Polen" gehörte.

Usedom war also abgeschrieben. Mallorca und Sylt waren angesagt, und wen es noch immer an die Ostsee zog, auf den warteten der Timmendorfer Strand oder Fehmarn. An diese Orte zog es auch Silke und Andor, solange Deutschland geteilt war.

Nach der „Wende" und der deutschen Vereinigung begann die Rückeroberung Usedoms. Plötzlich behaupteten einstige Sylt-Fans, Usedom sei ebenso schön wie „Die Insel". Manche verstiegen sich dazu, Usedom vor Sylt zu platzieren: Von „Berlin" aus sei Usedom schneller erreichbar, es hätte mehr Sonne als das Eiland in der Nordsee (wo bis dahin das Wetter angeblich doch immer gut gewesen war), mit Hügeln und Achterwasser sei es landschaftlich attraktiv, und an der Ostsee gäbe es eben Kaiserbäder. In „Berlin" oder „Potsdam" galten die ehemaligen Monarchen nichts mehr; hier aber doch!

So fielen auch die Stolps ein im Eiland zwischen „Pommerscher Bucht" im Norden und „Stettiner Haff" im Süden. Sie lernten, dass man über das östlich gelegene „Anklam" oder das westlichere „Wolgast" anreisen konnte – mit dem Auto, der Bahn oder mit dem Bus.

Zuerst ging es nach „Kölpinsee". Dort machte Maria eine „Mutter-Kind"-Kur, und Silke mit Andor stiegen in einem Hotel direkt am Strand ab. Das war ein Urlaub mit viel Sand (Sie hockten viel am Strand.) und lauter Musik: Neben dem Hotel befanden sich einige Vergnügungslokale. Die „Usedomer Bäderbahn" (eine Art Straßenbahn, die von West nach Ost und wieder zurück die Badeorte abklapperte) fuhr, aber nur bis kurz hinter „Ahlbeck". Dort war eine Schleife, und dahinter kam gleich die Grenze nach Polen. Hier war Ende.

Die viel gepriesene Bäderarchitektur Usedoms war noch durch den DDR-Charme übertüncht. Kaum zu glauben war seinerzeit, dass sich hier einmal Kaiser und andere Hoheiten wohlgefühlt haben sollen. Die Geschichten, dass vor dem Zweiten Weltkrieg im Beruf ackernde Ehemänner ihre Frauen und Kinder im Sommer nach Usedom zur Ostsee verfrachtet hätten, um daheim in „Berlin" ungestört ihren Geschäften nachgehen zu können, waren nur noch Vergangenheit und Literatur.

Aber Usedom rappelte sich, und die Stolps kamen immer öfter. Mal waren sie in „Ahlbeck", ,mal in „Zinnowitz", und auch „Peenemünde" stand auf dem Besuchsprogramm. In „Karlshagen" (später „Bad Karlshagen"!) schauten sie bei Silkes Schwester Kristine Stengela vorbei, die sich mit Familie hier eine „Datsche" zugelegt hatte. Im neu angelegten Peenehafen aßen sie fangfrischen Fisch.

In „Ahlbeck" stiegen sie später gerne im „Ahlbecker Hof" ab, einem noblen Hotel. Hier wie in anderen Hotels sprach das Personal meist polnisch. Nur die Rezeptionen blieben überwiegend in deutscher Hand. Es wurde seitdem viel gebaut. Usedom putzte sich architektonisch heraus. Allmählich konnte man erahnen, wie nobel es zu Kaisers Zeiten gewesen sein musste.

Selbst die Kirche beteiligte sich am Bauboom (in diesem nicht sehr christlichen Landstrich). Während eines Aufenthalts in „Ahlbeck" wurde gerade die dortige Ortskirche nach ihrer Renovierung geweiht. Aus „Greifswald" kam der Superintendent. Silke und Andor gingen zu diesem Gottesdienst, und am nächsten Tag waren sie auf einem Foto in einer Regionalzeitung zu sehen. Dort wurden sie als „erste Gläubige" nach der Renovierung vorgestellt.

Ein Fischhändler vor dem Hotel hieß ebenfalls Stolp, und daran merkten sie, dass sie in Pommern waren. Als Abstämmling der Rasse der Pommern fühlte sich Andor seitdem auf Usedom besonders wohl.

Die Bäderbahn verbesserte sich allmählich. Sie fuhren nun über die Staatsgrenze hinweg nach „Swinemünde". Von dort ging es zurück nach „Strahlsund"; Kontrollen fanden nicht statt. Weder Polen noch Deutschland litten unter alledem. In „Swinemünde" selber wuchs ein Hotel nach dem anderen in die Höhe: Usedom gewann sein altes Territorium zurück, und mit Euros kam man auch im Ostteil der Insel gut durch.

Usedom lag schließlich in Europa!

Ihnen fiel ein, dass Usedom schon viele Völker und Staaten ertragen hatte. Einst wohnten Ostgermanen und später Slawen hier, dann wurde Usedom schwedisch, und 1720 fiel es an Brandenburg-Preußen. Mag sein, dass sich die Hohenzollern in ihrem Inland besonders wohl fühlten.

Da die Ostseeküste meist flach und sandig ist, erstrecken sich in den größeren Orten „Seebrücken" ins Meer. Das sind lange und breite Stege, auf denen mancherorts Verkaufsläden und Restaurants errichtet und an deren Enden Schiffsanlegestellen installiert wurden. „Ahlbeck", „Heringsdorf" und „Bansin" haben solche „Brücken". Man konnte sie auch anderswo, z.B. auf der Insel Rügen und selbst im fernen England, sehen. Irgendwie sind diese „Brücken" auch ein Statussymbol, denn Orte, die sie nicht haben, gelten als zweitrangig.

Neben den „Brücken" gehören Strandkörbe zum Bild der Insel. Hier im Norden schützt man sich gerne gegen Wind und Wetter, und zu zweit in einem überdachten Strandkorb machen es sich manche gemütlich. Überall kann man die Körbe mieten. Im Winter werden sie in Gärten hinter der Küste und abseits vom Meer gelagert. Derartiges lässt sich freilich auch an der Nordsee beobachten.

Einmal im September zog es sie wieder nach Usedom. Sie vertrauten sich der Firma „Wörlitz-Reisen" an. Die ließ sie per Taxi von zu Hause abholen und brachte sie zum Berliner „ZOB". Nonstop fuhr von dort ein Bus zum Zielort „Bansin". Der Bus fuhr vier Stunden, und dem Augenschein nach waren die Stolps nicht einmal die ältesten Passagiere. Das Ziel war das Hotel „Villen im Park" (großartig abgekürzt „V.I.P."!), von dem aus sie etwa achthundert Meter zur Küste laufen mussten.

Am Meer war es stürmisch, aber sonnig: Ostseeluft!

Sie waren auf der Insel viel mit der Bahn gefahren, aber auch gelaufen. So zog es sie zum Bahnhof von „Ahlbeck". Dort veranstaltete ein Aquarellist eine Vernissage. 750 Euro wollte er für ein Aquarell haben: Usedom war eben nicht mehr Teil der DDR. Vom Bahnhof ins Hotel wanderten sie dann vierzehn Kilometer 'mal direkt am Strand, 'mal auf der Uferpromenade. Unterwegs trafen sie auf ein Kurkonzert und eine Fischbude.

In „Bansin" mussten sie des Öfteren an einer Baustelle vorbei gehen. Direkt an der Uferpromenade wurde ein weiteres Hotel errichtet. Nach der Kaiserzeit, nach den Nazis (die in „Peenemünde" ihre Raketen herstellten), nach der DDR mit ihren FDGB-Heimen, nach der gesamtdeutschen Restaurierung der Bäderarchitektur hielt nun der Kapitalismus Einzug: Usedom ging mit der Zeit!

„Bansin" war übrigens einst ein Bauerndorf, weg vom Meer. Die Bauern dort dachten sich, sie könnten doch auf ihrem Küstenland auch ein Bad für Gäste errichten. Gesagt, getan. So entstand das „Seebad Bansin", das sogar zum „Kaiserbad" aufstieg, obwohl es keine Fischer-, sondern eine Bauerntradition hatte. Sie besichtigten das Dorf „Bansin" und sahen, wohin die Kurtaxe floss.

Zum vorgesehenen Zeitpunkt wurden sie mit dem Bus abgeholt und kamen schnell in „Berlin" am „ZOB" an.

(2017 und früher öfter)

Nacheinander besuchten die Stolps dann die Ostsee-Städte „Ahlbeck", „Stralsund" und „Greifswald". Nach Ahlbeck zog sie ein Geburtstagstrip ins Hotel „Ahlbecker Hof". Nach „Stralsund" und „Greifswald" fuhren sie über das „Fischland", den „Darß" und „Zingst" in das „Hotel Baltic" zu einer Silvesterfeier. An der Geburtstagsfeier nahmen die langjährigen Freunde Antje und Siegfried Fraumer, die dafür extra im „Ahlbecker Hof" abstiegen.

„Ahlbeck" gehörte neuerdings zu „Heringsdorf", mit dem es einst wie auch „Bansin" zu den drei „Kaiserbädern" zählte. Besonders „Ahlbeck" galt einst als „Badewanne Berlins". Nun war „Ahlbeck" der östlichste Ort der Insel Usedom; der nächste im Osten („Swinemünde") war polnisch. Von „Swinemünde" bis „Peenemünde" im Westen der Insel Usedom zieht sich feiner Ostseestrand. Man kann stundenlang am Meer laufen oder mit der Inselbahn fahren, die die gesamte Strecke macht.

Es war (wie berichtet) nicht das erste Mal, dass Silke und Andor in „Ahlbeck" waren. Einmal hatten sie ja dort im Bahnhof eine Ausstellung eines ihnen von zu Hause her bekannten Aquarellisten besucht. Im Bahnhof „Ahlbeck" kam es zu einem Plausch mit dem „Künstler".

Zur Geburtstagsfeier kamen die Stolps mit der „Usedomer Bäderbahn" zu diesem Bahnhof und wollten sich elegant mit der Taxe des „Ahlbecker Hofs" abholen lassen. Doch die hatten sie vergessen. Dafür regnete es in Strömen. So standen sie mit ihrem Gepäck auf dem Bahnhofsvorplatz, bis sie endlich ins Hotel chauffiert wurden. Dort trafen sie auf Antje und Siegfried.

Am 1. Dezember war Geburtstag, und Andor war seitdem ein Jahr lang leider schon 79 Jahre alt. Das Hotel hatte den Frühstückstisch nett gedeckt, und so kamen sie gut in den Tag hinein.

Danach ging es mit dem „Kaiserbäderbus" an die Grenze, und jenseits bummelten alle über den dortigen „Polenmarkt". Da wurden keine Polen verkauft, sondern Polen verkauften ihrerseits: Zigaretten, Klamotten, Nippes und vieles unnützes Zeug. Sie taten das aus unendlich langen Reihen von Marktständen. Das Ganze war mit Wellblech überdacht. Munter prasselte und trommelte der Regen darauf. Manche Verkäufer schimpften: „Nur gucken und nicht kaufen!" – Als sie daran die Lust verloren hatten, setzten sie sich am Stadtrand von „Swinemünde" in die „Bäderbahn" und ließen sich nach „Ahlbeck" befördern. Dort trafen sie den Galeristen. *Schönen Gruß nach Hause!"* – *„Na klar!"*

Vor dem „Ahlbecker Hof" steht eine gewaltige Seebrücke, die auf die Ostsee führt: Das ist ein Wahrzeichen der Stadt. Davor war seinerzeit ein kleiner Weihnachtsmarkt aufgebaut. „Halleluja!" Meist vom Band trällerte Rock- und Schlagermusik oder Weihnachtsschnulzen. Aber gegen Abend war Schluss: Wie schön!

Es wurde Zeit für das festliche Abendessen. Sie trafen sich im Kaminzimmer, und ein Mann von der Rezeption machte ein Foto von ihnen in den feinen Stöffchen.

Dann begaben sie sich zur Tafel und genossen ein vorzügliches Abendmahl.

Bei immer noch schlechtem Wetter ging es tags darauf auf die „Piste": Sie wanderten nach „Bansin" und setzten sich für den Rückweg in einen Bus, der alle Sträßchen und Winkel Usedoms bis nach „Ahlbeck" abfuhr, wobei sie manches Bekannte wiedersahen. Sie stellten fest: Der alte Charme war zurück. Mit bundesdeutscher Knete war die einstige „Bäderarchitektur" (die eigentlich etwas kitschig ist) wiederhergestellt, und „Ahlbeck" stand erneut als „Badewanne Berlins" bereit!

Am Ende eines anderen Dezembers waren Silke und Andor schon einmal Richtung Ostsee gestartet. Silvester stand vor der Tür, und sie näherten sich der Küste von weiter westlich her.

Zuerst kamen sie ins „Fischland", das mit dem „Darß" und „Zingst" eine Halbinsel war. Einst sollen das drei eigene Inseln gewesen sein. Auf „Fischland" liegt „Wustrow", wo es viele kleine reetgedeckte Kapitäns- und Fischerhäuschen gibt. Der Ort machte einen dörflichen Eindruck. Hier hatten sie vor langer Zeit schon einmal Silvester gefeiert. – Damals war es eiskalt: Klimawandel?

Nach „Wustrow" kam „Ahrenshoop", schon auf dem „Darß". Sie waren in Pommern angekommen! „Ahrenshoop" war ein stark frequentierter Ferienort mit zahlreichen Butiken, Restaurants und kleinen Galerien. Es zog sich an einer Straße entlang, und am Ende erreichte man eine Seemannskirche im dörflichen Ambiente. Nördlich lag das Meer: Typisch Ostsee, einsamer Strand.

Hinter „Ahrenshoop" ging es über „Zingst" nach „Stralsund". Hier blieben sie über die Jahreswende. Vom Hotelfenster aus konnte man über den Fußballplatz des „FC Pommern" sehen und hatte über den „Frankenteich" hinaus einen tollen Blick auf die große Marienkirche. Die Altstadt von „Stralsund" beherbergte drei weitere große Kirchen: die Nikolai-, Jakobi- sowie die Heilgeistkirche mit Kloster.

„Stralsund" war die Kreisstadt des Landkreises „Vorpommern-Rügen". Es hatte etwa 60.000 Einwohner, eine Universität und war durch die „Rügenbrücke" mit der gleichnamigen Insel verbunden. Es nannte sich (wie „Hamburg", „Lübeck", „Bremen" und „Greifswald") „Hansestadt" und erhielt 1234 das Stadtrecht. Prägend für das Stadtbild ist die Backsteingotik. „Stralsund" gehörte in der Vergangenheit wechselnden pommerschen Herrschaften zu, war lange Zeit schwedisch und hat insgesamt eine bewegte Geschichte, in der Schweden, Dänemark, Polen, der deutsche Kaiser und Brandenburg-Preußen Rollen spielten. 1525 traten die Bürger dem Evangelischen Glauben bei. 1945 war die Stadt teilweise zerbombt. In der DDR-Zeit zerfiel sie erheblich.

Marienkirche in Stralsund

Nach der „Wende" 1989 wurde die Altstadt restauriert und ist seitdem ein Schmuckstück in Backstein. Außerdem sind das „Ozeaneum" und das „Meeresmuseum" Anziehungsorte. Im „Ozeaneum" werden in riesigen Aquarien Kaltwasserfische gezeigt. Auf dem Dach dieser neuen Anlage sollen Pinguine watscheln. Silvester bekamen sie die allerdings nicht mehr zu sehen, weil um 15 Uhr Schluss war. Sie- die Besucher, nicht die Pinguine – waren zu spät. So bestaunten sie eben die riesigen Modelle der Wale und Haie. Sie hatten die Ausmaße von Flugzeugen und gaben einen Einblick in die ewig dunkle Welt der Tiefsee.

In dem in der Altstadt gelegenen „Meeresmuseum" sahen sie viele bunte Fische, wie man sie aus dem Fernsehen und aus Büchern kennt. Das Süßwasseraquarium war älteren Datums als das „Ozeaneum" und trotzdem gut besucht. Viele Kinder waren hier. Zum Schluss bot sich ein lustiger Gag: sich paarende Wasserschildkröten! Ein kleiner Junge sah das und kommentierte: *„Huckepack!"* – Daneben stand einer, der einen Kopf größer war, und der korrigierte: *„Nee, nee! Ich weiß, was das ist. Haben wir schon in der Schule gehabt!"*

Die Silvesterfeier war etwas eigenartig: An den Tischen der Reisegruppe („Wörlitz") war kein Platz für Silke und Andor. Man hatte sich verzählt! Nach einigem Hin und Her saßen sie schließlich einem Ehepaar gegenüber, das kam von der „Krummen Lanke" in „Berlin"!

Prost Neujahr!

Im Neuen Jahr ging es nach „Greifswald". Das war ein wenig „alte Heimat", denn eine Cousine Andors hatte hier gewohnt, und noch immer lebten Verwandte in diesem Ort. Pommern, das war schließlich Heimat der alten Stolps. So war es aufbauend, dass der Bus direkt vor dem „Pommerschen Landesmuseum" hielt und das obendrein an einer „Rakower Straße". Sieh an! Vater Stolp stammte aus dem Dorf Rackow. Dann war da sogar auch noch der „Rakower Hof". Andors Schwester (sofort per „WhatsApp" informiert) meinte, dort hätte der Vater wohl gerne ein Bier getrunken. Wie wahr! Aber: Es fehlte eben das „c", denn Vaters Dorf hieß „Rackow" – mit „c" eben!

Ohne „c"

„Greifswald" war Hanse- und Kreisstadt („Landkreis Vorpommern-Greifswald"), auch hier war die Altstadt glänzend saniert. Aber „Greifswald" wurde im Krieg überhaupt nicht bombardiert. Die DDR hatte es verkommen lassen. Bei einem seinerzeitigen Besuch hatten sie es gesehen: Ruinen, durch die man den (immerhin!) blauen Himmel erkennen konnte.

„Greifswald" hat 59.000 Einwohner, erhielt 1250 das Stadtrecht, ist eine alte Universitätsstadt und hat es im Laufe der Geschichte mit denselben Mächten zu tun gehabt wie „Stralsund". Nun hatte es einen grünen Bürgermeister und schmückte sich mit einem schönen Marktplatz, bei dessen Aufbau sich westdeutsche Banken offensichtlich engagiert hatten.

Alles wurde in „Greifswald" überstrahlt vom Dom St. Nikolai, in dem Caspar David Friedrich getauft wurde. Der Dom wurde 1475 geweiht; sein Aussichtsturm ist achtundneunzig Meter hoch. Auch er wurde von außen wunderbar restauriert und erscheint nun in voller Pracht.

Ihm gegenüber befindet sich ein Wissenschaftskolleg, nach Alfried Krupp von Bohlen und Halbach benannt. Das ist offensichtlich eine Hommage an den einstigen Gralshüter der Krupps, Berthold Beitz, der in diesem Landkreis in dem Ort „Bentzin" geboren wurde. Um das ideologische Spektrum abzurunden: Auch Hans Fallada stammt hier her. Er kam als Rudolf Wilhelm Friedrich Ditzen 1893 in „Greifswald" zur Welt.

Greifswald

472

Bei eisigem Wind wurde derartiges von einem wahrhaft einheimi-
schen Fremdenführer erklärt. Als sie auf dem neu gestalteten Markt-
platz standen, erzählte er, dort hätten zu DDR-Zeiten Autos geparkt.
Das berichte er immer seinen Gästen. Dabei habe sich „ein Mann aus
Hannover" eines Tages gewundert: „Gab es denn in der DDR Autos?"
Es folgte ein schallendes Hohngelächter bei etwa achtzig Prozent der
Reisegruppe.

Alle zusammen verließen aber die Ostseeregion. Die Tür ging zu,
und eines war nun klar: Es gab Autos in der DDR!

Ostsee-Tür

(2018 und 2019)

2. Holm-Seppensen

Silke und Andor besuchten oft ihre Freunde Antje und Siegfried Fraumer, die in „Holm-Seppensen" (zwischen „Bremen" und „Hamburg"
nahe der Kreisstadt „Buchholz" gelegen) wohnten. Das war schon die
„Lüneburger Heide".

Oft fuhren sie mit dem Auto in die „Lüneburger Heide". Um 9:40
Uhr ging es einmal los, und gegen 11:15 Uhr waren sie kurz vor „Dib-
bersen". Dort lag ein Kleinlastwagen auf der Autobahn. Aber auf der
linken Spur passierten sie schnell diese Unglücksstelle. Gegen 14 Uhr
kamen sie bei Antje und Siegfried an und saßen auf der Küchenter-
rasse bei einem köstlichen Mittagessen. Koch war natürlich Siegfried.

Es gab gefüllten Schweinebraten mit frischen grünen Bohnen und Kartoffelbrei.

Über diese Reise schrieb Silke einen Kurzbericht:

„Am späten Nachmittag machten alle vier eine Wanderung ins „Büsenbachtal". Als wir gegen 20 Uhr wieder in Holm-Seppensen ankamen, war es immer noch hell, und Siegfried bereitete ein leckeres Abendmahl.

Wir fuhren mit der Bahn über „Buchholz" nach „Hamburg". Wir besichtigten die neue Hafen-City, fuhren mit dem Schiff bis „Övelgönne" und liefen zurück zum „Fischerhafen Restaurant". Die Speisen dort waren gut. Anschließend fuhren wir wieder mit einem Schiff nach „Finkenwerder" und dann zurück zu den „Landungsbrücken". Mit der U-Bahn ging es zum „Rathausmarkt". Um 17:15 Uhr fuhr der Zug zurück nach „Holm-Seppensen".

Wieder war es 9:40 Uhr, und wir traten die Rückreise an. Auf dem Navi wählten wir diesmal „kurze Route", kamen aber auch so auf die Autobahn. Dann kam eine Abfahrt nach „Pritzwalk", und es ging bis nach „Kyritz" auf der Bundesstraße fünf entlang. Hier war kaum Verkehr, und wir kamen gut voran. Gegen 14:00 Uhr waren wie wieder zu Hause."

Vorher und nachher waren sie oft in „Holm-Seppensen". Schon zu Studienzeiten kamen sie in die Heide. Das war in der ersten Hälfte der sechziger Jahre. Damals lebten die Eltern von Antje noch. Sie hatten einen Hund und einen Camper, mit dem sie oft auf Reisen gingen. Besonders in Erinnerung ist geblieben, dass „die Jungen" einmal bei großer Kälte und viel Schnee zur „Seppenser Mühle" gelaufen sind. Silke war dabei in einen dunkelblauen Wintermantel gehüllt.

Siegfried imponierte den West-Berlinern damals sehr damit, dass er Zugverbindungen aus einem mächtigen Kursbuch heraussuchte. Züge, mit denen man überall hinfahren konnte, kannten sie aus West-Berlin ja nicht.

Als die „Willy-Wahl" anstand, meldeten sie sich bei Antje und Siegfried polizeilich an – so war das früher. Da bekam Willy Brandt zwei Stimmen mehr. Schließlich war „Holm-Seppensen" ja ein „Bundeskanzler-Ort"! Eines Tages – „Willys" Kanzlerzeit war bereits vorbei, wurden die Berliner gebeten, den „Zweitwohnsitz" wieder aufzugeben, denn Antje und Siegfried waren zusätzliche Kosten entstanden, z.B. beim Müll.

Konrad Adenauer 1957 in Holm-Seppensen.

Einmal wanderten sie (mit den damals kleinen Kindern) in die Heide
und ernteten Blaubeeren („Bigbeeren"). Siegfried buk anschließend
Blaubeer-Kuchen. Der mundete seinem kleinen Sohn so sehr, dass er
sich daran überaß und ihm schlecht wurde. – Später hatten sie den
gleichen Sohn im neuen Hamburger Hafenviertel besucht, wo er sie
als etablierter Rechtsanwalt und gestandener Mann begrüßte: Wie
die Zeit vergeht!

„Holm-Seppensen" war auch Ausgangspunkt für manche weitere Reisen und Ausflüge. Einmal fuhren sie mit einem „Fiat 124s"
nach „Amsterdam". Auf dem Rückweg blieb das Auto plötzlich stehen.
Als sie schließlich in „Holm-Seppensen" ankamen, musste Stolps Sohn
Johann in einer Kiste schlafen. – Daran konnte er sich später nicht
mehr erinnern.

Auch einen Ausflug nach „Worpswede" hatten sie gemacht und
die Künstler-Stätten bewundert. – Ein andermal starteten Silke und
Andor von „Holm-Seppensen" zur Nordsee-Insel „Wangerooge". Das

war die Zeit, als sich viele Menschen vor Fischwürmern, von denen im Fernsehen berichtet wurde, ekelten. Dadurch war die Insel nicht überlaufen. Sie genossen es.

Mit ihren Enkeltöchtern Terry und Sunny machten Silke und Andor einmal Urlaub in „Bispingen" auf dem Bauernhof. Das war in der Heide! Da stand natürlich auch ein Abstecher in „Holm-Seppensen" auf dem Programm.

In noch früheren Zeiten war „Holm-Seppensen" Etappe für „Sylt"-Urlaube. Das war zu Studentenzeiten, und Klaus Zange, Beate von Juckel, Lili, Antjes Bruder Hans und andere begleiteten sie.

Nach „Holm-Seppensen" sind die Stolps normalerweise über die Bundesstraße fünf gefahren, als es die DDR noch gab. Das hatte (solange die Autobahn „Berlin"-„Hamburg" noch nicht gebaut war) sechs Stunden Fahrt in Anspruch genommen. In „Lauenburg" konnte man unterbrechen und in ein Schwimmbad gehen. – Es kam auch vor, dass die von „Berlin" aus mitreisende Tochter Maria bereits in „Nauen" fragte: *„Sind wir da?"*

Dann wurde „Holm-Seppensen" in die Kreisstadt „Buchholz" eingemeindet; Antje und Siegfried bauten ihr Haus: Alles das hatten Silke und Andor miterlebt.

Schließlich waren beide (wie Silke und Andor auch) pensioniert. Nun, als sie älter waren, fuhren die Stolps mit der Bahn nach „Holm-Seppensen". Im „Hamburg-Hauptbahnhof" musste man umsteigen. Die DDR gab es zum Glück nicht mehr, und alles ging nun schneller.

Beim letzten Besuch war übrigens Antje ganz darin aufgegangen, Flüchtlinge zu betreuen. So brachten neue Zeiten immer wieder Neues.

Holm-Seppennsen: Kanzlerort in der Heide.

(2009, 2016)

3. Leipzig

Immer wieder reisten Silke und Andor Stolp in die Sachsenmetropole. Nicht zum ersten Male waren sie nun hier. Schon zu DDR-Zeiten stand „Leipzig" gelegentlich auf dem Programm. Das lag damals vor allem an der Messe. Als es die DDR noch gab, sie aber keine Diktatur mehr war, hatte Andor den Senator Peter Mitzscherling bei einer offiziellen Delegation „in den Osten" begleitet. Per Dienstwagen ging es hinunter in die Messestadt, und die Fahrer schimpften: *„Mist, dass es die Stasi nicht mehr gibt. Die hat uns immer gut durch den Verkehr geleitet. Jetzt müssen wir den Weg alleine suchen."*

Damals „herrschte" in der DDR Hans Modrow, und aus West-Berlin war auch Walter Momper in „Leipzig". Modrow und die Seinen waren dabei, das Tafelsilber ihres Staates zu verhökern, und Momper (der alte Gegner einer deutschen Vereinigung) entdeckte plötzlich seine Liebe zur deutschen Einheit: Ein Politiker müsse eben immer mit dem Volk gehen...

Bis auf die Messe war seinerzeit in „Leipzig" nicht viel los. Im Zentrum prangte per Leuchtschrift das Goethe-Zitat *„Mein ‚Leipzig' lob ich mir."* Auch für die Messe wurde Reklame gemacht. Aber in „Auerbachs Keller" war es trostlos, das „Gewandhaus" und der „Thomanerchor" waren wohl nur für Bonzen da. In ihrem Buch „Nachdenken über Christa T." hatte Christa Wolf die Tristesse „Leipzigs" in der DDR beschrieben.

Irgendwie schien „Leipzig" in den Tagen der Messe eine aufgemotzte DDR zu sein. Wichtig waren die politischen und sonstigen Kontakte; die Messe selber war gar nicht so aufregend. Die Buchmesse befand sich im Schatten ihrer großen Schwester.

Während der Wende wurde „Leipzig" zur „Heldenstadt", weil die Leute sich versammelten und *„Wir sind das Volk!"* riefen. *„Helmut"* (Kohl!) war glücklich, als er umjubelt wurde. Die Leute skandierten *„Deutschland!":* Das hätten die alten Bundesbürger ‚mal vorher tun sollen! Woher in „Leipzig" 1989 der Wind wehte, wurde schließlich klar, als es von der Straße tönte: *„Wenn die DM nicht zu uns kommt, kommen wir zu ihr."*

Nach der „Wende" war „Leipzig" „in". Die Passagen jenseits des Hauptbahnhofs waren wiederhergestellt, und für „Auerbachs Keller" musste man sich anmelden. Am Augustusplatz strahlten die Oper, Universitätsgebäude und das „Gewandhaus"; die „Thomanerkirche" mit dem Bach-Denkmal davor standen proper in der Altstadt und fanden viele Besucher. Die Messe war modern aufgeputzt, und durch die Straßen donnerten die alten Straßenbahnen, schwer und unüberhörbar. „Leipzig" hatte nun aber auch eine S-Bahn. „Leipzig" wurde „Boom-Stadt", dabei ähnlich wie „Berlin" bunt, aber schon etwas kleiner.

„Leipzig" war eine kreisfreie Großstadt und hatte über 500.000 Einwohner. Es war die größte Stadt im Freistaat Sachsen, aber „Dresden" war die Hauptstadt des Bundeslandes. Ein Wahrzeichen „Leipzigs" wurde das Hochhaus der „KMU", der „Karl-Marx-Universität", wie sie in der DDR genannt wurde.

„Leipzig" hatte auch eine „Szene". Doch wenn die am Hauptbahnhof hängenden schwarz gekleideten Gestalten den Mund aufmachten, sächselten sie: Das wirkte komisch. Auch hatte „Leipzig" nicht so viele Türken wie westdeutsche Großstädte oder „Berlin". Dafür tauchten hier Bürger auf, die bettelnden Ausländern erklärten, dass man in Deutschland arbeiten müsse, wenn man Geld haben wolle.

Der Höhenflug des privat gesponserten Fußballclubs „RB Leipzig" erregte anderswo Neid. Vielleicht lag das daran, dass „RB" auf Weisung des Fußballbundes für „Rasenballsport" zu stehen hatte.

Ein „Hammer" „Leipzigs" war nach wie vor das „Völkerschlachtdenkmal". Es erinnerte an die größte Schlacht vor dem Ersten Weltkrieg. 1813 hatten Preußen, Österreicher, Russen und Schweden gemeinsam Franzosen unter Napoleon geschlagen. Sachsen war damals „leider" mit Frankreich verbündet, so dass man später in „Leipzig" zunächst nicht besonders entzückt von der Idee war, ein Denkmal zu errichten. Aber man dachte nun in ganz Deutschland national, und 1913 wurde das Denkmal eingeweiht – (sinniger Weise ein Jahr vor Ausbruch des Weltkrieges!).

Völkerschlachtdenkmal

Man konnte mit der Straßenbahn zum Denkmal fahren. Davor war ein großes Wasserbecken. Das Denkmal selber war ein riesiger Turm, in dessen Innern es ungemütlich war. Man kam in eine gewaltige Halle und konnte auf Wendeltreppen, die immer enger wurden, den „Gipfel" besteigen. Von oben genoss man die Aussicht. Eigentlich stand man dort oben „nur" über einem weitflächigen Laubenpiepergelände.

Dann gingen sie ins „Gewandhaus". Das war ein riesiger Konzertsaal mit einer großen Orgel am Kopfende. Ähnlich wie in der Berliner Philharmonie saß das Orchester im Zuschauerraum. Diesmal spielte das MDR-Symphonieorchester Prokofjew, Sibelius und Esa-Pekka Salonen. Letzterer war ein moderner Komponist und Finne. Finne war auch der Dirigent namens Santtu-Matias Rouvaldi, ein 30-jähriger Mann, der weltweit in der „2. Liga" dirigierte. Er war sehr aktiv, tänzelte und arbeitete heftig mit den Händen. Mit seinem Frack und der Löwenmähne wirkte er lustig.

In der Pause konnte man vom Foyer aus den „Augustusplatz" bewundern. Mittendrauf war ein Denkmal, das von beleuchteten Türmen umstanden war. Direkt gegenüber dem „Gewandhaus" war die Oper, in der sie schon einmal die „Zauberflöte" gesehen hatten.

In den Passagen kauften sie ein. Sunny hatte demnächst Jugendweihe (weil da alle in ihrer Klasse hingingen) und bekam ein fröhliches Kleid in rosa.

In einem spanischen Restaurant namens „Madrid" aßen sie zu Mittag. Sie saßen in einem riesigen Saal, der im Jugendstil eingerichtet war und bestellten zehn Tapas, genug für vier Personen. Hinterher erwarb Silke ein Kleid für die Goldene Hochzeit. Dann kauften sie antik eine Teekanne von Meißen („Voller grüner Weinkranz") leider ohne „Schwanenhals". Diese Kanne kam zum anderen Edelporzellan, das Silke geerbt hatte. Billig war das Stück nicht gerade, aber es war ja auch edel und angeblich über hundert Jahre alt. Andors Befürchtung, dass der Händler sie betrogen hätte, bestätigte sich anhand des häuslichen Kontoauszuges nicht.

Zurück fuhren sie wieder mit der Bundesbahn. Die Strecke „Leipzig"-„Berlin" macht die Bahn in neunzig Minuten. Sie freuten sich, dass die Lokführer gerade ´mal nicht streikten. Vor der Fahrt schauten sie sich am Hauptbahnhof noch etwas in einem Ausstellungsladen mit sächsischer Handwerkskunst um. Hübsche Sachen gab es hier, von hölzernen Erzgebirgspyramiden bis hin zu den Blumenkindern, von denen sie schon zwei zu Hause hatten. Für Pia hatten sie hier bei einer früheren Reise einmal ein Plüschsandmännchen erworben. Das war ein großer Erfolg.

(2015)

4. Oberwiesenthal

Silkes Chor „Viva musica Berlin e.V." fuhr nach „Oberwiesenthal." Die Reisenden wurden von einem blauen Riesenbus mit einem einzigen Fahrer (einem Ukrainer) von drei Plätzen abgeholt. Andor Stolp war neuerdings Förderer des Chores und durfte ihn daher begleiten.

Über die Dresdener Autobahn ging es zum Erzgebirge und endlich nach „Oberwiesenthal". Alpenfahrern fiel auf, dass das Erz-„gebirge" relativ flach erschien. Es gab zwar Hügel, aber keine großen auch im Sommer schneebedeckten Berge. Die Menschen hatten jedoch in diese Gegend Sprungschanzen, Lifte und Seilbahnen gestellt, so dass schon ein alpiner Eindruck entstand.

Zu DDR-Zeiten war „Oberwiesenthal" der Wintersprotort der Republik. Die Schanzen waren beachtlich hoch, und man konnte sich vorstellen, dass hier internationale Wintersportwettkämpfe ausgetragen wurden. Im Winter soll es auch ausreichend viel Schnee geben. Der Ort ist seit 1935 Kurort und liegt am Fuß des Fichtelbergs. „Oberwiesenthal" ist mit 914 Metern über dem Meeresspiegel die höchstgelegene Stadt Deutschlands. Berg und Stadt liegen beide im „Naturpark Erzgebirge/Vogtland".

Die wohl bekannteste Person in dieser Gegend ist Jens Weißflog. Er war als Skispringer Mitglied im Verein „SC Traktor Oberwiesenthal" und hat bei Olympischen Spielen drei Mal die Goldmedaille gewonnen. Natürlich verehrten sie ihn hier. Selbst für „Wessis" wurden er und „Oberwiesenthal" zu festen Begriffen.

Sie besichtigten den Ort und mussten zwischen den Sprungschanzen bergauf und bergab wandern, so dass sie spürten, dass „Oberwiesenthal" doch nicht ganz platt war. Hotels und Sportstätten schien es ausreichend viele zu geben.

Mit der Seilbahn fuhren sie auf den „Fichtelberg" hinauf, der mit 1.215 Metern der höchste Berg Sachsens ist, und sie schauten sich um. Der „Bruder" des „Fichtelbergs" heißt „Keilberg" (1.244 Meter) und liegt in Tschechien. Die Staatsgrenze war nebenan: Eineinhalb Kilometer entfernt.

Anderntags brachte sie der blaue Riesenbus nach „Annaberg-Buchholz".

„Annaberg" machte den Eindruck einer properen Stadt mit einem altertümlichen Marktplatz, auf dem ein Brunnen stand, den die Figur einer Frau (!) zierte, die als frühe Unternehmerin die Heimarbeit eingeführt haben soll. Sie hieß Frau Uthmann. Es war dies also ein Denkmal, das einmal keinen Kaiser, König oder General zeigte.

Im 15. und 16. Jahrhundert war „Annaberg" eine „Boomtown": Menschen strömten her, denn hier hatte man Silber gefunden. „Annaberg" wurde reich durch den Bergbau und erhielt eigenes Münzrecht. Der bedeutende „Rechenmeister" Adam Ries zog her und arbeitete als Bergbeamter. „Annaberg" war damals die zweitgrößte Stadt Sachsens.

Die Sänger besichtigten die St. Annenkirche, die 1499 errichtet wurde, zuerst katholisch war und 1539 evangelisch wurde. Zu der Zeit hatte die Reformation die ersten revolutionären Attitüden abgelegt, so dass man in dieser Kirche auf Bilderstürmereien weitgehend verzichtete. Das kam ihr zugute.

Der Chor sang in der Kirche.

In einem Restaurant ruhten sie sich aus und entdeckten eine Inschrift, die auf die einstige Bedeutung Annabergs hinwies:

Die liebste

Aber der Ort hieß eigentlich „Annaberg-Buchholz". Er war eine Doppelgemeinde und einst trennte eine innersächsische „Staatsgrenze" die Ortsteile. „Annaberg" kam erst reformiert nach „Buchholz" zur Evangelischen Kirche, so dass die konfessionelle „Wende" in „Annaberg" eben nicht ganz so radikal verlief.

Nach „Annaberg-Buchholz" besuchte die Gruppe einen „Hammer". Das war eine alte Werkstatt, eine Schmiede praktisch, in der Bleche mechanisch und mit Hilfe von Wasserkraft gepresst werden.

In „Oberwiesenthal" brachte der Chor dem Personal des Riesenhotels ein Ständchen und feierte abends (bei ziemlich lauter Diskomusik) einen „bunten Abend", der manchen Freude machte, anderen offensichtlich weniger.

Auf dem Rückweg an einem Sonntag machte der Bus einen Stopp in einem kleinen Ort, und der Chor begleitete dort einen Gottesdienst in einer schmucken Kirche.

Auch der Besuch in einem „Suppenmuseum" stand auf dem Programm. Es gab keine Suppen, sondern zu sehen war Geschirr, und Kochrezepte konnten studiert werden.

Auf der langen Rückfahrt über die Autobahn kreisten im Bus Sektflaschen (Marke „Rotkäppchen") und diverse Leckereien. Einige Chormitglieder fühlten sich dabei pudelwohl.

Annaberg war die liebste Stadt.

(2017)

5. Warmensteinach

Mit ihren Enkelmädchen Terry und Sunny reisten Silke und Andor Stolp in ein Familienhotel in „Warmensteinach".

Eisenbahnmuseum

Bei viel, viel Regen fuhren die vier zum Ziel. Sie quartierten sich ein in einem Kinder- und Jugendhotel, in dem es für die „Erwachsenen" deftiges bayerisches Essen und auch Bier und Wein gab. Für die Kinder wurden Spielprogramme geboten, und ein Schwimmbad stand auch zur Verfügung.

Nach der langen Anfahrt hatten alle früh Hunger, und so gingen sie bald zum Abendbrot. Danach wollten die Kinder nicht schlafen. Sie hatten ein eigenes Schlafzimmer. Terry schaute sich im Fernsehen einen Film über den Wein am Würzburger Stein an...

Vormittags des nächsten Tages regnete es weiter heftig. Die Kinder gingen in einen „Zauberkurs", den das Hotel veranstaltete. Nachmittags hellte es sich etwas auf, und sie schauten sich alle vier den Ort an. Sie kamen dabei auch zu Pferden und einer Katze: Kinderglück! Danach gingen sie zu einem Friedhof zu einem Berg. Ob das nun etwas für die Kinder war? Jedenfalls aßen sie abends alles auf, was in einem Kalender vermerkt wurde.

Bei schönem, aber kaltem Wetter fuhren sie später nach „Neuendorf". Dort war ein Schmetterlingsmuseum, in dem es wiederum sehr heiß war. Anschließend gingen sie zu einem Eisenbahnmuseum im Freien, wo riesige alte Loks herumstanden. Silke, Terry und Sunny fuhren mit einem Minizug. Den Mädchen gefielen die alten schwarzen Züge wohl nicht so gut. In „Bischofsgrün" aßen sie „zur Belohnung" Eis und tranken Kaffee: Alles war sehr teuer.

Die Geschäfte hatten auf! Sie kauften Hausschuhe für Andor und eine Flasche „6-Ämter-Tropfen" für die Nachbarn daheim. Nachmittags gingen Terry und Sunny zum Frisör. Vor allem Terries „Mähne" wurde reduziert. Sie schien hinterher (wie Sunny auch) sehr glücklich zu sein. Dann wurde es wieder kühl, und sie zogen sich ins warme Hotel zurück. Silke und Andor waren nun in Begleitung zweier eleganter junger Damen!

Die Kinder gingen in die „Kita". Danach fuhren alle zu einem Vogelpark. Den Mädchen gefiel er. Weiterhin begaben sie sich nach „Selb" zur Fabrikverkaufsstelle von „Villeroy & Boch". Hier konnte man manches bekannte Geschirr sehen. Es war aber nichts Aufregendes dabei. Also ging es über die Autobahn zurück ins warme Hotel.

Am folgenden Tag nach dem Mittagessen fuhren sie auf den verschneiten „Ochsenkopf". Das war eine große Sache, vor allem für Terry. Beide Kinder fuhren zum ersten Mal in ihrem Leben mit einer Seilbahn. Terry hatte bei der Auffahrt ziemliche Angst. Runter ging es schon besser. Oben kehrten sie in einem Gasthaus ein. Abends beteiligte sich Terry an der „Schatzsuche" des Hotels. Für sie war das sehr aufregend. Um 21 Uhr schliefen beide Mädchen tief und fest.

Dann besuchten sie die Eremitage in „Bayreuth". Das gefiel den Kindern bei angenehmem Frühlingswetter wieder gut. Es war auch eine sehr einnehmende Anlage mit Hecken, Wasserbecken und interessanten Bauten. Wieder zurück im Hotel ging Silke um 17 Uhr mit den beiden Enkelinnen zum letzten Mal ins Schwimmbad. Abends traten im Hotel sogar witzige Clowns auf.

(2005)

6. Rheinsberg und Weber B

Beinbruch

Die Ärzte nennen es „Weber-B-Luxations-Fraktur rechts mit hinterem Volkmanndreieck". Die Sache hatte sich so zugetragen, dass Silke und Andor Stolp zu einer Familienfeier nach „Ahlfeld" wollten. Die ganze Nacht hatte es geregnet, und auch als sie fahren wollten, hörte es nicht auf. Nach dem Frühstück wollte Andor das kleinere Auto der beiden in die Garage fahren und das größere, mit dem sie reisen wollten, beladen. In der einen Hand den Regenschirm, in der anderen den „feinen Anzug" eilte er zu den Autos. Da rutschte er an einer Schräge aus, fiel auf den Rücken, wollte aufstehen. Aber das ging nicht. Der rechte Fuß stand im rechten Winkel ab. Andor rief nach Hilfe; die Nachbarn hörten ihn und transportierten ihn erst einmal unter ihr Vordach, so dass Andor wenigstens dem Regen nicht ausgesetzt war. Dann erschien auch Silke, und schon war die Feuerwehr da. Die brachte Andor zur Ersten Hilfe.

„*Oh, das sieht nach Gips aus!*", sagte eine Krankenschwester und: „*Haben Sie Schmerzen?*" Hatte er nicht. Aber schon bald bekam er Tropfen „*gegen Schmerzen*". Dann hieß es warten. Der Fuß wurde geröntgt. Da hörte er: *„Da haben Sie sich aber was Schönes eingefangen!"* Endlich erschien eine junge Ärztin.

Nach Stunden wurde er in eine kurze Narkose versetzt. Der Fuß wurde wieder in die richtige Lage gebracht (*„repositioniert"*), und in zwei Tagen sollten die Brüche operiert werden. Für diesen Tag konnte Andor wieder nach Hause. Silke holte ihn ab, und da lag er nun im Wohnzimmer auf der Couch. Das würde sein Lager für viele Wochen sein.

Dann kam er nach zwei Tagen wieder ins Krankenhaus, und eine Schwester funktionierte ihn blitzschnell zum Patienten um mit Stützstrumpf und OP-Hemd. Aus der „OP" wurde aber nichts, denn der Operateur erschien und sagte, der Fuß sei noch zu sehr geschwollen. So musste er vier Tage warten, auf dem Fuß immer einen Eisbeutel balancierend. Im Fernsehen sah er, dass auch Michael Ballack am Sprunggelenk verletzt wurde. Allerdings sollen es bei ihm die Sprungbänder gewesen sein und bei Andor das Gelenk, was auch immer dieser Unterschied bedeuten mochte. Im Fernsehen sah er, wie der Fußballer mit seinen Krücken (pardon: „Gehhilfen"!) Treppen meisterte. Das brachte Andor nicht.

Am Tage nach der „OP" (Sie soll sechs Stunden gedauert haben.) wurde die Drainage gezogen. Er bekam ein blaues Gipsbein, bei dem oben ein Deckel abgesägt wurde. Dann wurde er noch einmal geröntgt, bekam einen Rollstuhl („Krücken" hatte er schon.) und durfte nach Hause.

Pfingsten stand vor der Tür. Sieben Wochen lang sollte Andor jetzt das rechte Bein ruhig halten, denn die Mediziner hatten ihm eine lange Schraube implantiert, die den Sprungknochen wieder fixieren sollte. Da saß er nun zu Hause im Wohnzimmer, konnte sich mühsam ins Gäste-WC bewegen, im Garten sitzen (immerhin!), lesen, schlafen und fernsehen. Silke war seine „Krankenschwester", und das war für sie gewiss anstrengender als Andors Los.

Alles, was eben noch wichtig war, musste warten. Seinen Schreibtisch würde Andor wohl lange Zeit nicht sehen. Was ihn aber am meisten nervte, war, dass er nichts im Garten tun konnte. Silke mähte jede Woche einmal den Rasen, aber der Giersch gedieh, und die Stiefmütterchen müssten eigentlich raus und durch Geranien oder Fleißige Lieschen ersetzt werden.

Wollte er das Haus verlassen, brauchte er Hilfe, denn bis zur Straße hatten sie auf einem langen Weg zwei „Schrägen": Ziemliche

Hindernisse! Meistens halfen die Nachbarn, manchmal Freunde oder der Sohn. Dann brauchte er einen Fahrer. Sohn Johann oder in der Regel Silke waren es, der oder die ihn zum erwünschten Ziel brachte. Treppen waren Barrieren, Gefälle aller Art eine große Gefahr.

„Außentermine" wurden zur großen Abwechslung. So besuchte er manche Freunde bei ihren Geburtstagen, das Krankenhaus zum Verbandswechsel oder den Hausarzt zum Fädenziehen. Das machte aber die Schwester unter der etwas belustigten Aufsicht des Arztes. Oper und Konzerte waren gestrichen: Entweder ging Silke mit anderen, oder die Karten wurden zurückgegeben. So versäumte er eine Premiere von „Othello", und auch das Trippelkonzert der „Berliner Philharmoniker" entging ihm.

Aber vielleicht war es auch gut, die Welt einmal als „Rolli" zu erleben. Die meisten Menschen waren höflich und freundlich, wenn sie den „Rolli" sahen. Sie machten Platz, und manche wollten helfen. Kinder erstarrten meist, bestaunten den Rollstuhl und gingen schnell zum Spiel über. Man hörte auch: *„Mama, der Onkel kann nicht laufen."* – *„Der Onkel kann sich alleine helfen."* Und fertig. – Gelegentlich wurde er als „Rolli" ignoriert und ein Hotel-Schreibtisch, an dem Andor arbeitete, wurde ihm einfach entzogen. Aber als „Rolli" bekam man schnell einen Parkplatz, auch wenn alles schon besetzt war. Und: „Penner" setzten sich gerne zu ihm, boten sogar an, bei der Besichtigung einer Kirche behilflich zu sein!

Das war immerhin in „Rheinsberg" geschehen. Dorthin hatte es Silke und Andor verschlagen, weil sie den Tipp von einer Freundin erhalten hatten, das Warten etwas zu verkürzen, indem man für eine gewisse Zeit in ein geeignetes Hotel zog. Ein solches befände sich in „Rheinsberg" direkt am See. Das wurde betrieben von der „Donnersmarckstiftung" und war speziell auf Behinderte eingerichtet. Da fuhren sie hin.

Johann brachte sie mit der Schwiegertochter Andrea und dem Hund der beiden dorthin. Nach der Ankunft speisten sie alle vier im Fischrestaurant am Hafen. Das tat gut. Das Zimmer im Hotel war vierundfünfzig Quadratmeter groß, hatte einen herrlichen Blick über den See und war für den Rollstuhl höchst praktisch eingerichtet. Duschen und Toilette stellten auf einmal keine Probleme mehr dar.

Einmal kamen Lisa und Heinz Tierheim zu Besuch und entlasteten Silke beim Schieben des Rollstuhls.

Nun war das nicht Andors erster Besuch in „Rheinsberg". Zu DDR-Zeiten war er mit Silke schon hier, auf den Spuren Fontanes und Tucholskys.

Eine von Andors ersten Amtshandlungen als Staatssekretär im brandenburgischen Kulturministerium bestand beispielsweise darin, das Schloss „Rheinsberg" zu besichtigen. Damals waren dort noch Diabetiker untergebracht, das Schloss war in Kabüffchen aufgeteilt, überheizt, und von den Außenfassaden pellte sich die Farbe. Viele Personen kamen seinerzeit mit, und der frisch gebackene brandenburgische Staatssekretär hatte keinen Schimmer, dass auch der Landtagspräsident dabei war. Der Potsdamer Schlösserdirektor Giesberg sagte damals, durch die Unterbringung der Diabetiker sei die Substanz des Schlosses gerettet worden. Andor wusste natürlich, dass Friedrich II. als Kronprinz hier gelebt hatte und dass danach sein Bruder, Prinz Heinrich, lange Jahre Schlossherr war und einen künstlerisch ambitionierten Hof führte.

Damals, am Ende der DDR und am Anfang der Bundesrepublik, war „Rheinsberg" noch ambivalent. Noch wohnten die Diabetiker im Schloss, noch existierte das Atomkraftwerk und das Hochhaus des FDGB. Das Schlosstheater war eine Ruine, und niemand wusste, wie es weitergehen würde.

Eine Mitarbeiterin des Kulturministeriums ließ sich hier nieder: Sie wollte mit einem DDR-Komponisten aus Ostberlin das Theater wiederaufbauen und eine Musikakademie gründen. Sie hatte das tatsächlich geschafft und wurde später sogar Vorsitzende des Rundfunkrates vom RBB. Dann gab es zu dieser Zeit noch einen Herrn von der SPD, der Bürgermeister von „Rheinsberg" war und zu den Rührigsten seiner Zunft in Brandenburg gehörte.

Später hatte Andor oft „Rheinsberg" besucht. Einmal noch als Staatssekretär wurde er von der schon entstandenen Musikakademie wie der „Alte Fritz" mit einem Ständchen begrüßt, einmal hatten Silke und Andor eine Ausstellung über den Prinzen Heinrich besucht und mächtig gefroren, mindestens einmal hatten sie im Spiegelsaal einem Konzert gelauscht, einmal hatte der Freund und Krimiautor „-ky" sie hier vom Freitod eines Wanderkameraden in Kenntnis gesetzt, einmal hatten sie eine „Openair-Aufführung" des „Sommernachtstraumes" von Shakespeare genossen, mehrmals hatten sie von hier aus Wanderungen gestartet: Und, und, und.

Nun wohnten sie also im barrierefreien Hotel an der Uferpromenade. Zum Fischrestaurant und zum Schloss waren es nur wenige Schritte (oder Umdrehungen). Das Hotel gehörte wie gesagt zur „Fürst-Donnersmarck-Stiftung" in „Berlin", die 1916 gegründet wurde und unter anderem die Gartensiedlung „Frohnau" geschaffen hatte. Dort gibt es auch einen „Donnersmarckplatz", der den Gründer der Stiftung ehrt.

In „Rheinsberg" hatte sich auf dem Gelände des späteren Hotels zu DDR-Zeiten ein Ruderclub befunden, und auch das alte Bad der Stadt gehörte irgendwie dazu. „Der Fürst" habe, so berichteten Rheinsberger, das Hotel nach der Wende gebaut, und im früheren Bad befand sich eine mit dem Hotel kooperierende Physiotherapie. Für den Ruderclub blieb eine Villa am Rande. Als alles gebaut wurde, waren die Rheinsberger misstrauisch: Sie befürchteten, es würden Bungalows für Reiche am See errichtet. Aber es entstand das Hotel, das immer ausgelastet ist und wo sich Kunden Jahre zuvor anmeldeten. Sie kamen aus ganz Deutschland und auch aus dem Ausland.

Das Hotel war für „Rheinsberg" ein Segen, denn das Atomkraftwerk war nicht mehr und auch das FDGB-Heim nicht. Neben dem Schloss und dem Hotel gab es nur noch ein wenig Keramik und die preußische Tradition. Auch dass Tucholsky „Rheinsberg" einst mit einer Liebesgeschichte populär gemacht hatte, brachte mittlerweile wenig ein.

All das machte die Stadt nicht fett. Am Wochenende und im Sommer kamen zwar Ausflügler, aber die waren am Abend wieder weg und ließen nicht viel Geld im Ort. Dann gab es noch die Familie Halbeck, die einen Dampfer betrieb, Boote vermietete, Taxis laufen hatte: Das größte Unternehmen des Ortes.

Andor nutze die Gelegenheit zu einem Frisörbesuch. Seine Haare wurden kurzerhand mit der Schere geschnitten. „Und, wo komm' wir her?", fragte die Frisöse. Nach zehn Minuten war die Prozedur vorbei, und der Spaß kostete sechs Euro achtzig.

Das Wetter war herrlich: Schäfchenwolken, der blaue See, Enten und Schwäne mit und ohne Junge, das elegante Schloss, duftende Blumen trugen zum Wohlbefinden bei. Sehr mobil waren Stolps allerdings nicht, denn Silke musste (fast) immer den Rollstuhl schieben. Treppen, Hügel, Zuckersand und Holperpflaster waren zu vermeiden. Einmal befürchteten sie fast zu verhungern, denn als sie so zehn nach neun in das geliebte Fischrestaurant einkehren wollten, sagte die Kellnerin, dass die Küche um 21 Uhr geschlossen hätte. Ebenso verhielte es sich in den Nachbarrestaurants.

Aber sie hatten Glück: Im Schlosshotel war nicht nur eine große Leinwand für die Fußball-WM aufgebaut. Hier hörte man nicht nur das übliche Bienengesumme der südafrikanischen Tröten, sondern man konnte auch speisen. Sie genossen Folienkartoffeln, Steaks und Bier. Also verhungerten Stolps nicht.

Ganz in der Nähe des Hotels war ein Supermarkt, und da gab es Riesling aus der Pfalz, von dem sie sich jeden Abend ein Gläschen genehmigten. Darben musste man in „Rheinsberg" nicht. Und zur Unterhaltung gab es die Fußball-WM. Sie guckten u.a. das Spiel Deutschland gegen Serbien, bei dem Klose sich eine rote Karte einfing und Podolski einen Elfer verschoss. 0:1 endete das Spiel, und Löw machte das Rumpelstilzchen. So ging das. Nun musste Ghana dran glauben, sonst hätte Deutschland nach Hause fahren müssen.

Gegen Ende der „Reise" wurde das Wetter schlechter. Sie gingen in das Schlosstheater und sahen „La Lerva Padrona" („Die Magd als Herrin"). Als „Rolli" und Begleitung bekamen sie Ermäßigung. Der Wind frischte auf, es regnete. „Rheinsberg" fing an, ungemütlich zu werden. Im Schlosstheater wurde Andor durch einen Industrieaufzug in den Saal gefahren. Er war der einzige „Rolli". Ansonsten hatte der Abend etwa 100 Besucher. Die Truppe entpuppte sich als Musikschule „Steglitz". Drei Darsteller und ein Zupforchester präsentierten die Oper. Eine Dienstmagd angelte sich ihren Herrn, heiratete ihn. Nach der Pause wurde das Stück auf „modern" gegeben: Eine junge Frau, ein alter Zausel und ein Filmfritze traten auf und stifteten einige überschaubare Verwicklungen. – Na, ja!

Nach der Vorstellung ging es wieder ins Hotel. Sie verspeisten eine Aufschnittplatte, tranken ein Glas Wein und schliefen zum letzten Mal in dem geräumigen Zimmer. Nach dem Frühstück holte Johann sie ab, und nach einer Stunde waren sie wieder zu Hause.

So hat Weber B sie nach „Rheinsberg", einer Wiege Preußens, geführt.

Frage: *„Und wo komm´ wir her?"*

(2010)

XI. Reisen ohne Zukunft?

- Reiseziele wurden immer voller. Begehrte Städte barsten vor Touristen, die in Massen eindrangen. Sie waren meist grauhaarig, traten oft in Rudeln („Reisegruppen") auf, hatten Handys dabei, fotografierten unentwegt und waren mit schweren Rucksäcken beladen. Bei Kathedralen strömten sie auf der einen Seite des Portals hinein, auf einer anderen wieder hinaus – unentwegt und von morgens bis abends. Niemand konnte mehr das indische „Taj Mahal" in Ruhe genießen oder den Zauber Venedigs erfahren.
- Flughäfen und Bahnhöfe barsten zu Ferienzeiten vor immer mehr Urlaubsreisenden.

Klimaaktivisten blockierten Airports und behaupteten, es würde zu viel geflogen, besonders auf Kurzstrecken. Durch den zusätzlichen CO2-Ausstoss würde das Klima weltweit verdorben.[8]

- Billigfluglinien entstanden, traditionelle Unternehmen gingen in Konkurs.
- Die Menschheit wurde mit immer neuen und immer günstigeren Reiseangeboten überflutet.
- Reisen wurden überallhin angeboten; Entfernungen spielten keine Rolle.

Kam das „Fass Tourismus" zum Überlaufen?
Es schien nicht so:

- Die Menschen wurden immer älter; die Zahl der Rentner und Pensionäre, die im „Ruhestand" reisesüchtig und –fähig waren, wuchs. Vielerorts war genügend Geld vorhanden, und die Nationalstaaten verhinderten es nicht, dass Bürger ihre Grenzen überschritten.
- Aus Indien, China und Japan schienen weitere Massen sich zu organisieren, um die Welt anzusehen.
- Afrikaner, Südamerikaner und andere würden folgen.

---

[8] So geschehen am 10.11.2019 in Berlin-Tegel. S. Der Tagesspiegel, Nr. 24 002 vom 11.11.2019: „Klimaprotest am Flughafen Tegel", Seite 7

- Massenmedien wie Fernsehen, Internet und Hochglanzbroschüren vermittelten mehr und mehr Kenntnisse über die letzten Winkel dieser Erde.
- Gebiete, in denen Sehnsuchtsorte der global Reisewilligen lagen, verloren die Kraft, sich abzuschotten. Mit politischem Druck, mit Geld und moralischem Anspruch wurden Grenzen überwunden: Die Massen strömten herein.
- Vor Ort entstanden Organisationen, die dem wachsenden Tourismus dienten. Sie boten Arbeitsplätze und agierten trotz des übervollen Marktes altkapitalistisch: „Immer mehr, immer mehr!"

Dann kam Corona, und das internationale Imperium des Tourismus brach jäh zusammen!

Plötzlich standen sie alle vor Existenzproblemen: Vermieter, Veranstalter, Reisebüros, die Agenturen, Fluggesellschaften und Busunternehmen, Bahnen, Reedereien, Reiseleiter und „Event"-Manager.

Im Sommer 2020 warben diverse Reiseunternehmer verzweifelt um Gäste. Aber Corona ließ Ziele, An- und Abreisen ungemütlich werden. Und die Infektionszahlen stiegen an.

Was wird die Zukunft bringen?

Niemand kann weissagen. Vieles bleibt ungewiss.

Das endgültige Ende des Reisens ist jedoch nicht in Sicht. Reisen ist ein Urbedürfnis der Menschheit. Sie will wissen, was hinter dem Horizont ist, wie es da aussieht. Medienexperten haben es erkannt: Ans Ende einer jeden Episode in einer Serie gehört der „Kliff-Effekt". Das nächste Kliff wird aus der Ferne gezeigt, und jeder fragt sich, wie mag es dahinten wirklich aussehen.

Hinter jedem Kliff gibt es ein neues. Dann noch eins.

Die Neugier wird die Pandemie langfristig überleben.

Es heißt zwar: „In the long run we are all dead." Aber irgendwann ist auch „langfristig" vorbei. Immer mehr Menschen werden fragen: „Was ist denn dort hinten und was da drüben zu sehen?" Es werden immer mehr sein. Daher wird es irgendwann wieder losgehen mit der allgemeinen Mobilität.

Aber wann?

Wir sind noch längst nicht so weit, dass wir alle Kliffs dieser Erde umrundet haben. Noch viele Menschen können sich auf den Weg machen, bevor einige dort ankommen, wo andere einmal gestartet sind. Wie auch immer: Der Transport der Touristen wird sich wohl verändern. Riesenschiffe sind unpopulär. Die Flugzeugindustrie ist an die Obergrenze gestoßen. Große Schiffe und Flieger gelten als gewaltige Feinde der Menschheit; im Kleinen wie im Großem: Sie erzeugen Infektionsrisiken, und sie verpesten die Atmosphäre.

Doch Menschen wollen oder müssen reisen, sei es aus Neugier, Abenteuerlust, Gewinnstreben, Langeweile oder wegen Armut, Hunger, Terror, Krieg und Klimawandel. Die einen wollen oder müssen reisen, die anderen nicht. Die Mobilen sind im Licht, die Immobilen im Schatten.

Für den „Post-Corona-Tourismus" wird es Bedarf geben. Vielleicht kommen bisher unbekannte Transportmittel auf, vielleicht werden neue Reiseziele entdeckt: Die Tiefsee vielleicht, womöglich Regen oder (wo es ihn noch geben sollte) Schnee, auch das All mit seinen fremden Sternen blieben bisher verschont.

Was wird sein?

Wem wird was einfallen, und wer wird was als „Fortschritt" verkaufen können?

Reisen jedenfalls hat Zukunft, das ist gewiss. Aber wie wird diese Zukunft aussehen? Sie wird bestimmt anders sein als die Vergangenheit.

Die Vergangenheit aber wird als Erinnerung bleiben.

Edition Noëma
Melchiorstr. 15
D-70439 Stuttgart

info@edition-noema.de

www.edition-noema.de
www.autorenbetreuung.de